국역
가례증해 제1책

해제解題, 총목總目,
통례通禮 1, 총색인總索引

가례증해 국역단

연구책임자 정경주 ॥ 경성대학교 교수
공동연구원 신승훈 ॥ 경성대학교 교수
초역 및 주석 조병오 ॥ 부산대학교 외래교수
권진호 ॥ 한국국학진흥원 연구위원
김순미 ॥ 경성대학교 외래교수
조창규 ॥ 경성대학교 외래교수
남재주 ॥ 경성대학교 외래교수
박도균 ॥ 경성대학교 외래교수
정길연 ॥ 경성대학교 외래교수
교정 및 윤문 손정희 ॥ 경성대학교 외래교수
조창규 ॥ 경성대학교 외래교수
남재주 ॥ 경성대학교 외래교수
교열 정경주 ॥ 경성대학교 교수
신승훈 ॥ 경성대학교 교수
원문입력 유기철 ॥ 경성대학교 대학원
정연철 ॥ 경성대학교 대학원
박정열 ॥ 경성대학교 대학원
한미진 ॥ 경성대학교 대학원
우성준 ॥ 경성대학교 대학원
책임편집 김순미 ॥ 경성대학교 외래교수

이 역서는 2007년도 정부재원(교육인적자원부학술연구조성사업비)으로
한국학술진흥재단의 지원을 받아 연구되었음(KRF-322-2007-1-A00086).

This work was supported by the Korea Reserch Foundation Grant funded by the Korean Government
(MOEHRD, Basic Research Promotion) (KRF-322-2007-1-A00086)

한국고전의례연구회 국역총서❸

국역 가례증해 제1책

해제解題, 총목總目,
통례通禮 1, 총색인總索引

경호鏡湖 이의조李宜朝 원저
한국고전의례연구회 역주

민속원

『국역 가례증해』 발간사

우리나라에서는 상고시대부터 관혼과 상장의 절차를 근엄하고 중대한 의식으로 거행하여 왔다. 각 가정이나 지역마다 상투를 틀고 비녀를 올리는 성인식, 성인 남녀가 배필을 정하는 절차로서의 혼례, 인간의 죽음을 당하여 장사를 치르고 슬픔을 정리하는 절차인 상례, 죽음으로 인하여 기억에서 멀어진 조상을 추모하는 제사 의식, 농사를 시작하고 마치거나 한 해의 중요한 고비마다 천지와 명산대천에 보답과 기원의 제사를 지내고, 조상의 묘소를 돌보는 관습은 삼국시대 이전부터 근세까지 이어온 오래된 풍속이다. 그러기에 효자 열녀와 충신 열사 등 인간관계의 의리를 존중하는 사회문화의 고상한 기풍을 간직하여 왔고, 이로 인하여 예로부터 군자의 나라라고 일컬어졌다.

더욱이 조선왕조 개창 이래 국가와 지식인들은 각 가정의 가족 질서를 근간으로 하여 가장이 주인이 되어 관혼상제의 의식 절차를 시행하는 『주자가례』의 시행을 적극 권장하였다. 이로 인하여 조선왕조 500여 년 동안 관혼상제를 비롯한 각종 가정의례의 시행에 『주자가례』는 기본 전범이 되었고, 이로 인하여 조선 고유의 풍속과 『가례』의 절차를 절충하여 시대와 풍속에 합당한 예제를 강구하려는 논의와 실천이 줄기차게 계속되었다. 그리하여 『가례』를 중심으로 가정의례를 규정하고 그 의미를 해명하는 다양한 논의가 펼쳐지고 그에 대한 저작물이 한우충동으로 쏟아져 나왔다.

조선후기의 예학이 산출한 예서는 국가의 전례와 가정의 일상 의례 및 학교와 향당의 의식 절차에 이르기까지 방대한 범위에 걸쳐 있으나, 대개 주자의 『가례』를 근간으로 관혼상제를 중심으로 하는 가정의례의 강구가 중핵을 이루었다. 『주자가례』는 가족과 친족의 인간관계를 규율하는 종법宗法의 원리를 토대로 사당祠堂의 일상 의식과 관혼상제의 중요한 의식 절차를 간결하게 정리하여 제시함으로써 동양 중세 지식인들에게 가정의례의 가장 모범적인 표준으로 널리 강구되었다. 『가례증해』는 조선조에 널리 강구되었던 『주자가례』에 대한 학설의 창고로 일컬어질 만큼 『가례』에 대한 가장 풍부한 주석을 담고 가장 정밀하게 완비된 조선후기 최고의 가례주석서이다.

이 책은 특히 17세기 중반 이후 당론이 격화되면서 심화된 예학 논의 가운데 18세기 후반까지의 노론학자들의 예설 중 중요한 예설 논점을 두루 채록함으로써, 예송 논쟁 이후 조선후기의 노론 예설을 가장 방대하고 상세하고 수록하였다. 그럼에도 이 책은 이후 노론이나 남인을 막론하고 예설을 강구하는 학자들 사이에서는 예설의 근거와 예학 논의의 근거로써 매우 널리 인용되었다. 그러므로 이 책은 조선조 예학이 산출한 가장 충실한 가례주석서라 할 수 있고, 『주자가례』의 주석을 중심으로 발달하였던 조선후기 예학의 정수를 보여주는 매우 중요한 국학고전이라 할 것이다.

우리는 지난 2002년부터 지나간 조선왕조시대에 가장 흥성한 학문이었던 예학의 학문 성과 가운데 특별히 중요한 몇몇 서적을 번역하여 간행함으로써, 새로운 시대 예학 담론의 기초를 놓으려고 노력해 왔다. 그동안 조선후기 실학파의 예설을 계승한 성재 허전이 편찬한 『사의士儀』 21권 10책을 번역하여 간행하고, 지난해에는 조선후기 영남 남인 예학의 최고의 걸작으로 알려진 『상변통고常變通攷』 30권 16책의 번역본을 간행한 바 있다. 이제 『가례증해』를 번역 간행함으로써 이 세 질의 가례서가 아직 충분한 것은 아니지만, 조선조 가례학의 대체적인 체계와 중요한 학설을 개관하는 데는 크게 도움이 될 것으로 기대한다.

이 책의 번역은 2007년 한국학술진흥재단의 기초학문연구 지원을 받아 이루어졌다. 1년간의 연구기간 내에 초역본을 완성하여 연구보고를 끝내었으나, 출판 과정은 당초 우리의 의도와 달리 예기치 않은 난관이 있었다. 연구기간이 끝나고 여러 가지 우여곡절 끝에 최종연구결과물의 등록 기한이 박두하여서야 겨우 급급하게 출판을 서두르게 됨으로 인하여, 역량이 부족한데다 시간까지 모자라 당초에 예정했던 것만큼 초고본에 적지 않게 남아 있었던 오자와 탈자와 오역을 미처 잡아내지 못한 곳이 많다. 그런데다 당초부터 출판비도 없는 상태에서 상업성이 거의 없는 기초학문분야 서적의 출판을 감당해 줄 출판사를 찾기가 어려웠다. 그럼에도 절박한 순간에 거질의 간행을 감당해 주신 민속원 홍종화 대표의 후의로 인하여 이만한 형태의 책자로 만들 수 있었다. 홍대표의 후의에 재삼 감사드린다. 이 책의 편집 교정에는 남재주 선생의 헌신적인 노력이 있었거니와, 집필자들이 미처 잡아내지 못한 오류는 혹시라도 기회가 주어진다면 재판을 통하여 만회할 수 있기를 기대할 뿐이다.

2011년 6월 30일

한국고전의례연구회 가례증해국역단을 대표하여

정경주 삼가 씀.

『국역 가례증해』 해제

정경주鄭景柱

1. 서설

조선왕조시대 사대부 사족은 물론 일반의 관혼상제의 의식 규범은 『주자가례朱子家禮』를 준거로 하여 매우 정밀하게 강구되었다. 조선왕조에서는 개국 초기부터 사대부 사족으로 하여금 『주자가례』를 준용하도록 꾸준히 권장하였고, 태종 3년(1403)에 평양에서 『주자가례』 150부를 인쇄하여 각 관청에 나누어 준 것을 시작으로 수시로 그 보급에 힘썼다. 성종조에 편찬된 『국조오례의國朝五禮儀』에도 사서인士庶人의 관혼상제冠婚喪祭의 의식에 『주자가례』의 내용을 대폭 채용함으로써, 『주자가례』는 조선조 사대부 사족의 일상 의식의 중요한 전범이 되었다.

『주자가례』에 대한 본격적인 학문 토론은 조선 중기에 와서 퇴계退溪 이황李滉(1501-1570)의 시대에 이르러 비로소 활발하게 전개되었다. 퇴계는 제자들과의 문답을 통하여 『주자가례』의 각 절차를 세밀하게 검토하는 한편, 당대 조선의 관습과 『주자가례』의 조문을 절충하여 적용하는 방안을 제시함으로써, 조선조 가례학家禮學 논의의 전기를 열어주었다. 이후 한강寒岡 정구鄭逑(1543-1620)와 사계沙溪 김장생金長生(1548-1631) 등의 탁월한 예학자가 줄지어 나타남으로써 가례학에 대한 논의는 더욱 심화 확대되어 사대부 사족의 관혼상제에 대한 수많은 예서禮書가 편찬되었다.

조선후기에 사대부 지식인에 의해 편찬된 가례서家禮書는 대개 네댓 가지로 나눌 수 있다. 조호익曺好益(1545-1609)의 『가례고증家禮考證』이나 김장생의 『가례집람家禮輯覽』 등과 같이 기존의

『주자가례』에 주석을 가하는 가례주석류, 김장생의 『상례비요喪禮備要』나 정만양鄭萬陽(1664-1730) 형제의 『개장비요改葬備要』 또는 이재李縡(1680-1746)의 『사례편람四禮便覽』 등과 같이 중요한 의식의 행례 절차와 기물을 정리한 행례규범류, 정구의 『오복연혁도五服沿革圖』나 『오선생예설五先生禮說』, 김응조金應祖(1587-1667)의 『사례문답四禮問答』, 박세채朴世采(1631-1695)의 『남계선생예설南溪先生禮說』 등과 같이 학자들의 예설을 수집하여 분류 편찬한 예설류, 그리고 특정 장소 특정 의식의 행례 절차만 간략하게 정리한 홀기류笏記類, 의식의 실행에 사용되는 고사告辭 축문祝文 등의 투식을 모아 놓은 고축류告祝類 등이 그것이다.

『가례증해』는 이 중에서 『주자가례』의 본문과 본주를 그대로 옮겨 싣고, 각 구절에 연관된 예학 경전의 내용이나 제가의 학설을 할주로 덧붙인 『주자가례』 주석서이다. 조선조에 편찬 간행된 『주자가례』 주석서로는 김장생의 『가례집람』 외에 인조 24년(1646)에 목판으로 간행된 조호익의 『가례고증』을 필두로, 숙종 때 간행된 유계兪棨와 윤선거尹宣擧가 편찬한 『가례원류家禮源流』, 영조 때 간행된 정중기鄭重器의 『가례집요家禮輯要』, 순조 원년에 간행된 김종후金鍾厚의 『가례집고家禮集考』가 널리 알려져 있고, 이 외에 안신安玧의 『가례부췌家禮附贅』, 신몽삼辛夢參의 『가례집해家禮輯解』, 장복추張福樞의 『가례보의家禮補疑』 등이 간행된 바 있다. 이 외에도 『주자가례』에 대한 학자들의 논의와 저술이 대단히 많지만, 『가례증해』 14권 10책은 조선후기에 편찬 간행된 가례서 중에서 가장 정밀하고 상세한 주석서로 알려져 있다. 이제 이 책을 번역하여 간행함에 있어서 그 편찬 경위와 특징을 간단히 소개한다.

2. 경호 이의조의 생애와 학문

『가례증해』 14권은 조선후기 영남의 학자 경호鏡湖 이의조李宜朝(1727-1805)가 그 부친 이윤적李胤績이 수집한 원고를 바탕으로 편찬한 책이다. 성담性潭 송환기宋煥箕가 지은 「경호이공행장鏡湖李公行狀」에 의하면, 이의조는 연안이씨延安李氏로 자가 맹종孟宗, 호는 명성당明誠堂이라 하였는데, 사람들이 경호선생鏡湖先生이라 불렀다 한다. 그는 조선왕조 초기에 연안군延安君으로 책봉된 정양공靖襄公 이숙기李淑琦의 10세손으로, 영조 정미년(1727) 5월 경상도 지례현知禮縣 경호鏡湖의 북촌北村(현재의 김천시 구성면 상원리) 본댁에서 태어났다. 그는 어려서 가학家學으로 학문의 기초를 닦고,

26세 때 호서지방으로 가서 병계屛溪 윤봉구尹鳳九(1681-1767), 역천櫟泉 송명흠宋明欽(1705-1768), 운평雲坪 송능상宋能相(1710-1758) 등을 찾아 학문을 물었으며, 운평의 문인이 되어 32세 때 운평의 상을 당하여 가마加麻하고 심상心喪 1년을 행하였다. 이후 산수헌山水軒 권진응權震應(1711-1775)과 미호渼湖 김원행金元行(1702-1772) 등 노론 학자들과 교유하였다. 45세 때에는 마을에 경호서사鏡湖書社를 짓고 매월 삭망朔望에 강회講會를 열며 강학에 힘썼는데, 53세 때 영남어사 황승원黃升源의 천거로 홍릉참봉弘陵參奉에 임명되었으나 나가지 않았다. 65세 때 지현知縣 이채李采(도암 이재의 손자)가 강회를 열고 강장講長으로 초빙하자 이에 응하였고, 69세 때 여러 사람들이 경호의 북쪽 두곡杜谷에 정사精舍를 짓자, 여기에 머물며 강학하다가 79세 정월에 고종考終하였다.

『지례현지知禮縣志』에는 부친 이윤적과 함께 효자조에 올라 있는데, 문집 10여 권과 『의요보유儀要補遺』, 『경의수차經義隨箚』 등의 저술이 있다고 하였다. 또한 경호의 문인인 열암悅菴 하시찬夏時贊(1750-1828)은 “우리 명성당明誠堂 선생께서는 일찍이 「향음주의鄕飮酒儀」·「투호의投壺儀」·「사상견의士相見儀」 등을 정하여 편찬하였다.”고 하였으니, 그 저술이 적지 않았음을 알 수 있다.

경호의 동문 벗인 성담性潭 송환기宋煥箕(1728-1807)는 임술년(1802) 경상감사로 나가는 김이양金履陽에게 보내는 서찰에, 성주星州의 노강사老江祠에 당옹塘翁(남당南塘 한원진韓元震)을 추배追配하는 일을 참봉 이의조가 주장하여 사우士友들의 추중을 받고 있다고 하면서 그의 학문 이력을 소개하여 말하기를, “이참봉은 일찍이 운평雲坪의 문하에 유학하여 경술經術과 예학禮學에 식견이 매우 박식하고, 수십 년 전에 두 번 암행어사의 추천에 들어가 일명一命을 받기에 이르렀으며, 지금 나이 일흔이 넘었으나 지행志行이 더욱 독실하며, 지례의 경호에 살고 있는데 따라서 배우는 자가 또한 많다.”고 하였다.

또한 후학인 매산梅山 홍직필洪直弼(1776-1852)은 순조 계해년(1803)에 경호에게 서찰을 올려 이르기를 “영남 전 지방은 오현五賢이 창도倡道한 이후로 추로鄒魯의 고장으로 일컬어지는데, 그 가운데 한 가닥 정론正論을 능히 부지할 자는 오직 집사 뿐”이라고 하였다. 이로 보면 경호 이의조는 당대 영남의 노론老論 학자로서 후배들로부터 가장 큰 촉망을 받고 있었던 학자였음을 알 수 있다.

강재剛齋 송치규宋穉圭(1759-1838)는 지례에 사는 동문 이수중李守中의 대상大祥에 치전한 제문에 이르기를 “단아하고 깨끗한 자질과 총명하고 민첩한 식견으로 일찍이 과거 공부를 사절하고, 경학 서적에 잠심하여 예서禮書에 대하여는 더욱 힘을 써서 밝고 익숙하게 강습하여 근거가 정밀하고 해박하였으며 여유 있게 응하였다."고 칭송한 바 있다. 이는 경호 부자의 예학이 그들이 살았던 고을 이름 '지례知禮'가 의미하듯 예학을 숭상하는 지역 분위기에서 산출된 것이라는 하나의 증거라 할 것이다.

3. 편찬 간행 과정

『가례증해』는 도암陶庵 이재李縡(1680-1746)의 문인인 이윤적李胤績이 각종 예설을 수집하다가 미처 마치지 못한 것을, 그 아들 이의조李宜朝가 이어서 수십 년의 공력을 들어 완성한 책이다. 이 책의 제1권에는 정조 임자년(1792)에 쓴 송환기의 서문과 저자의 소서小敍가 들어 있고, 제14권 말미에는 순조 갑신년(1824)에 쓴 과재過齋 정만석鄭晩錫(1758-1834)의 발문이 붙어 있다.

소서에 의하면, 이의조의 선친이 고금의 예설을 수집하여 『가례家禮』의 편차에 의거하여 분류 편집하고는 책 이름을 『가례증해』라 하였는데, 초고만 완성하고 미처 다시 수정하지 못한 것을, 아들 이의조에게 이를 계술繼述하도록 당부하였고, 이에 이의조는 선친의 당부를 받들어 수십 년 동안 고금의 서적을 참조하여 다시 정리하였다고 한다. 그러니 이 책은 부자父子 2세대의 노력으로 완성된 책이다.

이 책은 간행연대가 분명하지 않다. 성담性潭의 서문에 의하면 서문을 작성할 무렵인 정조 임자년(1792)에는 원고가 완성되어 있었던 것으로 보인다. 성담이 병진년(1796) 김선지金善之에게 보낸 서찰의 별지에 "동문 이맹종李孟宗은 예서禮書에 더욱 독실한 공부를 하여 무릇 예를 논함에 시원하여 의심이 없는데, 그가 편찬한 『가례증해』 수십 권은 빠트린 것 없이 매우 자세하다."고 하였다. 이로 보면 이 책이 편찬된 것은 분명하나 그 책 수가 분명치 않으니 아직까지 간행되지 않았음을 알 수 있다. 또한 매산이 계해년(1803)에 올린 서찰에는 "또 들으니 편찬한 『가례증해』가 10권이라 하니 그 범례凡例를 알고 싶다."고 하였으니 이 무렵 10권으로 된 이 책이 학계에 널리 알려져 있었음이 분명하다. 그러나 경호가 별세한 뒤 매산이 정묘년(1807) 경호의 아들 이수부李遂溥에게 보낸 서찰에 "편찬한 『독서수차讀書隨箚』는 몇 권이며 『가례증해』는 몇 권이고, 그 밖에 문고는 도합 몇 권인지? 이미 필사하고 교정하여 한 부의 전서全書를 만들었는지?"라고 물었으니 이 무렵까지 아직 간행되지 않았음이 분명하다.

정만석鄭晩錫의 발문에 의하면 그가 영남 순찰사로 나갔을 때 경호의 손자 이병기李秉紀가 그 본고本藁를 가지고 와서 보이면서 발문을 요청하였다고 하였으니, 순조 갑신년(1824)까지 아직 간행되지 않았던 것은 분명하다. 이 글이 목판본 『가례증해』의 14권 말미에 판각되어 있으니, 아마도 이로부터 얼마 되지 않아 곧 판각되었던 것으로 보인다. 화서華西 이항로李恒老(1792-1868)가 을사년(1845) 김장金章에게 보낸 서찰에 "동뢰설찬同牢設饌의 격식은 『주자가례』에 없고 『삼례의三禮儀』와 『가례증해』의 도식圖式은 또 모두 주자朱子의 뜻과 합치되지 않는다."고 한 말이 보이는데, 이는 분명 목판본 『가례증해』 권4의 말미에 있는 서부교배동뢰례도壻婦交拜同牢禮圖를 보고 언급한 것이니, 이 이전에 판각되어 전국에 유포되었음을 알려준다.

『가례증해』는 간행된 이후 영남은 물론 전국에 널리 배포되어 학자들이 즐겨 인용하는 중요한 예서의 하나가 되었다. 호남의 학자 노사蘆沙 기정진奇正鎭(1798-1879)의 서찰에 "『가례증해』에 나오는 동유東儒의 여러 학설을 베껴왔다."고 하였으며, 영남의 이웃 고을 성주星州에 살았던 사미헌四未軒 장복추張福樞가 고종 정묘년(1867)에 편찬한 『가례보의家禮補疑』와, 한주寒洲 이진상李震相이 고종 을해년(1875)에 편찬한 『사례집요四禮輯要』의 인용서목에 모두 『가례증해』가 들어 있다. 또한 기호의 학자 연재淵齋 송병선宋秉璿의 문집에는 운창芸窓 박성양朴性陽(1809-1890)이 『가례증해보유家禮增解補遺』를 지었다는 말이 있고, 그 밖에도 『가례증해약선家禮增解略選』 『가례증해절요家禮增解折要』 등 『가례증해』를 윤색 발췌한 책이 나왔다.

이처럼 19세기 후반 이후 조선 말기에 『가례증해』는 조선 전국에 널리 알려져 당파나 지역을 넘어서서 조선말기 이후 학자들의 예설 고증이나 예학 논의에 매우 긴요한 예서가 되었다. 지금 보더라도 조선조의 예서 가운데 이만큼 여러 학자들의 학설을 절충하여 충실하게 『주자가례』를 주석한 서적은 찾아보기 어렵다.

4. 내용상 특징

『가례증해』는 충실한 『주자가례』 주석서이다. 본서의 범례凡例 첫 조목에 이르기를 "경전과 고금 제유諸儒의 설을 널리 인용하여 『주자가례』 본문의 뜻을 풀이하되 가례 본문은 한 글자도 감히 움직이지 않았다."고 하였으니, 본디 편찬의도가 『주자가례』의 정밀한 주석에 있었음을 나타낸다. 이런 점은 각 장의 편차를 『주자가례』 본문과 부주附註의 내용을 그대로 따라 배열하고, 각 구절 아래에다 예학 경전의 근거와 역대 학자들의 중요한 학설을 할주割註로 붙여 자세히 이해할 수 있도록 배려한 데서 볼 수 있다.

『가례증해』에는 또한 『주자가례』에 수록되지 않은 다양한 변례變禮를 수록하였다. 『가례증해』의 별책에는 「변례목록變禮目錄」이 실려 있는데, 여기에는 『주자가례』의 본주本註와 부주附註에 명시되지 않았으나 역대 제가들의 논의에서 나타난 의례疑禮나 변례變禮에 대한 변증辨證 약 1700조목이 나열되어 있다. 이는 『가례증해』의 편찬 의도가 그동안 논의되어온 다양한 예설들을 모두 포괄하여 절충하고자 하는 의도를 가지고 있었음을 보여주는 것으로 『가례증해』의 가장 중요한 특장이다.

이의조는 『주자가례』의 권수卷首에 붙어 전해온 「가례도家禮圖」가 『주자가례』 본문과 합치되지 않는 곳이 많은데, 이는 「가례도」가 고례古禮를 따른 부분이 많기 때문이고, 고례를 따른 부분이 많은 이유는 또한 고금의 동일하지 않은 예를 억지로 합치려고 한 부주附註의 잘못에서 기인하는 것이라고 하여, 이를 일일이 변론하고 별도로 121개의 도圖를 만들어 각 장의 뒤에 붙여 놓았다. 이 도圖들은 대개 사계 김장생의 『가례집람도설家禮輯覽圖說』의 도와 유사한 것이 많지만, 그 중에는 다른 것도 적지 않다. 가령 「사당전도祠堂全圖」는 『가례집람』의 정자각丁字閣 형식이나 『상례비요』의 「사당도」와 달리, 『주자가례』 본문에 충실하게 별도의 건물로 지붕을 가리도록 배치하였으며, 우졸곡虞卒哭의 진설도陳設圖에 있어서도 『상례비요』나 『가례집람』의 우반좌갱右飯左羹에 의문을 제기하여 좌반우갱左飯右羹으로 바꾸었고, 야복도野服圖와 같은 것은 수암遂庵 권상하權尙夏의 집안에서 전한 것을 얻어 새로 수록한 것이다.

이 책의 「인용예서목록引用禮書目錄」에는 28종의 중국 서적과 48종의 조선 서적이 나열되어 있다. 중국 서적으로는 예학 경전을 비롯하여 『주자가례』 주석 서적 외에 명明나라 마단림馬端臨의 『문헌통고文獻通考』, 청淸나라 서건학徐乾學의 『독례통고讀禮通考』 등이 인용되어 있다. 우리나라 유현儒賢으로는 회재晦齋 이언적李彦迪과 퇴계退溪 이황李滉, 하서河西 김인후金麟厚, 고봉高峰 기대승奇大升, 율곡栗谷 이이李珥 외에, 한강寒岡 정구鄭逑와 서애西厓 류성룡柳成龍, 여헌旅軒 장현광張顯光, 우복愚伏 정경세鄭經世, 지산芝山 조호익曺好益 등 영남 학자들도 들어 있으나, 17세기에 예학 논쟁의 중심에 있었던 미수眉叟 허목許穆, 백호白湖 윤휴尹鑴나 명재明齋 윤증尹拯 등의 예설은 인용되지 않은 반면, 사계沙溪 김장생金長生, 동춘同春 송준길宋浚吉, 우암尤庵 송시열宋時烈, 정관재靜觀齋 이단상李端相, 시남市南 유계兪棨, 남계南溪 박세채朴世采, 수암遂庵 권상하權尙夏, 지촌芝村 이희조李喜朝, 농암農巖 김창협金昌協, 도암陶庵 이재李縡, 외암巍庵 이간李柬, 남당南塘 한원진韓元震, 병계屛溪 윤봉구尹鳳九, 미호渼湖 김원행金元行, 운평雲坪 송능상宋能相, 겸재謙齋 박성원朴聖源 등 기호 노론老論 학자의 예설이 중요한 비중을 차지하고 있다.

『가례증해』에는 『상례비요』의 사례를 원용하여 『주자가례』에 없는 길제吉祭와 개장改葬 두 조목을 추가한 이외에, 모두 『주자가례』 본문과 부주附註를 그대로 인용하여 놓고, 각 구절마다 관련된 경전의 내용이나 제가의 설을 인용하여 설명하였는데, 이는 『가례원류家禮源流』의 사례를 인용한 것이다. 또한 사이사이에 각종 변례變禮와 관련된 제가의 설을 채록하여 넣었다. 예컨대 복제服制의 논의에 있어서 사종설四種說의 체이부정體而不正과 정이불체설正而不體說을 인용하여 승중承重한 중자衆子나 위인후자爲人後子에 대한 복을 부장기不杖期로 확정한 것이나, 노이전중설老而傳重說을 인용하여 초상初喪에 망자亡者의 처가 있더라도 상주喪主의 처가 주부主婦가 된다고 하는 설 등은, 17세기 중반 당파 간에 벌어진 예송禮訟 논쟁 이후 정리된 노론老論 예학자의 학설을 반영한 것이다. 간혹 논란이 있는 부분이나 보충 설명이 필요한 부분에는 경호 자신의 안설按說을 붙여두었다. 그 중에는 17세기 이후 당파에 따라 활발하게 제기된 제가의 예설에 대하여 다양하게 절충한 흔적을 볼 수 있다. 한 마디로 『가례증해』는 김장생의 『가례집람』 이후, 주자학에 입각한 사대부의 예제를 강구하여 준행하려 했던 노론 예설을 널리 수집하여 절충한 조선후기 대표적인 『가례』 주석서라고 할 수 있다.

5. 결어

『가례증해』는 18세기 후반에 편찬된 『주자가례』 주석서로서, 사계 김장생의 『가례집람』과 시남 유계의 『가례원류』, 도암 이재의 『사례편람』의 전통을 계승하여 『주자가례』의 충실한 주석을 통하여 주자학에 입각한 사대부의 예제禮制를 강구하여 준행하려 하였던 노론의 예설을 널리 수집하여 절충한 조선후기 대표적인 예서의 하나이다. 이 책은 『가례집람』을 토대로 송준길, 송시열을 거쳐 권상하, 이희조, 김창협, 이재, 한원진, 이간, 윤봉구, 김원행, 송능상, 박성원에 이르기까지 노론 계열의 중요한 학자들의 예설禮說을 절충하여 집대성함으로써, 이 계열 예설의 대체를 파악하는데 긴요하다.

조선말의 학자 숙재肅齋 조병덕趙秉悳(1800-1870)은 말하기를 "『가례증해』는 없어서는 안 될 예서의 일대 창고"라고 하면서, "영남의 예서로 『상변통고常變通攷』와 『가례증해』가 있어 함께 통용되는데, 노론은 『증해』를 사용하고 남인南人은 『통고』를 사용한다."고 한 바 있다.

기호의 노론학자 뿐만 아니라 영남의 남인 학자들도 『가례증해』를 매우 존중하였다. 한주 이진상은 스스로 동암東巖 류장원柳長源의 『상변통고』와 경호鏡湖 이의조李宜朝의 『가례증해』를 참고하여 『사례집요四禮輯要』를 편찬하면서 말하기를 "근세에 화산花山의 『통고』라는 책과 경호의 『증해』라는 책은 백가의 설을 종합하여 꿰고 종류대로 분류함으로써 상례常禮와 변례變禮를 모조리 모았으니, 비유하자면 페르시아 시장에 온갖 상품이 모두 모여 있어서 구하는 게 있으면 반드시 찾을 수 있는 것과 같다."고 하였다. 근대 영남의 학자 심재深齋 조긍섭曺兢燮(1873-1933)의 글에도 "『심경부주心經附註』는 자못 지리하여 『근사록近思錄』의 정밀함보다 못하며, 『가례증해』의 상세함은 『상변통고』보다 더하다."고 한 말이 있다.

조선왕조 후기에 크게 흥성하였던 가례학家禮學 연구는 『상례비요』나 『가례집요家禮輯要』·『사례편람四禮便覽』 등 실용예서의 편찬에서부터, 『오선생예설五先生禮說』·『남계선생예설』·『예의유집禮疑類輯』 등의 예설서의 유취類聚 단계를 거쳐 『상변통고』와 『가례증해』·『사의』 등의 전문예학논저가 나타남에 이르러 조선예학은 가히 예설禮說의 유취類聚 변증辨證 절충折衷에 있어서 전성기를 이루었다고 할 만하다. 그 중에서도 『가례증해』는 조선후기 가례학의 주류 영역이었던 가례주석학의 가장 대표적인 성과라고 할 것이다.

이제 이 책이 편찬된 지 근 200여 년이 흘러 세상의 풍속이 많이 달라졌다. 그러나 인간이 사는 곳에 예의 규범이 없을 수 없다. 시대를 넘어서 오늘날 사람들의 생활 속에서도 적용되고 있는 예의 규범의 근원과 그 본질을 찾으려고 한다면, 이 책을 통하여 여전히 사랑과 공경을 근간으로 하는 예의 정신과 그 실천을 목표로 하였던 『주자가례』의 본디 의도와, 조선후기 예학자들의 인간관계에 대한 면밀하고 세심한 배려에서 그 단서를 찾을 수가 있을 것이다. 그렇게만 된다면 인간관계의 조화를 통하여 인간다운 문명의 이상을 실현하고자 하였던 선인들의 뜻을 받들어 인륜 도덕을 존중하는 새로운 사회의 기풍을 진작하는데 도움이 적지 않을 것이다.

『국역 가례증해』 총목

제1책

해제解題, 총목總目, 통례通禮 1, 총색인總索引

가례증해家禮增解 권1

통례通禮 1

○사당祠堂

군자가 장차 궁실을 지을 적에는 먼저 사당을 정침의 동쪽에 세운다[君子將營宮室先立祠堂於正寢之東]

네 개의 감실龕室을 만들어 선세의 신주를 모신다[爲四龕以奉先世神主]

방친 중에 후사後嗣가 없는 자는 그 반열에 부祔한다[旁親之無後者以其班祔]

제전을 둔다[置祭田]

제기를 갖춘다[具祭器]

주인은 대문 안에서 신알한다[主人晨謁於大門之內]

출입에 반드시 고한다[出入必告]

정조正朝, 동지, 초하루, 보름에는 참알한다[正至朔望則參]

시속명절에는 시식을 올린다[俗節則獻以時食]

일이 있으면 고한다[有事則告]

혹 홍수나 화재나 도적이 있으면 먼저 사당을 구출하고, 신주와 유서를 옮기며, 그 다음에 제기를 옮긴다. 그런 뒤에 집안의 재물을 옮긴다. 세대가 바뀌면 신주를 개제하고 체천한다[或有水火盜賊則先救祠堂遷神主遺書次及祭器然後及家財易世則改題主而遞遷之]

가례증해家禮增解 권2

통례通禮 2

○심의제도深衣制度

옷감으로 희고 가는 베를 쓰며 자는 지척을 사용한다[裁用白細布度用指尺]

윗옷은 전체가 네 폭인데, 그 길이는 옆구리를 지나고, 아래로 치마에 붙인다[衣全四幅其長過脅下屬於裳]

치마는 12폭을 서로 나뉘도록 재단하여 위로 윗옷에 붙이며, 그 길이는 복사뼈에 닿게 한다[裳交解十二幅上屬於衣其長及踝]

둥근 소매[圓袂]

방령方領

곡거曲裾

검은 가선[黑緣]

큰 띠[大帶]

치포관[緇冠]

복건幅巾

흑리黑履

○사마씨거가잡의司馬氏居家雜儀

가례증해家禮增解 권3

관례冠禮

○관冠

남자 나이 15세부터 20세까지 모두 관례를 치를 수 있다[男子年十五至二十皆可冠]

반드시 부모에게 기년 이상의 상이 없어야 비로소 행할 수 있다[必父母無期以上喪始可行之]

3일 전에 주인이 사당에 아뢴다[前期三日主人告于祠堂]

빈을 청한다[戒賓]

하루 전에 숙빈한다[前一日宿賓]

진설한다[陳設]

그 이튿날 일찍 일어나 관과 의복을 진설한다[厥明夙興陳冠服]

주인 이하는 차례로 선다[主人以下序立]

빈이 도착하면 주인은 맞이하여 들어가 당에 오른다[賓至主人迎入升堂]

빈이 읍하여 장관자가 자리에 나아가면 치포관緇布冠과 복건幅巾을 씌우며, 관자는 방으로 가서 심의를 입고 흑리黑履를 신고 나온다[賓揖將冠者就席爲加冠巾冠者適房服深衣納履出]

재가에 모자를 쓰고, 조삼을 입고, 혁대를 하고, 가죽신을 신는다[再加帽子服皁衫革帶繫鞋]

삼가에 복두를 쓰고, 공복을 입고, 혁대를 두르고, 가죽신을 신고, 홀을 든다. 또는 난삼을 입고, 가죽신을 신는다[三加幞頭公服革帶納靴執笏若襴衫納靴]

이에 초례醮禮한다[乃醮]

빈은 관자에게 자를 일러준다[賓字冠者]

나가서 막차로 간다[出就次]

주인은 관자를 데리고 사당에 알현한다[主人以冠者見于祠堂]

관자는 존장을 뵙는다[冠者見于尊長]

이에 예빈한다[乃禮賓]

관자는 그대로 나가서 향선생과 아버지의 집우를 뵙는다[冠者遂出見于鄕先生及父之執友]

○계례[笄]

여자는 시집가기를 허락하면 계례를 한다[女子許嫁笄]

어머니가 주부가 된다[母爲主]

사흘 전에 계빈하고, 하루 전에 숙빈한다[前期三日戒賓一日宿賓]

진설한다[陳設]

그날 아침 옷을 진설한다[厥明陳服]

차례대로 선다[序立]

빈이 도착하면 주부는 맞이하여 들어와 당에 오른다[賓至主婦迎入升堂]

빈이 장계자를 위해 관계를 씌우면, 계자는 방으로 가서 배자를 입는다[賓爲將笄者加冠笄適房服背子]

이에 초례한다[乃醮]

자를 일러준다[乃字]

이에 예빈하는데, 모두 관례의 의식과 같다[乃禮賓皆如冠儀]

가례증해家禮增解 권4

혼례昏禮

○의혼議昏

남자는 16세에서 30세 사이에 장가들고, 여자는 14세에서 20세 사이에 시집간다[男子年十六至三十女子年十四至二十]

자신과 혼사를 주관하는 자에게 기년 이상의 상이 없어야만 혼인할 수 있다[身及主昏者無期以上喪乃可成昏]

반드시 먼저 중매자[媒氏]가 왕래하면서 말을 통하게 하고, 여자집 [女氏]에서 허락하기를 기다린 뒤에 납채를 한다[必先使媒氏往來通言俟女氏許之然後納采]

○납채納采

주인이 서찰을 갖춘다[主人具書]

일찍 일어나 서찰을 받들어 사당에 고한다[夙興奉以告祠堂]

이에 자제를 사자로 삼아 여자집에 가게 한다. 여자집의 주인은 나와서 사자를 본다[乃使子弟爲使者如女氏女氏主人出見使者]

그대로 서신을 받들어 사당에 고한다[遂奉書以告于祠堂]

나와서 답장을 사자에게 주고 그대로 예우한다[出以復書授使者遂禮之]

사자가 복명하면 신랑집에서는 다시 사당에 고한다[使者復命壻氏主人復以告于祠堂]

○납폐納幣

납폐한다[納幣]

서찰을 갖추어 사자를 보내어 여자집에 가도록 하고, 여자집에서는 서찰을 받고 복서를 주고 나서 빈을 대접하며, 사자는 돌아와 복명한다[具書遣使如女氏女氏受書復書禮賓使者復命]

○친영親迎

하루 전날 여자집에서 사람을 시켜 신랑 방에 펼쳐서 늘어놓는다[前期一日女氏使人張陳其壻之室]

그날 날이 밝으면 신랑집에서 실 안에 자리를 마련한다[厥明壻家設位于室中]

신부집에서 밖에 임시 거처를 마련한다[女家設次于外]

저물기 시작할 때 신랑은 성대한 복장을 차려입는다[初昏壻盛服]

주인이 사당에 고한다[主人告于祠堂]

그대로 그 아들에게 초례하여 친영을 명한다[遂醮其子而命之迎]

신랑은 나가서 말을 탄다[壻出乘馬]

여자집에 이르면 임시 거처에서 기다린다[至女家俟于次]

여자집 주인은 사당에 고한다[女家主人告于祠堂]

그대로 그 딸에게 초례하고 명한다[遂醮其女而命之]

주인은 나가서 신랑을 맞이하고, 신랑은 들어와 전안례를 행한다[主人出迎壻入奠鴈]

보모가 신부를 받들어 나와 수레에 오르게 한다[姆奉女出登車]

신랑이 말을 타고 신부 수레에 앞장선다[壻乘馬先婦車]

신랑집에 도착하면 신부를 인도하여 들어간다[至其家導婦以入]

신랑과 신부는 교배례를 한다[壻婦交拜]

자리에 가서 음식을 먹고, 마치면 신랑은 나간다[就坐飮食畢壻出]

다시 들어가 옷을 벗고, 촛불을 내간다[復入脫服燭出]

주인이 빈을 접대한다[主人禮賓]

○부현구고婦見舅姑

다음날 일찍 일어나 신부가 시부모를 뵙는다[明日夙興婦見于舅姑]

시부모가 대접한다[舅姑禮之]

신부가 여러 어른을 뵙는다[婦見于諸尊長]

총부라면 시부모에게 음식을 대접한다[若冢婦則饋于舅姑]

시부모가 잔치를 베푼다[舅姑饗之]

○묘현廟見

사흘째 되는 날 주인은 신부를 데리고 사당에 알현한다[三日主人以婦見于祠堂]

○서견부지부모壻見婦之父母

다음날 신랑은 가서 신부의 부모를 뵙는다[明日壻往見婦之父母]

다음으로 신부 일가의 여러 친족을 뵙는다[次見婦黨諸親]

신부집에서는 신랑을 평상시의 의식대로 대접한다[婦家禮壻如常儀]

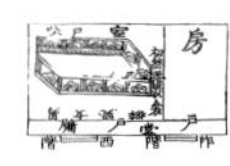

제3책

상례喪禮 1-3

가례증해家禮增解 권5

상례喪禮 1

○초종初終

병이 심해지면 거처를 정침으로 옮긴다[疾病遷居正寢]

운명했으면 곡을 한다[旣絶乃哭]

복을 한다[復]

상주를 세운다[立喪主]

주부를 세운다[主婦]

호상을 세운다[護喪]

사서와 사화를 세운다[司書司貨]

이에 옷을 갈아입고 먹지 않는다[乃易服不食]

관을 만든다[治棺]

친척과 동료 친구에게 부고를 낸다[訃告于親戚僚友]

○목욕沐浴

○습襲

○전奠

○영위靈位를 설치함[爲位]

○반함飯含

집사자는 휘장을 치고 상을 펴서 시신을 옮기며 구덩이를 판다[執事者設幃及床遷尸掘坎]

습의를 진설한다[陳襲衣]

목욕과 반함의 도구를 진설한다[沐浴飯含之具]

이에 목욕시킨다[乃沐浴]

습을 한다[襲]

시상을 옮겨 당의 중간에 둔다[徙尸牀置堂中間]

이에 전을 차린다[乃設奠]

주인 이하는 자리를 마련하여 곡한다[主人以下爲位而哭]

이에 반함을 한다[乃飯含]

시자는 습이 끝나면 이불을 덮는다[侍者卒襲覆以衾]

○영좌靈座

○혼백魂帛

○명정銘旌

영좌를 두고 혼백을 설치한다[置靈座設魂帛]

명정을 세운다[立銘旌]

불사를 하지 않는다[不作佛事]

친구 및 친분이 두터운 사람은 이때가 되면 들어가 곡해도 된다[執友親厚之人至是入哭可也]

가례증해家禮增解 권6

상례喪禮 2

○소렴小斂

○단袒 · 괄발括髮 · 문免 · 좌髽

○전奠

○대곡代哭

그 이튿날에[厥明]

집사자가 소렴할 옷과 이불을 편다[執事者陳小斂衣衾]

전을 차린다[設奠]

괄발할 삼과 문免할 베와 좌髽할 삼을 갖춘다[具括髮麻免布髽麻]

소렴상을 차리고 효와 이불과 옷을 편다[設小斂牀布絞衾衣]

이에 습전을 옮긴다[乃遷襲奠]

그대로 소렴을 한다[遂小斂]

주인과 주부는 시신에 기대어 곡하고 가슴을 두드린다[主人主婦憑尸哭擗]

별실에서 단하고 괄발하고 문하고 좌한다[袒括髮免髽于別室]

돌아와 시상을 당 가운데로 옮긴다[還遷尸牀于堂中]

이에 전을 올린다[乃奠]

주인 이하는 슬픔이 다하도록 곡하고 이에 대곡을 하여 소리가 끊이지 않게 한다[主人以下哭盡哀乃代哭不絕聲]

○대렴大斂

그 이튿날[厥明]

집사자가 대렴할 옷과 이불을 편다[執事者陳大斂衣衾]

전의 도구를 진설한다[設奠具]

관을 들고 들어가 당 가운데에서 조금 서쪽에 둔다[擧棺入置于堂中少西]

이에 대렴을 한다[乃大斂]

영상을 널 동쪽에 설치한다[設靈牀於柩東]

이에 전을 진설한다[乃設奠]

주인 이하는 각각 상차로 돌아간다[主人以下各歸喪次]

대곡을 중지한다[止代哭者]

가례증해家禮增解 권7

상례喪禮 3

○성복成服

그 이튿날[厥明]

오복의 복인들이 각기 자신의 복을 입는다[五服之人各服其服]

들어가 제 위치에 가서 조곡을 한다[入就位然後朝哭]

의식대로 서로 조문한다[相弔如儀]

그 복의 제도는 첫째 참최 3년[其服之制一曰斬衰三年]

둘째 재최 3년[二曰齊衰三年]

장기杖期

부장기不杖期

오월五月

삼월三月

가례증해家禮增解 권8

상례喪禮 4

○성복成服 2

셋째 대공 9월[三曰大功九月]

넷째 소공 5월[四曰小功九月]

다섯째 시마 3월[五曰緦麻三月]

무릇 어려서 죽은 자를 위한 복은 차례로 한 등급 강복한다[凡爲殤服以次降一等]

무릇 위인후자가 된 남자나 시집간 여자는 그 사친을 위해 모두 한 등급 강복하며 사친도 그를 위해 역시 그렇게 한다[凡男爲人後女適人者爲其私親皆降一等私親之爲之也亦然]

성복하는 날 주인 및 형제는 비로소 죽을 먹는다 [成服之日主人及兄弟始食粥]

무릇 무거운 상을 아직 벗지 못했는데 가벼운 상을 만나면, 그 복을 입고 곡한다. 매달 초하루에 자리를 설치하고 그 복을 입고 곡하고, 마치면 무거운 복으로 돌아온다. 그 복을 벗을 때는 또한 가벼운 복을 입는다. 만약 무거운 복은 벗고 가벼운 복을 아직 벗지 못했다면, 가벼운 복을 입고서 그 남은 날짜를 마친다[凡重喪未除而遭輕喪則制其服而哭之月朔設位服其服而哭之旣畢返重服其除之也亦服輕服若除重服而輕服未除則服輕服以終其餘日]

가례증해家禮增解 권9

상례喪禮 5

○조석곡전朝夕哭奠

○상식上食

조전朝奠

식사 때에 상식한다[食時上食]

석전夕奠

무시로 곡한다[哭無時]

초하루에는 조전에 음식을 차린다[朔日則於朝奠設饌]

새로 난 음식물이 있으면 올린다[有新物則薦之]

○조弔·전奠·부賻

무릇 조문할 때는 모두 소복을 입는다[凡弔皆素服]

전에는 향, 차, 초, 술, 과일을 사용한다[奠用香茶燭酒果]

부의에는 돈과 비단을 사용한다[賻用錢帛]

명함을 갖추어 이름을 알린다[具刺通名]

들어가 곡하고 전을 올리며, 마치면 곧 조문하고 물러난다 [入哭奠訖乃弔而退]

○문상聞喪・분상奔喪

친상을 들은 처음에는 곡한다[始聞親喪哭]

옷을 바꿔 입는다[易服]

그대로 간다[遂行]

도중에 슬픔이 북받치면 곡한다[道中哀至則哭]

그 주의 경계나 그 현의 경계나 그 성이나 그 집이 바라보이면 모두 곡한다[望其州境其縣境其城其家皆哭]

대문을 들어가서는 널 앞에 나아가 재배하고 다시 옷을 갈아입고 자리에 나아가 곡한다[入門詣柩前再拜再變服就位哭]

나흘 뒤에 성복한다[後四日成服]

아직 갈 수 없으면 자리를 만들되 전은 올리지 않는다[若未得行則爲位不奠]

옷을 바꾼다[變服]

길에서 집에 이르기까지의 의식은 모두 위와 같다[在道至家皆如上儀]

이미 장사지냈으면 먼저 묘소로 가서 곡하고 절한다[若旣葬則先之墓哭拜]

재최 이하는 상을 들으면 자리를 만들고 곡한다[齊衰以下聞喪爲位而哭]

분상하면 집에 도착하여 성복한다[若奔喪則至家成服]

분상하지 않으면 나흘째 성복한다[若不奔喪則四日成服]

가례증해家禮增解 권10

상례喪禮 6

○치장治葬

석 달 만에 장사지내는데, 기일 전前에 장사지낼 만한 땅을 고른다[三月而葬前期擇地之可葬者]

날을 택해 묘역을 열고 후토에게 제사지낸다[擇日開塋域祠后土]

그대로 광을 판다[遂穿壙]

회격을 만든다[作灰隔]

지석을 새긴다[刻誌石]

명기를 만든다[造明器]

하장下帳

포苞

소筲

앵甖

대여大轝

삽翣

신주를 만든다[作主]

○천구遷柩・조조朝祖

○전奠・부賻・진기陳器・조전祖奠

발인 하루 전날에 조전을 올리면서 널을 옮기는 것을 고한다[發引前一日因朝奠以遷柩告]

널을 모시고 조상을 뵙는다[奉柩朝于祖]

그대로 청사로 옮긴다[遂遷于廳事]

이에 대곡한다[乃代哭]

친척과 빈이 치전하고 부의를 보낸다[親賓致奠賻]

기물을 진설한다[陳器]

일포에 조전을 차린다[日晡時設祖奠]

○견전遣奠

이튿날 널을 옮겨 상여에 나아간다[厥明遷柩就轝]

이에 견전을 차린다[乃設遣奠]

축이 혼백을 받들어 수레에 올리고 분향한다[祝奉魂帛升車焚香]

○발인發引

널이 떠난다[柩行]

주인 이하 남녀는 곡하며 걸어서 따른다[主人以下男女哭步從]

존장이 그 다음이고 복이 없는 친척이 또 그 다음이며 빈객이 또 그 다음이다[尊長次之無服之親又次之賓客又次之]

친척과 빈객이 성곽 밖 길가에 장막을 치고 널을 멈추게 하여 전을 올린다[親賓設幄於郭外道旁駐柩而奠]

도중에 슬픔이 북받치면 곡한다[途中遇哀則哭]

○급묘及墓・하관下棺・사후토祠后土・제목주題木主・성분成墳

도착하기 전에 집사자가 먼저 영악을 설치한다[未至執事者先設靈幄]

친척과 빈객의 막차를 설치한다[親賓次]

부인의 악차幄次를 설치한다[婦人幄]

방상이 도착한다[方相至]

명기 등이 도착한다[明器等至]

영거가 도착한다[靈車至]

그대로 전을 차리고 물러난다[遂設奠而退]

널이 도착한다[柩至]

주인 남녀는 각각 자리로 가서 곡한다[主人男女各就位哭]

빈객은 절하여 작별하고 돌아간다[賓客拜辭而歸]

이에 하관한다[乃窆]

주인이 폐백을 증정한다[主人贈]

회격 안팎의 덮개를 덮는다[加灰隔內外蓋]

석회로 채운다[實以灰]

이에 흙을 채우고 점점 다진다[乃實土而漸築之]

묘소 왼쪽에서 후토에게 제사지낸다[祠后土於墓左]

명기 등을 갈무리한다[藏明器等]

지석을 내린다[下誌石]

다시 흙으로 채우고 견고하게 다진다[復實以土而堅築之]

신주를 적는다[題主]

축이 신주를 받들어 수레에 올린다[祝奉神主升車]

집사자는 영좌를 거두고 그대로 떠난다[執事者徹靈座遂行]

봉분의 높이는 4자이며 그 앞에 작은 돌비석을 세우는데 역시 높이는 4자이고 받침대의 높이는 1자쯤으로 한다[墳高四尺立小石碑於其前亦高四尺趺高尺許]

○반곡反哭

주인 이하는 영거를 모시고 천천히 길을 걸으며 곡한다 [主人以下奉靈車在塗徐行哭]

집에 도착하면 곡한다[至家哭]

축이 신주를 받들고 들어가 영좌에 둔다[祝奉神主入置于靈座]

주인 이하가 청사에서 곡한다[主人以下哭于廳事]

그대로 영좌 앞에 나아가 곡한다[遂詣靈座前哭]

조문객이 있으면 처음과 같이 절한다[有弔者拜之如初]

기년복과 대공복을 입는 자는 술을 마시고 고기를 먹되 잔치에 참석하지 않으며 소공 이하나 대공복을 입는 자로서 거처를 달리하는 자는 돌아가도 된다[期九月之喪者飮酒食肉不與宴樂小功以下大功異居者可以歸]

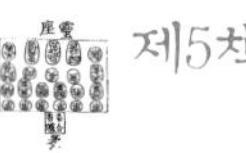

제5책

상례喪禮 7-8

가례증해家禮增解 권11

상례喪禮 7

○우제虞祭

주인 이하 모두 목욕한다[主人以下皆沐浴]

집사는 기물을 진설하고 찬을 준비한다[執事者陳器具饌]

축이 신주를 영좌에 모셔내거든 주인 이하는 모두 들어가 곡한다[祝出神主于座主人以下皆入哭]

강신降神

축이 찬을 올린다[祝進饌]

초헌初獻

아헌亞獻

종헌終獻

유식侑食

주인 이하는 모두 나가고 축이 문을 닫는다[主人以下皆出祝闔門]

축이 문을 열면 주인 이하는 들어가서 곡하고 사신한다[祝啓門主人以下入哭辭神]

축이 혼백을 묻는다[祝埋魂帛]

조석전을 그친다[罷朝夕奠]

유일을 만나면 재우를 지낸다[遇柔日再虞]

강일을 만나면 삼우를 지낸다[遇剛日三虞]

○졸곡卒哭

삼우 뒤 강일을 만나면 졸곡을 지낸다. 하루 전에 기물을 진설하고 찬을 갖춘다[三虞後遇剛日卒哭前期一日陳器具饌]

이튿날 일찍 일어나 채소, 과일, 술, 찬을 진설한다[厥明夙興設蔬果酒饌]

날이 밝으면 축이 신주를 내온다[質明祝出主]

주인 이하는 모두 들어가 곡하고 강신한다[主人以下皆入哭降神]

주인과 주부는 찬을 올린다[主人主婦進饌]

초헌初獻

아헌, 종헌, 유식, 합문, 계문, 사신[亞獻終獻侑食闔門啓門辭神]

이때부터 아침저녁 사이에는 슬픔이 북받쳐도 곡하지 않는다[自是朝夕之間哀至不哭]

주인과 형제는 거친 밥을 먹고 물을 마시되, 채소와 과일을 먹지 않으며, 잘 때 돗자리를 깔고 나무를 벤다[主人兄弟疏食水飮不食菜果寢席枕木]

○부祔

졸곡 다음날 부한다[卒哭明日而祔]

졸곡의 제물을 거두고 나서[卒哭之祭旣徹]

곧 기물을 진설하고 찬을 갖춘다[卽陳器具饌]

그 다음날 일찍 일어나 채소, 과일, 술, 찬을 진설한다[厥明夙興設蔬果酒饌]

날이 밝으면 주인 이하가 영좌 앞에서 곡한다[質明主人以下哭於靈座前]

사당에 가서 신주를 받들고 나와 영좌에 둔다[詣祠堂奉神主出置于座]

다시 새 신주를 받들고 사당에 들어가 영좌에 둔다[還奉新主入祠堂置于座]

차례로 선다[敍立]

참신參神

강신降神

축이 찬을 올린다[祝進饌]

초헌初獻

아헌亞獻・종헌終獻

유식侑食・합문闔門・계문啓門・사신辭神

축이 신주를 받들고 각기 본래 있던 곳으로 돌려놓는다[祝奉主各還故處]

○소상小祥

기년이 되어 소상을 지낸다[期而小祥]

하루 전날에 주인 이하는 목욕하고 기물을 진설하고 찬을 갖춘다[前期一日主人以下沐浴陳器具饌]

막차幕次를 설치하고 연복을 진설한다[設次陳練服]

다음날 새벽에 일어나 채소, 과일, 술, 찬을 진설한다[厥明夙興設蔬果酒饌]

날이 밝으면 축이 신주를 내오고 주인 이하는 들어가 곡한다[質明祝出主主人以下入哭]

이에 나와 막차로 가서 옷을 바꾸어 입고 다시 들어가 곡한다[乃出就次易服復入哭]

강신降神

삼헌三獻

유식侑食・합문闔門・계문啓門・사신辭神

조석곡을 그친다[止朝夕哭]

비로소 채소와 과일을 먹는다[始食菜果]

가례증해家禮增解 권12

상례喪禮 8

○대상大祥

2주기가 되어 대상을 지낸다[再期而大祥]

하루 전에 목욕하고 기물을 진설하며 음식을 준비한다[前期一日沐浴陳器具饌]

막차幕次를 설치하고 담복을 진설한다[設次陳禫服]

신주를 옮길 것을 사당에 아뢴다[告遷于祠堂]

그 다음 날 행사하는데 모두 소상의 의식과 같다[厥明行事皆如小祥之儀]

마치면 축이 신주를 받들고 사당으로 들어간다[畢祝奉神主入于祠堂]

영좌를 거두고 상장을 절단하여 가려진 곳에 버리며, 체천한 신주를 받들어 묘소 옆에 묻는다[徹靈座斷杖棄之屛處奉遷主埋于墓側]

○담제[禫]

대상 후 한 달을 건너 담제를 지낸다[大祥之後中月而禫]

한 달 전에 하순의 날을 점친다[前一月下旬卜日]

하루 전에 목욕하고 신위를 설치한 다음 기물을 진설하고 음식을 준비한다[前期一日沐浴設位陳器具饌]

그 다음날 날이 밝으면 행사하는데 모두 대상의 의식과 같다[厥明行事皆如大祥之儀]

○『비요備要』 길제吉祭

길제는 담제 다음날에 날을 점친다[吉祭禫之明日卜日]

3일 전에 재계한다[前期三日齊戒]

하루 전에 체천을 사당에 고한다[前一日告遷于祠堂]

신위를 설치한다[設位]

제기를 진열한다[陳器]

희생을 살피고 제기를 씻고 제찬을 갖추며, 이튿날 아침에 일찍 일어나 채소와 과일과 술과 제찬을 차리고, 날이 밝으면 신주를 받들어 신위에 모신다[省牲滌器具饌厥明夙興設蔬果酒饌質明奉主就位]

참신參神 · 강신降神 · 진찬進饌 · 초헌初獻

아헌亞獻 · 종헌終獻 · 유식侑食 · 합문闔門 · 계문啓門 · 수조受胙 · 사신辭神

신주를 들여 모신다[納主]

남은 음식을 치운다[徹餕]

침소로 되돌아간다[復寢]

○『비요備要』 개장改葬

개장. 개장을 하려면 먼저 천장할 만한 땅을 잡고 나서, 관을 마련하고 염상, 포효, 금, 의를 갖춘다[改葬將改葬先擇地之可葬者治棺具斂牀布絞衾衣]

장사지낼 도구를 준비한다[治葬具]

상복을 짓는다[制服]

날을 가려 영역을 열고, 토지에 제사하고, 그대로 광을 파고, 회격을 만드는데, 모두 처음 장사지내는 의식과 같다[擇日開塋域祠土地遂穿壙作灰隔皆如始葬之儀]

하루 전에 사당에 고한다[前期一日告于祠堂]

집사가 구묘에 흰 베 장막을 친다[執事者於舊墓所張白布幕]

남녀의 위차를 마련한다. 그 이튿날 아침에 내외의 모든 친척이 다 모여 각기 제 위치로 나아간다. 주인은 시마복을 입고 나머지 사람들은 모두 소복을 입고 위차에 나아가 슬픔이 다하도록 곡한다[爲男女位次厥明內外諸親皆至各就次主人服緦餘皆素服就位哭盡哀]

축이 토지에 제사한다[祝祠土地]

묘소를 연다[啓墓]

역부가 분묘를 연다[役者開墳]

관을 들어내어 장막 안의 돗자리 위에 둔다[擧棺出置幕下席上]

축이 공포로 관을 닦고 이불로 덮는다[祝以功布拭棺覆以衾]

널 앞에 전을 차린다[設奠于柩前]

역자가 새 관을 장막 문 밖에 남향으로 들여놓고 그대로 장막으로 나아가면, 집사가 새 관의 서쪽에 염상을 설치한다[役者舁新棺於幕門外南向遂詣幕所執事者設斂牀於新棺之西]

집사가 관을 열고 시신을 들어다 염상에 놓고, 그대로 대렴 때의 의식과 같이 염을 한다[執事者開棺擧尸置于斂牀遂斂如大斂之儀]

널을 옮겨 상여에 싣는다[遷柩就轝]

발인은 처음 장사지낼 때의 의식과 같다. 도착하기 전에 집사가 먼저 영악과 영좌를 설치하고 남녀의 위차를 만든다. 널이 도착하면 주인 남녀가 각기 제 위차로 나아가 곡한다[發引如始葬之儀未至執事者先設靈幄靈座爲男女位次柩至主人男女各就位哭]

이에 하관하는데, 처음 장사지낼 때의 의식과 똑같다[乃窆一如始葬之儀]

묘소의 왼쪽에서 토지에 제사한다[祠土地於墓左]

장사를 마치고는 장막의 영좌 앞으로 나아가 우제를 지내는데, 의식은 초우와 같다[旣葬就幕所靈座前行虞祭如初虞儀]

제사를 마치면 영좌를 거두어 돌아온다[祭畢徹靈座而還]

사당에 고유한다[告于祠堂]

석 달 만에 복을 벗는다[三月而除服]

○거상잡의居喪雜儀

○치부장・치전장[致賻奠狀]

○사장謝狀

○『비요』 조제문弔祭文

○『비요』 문장門狀

○『비요』 방자榜子

○『비요』: 『의절』의 '조부모・부모가 사망하여 조문하거나 부의를 보내거나 장례에 참석한 사람에게 사례하는 소'[『備要』: 『儀節』擬祖父母父母亡謝人弔賻會葬疏]

○부모상을 당한 사람을 위문하는 소[慰人父母亡疏]

○부모상을 당해 남의 위문에 답하는 소[父母亡答人慰疏]

○조부모상을 당한 사람을 위문하는 계장[慰人祖父母亡啓狀]

○조부모상을 당한 사람이 답장하는 계장[祖父母亡答人啓狀]

가례증해家禮增解 권13

제례祭禮 1

○사시제四時祭

시제는 중월에 지내고 열흘 전에 날을 잡는다[時祭用仲月前旬卜日]

사흘 전에 재계한다[前期三日齊戒]

하루 전날 신위를 설치하고 기물을 진설한다[前一日設位陳器]

희생을 살피고 그릇을 씻고 음식을 갖춘다[省牲滌器具饌]

그 다음날 밝으면 일찍 일어나 채소와 과일과 술과 음식을 진설한다[厥明夙興設蔬果酒饌]

밝을 무렵에 신주를 받들고 자리로 나아간다[質明奉主就位]

참신參神

강신降神

진찬進饌

초헌初獻

아헌亞獻

종헌終獻

유식侑食

합문闔門

계문啓門

수조受胙

사신辭神

납주納主

철徹

준餕

◎≪토지제土地祭≫

가례증해家禮增解 권14

제례祭禮 2

○초조初祖

시조를 계승한 종만 제사지낼 수 있다[惟繼始祖之宗得祭]

동지에 시조에게 제사지낸다[冬至祭始祖]

기일 3일 전에 재계한다[前期三日齊戒]

기일 하루 전에 신위를 설치한다[前期一日設位]

기물을 진설한다[陳器]

제찬을 갖춘다[具饌]

그 이튿날 일찍 일어나 채소와 과일과 술과 찬을 진설한다[厥明夙興設蔬果酒饌]

날이 밝을 무렵에 성복을 차려입고 자리로 나아간다[質明盛服就位]

강신降神·참신參神

진찬進饌

초헌初獻

아헌亞獻

종헌終獻

유식侑食·합문闔門·계문啓門·수조受胙·사신辭神·철徹·준餕

○선조先祖

입춘에 선조에게 제사지낸다[立春祭先祖]

3일 전에 재계한다[前三日齊戒]

하루 전에 신위를 설치하고 기물을 진설한다[前一日設位陳器]

제찬을 갖춘다[具饌]

그 이튿날 일찍 일어나 채소와 과일과 술과 찬을 진설한다[厥明夙興設蔬果酒饌]

날이 밝을 무렵에 성복을 차려입고 자리로 나아가서 강신과 참신을 한다[質明盛服就位降神參神]

진찬進饌

초헌初獻

아헌, 종헌[亞獻終獻]

유식侑食·합문闔門·계문啓門·수조受胙·사신辭神·철徹·준餕

○녜禰

계추에 녜제를 지낸다[季秋祭禰]

한 달 전 하순에 날을 점친다[前一月下旬卜日]

사흘 전에 재계하고, 하루 전에 신위를 설치하고 기물을 진설한다[前三日齊戒前一日設位陳器]

제찬을 갖춘다[具饌]

그 이튿날 일찍 일어나 채소와 과일과 술과 찬을 진설한다[厥明夙興設蔬果酒饌]

날이 밝을 무렵에 성복을 차려입고 사당에 가서 신주를 받들고 나와 정침으로 간다[質明盛服詣祠堂奉神主出就正寢]

참신參神·강신降神·진찬進饌·초헌初獻

아헌亞獻·종헌終獻·유식侑食·합문闔門·계문啓門·수조受胙·사신辭神·납주納主·철徹·준餕

○기일忌日

하루 전에 재계한다[前一日齊戒]

신위를 설치한다[設位]

기물을 진설한다[陳器]

제찬을 갖춘다[具饌]

그 이튿날 일찍 일어나 채소와 과일과 술과 찬을 진설한다[厥明夙興設蔬果酒饌]

날이 밝을 무렵에 주인 이하는 변복한다[質明主人以下變服]

사당에 가서 신주를 받들고 나와 정침으로 간다[詣祠堂奉神主出就正寢]

참신參神 · 강신降神 · 진찬進饌 · 초헌初獻

아헌亞獻 · 종헌終獻 · 유식侑食 · 합문闔門 · 계문啓門

사신辭神 · 납주納主 · 철徹

이 날은 술을 마시지 않고 고기를 먹지 않고 음악을 듣지 않고 참건에 소복과 소대를 착용하여 거처하며, 저녁에는 밖에서 잔다[是日不飮酒不食肉不聽樂黲巾素服素帶以居夕寢于外]

◎생기生忌

○묘제墓祭

3월 상순에 날을 가린다[三月上旬擇日]

하루 전에 재계한다[前一日齊戒]

제찬을 갖춘다[具饌]

날이 밝으면 물 뿌리고 쓴다[厥明灑掃]

자리를 펴고 제찬을 진설한다[布席陳饌]

참신參神 · 강신降神 · 초헌初獻

아헌亞獻 · 종헌終獻

사신하고 철상한다[辭神乃徹]

그대로 후토에 제사지내는데 자리를 깔고 제찬을 진설한다[遂祭后土布席陳饌]

강신降神 · 참신參神 · 삼헌三獻

사신하고 철상하고 물러난다[辭神乃徹而退]

○가례증해발家禮增解跋

『국역 가례증해』 제1책 차례

일러두기

총칙

1. 이 책은 이의조가 편찬한 『가례증해家禮增解』 목판본 14권 10책을 저본으로 번역하였다.
2. 예가禮家에서 흔히 통용하는 예학용어는 풀이하지 않는다.
   예) 부재모상父在母喪, 참최복斬衰服 등
3. 역문을 먼저 제시하고 원문을 뒤에 제시하되 모든 편차와 체제와 서술 형식은 가능한 한 원전의 편집체제를 따랐다.

국역원칙

1. 번역은 원문의 본뜻을 그대로 전달할 수 있도록 직역을 원칙으로 하여, 지나친 의미 부연이나 왜곡이 없도록 배려한다. 다만 직역으로는 도저히 의미 전달이 불가능할 경우에만 한하여 의역을 병행하되, 그 사유를 주석으로 밝힌다.
2. 널리 쓰이는 예학 용어는 가능한 한 살려 쓰되, 난해한 용어인 경우 '( )' 안에 간략한 용어 해설을 추가한다.
3. 번역상 풀어쓰는 용어라도 예학상 또는 의미 전달에 있어서 오해의 소지가 있는 경우에는 원래 어휘를 '[ ]' 안에 병기한다.
4. 한자어의 숫자는 통용 숫자로 바꾸어 적고, 괄호 안의 한자숫자도 생략한다. 다만 오륜五倫, 오행五行, 양친兩親, 구족九族 등과 특별한 의미를 가진 어휘는 한글음과 한자어를 그대로 사용한다.
5. 『가례증해』 내에서 상호 참고를 위해 표시해 둔 장章, 절節과 조條, 목目은 모두 ' '로 표시한다.
   예) '대상大祥'장, '심상복변제心喪服變除'조를 보라.
   見'大祥'章, '心喪服變除'條
6. 모든 용어는 두음법칙을 따르되 특수한 예학 용어인 경우에는 원음을 살린다.
   예) 녜禰
7. 저본에서 글자크기를 달리 표기한 본문이나 할주는 번역본에서도 글자의 크기를 달리하여 표기하되, 저본의 기호는 가능한 한 살려 표기하였다.
8. 저본의 '〖按〗'과 '〖愚案〗'은 저자의 견해를 표시한 것으로 역문에는 각기 '〖경호안설〗'과 '〖우안〗'으로 표시하였다.
9. 저본에 저자가 변례變禮를 표시해 둔 음각부분은 원문과 역문에 모두 '【 】'로 표시하여 구분하였다.
10. 저본에 나오는 서명과 편명은 원문과 역문 모두 '『 』'과 '「 」'을 붙여두었다.
11. 저본에 나오는 본문의 원주는 '{ }'로 표시하였다.
12. 저본에 인용된 문헌의 서명은 특별한 사정이 없는 한 저본에 표기된 대로 축약된 명칭을 그대로 축약하였다.
13. 본문에서 인용한 내용의 출전은 가급적 밝혀주었다.
   예) 『퇴계집』 권35 「여정유일與鄭惟一」.
14. 원문의 투식은 대체로 다음과 같이 번역한다.
   - 見'大祥'章: '대상大祥'장을 보라.
   - 更詳之: 다시 상세히 살필 것.
   - 詳'大祥'章: '대상大祥'장에 상세하다.
   - 參'大祥'章: '대상大祥'장을 참고하라.
   - 齊衰: 재최. '齊'를 '咨'로 읽는다는 주에 의거하여 오늘날 '자최'로 표기하는 이들이 더러 있으나, 17세기 『논어언해』와 『가례언해』의 표기 사례를 취하여 '재최'로 표기한다.

가례증해인용예서목록家禮增解引用禮書目錄

의례경전주소儀禮經傳註疏[1] 정현鄭玄[2] 주註, 가공언賈公彦[3] 소疏

주례주소周禮註疏[4] 정현鄭玄 주註, 가공언賈公彦 소疏

예기주소禮記註疏[5] 정현鄭玄 주註, 공영달孔穎達[6] 소疏

개원례開元禮[7]

통전通典[8] 두우杜佑[9]가 찬술하였다.

주원양제록周元陽祭錄[10]

1 『의례경전주소(儀禮經傳註疏)』: 『의례주소(儀禮註疏)』 17권을 가리킨다. 고대 예학의 가장 중요한 경전인 『의례(儀禮)』는 한(漢)나라 이래로 모두 17편이 전해져 왔는데, 그 안에는 의례의 본문인 경(經)과 이를 설명한 전(傳)이 들어 있었다. 후한 때 정현(鄭玄)이 이 책에 주(註)를 추가하여 해석을 가하고, 다시 당(唐)나라 때 가공언(賈公彦)이 소(疏)를 붙여 설명을 더하여 책 이름을 『의례주소』라고 하였는데, 여기에는 『의례』 경과 전 및 주와 소가 모두 포함되어 있다.

2 정현(鄭玄; 127-200): 동한(東漢) 말기의 경학자로 자는 강성(康成)이며 고밀(高密) 출신이다. 마융(馬融)에게 배워 학문을 크게 이루었으나, 당고(黨錮)의 화를 입고 칩거하여 저술 활동에만 전념하였다. 『역(易)』, 『시(詩)』, 『서(書)』, 『의례(儀禮)』, 『주례(周禮)』, 『예기(禮記)』, 『논어(論語)』, 『효경(孝經)』 등 중요 경전에 주석(註釋)을 내어 경학(經學)의 발전에 크게 기여하였다.

3 가공언(賈公彦): 당(唐)나라의 학자로 고종(高宗) 연간(650-665)에 태학박사(太學博士)와 홍문관학사를 지냈고, 예학(禮學)에 정통하여 공영달(孔穎達) 등과 『예기정의(禮記正義)』의 편찬에 참여하였고, 『의례주소(儀禮註疏)』와 『주례주소(周禮註疏)』의 소(疏)를 달았다.

4 『주례주소(周禮註疏)』: 고대 관직제도를 설명한 예학 경전인 『주례(周禮)』에 후한 정현(鄭玄)의 주(註)에 당나라 가공언(賈公彦)의 소(疏)를 붙여 만든 주례 주석서. 모두 42권이다. 『주례』는 본디 주(周)나라 초기에 주공(周公)이 천관(天官) 지관(地官) 춘관(春官) 하관(夏官) 추관(秋官) 동관(冬官) 등 6편의 경(經)을 편찬한 것으로 알려져 있으나, 그 실상은 알 수 없고, 한(漢)나라 이래로 동관(冬官)이 없어서 「고공기(考工記)」로 대체하여 전해진다.

5 『예기주소(禮記註疏)』: 당(唐)나라 때 공영달(孔穎達)이 한나라 이래로 전해오는 『소대례기(小戴禮記)』에 정현(鄭玄)의 주와 자신의 소를 덧붙여 편찬한 책이다. 고대의 예에 대한 잡다한 기록을 모은 『예기(禮記)』는 한나라 때 200여 편이 넘는 기록들이 있었으나, 한나라 때 대덕(戴德)이 정리한 것으로 알려진 『대대례기(大戴禮記)』 85편과 대성(戴聖)이 정리한 것으로 알려진 『소대례기』 49편이 후대에 전해오는데, 『소대례기』를 통상 『예기』라고 한다.

6 공영달(孔穎達; 574-648): 자는 중달(仲達)이며, 당나라 태종(太宗) 때 학자이다. 태종 때 국자감의 좨주(祭酒)가 되어 위징과 함께 『수서』를 편찬하였다. 저서에 『오경정의(五經正義)』, 『십삼경소(十三經疏)』 등이 있다

7 『개원례(開元禮)』: 당(唐)나라의 예제(禮制)에 관한 책으로 150권이다. 당대의 예전(禮典)으로 『대당의령(大唐儀令)』(『정관례(貞觀禮)』) 100권과 『현경례(顯慶禮)』 130권이 통용되었는데, 개원(開元) 14년 왕암(王嵒)이 상소하고 장열(張說)의 건의로 예의 개정작업이 진행됨으로써 이 책이 완성되었다. 서례(序例) 3권, 길례(吉禮) 75권, 빈례(賓禮) 2권, 군례(軍禮) 10권, 가례(嘉禮) 40권, 흉례(凶禮) 20권이고, 예목(禮目)은 모두 152편 226목이다.

8 『통전(通典)』: 황제(黃帝)와 당우(唐虞)로부터 당나라 천보(天寶) 연간(742-756)에 이르기까지 중국 역대의 전장제도(典章制度)를 정리한 책으로 모두 200권이다. 당나라 개원(開元) 말엽에 유질(劉秩)이 『주례(周禮)』 육관(六官)의 형식을 본떠 『정전(政典)』 35권을 저술하였는데, 두우(杜佑)가 이 책을 기초로 범위를 더 확대하고 『개원례(開元禮)』와 「악지(樂志)」를 보태어 801년에 이 책을 완성하였다. 사류(事類)에 따라 모두 9문(門)으로 분류하고, 다시 자목(子目)으로 세분하고 있는데, 구성은 식화(食貨) 12권 · 선거(選擧) 6권 · 직관(職官) 22권 · 예(禮) 100권 · 악(樂) 7권 · 병(兵) 15권 · 형(刑) 8권 · 주군(州郡) 14권 · 변방(邊防) 16권으로 이루어져 있다.

9 두우(杜佑; 735-812): 당나라 덕종(德宗)과 헌종(憲宗) 때의 학자. 자는 군경(君卿). 사도(司徒)를 역임했으며, 기국공(岐國公)에 책봉되었다. 황제(黃帝)와 당우(唐虞)로부터 당나라 천보(天寶) 연간(742-756)에 이르기까지 중국 역대의 전장제도(典章制度)를 총 200권으로 정리한 거작(巨作) 『통전(通典)』을 저술했다.

10 『주원양제록(周元陽祭錄)』: 당(唐)나라 때 사람 주원양(周元陽)이 편찬한 제례에 관한 서적. 『신당서(新唐書)』 「예문지(藝文誌)」와 『송서(宋書)』 「예문지」에 모두 이 책이 1권이라고 기록되어 있다. 문헌에 따라 『주원양사록(周元陽祀錄)』 또는 「주원양의사(周元陽議祀)」라는 명칭

사마씨서의司馬氏書儀[11] 온공溫公[12]의 저술이다.

한위공제의韓魏公祭儀[13]

의례경전통해儀禮經傳通解[14] 주자朱子[15]가 찬술하였다.

의례경전속통해儀禮經傳續通解[16] 면재勉齋 황간黃榦[17]이 찬술하였다.

정씨유서程氏遺書[18] 두 정부자程夫子의 저술이다.

정씨외서程氏外書[19] 상동上同

이굴理窟 장횡거張橫渠의 저술이다.

주자대전朱子大全[20]

주자어류朱子語類[21]

으로 인용하고 있다. 주원양의 전기는 분명치 않다.

11 『서의(書儀)』: 송(宋) 사마광(司馬光)이 지은 것으로 모두 10권이다. 『사마서의(司馬書儀)』라고도 한다. 「표주공문사서가서식(表奏公文私書家書式)」 1권, 「관의(冠儀)」 1권, 「혼의(婚儀)」 2권, 「상의(喪儀)」 6권으로 구성되어 있다.

12 사마광(司馬光; 1019-1086): 자는 군실(君實), 산서성(山西省) 하현(夏縣) 출신, 시호는 문정(文正), 사후(死後)에 태사온국공(太師溫國公)에 추증했기 때문에 사마온공(司馬溫公)이라 한다. 북송(北宋)의 학자이자 정치가이다. 철종(哲宗) 때 문하시랑(門下侍郞)을 역임했으며, 저서에 『자치통감(資治通鑑)』, 『독락원집(獨樂園集)』, 『서의(書儀)』 등이 있다.

13 『제식(祭儀)』: 송(宋)나라 위공(魏公) 한기(韓琦)가 지었다. 한기의 자는 치규(稚圭), 호는 공수(贛叟), 시호는 충헌(忠獻)이다.

14 『의례경전통해(儀禮經傳通解)』: 주자(朱子)가 『의례(儀禮)』를 근간으로 『예기(禮記)』 및 여러 경전의 구절들을 취하여 그 아래에 붙이고, 주소(註疏)의 제설(諸說)을 나열한 다음 논단을 붙여 엮은 책인데, 미처 탈고하지 못한 것을 면재(勉齋) 황간(黃榦)이 주자가 편찬하던 본집 37권을 보완하고 속집 29권을 붙여 모두 66권으로 완성하였다.

15 주희(朱熹; 1130-1200): 자는 원회(元晦) 또는 중회(仲晦)이며, 호는 회암(晦庵) 또는 회옹(晦翁), 고정(考亭) 등으로 알려졌다. 경학(經學)에 정통하여 송대의 성리학을 집대성했으며, 조선시대 유학에 큰 영향을 끼쳤다. 저서로는 『사서장구집주(四書章句集注)』, 『주역본의(周易本義)』, 『시집전(詩集傳)』, 『초사집주(楚辭集注)』, 『근사록(近思錄)』, 『주자가례(朱子家禮)』 등이 있고, 후인이 편찬한 『주문공문집(朱文公文集)』, 『주자어류(朱子語類)』 등이 있다.

16 『의례경전속통해(儀禮經傳續通解)』: 『의례경전통해속(儀禮經傳通解續)』. 주자의 문인인 황간(黃榦)이 편집한 책으로 모두 29권이다. 상례(喪禮)와 제례(祭禮)에 관한 것은 주자가 초고를 만들지 못하였기 때문에 그가 죽은 뒤 황간이 보충하고, 다시 양복(楊復)이 그것을 정리하여 완성한 것이다.

17 황간(黃榦; 1152-1221): 자는 직경(直卿), 호는 면재(勉齋), 시호는 문숙(文肅)이다. 주자(朱子)의 제자요 사위다. 주자의 『의례경전통해(儀禮經傳通解)』를 완성했다.

18 『정씨유서(程氏遺書)』: 송대의 성리학자 정호(程顥; 1032-1085)와 정이(程頤; 1033-1107) 두 형제 철학자의 저술을 모아 엮은 『이정전서(二程全書)』 중 일부. 『이정전서(二程全書)』는 호문정(胡文定)이 문집을 편집하고, 주자(朱子)가 유서(遺書)와 외서(外書)를 편집하고, 장기(張玘)가 경설(經說)을 합한, 모두 65권인데, 『이정유서(二程遺書)』 25권, 부록 1권, 『이정외서(二程外書)』 12권, 『명도선생문집(明道先生文集)』 5권, 『이천선생문집(伊川先生文集)』 8권, 『이천역전(伊川易傳)』 4권, 『정씨경설(程氏經說)』 8권, 『이정수언(二程粹言)』 2권이 포함되어 있다.

19 『정씨외서(程氏外書)』: 『정씨유서(程氏遺書)』의 주석 참조.

20 『주자대전(朱子大全)』: 남송 성리학의 완성자인 주희(朱熹)의 문집이다. 모두 121권. 본래 『주문공문집(朱文公文集)』으로 불리는데, 조선에서는 『주자대전』이라 이름 붙여 간행하였다. 주희의 막내아들 주재(朱在)가 편집한 본집 100권을 중심으로 순우(淳祐) 5년(1245) 경 왕수(王遂)·유숙충(劉叔忠) 등이 속집 11권을 편집하였고, 함순(咸淳) 6년(1270) 여사로(余師魯)가 별집 10권을 편집하여 121권이 갖추어지게 되었다.

21 『어류(語類)』: 남송 성리학자인 주희가 문도들과 나눈 대화를 기록한 책이다. 당초 송나라 이도전(李道傳)을 비롯하여 이성전(李性傳) 등 여러 사람들이 편집한 여러 종류의 책이 있었는데, 남송의 여정덕(黎靖德)이 이전에 기록된 주희의 각종 어록들을 참고하여 중복되거나 오류가 있는 것을 수정하여 함순(咸淳) 6년(1270)에 모두 140권으로 완성하였다. 이기(理氣)·귀신(鬼神)·성리(性理) 등 모두 26문(門)으로 분류되어 있다.

예기집설禮記集說 동회택東滙澤 진호陳澔[22]의 찬술이다.

가례의절家禮儀節[23] 문장공文莊公 경산瓊山 구준丘濬[24]이 찬술하였다.

가례회성家禮會成[25] 위당魏堂이 찬술하였다.

가례회통家禮會通 탕탁湯鐸이 찬술하였다.

가례정형家禮正衡[26] 양씨楊氏가 찬술하였다.

가례집설家禮集說 풍선馮善이 찬술하였다.

성리대전보주性理大全補註 유씨劉氏가 찬술하였다.

문헌통고文獻通考 마단림馬端臨[27]이 찬술하였다.

한묵전서翰墨全書[28] 유응계劉應季가 찬술하였다. 혹 웅화熊禾가 편집한 것이라고도 한다.

육례찬요六禮纂要 후정훈侯廷訓과 반욱潘勗이 함께 찬술하였다.

향교례집鄉校禮輯[29] 도희영屠羲英이 찬술하였다.

대명집례大明集禮[30]

사림광기事林廣記

독례통고讀禮通考 청淸나라 사람 서건학徐乾學(1631-1694)이 찬술하였다.

22 진호(陳澔; 1261-1341): 자는 가대(可大), 호는 운장(雲莊)·북산(北山)이다. 원나라 도창(都昌)사람이며, 대유(大猷)의 아들이다. 송나라 말에 향리에 은거하면서 제자들을 가르쳤다. 저서에 『예기집설(禮記集說)』이 있다.

23 『가례의절(家禮儀節)』: 명(明)나라 구준(丘濬)이 편찬한 책으로, 『주자가례』의 내용을 실제 행례에 편하도록 덜고 보태어 여러 가지 구체적인 절차와 기물 등의 주석과 고증을 부가하였다. 모두 8권이다.

24 구준(丘濬; 1420-1495): 자는 중심(仲深), 경산(瓊山) 출신. 명나라 관료이자 학자이다. 경태(景泰) 5년(1454)에 진사가 되었으며, 후에 예부상서(禮部尙書)·태자태보(太子太保)·문연각학사(文淵閣學士)를 지냈다. 경세에 밝았으며 시폐를 직언하여 황제를 잘 보좌하였다. 저서에 송나라 진덕수(眞德秀)의 『대학연의(大學衍義)』를 보충한 164권의 『대학연의보(大學衍義補)』와 『문공가례의절(文公家禮儀節)』 등이 있다.

25 『가례회성(家禮會成)』: 명(明)나라 사람 위당(魏堂)이 지었다고 하는 이 책은, 국립중앙도서관에 『문공가례회성(文公家禮會成)』이란 이름으로 8권이 소장되어 있으나, 위당(魏堂)이란 사람에 대하여는 자세히 알 수 없다.

26 『가례정형(家禮正衡)』: 이 책을 양씨(楊氏)가 지었다고 하였으나, 양씨가 누구인지 분명치 않다. 청(淸)나라 황우직(黃虞稷)이 지은 『천경당서목(千頃堂書目)』에 숭안인(崇安人) 팽빈(彭濱) 보주(補註)의 『문공가례정형(文公家禮正衡)』 8권이 기록되어 있고, 청나라 때 편찬된 『절강통지(浙江通志)』 권242에 영가현(永嘉縣) 사람 주응기(周應期)가 저술한 『가례정형(家禮正衡)』이 보이는데, 모두 양씨(楊氏) 성은 보이지 않는다. 아마 이와 다른 책인 듯한데, 분명히 밝히지 못한다.

27 마단림(馬端臨; 1254~1323): 자는 귀여(貴與), 원나라 낙평(樂平)사람. 벼슬은 승사랑(承事郞)을 지냈다. 저서에 『문헌통고(文獻通考)』, 『대학집전(大學集傳)』, 『다식록(多識錄)』 등이 있다.

28 『한묵전서(翰墨全書)』: 송말원초(宋末元初)에 웅화(熊禾)가 유응계(劉應季)의 『사문유취한묵전서(事文類聚翰墨全書)』 10함(函) 80책을 새로 편집하여 엮은 것으로 일종의 백과전서이다. 모두 98권.

29 『향교례집(鄉校禮輯)』: 명나라 도희영(屠羲英)과 황의(黃議) 등이 편찬한 것으로 1권이다.

30 『대명집례(大明集禮)』: 명나라 예제(禮制)의 연혁과 당시의 정제(定制)를 정리한 것으로, 서일기(徐一夔) 등에 의해 홍무 3년(1370)에 완성되었다. 구성은 길례(吉禮)·가례(嘉禮)·빈례(賓禮)·군례(軍禮)·흉례(凶禮)·관복(冠服)·관복도(冠服圖)·승여(乘輿)·거로(車輅)·의복(儀伏)·노부(鹵簿)·가학락(家學樂)으로 이루어져 있다.

우리나라 선유들의 책[我東先儒書]

회재문집晦齋文集 문원공文元公 이언적李彦迪[31]이 저술하였다.

봉선잡의奉先雜儀[32] 회재晦齋가 찬술하였다.

하서문집河西文集 문정공文正公 김인후金麟厚[33]가 저술하였다.

퇴계문집退溪文集[34] 문순공文純公 이황李滉[35]이 저술하였다.

퇴도언행록退陶言行錄[36] 퇴계退溪의 문인들이 기록하였다.

이암문집頤菴文集 문단공文端公 송인宋寅[37]이 저술하였다.

고봉문집高峯文集 문헌공文憲公 기대승奇大升[38]이 저술하였다.

율곡문집栗谷文集 문성공文成公 이이李珥[39]가 저술하였다.

격몽요결擊蒙要訣[40] 율곡栗谷 이이가 저술하였다.

우계문집牛溪文集 문간공文簡公 성혼成渾[41]이 저술하였다.

31 이언적(李彦迪; 1491-1553) : 자는 복고(復古), 호는 회재(晦齋) · 자계옹(紫溪翁), 본관은 여주(驪州), 시호는 문원(文元)이다. 『중용구경연의(中庸九經衍義)』를 저술하였고 문묘(文廟)에 배향되었다.

32 『봉선잡의(奉先雜儀)』: 회재 이언적(李彦迪)이 편찬한 제례서로 목판본 2권 1책이다. 『주자가례(朱子家禮)』 및 사마광(司馬光), 정이(程頤) 등의 제례서(祭禮書)의 내용을 취사선택하여 일가(一家)의 예법을 작성하고, 예경(禮經)과 선현들의 글에서 보본추원(報本追遠)의 뜻이 담긴 대목을 추려서 따로 하편 1권을 만들었다. 1550년(명종 5)에 쓴 저자의 서(序)가 있고, 1643년(인조 21)에 쓴 송국택(宋國澤)의 간기(刊記)가 있다.

33 김인후(金麟厚; 1510-1560): 자는 후지(厚之), 호는 하서(河西), 본관은 울산(蔚山), 시호는 문정(文正)이다. 중종 35년(1540)에 문과에 급제하고, 설서 · 부수찬을 거쳐 옥과 현령을 지냈으나, 을사사화가 일어나자 낙향하여 성리학 연구에 전념하였다. 저서에 『하서집』, 『주역관상편(周易觀象篇)』 등이 있다.

34 『퇴계집(退溪集)』: 조선 전기의 대유(大儒) 퇴계 이황(李滉)의 문집이다. 원집(原集) 49권, 별집(別集) 1권, 외집(外集) 1권, 속집(續集) 8권, 연보(年譜) 3권, 언행록(言行錄) 6권으로 구성되어 있다. 1598년(선조 31) 간행되었다.

35 이황(李滉; 1501-1570) : 자는 경호(景浩), 호는 퇴계(退溪), 본관은 진보(眞寶), 시호는 문순(文純)이다. 1534년 문과에 급제한 이후, 홍문관 수찬·성균관 대사성·우찬성 등을 역임하였다. 오로지 성리학을 연구하여 주자학을 집대성하였다. 저서에 『주자서절요(朱子書節要)』, 『성학십도(聖學十圖)』, 퇴계집(退溪集)』 등이 있다.

36 『퇴도언행록(退陶言行錄)』: 퇴계 이황의 언행에 대한 기록은 월천(月川) 조목(趙穆)의 「퇴계선생언행총록(退溪先生言行總錄)」을 비롯하여 설월당(雪月堂) 김부륜(金富倫)의 「퇴계선생언행차록(退溪先生言行箚錄)」, 문봉(文峰) 정유일(鄭惟一)의 「퇴계선생언행통술(退溪先生言行通述)」, 학봉(鶴峰) 김성일(金誠一)의 「퇴계선생언행록(退溪先生言行錄)」, 간재(艮齋) 이덕홍(李德弘)의 「계산기선록(溪山記善錄)」 등 문인들의 기록이 있고, 나중에 창설재(蒼雪齋) 권두경(權斗經)이 『퇴도선생언행총록(退陶先生言行總錄)』으로 편찬하여 간행하였다.

37 송인(宋寅; 1516-1584): 자는 명중(明仲), 호는 이암(頤庵), 본관은 여산(礪山), 시호는 문단(文端)이다. 중종의 셋째 서녀인 정순옹주(貞順翁主)와 결혼하여 여성위(礪城尉)가 되고, 명종 때 여성군(礪城君)에 봉해졌다. 저서에 『이암집(頤庵集)』이 있다.

38 기대승(奇大升; 1527-1572): 자는 명언(明彦), 호는 고봉(高峯), 본관은 행주(幸州), 시호는 문헌(文憲)이다. 1559-1566년까지 이황(李滉)과의 사칠논변(四七論辯)을 통해 조선의 유학사상에 깊은 영향을 끼쳤다. 저서에 『고봉집(高峯集)』이 있다.

39 이이(李珥; 1551-1588) : 자는 숙헌(叔獻), 호는 율곡(栗谷), 본관은 덕수(德水), 시호는 문성(文成)이다. 호조 · 이조 · 병조의 판서를 거쳐 우찬성(右贊成)을 역임하였다. 동서(東西) 당쟁의 조정에 힘썼다. 저서에 『성학집요(聖學輯要)』 · 『격몽요결(擊蒙要訣)』 · 『율곡전서(栗谷全書)』 등이 있다.

40 『격몽요결(擊蒙要訣)』: 율곡 이이가 초학자의 입문서적으로 편찬한 단권의 책으로 입지(立志), 혁구습(革舊習), 지신(持身) 등 10장으로 구성되어 있고, 부록으로 제사 의식을 간략하게 소개한 제의초(祭儀抄)가 붙어 있다. 선조 10년(1577)에 편찬된 이후 인조 때 간행되고, 그 뒤로도 여러 차례 간행되어 다양한 판본이 있다.

송강문집松江文集 문청공文淸公 정철鄭澈[42]이 저술하였다.

구봉문집龜峯文集 송익필宋翼弼[43]이 저술하였다.

한강문집寒岡文集 문목공文穆公 정구鄭逑[44]가 저술하였다.

오선생예설五先生禮說[45] 한강寒岡이 찬술하였다.

서애문집西厓文集 문충공文忠公 류성룡柳成龍[46]이 저술하였다.

사계문집沙溪文集 문원공文元公 김장생金長生[47]이 저술하였다.

상례비요喪禮備要[48] 사계沙溪가 찬술하였다.

가례집람家禮輯覽[49] 상동上同

의례문해疑禮問解[50] 상동上同

속의례문해續疑禮問解 문경공文敬公 김집金集[51]이 저술하였다.

41 성혼(成渾; 1535-1598): 자는 호원(浩原), 호는 우계(牛溪), 본관은 창녕(昌寧), 시호는 문간(文簡)이다. 이이(李珥)와 교유하고, 이이 사후 서인의 영수가 되었다. 저서에 『우계집(牛溪集)』이 있다.

42 정철(鄭澈; 1536-1593): 자는 계함(季涵), 호는 송강(松江), 본관은 연일(延日), 시호는 문청(文淸)이다. 저서로 『송강집(松江集)』, 「송강가사(松江歌辭)」 등이 있다.

43 송익필(宋翼弼; 1534-1599): 자는 운장(雲長), 호는 구봉(龜峰), 현승(玄繩)이라 하였고, 본관은 여산(礪山), 시호는 문경(文敬)이다. 이이(李珥)·성혼(成渾) 등과 교류하며 성리학과 예학(禮學)에 밝았고, 문하에 김장생(金長生)·김집(金集) 등 많은 학자들이 배출되었다.

44 정구(鄭逑; 1543-1620): 자는 도가(道可), 호는 한강(寒岡), 본관은 청주(淸州), 시호는 문목(文穆)이다. 오건(吳健)에게 수학하고 조식(曺植), 이황(李滉)의 문하에 출입하여 학문을 대성하였다. 저서에 『오선생예설(五先生禮說)』·『오복연혁도(五服年革圖)』 등이 있다.

45 『오선생예설(五先生禮說)』: 조선중기의 학자 한강 정구(鄭逑)가 송(宋)나라 학자 정호(程顥; 1032-1085)·정이(程頤; 1033-1107), 사마광(司馬光; 1019-1086), 장재(張載; 1020-1077), 주희(朱熹; 1130-1200)의 예설(禮說)을 분류·정리한 책으로, 1611년(광해군 3)에 완성되어 1629년(인조 7) 담양부사 이윤우(李潤雨)와 관찰사 권태일(權泰一)이 20권 7책으로 간행하였다. 책머리에 편저자의 서문이 있고, 책 끝에 장현광(張顯光)·이윤우의 발문이 있다. 전집(前集) 권1은 예총론(禮總論)·천자제후관혼례(天子諸侯冠婚禮), 권2-3은 천자제후상례, 권4-7은 천자제후제례, 권8은 천자제후잡례로 되어 있고, 후집(後集) 권1은 관혼총론, 권2-6은 상례, 권7-9는 제례, 권10은 제례부록, 권11은 잡저, 권12는 편례(編禮)로 구성되어 있다.

46 류성룡(柳成龍; 1542-1607) : 자는 이견(而見), 호는 서애(西厓), 본관은 풍산(豊山), 시호는 문충(文忠)이다. 이황(李滉)의 문인으로, 임진왜란의 극복에 큰 공을 세웠으며, 저서에 『서애집』·『상례고증(喪禮考證)』·『징비록(懲毖錄)』 등이 있다.

47 김장생(金長生; 1548-1631): 자는 희원(希元), 호는 사계(沙溪), 본관은 광산(光山), 시호는 문원(文元)이다. 일찍이 과거를 포기하고 학문에 정진하였다. 이이의 제자이자 송시열의 스승으로, 예학(禮學)에 정심하였다. 저서에 『경서변의(經書辨疑)』, 『의례문해(疑禮問解)』, 『가례집람(家禮輯覽)』, 『상례비요(喪禮備要)』 등이 있다.

48 『상례비요(喪禮備要)』: 당초 신의경(申義慶)이 상례와 제례의 절차를 주자(朱子)의 『가례(家禮)』를 근간으로 제가의 학설을 참고하여 편찬한 책을, 사계 김장생이 첨삭 고증하여 1583년에 완성하고 1620년에 간행하였다가, 신독재 김집이 교정을 가하여 1648년에 다시 간행하였다. 이 책에는 초상(初喪)으로부터 장례(葬禮)와 소상(小祥) 대상(大祥) 등 상례(喪禮)의 전 절차와 사당(祠堂) 시제(時祭) 기제(忌祭) 묘제(墓祭) 등 제례의 의식절차를 기술하였고, 사당(祠堂)·신주(神主)·진찬(陳饌) 등의 도설(圖說)을 함께 실었다.

49 『가례집람(家禮輯覽)』: 1599년(선조 32) 사계(沙溪) 김장생(金長生)이 주자의 『가례(家禮)』 본문 및 본주의 내용은 생략하고, 그에 관련된 주요 구절을 발췌하여, 이에 대한 상세한 주석을 달아 편찬한 책으로, 『가례』를 이해하는데 필요한 사항들을 망라하여 놓았다. 본 책은 선조 32년(1599)에 편찬되었고, 사계의 아들 김집(金集)의 교정을 거쳐 17세기 말에 목판으로 간행되었다. 도설(圖說) 1권을 포함하여 11권 6책이다.

50 『의례문해(疑禮問解)』: 사계 김장생의 예설(禮說)에 대한 문답을 모은 책이다. 문집에 실려 있다.

51 김집(金集; 1574-1656): 자는 사강(士剛), 호는 신독재(愼獨齋), 본관은 광산(光山), 시호는 문경(文敬)이다. 부친 김장생의 학문을 계승하여 예학의 체계를 세웠다. 저서에 『의례문해속(疑禮問解續)』, 『신독재집(愼獨齋集)』이 있다.

여헌문집旅軒文集 문강공文康公 장현광張顯光[52]이 저술하였다.

우복문집愚伏文集 문장공文莊公 정경세鄭經世[53]가 저술하였다.

가례고증家禮考證[54] 지산芝山 조호익曺好益[55]이 찬술하였다.

후천문집朽淺文集 장령掌令 황종해黃宗海[56]가 저술하였다.

포저문집浦渚文集 문효공文孝公 조익趙翼[57]이 저술하였다.

야곡문집冶谷文集 장령掌令 조극선趙克善[58]이 저술하였다.

동춘문집同春文集 문정공文正公 송준길宋浚吉[59]이 저술하였다.

우암문집尤菴文集 문정공文正公 송시열宋時烈[60]이 저술하였다.

예의문답禮疑問答 우암尤菴 송시열이 저술하였다.

화양어록華陽語錄 우암尤菴 문인 최신崔愼[61]이 기록하였다.

정관재문집靜觀齋文集 문정공文貞公 이단상李端相[62]이 저술하였다.

52 장현광(張顯光; 1554-1637) : 자는 덕회(德晦), 호는 여헌(旅軒), 본관은 인동(仁同), 시호는 문강(文康)이다. 학행으로 선조조와 광해조, 인조조에 걸쳐 누차 천거되었으나 거의 나가지 않았고, 나가더라도 곧장 사퇴하여 재야에서 학문 강학에 전념하였다. 저서에 『여헌집』이 있다.

53 정경세(鄭經世; 1563-1633) : 자는 경임(景任), 호는 우복(愚伏), 본관은 진주(晉州), 시호는 문장(文莊)이다. 서애 류성룡의 문인으로, 저서에 『우복집(愚伏集)』과 『상례참고(喪禮參考)』 등이 있다.

54 『가례고증(家禮考證)』: 조선 선조(宣祖) 때 조호익(曺好益)이 주희의 『가례(家禮)』를 고증한 책으로 7권 3책이다. 조호익이 완성을 보지 못하고 죽자, 제자인 김육(金堉)이 그의 유고를 정리하여 편찬하였고, 인조 24년(1646)에 간행되었다.

55 조호익(曺好益; 1545-1609): 자는 사우(士友), 호는 지산(芝山), 본관은 창녕(昌寧)이다. 저서에 『가례고증(家禮考證)』, 『심경질의고오(心經質疑考誤)』, 『지산집(芝山集)』 등이 있다.

56 황종해(黃宗海; 1579-1642): 자는 대진(大進), 호는 후천(朽淺), 본관은 회덕(懷德)이다. 정구(鄭逑)의 문인이며 김장생(金長生)에게 예학(禮學)을 배웠다. 광해군 때 폐모론이 일어나자 과거를 단념하고 학문 연구에 진력하였다. 저서에 『후천집(朽淺集)』이 있다.

57 조익(趙翼; 1579-1655): 풍양(豊壤) 조씨로 자는 비경(飛卿), 호는 포저(浦渚) 또는 존재(存齋)라고 하였다. 월정(月汀) 윤근수(尹根壽)의 문인으로 임진란 이후 문과에 급제하여 여러 관직을 거쳐 우의정에 이르렀다. 저술로는 문집 외에 효종에게 올린 『곤지록(困知錄)』, 『중용주해(中庸註解)』 등이 있다.

58 조극선(趙克善; 1595-1658): 한양(漢陽) 조씨로 자는 유제(有諸), 호는 야곡(冶谷)이다. 잠야(潛冶) 박지계(朴知誡)와 포저 조익의 문으로, 천거를 받아 장령 등의 벼슬을 지냈다.

59 송준길(宋浚吉; 1606-1672): 자는 명보(明甫), 호는 동춘당(同春堂), 본관은 은진(恩津), 시호는 문정(文正)이다. 이이(李珥)와 김장생(金長生)의 문인이다. 1624년(인조3) 진사로서 세마(洗馬)에 임명되었으나 사양하고 20여 년간 학문에만 전념하다가, 1649년(효종 즉위) 집의(執義)로 재기용되어 우참찬, 이조판서를 지내면서 노론의 거두로 활약하였다. 성리학과 예학에 능하였다. 저서에 『동춘당집(同春堂集)』, 『어록해』 등이 있다.

60 송시열(宋時烈; 1607-1689): 자는 영보(英甫), 호는 우암(尤庵), 본관은 은진(恩津), 시호는 문정(文正)이다. 사계 김장생의 문인이다. 인조 11년(1633) 생원시(生員試)에 장원급제하여 경릉참봉(敬陵參奉)이 되었으나 곧 사직하고, 1635년 봉림대군(鳳林大君; 孝宗)의 사부(師傅)가 되었다. 노론의 영수다. 저서에 『송자대전(宋子大全)』, 『우암선생예설(尤庵先生禮說)』, 『주자대전차의(朱子大全箚疑)』 등이 있다.

61 최신(崔愼; 1642-1708): 자는 자경(子敬)이고 호는 학암(鶴庵)이다. 회령(會寧) 사람으로 우암 송시열의 문인이다. 우암의 심복으로 지목되어 여러 곳으로 유배를 다녔으며 만년에 광주(廣州)로 옮겨 살았다. 『화양문견록(華陽聞見錄)』을 지었다.

62 이단상(李端相; 1628-1669): 연안(延安) 이씨로 자는 유능(幼能), 호는 정관재(靜觀齋) 또는 서호(西湖)라고 하였다. 시호는 문정이다. 우암의 문인으로 문집 외에 『대학집람(大學集覽)』, 『사례비요(四禮備要)』, 『성현통기(聖賢通紀)』 등의 저술이 있다.

시남문집市南文集 문충공文忠公 유계兪棨[63]가 저술하였다.

가례원류家禮源流[64] 시남市南이 찬술하였다.

남계문집南溪文集 문순공文純公 박세채朴世采[65]가 저술하였다.

삼례의三禮儀[66] 남계南溪가 찬술하였다.

수암문집遂菴文集 문순공文純公 권상하權尙夏[67]가 저술하였다.

지촌문집芝村文集 문간공文簡公 이희조李喜朝[68]가 저술하였다.

농암문집農巖文集 문간공文簡公 김창협金昌協[69]이 저술하였다.

도암문집陶菴文集 문정공文正公 이재李縡[70]가 저술하였다.

사례편람四禮便覽[71] 도암陶菴이 찬술하였다.

외암문집巍巖文集 자의諮議 이간李柬[72]이 저술하였다.

남당문집南塘文集 장령掌令 한원진韓元震[73]이 저술하였다.

63 유계(兪棨; 1607-1664): 기계(杞溪) 유씨로 자는 무중(武仲), 호는 시남(市南)이며 시호는 문충(文忠)이다. 문집 외에 『여사제강(麗史提綱)』, 『가례원류(家禮源流)』 등이 있다.

64 『가례원류(家禮源流)』: 이 책은 『가례』의 본문을 대본으로 하여 여기에 『의례』, 『예기』, 『주례』 등 고전의 근거를 원(源)으로 발췌하여 붙이고, 후대 여러 학자들의 예설을 류(流)로 첨부한 것이다. 본디 시남(市南) 유계(兪棨)와 노서(魯西) 윤선거(尹宣擧)가 함께 편찬하였는데, 저자 문제로 분쟁이 있어서 유씨 문중과 윤씨 문중에서 각기 별도로 간행하였다. 여기 인용된 책은 숙종 37년(1711) 시남의 손자 유상기가 좌의정 이이명 등의 협조를 얻어 간행한 것이다.

65 박세채(朴世采; 1631-1695): 자는 화숙(和叔), 호는 현석(玄石) 또는 남계(南溪)이며 본관은 반남(潘南), 시호는 문순(文純)이며 청음 김상헌(金尙憲)의 문인이다. 1683년 서인이 노론과 소론으로 분립되자 소론의 영수가 되어 좌의정에 올랐다. 성리학에 밝았으며, 예학에도 해박하여 『삼례의(三禮儀)』 외에 『남계예설(南溪禮說)』·『육례의집(六禮疑輯)』 등 많은 예학서를 저술하였다. 숙종의 묘정에 배향되었으며, 문집으로 『남계집』이 있다.

66 『삼례의(三禮儀)』: 남계 박세채가 주자의 『가례』를 근거로 제가의 학설을 참조하여 관례 혼례 제례의 절차를 정리한 책. 관례의(冠禮儀), 혼례의(昏禮儀), 제례의(祭禮儀)로 구성되어 있고 모두 3권 1책이며, 숙종 37년(1711)에 간행되었다. 저자의 발문에는 상례를 위하여 『상례비요』가 이미 간행되어 있으나 관혼제례가 미비하기 때문에, 이를 보완하기 위하여 편찬한 것이라고 밝혀 놓았다.

67 권상하(權尙夏; 1641-1721): 자는 치도(致道), 호는 수암(遂菴) 또는 한수재(寒水齋)라 하였으며, 시호는 문순(文純)이고, 본관은 안동이다. 송시열(宋時烈)의 고제(高弟)이다. 저서로 『한수재집』 외에 『삼서집의(三書輯疑)』 등이 있다.

68 이희조(李喜朝; 1655-1724): 자는 동보(同甫) 호는 지촌(芝村) 또는 간암(艮菴)이라 하였으며 본관은 연안이다. 우암의 문인으로 유일로 천거되어 대사헌을 역임하였다. 저술로는 문집 외에 『우서절요(尤書節要)』, 『주자대전차의(朱子大全箚疑)』 등의 저술이 있다.

69 김창협(金昌協; 1651-1708): 자는 중화(仲和), 호는 농암(農巖)이며, 본관은 안동(安東), 시호는 문간(文簡)이다. 우암 송시열의 문인으로 저서에 『농암집(農巖集)』, 『농암잡지(農巖雜識)』 등이 있다. 그의 문집은 그의 사후 1710년에 초간본 34권 17책으로 간행된 이래 여러 번 증보 중간되었다.

70 이재(李縡; 1680-1746): 우봉(牛峯) 이씨로 자는 희경(熙卿) 호는 도암(陶菴)이다. 농암 김창협의 문인으로 숙종 28년 문과에 급제하여 여러 관직을 거쳐 이조참판, 대제학에 이르렀다. 저술로 문집 외에 『사례편람(四禮便覽)』이 있다.

71 『사례편람(四禮便覽)』: 도암 이재가 주자의 『가례』를 근간으로 제가의 예설을 참조하여 관혼상제의 네 가지 예의 절차를 정리한 책. 모두 8권 4책이다. 이 책은 도암의 생존 시에 간행되지 못하고 도암의 손자 이채(李采)의 교정을 거쳐 증손인 이광문(李光文)이 헌종 10년(1844)에 목판으로 간행하였고, 이를 토대로 뒤에 몇 차례 증보판이 간행되었다.

72 이간(李柬; 1677-1727): 예안이씨로 자는 공거(公擧)이며 호는 외암(巍巖) 또는 추월헌(秋月軒)이라 하였다. 수암 권상하의 문인으로 중년에 천거되어 세자시강원의 관직을 잠시 지낸 외에 관직에 나가지 않고 재야에서 학문에 전념하였다. 시호는 문정(文正)이다.

73 한원진(韓元震; 1682-1751): 청주한씨로 자는 덕소(德昭) 호는 남당(南塘)이다. 수암 권상하의 문인으로 여러 차례 천거를 사퇴하고 재야

병계문집屛溪文集 판서判書 윤봉구尹鳳九[74]가 저술하였다.

미호문집渼湖文集 찬선贊善 김원행金元行[75]이 저술하였다.

운평문집雲坪文集 집의執義 송능상宋能相[76]이 저술하였다.

예의유집禮疑類輯[77] 문헌공文獻公 박성원朴聖源[78]이 찬술하였다.

국조國朝 대전大典[79]

오례의五禮儀[80]

상례보편喪禮補編[81]

에서 학문에 전념하였다. 문집 외에 『의례경전통해보(儀禮經傳通解補)』, 『심경부주차기(心經附註箚記)』, 『근사록주설(近思錄註說)』, 『가례소의의록(家禮疏擬疑錄)』, 『가례원류의록(家禮源流疑錄)』 등의 저술이 있다.

74 윤봉구(尹鳳九; 1681-1767): 파평윤씨로 자는 서응(瑞應), 호는 병계(屛溪) 또는 구암(久菴)이라 하였으며 시호는 문헌(文獻)이다. 수암 권상하의 문인으로 유일로 천거되어 대사헌을 거쳐 공조판서에 이르렀다.

75 김원행(金元行; 1702-1772): 안동(安東) 김씨로 자는 백춘(伯春), 호는 미호(渼湖) 또는 설루(雪樓)라 하였으며 시호는 문경(文敬)이다. 종조부 삼연(三淵) 김창흡(金昌翕)과 도암 이재의 문하에서 수학하고 재야에서 학문에 전념하여 산림으로 추대 받았다.

76 송능상(宋能相; 1710-1758): 은진(恩津) 송씨로 자는 사능(士能), 사홍(士弘), 사룡(士龍)이고 호는 운평(雲坪), 동해자(東海子)라고 하였다. 송시열의 증손으로 남당 한원진의 문인이다.

77 『예의유집(禮疑類輯)』: 겸재(謙齋) 박성원(朴聖源)이 편찬한 예서로, 관혼상제에 대한 학자들의 문답 논란을 발췌하여 가례의 조목별로 분류 편차한 책이다. 모두 24권 15책인데, 박성원이 일찍이 정조가 즉위하기 전 세자시강원 유선(諭善)으로 있었으므로, 박성원이 죽은 뒤 정조 7년(1783)에 왕명으로 운각(芸閣) 활자로 간행하였다.

78 박성원(朴聖源; 1697-1757): 밀양(密陽) 박씨로 자는 사수(士洙), 호는 겸재(謙齋)라 하였으며 시호는 문헌(文獻)이다. 도암 이재의 문인으로 영조 4년 문과에 급제하여 여러 관직을 거쳐 참판을 역임하고 물러났다. 저술로 문집 외에 『예의유집(禮疑類輯)』이 있다.

79 국조(國朝) 『대전(大典)』: 『경국대전(經國大典)』 등 조선조에 편찬된 법전을 가리킨다.

80 『오례의(五禮儀)』: 조선 성종 5년(1474)에 간행 반포된 간행된 『국조오례의(國朝五禮儀)』를 가리킨다. 조선왕조 초기 국가의 예전(禮典)을 정리할 필요에서 세종 때부터 역대 예제를 참고하여 길흉가빈군(吉凶嘉賓軍) 오례(五禮)를 정리하기 시작하였는데, 신숙주·강희맹 등의 손을 거쳐 성종 때 8권 6책으로 완성되어 반포하였다. 영조 20년(1744)에 왕명으로 『국조속오례의(國朝續五禮儀)』 5권 4책이 편찬 간행되었다.

81 『상례보편(喪禮補編)』: 영조 때 왕명으로 편찬 간행한 『국조상례보편(國朝喪禮補編)』을 가리킨다. 이 책은 본디 『국조오례의』 이래 강구 보완된 왕실의 상례 절차를 반영하기 위하여 영조 28년(1752)에 왕명으로 1차로 김재로(金在魯) 등에게 명하여 『국조상례보편』을 편찬한 바 있는데, 영조 33년(1757) 홍계희(洪啓禧)에게 명하여 이를 다시 보완하여 편찬 간행하게 한 것이다.

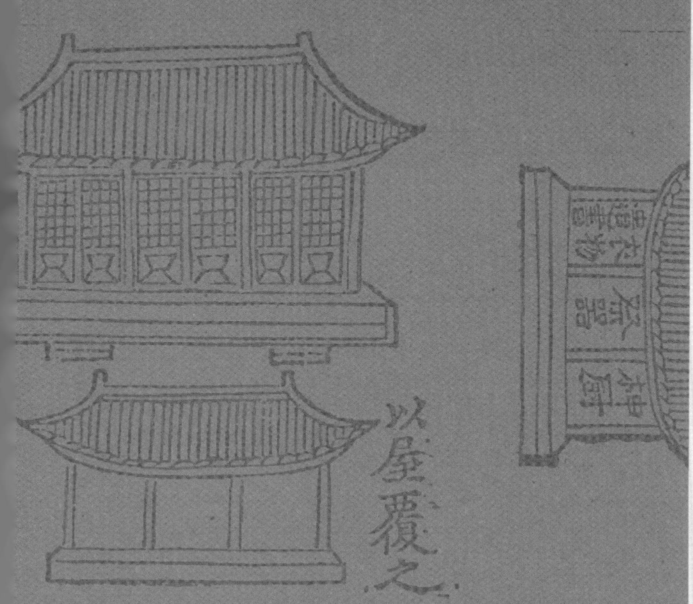

가례증해
家禮增解

『가례증해家禮增解』 서序
『가례증해家禮增解』 소서小叙
『가례증해家禮增解』 범례凡例
『가례家禮』 서序

가례증해서家禮增解序

회암晦菴 주부자朱夫子[1]의 『가례家禮』[2]란 책은 초고를 만들고는 잃어버렸다가 뒤에 나타났다. 그러므로 후세사람들이 감히 의론을 하기에 이르렀다. 명나라 이래로 이 책을 근본으로 하여 서술하고 밝힌 것으로는 구씨丘氏[3]의 『의절儀節』[4]과 위씨魏氏[5]의 『회성會成』,[6] 양씨楊氏[7]의 『정형正衡』, 풍씨馮氏[8]의 『집설集說』[9]이 있으나, 다만 덜고 보태고 윤색한 것이 모두 주자의 본래 뜻에 순수하지 못하였다. 그러다가 우리나라 사계沙溪의 『집람輯覽』[10]이나 시남市南[11]의 『원류源流』[12]가 나오면서 주문朱門을 호위護衛함에 있어서 더할 나위가 없게 되었다. 그러나 의심스런 조문[疑文]이나 변동되는 절차[變節]에 대하여 여전히 미처 대조하여 헤아리지 못한 것이 있는 듯하니, 후인이 그 견문에 따라 하나의 해설을 덧붙여 만드는 것도 괜찮지 않겠는가?

경호鏡湖 이맹종李孟宗[13]이 그가 편찬한 『가례증해』를 나에게 보여주면서 "이 책은 나의 선친께서 일찍이 고금의 예禮를 수집하여 『가례』에 넣어 엮어 만들어 낸 것이다. 초본草本이 미처 다시 수정되기 전에 선친께서 갑자기 세상을 떠나시니, 불초不肖는 평소의 말씀이 장차 인멸될까 깊이 안타깝고, 남기신 훈계를 혹 실추할까 더욱 두려웠다. 그래서 처음 시작한 것을 계승하여 수정하는데 마음과 힘을 엄청나게 쓴 지 수십 년 만에 이제 겨우 성취할 수 있게 되었다. 원컨대 그대의

1 주부자(朱夫子): 주희(朱熹; 1130-1200).

2 『가례(家禮)』: 남송(南宋)의 성리학자인 주희가 가정의 예절과 의식 절차를 정리한 책이다. 4권으로 된 정본 외에 7권으로 된 『문공가례(文公家禮)』가 있고, 주석 없이 『가례』라는 이름으로만 된 본 등 여러 판본이 전해지나 순서에는 차이가 없다. 그 순서는 가례도설(家禮圖說), 가례서(家禮序), 통례(通禮), 관례(冠禮), 혼례(婚禮), 상례(喪禮), 제례(祭禮)로 구성되어 있다.

3 구씨(丘氏): 『가례의절(家禮義節)』을 지은 명나라의 구준(丘濬; 1420-1495).

4 『의절(儀節)』: 『가례의절(家禮義節)』.

5 위씨(魏氏): 명나라 학자 위당(魏堂).

6 『회성(會成)』: 『가례회성(家禮會成)』.

7 양씨(楊氏): 『가례정형(家禮正衡)』의 편찬자인 양씨는 누구인지 분명치 않다.

8 풍씨(馮氏): 명나라 학자 풍선(馮善).

9 『집설(集說)』: 『가례집설(家禮集說)』.

10 『집람(輯覽)』: 『가례집람(家禮輯覽)』.

11 시남(市南): 사계 김장생의 문인인 유계(兪棨; 1607-1664)의 호.

12 『원류(源流)』: 『가례원류(家禮源流)』.

13 이맹종(李孟宗): 이의조(李宜朝; 1727-1805)의 자가 맹종(孟宗), 호가 경호(鏡湖)이다. 저서로는 『가례증해(家禮增解)』 외에 『의요보유(義要補遺)』·『경의수차(經義隨箚)』 등이 있다.

한 말씀을 얻어 책의 서문으로 삼고 싶다."고 하였다.

이에 내가 여러 차례 열람해 보고는 그 부문을 나누어 종류별로 붙이고 사항에 따라 모아서 편찬하면서 인용한 근거가 해박하게 구비되고 취사선택한 것이 정밀하고 정확하며, 틈틈이 자기의 견해를 붙여 변론 분석한 것이 매우 상세하여 앞사람들이 미처 밝히지 못한 것을 발명한 것도 많은 것을 보고는, 참으로 양공良工[14]이 홀로 고심한 것이라 할 만하였다.

아! 『예기』에 "예禮에는 큰 것도 있고 작은 것도 있으며 명백한 것도 있고 미세한 것도 있다. 경례經禮[15] 3백과 곡례曲禮[16] 3천이 그 이치는 한 가지이다."[17]고 하였다. 이 책은 명백하고 미세하며 크고 작은 절차를 실로 모두 극진히 발휘한 것이 있으니, 일정한 것[常]과 바뀌는 것[變]이나 종전대로 따르는 것[因]과 고치는 것[革]에 대한 의리[義]와, 명물名物이나 도수度數에 관한 조문이 모두 마치 손바닥을 가리키듯 명료하다. 만약 간행하여 세상에 통행하게 한다면 세상을 교화하는데 도움 됨이 과연 어떠하겠는가.

그런데 나는 또 흥기되어 감탄하는 것이 있다. 『서경』에 "하늘이 베푼 질서에는 법도[典]가 있고, 하늘이 내린 등급[品秩]에는 예禮가 있다."[18]고 하였다. 이제 맹종이 이미 운평雲坪[19]을 스승으로 섬겨 예로써 자신을 삼가고, 또한 능히 선친의 사업을 계승하여 이 책을 엮어 완성하였으니, 그가 스스로 전례典禮에 온 힘을 다한 것이 이와 같으니, 또한 장차 그 빗나가는 마음을 버리고 아름다운 바탕을 증진시키는[20] 교화가 한 집안이나 동네나 고을 사이에만 그치지 아니함을 볼 것이다. 그런즉 이 편찬한 책을 어찌 한갓 보자기와 상자에 보관하고 말아서야 되겠는가? 삼가 서문을 지어서 기다리노라. 숭정崇禎[21] 뒤 세 번째 임자년(1792, 정조 16)에 덕은德殷 송환기宋煥箕[22]

14 양공(良工): 훌륭한 장인. 여기서는 이 책의 편찬자 이의조를 가리킨다.

15 경례(經禮): 이 용어의 해석에 몇 가지 설이 있으나 주자는 관혼상제(冠婚喪祭)와 조근회동(朝覲會同) 등의 예에 사용되는 중요한 절목이 300가지가 된다는 의미로 해석하였다.

16 곡례(曲禮): 이 용어의 해석에도 몇 가지 설이 있으나 주자는 여러 가지 예식 절차 중에서 앉는 법이나 서는 법도 등의 소소한 절도를 가리킨다고 하였다.

17 예에는……한 가지이다: 『예기』 「예기(禮器)」의 한 구절.

18 하늘이……있다: 『서경(書經)』 「고요모(皐陶謨)」에 나오는 구절. 주자는 천서(天敍)의 '서(敍)'는 군신, 부자, 형제, 부부, 붕우의 윤서(倫敍)이고 천질(天秩)의 '질(秩)'은 존비(尊卑)와 귀천(貴賤)에 대한 등급의 높고 낮은 품질(品秩)이라고 하였다.

19 운평(雲坪): 송능상(宋能相; 1710-1758)의 호.

20 간사함을……증진시키는: 『예기』 「예기(禮器)」에 "예는 마음이 간사한 마음을 풀어버리고 아름다운 바탕을 증진시켜준다[禮釋回, 增美質]."고 하였다.

21 숭정(崇禎): 명나라 의종(毅宗; 1628-1644 재위)의 연호.

는 서序한다.

晦菴朱夫子『家禮』之書, 出於草創亡失之餘, 故後世之議論敢到. 自皇明以來, 祖述此書者, 有丘氏『儀節』·魏氏『會成』·楊氏『正衡』·馮氏『集說』, 而但其損益修潤, 皆不純乎朱子之本意矣. 至于我東沙翁之『輯覽』·市南之『源流』出, 而其爲輿衛於朱門也, 蔑以加焉. 然於疑文變節, 尙恐有未照勘者, 則後人之隨其見聞, 增成一解說, 不亦可乎? 鏡湖李孟宗, 以其所編『家禮增解』示余曰: "此乃吾先人, 嘗蒐輯古今之禮, 就『家禮』而編出者也. 草本未及再修, 而先人奄忽捐世, 不肖, 深恫雅言之將堙, 益懼遺戒之或墜. 繼始修整, 煞用心力者, 數十年而今纔得就. 願得子一言, 以弁于卷." 余乃繙閱數回, 而見其所以分門類附, 逐事彙編者. 引据該備, 取捨精確, 間附己見, 辨析甚詳, 發前人所未發者, 亦多, 儘可謂良工心獨苦也. 嗚呼! 記曰: "禮有大有小, 有顯有微. 經禮三百, 曲禮三千, 其致一也." 是書, 於其顯微大小之節, 實有以發揮盡矣, 則常變因革之義, 名物度數之文, 皆可瞭然, 如指諸掌焉. 若使剞劂而行于世, 則其有補世敎者, 果如何哉? 抑余又有所興歎者. 書曰: '天叙有典, 天秩有禮.' 今孟宗, 旣師事雲坪, 以禮飭躬, 而又克紹述先業, 編成此書, 其所自盡於典禮者, 有如是矣. 而亦將見其釋回增美之化, 不止於家衖鄕黨間耳. 然則維玆所編, 豈徒爲巾笥之藏而已 謹爲序以俟之.

崇禎後三壬子 德殷宋煥箕序.

22 송환기(宋煥箕; 1727-1807): 자는 자동(子東), 호는 성담(性潭) 또는 심재(心齋), 본관은 은진(恩津), 시호는 문경(文敬)이다. 우암 송시열의 5대손이며, 운평(雲坪) 송능상에게 『태극도설』·『역학계몽』·『가례』 등을 수업하였다. 관직에 나가지 않고 노론 호론계(湖論系)의 산림(山林)으로 평가받았다. 문집으로 『성담집(性潭集)』 32권 16책이 있다.

『가례증해家禮增解』 소서小敍

변례變禮를 채록하여 덧붙인 것은 사람들로 하여금 유추하여 행하게 하려는 것이고, 고례古禮를 인용하여 풀이한 것은 사람들로 하여금 널리 상고하게 하려함이다.

採變禮而增之, 欲人推行, 引古禮而解之, 欲人博攷.

『의례』가 폐지되고 『가례』가 일어났다. 대개 『가례』는 고금의 합당함을 참작하고 문질文質의 적중함을 맞추어, 천 세 만 세 토록 통행될 수 있도록 정한 제도이다. 대저 예禮의 법도에는 일상적인 것[常]도 있고 바뀌는 것[變]도 있으며, 종전대로 따른 것[因]도 있고 고친 것[革]도 있으니, 이는 옛 성인이 예를 제작하던 대의大義였는데 『가례』에서 주지主旨로 삼은 것이다. 그러나 일상적인 것과 종전대로 따른 것은 일정하나, 바뀌는 것과 고치는 것은 무궁하니, 일정한 것은 지키기가 쉬우나 무궁한 것은 다 열거하기 어렵다. 이 때문에 『가례』에서도 다 거론하지 못하고 여전히 뒷사람을 기다리는 것이 있는 것이다.

『가례』가 있은 이래로 뒤의 선현들이 이를 따라 편찬하여 다듬은 것이 많지 않은 것은 아니지만, 종전대로 따르는 것과 고치는 것을 겸하고 일상적인 것과 바뀌는 것을 갖추어 극진하게 함으로써 『가례』의 정밀하고 오묘한 의리를 발휘한 것은 대체로 드물다. 나의 선군자先君子께서 일찍이 여기에 뜻을 두고 고금의 예禮를 수집하여 『가례』에다 부문을 나누어 종류별로 덧붙이고 사항에 따라 모아 엮으면서, 위로는 회옹晦翁(주자朱子)께서 조술祖述하여 손익損益한 본뜻을 밝히고, 아래로는 후학들에게 일상의 법도와 변통을 적합하게 하는 전체 모습을 보여주었다. 이름을 『가례증해』라고 하여, 초고를 갖추어 겨우 성취하였지만 다시 수정하지는 못하였다. 대개 궁벽한 시골에서 서적을 구하기 어려웠기 때문이다.

만년에 이르러 불초不肖에게 당부하며 훈계하시기를, "네가 부디 잘 계승하도록 하라."고 하셨다. 불초가 명을 받든 지 오래되지 않아 갑자기 돌아가시어 풍수風樹의 한탄[1]으로 곡을 하고는, 매양 한번 받들어 열람할 때마다 수택手澤이 새로운 듯하여 비록 차마 일찌감치 곧장 일을 시작하지는 못하였지만, 유언의 말씀이 귓전에 맴돌아 또한 잠시라도 늦출 수가 없었다. 이에 상자를 열어 책을 펼치고 붓을 적셔 눈물을 머금고는, "시일을 자꾸 끌며 유언하신 당부를 성취하지 못했으나, 연약한 체질[2]에 문득 바람 앞의 촛불 같은 다급한 일이 닥친다면 선고先考께서 평소에 말씀하신 예의 준행遵行이 인멸될까 두려운데, 어찌 '나에게 후손이 있다.'고 하시겠습니까?"라고 했다. 그래서 널리 여러 서적들을 수집하고 마음에 새겨 수정하고 윤색한 것이 처음부터 끝까지 십여 년이요, 무릇 원고를 바꾼 것이 여러 번이었다. 아! 이 책의 작업이 이미 선친의 사업을 계승하는 것이니 비록 감히 사양하지 못할 점이 있지만, 다만 일은 크고 재능은 작아 실로 난장이[僬僥][3]가 천 근의 무게를 무리하게 짊어진 것과 다름이 없다. 이 때문에 삼가고 힘써 감히 조금도 소홀하지 않고, 심력心力을 다해 엄청난 노력을 하여 오늘에야 대강 사업의 실마리를 이루게 되었으나, 다만 그 규모와 차례의 사이에 혹 선친의 유지遺旨를 잃어버리거나, 헤아려 바로잡고 취하고 버리는 즈음에 혹 이치에 어긋났다면, 선친에게 죄를 짓고, 후세사람들에게 나무람을 받는 것이 이미 적지 않을 것이다. 또한 어쩌다 하나 얻은 설을 외람되이 그 사이에 섞어 넣었으니, 비록 스스로는 삼가 법도를 준수하여 흉내를 내었다고 하더라도[4] 더욱이 어찌 태재汰哉의 책망[5]을 면할 수 있겠는가? 그

1　풍수(風樹)의 한탄: 갑자기 부모가 죽어 봉양할 수 없음을 가리킨다. 『한시외전(韓詩外傳)』에 "나무는 고요하고자하나 바람이 그치지 않고, 자식이 봉양하려고 하나 부모가 기다려 주지 않는다[樹欲靜而風不止 子欲養而親不待也]."고 하였다.

2　연약한 체질: 포류지질(蒲柳之質). 부들[蒲]과 버들[柳]은 연약하여 가을이 되면 먼저 시들고 떨어지기 때문이다.

3　초요(僬僥): 고대 전설에 키가 작은 난쟁이를 가리키기도 하고, 또한 고대 남쪽 지방의 팔만국(八蠻國)의 하나를 가리키기도 한다. '팔만'은 여덟 만족인 천축(天竺), 해수(咳首), 초요(僬僥), 파종(跛踵), 천흉(穿胸), 담이(儋耳), 구지(狗軹), 방춘(旁春)이다.

4　의양호로(依樣葫蘆): 참신한 창작성이 없이 정해진 견본에 따라 시늉을 내는 모방(模倣)을 빗대는 말이다. 송(宋)나라 도곡(陶穀)의 시에 "가소롭다. 한림 도학사(陶學士)는 해마다 모양 따라 호로를 그리누나[堪笑翰林陶學士, 年年依樣畫葫蘆]."고 하였는데, 『동헌필록(東軒筆錄)』에는 "도곡(陶穀)의 문한(文翰)이 당시 으뜸이었으므로 어떤 사람이 그를 천거하자, 송(宋)나라 태조(太祖)가 웃으면서 '듣건대 그가 한림원(翰林

러나 이는 본디 한 집안에서 사용하면서 연소한 자제들이 강습하는 자료로 삼고자 한 것일 뿐, 감히 세상 사람들에게 공개하려 한 것이 아니었으니, 혹시라도 서로 덮어주어서 여론의 분분함을 면할 수 있을지 모르겠다. 대저 이 책을 다듬을 적에 앞에 말한 일상적인 것[常]이나 종전대로 따른 것[因]과 같이 일정한 것은 진실로 감히 의론을 하지 않았으나, 바뀐 것[變]이나 고친 것[革]과 같이 무궁한 것은 그 중 한두 가지를 대략 언급하였다. 그러나 또한 어찌 모조리 언급할 수 있겠는가? 혹시라도 여기에서 취할 것이 있다면, 이미 말해 놓은 것을 말미암아 미처 말하지 못한 것을 미루어 미친다면, 이 책은 실마리를 일으키는 자료가 되기에 족할 것이며, 그 무궁하여 다 언급하기 어려운 것들도 아마 다 밝혀 낼 수 있는 때가 있을 것이다. 이런 것들은 또한 뒷사람들에게 바람이 없을 수 없다. 불초고不肖孤 의조宜朝는 피눈물을 흘리며 삼가 쓴다.

『儀禮』廢而『家禮』作, 蓋『家禮』者, 酌古今之宜, 適文質之中, 以爲千萬世通行之定制者也. 夫禮之爲道, 有常有變, 有因有革, 此古聖人制作之大義, 而『家禮』之所主也. 然而其常與因則一定, 其變與革則無窮矣, 一定者易守, 而無窮者難盡. 此『家禮』之亦不能悉擧, 而猶有待於後人者也. 自有『家禮』以來, 後賢之因之而纂修者, 不爲不多, 而其所以兼因革該常變而盡之, 以之發揮乎『家禮』之精蘊者, 蓋鮮矣. 我先君子, 蓋嘗有志於此, 搜集古今之禮, 就『家禮』而分門類附, 逐事彙編. 上以明晦翁祖述損益之本意, 下以示後學常經通誼之全體, 名之曰『家禮增解』. 草具甫就, 未克再修, 蓋以窮鄕書籍之難求 故也. 逮乎晩歲, 託不肖而戒之曰: "汝其善述之." 不肖, 承命未久, 奄哭風樹, 每一奉閱, 手澤如新. 雖未忍蚤卽始工, 而遺敎在耳, 亦不可小緩矣. 乃發篋開書, 濡毫而飮泣曰: "荏苒時月, 遺託未就. 而蒲柳之質, 風燭奄及, 則先考之雅言執禮, 恐遂湮沒. 而其肯曰余有後哉?" 因廣裒群書, 刻意修潤, 首尾十餘年, 凡易稿者, 屢矣. 嗚呼! 此書之役, 旣

院)에서 처음 만들[草制] 적에 노상 옛사람의 구본(舊本)을 검토하여 사어(詞語)만 이리저리 바꾸어 썼다고 하니, 이것이 이른바 옛사람의 양식대로 호로병을 그린 것이다.' 했다."고 하였다고 한다.

5 태재의 책망[太哉之誚]: 자신을 뽐내기 위해 근거를 제시하지 않은 채 말을 함부로 한다는 비난이다. 『예기』「단궁(檀弓) 상(上)」에 나온다.

是紹述先業, 則雖有不敢辭者, 第事大才小, 實無異僬僥之强千斤耳. 用是兢勵, 不敢小忽, 費盡心力, 煞用工夫, 以至今日, 粗得就緖. 而第懼其規模纂次之間, 或失遺旨, 商訂取舍之際, 或乖理致. 則其得罪於先考, 貽譏於後人者, 已不少矣. 亦有一得之說, 濫厠其間, 則雖自謂謹遵繩墨, 依樣葫蘆, 而尤安得免於汰哉之誚哉? 然此本擬於用之一家, 以爲年少子弟講習之資耳, 不敢公之於世人. 則庶或相諱, 而得免公議之紛紜否? 大抵此書之修, 於向所謂, 常與因之一定者, 固不敢議到, 而若其變與革之無窮者, 則粗及其一二耳. 然亦安得而盡之哉? 倘或有取之者, 因其所已言者, 而推及乎其所未言者, 則此書, 足爲發端之資, 而其無窮而難盡者, 庶有可盡之時矣. 此則又不能無望於後人耳. 不肖孤宜朝, 泣血謹書.

『가례증해家禮增解』 범례凡例

一. 경전 및 고금의 여러 유자들의 설을 널리 인용하여 『가례』 본문의 뜻을 풀이하되, 『가례』의 본문은 감히 한 글자도 건드리지 않았다.

一. 廣引經傳及古今諸儒說, 以解『家禮』本文之義, 而『家禮』本文則不敢動一字.

一. 『가례』는 본래 고례古禮를 따라 조술祖述하면서 손익損益한 것이니, 모름지기 경문經文과 전傳과 기記를 그 사이에 편입한 뒤에라야 『가례원류家禮源流』와 같이 함이다. 성현이 제작하고 서술한 본말本末을 상세히 할 수 있겠지만, 다만 책의 분량이 방대하여 모두 싣는 데는 어려움이 있다. 그러나 그 사이에 혹 반드시 서로 증명하여야 뜻을 밝힐 수 있는 것은 모두 간략하게 줄여서 대문大文의 아래나 대문大文의 체례體例는 존엄하여 단지 경문經文이나 기문記文만 싣고 다른 글은 언급하지 않았다. 혹은 대주大註의 매 구절 사이에 싣고 수록하였으며, 또한 편목篇目의 아래나 부주附註의 사이에도 많이 흩어 싣되, 애써 되도록 간요簡要하게 하여 열람하기에 편하도록 하였다. 또한 『통해通解』[1]에서 각 조목의 표시한 제목을 편목의 아래에 모두 기록하여 대체大體를 참조 증명하는 자료가 되도록 하였다.

一. 『家禮』本因古禮, 而祖述之損益之. 則必須以經文與傳記, 編入於其間, 如『家禮源流』書. 然後可詳聖賢作述之本末, 而第編秩浩穰, 有難盡載. 然其間或有必待相證而後, 可以發明者, 則悉以節略, 載錄於大文之下, 大文體例尊嚴, 只載經記, 不及他書. 或大註逐句之間. 亦多散載於篇目之下附註之間, 而務從簡要, 以便考閱. 又以『通解』各條所標之目, 捴錄於篇目之下, 以爲大體參證之資.

1 『통해(通解)』: 주자가 편찬한 『의례경전통해(儀禮經傳通解)』.

一. 『가례』에는 다만 상례常禮만 말하고 변례變禮는 언급하지 않았다. 그러므로 변례變禮를 논한 고금의 글을 사항에 따라 매 조목 아래에 편입하되, 제목을 학설 아래에 음각陰刻으로 표시하고는, '위는 아무 예[右某禮]'라고 하였다.

一. 『家禮』只言常 而不及變. 故以古今論變禮之文, 隨事編入於逐條下, 而以陰刻標題目於說下曰 右某禮.

一. 『가례』 본문에 혹 미비한 절문節文이 있으면 다른 책을 인용하여 보충하되, 각각 종류별로 매 조목의 아래에 덧붙였다. 길제吉祭와 개장改葬의 두 예禮는 『비요備要』[2]에 의거하여 담제禫祭 아래에 보충하여 넣었다.

一. 『家禮』本文, 或有未備之節文, 則引他書以補之, 而各以類, 附於逐條之下. 吉祭改葬二禮, 依『備要』, 補入禫祭下.

一. 선유先儒들이 예를 논한 것 중에 혹 같거나 다른 것을 아울러 취하여 모두 써 둠으로써 뒷사람들이 널리 상고할 수 있도록 대비하였는데, 다만 정론定論만을 취하여 뒤에 쓰고, 시대의 선후는 구애하지 않았다.

一. 先儒論禮, 或有異同, 則並取悉書, 以備後人之博考. 而第取定論, 書之於後, 不拘時代之先後.

一. 인용한 경전과 선유先儒의 설 가운데 혹 『가례』의 각 조 전체에 관계된 것은 또한 반드시 사항에 따라 편입하되 중복을 피하지 않았으나, 다만 인용한 것이 관계가 가장 깊은 본 조목에 내용을 갖추어 싣되, 그 나머지는 간략하게 줄이고는 주註를 달아 '상세한 것은 아무 조에 보

2 『비요(備要)』: 『상례비요(喪禮備要)』.

인다[詳見某條].'고 하였다. 주를 달거나 또 혹 번거로우면 아니하였다.

一. 所引經傳及先儒說, 或有通關於『家禮』各條者, 則亦必隨事編入, 不避重複. 而第備載於所引最關之本條, 其餘則節略之, 而註曰: "詳見某條." 註之, 又或似煩則否.

一. 선유의 설 가운데 한 가지 일에 여러 논의가 각각 나와 모두 취할 만하면 합쳐서 한 단락으로 만들었다. 한 가지 설에 여러 가지 일을 언급한 것은 각기 단락으로 나누었다.

一. 先儒說, 有以一事, 累論各出, 而皆可取, 則合爲一段, 有一說, 而旁及數事者, 則分爲各段.

一. 선유들의 문답을 인용할 때 반드시 묻는 설[問說]이 있어야 원만히 갖추어지는 것은 묻는 설을 상세하게 싣고, 묻는 설을 덧붙이지 않아도 답한 말의 내용이 이미 절로 원만하게 구비된 것은 묻는 설을 삭제해 버렸다. 혹 반드시 물은 사람을 쓴 뒤에야 그 일을 상세하게 알 수 있는 것은 반드시 아무개가 물었다고 쓰고, 그 외에는 물은 사람을 다 삭제하였다. 또한 번거롭고 방만한 것은 깎아내어 줄이고, 서로 어긋난 것은 바로잡아서, 정밀하고 간략하며 조리가 유창하도록 하였다.

一. 引先儒問答之際, 有必待問說而後 圓備者, 則詳載問說, 有不待問說, 而答語已自圓備者, 則削去問說. 或有必書所問之人, 然後可詳其事者, 則必書某問, 其餘則盡削所問之人. 且繁蔓者則刪節之, 牴牾者則檃栝之, 要就精簡通暢.

一. 성복편成服篇의 부주附註에 있는 양의楊儀[3]는 『비요』에 의거해 모두 본주本註 아래에 보충해 넣었는데, 선유의 논설이 있으면 함께 기록하되 본

3 양의(楊儀): 양복(楊復)의 『상복의(喪服儀)』.

주에 무게를 두도록 하였고, 또한 그 종류에 따라 수록하되 중복을 피하지 않았다.

一. 成服篇楊儀之在附註者, 依『備要』, 悉以補入於本註之下, 而有先儒論說, 則並書之, 要爲歸重. 本註, 且從其類, 不避重複.

一. 복제服制에는 강복降服, 정복正服, 의복義服의 구별이 있는데 『가례』에는 이를 위주로 하였으나, 변례變禮를 보충해 넣을 경우, 혹 의복을 정복에 넣기도 하고 정복을 의복에다 넣기도 하였다. 대개 그 종류[類]를 따랐기 때문이다. 소후자所後子의 상복과 같은 것은 마땅히 의복義服에 넣어야 하지만 중자衆子의 정복기년복正服期年服에 붙여 넣은 따위.

一. 服制, 有降正義之別, 『家禮』以此爲主. 而至於變禮之補入者, 則或以義服入於正服, 以正服入於義服, 蓋從其類 故也. 如所後子服, 當入義服, 而從入於衆子正服期之類.

一. 인용한 여러 설들은 각각 책 이름이나 성씨와 호號를 권점 아래에 표시하였고, 권점을 하고 안按이라고 한 것은 나의 설[4]이다. 혹 선유의 설을 이어서 참람되게 논변을 덧붙인 것이 있으면 '우안愚按'이라고 하였다.

一. 所引諸說, 各標書名若姓號於圈下, 其圈而稱按者, 是瞽說也. 或有承先儒說, 而僭加論辨者, 則稱愚按.

一. 바른 뜻을 해석한 뒤에 장차 변례變禮를 언급하는 경우에는 '지止'자를 음각하여 경계를 표시하였다.

一. 其正義釋了後, 將及變禮, 則以陰刻止字, 界而標之.

4 나의 설: 고설(瞽說). 자기의 설에 대한 겸칭이다.

一. 소주小註에 주를 단 것이 그 문장의 본주本註이면 '주註'자를 덧붙이고, 나의 설이면 '안按'자를 덧붙여 구별하였다.

一. 註於小註者, 若是其文之本註, 則加註字, 若是愚說, 則加按字以別之.

一. 도圖를 각각 매 장章의 끝에 붙였으나, 다만 『가례』 본도本圖는 이미 주자가 만든 것이 아니고 의심스런 곳이 많아서 다 따를 수 없다. 그러므로 『가례의절家禮儀節』, 『상례비요喪禮備要』, 『가례집람家禮輯覽』, 『삼례의三禮儀』의 여러 도圖를 간략하게 참작하여 가감하였으니, 보는 자는 상세히 살펴보라.

一. 以圖各係於逐章之下, 而第『家禮』本圖, 旣非朱子所作, 多有可疑處, 不可盡從. 故以『儀節』·『備要』·『輯覽』·『三禮儀』諸圖, 略加參酌增損, 覽者詳之.

『가례家禮』 서序

회암晦庵 주선생朱先生

무릇 예에는 근본이 있고 문식이 있으니, 「예기禮器」의 글이다. 그 중 가정에서 시행하는 것으로 말하자면 명분을 지키는 것과 사랑과 공경의 실체가 그 근본이요, 관혼상제冠婚喪祭의 의장儀章과 도수度數는 그 문식이다. 진씨陳氏는 “의儀는 위의威儀요, 장章은 문장文章이다.”고 하였고, 호씨胡氏는 “도度는 제도制度요, 수數는 수목數目이다.”고 하였다. 그 근본은 집안을 지니는데 날마다 사용하는 상체常體이니, 「예기禮器」: 예禮란 체體와 같다. 체가 갖추어지지 않으면 군자는 사람이 성립되지 않는다고 일컫는다. 진실로 하루라도 닦지 않아서는 안 된다. 그 문식 또한 모두 사람된 도리의 처음에서 끝까지 기강紀綱을 잡기 위한 것이다. 진씨陳氏는 “강綱은 그물의 큰 끈이요, 기紀는 그물에 붙은 작은 끈이다.”고 하였다. ○주자朱子는 “강綱은 그물[網]에 강綱이 있는 것과 같고, 기紀는 실[絲]에 기紀가 있는 것과 같다.”고 하였다. 비록 그것을 행하는 데 때가 있고 시행하는 데 장소가 있지만, 평소에 분명하게 강구하고 평소에 익숙하게 익히지 않으면, 그 일에 임할 즈음에 적합하게 맞추어 절도에 응할 수가 없으니, 이 또한 하루라도 강구하고 익히지 않아서는 안 된다.

凡禮有本有文, 「禮器」文. 自其施於家者言之, 則名分之守, 愛敬之實, 其本也, 冠昏喪祭, 儀章度數者, 陳氏曰: “儀, 威儀, 章, 文章也.” 胡氏曰: “度, 制度, 數, 數目也.” 其文也. 其本者, 有家日用之常體, 「禮器」: 禮也者, 猶體也. 體不備, 君子謂之不成人. 固不可以一日而不修. 其文, 又皆所以紀綱 陳氏曰: “綱, 網大繩, 紀, 附網小繩.” ○朱子曰: “綱者, 猶網之有綱也, 紀者, 猶絲之有紀也.” 人道之始終. 雖其行之有時, 施之有所, 然非講之素明, 習之素熟, 則其臨事之際, 亦無以合宜而應節, 是亦不可一日而不講且習焉者也.

삼대三代[1]의 시기에는 예경禮經[2]이 구비되었다. 그러나 지금 남아 있는 것은 궁려宮廬와 도구와 의복의 제도와 드나들며 거처하는 절도로 모두 이미 세상에 맞지 않다. 세상의 군자가 비록 간혹 고금의 변동을 참작하여 다시 한 시대의 예법을 만들었지만, 그러나 또한 더러는 상세하고 더러는 소략하여 절충折衷할 바가 없었다. 주자는 "절충折衷은 접어서 중中을 취함이니, 충衷은 다만 그 가운데 사리가 같지 않은 것이 있으면 그 양 끝을 잡아 그 가운데를 꺾는[折中] 것이다."고 하였다. 간혹 그 근본을 버리고 말단을 힘쓰거나 실질에는 느슨하고 문식에만 다급한 데 이르러서는, 스스로 뜻을 두고 예를 좋아하는 인사도 오히려 간혹 그 요체를 거론하지 못하기도 하고, 가난[貧窶]에 시달리는 자는 공씨孔氏는 "구窶는 예를 행할 만한 재물이 없음을 말함이요, 빈貧은 자급自給을 할 만한 재물이 없음을 말한다."고 하였다. 더욱이 끝내 예에 미칠 수 있게 할 수 없음을 근심한다. 어리석은 나로서는 대개 두 가지를 병통으로 여겼다. 서문序文의 '두 가지 병통[兩病]'에 대해 묻자, 우암尤菴(송시열)은 " '그러나 지금 남아 있는 것[然其存於今]'에서 '세상에 맞지 않다[不宜於世]'까지가 하나의 병통이고, '그러나 또한 더러는 상세하고[然亦或詳]'에서 '예에 미치지[及於禮也]'까지가 하나의 병통이다."고 하였다.[3] ○ 〖우안〗 우암의 설은 아마 그렇지 않은 듯하다. 대개 예경禮經의 내용 중 세상에 적합하지 않은 것은 진실로 병통이 될 만하다. 그러나 그 아래에 이어서 말하기를 '세상의 군자가 고금의 변동을 참작하였다.'고 운운했으니, 이는 주자로부터 처음으로 그것을 병통으로 여긴 것은 아니다. 다만 병통으로 여긴 것은 비록 고금의 변동을 참작했더라도 상세하고 소략함을 절충한 것이 없다면 예를 좋아하는 자도 그 요체를 거론할 수 없으니 이것이 하나의 병통이다. 말단을 힘쓰거나 문식에만 다급하면 가난한 자는 예禮에 미칠 수 없으니 이것이 하나의 병통이다. 그러므로 그 아래에 인하여 말하기를 '변동하는 것이 불가한 대체大體를 그대로 두고 그 사이에 조금 손익損益을 가한다.'고 하였으니, 그렇게 하면 그 요체를 거론할 수

1 삼대(三代): 중국 고대의 하(夏) · 은(殷) · 주(周) 세 왕조를 가리킨다.
2 예경(禮經): 『의례(儀禮)』 · 『예기(禮記)』 · 『주례(周禮)』 등 예(禮)에 관한 경전을 통틀어 일컫는 말이다.
3 『송자대전(宋子大全)』 권121 「답혹인(答或人)」.

있고 가난한 자도 예에 미칠 수 있을 것이다. 이와 같이 봐야 뜻이 원만할 것 같은데, 어떨지 모르겠다.

三代之際, 禮經備矣. 然其存於今者, 宮廬器服之制, 出入起居之節, 皆已不宜於世. 世之君子, 雖或酌以古今之變, 更爲一時之法, 然亦或詳或略, 無所折衷. 朱子曰: "折衷者, 摺轉來取中, 衷, 只是箇中事理有不同者, 執其兩端而折其中." 至或遺其本而務其末, 緩於實而急於文. 自有志好禮之士, 猶或不能擧其要, 而困於貧窶者, 孔氏曰: "窶謂無財可以爲禮, 貧謂無財可以自給." 尤患其終不能有以及於禮也. 熹之愚, 蓋兩病焉. 問: "序文兩病." 尤菴曰: "然其存於今, 止不宜於世, 是一病, 然亦或詳, 止急於禮也, 是一病." ○ 〖愚按〗 尤菴說, 恐未然. 盖禮經之不宜於世者, 固是可病. 然其下繼曰, '世之君子, 酌以古今之變云.' 則此非始自朱子而病之者也. 特其所病者, 雖酌以古今之變, 而詳略無所折衷, 則好禮者, 不能擧要, 是一病也, 務末急文, 則貧窶者, 不能及禮, 是一病也. 故其下因說'因大軆之不可變, 而少加損益於其間.' 則其要可擧, 而貧窶者, 可及矣. 如此觀之, 似爲圓轉, 未知如何.

그래서 일찍이 홀로 고금의 전적典籍을 연구하여 그 중 변동해서는 안 되는 대체大體를 그대로 두고 그 사이에 약간의 손익을 가하여 일가一家의 책을 만들었다. 퇴계退溪(이황)는 "『가례家禮』이다."고 하였다. ○『집람輯覽』[4]: 한 집안에서 행할 책이라고 겸양하여 말한 것이다. 대개 명분을 삼가하고 사랑과 공경을 숭상하는 것을 근본으로 하고, 그 시행에 있어서는 또 부질없는 문식을 생략하고 근본과 실질에 힘써서[敦] 〖경호안설〗 『의절儀節』[5]에는 '돈敦'이 '무務'로 되어 있다. 공자孔子께서 "선진先進을 따르겠다."[6]고 한 『논어論語』「선진편先進篇」에 보인다. 남기신 뜻을 가만히 붙여본다. 진실로 원하는 것은, 뜻을 같이 하는 선비들과 함께 익숙히 강구하고 힘써 행하여, 그나마 옛사람의 수신제가修身齊家의 도리와

4 『집람(輯覽)』: 사계(沙溪) 김장생(金長生; 1548-1631)이 지은 『가례집람(家禮輯覽)』.

5 『의절(儀節)』: 명(明)나라 구준(丘濬)이 지은 『가례의절(家禮儀節)』.

6 선진(先進)을 따르겠다: 공자(孔子)가 "선진(先進)이 예악에 대해 한 것을 촌스러운 사람이라 하고, 후배들이 예악에 대해 하는 것을 군자라 한다. 만일 예악을 쓴다면 나는 선진을 따르겠다[子曰, 先進, 於禮樂, 野人也, 後進, 於禮樂, 君子也. 如用之則吾從先進]."고 하였다. 『논어(論語)』「선진(先進)」 참조.

마지막을 삼가고 멀어진 사람을 추모하였던[謹終追遠] 증자曾子는 "장례를 신중히 치르고 조상의 제사를 삼가 지낸다면 백성의 덕이 후한 데로 돌아간다."[7]고 하였다. ○ 〖경호안설〗 주자는 송宋나라 황제의 휘諱를 피해 신愼을 근謹으로 고쳤다.[8] 마음을 그래도 다시 볼 수 있게 되고, 국가에서 교화를 숭상하고 백성을 인도하는 뜻에도 혹 조금이나마 도움이 있기를 바란다.

是以, 嘗獨究觀古今之籍, 因其大體之不可變者, 而少加損益於其間, 以爲一家之書. 退溪曰: "『家禮』也." ○『輯覽』: 謙言行於一家之書. 大抵謹名分, 崇愛敬, 以爲之本, 至其施行之際, 則又略浮文, 敦本實, 〖按〗『儀節』敦作務. 以竊自附於孔子從先進 見『論語』「先進篇」. 之遺意. 誠願得與同志之士, 熟講而勉行之, 庶幾古人所以修身齊家之道, 謹終追遠 曾子曰: "愼終追遠, 民德歸厚矣." ○ 〖按〗 朱子, 避宋御諱, 改愼爲謹. 之心, 猶可以復見, 而於國家所以崇化導民之意, 亦或有小補云.

황간黃榦이 말했다. "옛날에 선사先師[9]에게 듣기로, '예는 천리天理의 절문節文이요, 인사人事의 의칙儀則이다.'고 하였다. 대개 하늘이 높고 땅이 낮아 만물이 각양각색으로 달라지면서부터 예제禮制는 이미 그 속에 존재하였다. 오행五行에 있어서는 화火가 되고, 사서四序에 있어서는 여름이 되고, 사덕四德에 있어서는 형亨이 되어, 천리天理의 자연스러움이 아닌 것이 없어서 바꾸지 못한다. 사람은 오상五常의 본성을 품부 받아 태어나니, 예禮의 체體가 비록 생명을 갖게 된 처음에 구비되어 있지만, 형태로는 공경하고 사양함[恭敬辭遜]이 되고 드러나게는 위의威儀와 도수度數가 되면, 또한 모두 인사人事의 당연한 것이어서 그만둘 수 없다. 성인께서 인정人情을 따라서 예를 제정함에 이미 천리의 올바름에 근본을 두었는데 상고시대에는 습속習俗이 순후淳厚하여 또한 이 이치 가운데서 편안하게 행하였다. 세대가 내려오면서 습속이 말단으로 흘러 인심이 사벽邪僻하고 천리가 가려졌다. 이에 비로소 이것으로 세상을 강화하는 도구로 삼았다. 선유先儒가 그 중 집에서 시행

7 장례를……돌아간다: 『논어(論語)』「학이(學而)」 참조.

8 주자는……고쳤다: 신종추원(愼終追遠)을 근종추원(謹終追遠)으로 고쳤다는 말이다.

9 선사(先師): 돌아가신 스승을 일컫는 말로, 여기서는 주자(朱子)를 가리킨다.

하는 것을 취하여 일가一家의 책으로 저술했으니, 이 세상을 위해 염려함이 지극히 간절했다. 회암晦菴 선생은 그 근본과 상세함과 소략함이 오히려 의심스러운 것이 있다고 하여 짐작하여 덜고 보태어 다시 『가례』를 만들어, 되도록 근본과 실질에 힘을 써서 후학들에게 혜택을 주었다. 대개 천리는 하루라도 있지 않아서는 불가하니, 이 예禮도 하루라도 빠져서는 안 된다. 선생이 사람을 가르침에 격물格物·치지致知·성의誠意·정심正心으로부터 수신修身에 이르기까지 모두 인심을 바르게 하고 천리를 회복하게 하기 위한 것이니, 그렇다면 예를 장차 늦추어서야 되겠는가? 만년에 이르러서는 가家·향鄕·후국侯國·왕조王朝의 예[10]를 토론하여 삼대三代 이후 실추된 예전禮典을 회복하려 했지만, 미처 탈고하기 전에 선생이 돌아가셨다. 이는 영원토록 남을 한恨이니, 이 책을 성취함으로써 인륜人倫의 일상생활에 긴절하게 하는데 학자들이 마음을 다하지 않아서야 되겠는가? 배우는 자들이 이 책을 얻어 익히고, 또 선생이 사람을 가르쳤던 것에 대해 깊이 생각을 다한 연후에야 이 책이 지어진 것이 천리의 자연스러움과 인사의 당연함이 아닌 것이 없어서 하루라도 빠져서는 안 되는 것임을 알 수 있을 것이다. 식견이 명확하고 믿음이 독실하고 지킴이 견고하면, 예교禮敎가 행해짐을 거의 바랄 수 있을 것이다."

黃氏榦曰: "昔者, 聞諸先師曰, '禮者, 天理之節文, 人事之儀則也.' 盖自天高地下, 萬物散殊, 而禮之制, 已存乎其中矣. 於五行則爲火, 於四序則爲夏, 於四德則爲亨, 莫非天理之自然而不可易. 人稟五常之性以生, 禮之體, 雖具於有生之初, 形而爲恭敬辭遜, 著而爲威儀度數, 則又皆人事之當然而不容已也. 聖人沿人情而制禮, 旣本於天理之正. 隆古之世, 習俗淳厚, 亦安行於是理之中. 世降俗末, 人心邪僻, 天理湮晦. 於是, 始以是爲强世之具矣. 先儒取其施於家者, 著爲一家之書, 爲斯世慮至切也. 晦菴先生, 以其本末詳略, 猶有可疑, 斟酌損益, 更爲『家禮』, 務從本實, 以惠後學. 盖以天理不可一日而不存, 則是禮亦不可一日而間缺也. 先生敎人, 自格物致知誠意正心, 以修其身, 皆所以正人心復天理也, 則禮其可緩歟? 迨其晩年, 討論家鄕侯國王朝之禮, 以復三代之墜典, 未及脫稿而先生歿矣, 此百世之遺恨也. 則是書以就, 而切於人倫日用之常, 學者其可不盡心歟? 學者得是書而習之, 又於先生之所以敎人者, 深致意焉, 然後知是書之作, 無非天理之自然, 人事之當然, 而不可一日缺也. 見之明, 信之篤, 守之固, 禮敎之行, 庶乎有望矣."

10 가(家)·향(鄕)·후국(侯國)·왕조(王朝)의 예: 주자가 편찬한 『의례경전통해(儀禮經傳通解)』를 가리킨다. 이 책의 편목이 「가례」·「향례(鄕禮)」·「학례(學禮)」·「방국례(邦國禮)」·「왕조례(王朝禮)」로 되어 있다.

○구준丘濬의 『가례의절家禮儀節』 서문은 대략 이렇다. "예는 천하에 하루라도 없어서는 안 된다. 중국中國이 이적夷狄과 다른 까닭과 인류가 금수禽獸와 다른 까닭은 예가 있기 때문이니, 예가 하루라도 없을 수 있겠는가? 성주成周 시대에는 예로써 세상을 유지하여 위로는 왕조王朝로부터 아래로는 사士·서인庶人의 집에 이르기까지 각기 예가 없는 곳이 없었다. 진秦나라에서 분서焚書의 재앙을 행한 뒤로는 남은 것이 거의 없었다. 한漢·위魏 이래로 왕조王朝·방국邦國의 예는 비록 간혹 시행되기는 했지만, 서민들이 집안에서 행할 예는 남김없이 사라졌다. 사대부로서 예를 좋아한 사람으로는 당唐나라의 맹선孟詵[11]과 송宋나라의 한기韓琦[12] 등 여러 사람이 있어 간혹 저술한 것이 있었지만 모두 소략하여 갖추어지지 못했고 뒤섞여 순수하지 못했다. 문공文公[13] 선생이 온공溫公의 『서의書儀』를 근간으로 하고 정자程子·장자張子 두 학자의 설을 참고하여 『가례』 한 책을 저술했으니, 실로 만세토록 사람들의 집안에서 통행할만한 전범典範이다. 논의하는 자들은 '이 책이 처음 완성되었을 때 어떤 이가 훔쳐갔으니, 비록 문공文公이라도 미처 다 행하지는 못했을 것이다.'고 했다. 아, 슬프다! 문공은 자신의 행동과 주선이 예가 아닌 것이 없었으니, 바야흐로 생존했을 때에는 진실로 이 책을 기다릴 것이 없었다. 이제 이미 돌아가신 뒤에 고례古禮를 행하고자 하는데 뜻을 둔 사람이라면 이 책을 버리고서 장차 어디에 근거할 것인가?"

○丘氏濬『家禮儀節』序略曰: "禮之在天下, 不可一日無也. 中國所以異於夷狄, 人類所以異於禽獸, 以其有禮也, 禮其可一日無乎? 成周以禮持世, 上自王朝, 以至于士庶人之家, 莫不有其禮. 秦火之厄, 所餘無幾. 漢魏以來, 王朝·郡國之禮, 雖或有所施行, 而民庶之家, 則蕩然無餘矣. 士夫之好禮者, 在唐有孟詵, 在宋有韓琦諸人, 雖或有所著述, 然皆略而未備, 駁而未純. 文公先生, 因溫公『書儀』, 參以程·張二家之, 而爲『家禮』一書, 實萬世人家通行之典也. 議者乃謂 '此書初成, 爲人所竊去, 雖文公, 亦未盡行.' 噫! 文公之身, 動容周旋, 無非禮者, 方其存時, 固無俟乎此書. 今其旣歿之後, 有志欲行古禮者, 舍此, 將何據哉?"

○또 말했다. "내[구준丘濬]가 살펴보건대, 무림응씨武林應氏가 「가례변家禮辨」을 지어 이르기를, '문

11 맹선(孟詵): 당(唐)나라 여주(汝州) 사람. 벼슬은 동주사사(同州刺史)에 이르렀고, 신룡(神龍; 705~707) 초에 치사하였다.
12 한위공(韓魏公): 송(宋)나라의 재상 위공(魏公) 한기(韓琦)를 이른다.
13 문공(文公): 주희(朱熹)의 시호.

공文公 선생이 소희紹熙[14] 갑인년甲寅年(1194) 8월에 지은 『삼가예범三家禮範』[15]의 발문에, 내가 일찍이 사마씨司馬氏[16]의 책을 근간으로 제가諸家의 설을 참고하여 재정裁定 증손增損하여 강령을 들고 조목을 펼쳐 그 뒤에다 부치려고 했지만, 다만 노쇠하고 병들어 미치지 못했다고 하였다. 이제 연월을 따져보니 송宋나라 광종光宗 소희紹熙 갑인년甲寅年에 문공이 이미 『삼가예범』에서 스스로 말하기를, 다만 노쇠하고 병들어 미치지 못했다고 했으니, 효종孝宗 건도乾道 기축년己丑年(1169)에 어찌 이미 이 책이 있었겠는가? 이 책이 문공이 편찬한 것이 아님은 굳이 논변을 기다리지 않고도 분명하다. 문공의 문집 속에 문인門人에게, 『가례』는 이미 4권을 편성하였다는 언급과 함께 「가례서문」이 있는데, 이는 문인이 편입시켜 장본張本으로 삼은 것일 뿐이다.'고 하였다. 응씨의 이 말에서 '『가례』가 미완성의 책이고, 비록 완성되었더라도 미처 다 사용하지 못하였다.'고 하는 것은 가하지만, 이제 이 책까지 아울러 없다고까지 하는 것은 옳겠는가? 이미 이 책이 없었다면 어찌하여 이 서문이 있었겠는가? 또한 서문은 결코 주자가 아니면 지을 수 없는 글이며, 『삼가예범』의 서문에서 말한 내용은 이 역시 제가의 설을 참고하여 재정裁定하고 보태고 덜어서 여한이 없게 하는 데는 이르지 못했음을 말한 것일 따름이지, 이 책이 없다고 말한 것은 아니다. 황간黃榦·진순陳淳[17]·이방자李方子[18]·양복楊復[19] 등 여러 사람들이 모두 주자의 문하에서 배출되어 직접 가르침을 받았으나 모두 이를 의심하지 않았는데, 응씨는 원元나라 지정至正[20] 연간에 태어나서 하루아침에 이에 제멋대로 논변하여 주자가 편찬한 것이 아니라 하고, 또 부주附註는 천착이 더욱 심하다고 하였다. 아 슬프다! 응씨가 이런 말을 한 것이 또한 매우 천박하고 망령된 것이다."

○又曰: "濬按武林應氏作「家禮辨」, 謂'文公先生, 於紹熙甲寅八月, 跋『三家禮範』云, 某嘗欲因司馬氏之書, 參考諸家之說, 裁定增損, 擧綱張目, 以附其後, 顧以衰病不能及已. 今以年月考之, 宋光宗紹熙甲寅, 文公

14 소희(紹熙): 남송(南宋) 광종(光宗)의 연호. 1190-1194년.

15 『삼가예범(三家禮範)』: 남송(南宋) 때 장식(張栻)이 지은 의례서. 장식의 자는 경부(敬夫), 호는 남헌(南軒). 주희의 친구이다.

16 사마씨(司馬氏): 사마광(司馬光).

17 진순(陳淳; 1159-1223): 자는 안경(安卿), 호는 북계(北溪). 장주(漳州) 사람으로, 주희의 제자이다. 생애의 대부분을 마을 학교에서 후학을 양성하며 보냈다. 유가의 도를 깨달은 사람[吾道得人]이라 칭해졌다. 저서에 『북계자의(北溪字義)』·『사서구의(四書口義)』 등이 있다.

18 이방자(李方子): 자는 공회(公晦), 호는 과재(果齋). 소무(邵武) 광택(光澤) 사람으로, 주희의 제자이다. 가정(嘉定) 갑술년(甲戌年; 1214)에 진사가 되었으며, 관직은 진주통판조봉랑(辰州通判朝奉郎)에 이르렀다.

19 양복(楊復): 송나라 복안(福安)사람으로 자는 지인(志仁), 호는 신재(信齋)이다. 주희의 제자이다. 저서에 『의례도(儀禮圖)』, 『가례잡설부주(家禮雜說附註)』 등이 있다.

20 지정(至正): 원(元)나라 순제(順帝)의 연호. 1341-1367년.

已於『三家禮範』, 自言顧以衰病不能及己. 豈於孝宗乾道己丑, 已有此書, 是書非文公所編, 不待辨而明矣. 文公集中有與門人言及『家禮』, 已成四卷並「家禮序文」, 此門人編入以爲張本耳.' 應氏此言, 謂'『家禮』爲未成之書, 雖成而未盡用', 可也, 乃並以爲無此書, 可乎? 旣無此書, 則胡爲而有此序? 且序文決非朱子, 不能作, 而『三家禮範』序所云, 是亦謂未及參考諸家, 裁定增損, 使無遺恨爾, 非謂無是書也. 黃·陳·李·楊諸子, 皆出自朱門, 親受指敎, 皆不以爲疑, 而應氏生元至正間, 一朝乃肆意辨論, 以爲非朱子所編, 又謂附註穿鑿尤甚, 噫! 應氏之爲此言, 其亦淺妄之甚矣."

○우암尤菴이 말했다. "주자가 일찍이 말하기를 '이제 편찬한 예서禮書는 다만 사람들로 하여금 알도록 하고자 하면 그만이다.'고 했는데, 이는 『의례경전통해儀禮經傳通解』를 가리킨다. 또 말하기를 '성인께서 일어난다면 반드시 장차 지금의 예를 그대로 두고 그 중中을 재량하고 참작하여 그 가운데 간편하고 쉬워 알기 쉬운 것을 취할 것이다.'고 했으니, 이는 바로 『가례』를 편찬한 의도이다. 대개 『가례』는 고금의 알맞음[中]을 참작하여 문文과 질質을 적절하고 균등하게 하여 가난에 시달리는 자도 행할 수 있도록 하였으니, 오늘날 예를 행하는 자는 진실로 한결같이 이 책을 위주로 행함이 마땅하고, 대단히 막히거나 흠결이 있는 부분에 가서 그런 다음에 비로소 다른 책을 참고함이 마땅하다. 내 뜻이 늘 이와 같았기 때문에 집안에서 행하는 것은 감히 갑자기 다른 설로 바꾸지 못한다. 한스러운 것은 『가례』를 다시 수정하여 만세를 다행하게 못하였음이니, 이는 진실로 양씨楊氏의 설과 같다."[21]

○尤菴曰: "朱子嘗言, '今所編禮書, 只欲使人知之而已.' 是指『通解』也. 又言, '有聖者作, 必將因今之禮, 而裁酌其中, 取其簡易易曉.' 此正編次『家禮』之意也. 大抵『家禮』, 是酌古今之中, 使文質適均, 而困於貧窶者, 亦得以行之, 則今之行禮者, 固當一主於此書, 而至於大段窒塞欠闕處, 然後始當以他書參之矣. 鄙意每如此, 故家間所行, 不敢遽易以他說也. 所可恨者, 『家禮』不及再修, 以幸萬世, 誠如楊氏之說也."

○남계南溪(박세채)가 말했다. "대저 『의례儀禮』는 선왕先王의 바른 예이고, 『가례』는 지금 세상에

21 『송자대전』 권110 「답윤증(答尹拯)」.

정한 예제이니, 준수해야 하는 것이 분명하다. 만약 후인들이 다시 『가례』를 『의례』와 같이 모두 다 행하는 것이 불가하다고 보고는 반드시 덜고 보태는데 힘쓰고자 한다면, 이는 장차 사람들이 각자 예를 만들어 어느 쪽을 따라야 할지 모르고, 간혹 새로운 것을 좋아하여 옛것을 폐하기도 할 것이니, 그것은 성현께서 '기술하기만 할 뿐 창작하지는 않는다[述而不作].'[22]고 하신 뜻에 크게 어긋나는 것이다."

○南溪曰: "大抵『儀禮』爲先王之正禮, 『家禮』爲今世之定制, 其當遵而守之者, 明矣. 苟使後人更視『家禮』如『儀禮』之不可盡行, 必欲務爲損益. 是將人自爲禮, 莫適所從, 往往悅新而廢舊, 其違於聖賢述而不作之義大矣."

양복楊復이 말했다. 『실기實記』: 자字는 지인志仁, 호는 신재信齋, 복녕주福寧州 사람이다. 저서에 『제례도祭禮圖』 14권 · 『의례도해儀禮圖解』 17권 · 『가례잡설부저家禮雜說附著』 2권이 있다. ○ 〖경호안설〗 주자의 문인門人이며, 또한 면재勉齋[23]에게 문인門人으로 일컬었다. 선생이 여씨呂氏가 말했다. "선생은 부형父兄의 칭호이다. 나이와 덕이 있어서 부형처럼 스승으로 삼을 만함이다. 배우는 자가 스스로를 자제子弟에 견주기 때문에 제자라고 일컫는다." 모친상을 당했을 때, 이방자李方子가 말했다. "건도乾道[24] 5년(1169) 9월에, 선생은 모친 축영인祝令人[25]의 상을 당했다." 고금을 참작參酌하고 『운회韻會』[26]: 참작參酌은 선택하고 헤아림이다. 그 변례變禮를 모두 고려하여 그대로 상장제례喪葬祭禮를 만들고, 또 관례冠禮와 혼례昏禮에도 추론하여 이름을 『가례』라 하였다. 〖경호안설〗 『가례』란 사람들의 집안에서 행하는 예이다. 선생이 편찬한 『의례경전통해儀禮經傳通解』에도 '가례'의 조목이 있는데, 다만 저 '가례'는 향례鄕禮 · 학례學禮 등에 상대하여 붙인 이름이며, 또한 상례 · 제례 등 두 예는 그 가운데 있지 않으니, 이름과 뜻이 이 『가례』와는 다르다.

22 기술하기만……않는다: 공자(孔子)가 "옛것을 전하기만 할 뿐 창작하는 일은 하지 않으며, 옛것을 믿고 좋아함을 내 적이 우리 노팽(老彭)에게 견주노라[子曰, 述而不作, 信而好古, 竊比於我老彭]."고 하였다. 『논어(論語)』 「술이(述而)」 참조.

23 면재(勉齋): 주희의 문인인 황간(黃榦)의 호다.

24 건도(乾道): 남송(南宋) 효종(孝宗)의 연호. 1165-1189년.

25 축영인(祝令人): '축(祝)'은 주희(朱熹)의 어머니의 성(姓)이고, '영인'은 어머니에 대한 존칭이다. 주희의 아버지 송(松)이 통의대부(通議大夫)로 증직되면서 석인(碩人)으로 추봉되었다.

26 『운회(韻會)』: 원(元)나라 웅충(熊忠)이 편찬한 『고문운회(古文韻會)』를 가리킨다.

楊氏復『實記』: 字志仁, 號信齋, 福寧州人. 所著有『祭禮圖』十四卷·『儀禮圖解』十七卷·『家禮雜說附著』二卷. ○ 〖按〗 朱子門人也, 又於勉齋稱門人. 曰: 先生, 呂氏曰: "先生者, 父兄之稱, 有齒德可爲人師, 猶父兄也. 學者, 自比於子弟, 故稱弟子." 服母喪, 李氏方子曰: "乾道五年九月, 先生丁毋祝令人憂." 參酌古今, 『韻會』: 參酌, 審擇量處也. 咸盡其變, 因成喪葬祭禮, 又推之於冠昏, 名曰『家禮』." 〖按〗 『家禮』, 人家所行之禮也. 先生所纂『儀禮通解』, 亦有'家禮'之目, 而第彼對鄕禮學禮等而名, 且喪祭二禮, 不在其中, 名義與此不同矣.

책이 이미 이루어지자, 한 동항童行(동자승)이 『고증考證』: 항行은 합合과 랑浪의 반절半切이다. 배항輩行(또래)이다. ○충숙공忠肅公 유공劉珙[27]의 시에 "머리 깎고 사찰로 들어가서, 검정 옷 걸치고 동항童行이 되었네."고 하였다. 훔쳐 달아났다가, 선생이 돌아가신 [易簀] 뒤에 역책易簀은 『예기禮記』「단궁檀弓」에 보인다. 비로소 그 책이 세상에 나다녔다. 〖경호안설〗 『문헌통고文獻通考』에는, '이 이상은 이씨李氏[28]의 설이다.'고 했다. ○진순陳淳이 말했다. "가정嘉定[29] 신미년辛未年(1211)에 온릉溫陵을 지나는데, 그때 선생의 막내아들 경지敬之[30]가 그 고을 원으로 있으면서 『가례』 한 책을 꺼내 보여주며 이르기를 '이것이 바로 왕년에 절에서 잃어버렸던 책인데, 어떤 선비가 베껴 놓았다가 마침 선생의 장삿날에 가지고 와서 얻게 되었다.'고 하였다." ○황순黃畬[31]이 말했다. "『가례』는 선생이 돌아가시자 비로소 나왔는데, 그 사이에 선생의 만년 정론과 부합하지 않은 내용이 있기 때문에 일찍이 학자들에게 말한 적이 없었다."

旣成, 爲一童行, 『考證』: 行, 合浪切, 輩行也. ○劉忠肅公珙詩, "削髮入空門, 被緇爲童行." 竊之以逃, 先生易簀, 見『禮記』「檀弓」. 其書始出行於世. 〖按〗 『文獻通考』, 此以上爲李氏說. ○陳氏

27 유공(劉珙): 송(宋)나라 사람. 자는 공보(公父). 충숙은 그의 시호이다. 병산(屛山) 유자우(劉子羽)의 아들로서 금(金)나라 군대에게 죽은 유협(劉韐)의 손자이다.

28 이씨(李氏): 이방자(李方子)를 가리킨다.

29 가정(嘉定): 남송(南宋) 영종(寧宗)의 연호. 1208-1224년.

30 경지(敬之): 주희의 막내아들 재(在; ?-1131)의 자(字). 음보(蔭補)로 승무랑(承務郞)이 되었으며, 이부시랑보모각대제(吏部侍郞寶謨閣待制)를 지냈다. 건안개국후(建安開國侯)에 봉해지고 은청광록대부(銀靑光祿大夫)로 증직되었다. 현(鉉)·주(鑄)·흠(欽) 세 아들을 두었다.

31 황순(黃畬; 1147-1212): 자는 자경(子耕), 호는 복재(復齋). 융흥(隆興) 분녕(分寧) 사람으로, 주희의 제자이다. 진사가 되어 지원주(知袁州)를 지냈다. 저서에 『복재집』이 있다.

淳曰: "嘉定辛未歲, 過溫陵, 先生季子敬之倅郡, 出示『家禮』一編云, '此往年僧寺所亡本也, 有士人錄得, 會先生葬日携來, 因得之.'" ○黃氏畲曰: "『家禮』, 先生易簀始出, 其間有與先生晚年之論不合者, 故未嘗爲學者道也."

이제 선생이 정한 가향방국왕조家鄕邦國王朝의 예를 『고증考證』: 지금의 『의례경전통해儀禮經傳通解』이다. ○ 〖경호안설〗 『의례경전통해』의 편목篇目에는 다섯 가지가 있으니, 「가례家禮」·「향례鄕禮」·「학례學禮」·「방국례邦國禮」·「왕조례王朝禮」이다. 상세한 내용은 묘제墓祭 부주附註를 보라. 살펴보면, 오로지 『의례』를 경經으로 하였고, 「사관례士冠禮」의 정현鄭玄 주: 『주례周禮』와 『의례』는 모두 주공周公이 섭정한 지 6년 만에 지었다. 『주례』는 하夏·은夏과 구별하는 뜻을 취했기 때문에 주周라 하였고, 『의례』에 주周를 말하지 않은 것은 다른 시대의 법을 겸하고 있음을 보이고자 함이다. ○주자가 말했다. "『주례』는 너무 어긋나고 번세하여 또한 행하기 어렵다. 이제 엮은 예서는 다만 사람들로 하여금 알도록 하고자 할 따름이다. 공자孔子가 '선진先進을 따르겠다.'[32]고 한 것과 '차라리 검소하고, 차라리 슬퍼하는 것이 낫다.'[33]고 한 뜻을 보건대, 왕왕 때를 얻고 지위를 얻더라도 반드시 『주례』를 다 따를 수는 없고, 또한 모름지기 고금을 참작하여 별도로 예를 제정하여 행하고자 한 것이다. 그래서 안자顔子에게 고한 말[34]에서도 볼 수 있다. 세상에는 진실로 완강하게 고례古禮를 행하고자 하는 사람이 있으나, 끝내 인정과 문식이 서로 걸맞지 않는다." 또 말했다. "이제 편집한 예서는 또한 다만 옛 제도를 간략하게 남겨 후세 사람들에게 각자 없애고 줄여서 그 중 행할 만한 것을 찾게 하고자 한 것이다." 스스로 『가례』를 찬술함에 있어서는 또한 고금에 적합한 것으로 융통하였다.

32 선진(先進)을 따르겠다: 앞의 주 참조.

33 차라리……낫다: 임방(林放)이 예(禮)의 근본을 묻자, 공자(孔子)가 "훌륭하다! 질문이여! 예(禮)는 사치하기 보다는 차라리 검소해야 하고, 상(喪)은 형식적으로 잘 치르기보다는 차라리 슬퍼해야 한다[林放, 問禮之本, 子曰, 大哉問, 禮 與其奢也, 寧儉, 喪 與其易也, 寧戚]."고 하였다. 『논어(論語)』「팔일(八佾)」 참조.

34 안자(顔子)에게 고한 말: 안연(顔淵)이 나라를 다스리는 것을 묻자, 공자(孔子)가 "하(夏)나라의 책력을 행하며, 은(殷)나라의 수레를 타며, 주(周)나라의 면류관을 쓰며, 음악은 소무(韶舞)를 할 것이요, 정(鄭)나라 음악을 추방해야 하며, 말재주 있는 사람을 멀리할 것이다. 정나라 음악은 음탕하고 말재주 있는 사람은 위태롭다[顔淵, 問爲邦, 子曰, 行夏之時, 乘殷之輅, 服周之冕, 樂則韶舞, 放鄭聲, 遠佞人. 鄭聲淫, 佞人殆]."고 하였다. 『논어(論語)』「위령공(衛靈公)」 참조.

今按先生所定家鄕邦國王朝禮, 『考證』: 今『儀禮經傳通解』是也. ○ 〚按〛 『通解』編目有五, 曰家禮也, 鄕禮也, 學禮也, 邦國禮也, 王朝禮也. 詳見墓祭附註. 專以『儀禮』爲經, 「士冠禮」鄭玄註: 『周禮』·『儀禮』, 同是周公攝政六年所制. 『周禮』取別夏殷, 故言周, 『儀禮』不言周者, 欲見兼有異代之法也. ○朱子曰: "『周禮』忒煞繁細, 亦自難行. 今所編禮書, 只欲使人知之而已. 觀孔子欲從先進與寧儉寧戚之意, 往往得時得位, 亦必不盡循『周禮』, 亦須參酌古今, 別制爲禮以行之. 所以告顔子者, 亦可見世固有人硬欲行古禮者, 然終是情文不相稱." 又曰: "今所集禮書也, 只是略存古之制度, 使後之人自去減殺, 求其可行者而已." 及自述『家禮』, 則又通之以古今之宜.

그러므로 관례冠禮는 사마씨司馬氏의 설을 이름은 광光, 자는 군실君實. 섬주陝州 사람으로, 온국공溫國公에 증직되었고, 시호는 문정文正이다. 많이 취하였고, 혼례昏禮는 사마씨와 정씨程氏의 설을 정숙자程叔子이다. 이름은 이頤, 자는 정숙正叔, 호는 이천伊川이다. 저서에 『혼의昏儀』·『제의祭儀』가 있다. 참고했으며, 상례喪禮는 사마씨의 설을 근본으로 하고, 뒤에는 고씨高氏의 설을 이름은 항閌, 자는 억숭抑崇, 사명四明 사람이다. 소흥紹興[35] 초에 예부시랑禮部侍郎이 되었다. 『후종례厚終禮』를 찬술했다. 가장 낫다고 여겼다. 부祔와 체천遞遷을 논함에는 횡거橫渠[36]의 설을 장자張子의 호이다. 이름은 재載, 자는 자후子厚이다. 취하였고, 치상治喪에 대한 유명遺命에서는 『서의書儀』의 〚경호안설〛 사마온공司馬溫公이 저술하였다. 설이 소략하다고 해서 『의례』의 설을 사용했다.

故冠禮, 則多取司馬氏, 名光, 字君實, 陝州人. 贈溫國公, 謚文正. 昏禮, 則參諸司馬氏·程氏, 卽程叔子. 名頤, 字正叔, 號伊川. 有『昏儀』·『祭儀』. 喪禮, 本之司馬氏, 後又以高氏 名閌, 字抑崇, 四明人. 紹興初, 爲禮部侍郎. 撰『厚終禮』. 爲最善. 及論祔遷, 則取橫渠, 卽張子號也. 名載, 字子厚. 遺命治喪, 則以『書儀』〚按〛 卽溫公所著. 疏略, 而用『儀禮』.

35 소흥(紹興): 남송(南宋) 고종(高宗)의 연호. 1131-1162년.

36 횡거(橫渠): 장재(張載; 1020-1077)의 호. 자는 자후(子厚), 하남성(河南省) 대량(大梁) 사람이다. 과거 급제 후 관직 생활을 하다가 그만두고 남산 밑에 병거(屛居)하면서 제생을 모아 강학에 주력하였다. 일원설(一元說)로 기(氣)에 의한 우주 구성 및 기질을 변화시키는 수양론을 주장하여 주희의 학설에 큰 영향을 끼쳤다. 저서에 『정몽(正蒙)』·『동명(東銘)』·『서명(西銘)』 등이 있다.

「주자행장朱子行狀」: 선생의 병이 위독할 때, 문인門人이 온공溫公의 상례에 대해 묻자, 주자는 '소략하다.'고 했고, 『의례』에 대해 묻자, 고개를 끄떡였다. 치상治喪을 하는 문인들은 한결같이 『의례』를 따라 행하였다. ○『실기實記』: 질병으로 정침正寢에서 돌아가셨다. 주註: 여러 문생門生이 들어가 문병하고는, 청하기를 '선생님의 병이 위중하십니다. 만에 하나 좋지 않은 일이 있으면 『서의』를 사용함이 마땅하겠지요?'라고 하자, 주자는 머리를 흔들었다. '그렇다면 『의례』를 사용함이 마땅합니까?'고 하자, 주자는 역시 머리를 흔들었다. '그렇다면 『의례』와 『서의』의 설을 참작해서 사용합니까?'고 하자, 주자는 그제야 머리를 끄떡였다. 장례를 치르는 모든 절차를 다 유훈遺訓에 따라 행하였다. ○남계南溪가 말했다. "여러 책에 기록된 선생의 유명遺命은 모두 세 가지인데, 「행장行狀」과 「연보年譜」에는 동일하다. 요컨대 그 귀취歸趣는 『언행록言行錄』에 기록된 것과 같게 하려고 한 듯하다. 대개 『가례』는 온공溫公의 『서의』를 근본으로 하고, 다시 『의례』를 고찰하여 정돈함으로써 한 집안에서 사용하는 책을 만들고자 했는데, 이미 이전에 잃어버려서 다시 수정하지 못했다. 또한 당시의 문인門人들은 『의례』의 제도를 많이 익혔다. 그러므로 유명遺命의 뜻은 '『가례』는 이미 잃어버렸고, 내용이 소략한 『서의』를 전적으로 쓰기보다는 다만 바로 경례經禮에 의해 참작하여 행함이 마땅하다.'고 여겼던 것이다. 아마도 면재勉齋가 말한 바와 같이 '한결같이 『의례』를 따라 일을 시행하라.'는 것과 반드시 같지는 않았던 듯하다." ○ 〚경호안설〛 주복周復[37] 역시 '『의례』와 『서의』를 참작해서 행하라고 했을 뿐이다.'고 하였다.

「朱子行狀」: 先生病革, 門人問溫公喪禮, 曰, '疎略.' 問『儀禮』, 頷之. 門人治喪者, 一以『儀禮』從事. ○『實記』: 以疾終于正寢. 註: 諸生入問疾, 因請曰, '先生之疾革矣. 萬一不諱, 當用『書儀』乎?' 朱子搖首. '然則當用『儀禮』乎?' 亦搖首. '然則以『儀禮』·『書儀』參用之乎?' 乃頷之. 送終諸事, 皆用遺訓焉. ○南溪曰: "諸書記先生遺命凡三, 而狀譜則並同. 要其歸趣, 似將同歸於『言行錄』之所記. 蓋『家禮』者, 本以溫公『書儀』, 更考『儀禮』而整頓之, 俾作一家所用之書, 而旣已前亡, 不及再修. 且當時門人多習『儀禮』之制, 故遺命之意, 以爲『家禮』旣亡, 與其全用疎略之『書儀』, 只當直依經禮而參酌行之云爾. 恐未必如

37 주복(周復): 상요주씨(上饒周氏)라고 일컬어지며, 『가례부주(家禮附註)』를 편집하였다.

勉齋所謂一以『儀禮』行事." ○ 〖按〗 周氏復亦曰, '參酌『儀禮』·『書儀』而行之云耳.'

제례祭禮는 사마씨와 정씨의 설을 겸하여 사용했는데, 전후의 소견이 또한 같지 않은 것이 있었다. 네 선생의 예禮에 대해 묻자, 주자가 말했다. "이정二程[38]과 횡거橫渠는 고례古禮를 많이 인용했고, 온공溫公은 대개가 『의례』에 근본을 두고 지금에 행할 수 있는 것을 참작하였다. 요컨대 사마온공의 것이 비교적 좋으며, 그 중에 고례와 매우 멀지 않은 것은 7분 정도 좋다. 이천伊川의 예는 제사가 쓸 만하고, 혼례는 오직 온공의 것이 좋다. 대저 고례를 온전히 사용하는 것은 불가하니, 이를테면, 고복古服과 고기古器 등은 이제 모두 사용하기 어렵다." 절사節祠는 한위공韓魏公이 이름은 기琦, 자는 치규穉圭, 상주相州 사람이다. 가우嘉祐(1056-1063) 연간에 재상에 임명되었고, 뒤에 위국공魏國公에 책봉되었다. 졸한 뒤에 충헌忠獻이란 시호가 내렸으며 위왕魏王에 추봉되었다. 행하던 것을 법으로 삼았다. 祭禮, 兼用司馬氏·程氏, 而先後所見, 又有不同. 問: "四先生禮." 朱子曰: "二程及橫渠, 多是古禮, 溫公則大槩本『儀禮』, 而參之以今之可行者. 要之溫公較好, 其中與古不甚相遠, 是七分好. 若伊川禮, 則祭祀可用, 婚禮, 惟溫公者好. 大抵古禮不可全用, 如古服古器, 今皆難用." 節祠, 則以韓魏公 名琦, 字穉圭, 相州人. 嘉祐中拜相, 後封魏國公. 卒謚忠獻, 追封魏王. 所行者爲法.

대종大宗·소종小宗의 법을 밝혀서 정자程子가 말했다. "이른바 종宗은 자기의 방친旁親 형제兄弟가 와서 나를 종宗으로 함이니, 그래서 종宗이라는 이름을 얻었다." 또 말했다. "종자宗子란 제사의 종주宗主가 됨을 말함이다." ○『예기禮記』「상복소기喪服小記」의 진씨陳氏 주: 별자別子의 뒤를 계승한 자는 백세토록 조천하지 않는 대종大宗이 되고, 별자의 서자庶子는 그의 장자長子가 자기를 계승함으로써 소종小宗이 된다. 예를 아껴 양을 남겨둔 뜻[39]을 부친 것은, 『논어論語』「팔일편八佾篇」에 보인다. ○ 〖경호안설〗 당시에는 종법이 시행되지 않았

38 이정(二程): 송(宋)나라의 명도(明道) 정호(程顥)와 이천(伊川) 정이(程頤)를 가리킨다.

39 예를 아껴……남겨둔 뜻: 자공(子貢)이 초하루 제사에 쓰일 희생양을 물리치고자 하자, 공자(孔子)가 "사(賜)야, 너는 그 양을 아끼느냐? 나는 그 예를 아끼노라[子貢, 欲去告朔之餼羊, 子曰, 賜也, 爾愛其羊? 我愛其禮]."고 하였다. 『논어(論語)』「팔일(八佾)」 참조.

는데, 주자가 『가례』를 찬수纂修하면서 종법을 위주로 하였기 때문에 말한 것이다. 이 또한 『가례』의 대의가 걸린 것이다. 대개 여러 책에서는 미처 언급하지 못하였는데, 선생께서는 이 점에 더욱 정성을 다하였다[拳拳]. 『중용中庸』 주註: 권권拳拳[40]은 받들어 지니는 모습이다.

若夫明大宗小宗之法, 程子曰: "所謂宗者, 以己之旁親兄弟來宗, 己所以得宗之名." 又曰: "言宗子者, 宗主祭祀." ○「小記」陳註: 繼別子之後, 爲百世不遷之大宗也, 別子之庶子, 以其長子繼己, 爲小宗. 以寓愛禮存羊之意, 見『論語』「八佾篇」. ○ 〖按〗 當時宗法不行, 而朱子修『家禮』, 以宗法爲主故云. 此又『家禮』之大義所繫. 盖諸書所未暇及, 而先生於此尤拳拳也. 『中庸』註: 拳拳, 奉持之貌.

애석하다! 그 책이 이미 없어졌다가 선생이 돌아가신 후에 나왔으니, 미처 다시 수정하여 만세를 다행스럽게 하지 못하였다. 이에 가만히 선생이 평소에 거취去取하여 절충折衷하시던 말씀을 취해 『가례』의 뜻을 드러내 밝힌 것이 있으니, 「혼례」에서 친영親迎의 절차는 온공溫公의 설을 쓰고, 입문入門[41] 이후의 절차는 이천伊川[42]의 설을 따르는 부류가 이것이다. 뒤에 와서 의론이 비로소 정해진 것이 있으니, 「제례」의 시조始祖와 선조先祖에 선先은 다른 본에 초初로 되어 있다. 대한 제사는 나중에 제사지내지 않았던 것과 같은 부류가 이것이다. 소가疏家[43]의 설을 쓰지 않은 경우가 있으니, 심의深衣의 속임구변續衽鉤邊 같은 것이 이것이다. 선유先儒의 구의舊儀[44]

40 권권(拳拳): 공자(孔子)가 "안회(顔回)의 사람됨이 중용을 가려 한 선(善)을 얻으면 권권(拳拳)히 가슴속에 두어 잃지 않는다[子曰, 回之爲人也, 擇乎中庸, 得一善, 則拳拳服膺而弗失之矣]."고 하였다. 『중용(中庸)』 8장 참조.

41 입문(入門): 신랑이 신부를 인도하여 신랑 집의 대문을 들어서는 절차.

42 이천(伊川): 정이(程頤; 1033-1107). 자는 정숙(正叔), 호는 이천(伊川). 낙양(洛陽) 사람으로, 호(顥)의 아우이자 주돈이(周敦頤)의 문인이다. 이천백(伊川伯)에 봉해져 이천선생(伊川先生)이라 불린다. 처음으로 이기(理氣) 철학을 제창하여 유교 도덕에 철학적 기초를 부여했다. 30여 년을 강학하면서 많은 문인을 배출했다. 저서에 『혼의(昏儀)』·『제의(祭儀)』·『역전(易傳)』·『춘추전(春秋傳)』·『어록(語錄)』 등이 있다.

43 소가(疏家): 한(漢)·당(唐) 시대에는 훈고학(訓詁學)이 발달하여 전(傳)·주(注)·소(疏)·의(義)·해(解) 등이 유행하였다. 주(注)가 경(經)을 해석한 것이라면, 소(疏)는 이 주(注)를 부연하거나 해석한 것으로, 정의류(正義類)가 그것이다. 소가(疏家)는 경전에 소(疏)를 붙인 제가(諸家)를 말한다.

44 구의(舊儀): 선유(先儒)들의 예제(禮制). 송시열(宋時烈)은 "중국 남북조(南北朝) 전후의 책이다."고 하였다. 『송자대전』 권86 「답민사앙(答閔士昂)」 참조.

를 사용하여 경전과 같지 않은 것이 있으니, 상복喪服의 벽령辟領과 부인부장婦人不杖의 부류가 이것이다. 무릇 이런 것들은 다 각 조목 아래에 모두 덧붙였다.

惜! 其書旣亡, 至先生歿而後出, 不及再修, 以幸萬世. 於是, 竊取先生平日去就折衷之言, 有以發明『家禮』之意者, 若昏禮親迎, 用溫公, 入門以後, 則從伊川之類, 是也. 有後來議論始定, 若祭禮, 祭始祖先祖 先一作初. 而後不祭之類, 是也. 有不用疏家之說, 若深衣續衽鉤邊, 是也. 有用先儒舊儀, 與經傳不同, 若喪服辟領婦人不杖之類, 是也. 凡此悉附於逐條之下云.

주복周復이 말했다. "문공文公의 문인인 삼산三山 양복楊復이 각 조목 아래에 주를 덧붙인[附註] 것은 『가례』에 공이 있다고 이를 만하다. 내가 그것을 따로 들어내어 책 뒷부분에 붙인 것은, 이것이 문공의 본 책을 중간중간 끊음을 염려해서이다. 게다가 문공의 이 책은 간편하고 행하기에 쉽게 하고자 했기 때문에 『의례』와 더러 같지 않은 부분이 있고, 그 중에 같은 부분 또한 상세하고 간략한 차이가 없을 수 없는데, 양씨楊氏는 여기에 이따금 불만스러운 뜻이 많았다. 내가 생각건대, 『의례』는 고례古禮를 보존했고 『가례』는 지금에 통용되는 것이라, 『의례』는 그 상세한 절차를 구비했고 『가례』는 그 요점을 들었다. 대개 병행해도 어긋나지 않는다. 그러므로 문공이 비록 『가례』를 저술하였으면서도 『의례』의 책을 편집하는데 더욱 정성을 다하였다. 그래서 치상治喪에 대한 유명遺命에는 반드시 『의례』와 『서의』를 참작해서 시행하도록 했으니, 그 뜻을 대개 알 수 있다. 옛것을 좋아하여 예를 극진하게 하고자 하는 경우에는 진실로 『의례』가 있거니와, 양씨의 설은 다 기록할 수 없는 점이 있다."

周氏復曰: "文公門人三山楊復, 附註于逐條之下者, 可謂有功於『家禮』矣. 復, 別出之, 以附于書之後, 恐其間斷文公本書也. 抑文公此書, 欲簡便而易行, 故與『儀禮』或有不同, 其所同者, 又不能無詳略之異. 楊氏往往多不滿之意. 復竊謂『儀禮』存乎古, 『家禮』通於今, 『儀禮』備其詳, 『家禮』擧其要. 蓋並行而不悖也, 故文公雖著『家禮』, 而尤拳拳於編集『儀禮』之書. 遺命治喪, 必令參酌『儀禮』·『書儀』而行之, 其意蓋可見矣. 好古而欲盡禮者, 固有『儀禮』, 在楊氏之說, 有不得以盡錄云."

○구준丘濬이 말했다. "상요주씨上饒周氏(주복周復)는 양씨楊氏(양복楊復)의 부주附註가 『가례』 본문을 중간중간 끊음을 염려해서 따로 들어내어 본 책의 권질卷帙의 뒷부분에 부록附錄으로 하였다."
○묻기를 "『가례』의 각 조목 아래의 부주附註는 누가 편입했는가?"고 하자, 사계沙溪가 답하였다. "주복周復이 논한 것을 보면 알 수 있다. 다만 주씨周氏가 어느 시대 사람인지는 모르겠다."
○丘氏曰: "上饒周氏, 以楊氏附註, 間斷『家禮』本文, 別出之, 於本書卷帙之後, 以爲附錄." ○問: "『家禮』逐條下附註, 誰所編入耶?" 沙溪曰: "以周氏復所論觀之, 可知. 但周氏不知何代人."

○ 〖우안〗 위의 주씨周氏와 구씨丘氏의 설에 의거해 보면, 이제 『가례』의 부주를 각 조목 아래에 편입한 것은 양씨楊氏의 구례舊例를 따라 정한 것이지, 주씨가 한 것이 아니다. 사계沙溪가 이른바 '알 수 있다.'고 한 것은 주씨를 가리켜 말한 듯하며, 기타 제현들도 주씨가 한 것으로 인정하는 이가 많다. 그러나 아마 반드시 그러하지 않을 듯하다. 지금 부주를 보면, 분류하고 편차하는 사이에 자못 문란하고 어긋나는 부분이 많고, 구절을 깎아 줄이고 자구를 다듬는 데도 정밀함과 적절함이 부족하다. 그 책에서 황씨黃氏·유씨劉氏 등 여러 사람의 설을 많이 인용했는데, 황씨는 원元나라 말기 사람이니, 이는 아마 후대에 도圖를 찬한 자가 했을 것이다. 또 살펴보건대, 원元나라는 지정至正 연간에 망했는데, 무림응씨武林應氏는 원나라 지정 연간에 태어나, 이미 부주의 천착을 논박했으니, {위를 보라} 그가 살던 시대를 대략 유추하여 알 수 있다.
○ 〖愚按〗 據上周氏及丘氏說, 則今『家禮』附註之編入於逐條之下, 以從楊氏之舊例者定, 非周氏之所爲矣. 沙溪所謂可知云者, 似指周氏而言, 其他諸賢, 亦多認爲周氏所爲. 然恐必不然. 今觀附註, 其部伍纂次之間, 殊多紊錯, 其刪節點竄之際, 又欠精切. 其書多引黃·劉諸人之說, 而黃氏是元季人, 則恐是後來撰圖者之所爲矣. 又按, 元亡於至正, 而武林應氏, 生元至正間, 已駁附註之穿鑿, {見上} 則其時世, 槩可推而知之矣.

◎구씨丘氏가 말했다. "살펴보건대 문공文公의 『가례』는 5권인데 도圖가 있다는 말은 듣지 못하였다. 지금 책에는 권수卷首에 실어놓았으나 작자를 말하지 않았다. 무릇 글로는 할 말을

다 나타낼 수 없으므로 도圖로써 밝히는데, 지금 권수의 도주圖註는 본 책과 합치되지 않는 부분이 많다. 어찌 문공이 짓고서 스스로 서로 모순되게 했겠는가? 척식도尺式圖 아래에 천태天台 반시거潘時擧의 설[45]이 실려 있고, 말미에 가정嘉定 계유년癸酉年(1213)이라고 연도를 기록했는데, 이때는 문공이 사망한 때인 경원慶元[46] 경신년庚申年(1200)과 13년의 차이가 있다. 이로써 보면, 도圖는 문공이 지은 것이 아님이 명명백백하다." ○『집람輯覽』: 도圖와 본문을 살펴보면 같지 않은 곳이 매우 많은데, 이를테면 주식도主式圖와 같은 것에는 '대덕大德'[47]이란 글자가 있다. 대덕은 원元나라 성종成宗의 연호이다. 그렇다면 도圖는 주자가 그린 것이 아님이 더욱 명백하다.

◎丘氏曰: "按, 文公『家禮』五卷, 而未聞有圖. 今本載于卷首而不言作者, 夫書不盡言, 故圖以明之. 今卷首圖註, 多不合於本書, 豈文公所作, 自相矛盾哉? 尺式圖下, 載天台潘時擧說, 末識歲月曰, 嘉定癸酉, 是時, 距文公歿時慶元庚申, 十有三年矣. 由是觀之, 圖非文公作, 彰彰然明矣." ○『輯覽』: 按, 圖與本文, 不同處甚多, 而至如主式圖, 有大德字, 大德, 是元成宗年號. 則圖非朱子所爲, 益明矣.

○ 〖우안〗 도圖와 『가례』 본문이 합치되지 않는 곳을 『의절儀節』에서는 6조목을 들었고, 『집람輯覽』에서는 14조목을 들었으니, 그 중에 합치되지 않는 것은 진실로 그 잘못된 곳이거니와, 또한 도圖가 고례古禮를 따른 것이 많았기 때문이다. 도圖에 고례를 따른 것이 많은 것은 부주附註를 따랐기 때문이다. 대개 부주의 잘못은 고금의 같지 않은 예를 억지로 끌어다 같게 한 곳이 많은데, 도圖와 그것이 합치된다. 이로써 부주가 필시 도圖를 그린 자의 손에서 나왔다고 더욱 믿게 된다. 이제 도圖 중에서 고례를 따름으로써 『가례』와 어긋나게 된 곳을 일일이 헤아려보면, 사당祠堂에서 가묘家廟에 후침後寢이 있는 것, 심의深衣에서 백구白屨를 사용하는 것, 습구襲具에서 질質과 쇄殺를 쓰는 것 등과 같은 세 조목은 『의절』에 보인다. 혼례에서 주인이 사위를 맞이하며 재배한다는 한 조목은 『집람』에 보인다.

45 반시거(潘時擧)의 설: 반시거의 자는 자선(子善)으로, 주희의 문인이다. 반시거의 설이란 "주척(周尺)은 지금 성척(省尺; 관청자)의 7촌 5푼이 약하다[周尺, 當今省尺, 七寸五分弱]."는 것이다.

46 경원(慶元): 남송(南宋) 영종(寧宗)의 연호. 1195-1200년.

47 대덕(大德): 원(元)나라 성종(成宗)의 연호. 1297-1307년.

그 나머지 두 책에서 다 상고하지 못한 것이 또 16조목이 있다. 이를테면, 관례에서 『가례』에는 '대야와 수건[盥帨]을 진설한다.'고 했는데, 도圖에는 '세洗를 진설한다.'고 함이 하나요. 뜰에 비碑가 있다고 함이 둘이요. 초례醮禮에 '포脯와 해醢를 둔다.'고 함이 셋이다. 혼례의 '사위의 성복盛服'을 『가례』에서는 '복두幞頭와 공복公服을 사용한다.'고 했는데 도圖에서는 '작변爵弁과 훈상纁裳을 사용한다.'고 함이 넷이요, '종자從者가 현단복玄端服을 입는다.'고 함이 다섯이다. 아버지가 동서東序에서 서향하여 딸에게 초례를 행하는데, 도圖에서는 '방에서 남면하여 딸에게 초례를 행한다.'고 함이 여섯이고, 딸이 '차次와 순의純衣에 훈염纁袡을 한다.'고 함이 일곱이다. '딸과 종자從者가 진현袗玄(검은 저고리에 검은 치마)을 한다.'고 함이 여덟이요, 유모[姆]가 '비녀에 머리싸개를 하고 초의綃衣를 입는다.'고 함이 아홉이요, '아버지가 옷과 비녀를 바로잡는다.'고 함이 열이다. 제모諸母와 고모와 올케[嫂]와 언니는 말하지 않고 '서모庶母 및 문내門內 사람'이라고 함이 열하나요. 연궤筵几를 진설함이 열둘이요. 주인이 현단복을 입는다고 함이 열셋이요, 금반衿鞶이 있다고 함이 열넷이다. 상례에서, 참최斬衰는 『가례』에 '마구麻屨를 사용한다.'고 했는데, 도圖에서는 관구菅屨를 사용함이 열다섯이요, 재최齊衰에는 구屨의 호칭이 없는데, 도圖에서는 '소구疏屨를 사용한다.'고 함이 열여섯이다. 부주附註에서 고금의 같지 않은 예를 끌어다 합친 것은 각 조목의 본문 아래에 상세하게 실어 두었다.

○ 〖愚按〗 圖之與『家禮』本文不合處, 『儀節』擧其六條, 『輯覽』擧其十四條, 則其所以不合者, 固是其錯處, 而又以圖之多從古禮故也. 圖之多從古禮者, 以從附註故也. 盖附註之失, 多在於牽合古今不同之禮. 强使同之, 而圖與之合, 以此益信附註之必出於撰圖者之手也. 今歷數圖之從古禮而違『家禮』處, 則若祠堂之云家廟而有後寢, 深衣用白屨, 襲具之用質殺三條, 則見於『儀節』. 昏禮主人迎壻再拜一條, 則見於『輯覽』. 其餘二書之未盡考者, 又有十六條. 如冠禮, 『家禮』則云設盥帨, 而圖云設洗, 一也, 庭有碑, 二也, 醮有脯醢, 三也. 昏禮, 壻盛服, 『家禮』用幞頭公服, 而圖用爵弁纁裳, 四也, 從者玄端, 五也, 父醮女于東序西向, 而圖則醴女于房南面, 六也, 女次純衣纁袡, 七也, 女從者袗玄, 八也, 姆纚笄綃衣, 九也, 父正衣若笄, 十也, 不曰諸母姑嫂姊, 而曰庶母及門內, 十一也, 設筵几, 十二也, 主人玄端, 十三也, 有衿鞶, 十四也. 喪禮, 斬衰, 『家禮』用麻屨, 而圖用菅屨, 十五也, 齊衰, 無屨號, 而圖用疏屨, 十六也. 若附註之牽合古今不同之禮者, 俱詳於逐條本文下.

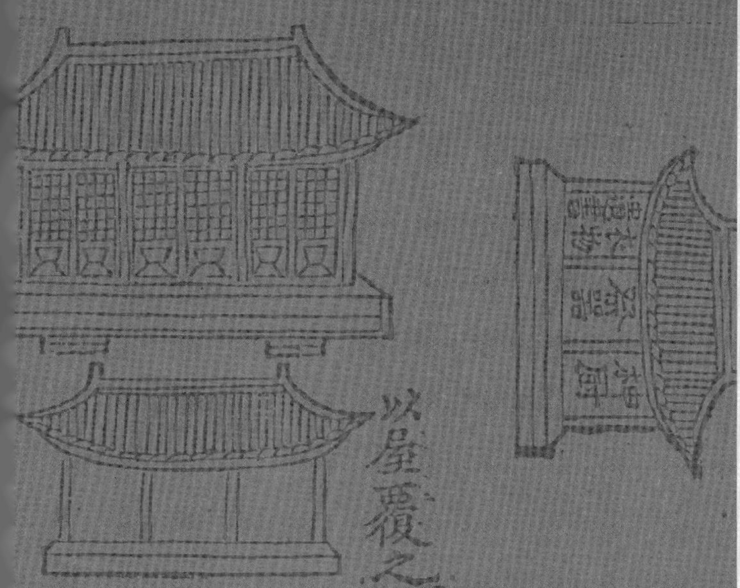

가례증해
家禮增解

권1
卷之一

통례 通禮 1

편제목

통례通禮 1

편제본주

이 편에 저술된 내용은 모두 이른바 '가정 일상생활의 상체常體로써 하루라도 닦지 않아서는 안 될' 것이다. 〖경호안설〗 이 편에 실린 '사당祠堂', '심의深衣', '거가잡의居家雜儀' 등 세 장은 가정의 일상생활에서 통용하여 행하는 예이고, 또 사례四禮에 두루 관련된다. 그러므로 '통례通禮'라고 하였다.

此篇所著, 皆所謂有家日用之常體, 不可一日而不修者. 〖按〗 此篇所載, '祠堂', '深衣', '居家雜儀'三章, 卽有家日用通行之禮, 亦所以通關於四禮. 故云'通禮'.

절제목

사당祠堂

절제본주

이 장은 본디 「제례祭禮」편에 합쳐져[1] 있었다. 이제 근본에 보답하여 처음을 돌이키는[報本反始] 마음과 『예기禮記』 「교특생郊特牲」: 만물은 하늘에 근본하고 사람은 조상에 근본하니, 이것이 조상을 상제上帝의 배위[配]로 하는 이유이다. 교郊의 제사는 근본에 보답하여 처음을 돌이키는 것[報本反始]을 크게 여김이다. 진호陳澔[2]의 주: 보報는 예로써 보답함이요, 반反은 마음으로 추모함이다. 조상을 높이고 종宗을 공경하는 뜻은 「상복소기喪服小記」: 조祖를 높이므로 종宗을 공경하니, 종宗을 공경하는 것은 조祖와 녜禰를 존중하기 때문이다. 소疏: 종宗은 선조의 정체正體이니, 그 조祖를 존숭하기 때문에 종자宗子를 공경한다. 종자를 공경하는 것은 조와 녜를 공경하는 의리

1 본디 「제례(祭禮)」편에 합쳐져: 『가례』 '사당'장의 주요 내용은 본디 『서의(書儀)』의 「제례」편에 부속되어 있었음을 말한다.

2 진호(陳澔): 자는 가대(可大), 호는 운장(雲莊)·북산(北山)이다. 원(元)나라 도창(都昌)사람이며, 대유(大猷)의 아들이다. 송나라 말에 향리에 은거하면서 제자들을 가르쳤다. 저서에 『예기집설(禮記集說)』이 있다.

이다. 진실로 집안이 있게 된 명분을 지켜서 가업을 열어 대대로 전수하기 위한 근본이다. 그러므로 특별히 이를 드러내어 편의 첫머리에 놓아서, 보는 사람들에게 먼저 그 큰 도리를 세워야 함을 알게 하고, 무릇 뒷글의 주선周旋, 승강乘降, 출입出入, 향배向背의 곡절 또한 근거하여 고찰할 수 있게 하였다. 그러나 옛날의 가묘家廟 제도는 「사우례士虞禮」 주註: 귀신이 있는 곳을 묘廟라 한다. 경經에 나타나 있지 않고 『고증考證』[3]: 살펴보건대 가묘家廟 제도는 경전에 분명한 조문이 없고, 다만 "실室의 동서에 상廂이 있는 것을 '묘廟'라 하고, 없는 것을 '침寢'이라고 한다."는 것은 『이아爾雅』[4]의 글이고, "앞쪽은 '묘', 뒷쪽은 '침'[前廟後寢]이라"는 것은 정강성鄭康成[5]의 설이며, '양하오가兩下五架'[6]의 제도는 가공언賈公彦의 소疏에 보인다. 체제와 향배向背에 대하여, 가공언은 "제후는 5묘廟인데 태조묘太祖廟가 가운데 있고 소昭 둘은 동쪽에 있고, 목穆 둘은 서쪽에 있다. 대부는 3묘廟인데 역시 그렇다."고 하였다. 제가諸家들이 말한 바도 이와 같은 데 그친다. 또 지금 사서인士庶人의 천한 신분으로는 행할 수 없는 점이 있으므로, 특별히 '사당祠堂'이라 이름하고, 그 제도도 속례俗禮를 많이 채용했다.

此章, 本合在「祭禮」篇. 今以報本反始之心, 「郊特牲」: 萬物本乎天. 人本乎祖, 此所以配上帝也. 郊之祭也, 大報本反始也. 陳註: 報者, 酬之以禮. 反者, 追之以心. 尊祖敬宗之意, 「小記」: 尊祖, 故敬宗, 敬宗, 所以尊祖禰也. 疏: 宗, 是先祖正體, 尊崇其祖, 故敬宗子. 所以敬宗子者, 尊崇祖禰之義也. 實有家名分之守, 所以開業傳世之本也. 故特著此, 冠于篇端,

3 『고증(考證)』: 조호익(曺好益)의 『가례고증(家禮考證)』을 가리킨다.

4 『이아(爾雅)』: 명물(名物)에 대한 훈고서(訓詁書)로서 가장 오래된 책이다. 그 해석이 제자(諸子)들의 잡서(雜書)에 나온 것이긴 해도 경전을 풀이한 내용이 많아 훗날 13경(經)의 하나가 되었다. 이 책의 풀이서로는 진나라 곽박(郭璞)이 주석하고, 송나라 형병(邢昺)이 소(疏)한 『이아주소(爾雅注疏)』 11권이 있다.

5 정강성(鄭康成): 강성(康成)은 후한(後漢)의 학자 정현(鄭玄; 127-200)의 자(字)이다. 동한 말기의 경학자로 고밀(高密) 출신이다. 마융(馬融)에게 배워 학문을 크게 이루었다.

6 양하오가(兩下五架): 앞뒤 양쪽으로 지붕 경사면을 만들어 덮고, 지붕 가운데의 종도리를 기준으로 그 앞뒤에 각 두 줄씩 도리를 배치하여 짓는 집. 『의례』 「소뢰궤식례(少牢饋食禮)」에 의하면, "대부와 사(士)의 묘실(廟室)은 모두 양하오가(兩下五架)인데, 정중앙을 동(棟)이라 하고 동(棟)의 남쪽에 두 개의 가(架)가 있고, 가(架)의 북쪽에 역시 두 개의 가(架)가 있고 동(棟)의 남쪽에 한 개의 가(架)가 있다."고 하였다.

使覽者，知所以先立乎其大者，而凡後篇所以周旋升降出入向背之曲折，亦有所據而攷焉．然古之廟制，「士虞禮」註：鬼神所在曰廟．不見於經，『考證』：按，廟制，經無明文，但室有東西廂曰廟，無曰寢，『爾雅』之文，前廟後寢，鄭康成之說，兩下五架之制，見于賈公彥之疏．至於體制向背，則賈氏以爲"諸侯五廟，太祖廟居中，二昭居東，二穆居西．大夫三廟亦然．"諸家所說如此而已矣．且今士庶人之賤，亦有所不得爲者，故特以祠堂名之，而其制度，亦多用俗禮云．

절제부주

사마온공司馬溫公[7]이 말했다. "송宋나라 남계南溪(박세채)가 말했다. "'송宋'자는 후세 사람이 추가한 것이다."[8] 인종仁宗(1023-1063) 때 일찍이 조서를 내려 태자太子 방씨方氏가 말했다. "태太는 크다[大]는 뜻으로 말한 것이다. 적자適子는 크고 서자庶子는 작다." 소부少傅 이상은 모두 가묘家廟를 세우도록 허락하였는데, 유사有司가 끝내 그 제도를 정하지 않았다. 오직 문로공文潞公만이 이름은 언박彦博, 자字는 관부寬夫이고, 개휴介休 사람이다. 네 조정을 차례로 섬기면서 나가서는 장수가 되고 들어와서는 정승이 되었으며, 벼슬이 태사太師에 이르렀고, 노국공潞國公으로 책봉되었다. 서경西京에 사당을 세웠고, 『고증』: 송나라는 변汴에 도읍하여, 낙양洛陽을 서경西京이라 칭했다. ○온공이 지은 「문로공선묘비기文潞公先廟碑記」에 이르기를, "선왕의 제도는 천자에서부터 관사官師에 이르기까지 모두 묘廟가 있었다. 진秦나라에 이르러 성인聖人을 비난하고 비웃으며 전례典禮를 모두 폐지하고, 군주를 높이고 신하는 낮추는데 힘썼으므로, 천자 외에는 감히 묘廟를 경영하지 못하게 하였다. 한漢나라 시대에는 공경公卿과 귀인貴人들은 묘소에다 사당祠堂을 많이 세웠으나, 도성에서는 세우는 자가 드물었다. 위진魏晉 이후로는 점점 묘廟의 제도가 회복되었으며, 당唐나라 때 귀신貴臣들은 모두 묘廟가 있었다. 오대五代에 이르러 예교禮敎가 무너지자 묘廟의 제도가 마침내 폐기되었는데, 송나라가 일어난지 오래도록

7 사마온공(司馬溫公): 송나라 때의 사마광(司馬光; 1019-1086).

8 『남계집』 속집 권13 「답이수옹문(答李壽翁問) 계유십이월십칠일(癸酉十二月十七日)」.

강구하지 못하고 있었다. 인종仁宗은 신하들 중에 공公이나 상相의 귀한 신분에 이른 사람들조차도 서인들과 똑같이 조祖와 녜禰가 침실寢室에서 제사를 받아먹고 있는 것을 민망스럽게 여기고는, 이에 문무文武 관원들에게 예전 형식대로 가묘家廟를 세우도록 허락했다. 이에 신하들이 함께 주청하여 평장사平章事 이상은 4묘廟를 세우고 동궁소보東宮少保 이상은 3묘廟를 세우도록 청하니, 조칙을 내려 청한대로 하게 하였다. 그러나 공경公卿들 가운데에서 남보다 앞장서서 하려고 하는 사람들이 없었는데, 오직 문로공文潞公만이 가장 먼저 하남河南에 묘廟를 세우게 해 달라고 주청함에, 조칙을 내려서 그렇게 하라고 했다. 그러나 아직 건축하는 방법을 알지 못하였는데, 서쪽 장안長安의 진무사鎭撫使가 되어서는 당唐나라 때의 남은 흔적을 찾다가 두기공杜岐公[9]의 유적을 찾아내어 비로소 이를 본떠 짓고는, 원풍元豊 3년(1080)에 서도西都의 유수留守가 되어 비로소 흔묘釁廟를 행하고 제사했다." 하였다. 다른 사람들은 모두 세우지 못했다. 그러므로 지금은 단지 영당影堂 『고증』: 상像을 그린 것을 영影이라고 한다. 『초사楚詞』[10]에 이르기를 "그대의 실室에다 상像을 설치하여 고요하고 편안하게 한다."고 했으니, 세속에서 영당을 모시는 것은 아마도 여기에 근본한 것이다. 이라고만 한다." 퇴계退溪가 말했다. "사당이란 명칭은 『가례』에서 시작되었고, 이전에는 영당이라 했다."[11]

司馬溫公曰: "宋 南溪曰: "宋字, 是後人所追加." 仁宗時, 嘗詔聽太子 方氏曰: "太以大言之, 適子大而庶子小也." 少傅以上, 皆立家廟, 而有司終不爲之定制度, 惟文潞公, 名, 彦博, 字, 寬夫, 介休人. 歷事四朝, 出將入相, 官至太師, 封潞國公. 立廟於西京, 『考證』: 宋都汴, 以洛陽, 稱西京. ○溫公, 作「文潞公先廟碑記」云: "先王之制, 自天子至于官師, 皆有廟. 及秦, 非笑聖人, 蕩滅典禮, 務尊君卑臣, 天子之外, 無敢營廟. 漢世公卿貴人, 多建

9 두기공(杜岐公): 당나라 덕종(德宗)과 헌종(憲宗) 때의 학자 두우(杜佑; 735-812). 자는 군경(君卿). 사도(司徒)를 역임했으며, 기국공(岐國公)에 봉해졌다. 황제(黃帝)와 당우(唐虞)로부터 당나라 천보(天寶) 연간(742-756)에 이르기까지 중국 역대의 전장제도(典章制度)를 총 200권으로 정리한 거작(巨作) 『통전(通典)』을 저술했다.

10 『초사(楚詞)』: 전국시대 초나라 굴원(屈原)이 지은 사(辭)·부(賦)와 그의 문인 및 후인(後人)들이 원작을 모방, 굴원을 추조(追弔)하고 사모하여 지은 사·부를 모은 책.

11 『퇴계집』 권21 「답이강이문목(答李剛而問目) 주서(朱書)」.

祠堂於墓所, 在都邑則鮮焉. 魏晋以降, 漸復廟制, 唐世貴臣, 皆有廟. 及五代, 禮頹教墜, 廟制遂廢, 宋興久而未講. 仁宗, 閔羣臣貴極公相, 而祖禰食於寢, 儕於庶人, 聽文武官, 依舊式, 立家廟. 於是, 共奏請自平章事以上, 立四廟, 東宮少保以上, 三廟, 詔如其請. 公卿無肯倡衆爲之者, 獨文公, 首奏乞立廟河南, 詔可之. 然尙未知構築之式, 西鎭長安, 訪唐朝之存者, 得杜岐公遺迹, 始倣而營之, 元豊三年, 留守西都, 始釁廟而祀焉." 他人皆莫之立. 故今但以影堂『考證』: 畫像謂之影. 『楚詞』云, "像設君室, 靜安閒些." 世俗祠影, 盖本於此. 言之." 退溪曰: "祠堂之名, 始於『家禮』, 前此稱影堂."

절제부주

○주자朱子가 말했다. "옛날에는 명사命士라야『의례儀禮』「상복喪服」 주註: 명命은 작위爵位와 관복官服을 올리는 이름이다. ○진씨陳氏가 말했다. "초명初命을 받으면 사士가 되고, 재명再命을 받으면 대부가 되고, 삼명三命을 받으면 경卿이 된다. 혹자는 말하기를 '일명一命에 직책[職]을 받고, 재명再命에 관복[服]을 받고, 삼명三命에 작위[爵]를 받는다.'고 하는데, 어느 것이 옳은지 알 수 없다." ○이씨李氏가 말했다. "일명一命을 받은 자는 천자의 하사下士, 공公과 후侯와 백伯의 상사上士, 자子와 남男의 상대부上大夫이며, 재명再命을 받은 자는 천자의 중사中士, 공公과 후侯와 백伯의 대부大夫, 자子와 남男의 경卿이며, 삼명三命을 받은 자는 천자의 상사上士, 공公과 후侯와 백伯의 경卿이다." ○방씨方氏가 말했다. "『주관周官』「전명典命」에 '자子와 남男의 사士는 명命하지 않는다.'고 했으니, 사士는 사실 명命을 받지 않는 경우도 있었다." 가묘家廟를 세울 수 있었다. 주자가 말했다. "대개 명사命士 이상은 부자간에 궁宮(집)을 달리하는데, 죽어서 묘廟를 달리하지 못하면 살아계신 듯이 섬기는 마음을 다하지 못함이 있다." 가묘 제도는 안쪽에 침묘寢廟를, 중간에 정묘正廟를, 밖에는 문을 세우고, 사면에 담장을 두른다. 『이아爾雅』: 실室의 동서에 상廂(곁방)이 있는 것을 '묘廟'라 하고, 동서에 상廂이 없고 실室만 있는 것을 '침寢'이라 한다. 묘廟 가운데 길을 '당唐'이라 하고, 당堂 아래[12] 길[途]을 '진陳'이라 하고, 팽閍(사당문)을 문門이라 한다. 『시경詩經』 '당唐 가운데 벽돌 있어[中唐有甓]'의 소: 무릇 실室의 동서에 상廂과 협실夾室이 있고, 전당前堂에

서序와 장墻이 있는 것을 묘廟라 하고, 단지 큰 실室만 있는 것을 침寢이라 하고, 묘廟 가운데 길을 당唐이라 하고, 당堂 아래에서 문에 이르는 길을 진陳이라 한다. ○『통전通典』: 옛날 종묘宗廟 제도는 앞쪽에 묘廟를 짓고 뒤쪽에는 침寢을 지어서, 인군人君이 거처할 때 앞쪽에는 조당朝堂이 있고 뒤쪽에는 침전寢殿이 있는 것을 형상하였다. 묘廟는 신주神主를 보관하고 사시四時에 제사를 지내는 곳이다. 침寢은 의관衣冠과 궤장几杖 등 생시를 나타내는 도구들을 보관해 두고 새로운 음식물을 천薦(바침)하는 곳인데, 진秦나라 때 처음으로 묘소 곁으로 내어다가 침寢을 세웠고, 한漢나라 때는 그대로 답습하여 바꾸지 않았다. ○『문헌통고文獻通考』: 『예기』「월령月令」에 '네 계절에 새로 나는 음식물을 모두 침묘寢廟에 먼저 천薦한다.'고 하였는데, 대개 침寢이 있는 자는 침寢에다 천薦하고, 침寢이 없는 자는 묘廟에다 천薦했으니, 천薦이 침寢에만 그쳤음을 말한 것은 아니다. ○방씨方氏가 말했다. "인도人道로 섬기면 침寢이 있고, 신도神道로 섬기면 묘廟가 있다. 제사는 신도神道이고, 천薦은 인도人道이다." ○주자가 말했다. "옛날의 묘廟의 제도는, 앞쪽에는 묘廟가 있고 뒤쪽에는 침寢이 있었다. 침寢은 망자의 의관을 보관하는 곳이다. 한漢나라 때는 능陵에다 침寢을 옮겼으니, 이른바 '능침陵寢'이다. 그러므로 명제明帝는 원릉原陵에서 태후太后의 경대 가운데 있는 물건을 보고 슬퍼했다. 이로 인해 채옹蔡邕은 말하기를 '능陵에 올라가는 것은 고례古禮'라고 하였는데, 이런 논의는 모두 그의 학문 강론이 밝지 않았기 때문이다. 그는 단지 우연히 명제의 일을 보았기 때문에 이런 말을 하였던 것이다." 명사命士가 아니면 당 위[堂上]에서 제사지내고 『예기』「왕제王制」: 서인庶人은 침寢에서 제사지낸다. ○ 〖경호안설〗 당상堂上은 정침正寢의 당堂이다. 고비考妣에게만 제사지낸다. 물었다. "관사官師는 묘廟가 하나만 있는데, 부모에게만 제사지내고 조祖에 미치지 않는 것은 인정에 미진한 것이 아닌가?" 주자가 말했다. "지위가 낮으면 흘러가는 혜택이 얕으니, 그 이치가 자연히 이와 같다." 또 물었다. "지금 사서인士庶人의 집에서는 삼대三代를 제사지내는데, 예禮를 어긴 것인

12 당(堂) 아래: 『이아』「석궁」 본문에 '당도(堂途)'라고 하였는데, 『가례증해』 원본에 '당(堂)'자가 빠져 있다.

가?” 주자가 말했다. “비록 삼대를 제사지내더라도 묘廟가 없으니 참람하다고 말할 수는 없다. 옛날에 이른바 ‘묘廟’는 덩치와 면적이 매우 커서, 문門, 당堂, 침寢, 실室 등을 모두 갖추어 평소에 거처하는 궁宮처럼 좋았으니, 지금 사람들처럼 실室 하나로 하는 것과는 같지 않다.” 이천伊川은 말하기를 ‘귀천 없이 모두 고조 이하를 제사지내되 『예기』「대전大傳」: 대부와 사士는 대사大事가 있으면 군주에게 살펴 물어서 그 고조부까지 간협干祫의 제사를 모신다. 진호陳澔의 주: 대사大事는 협제祫祭를 말한다. 대부는 3묘廟, 사士는 2묘, 1묘이기에 이를 감히 함부로 거행하지 못하고, 반드시 군주에게 살펴 여쭈어 군주가 허락하면 행할 수 있는데, 위로는 고조에까지 미친다. 간干은 아래에서 위를 범하는 뜻이니, 낮은 자로서 존귀한 자의 예를 행하기 때문에 간협干祫이라고 한다. ○ 〖경호안설〗 ‘귀천 없이 모두 고조 이하를 제사지낸다.’고 한 것은, 「제법祭法」을 살펴보면, 왕王과 제후諸侯는 모두 시조까지 제사지내는데, 왕에게는 또한 친분이 다한 조묘祧廟가 둘이 있지만, 친분이 가까운 묘廟는 모두 현고顯考에 {곧 고조이다. 상세한 내용은 아래를 보라.} 그치며, 대부와 사士도 간협干祫은 또한 고조에게 미치기 때문에 이른 말이다. 다만 제사에는 풍쇄豊殺[13]와 〖우안〗 『가례집람家禮輯覽』에서는 「왕제王制」의 ‘천자의 사직社稷은 모두 태뢰太牢이고, 제후의 사직은 모두 소뢰少牢이다.’라는 말을 인용하여 풍쇄豊殺의 증거로 삼았다. 그러나 그다지 절실하지는 않은 듯하다. 다만 ‘군주의 묘廟에서는 태뢰로 제사하고, 대부의 묘廟에서는 소뢰로 제사하며, 사士의 묘廟에서는 특생特牲으로 제사한다.’는 것으로 근거를 삼는 것이 마땅하겠는데 어떨지 모르겠다. 소삭疎數[14]이 삭數의 음音은 삭朔이다. ○ 〖경호안설〗 소삭疎數의 설은 「제법」을 상고해 보면, 왕은 7묘廟를 세우는데, 고묘考廟에서부터 조고祖考{곧 시조始祖이다.}에 이른다. 5묘廟에는 모두 달마다 제사지내고, 두 곳의 조묘祧廟에는 향享과 상嘗의 제사만 지내고 그친다. 단壇과 선墠에는 기도할 일이 있으면 제사한다. 제후는 5묘廟, 대부는 3묘廟, 적사適士는 2묘廟, 관사官師는 1묘廟가 있는데, 모두

13 풍쇄(豊殺): 제물을 풍성하게 행하거나 줄여서 행하는 차이를 말한다.

14 소삭(疎數): 제사의 횟수를 자주 하거나 드물게 하는 빈도의 차이를 말한다.

가 차례로 차등을 지워 소삭疏數이 있다. {자세한 것은 아래 부주附註의 소목昭穆설을 보라.} 대부와 사士는 또 반드시 간협干祫을 한 뒤에 고조에 제사를 지낸다. 있어서 같지 않다.'고 했다. 우암尤庵이 말했다. "풍쇄豊殺와 소삭疏數을 정자程子는 귀천貴賤의 신분으로 말했고, 주자는 원근遠近의 관계로 말했다. 그러나 고례에는 세대[世]마다 각각 묘廟를 달리 했기 때문에 이와 같이 할 수 있었다. 지금 세상에는 하나의 묘廟에 함께 있기 때문에 이 예를 행할 수 없을 듯하다." ○ 『경호안설』 정자와 주자의 소삭疏數에 대한 설명은 '시제時祭 부주附註'에 자세히 보인다. 묘廟는 남향이고 신위는 다 동향인데, 이천伊川은 이를 살피지 않고, '묘廟는 모두 동향이며 정자는 말하기를 "사대부는 반드시 가묘家廟를 세우는데, 가묘는 반드시 동향으로 한다."고 하였다. 조선祖先의 신위도 동향이다.'라고 청사 측면에서 바로 {『어류語類』에는 '동東'자가 있다.} 그 장소로 들어가서, 되돌아서 서쪽을 향하여 묘 안으로 들어간다. 했으니, 그 제도는 옳지 않다. 옛사람들이 묘廟에서 정면[面]을 퇴계는 "면面은 '개皆'로 써야 할 듯하다."고 했다. 동쪽으로 향해 앉은 것은, 대개 호戶가 동쪽에 있고 유牖가 서쪽에 있어서, 한 쪽 가장자리에 앉았음이니, 이곳이 곧 오처奧處이다." 『어류語類』 ○주자가 말했다. "당堂과 실室은 모두 남향인데, 다만 실室의 지게문[戶]은 실의 남쪽 벽 동편에 남향으로 나 있고, 바라지[牖]는 실의 남쪽 벽 서편에 남향으로 있다. 그러므로 실의 서남쪽 모퉁이가 아랫목[奧]이 되어 존자尊者가 거처하는 장소로 하기 때문에, 신주神主가 거기에 있었다. 이른바 '종실宗室의 바라지[牖] 아래'[15]가 이것이다. 이미 서남쪽을 존자의 자리로 하였기에 굳이 동향이 존귀하게 되는 것이지, 묘廟가 동향이어서 태조가 동향함을 말한 것이 아니다." ○일찍이 하나의 가묘를 세우려고 하였다. 작은 5가架의 집[屋]에 「소뢰少牢」 소疏: 대부와 사士의 묘실廟室은 모두 양하兩下[16]에 5가이다. 정 중앙을 '동棟(종도리)'이라 하고, 동棟의 남쪽에 두 개의 가架(도리)가 있고, 북쪽에 두 개의 가架가

15 종실(宗室)의 바라지[牖] 아래: 『시경(詩經)』 소남(召南) 「채빈(采蘋)」에 '于以奠之, 宗室牖下'라는 데서 인용한 말이다.

16 양하(兩下): 지붕 날개를 앞뒤 양편으로 경사지게 덮는 형식을 말한다.

있으며, 동棟의 남쪽 한 개의 가架가 전미前楣(앞중도리)이고, 미楣 앞쪽 처마를 받치는 것을 '기庪'라고 한다. 동棟의 북쪽 한 개의 가架에 실室을 만들고 남쪽 벽에 호戶를 연다. ○ 〚경호안설〛 이 5가는 비록 옛날과 같으나, 『가례』의 사당은 당堂만 있고 방房과 실室이 없어 옛날 묘제廟制와 같지 않다. 뒤쪽 가架에 하나의 긴 감당龕堂을 만들고, 『운회韻會』: 감龕은 고枯와 함含의 반절이다. 탑塔 아래에 있는 실室이다. ○『성리대전性理大全 보주補註』: 이 아래에 있는 네 개의 '당堂'자는 모두 '실室'자로 써야 할 듯하다. 판자로 끊어 막아서 네 개의 감당을 만들고, 감당에 위패位牌를 두며, 『운회』: 패牌는 방牓이다. ○우복愚伏이 말했다. "위패는 패자牌子인 듯하니, 신주神主와는 같지 않다. 주자가 이른바 '두 조각을 서로 합할 필요가 없다.'는 것이다. 그러나 '반부班祔'조의 주註에 '위패는 서쪽 편에 안치되어 있다.'고 한 것은 또한 신주를 가리키는 듯하나, 자세하지 않다." ○ 〚우안〛 『어류』에, 묻기를 "지난번에 어떤 사람이 신주를 설치한 것을 보니, 아버지가 살아있는데 자식이 죽었을 때, 주패主牌[17]에 '부주사父主祀'라는 글자를 썼던데, 어떠한가?"라고 하자, 주자가 말하기를, "이런 경우는 쓰지 않아야 된다. 만약 존장이면 써야 한다."라고 하였으니, 신주와 위패는 당시에도 섞어서 칭했던 것 같다. 당堂의 바깥에는 발을 사용한다. 소소한 제사祭祀를 「제법祭法」 주註: 제祭는 사祀의 일[事]이요, 사祀는 제祭의 도리[道]이다. 지낼 때는 또한 그곳에 가서만 하고, 큰 제사를 『집설集說』 주註: 작은 제사는 절사節祀 따위이고, 큰 제사는 사시四時와 정조正朝 따위이다. ○『집람輯覽』: 살펴보건대 정조正朝의 행사를 큰 제사라고 한 것은 『가례』와 같지 않다. 지낼 때는 위패를 청하여 나와서 당堂이나 청廳 위에서나 우암이 말했다. "'사당祠堂'장의 주註에 '정침正寢을 전당前堂이라 한다.'고 했으니, 이 부주附註에 이른바 '당堂'은 이를 가리킨 것이다. 청廳은 청사廳事를 말함이니, 지금의 바깥사랑[外舍廊]과 같다." 모두 할 수 있다. 『어류』 ○당唐나라 때의 대신들은 모두 경사京師(수도)에 묘廟를 세웠

17 주패(主牌): 신주(神主)나 위패(位牌)를 말한다.

다. 『공양전公羊傳』: 경京은 '크다[大]'이고, 사師는 '많다[衆]'이다. 송宋나라 조정에서 오직 문로공文潞公만이 당唐나라 두우杜佑의 만년萬年 사람이다. 덕종德宗과 헌종憲宗의 두 조정에서 사공司空과 사도司徒를 지냈고, 기국공岐國公에 봉해졌다. 박학하여 『통전通典』 200편을 지었다. ○『집람』: 살펴보건대 두우는 비숙문伾叔文[18]에게 빌붙었으므로, 주자朱子가 비난했다. 제도를 본받아 서경西京에다 묘廟 하나를 세웠다. 비록 한韓과 【경호안설】 위공魏公을 말함이다. 사마司馬 【경호안설】 온공溫公을 말함이다. 집안에서도 일찍이 묘廟를 세우지 않았다. 두우의 묘廟는 조종祖宗 때에는 장안長安에 아직까지 있었다. 『어류』 ○유해손劉垓孫이 말했다. 남계南溪가 말했다. "유해손과 유장劉璋은 모두 원元나라 때 사람인 듯한데, 다만 출처가 없다." "이천伊川 선생은 '옛날에 서인庶人은 정침에서 제사지내고, 「왕제王制」의 글이다. ○진씨陳氏가 말했다. "선왕先王은 죽은 자에 대하여 항상 산 자로 대하였다. 사士 이상의 신분은 살아서는 궁宮을 달리하고 죽으면 묘廟를 세웠다. 서인은 살아서 궁宮을 달리하지 않으니, 죽으면 정침正寢에서만 제사지낼 뿐이다." ○우암은 말하기를 "서인은 비록 묘廟가 없더라도, 어찌 거실居室이 없겠는가? 거실이 있으면 반드시 정침이 있다."고 하였다. 묻기를 "서인이 정침에서 제사지낸다면 평소에 위패는 어느 곳에다 보관하는가?"라고 하자, 말하기를 "말하는 자들은 옛날에 대부 이하에게는 신주神主가 없다고 하고, 혹자는 신주가 있다고 하는데, 선사先師(김장생金長生)께서 일찍이 '신주가 있다고 하는 것이 나은 듯하다.'고 하였다. 여기서는 대개 신주가 없는 경우를 위주로 말한 것이다."라고 하였다. 사대부는 묘廟에서 제사지냈다. 서인은 묘廟가 없으나 영당影堂은 세울[立] 【경호안설】 '입立'자는 『유서遺書』에는 '이以'자로 되어 있다. 수 있다.'고 하였는데, 이제 문공文公 선생이 '사당祠堂'이라고 한 것은, 대개 이천 선생이 제사지낼 때 영정을 사용하는 것이 불가하다고 하였기 때문에 이천은

18 비숙문(伾叔文): 당나라 순종(順宗) 때 개혁적인 정치를 주도하였던 왕비(王伾)와 왕숙문(王叔文)을 가리킨다.

말하기를 "대개 영정을 제사에 사용하는 것은 불가하다. 만약 영정을 사용하여 제사지낸다면 반드시 터럭 하나도 차이가 없어야 옳으니, 만약에 수염이 한 가닥이라도 많으면 이것은 다른 사람이다."라고 하였다. 영당을 고쳐 사당이라 한 것이다."

○朱子曰: "古命士, 「喪服」註: 命者, 加爵服之名." ○陳氏曰: "初命爲士, 再命爲大夫, 三命爲卿. 或曰, '一命受職, 再命受服, 三命受爵.' 未詳孰是. ○李氏曰: "一命者, 天子之下士, 公侯伯之上士, 子男之上大夫. 再命者, 天子之中士, 公侯伯之大夫, 子男之卿也. 三命者, 天子之上士, 公侯伯之卿也." ○方氏曰: "『周官』「典命」, '子男之士, 不命.' 則士固有不命者." 得立家廟. 朱子曰: "蓋命士以上, 父子異宮, 而死不得異廟, 則有不得盡其事生事存之心者." 家廟之制, 內立寢廟, 中立正廟, 外立門, 四面墻圍之. 『爾雅』: 室有東西廂曰廟, 無東西廂有室曰寢. 廟中路謂之唐, 途謂之陳, 閍謂之門. 『詩』, 中唐有甓, 疏: 凡室, 有東西廂, 夾室, 及前堂, 有序墻者曰廟, 但有太室者曰寢, 廟中路名唐, 堂下至門徑名陳. ○『通典』: 古宗廟, 前制廟, 後制寢, 以象人君之居, 前有朝, 後有寢. 廟以藏主, 以四時祭. 寢, 藏衣冠几杖象生之具, 以薦新物. 秦始出寢於墓側, 漢因而不改. ○『文獻通考』: 「月令」, '四時新物, 皆先薦寢廟.' 蓋有寢者, 薦於寢, 無寢者, 薦於廟, 非謂薦止於寢也. ○方氏曰: "以人道事之, 則有寢, 以神道事之, 則有廟, 祭神道也, 薦人道也." ○朱子曰: "古之廟制, 前廟後寢. 寢所以藏亡者之衣冠. 漢時, 却移寢於陵, 所謂陵寢. 故明帝於原陵, 見太后鏡奩中物, 而悲哀. 蔡邕, 因謂上陵, 亦古禮. 此等議論, 皆是他講學不明之故. 他只偶見明帝之事, 故爲是說." 非命士, 止祭於堂上, 「王制」: 庶人祭於寢. ○ 〖按〗 堂上, 卽正寢之堂. 只祭考妣. 問: "官師一廟, 只祭得父母, 更不及祖, 無乃不盡人情?" 朱子曰: "位卑則流澤淺, 其理自然如此." 又問: "今士庶人家, 亦祭三代, 却是違禮?" 曰: "雖祭三代, 却無廟, 亦不可謂之僭. 古所謂廟, 體面甚大, 皆具門堂寢室, 勝如所居之宮, 非如今人但以一室爲之." 伊川謂"無貴賤, 皆祭自高祖而下, 「大傳」: 大夫士, 有大事, 省於其君, 干祫, 及其高祖. 陳註: 大事, 謂祫祭也. 大夫三廟, 士二廟, 一廟, 不敢私自擧行, 必省問於君, 而君賜之, 乃得行焉, 而上及於高祖, 干者, 自下干上之義, 以卑者而行尊者之禮, 故謂之干祫. ○ 〖按〗 無貴賤, 皆祭自高祖云者, 以「祭法」考之, 王侯皆祭及始祖, 王則又有親盡二祧, 而其近親廟, 則皆止於顯考, {卽高祖. 詳見下.} 大夫士, 干祫, 亦及高祖, 故云.

但祭有豊殺 〖愚按〗『輯覽』引「王制」'天子社稷, 皆太牢, 諸侯社稷, 皆少牢'之說, 以爲豊殺之證. 然恐不甚切. 但當以君之廟, 祭太牢, 大夫廟, 祭少牢, 士廟, 祭特牲爲據, 未知如何. 疎數音朔. ○ 〖按〗 踈數說, 以「祭法」考之, 王立七廟, 而自考廟至祖考{卽始祖.}. 五廟, 則皆月祭之, 其二祧, 則享嘗乃止. 壇墠則有禱焉祭之. 諸侯五廟, 大夫三廟, 適士二廟, 官師一廟, 皆以次差之而有踈數. {詳見下附註昭穆說.} 其大夫士, 又必干祫而後, 祭及高祖. 不同." 尤菴曰: "豊殺踈數, 程子, 以貴賤言, 朱子, 以遠近言. 然古禮, 則世各異廟, 故可得如此. 今世則同處一廟, 此禮, 恐是行不得." ○ 〖按〗 程朱論踈數說, 詳見時祭附註. 廟向南, 坐皆東向, 伊川, 於此不審, 乃云'廟皆東向, 程子曰: "士大夫, 必建家廟, 廟必東向." 祖先位面東.' 自廳側直{『語類』有東字.}入其所, 反轉, 面西, 入廟中. 其制非是. 古人所以廟面 退溪曰: "面恐作皆." 東向坐者, 盖戶在東, 牖在西, 坐於一邊, 乃是奧處也. 『語類』 ○朱子曰: "堂室皆南向, 但室戶, 在室南壁之東偏而南向, 牖在室南壁之西偏而南向. 以室西南隅爲奧, 而爲尊者之居, 故神主在焉. 所謂'宗室牖下', 是也. 旣以西南, 爲尊者之位, 固以東向爲尊矣, 非謂廟東向而太祖東向也." ○嘗欲立一家廟. 小五架屋 「少牢」疏: 大夫士廟室, 皆兩下五架. 正中曰'棟', 棟之南兩架, 北亦兩架, 棟南一架爲前楣. 楣前承簷曰'庪'. 棟北一架爲室, 南壁而開戶. ○ 〖按〗 此五架, 雖與古同, 而『家禮』祠堂, 則只有堂, 而無房室, 與古廟制, 不同. 以後架, 作一長龕堂, 『韻會』: 龕, 枯合切. 塔下室也. ○『性理大全 補註』: 此下四堂字, 恐皆當作室. 以板隔截, 作四龕堂, 堂置位牌, 『韻會』: 牌, 牓也. ○愚伏曰: "位牌, 似是牌子, 則與神主不同, 朱子所謂不須二片相合者. 然'班祔'條註 '在位牌西邊安'云者, 又似指神主, 未詳." ○ 〖愚按〗『語類』問: "向見人設主, 有父在子死, 而主牌, 書'父主祀'字, 如何?" 朱子曰: "此類, 只得不寫. 若尊長則寫云." 則主與牌, 恐當時混稱之也. 堂外用簾子. 小小祭祀 「祭法」註: 祭者, 祀之事, 祀者, 祭之道. 時, 亦可只就其處, 大祭祀, 『集說』註: 小祭, 如節祀之類, 大祭, 如四時及正朝之類. ○『輯覽』: 按正朝, 謂之大祭, 與『家禮』不同. 則請出, 或堂或廳上, 尤菴曰: "祠堂章註曰, '正寢, 謂前堂也.' 此附註所謂'堂', 指此而言也. 廳, 謂廳事, 如今之外舍廊也." 皆可. 『語類』 ○唐大臣, 皆立廟於京師. 『公羊傳』: 京, 大也, 師, 衆也. 宋朝, 惟文潞公, 法唐杜佑 萬年人. 德憲兩朝, 拜司空司徒, 封岐國公. 博學, 撰『通典』二百篇. ○『輯覽』: 按佑, 黨於伾叔文, 朱子譏之. 制, 立一廟在西京. 雖如韓 〖按〗 謂魏公. 司馬 〖按〗 謂溫公. 家, 亦不曾立廟. 杜佑廟, 祖宗時, 尙在長安. 『語類』 ○劉氏垓孫, 南溪曰: "劉氏垓孫, 劉氏璋, 似並元時人, 但無出處." 曰: "伊川先生云, '古者, 庶人祭於寢, 「王制」文也. ○陳氏曰: "先王之於死者, 常待之以生. 由士以上, 生而異宮, 死則爲之立廟. 庶人, 則生非異宮, 死則祭於寢而已." ○尤菴曰: "庶人雖無廟, 豈無居室耶? 有居室, 則必有寢矣." 問, "庶人祭於寢, 常時位牌藏於何處?" 曰, "說者, 謂古者, 大夫以下, 無主, 或謂有主, 先師嘗言謂之有主者, 似勝, 此盖主無主而言." 士大夫, 祭於廟. 庶人, 無廟, 可立 〖按〗 『遺書』作以. 影堂.' 今文公先生乃曰, '祠堂者, 盖以伊川先生, 謂祭時不可用影. 伊川曰: "大凡影不可用祭. 若用影祭, 須無一毫差, 方可, 若多一莖鬚, 便是別人." 故改影堂, 曰祠堂云.'"

가례대문

군자가 장차 궁실을 지을 적에는 먼저 사당을 정침의 동쪽에 세운다[君子將營宮室先立祠堂於正寢之東]

대문논증

「곡례曲禮」: 군자가 장차 궁실을 지을 적에는 종묘宗廟를 먼저 만든다. 진호陳澔의 주註: 군자는 지위가 있는 자이다. 종묘는 선조를 받드는 곳이기 때문에 먼저 짓는다. ○「제의祭義」: 오른쪽에는 사직社稷, 왼쪽에는 종묘가 있다. 진호의 주: 오른쪽은 음陰이기 때문에 사직을 오른쪽에 두고, 왼쪽은 양陽이기 때문에 종묘를 왼쪽에 둔다.

「曲禮」: 君子將營宮室, 宗廟爲先. 陳註: 君子, 有位者也. 宗廟, 所以奉先, 故先營之. ○「祭義」: 右社稷而左宗廟. 陳註: 右陰也, 故右社稷, 左陽也, 故左宗廟.

가례본주

묻기를, "가묘家廟를 동쪽에 두는 것은 친친親親의 의리가 아닌가?"라고 하자, 주자가 말했다. "이는 사람의 자식이 그 어버이를 죽었다고 여기지 않는 뜻이다." ○우암이 말했다. "옛날에 나라의 도읍을 세움에는, 왼쪽에 종묘 오른쪽에 사직을 두었으니, 사대부의 집안에서도 이 예를 준용한다."[19] 사당의 제도는 세 칸이다. 밖에 중문中門을 만들고, 『집람』: 중문은 외문外門과 상대되는 말이다. 외문은 남쪽 담장에 있고, 중문은 당堂의 남쪽 벽에 있다. 중문 밖에 두 개의 계단을 만드는데, 모두 세 층계이다. 동쪽은 조계阼階, 『의례儀禮』 「사관례士冠禮」 주註: 조阼는 초酢와 같다. 동계東階는 빈객에게 답하는 곳이다. 서쪽은 서계西階라고 한다. 계단 아래에는 땅의 넓고 좁음에 따라서 지붕을 덮어 『집람』: 그 제도는 상세하지 않다. 이는 집안사람들이 차례지어 섰을 때 비와 햇빛을 가리고자 함이다. 그러하니 그 제도는 마땅히 사당 앞의 처마와 서로 이어져 있어야 한다. 지금의 능침陵寢의 정자각丁字閣도 그 제도이다. 아래의 '네 개의 감실龕室을 설치한다.'는 주註에 '두 계단 사이에 향탁香卓을 설치한다.'고 했으니, 향탁을 어찌 비와 햇빛이 드는 곳에 설치하겠는가? ○우암이 말했다. "일찍이 신의경申義慶의 가례도家禮圖를 보니, 사당의 남쪽 처마 아래에 붙여서 세로로 지붕[縱屋]을 지었다. 이는 능침의 정자각과 꼭 같아서 참람하니 감히 하지 못한다. 일찍이 덕흥대원군德興大院君의 가묘家廟를 보니, 가묘의 뜰 남쪽 편에 별도로 가로로 지붕[橫屋]을 지었는데, 아마도 이것이 『가례』의 뜻에 맞을 듯하다."[20] ○도암陶菴이 말했다. "본주에서 '땅의 길고 짧음을 따라서'라고 하지 않고, '땅의 넓고 좁음을 따라서'라고 말하였으니, 횡옥橫屋을 만드는 것이 분명하다. 횡옥의 중간에다 향탁을 두면 자연히 두 계단 사이가 된다." 집안사람들이 차례지어 설 수 있도록 한다. 또 유서遺書, 『집람』: 살펴보건대 『개원례開元禮』에 '질병이 들어 유언遺言이 있으면 적는다.'고 하였으니, 바로 이것이 유서遺書이다. 【止】 ○우암이 혹자의 질문에 답하기를, "무릇 유서에 명한 내용이 의리에 매우 어긋나지 않는다면 어찌 감히 따르지 않겠는가? 만약 죽음에 임박하여 한 난명亂命으로 반드시 따를 수가 없는 것에 대하여는 비록 변통하지 않을 수는 없으나, 그러나 또한 어찌 불사르거나 찢어버리기까지 하겠는가? 싸서 보관해 둘 뿐이다."고 했다.[21] 또 말하기를 "손수 쓴 것과 대신 쓴 것을 불문하고 예법에 어긋나면 관원官員된 이는 일체 타파하여 한결같이 예법으로 바로잡아야 한다."고 했다.[22] 【이상. 난명유서亂命遺書】

19 『송자대전』 권121 「답혹인(答或人)」.
20 『송자대전』 권83 「답박자옥(答朴子玉)」.
21 『송자대전』 권116 「답이자달(答李子達)」.
22 『송자대전』 권118 「답최천벽(答崔天璧)」.

問: "家廟在東, 莫是親親之義否?" 朱子曰: "此是人子, 不死其親之意." ○尤菴曰: "古者, 建國都, 左祖右社. 士大夫家, 亦遵用此禮." 祠堂之制, 三間, 外爲中門, 『輯覽』: 中門, 對外門而言. 外門, 在南墻, 中門, 在堂之南壁. 中門外爲兩階, 皆三級. 東曰阼階, 「士冠禮」註: 阼, 猶酢也. 東階, 所以答酢賓客. 西曰西階. 階下隨地廣狹, 以屋覆之, 『輯覽』: 其制, 不可得而詳也. 乃家衆敍立之際, 欲蔽雨暘也. 然則其制, 當與祠堂前簷, 相接. 今陵寢丁字閣, 亦其制也. 下'四龕'註, '兩階之間, 又設香卓.' 香卓, 豈可設於雨暘之下乎? ○尤菴曰: "嘗見申公義慶家禮圖, 則祠堂南簷下, 接作縱屋. 此則一似陵寢丁字閣, 僭不敢爲矣. 曾見德興大院君廟, 則廟庭南畔, 別作橫屋, 疑此得『家禮』之意矣." ○陶菴曰: "本註, 不曰隨地長短, 而曰隨地廣狹, 則其爲橫屋, 明矣. 置香卓於橫屋中間, 自爲兩階間矣." 令可容家衆敍立. 又爲遺書, 『輯覽』: 按『開元禮』, '疾病, 有遺言, 則書之.' 卽是遺書. 【止】 ○尤菴答或問曰: "凡遺書所命, 不至甚悖於義, 則何敢不從? 若臨死亂命, 而必不可從者, 則雖不得不變通. 然亦何至於焚裂也? 只得襲藏之也." 又曰: "不問手書與代書, 而有乖禮違法, 則爲官員者, 一切打破, 而一正之以禮法矣." 【右亂命遺書】

가례본주

의물衣物, 『주례周禮』 「춘관春官」: 유의복遺衣服(남긴 의복)은 보관해 두었다가 장차 제사를 지내려면 각각 그 옷을 시尸에게 주어 입게 한다. 주註: 유의는 대렴大斂 때 쓰고 남긴 것이다. 시尸는 죽은 자의 예복[上衣]을 입고서 살아있을 때를 나타내야 마땅하다. 【止】 ○물었다. "유의복은 사당에 보관해 두어도 과연 쓸데가 없을 듯하고, 처리하기도 매우 어렵다. 가만히 헤아려 보건대 유의복은 혹 세탁하여 자손의 의복으로 사용해도 안 될 것은 없을 듯하다. 관冠과 띠 등 여러 물건들은 배권杯圈[23]이나 서책書册 등에 비하여 더욱이 시선을 붙이지도 못하고 보존하기도 난처하니, 묘소 곁에서 불사르거나 혹은 깨끗한 땅에 묻는 것이 어떠한가?" 사계沙溪가 말했다. "보여준 뜻이 곡절하고 매우 좋아서, 묘소 곁에서 불사르는 것이 옳을 듯하지만, 옛날에 이러한 예禮가 없었으니 창시創始하는 것은 불가하다." 【이상. 남긴 의관과 띠의 처리】

衣物, 『周禮』「春官」: 遺衣服, 藏焉, 若將祭祀, 則各以其服授尸. 註: 遺衣服, 大斂之餘也. 尸當服卒者之上

23 배권(杯圈): 나무를 굽혀 만든 그릇으로 음식을 담아먹는다. 배권(桮棬).

服, 以象生時.【止】○問: "遺衣服, 藏之祠堂, 果似無用, 而處之, 亦甚難. 便竊以意度之, 遺衣服, 則或澣濯以爲子孫衣服, 亦無不可. 至於冠帶諸物, 比於杯圈書冊, 尤不能接目, 而存之難處, 焚之墓所, 或埋於潔地, 如何?" 沙溪曰: "示意曲折甚好, 焚之墓所, 似可, 而古無此禮, 不可創始."【右遺衣冠帶所處】

본주논증

○우암이 말했다. "유의복은 『가례』에 따라 묘廟 가운데 보관하는 것이 마땅할 듯한데, 인가人家에서는 혹 도둑맞을 걱정 때문에 하나의 궤짝에다 자물쇠를 잠가 공경히 은밀한 곳에 보관하기도 하니, 옳을 듯하다."[24]【이상. 유의는 별도로 보관함】

○尤菴曰: "遺衣服, 當依『家禮』, 藏於廟中, 而人家或被偸竊之患, 封鎖一櫃, 敬而藏之密處, 似或可也."【右遺衣別藏】

본주논증

○물었다. "평일에 사용한 벼루, 먹, 칼, 붓 등은 어떻게 처리해야 하는가?" 우암이 말했다. "유의복을 보관하는 예에 따라 보관하는 것이 마땅할 듯하다."[25]【이상. 벼루, 먹, 칼, 붓 등의 처리】

○問: "平日所用硯墨刀筆, 何以處之?" 尤菴曰: "依遺衣服之例, 藏置, 似宜."【右硯墨刀筆所處】

본주논증

○신독재愼獨齋가 말했다. "조주祧主[26]를 장방長房에게 옮기면, 유의복도 함께 옮기는 것이 마땅할 듯하다." ○수암遂菴(권상하)이 말했다. "유의복을 길이 보관해두는 것은 옳지 않다. 해당 신위의 신주神主를 매안埋安할 때 함께 묻는 것이 마땅할 듯하다."[27]【이상. 유의를 신주와 함께 옮기거나 묻음】

○愼獨齋曰: "祧主, 遷長房, 則遺衣服隨而遷之, 似宜." ○遂菴曰: "遺衣服, 不可長留. 當位神主埋安時, 並埋, 似當."【右遺衣同神主遷埋】

가례본주

제기祭器 창고와 신주神廚를 사계가 말했다. "제사지낼 때에 술과 음식을 데우는 곳이

24 『송자대전』 권78 「답한여석(答韓汝碩)」.
25 『송자대전』 권107 「답김노원(答金魯源)」.
26 조주(祧主): 사당에서 물려낸 신주를 말한다.
27 『한수재집(寒水齋集)』 권17 「답김대유(答金大有) 광오(光五)」.

다.” 동쪽에 짓고, 담을 둘러[繚] 『운회』: 얽음[纏]이다. 별도로 바깥문을 만들고 항상 빗장[扃]을 걸어 닫아 둔다. 「곡례」 진호의 주: 빗장[扃]은 문을 잠그는 나무이다. ○“빗장[扃]은 호戶를 잠그는 가로빗장나무[橫木]인가?”라고 묻자, 남계南溪는 “옳다”고 했다.[28] ○「사혼례」 소疏: 일이 없으면 닫아 두는데, 귀신은 그윽하고 어두움을 숭상하기 때문이다. 만약 집이 가난하거나 땅이 좁거든 1칸으로 하고, 묻기를 “사당은 반드시 3칸으로 해야 하는데 혹 1칸으로 하는 것은 양수陽數를 따름인가?”라고 하자, 남계는 “그런 듯하다”고 했다.[29] 신주神廚나 창고는 세우지 않고, 동서 벽 아래에 두 궤櫃를 『운회』: 상자[匣]이다. 세워 두고, 서쪽에는 유서遺書와 의물衣物을 보관하며 동쪽에는 제기를 보관해도 된다. 물었다. “두 궤를 동서의 벽에다 두는 것은 무엇 때문인가? 혹시 경중輕重의 구별이 있어서인가?” 남계가 말했다. “한 개의 궤에 다 넣을 수 없기 때문이다. 서쪽은 무겁고 동쪽은 가볍다.”[30] 정침正寢은 전당前堂을 일컫는다. 퇴계가 말했다. “지금 빈객을 접대하는 곳이다.”[31] 땅이 좁으면 청사廳事의 안사고顔師古[32]가 말했다. “옛날에 관사官事(공무)를 다스리는 곳을 청사聽事라 했다.” ○서씨徐氏가 말했다. “한漢·진晉 이래로 청사聽事라고 하였는데, 육조六朝에는 ‘엄广’을 더하였다.” 동쪽에 있어도 된다. 주자가 말했다. “가묘家廟는 사람이 주거하는 곳에 있어야 한다. 신神은 사람에게 의지하니, 밖으로 떼어서 사당을 지어서는 안 된다. 또 밖에 있으면 부녀자나 비를 만났을 때는 출입하기가 어렵다.” 사당이 있는 집은 종자宗子가 대대로 지키고, 나누지 못한다. 장자張子가 말했다. “만약 한 사람에게 여러 자식이 있으면 적장適長을 대종大宗으로 하고, 반드시 소유한 재산에 따라 후하게 주어 종자를 기르고, 또한 문호門戶를 주장하게 한다. 종자가 착하지 못하면 별도로 다음으로 어진 자를 가려서 세운다.” 또 말했다. “지금 갑자기 부귀를 얻은 자가 위에서 3, 40년의 계획을 하여 집 한 구역을 만들더라도, 그것을 소유한 자가 죽으면 여러 자식들이 나누

28 『남계집』 권39 「답양계통문(答梁季通問) 신미추답(辛未追答)」.

29 『남계집』 외집 권7 「답양계통문(答梁季通問) 신미추답(辛未追答)」.

30 『남계집』 권45 「답오자순문(答吳子順問) 가례(家禮)○을묘구월십일(乙卯九月十日)」.

31 『퇴계집』 권39 「답정도가문목(答鄭道可問目)」.

32 안사고(顔師古): 당나라 학자 안주(顔籀; 581-645). 자는 사고(師古). 산서성(陝西省) 만년현(萬年縣) 출생. 조부는 『안씨가훈(顔氏家訓)』을 지은 안지추(顔之推). 고전(古典)을 두루 섭렵하고 문장에 뛰어나, 『대당의례(大唐儀禮)』와 『오경정의(五經正義)』의 편찬에 참여하였다.

어 가져서 얼마 안 되어 가산이 탕진되면 집안은 끝내 보존되지 못한다." ○ 【우안】 장자張子의 '다음으로 어진 자를 세운다.'는 말은 아마도 송나라 때 종법宗法을 행하지 않았던 속례俗禮에 의거하여 말한 것이리라. 주자가 이미 이천伊川이 탈적奪嫡(적통을 뺏음)한 일을 일컬어 '옳다고 볼 수 없다.'고 하였으니, 이 설은 온당하지 못함을 알 수 있다. 『공양전公羊傳』에 이른바 '적자는 장자로 세우지 어진 자로 하지 않는다.'고 한 것은 바뀌지 않는 바른 예인 듯하다. 【止】 ○주자가 말했다. "종자법宗子法을 폐기된 이후에 복구함에 있어서, 종자가 무력하여 사당을 세울 수 없으면 서자庶子가 세운다. 그러나 또한 종자가 그 제사를 주관하고, 종자가 받은 명수命數의 예禮를 사용한다." 【이상. 지자支子가 사당을 세우고 종자가 제사를 주관함】

祭器庫及神廚, 沙溪曰: "臨祭時, 炊煖酒饌之所." 於其東繚, 『韻會』: 纏也. 以周垣, 別爲外門, 常加扃閉. 「曲禮」陳註: 扃, 門關木. ○問: "扃, 是關戶之橫木?" 南溪曰: "是." ○「士昏禮」疏: 無事, 則閉之, 以鬼神, 尙幽暗故也. 若家貧地狹, 則止立一間, 問: "祠堂, 必須三間, 或一間者, 抑從陽數耶?" 南溪曰: "似然." 不立廚庫, 而東西壁下, 置立兩櫃, 『韻會』: 匣也. 西藏遺書衣物, 東藏祭器, 亦可. 問: "兩櫃, 置東西壁, 何也? 抑有輕重之別耶?" 南溪曰: "不容一櫃故也. 西重東輕." 正寢, 謂前堂也. 退溪曰: "今之待賓客之處." 地狹則於廳事 顔師古曰: "古者, 治官處, 謂之聽事." ○徐氏曰: "漢晉以來, 謂之聽事, 六朝, 始加广也." 之東, 亦可. 朱子曰: "家廟, 要就人住居, 神依人, 不可離外做廟. 又在外時, 婦女遇雨時, 難出入." 凡祠堂所在之宅, 宗子世守之, 不得分析. 張子曰: "如一人數子, 且以適長, 爲大宗, 須據所有家計, 厚給以養宗子, 且要主張門戶. 宗子不善, 則別擇其次賢者立之." 又曰: "今驟得富貴者, 止能爲三四十年之計, 造宅一區, 及其所有旣死, 則衆子分裂, 未幾蕩盡, 則家遂不存." ○ 【愚按】 張子立次賢者之說, 恐因宋時, 不行宗法之俗禮而言也. 朱子旣以伊川奪嫡之事, 謂不見得是云, 則可知此說之爲未安. 『公羊傳』所謂'立適以長不以賢', 恐是不易之正禮. 【止】 ○朱子曰: "復宗子法, 於廢後, 而宗子無力, 不能立祠堂, 則庶子立之. 然亦宗子主其祭, 而用宗子所得命數之禮." 【右支子立祠宗子主祭】

본주논증

○남전여씨藍田呂氏[33]가 말했다. "무릇 제사를 주관하는 자가 벼슬하러 나가면 묘廟에 고하고 독櫝에 사판祠版을 싣고 관소官所로 가서 임시로 사당祠堂을 세워 제사지낸다." 【이상. 관소官所

에서 임시로 사당을 세움】

○藍田呂氏曰: "凡主祭者, 出仕卽告于廟, 以櫝載板而行於官所, 權立祠堂以祭之." 【右官所權立祠堂】

본주논증

○남계가 말했다. "이른바 유배된 자는 죄가 무거우면 먼 바다나 국경의 요새로 보내지기도 하고, 죄가 가벼우면 연한을 정하여 도형徒刑[34]에 처해지는데, 요컨대 모두 목주木主와 함께 가기는 어렵다. 그러나 그대와 같이 먼 곳에 처하여 정해진 연수가 없는 자이거나, 혹 형제가 없는 독자로서 변방으로 옮겨 살게 하는 법률에 걸렸다면, 또한 오래도록 선조의 가묘家廟를 떠나 증蒸·상嘗의 제사를 빠뜨리기는 어려울 듯하니, 가묘를 받들어 가서 제사를 행하는 데는 의심할만한 것이 없을 듯하다."[35] 【이상. 적소謫所에서 사당을 받듦】

○南溪曰: "所謂謫者, 重則窮海絶塞, 輕則限年徒配, 要之皆難以木主並行. 若如左右之處善[36]地, 無年數者, 至或獨子無兄弟, 罹徙邊之律, 則恐亦難以長違先廟而闕蒸嘗, 奉廟行事, 恐無可疑." 【右謫中奉祠堂】

본주논증

○우암이 말했다. "지금 세상에 임시 거처로 나가 머무는 사람은 예사로 가묘家廟는 그냥 두고 홀몸으로 빠져나가는데, 생각해보면 머무는 곳에 봉안할 장소가 없어서 그럴 것이다. 그러나 죽은 이 섬기기를 살아계신 것처럼 섬기는 도리는 아니다."[37] 【이상. 임시 거처에 나가 머무는 자가 사당을 받듦】

○尤菴曰: "今世出次之人, 例置家廟, 而獨身脫出, 想以所次之處, 無奉安之所而然. 然非事亡如事存之道矣." 【右出次者奉祠堂】

본주논증

○물었다. "어떤 형제가 있는데, 그 형이 타향에 떨어져 있어서 부모의 사당을 받들 길은 결코 없고, 그 아우가 비록 매우 가난하지만 제사와 봉안의 절차를 짐짓 스스로 감당하려고 한다면

33 남전여씨(藍田呂氏): 송(宋)나라 학자 여대림(呂大臨)을 가리킨다.
34 도형(徒刑): 오형(五刑)의 하나로 지금의 징역(懲役)이다.
35 『남계집』 속집 권10 「답심성가(答沈聖可) 권(權)○계유십일월십구일(癸酉十一月十九日)」.
36 『남계집』에는 '선(善)'자가 '원(遠)'자로 표기되어 있기에 바로잡아 번역하였다.
37 『송자대전』 권82 「답신성시(答申聖時) 병오유월(丙午六月)」.

어떻게 해야 하는가?" 수암遂菴이 말했다. "일의 형편에 구애되어 짐짓 임시로 받드는 것은 부득이한 경우에 나온 것이다. 하물며 축사祝辭에 이미 형을 주인으로 하여 '개자介子 모某 운운云云'이라고 한다면 더욱 혐의할 것이 없다."【이상, 지자支子가 임시로 사당을 받듦】

○問: "人有兄弟者, 其兄流落他鄕, 父母祠堂, 決無奉往之路. 其弟, 雖至貧, 祭祀及奉安之節, 姑爲自當如何?" 遂菴曰: "拘於事勢, 姑爲權奉, 盖出於不得已也. 况祝辭, 旣以兄爲主人, 曰'介子某云云', 則尤無所嫌."【右支子權奉祠堂】

가례본주

○무릇 집의 제도는 향배向背가 어떠한지는 불문하고 다만 앞은 남쪽, 뒤는 북쪽, 왼편은 동쪽, 오른편은 서쪽으로 한다. 이후 모두 이와 같다.

○凡屋之制, 不問何向背, 但以前爲南, 後爲北, 左爲東, 右爲西. 後皆放此.

가례대문

네 개의 감실龕室을 만들어 선세의 신주를 모신다[爲四龕以奉先世神主]

가례본주

사당 안에 북쪽에 가까운[近] 다른 책에는 '후後'자로 되어 있다. 하나의 가架에 네 개의 감실을 만든다. 감실마다 안에 탁자 한 개를 놓는다. 대종大宗과 고조高祖를 계승한 소종小宗이면 고조가 서쪽을 차지하고, 증조가 그 다음, 조부가 그 다음, 아버지가 그 다음이다. 『이아爾雅』 주註: 고高는 최상最上이요, 조祖는 시초요, 증曾은 거듭함[重]이다. ○『집람』: 살펴보건대 『가례』에 서쪽을 상석으로 한 것은 다만 시왕時王의 제도를 따른 것이다. 송조宋朝의 태묘太廟도 서쪽을 상석으로 했다. 증조를 계승한 소종은 감히 고조를 제사지내지 못하므로 서쪽 감실 하나를 비운다. 조부를 계승한 소종은 감히 증조를 제사지내지 못하므로 서쪽 감실 둘을 비운다. 아버지를 계승한 소종은 조부를 제사지내지 못하므로 서쪽 감실 셋을 비운다. 본조本朝의 『대전大典』: 문무 관원 6품 이상은 3대를 제사지내고, 7품 이하는 2대를 제사지내며, 서인은 고비考妣만 제사지낸다. ○회재晦齋(이언적)가 말했다. "지금 국조國朝의 예전禮典에는 '6품 이상은 3대를 제사지낸다.'고 하였으니, 어겨서는 안 된다.” ○후정훈侯庭訓[38]이 말했다. “홍무洪武[39] 연간의 의주儀註에 또한 효손孝孫이 고조, 증조, 조祖, 녜禰의 고비考妣를 제사하는 축문이 있으니, 이 또한 당시 제도이다.” ○『집람』: 살펴보건대 『격몽요결擊蒙要訣』에도 ‘국제國制를 따라 3대만 제사지낸다.’고 했다. 그러나 『가례』에 이미 4대를 제사지내는 것을 적중한 제도로 정하였으므로, 예를 좋아하는 집안에서는 『가례』를 따르는 이가 많다. ○우암이 말했다. “3대를 제사지내는 것은 국제國制이고, 4대를 제사지내는 것은 『가례』의 법이다. 우리 종중에서는 서울에 사는 자는 『가례』를 따르고, 시골에 사는 자는 국제를 따랐는데, 수십 년 전에 동춘同春(송준길)이 논의하여 모두 『가례』를 따른다.”[40] ○남계가 말했다. “3대를 제사지내는 것은 고금에 통용한 예이니, 율곡이 시제時制를 따른 것을 잘못이라 할 수는 없다. 다만 『대명회전大明會典』[41]과 『오례의五禮儀』에서는 모두 사대부들이 주문공朱文公의 『가례』를 따르는 것을 허락하였으니, 이 또한 4대를 제사지내는 것을 죄로 여기지 않은 것이다. 그렇다면 정자程子와 주자朱子를 따라 고조까지 제사지내는 것도 미안하지는 않을 듯하다.”[42] 만약 대종의 세대 수[世數]가 차지 않았으면, 역시 그 서쪽 감실을 비워놓는데, 소종의 제도와 같다. ○물었다. “가묘를 1칸으로 세우면, 한쪽 벽에 네 개의 감실을 만들기에는 좁아서 수용하기 어렵다.” 한강寒岡(정구)이 말했다. “일찍이 중국의 예문禮文을 보니, 고조는 가운데에서 남향하고, 증조와 녜禰는 동쪽에 앉아 서향하며, 조祖는 서쪽에 앉아 동향하였다.”[43] ○퇴계가 말했다. “감실을 동서로 두어 소목昭穆을 나누는 것은, 이미 옛날 제도도 아닌데다 또 지금 창작할 것도 아니다. 이 제도는 방해되는 것이 많아 행하기 어렵고, 선왕의 예전禮典에 죄가 된다.”[44] 또 말했다. “사당이 좁은 것이 걱정스러우면, 동쪽 벽에 한 개의 감실을 더하는 것 보다는, 서쪽 벽에다 한 개의 감실을 더하는 것이 낫다. 대개 서쪽 벽에서 동향하는 것은 본래 시조의 높은 자리이고, 그대로 체천遞遷[45]하여 서

38 후정훈(侯庭訓): 명나라 악청(樂淸) 사람이며, 정덕(正德) 연간에 진사(進士)가 되었고, 남경예부주사(南京禮部主事)를 지냈다.
39 홍무(洪武): 명나라 태조(太祖)의 연호. 1368-1398년.
40 『송자대전』 권121 「답혹인(答或人)」.
41 『대명회전(大明會典)』: 명나라 전제(典制)에 관한 문헌을 기록한 것이다. 정덕본(正德本)과 만력본(萬曆本) 두 종이 있다.
42 『남계집』 권45 「답최사온문(答崔士溫問) 가례(家禮)○병인팔월이일(丙寅八月二日)」.
43 『한강집』 권7 「답노형운(答盧亨運)」.
44 『퇴계집』 속집 권3 「답노이재문목(答盧伊齋問目)」.

쪽으로 가는 차례를 잃지 않기 때문이다."[46] ○사계가 말했다. "고조를 서쪽 벽에 모시는 것은, 이미 소목도 아니거니와 반부班祔[47]하는 것과 비슷하니, 고비考妣가 동쪽 벽에서 곡좌曲坐[48]하는 것만 못할 듯하다." 【이상. 사당이 1칸일 때 감실의 제도】

祠堂之內, 以近 一作後. 北一架爲四龕. 每龕內置一卓. 大宗及繼高祖之小宗, 則高祖居西, 曾祖次之, 祖次之, 父次之. 『爾雅』註: 高, 最上也. 祖, 始也. 曾, 重也. ○『輯覽』: 按, 『家禮』以西爲上, 特因時王之制. 宋朝太廟, 亦以西爲上. 繼曾祖之小宗, 則不敢祭高祖, 而虛其西龕一. 繼祖之小宗, 則不敢祭曾祖, 而虛其西龕二. 繼禰之小宗, 則不敢祭祖, 而虛其西龕三. 本朝『大典』: 文武官六品以上, 祭三代, 七品以下, 祭二代, 庶人則只祭考妣. ○晦齋曰 "今國朝禮典, '六品以上, 祭三代.' 不可違也." ○侯氏廷訓曰: "洪武年間儀註, 亦有孝孫祭高曾祖禰考妣祝文, 則此又時制也." ○『輯覽』: 按, 『要訣』亦從國制只祭三代. 然『家禮』旣以祭四代, 定爲中制, 故好禮之家, 多從『家禮』. ○尤菴曰: "祭三代, 國制也. 祭四代, 『家禮』也. 弊宗在京者, 從『家禮』, 在鄕者, 從國制矣, 數十年前, 同春立議, 皆從『家禮』." ○南溪曰: "祭三代, 古今通行之禮. 栗谷之從時制, 不可非也. 但『大明會典』及『五禮儀』, 皆許士大夫以從文公『家禮』, 是亦不以祭四代爲罪也. 然則從程朱祭高祖, 恐不至未安." 若大宗世數未滿, 則亦虛其西龕, 如小宗之制. ○問: "家廟只立一間, 則爲四龕於一壁, 狹窄難容." 寒岡曰: "曾見中朝禮文, 高祖居中南向, 曾祖禰坐東西向, 祖坐西東向." ○退溪曰: "龕以東西分昭穆, 旣非古, 又非今刱作. 此制多礙難行, 得罪於先王之典也." 又曰: "祠堂患狹隘, 與其取東壁添一龕, 不如取西壁添一龕. 蓋西壁東向, 本始祖居尊之位, 仍不失遞遷而西之次." ○沙溪曰: "奉高祖於西壁, 旣非昭穆, 有似班祔, 恐不若考妣東壁曲坐." 【右祠堂一間龕制】

가례본주

신주는 물었다. "옛날에 대부大夫에게는 신주가 없었는데, 혹자는 있다고 하니, 어느 설이 옳은가?" 사계가 말했다. "제가諸家의 설을 참고하면 된다. 『의례』「사우례士虞禮」소疏에 '대부에게는 목주木主가 없고 폐백[幣]으로 그 신주를 삼으며, 천자와 제후에게는 목주가 있다.'고

45 체천(遞遷): 대가 바뀌어 제사를 받들어 모시는 신주의 위치를 옮기는 절차이다.

46 『퇴계집』 권13 「답김형언태정문목(答金亨彦泰廷問目)○기사(己巳)」.

47 반부(班祔): 자식이 없는 사람의 신주를 조상의 사당의 해당하는 반열에 모시는 일을 말한다.

48 곡좌(曲坐): 직각 방향으로 꺾어 앉는 것을 말한다.

했다. 허신許愼의 『오경이의五經異義』에 말하기를 '공양公羊의 설을 살펴보면, 경대부로서 토지가 있는 군君이 아니면 소목昭穆을 협향祫享[49]할 수 없기 때문에 신주가 없다. 대부는 비단[帛]을 묶어서 신을 의지하게 하고, 사士는 띠풀[茅]을 묶어 추菆를 만든다.'고 하였다. 서막徐邈이 말하기를 '『좌전左傳』에 공회孔悝가 석祏을 되돌려 주었다고 하였고, {주註: 석祏은 신주를 담는 돌상자이니, 화재를 피하기 위함이다.} 또 『공양公羊』에는, 대부가 만약 군주의 상喪을 들으면 신주를 거두어[攝] 간다고 했다. {주: 섭攝은 신주를 거둠이니, 제사를 기다릴 틈이 없어서이다.} 모두 대부에게 신주가 있다는 내용이다. 천자로부터 사士까지 모두 그 예가 있었고, 다만 제도의 강쇄降殺(줄임)가 달랐을 뿐이다.'고 하였다. 예禮에 말하기를 '중重은 신주의 도道이다. 중重을 묻으면 신주를 세운다.'고 하였다. 대부와 사士에게 중重이 있으니, 또한 신주를 두어서 별도의 자리를 구별함이 마땅하다. 신위에 시尸만 있고 신주가 없으면 어떻게 구별하겠는가? 이제 경전을 살펴보면 대부와 사士에게 신주가 없다는 글은 볼 수가 없다. 생각해보면 신주가 있다고 하는 것이 나을 듯하다." ○『독례통고讀禮通考』: 왕완汪琬이 말하기를, "대부와 사士의 사당 제사[廟祀]에, 신주가 없다고 말한 사람은 정현鄭玄과 허신許愼이며, 신주가 있다고 말한 사람은 서막徐邈과 청나라의 하왕역河王懌이다. 묘廟는 신주가 깃드는 곳으로, 대부는 3묘廟이고 사士는 1묘廟이다. 가령 신주가 없다면 침寢에서 제사지내도 되는데 묘廟를 무엇 때문에 만들겠는가? 『예기』「단궁檀弓」에 '중重은 신주의 도리이다. 상商나라에서는 신주를 두면 중重을 엮어 두었고, 주周나라에서는 신주를 만들면 중重을 철거했다.'고 했는데, 모두 천자나 제후를 가리켜 말한 것은 아니다. 그런즉 대부와 사士에게 신주가 있어야 마땅하다는 그 첫 번째 증거이다. 공자가 말하기를 '제사에는 시尸가 있고 종묘에 신주가 있는 것은, 백성들에게 일이 있음을 보인 것이다. 이로써 백성의 방종을 막지만 백성들이 오히려 그 어버이를 잊는다.'고 하였으니, 역시 천자와 제후를 가리킨 것이 아니다. 그런즉 대부와 사士에게 신주가 있음이 마땅하다는 두 번째 증거이다. 이로써 정현과 허신의 망령됨을 물리칠 수 있겠다." ○물었다. "서인庶人도 신주를 사용할 수 있는가?" 주자가 말했다. "사용해도 무방하다." 모두 독櫝 속에

49 협향(祫享): 사당의 여러 신주를 한데 모아 제향을 올리는 일을 말한다.

보관하여 『경호안설』 독櫝의 제도와 도자韜藉의 설은 모두 장례葬禮 '작주作主'조를 보라. 【止】 ○『예기』 「제통祭統」: 자리를 펴고 궤几를 함께 설치하는 것은 신을 빙의憑依하기 위함이다. 진호의 주: 사람이 살았을 때는 형기形氣가 다르기 때문에 부부의 윤리가 분별에 있으며, 죽으면 정기精氣에 간격이 없기에 하나의 궤几에 함께 설치한다. 그러므로 축사에 '모某비妃를 배配한다.'고 한다. ○주자가 말했다. "고비考妣는 각각 신주를 만들되 같은 함에 둔다." 【이상. 고비考妣는 독을 함께 함】

神主 問: "古者, 大夫無主, 或曰有主, 何說爲是?" 沙溪曰: "諸家說可參考. 「士虞」疏, '大夫無木主, 以幣主其神, 天子諸侯, 有木主.' 許愼『五經異義』曰, '按公羊說, 卿大夫非有土之君, 不得祫享昭穆. 故無主大夫, 束帛依神, 士, 結茅爲菆.' 徐邈曰, '『左傳』稱孔悝反祏. {註: 祏, 盛主石函, 所以避火災.} 又公羊, 大夫聞君喪, 攝主而往. {註: 攝, 斂神主, 不暇待祭.} 皆大夫有主之文. 自天子及士, 並有其禮, 但制度降殺, 爲殊.' 禮言, 重主道也, 埋重則立主, 大夫士, 有重, 亦宜有主, 以記別座. 位有尸無主, 何以爲別? 今按經傳, 未見大夫士無主之文. 意有者, 爲長歟." ○『讀禮通考』: 汪琬曰, "大夫士之廟祀也, 謂之無主者, 鄭玄許愼也, 謂之有主者, 徐邈淸河王懌也. 廟, 所以棲主, 大夫三廟, 士一廟, 使其無主, 則祭於寢足矣, 廟何爲者? 「檀弓」, '重, 主道也. 商主綴重焉, 周主重徹焉.' 並非指天子諸侯爲說也. 則大夫士, 宜有主者一. 孔子曰, '祭祀之有尸也, 宗廟之有主也, 示民有事也. 以此坊民, 民猶忘其親.' 亦非專指天子諸侯也. 則大夫士, 宜有主者二也. 斯可以闢許鄭之妄矣." ○問: "庶人, 亦可用主否?" 朱子曰: "用亦不妨." 皆藏於櫝中, 『按』 櫝制及韜藉說, 俱見葬禮'作主'條. 【止】 ○「祭統」: 鋪筵設同几, 爲依神也. 陳註: 人生則形氣異, 故夫婦之倫, 在於有別, 死則精氣無間, 共設一几. 故祝辭云, '以某妃配.' ○朱子曰: "考妣, 各自爲主同匣." 【右考妣合櫝】

본주논증

○장자張子가 말했다. "매장하거나 부祔할 때, 비록 혈穴을 함께 하고 연궤筵几를 함께 한다지만, 인정에 비유하자면 한 방에다 어찌 두 명의 처妻를 들이겠는가? 의리로 단정하여 모름지기 첫 번째 처를 부祔해야 한다." ○주자가 말했다. "배위配位의 제사에는 다만 원비元妃만 지내고, 계실繼室은 별묘別廟에서 지내야 한다." ○물었다. "정씨程氏의 「제의祭儀」에 '무릇 배위는 정처正妻 한 사람만 제사지낸다. 혹 제사를 받드는 사람이 재취再娶 소생所生이라면 소생모所生母만

배配(짝지움)한다.'고 하였는데, 만약 제사를 받드는 사람이 재취의 자식이어서 소생모만 배하고, 정처는 자식이 없어서 마침내 배하지 못한다면 되겠는가?" 말했다. "정程선생의 이 설은 잘못인 듯하다. 『당회요唐會要』 중에 논설이 있는데, 무릇 적모適母는 선후先後 없이 모두 함께 부祔하고 합제合祭함이 마땅하다 하여, 옛날 제후의 예와는 같지 않다." 또 말했다. "장횡거張橫渠의 설은 너무 지나치게 추리한 듯하다." ○재취再娶 삼취三娶를 한 사람에 대해 당나라 때 사람들의 논의가 있었으니, 함께 배配하는 것이 마땅하다. ○면재勉齋가 말했다. "살펴보면 「소기小記」에 '며느리는 조고祖姑에게 부祔한다. 조고가 세 사람이면 친한 사람에게 부한다.'고 하였으니, 조고가 두 사람이라도 모두 부묘祔廟될 수 있음이니, 재취의 처는 각자 부묘祔廟될 수 있다. 정자程子와 장자張子는 다만 자세하게 상고하지 못하였고, 주朱선생이 변론하여 바로잡은 것이 예경禮經에 바로 합치된다." ○우암이 말했다. "아버지가 비록 네 여자에게 장가들었다고 해도 합독合櫝하여 배식配食함에 무슨 해가 되겠는가?"[50] 【이상. 계비繼妣는 독을 함께 함】

○張子曰: "其葬其祔, 雖爲同穴同筵几, 然譬之人情, 一室中, 豈容二妻? 以義斷之, 須祔以首娶." ○朱子曰: "配祭, 只用元妃, 繼室, 則爲別廟." ○問: "程氏「祭儀」, '凡配, 只用正妻一人, 或奉祀之人, 是再娶所生, 卽以所生配.' 若奉祀者, 是再娶之子, 乃用所生配, 而正妻無子, 遂不得配, 可乎?" 曰: "程先生此說, 恐誤. 『唐會要』中有論, 凡是適母無先後, 皆當並祔合祭, 與古者諸侯之禮, 不同." 又曰: "橫渠之說, 似亦推之太過." ○兩娶三娶者, 唐人, 自有此議云, 當並配. ○勉齋曰: "按「小記」云, '婦祔於祖姑. 祖姑有三人, 則祔於親者.' 祖姑二人, 皆得祔. 廟則再娶之妻, 自可祔廟. 程子張子, 特考之不詳, 朱先生所辨, 正合禮經." ○尤菴曰: "父之所娶, 雖至於四, 何害於合櫝配食也?" 【右繼妣合櫝】

가례본주

탁자 위에 남향으로 둔다. 감실 밖에는 각각 작은 발을 드리우고, 우암이 말했다. "『가례』의 감실 제도는 매우 간략하게 줄여서, 감실 안에 한 개의 탁자를 두어, 이 탁자 북쪽 끝에 신주를 안치하고 그 앞의 빈 공간에 주과酒果를 진설하는 것이지, 별도의 탁자가 있는 것은 아니다. 부위祔位도 이 탁자의 동편과 서편에 안치한다. 지금 사람들은 으레 신

50 『송자대전』 권116 「답박사술(答朴士述) 무오삼월십구일(戊午三月十九日)」.

주를 의자에 안치하고 별도로 한 개의 탁자를 설치한다. 그러므로 감실 안에 용납하기가 어렵다."[51] ○남계가 말했다. "판자로 막아 네 개의 감실을 만들어 위를 판자로 덮고, 각각 감실 가운데에 탁자를 두어 신주를 설치하고, 부주祔主와 제물을 아울러 수용하고, 밖에는 발을 드리워야 『가례』의 제도가 완성된다."[52] 【止】 ○우암이 말했다. "장사지낼 때 미처 신주를 만들지 못했으면 추후에 합독合櫝하되 조금도 늦추어서는 안 된다. 신주가 완성되면 곧바로 제물을 진설하여 고하고 부祔함이 마땅하지, 어찌 기제忌祭와 시제時祭 때를 기다릴 것인가? 고할 때는 또한 추후에 부祔하는 뜻을 구주舊主에 고해야 마땅하다."[53] ○묻기를 "어떤 사람이 어려서 아버지 상을 당하여 신주를 세우지 못하였는데, 그는 뒷날 어머니 상이 날 때 따라서 신주를 세우려고 생각한다."고 하였더니, 남계가 말했다. "어머니가 돌아가시기 전에 허다한 세월을 지내면서 끝까지 신주를 세워서 제사를 받들지 아니한다면 그게 과연 자식 된 사람의 마음에 편안하겠는가? 아마도 묘소에 가서 신주를 만드는 것이 오히려 저렇게 하는 것보다 나을 듯하다. 대개 퇴계退溪가, 사당에 불이 났을 경우에 신주를 고쳐 쓰는 것에 대해 답변한 내용에, '정청正廳에서 행하는 것이 마땅하다.'고 한 것은, 당초 이미 사당에 반혼返魂했기 때문에 부득불 전일前日에 신주를 안치했던 곳에서 개제改題한다는 것이다. 당초에 신주를 세우고 반혼하는 절차가 없었다면, 또한 전일 신주를 안치한 장소가 없으니, 의리상 묘소 앞에 가서 행하지 않을 수 없다."[54] ○ 〖우안〗 처음 장사지낼 때 비록 신주를 세워 반혼하지 못했더라도, 반드시 혼백魂帛으로 반혼하는 절차가 있었을 것이다. 또 예에 말하기를 "형체는 보내면서 갔다가 정령精靈을 맞이하여 돌아온다."고 했다. 옛날에는 신주를 세워 반혼하는 절차가 없었고, 신주를 세우는 것은 반드시 초우初虞 때 있었다. 그렇다면 신神이 실당室堂으로 돌아오는 것이 어찌 꼭 신주 세우기를 기다려야만 하겠는가? 하물며 주자의 설에 "조종祖宗의 기氣는 자손의 몸에 있다."고 하였으니, 자손이 여기에 있으면 신神도 여기에 있다. 또 옛날에 서인은 신주 없이 정침에서 제사지내는 예가 있었는데, 만약 과연 당초에 신주가 없어 혼魂이 돌아오지 않

51 『송자대전』 권51 「답김연지(答金延之) 정사삼월일일(丁巳三月一日)」.
52 『남계집』 속집 권17 「답김성임문(答金聖任問) 가례(家禮)○십일월십삼일(十一月十三日)」.
53 『송자대전』 권71 「답이택지(答李擇之)」.
54 『남계집』 권51 「답여정정문(答金汝精問) 예(禮)○기사구월(己巳九月)」.

았다면, 성인께서 어찌 사람들에게 신이 없는 헛된 제사를 지내도록 가르쳤겠는가? 지금 세상으로 말한다면, 비록 신주를 세우지 않았더라도 지방紙榜으로 정침正寢에서 제사를 행한지 이미 오래 되었으면, 비록 전일에 신神을 안치한 곳이라 하더라고 될 것이다. 단지 가제家祭를 지낼 때 따라서 제주題主하면 되지, 반드시 체백體魄이 묻힌 묘소에 가서 행할 필요는 없을 듯하다. 어떠한지 모르겠다. 【이상. 추후에 만든 신주를 사당에 들임】

置於卓上南向. 龕外各垂小簾. 尤菴曰: "『家禮』龕室之制, 極其簡省, 龕內置一卓, 此卓北端安神主, 而其前空處, 設酒果, 非別有卓也. 祔位, 亦安於此卓之東西邊矣. 今人, 例安神主於倚子, 而別設一卓子. 故難容於龕內矣." ○南溪曰: "以板隔作四龕, 而上以板覆之, 就各龕中置卓設主, 並容祔主及祭物, 而外爲垂簾, 方成『家禮』之制."【止】○尤菴曰: "葬時神主未及造, 則追後合櫝, 不可少緩. 當俟主成, 卽當設祭以告而祔之, 何待於忌祭時祭也? 告時, 亦當以追祔之意, 告於舊主." ○問: "有人幼喪父, 不得立主, 其意他日, 因母喪立主?" 南溪曰: "母亡之前, 過了許多歲月, 終不立主奉祭, 其果安於人子之心乎? 恐不如卽墓造主之, 猶爲彼勝於此也. 蓋退溪答祠堂火改題主, '當行於正廳'者, 當初, 旣已返魂於祠堂, 故不得不改題於前日安神之所也. 初無立主返魂之節, 則亦無前日安神之所, 其義不得不往行於墓前也."

○ 〖愚按〗 初葬時, 雖未能立主返魂, 而必有以魂帛返魂之節. 且禮曰, "送形而往, 迎精而返." 古無立主返魂之禮, 立主則必在初虞矣. 然則神返室堂, 何必待立主? 况朱子說曰, "祖宗氣, 只存在子孫身上云." 則子孫在此, 神亦在此矣. 且古有庶人, 無主祭於寢之禮, 果若初以無主而魂不返, 則聖人, 豈宜敎人行無神之虛祭乎? 以今世言之, 雖不立主, 以紙榜行祭於正寢已久, 則雖謂之前日安神之所, 亦可也. 只當因家祭, 題主, 恐不必往行於藏體魄之墓所矣. 未知如何. 【右追造神主入廟】

본주논증

○ 〖경호안설〗 개장改葬할 때 신주를 세운다는 도암陶菴의 설은 '개장改葬'을 보라. 【이상. 개장할 때 신주를 세움】

○ 〖按〗 因改葬立主陶菴說, 見改葬. 【右因改葬立主】

본주논증

○우암이 말했다. "천질天疾에 걸린 사람은 가묘에 들어갈 수 없다는 말이 있으나, 만약 그 자식이 있다면 그 아버지를 어떻게 조처하겠는가?"[55] ○ 〖우안〗 천질에 걸린 사람이 사당에 들

어갈 수 없다는 말은, 본래 곡량자穀梁子가 '폐질에 걸려 전중傳重하지 못하는 경우'로 한 말이니, 자세한 내용은 아래에 있다. 또 살펴보건대, 혹자는 말하기를 "천자와 제후는 통統을 잇는 것이 중요하기 때문에 천질에 걸린 사람은 통統을 이을 수 없으니 사당에 들어갈 수 없는 것이 분명하다. 만약 사대부 집안이라면 비록 폐질이 있더라도 자식이 있으면 세世를 전하니, 어찌 사당에 들어가지 않을 수 있겠는가?"라고 한다. 그 설이 옳을 듯하다. 【이상. 폐질이 있는 사람의 신주가 사당에 들어감】

○尤菴曰: "天疾人, 不可入廟, 雖有是說, 苟有其子, 則將何以處其父耶?" ○ 〖愚按〗 天疾人, 不得入廟, 本穀梁子, 以廢疾不得傳重而言, 詳見下. 又按, 或曰, "天子諸侯, 以承統爲重, 故天疾人, 不得承統, 則不得入廟固也. 若士大夫家, 雖有廢疾, 有子傳世, 則何可不入廟?" 其說似是. 【右廢疾人神主入廟】

본주논증

○물었다. "적嫡을 계승한 서자의 신주는 사당에 들어가는 것이 마땅한가?" 신독재가 말했다. "들어가야 마땅하나, 나란히 앉는 것은 불가할 듯하다." 【이상. 적嫡을 계승한 서자의 신주가 사당에 들어감】

○問: "承嫡庶子神主, 當入祠堂乎?" 愼獨齋曰: "當入而似不可並坐." 【右承嫡庶子主入廟】

본주논증

○정자가 말했다. "서모庶母의 신주는 사당에 들어갈 수 없으니, 자식이 사실私室에서 제사지내는 것이 마땅하다." ○물었다. "서얼庶孼이 장방長房으로서 사당을 세우고 조주祧主를 모신다면, 그 처나 그 자식이 죽어서 그 신주는 사당에 들어가는 것이 마땅할 듯한데, 그 어머니는 첩이니 결단코 한 사당에 들어가는 것을 허락할 수 없고, 별실에 안치하는 것이 마땅할 듯하다." 동춘이 말했다. "'적嫡을 계승한 자의 어미는 선조의 사당에 들어가는 것을 허락한다.'는 구씨丘氏의 이 논설은 노선생老先生(김장생金長生)이 일찍이 '의리를 알지 못하는 것'으로 배척했다."[56] ○물었다. "서모가 죽고 그 장자가 승중承重하였으면, 차자次子가 사실私室에서 제사지내는 것이 마땅한가?" 수암이 말했다 "인정과 예에 합치될 듯하다."[57] ○ 〖경호안설〗 첩모妾母를 제사

55 『송자대전』 권80 「답이하경(答李廈卿) 병오칠월(丙午七月)」.

56 『동춘당집』 별집 권6 「답이택지(答李擇之)」.

지내는 대代의 한계는 '체천遞遷'조를 보라. 【이상. 첩모妾母의 신주는 사당에 들어가지 못함】

○程子曰: "庶母不可入廟, 子當祀於私室." ○問: "庶孽以長房立祠, 奉祧主, 則其妻或其子死, 其神主, 恐當入於祠堂, 而至於其母, 乃是妾則決不可許入一祠, 似當安於別室." 同春曰: "'承嫡者之母, 許入於先廟', 丘氏有此論, 老先生嘗以不識義理斥之." ○問: "庶母死, 其長子承重, 則次子當祀於私室歟?" 遂菴曰: "似合情禮." ○ 〖按〗 妾母祭代限, 見'遞遷'條. 【右妾母不入廟】

본주논증

○주자가 말했다. "출처出妻(쫓겨난 처)가 사당에 들어가는 것은 결단코 불가하다. 자손 된 자는 다만 세시歲時에 그 집의 가묘에 가서 절하는 것이 합당하다. 만약 거리가 멀면 자리를 설치하고 망배望拜하는 것이 옳다." 【이상. 출처出妻의 신주는 사당에 들어가지 못함】

○朱子曰: "出妻入廟, 決然不可. 爲子孫者, 只合歲時, 就其家之廟拜之. 若相去遠, 則設位望拜, 可也." 【右出妻不入廟】

가례본주

발 밖에 향탁香卓을 당 가운데 설치하고, 향로香爐와 향합香盒을 그 위에 놓는다. 『요결』: 향로는 서쪽, 향합은 동쪽. ○보주: '발 밖에 향탁을 설치한다.'는 것은, 탁자를 각기 하나씩 설치함이다. ○『집람』: 살펴보건대 보주에 '각기 설치한다.' 운운한 것은, 본주를 잘못 본 듯하다. 두 계단의 사이에도 향탁을 설치하는데, 역시 그와 같다. 『집람』: 살펴보건대 '양쪽 계단 사이에 설치하는 것'은 대개 아침에 배알할 때와 출입하면서 말을 고할 때에 쓰기 위한 것이다. 적장자嫡長子가 아니면 감히 그 아버지 제사를 지내지 못한다. 「대전大傳」: 서자庶子가 제사지내지 않는 것은 그 종宗을 밝히기 위함이다. 『통해通解』: 주자가 말했다. "대종大宗이 아니면 별자別子로서 조祖가 된 이를 제사지내지 못하고, 소종小宗이 아니면 각자 그 네 가지 소종에서 주관하는 조祖나 녜禰를 제사지내지 못함을 말함이다. 「소기小記」에 말하기를 '서자가 그 녜에 제사하지 않음은 그 종宗을 밝힘이다.' 하였고, 또 '서자가 그 조에 제사하지 않음은 그 종을 밝힘이다.'고 하였다. 문장 내용이

57 『한수재집』 권17 「답김대유(答金大有) 광오(光五)」.

중복되어 부연된 글자인 듯한데, 정씨鄭氏가 곡진하게 설명하고 소疏에서도 따랐으나, 「대전」의 말처럼 비록 간결하지만 도리어 사실을 다 갖춘 것만 못하다."【이상. 종법宗法 총론】

簾外設香卓於堂中, 置香爐香盒於其上. 『要訣』: 爐西盒東. ○補註: '簾外設香卓', 是各設一卓. ○『輯覽』: 按, 補註'各設'云云, 恐是錯看本註. 兩階之間, 又設香卓, 亦如之. 『輯覽』: 按, '兩階間所設', 盖爲晨謁及出入告辭時所用. 非嫡長子, 則不敢祭其父. 「大傳」: 庶子不祭, 明其宗也. 『通解』: 朱子曰, "謂非大宗, 則不得祭別子之爲祖者, 非小宗, 則各不得祭其四小宗所主之祖禰也. 「小記」則云, '庶子不祭禰, 明其宗也.' 又云, '庶子不祭祖, 明其宗也.' 文意重複, 似是衍字. 而鄭氏曲爲之說, 疏亦從之, 恐不如「大傳」語, 雖簡而事反該悉也."【右總論宗法】

본주논증

○「소기」: 서자는 네禰를 제사하지 못한다. 소疏: 만약 서자庶子가 하사下士이고 종자宗子가 서인庶人이면, 이 하사가 종자의 집에 사당을 세우고 희생을 장만하되, 종자가 그 예를 주관한다. 만약 모두 하사라면, 종자가 스스로 제사하고 서자는 제사하지 못한다. ○「증자문曾子問」: 말하기를, "종자가 사士이고 서자가 대부이면 그 제사는 어떻게 해야 합니까?" 하자, 공자가 말하기를, "상생上牲으로 종자宗子의 집에서 제사지내고, 축문에는 '효자 모某가 개자介子 모某를 위해 상사常事를 올린다.'고 한다." 하였다. 주: 녹祿을 귀하게 여기고 종宗을 중하게 여김이다. 상생上牲은 대부의 소뢰小牢이다. 개介는 버금[副]이다.【이상. 지자의 제사에 종자가 예를 주관함】

○「小記」: 庶子不祭禰. 疏: 若庶子是下士, 宗子是庶人, 此下士, 立廟於宗子之家, 供其牲物, 宗子主其禮. 若俱爲下士, 宗子自祭, 庶子不得祭. ○「曾子問」: 曰, "宗子爲士, 庶子爲大夫, 其祭也, 如之何?" 孔子曰, "以上牲, 祭於宗子之家, 祝曰, '孝子某爲介子某, 薦其常事.'" 註: 貴祿重宗也. 上牲, 大夫小牢也. 介副也.【右支子祭宗子主禮】

본주논증

○물었다. "자식이 어리면 다른 사람이 섭주攝主하는가?" 주자가 말했다. "섭주는 다만 그 일만 주관하고, 이름은 종자를 위주로 한다." ○퇴계가 말했다. "종자가 죽었으면 계후자繼後子[58]가 비록 포대기에 있더라도 마땅히 그 이름을 써야 하고, 계씨季氏가 섭주하는 것이 옳

다."[59] 【이상. 자식이 어려 섭주함】

○問: "子幼則人爲之攝否?" 朱子曰: "攝主, 但主其事, 名則宗子主之." ○退溪曰: "宗子死, 繼後子, 雖在襁褓, 亦當書其名, 而季也爲攝主, 可也."【右子幼攝主】

본주논증

○퇴계가 말했다. "종자가 죽고 입후立後하기 전에는 부득이 권도로 계씨季氏가 섭주攝主하되, '효孝'자는 칭하지 않고 이름만 쓰고 '섭攝'이라 칭하고 행사하는 것이 옳다. 그 섭주하는 뜻은 섭행攝行하는 첫 제사에 고하는 것이 마땅하고, 그 뒤로는 연월일 아래에다 다만 '섭사사자攝祀事子 모某 운운云云'이라 한다."[60] ○사계가 말했다. "부인이 제사를 받드는 의리는 없다." {상세한 것은 '제주題主'조를 보라.} ○우암이 말했다. "이미 주인이 없다면 '섭攝'이라는 한 글자는 해당 될 데가 없다. 부득이 차자가 제사를 주관한다면 '권權'자를 쓰는 것이 조금 편안하다."[61] ○남계가 말했다. "예경禮經에는 '반드시 남자 주인이 없고 난 뒤에 여자 주인을 쓴다.'고 했고, 『비요』의 제주축題主祝에는 또한 남자 주인을 차례로 열거하고 맨 끝에 비로소 여자 주인의 이름과 칭호를 사용하였으니, 이는 남자 주인이 없고 난 뒤에 여자 주인을 쓰는 증거이다."[62] ○남당南塘이 말했다. "부인이 제주題主하는 것은 『주원양제록周元陽祭錄』에서 나왔는데, 이는 아마도 자손이 없고 단지 부인만 있는 경우일 것이다. 이미 자손이 없으면, 부인이 스스로 제사를 주관하고 제주하는 것은, 일의 형편이 참으로 그러함이다. 후세 사람이 이로 인해 비록 자손이 있더라도 적장嫡長이 아니면, 부인이 제사를 주관하고 제주하는 경우가 있는데, 이는 비록 적장을 엄격하게 하는 의리에서 나온 것이지만, 혹 너무 지나치게 미루어 생각한 것이다. 나는 생각해 보건대, 부인이 감히 집안일을 마음대로 할 수 없고, 신하가 감히 군주의 일을 참람하게 행할 수 없는 것은 천지의 대의大義이다. 집안에 남자가 있는데 부인이 제사를 주관한다면 측천무후則天武后나 왕망王莽 같은 부류이다. 적자嫡子가 죽고 후사가 없으면 차자次

58 계후자(繼後子): 후사가 된 아들을 가리킨다.
59 『퇴계집』 권39 「답정도가구문목(答鄭道可逑問目)」.
60 『퇴계집』 권39 「답정도가구문목(答鄭道可逑問目)」.
61 『송자대전』 권59 「답민대수(答閔大受) 정사오월(丁巳五月)」.
62 『남계집』 속집 권14 「답민과회신문(答閔寡悔愼問) 상례(喪禮)○임신사월십팔일(壬申四月十八日)」.

子가 제사를 받들고 제주해야 하는데, 이때 '효孝'자를 제거하고 봉사奉祀라고 칭하지 않고 섭사攝祀라고만 칭한다. '지금은 섭사하지만 장방長房이 후사를 세우면 다시 종사宗事를 돌려준다.'는 뜻으로 고하는 것이 마땅할 듯하다." 혹자가 말하기를, "지금 주인이 없는데 섭攝이라고 하는 것은 옳지 않다." 하니, 말했다. "이는 부인이 있기 때문에 섭攝이라고 한 것이다. 뒷날 적장嫡長의 후사를 세우면 다시 종사宗事를 되돌려 주는 것이 이치가 순하고 일이 편하다. 부인이 제사를 주관하면 대의大義를 이미 잃었기 때문에, 절목節目의 사이에 일마다 막히게 된다. 부인이 이미 제사를 주관한다면 마땅히 초헌初獻을 해야 하고, 여러 자제들은 아헌亞獻을 하게 된다. 이는 수숙嫂叔간에 함께 일을 하게 됨이니, 내외內外의 제관에 혐의가 있게 된다. 부인이 제사를 주관하면 서계西階의 위치로 나가야 하는데, 어찌 제사를 주관하면서 서계의 빈객 자리에 설 수 있겠는가? 만약 동계東階로 나가게 되면, 여러 자제들이 서계로 나가야 되는데, 남녀가 자리를 바꾸는 것은 매우 불가하다. 차자次子가 제사를 주관하여 초헌을 하면 동쪽 자리에 있게 되고, 차부次婦는 아헌이 되어 서쪽 자리에 위치한다. 적장부嫡長婦가 차부次婦의 위에 자리하게 되면, 서는 차례와 명분 의리가 질서 정연하여 어지럽지 않고 구차스럽고 어려운 걱정이 없게 된다."[63] ○종부宗婦가 제사를 주관할 경우에 부인의 입장에서 대수代數를 계산하여 친분이 다한 신주를 조천祧遷하지 않는 것은 매우 불가하거니와, 이미 제주題主하고 봉사奉祀한다 하더라도, 조천의 일을 행하는 것은 또한 불가하다. 그 형편상 아우가 제주題主하여 봉사하되, 그 형을 '현형顯兄'으로 제주하고 잠시 부위祔位에 두었다가, 후사 세우기를 기다려 종사宗事를 돌려주지 않을 수 없다. 만약 끝내 불가능하면 그대로 제사를 받들면서 '효孝'라 칭하는 것도 불가할 것이 없다. 종사宗事를 옮기거나 되돌려 줄 때 모두 사당에 고하고 행해야 한다.[64] 【이상. 적부嫡婦가 있을 때 차자次子가 섭주攝主함】

○退溪曰: "宗子死, 未立後之前, 亦不得已權以季爲攝主, 不稱孝, 只書名稱攝而行之爲可. 其爲攝主之意, 當告於攝行之初祭, 其後則年月日下, 只云攝祀事子某云云." ○沙溪曰: "婦人無奉祀之義." {詳見'題主'條.} ○尤菴曰: "旣無主人, '攝'之一字, 無所當矣. 不得已次子主祭, 則用'權'字, 稍安." ○南溪曰:

63 『남당집』 권16 「답심신부(答沈信夫) 계해이월(癸亥二月)」.

64 『남당집』 권21 「답김상부(答金常夫) 팔월(八月)」.

"禮經, '必無男主, 然後用女主.'『備要』, 題主祝, 亦歷擧諸男主, 而最末, 始用女主名號, 此盖無男主, 然後, 用女主之證也." ○南塘曰: "婦人題主, 出於『周元陽祭錄』, 此恐是無子與孫, 而只有婦人者也. 旣無子孫, 則婦人自當主祭題主, 事勢固然矣. 後人因此, 雖有子孫, 苟非嫡長, 則婦人主祭題主, 此雖出於嚴嫡之義, 恐或推之太過矣. 愚意, 婦人不敢專家, 人臣不敢僭上, 天地之大義也. 家有男子而婦人主祭, 亦武曌新莽之類也. 嫡子死無後, 次子奉祀題主, 去孝字, 不稱奉祀而稱攝祀. 以今姑攝祀, 以待長房立嗣, 復還宗事之意告之, 恐或得宜." 或曰: "今無主者而謂之攝, 未可." 曰: "此有婦人, 故謂之攝耳. 他日嫡長立後, 復歸宗事, 理順事便. 婦人主祭, 大義已失, 故節目之間, 事事窒礙. 婦人旣主祭, 則當爲初獻, 而諸子亞獻. 則是嫂叔共事, 而有內外官之嫌. 婦人主祭者, 仍就西階之位, 則豈有主祭而在西階之賓位者乎? 若就東階, 則諸子就西階, 男女易位, 又不可之大者. 次子主祭初獻, 而仍在東位, 次婦亞獻, 而在西位. 嫡長婦位於次婦之上, 則位序名義, 秩然不亂, 而無苟且難便之患矣." ○宗婦主祀, 以婦人計世而不祧親盡之主, 固不可. 旣題主奉祀, 而又行祧遷之事, 亦不可. 其勢不得不以其弟, 題主奉祀, 其兄題主以顯兄, 而姑在祔位, 待其立後, 歸宗. 如終不能, 則仍爲奉祀稱孝, 亦無不可矣. 移宗歸宗之際, 俱可告廟而行之.【右有嫡婦次子攝主】

본주논증

○퇴계가 말했다. "장자가 후사 없이 죽으면 그를 위해 후사를 세워 장부長婦에게 전하는 것이 정당한 도리이다. 사람의 집안에 부모의 정이 차자次子를 사랑하는 쪽으로 이끌려 그에게 주려고 하는 이가 많고, 차자가 된 자 역시 형을 위해 후사를 세우는 것이 의리임을 모르고 스스로 얻으려고 하다가, 마침내 좋지 못한 곳으로 귀결되는 것이 많은 것은 더욱 탄식할 만하다."[65] ○사계가 말했다. "장자의 처가 후사를 세우면 제사를 받드는 것이 마땅하다. 또 돌이켜 생각해 보면, 장자의 처가 자식이 없어서 이미 차자次子에게 종宗을 옮겼다가 이제 와서 후사를 세우면 반드시 분쟁의 실마리가 있는데, 국전國典의 옛 사례가 어떤지 모르겠다." ○남계가 말했다. "주부主婦가 있는데 후사를 미처 세우지 못했으면, 상제祥祭와 담제禫祭와 개제改題 등의 절차는 모두 섭주가 주관하는 것이 마땅하다. 또 혹 형이나 조카를 조묘祖廟에 부祔하였

65 『퇴계집』 권17 「답기명언(答奇明彥) 을축(乙丑)」.

으면, 뒷날 후사 세우기를 기다려 한결같이 모두 바르게 고쳐야 한다."[66] ○장자長子가 성인成人이 되어 죽었는데 후사를 세우지 않는 것은 옛날 제도가 아니다. 이미 후사를 세우고는 제사를 받들지 못하게 하는 것도 예禮에 없다. 옛날에 "백이伯夷와 숙제叔齊 중에 누구를 세우는 것이 의리에 마땅한가?"라고 묻자, 회옹晦翁(주희朱熹)이 말하기를, "살펴보면, 숙제는 비록 아버지가 명했지만, 끝내 바른 도리는 아니다. 백이를 세우는 것이 마땅할 듯하다."라고 하였다. 혹자가 말하기를 "백이가 끝내 서려 하지 않으면 어찌해야 하는가?"라고 하자, 회옹이 말하기를 "나라에 어진 대신大臣이 있으면 반드시 천자에게 청하여 세웠을 것이요, 그들이 원하는지 심정은 묻지 않았을 것이다."라고 하였다. 그렇다면 지금의 의리는 바로 문장門長의 일이다. 그가 본말本末을 갖추어 사당에 고하고 환종還宗(종통을 돌려줌)하는 것이 예에 맞을 듯하다.[67] ○도암이 말했다. "이제 승중손承重孫이 죽고 자식이 없는데, 증손을 세우지 않고 자식을 세우거나 손자를 세운다면, 이는 망자亡子와 망손亡孫이 죄 없이 폐기되는 것이니, 어찌 이런 이치가 있겠는가?" 【이상. 적부嫡婦가 후사를 세우고 제사를 주관함】

○退溪曰: "長子無後而死, 爲之立後而傳之長婦, 此正當道理也. 人家父母之情, 多牽愛次子, 而欲與之, 爲次子者, 亦多不知爲兄立後之爲義, 而欲自得之, 因卒歸於不善處者, 尤可歎也." ○沙溪曰: "長子妻立後, 則當奉祀也. 又反思之, 長子妻無子, 已移宗於次子, 到今立後, 必有辨爭之端, 未知國典舊例之如何也." ○南溪曰: "主婦在而未及立後, 則祥禫改題等節, 皆當以攝主主之. 且以或兄或姪, 祔於祖廟, 俟異日立後, 一並改正." ○爲長子成人而死者, 不立後, 非古也. 旣立後矣, 而不使承先祀, 又無於禮者也. 昔有問夷齊當立之義, 晦翁曰, "看來叔齊, 雖以父命, 終非正理. 恐只當立伯夷." 曰: "伯夷終不肯立奈何?" 曰: "國有賢大臣, 則必請於天子而立之, 不問其情願矣." 然則今日之義, 乃是門長事也. 具其本末, 告廟還宗, 終似得禮. ○陶菴曰: "今以承重孫死無子, 不立曾孫, 而立子或立孫, 則是亡子亡孫, 無罪而見廢也, 寧有是理?" 【右嫡婦立後主祭】

본주논증

○운평雲坪(송능상)이 말했다. "형이 죽으면 아우에게 미치는 것은 예경禮經의 큰 법인지라, 『춘

66 『남계집』 권37 「답홍도장수태문(答洪道長受泰問) 예(禮)○갑인이월이십삼일(甲寅二月二十三日)」.
67 『남계집』 권38 「답성자장문(答成子章問) 제례(祭禮)○갑진칠월이십구일(甲辰七月二十九日)」.

추春秋』에는 한 번 미치는 것을 한 세대로 하였는데,[68] 계찰季札은 나라를 사양함으로써[69] 집안을 어지럽혀 성인聖人의 붓에 폄하를 당하였다. 곁가지가 뻗어 둥치가 되는 것이 천리天理에 어찌 불가함이 있겠는가? 또 이른바 탈종奪宗이란, 본래 적장嫡長이 있는데 지서支庶가 승중承重하는 경우를 가리킨 것이지, 적장이 승중하기에 앞서 일찍 죽고 입후立後할 만한 곳도 없는 것을 가리키는 것은 아니다. 선존장先尊丈께서는 이미 장방長房[70]에 후사가 없어서 섭사攝祀를 하면서 '자子'라고 칭하고 '효孝'라고 칭하지 않았으니 예의에 진실로 합당하였다. 그대의 세대에 와서는 진실로 공자가 이른바 '자신이 죽으면 그만 둔다.'는 그 사례이다."[71] 【이상. 형이 죽어 아우가 제사를 주관함】

○雲坪曰: "兄亡弟及, 禮經大法, 春秋一世一及, 而季札, 乃以讓國亂家, 見貶於聖筆. 旁達爲幹, 天理何嘗不可? 且所謂奪宗者, 本指有嫡長而支庶承重也, 非指嫡長早死於承重之前, 而立後無可指擬處者耳. 先尊丈旣以長房無後而攝祀焉, 稱子不稱孝, 禮義允當. 至於衰世, 則眞是孔子所謂身歿而已者也." 【右兄亡弟及主祭】

본주논증

○물었다. "부모의 상이 한꺼번에 난 가운데 처를 잃고 자식도 없이 자신도 죽었다. 둘째 아우가 자식 없이 먼저 죽어 과부인 며느리가 있고, 셋째 아우가 아직 장성하지 않았다면, 앞으로의 제사를 누가 주관해야 하는가?" 수암遂菴이 말했다. "형이 죽으면 아우에게 미치는 것은 예이다. 차자次子의 부인이 비록 살아 있으나, 적부嫡婦와 같이 견줄 것은 아니다. 셋째 아우가 승중承重함이 마땅하다."[72] 【이상. 두 형이 모두 죽고 후사가 없어 막내아우가 제사를 주관함】

68 한 번……하였는데: 『춘추(春秋)』 노(魯)나라 문공(文公) 2년에 문공의 아버지 희공(僖公)에 대한 3년상을 마치고 종묘에 희공의 신주(神主)를 부치면서 그 서열을 민공(閔公)의 위에 올렸는데, 『춘추』 전(傳)의 작자들은 이것을 역사(逆祀)라고 비판하였다. 본디 민공이 죽고 나서 그 형인 희공이 군주의 지위를 계승하였는데, 희공이 아무리 민공의 형이라 하더라도 희공의 뒤를 이어 군주가 되었으면 이미 군신(君臣)의 의리가 있기 때문에 부자 사이의 한 세대로 간주해야 한다는 것이 그 논리였다.

69 계찰은……사양함으로써: 춘추(春秋) 시대 오(吳)나라의 왕 수몽(壽夢)에게 네 아들이 있었는데 그 중에 막내인 계찰(季札)이 현명하여 그에게 왕위를 전하고자 하였으나 계찰이 사양하자, 수몽은 큰아들 제번(諸樊), 둘째 여제(餘祭), 셋째 이매(夷昧) 등 형제의 서열로 왕위를 계승하여 계찰에게 왕위가 이르도록 하였다. 그러나 이매가 죽자 계찰이 또 왕위를 사양함에, 이매의 아들 료(僚)가 왕위를 계승하니, 제번의 아들 자광(子光)이 적손(嫡孫)으로서 료를 죽이고 다시 왕위에 오르는 등 난리가 계속되었다.

70 장방(長房): 장남. 여기서 장방(長房)은 살아 있는 자손 중 항렬이 높고 연세가 가장 많은 사람이 조천(祧遷)한 신위를 모시는 장방봉사(長房奉祀)의 최장방(最長房)과는 다르게 사용되는 개념이다.

71 『운평집』 권5 「답한공리(答韓公理) 기진(箕鎭)○을해칠월(乙亥七月)」.

72 『한수재집』 권17 「답김여오(答金汝五) 석여(錫汝)」.

○問: "父母偕喪中, 喪妻無子, 身又歿. 第二弟, 先歿無子, 有孀婦, 第三弟, 未長成, 前頭主祀, 以誰爲之?" 遂菴曰: "兄亡弟及, 禮也. 次子婦雖存, 非如嫡婦之比. 第三子, 當承重." 【右二兄俱死無後季弟主祭】

본주논증

○우암이 말했다. "『대전大典』 '입후立後'조에 '적嫡과 첩妾에 모두 자식이 없어야 입후를 허락한다.'고 하였으니, 이에 근거하면 첩자妾子가 있는 자가 승중함이 마땅하다."[73] 【이상. 첩자妾子가 제사를 주관함】

○尤菴曰 "『大典』'立後'條, '嫡妾俱無子, 然後方許立後.' 據此則有妾子者, 當承重矣." 【右妾子主祭】

본주논증

○물었다. "장자의 계후繼後에 대하여 『국전國典』에는 단지 '장자의 후사만 되고, 그 부父와 조祖의 제사를 받드는 것은 친자親子에게 전한다.'고 하였다." 사계가 말했다. "장자의 계후자繼後子를 세우고서도 제사를 받들지 못한다면, 예의 경계가 크게 무너진다. 이 법은 근세에 한 정승{ 〖경호안설〗 심수경沈守慶이다.}의 논의로 인하여 구실로 삼는 자료가 되었으니, 애석하다!"[74] ○신독재가 말했다. "선친께서 별세한 뒤에 인조仁祖조에 최명길崔鳴吉이 건의하여, 예경禮經에 근거하여 계후자繼後子도 소생자所生子와 마찬가지로 조선祖先의 제사를 받들도록 함에, 윤허를 받아 마침내 정해진 법식이 되었다." 【이상. 계후자繼後子가 제사를 주관함】

○問: "長子繼後, 則『國典』只爲長子之後, 而其父與祖之奉祀, 傳之親子云云." 沙溪曰: "長子立後而不得奉祀, 則禮防大毀. 此法, 由近世一相臣{ 〖按〗 沈守慶.}之議, 仍爲藉口之資, 惜哉!" ○愼獨齋曰: "先君子下世後, 仁祖朝崔鳴吉建議, 據禮經, 繼後子, 令奉祖先祀如所生, 允之, 遂爲定式." 【右繼後子主祭】

본주논증

○『대전大典』: 무릇 자식이 없어 입후立後한 자가 이미 문서를 제출하여 입안立案하였다면, 비록 혹시 아들을 낳더라도 둘째 아들로 하고, 입후자立後者가 제사를 받듦이 마땅하다. ○사계가 말했다. "호문정胡文定이 형의 아들 인寅을 양육하였는데, 뒤에 영寧과 굉宏 두 아들을 낳았

73 『송자대전』 권122 「답혹인(答或人)」.
74 『동춘당집』 별집 권2 「상사계선생(上沙溪先生)」.

으나, 인寅을 후사로 삼았다. 문정공이 한 바가 옳은 듯하다." {상세한 것은 '입후立後'조를 보라.} 【이상. 입후 뒤에 자식을 낳아도 소후자所後子가 제사를 주관함】

○『大典』: 凡無子立後者, 旣已呈出立案, 雖或生子, 當爲第二子, 以立後者, 奉祀. ○沙溪曰: "胡文定, 養其兄子寅, 後生二子寧宏, 而以寅爲後. 文定所爲, 似是." {詳見'立後'條.} 【右立後後生子所後子主祭】

본주논증

○주자가 말했다. "제사를 주관하는 일은 예에 의거하여 갑甲의 장손이 하는 것이 합당하다. 만약 할 수 없으면 존장尊長이 섭행攝行(대리집행)하는 것이 옳다. 만약 그가 또 질병이 있으면 차자가 섭행해도 해가 없을 것 같다. 뒷날 갑甲의 장손이 장성하여 바르게 고침이 무방하다." 【이상. 손자가 어리면 제사를 섭행함】

○朱子曰: "主祭事, 據禮, 合以甲之長孫爲之. 若不能, 則以尊長攝行, 可也. 如又疾病, 則以次攝, 似亦無害. 異時, 甲之長孫長成, 却改正不妨." 【右孫幼攝祭】

본주논증

○물었다. "어떤 사람에게 세 아들이 있는데, 그 장자長子 또한 세 아들을 두고 죽었고, 장자의 장자長子가 장가들지 못하고 조부모 상을 당하여 상중에 또 죽었으면, 누가 제사를 주관하는 것이 마땅한가?" 우암이 말했다. "장자長子의 차자次子가 형망제급兄亡弟及의 예로써 제사를 주관함이 마땅하다."[75] 【이상. 장자의 차자가 제사를 주관함】

○問: "人有三子, 其長子亦有三子而死, 長子之長子未娶, 而遭祖父母喪, 喪中又死, 誰當主祀?" 尤菴曰: "長子之次子, 當以兄亡弟及之禮, 主祀矣." 【右長子之次子主祭】

본주논증

○물었다. "장자가 후사 없이 죽고 후사를 세우지 않았는데, 차자가 죽고 자식이 있으며, 또 계자季子가 생존해 있으면, 누가 제사를 받드는 것이 마땅한가?" 사계가 말했다. "차자의 자식이 제사를 받드는 것이 마땅하다." ○동춘이 말했다. "장자가 후사가 없으면 차자가 대신하는 것이 마땅하고, 차자가 비록 죽었더라도 그 자식이 있으면 승중承重하는 것이 마땅하다. 비록

75 『송자대전』 권116「답이자달(答李子達)」.

정적正嫡은 아니지만 오히려 차적次嫡이니, 어찌 그를 버려두고 셋째 자식으로 제사를 주관하게 하겠는가?"[76] ○우암이 말했다. "형망제급兄亡弟及은 예의 큰 절목이다. 장자가 이미 죽고 후사가 없으면, 종宗이 차자에게로 옮겨가서 차자의 자식이 종자宗子가 된다. 이는 바로 정자가 이른바 '곁가지가 자라서 곧은 둥치가 된다.'는 것이요, 예가禮家에서 이른바 '전중傳重하되 정체正體가 아닌' 경우이니, 계자季子가 어찌 감히 스스로 서열에 있어서 '체體'가 된다 하여 이미 곧게 선 둥치를 꺾고, 이미 전해진 중重을 빼앗겠는가? 천 번 만 번 옳지 않다."[77] 【이상. 차자의 장자가 제사를 주관함】

○問: "長子無後而死, 不立後, 次子死而有子, 又季子生存, 則誰當奉祀?" 沙溪曰: "次子之子, 當奉祀也." ○同春曰: "長子無嗣, 則次子當代之, 次子雖歿, 其子若在, 則當承重. 雖非正嫡, 猶是次嫡, 何可捨之而第三子主祀耶?" ○尤菴曰: "兄亡而弟及, 禮之大節目也. 長子旣死無後, 則宗移次子, 而次子之子爲宗子矣. 正程子所謂旁枝達爲直幹者也. 禮家所謂傳重非正體者也. 季子何敢自謂於序爲體, 而折其已直之幹, 奪其已傳之重乎? 千不是, 萬不是." 【右次子之長子主祭】

본주논증

○곡량자穀梁子가 말했다. "천질天疾이 있는 자는 종묘에 들어갈 수 없다." 면재勉齋가 말했다. "위후衛侯의 친형인 첩輒에게 악질惡疾이 있어서 종묘에 서지 못했기 때문에 곡량자가 그렇게 말한 것이다." ○ 〖경호안설〗 혹자가 말하였다. "천자와 제후는 통統을 계승하는 것이 중요하기 때문에 천질에 걸린 사람은 통統을 이을 수 없음이 확고하다. 만약 사대부 집안이라면 비록 폐질이 있더라도 자식이 있으면 세世를 전하니, 어찌 사당에 들어가지 않을 수 있겠는가?" ○신독재가 말했다. "장자가 비록 병으로 폐기되었더라도, 차자에게 전중傳重하는 것은 불가할 듯하다. 하물며 장자에게 자식이 있다면 어찌 전중을 할 수 없다고 하여, 차자가 제사를 받들게 하겠는가?" 【이상. 폐질을 가진 사람의 아들이 있으면 전중傳重함】

○穀梁子曰: "有天疾者, 不得入乎宗廟." 勉齋曰: "衛侯之母兄輒, 有惡疾, 不得立, 故穀梁云爾." ○ 〖按〗 或曰: "天子諸侯, 以承統爲重, 故天疾人, 不得承統固也. 若士大夫家, 雖有廢疾, 有子傳世, 則何可不入廟?"

76 『동춘당집』 별집 권4 「답신독재선생(答愼獨齋先生) 신사(辛巳)」.
77 『송자대전』 권45 「답홍군서(答洪君敍)」.

○愼獨齋曰: "長子雖病廢, 似不可傳重於次子. 況長子有子, 豈謂不可傳重而以次子奉祀耶?" 【右廢疾人有子傳重】

본주논증

○남계가 말했다. "조부가 살아계실 때 이미 권도로 차손次孫에게 승중承重을 명했지만, 이제 장손이 비록 폐질에 걸렸지만 장가들어 자식을 낳았으면, 이치상 다시 종사宗事를 되돌려주어 주관하게 하는 것이 마땅하다. 형제간에 서로 의논하여 이러한 뜻을 조부 사당에 고하고 행하는 것이 마땅할 듯하다."[78] 【이상. 폐질에 걸린 손자가 자식을 낳으면 종사를 돌려줌】

○南溪曰: "祖父生時, 旣以權宜命次孫承重矣, 今長孫, 雖廢疾, 旣娶生子, 則理當還使主宗. 兄弟相議, 以此意, 告祖父祀堂而行之, 恐當." 【右廢疾孫生子還宗】

본주논증

○남당이 말했다. "전후前後의 소후자所後子가 모두 죽고, 모두 처가 있으나 후사가 없어서, 두 처가 모두 후사를 세웠다면, 앞의 소후자의 자식은 장자의 자식이 되고, 뒤 소후자의 자식은 차자의 자식이 된다. 장자의 자식이 스스로 승중承重하여 제사를 받드는 것이 마땅하다. 만약에 '차자가 이미 아버지의 명으로 승중하였다면, 장자가 비록 후사를 세우더라도 어찌 감히 다투겠는가?' 한다면, 이는 그렇지 않다. 이천伊川이 태중太中[79]의 명으로 제사를 받들었는데, 그 뒤에 명도明道의 자식이 더불어 다툼을 면치 못하자, 후사성侯師聖[80]은 이천의 자식이 주관한다고 주장했으나, 주자는 옳지 못하다고 했다. 또 증거할 만한 한 가지 일이 있다. 혹자가 묻기를 '백이 숙제의 일에 가령 가운데 아들[中子]이 없다면, 두 사람 중에 누구를 세워야 마땅한가?' 하자, 주자는 '숙제가 비록 아버지의 명을 받았지만, 끝내 바른 이치가 아니니, 백이를 세워야만 마땅하다.' 하였다. 대개 아버지의 명은 가볍고 천륜은 무겁기 때문이다."[81] 【이상. 전후의 소후자에게 또 모두 후사를 세울 경우 장자의 자식이 제사를 주관함】

○南塘曰: "前後所後子俱死, 皆有妻而無後, 二妻皆立後, 則前所後者之子, 爲長子之子, 後所後者之子,

78 『남계집』 권52 「답혹인문(答或人問) 예(禮)○신미추답(辛未追答)」.

79 태중(太中): 북송(北宋) 때 도학자인 정호(程顥)·정이(程頤)의 아버지로서 벼슬이 태중대부(太中大夫)에 이르렀던 정향(程珦)을 가리킨다.

80 후사성(侯師聖): 송(宋)나라 사람으로 정이천(程伊川)의 문도였다.

81 『남당집』 권21 「답김상부(答金常夫) 구월(九月)」.

爲次子之子矣. 長子之子, 自當承重而奉祀. 若曰, '次子旣以父命承重, 則長子雖立後, 安敢與爭?' 此則不然. 伊川以太中之命奉祀, 而其後明道之子, 不免與爭, 侯師聖, 主伊川子, 而朱子, 不以爲是. 又有一事可證者, 或問, '夷齊事, 使無中子, 二子誰當立?' 朱子曰, '叔齊雖以父命, 終非正理, 只當立伯夷.' 蓋以父命爲輕, 而天倫爲重也." 【右前後所後子又皆立後長子之子主祭】

본주논증

○『대전大典』'봉사奉祀'조: 적장자에게 후사가 없으면 중자衆子가 제사를 받들고, 중자에게 후사가 없으면 첩자妾子가 제사를 받든다. 주註: 적장자에게 첩자만 있어서 아우의 자식으로 후사 삼기를 원하면 허락한다. ○물었다. "장자의 서자가 제사를 계승하는 것이 불가하면, 차적次嫡에게 돌려주어야 하는가?" 신독재가 말하기를 "고례古禮에는 반드시 그렇지는 않았고, 국법이 이와 같을 뿐이다."라고 했다. ○우암이 말했다. "문익공文翼公 정광필鄭光弼[82]의 증손 모某에게 후사가 없고, 아우와 첩자가 있었는데, 첩자가 문익공 이하의 여러 제사를 주관했다. 사계 김선생의 아들 문경공文敬公(김집金集)에게 후사가 없고 첩자가 있었다. 문경공은 막중한 종사宗事를 천생賤生에게 줄 수 없다 하여 아우 참판공參判公(김반金槃)의 자손에게 옮겼다. 이는 또한 예법을 지키는 집안에서 행한 것으로, 우리 집안도 신독재 집안과 같이 한다. 그러나 재상 정광필 집안의 일이 정당하다."[83] 【이상. 장자에게 적자는 없고 서자만 있으면 차적자次嫡子가 제사를 주관함이 마땅한지 여부】

○『大典』'奉祀'條: 適長子無後, 則衆子, 衆子無後, 則妾子奉祀. 註: 適長, 只有妾子, 願以弟之子爲後, 則聽. ○問: "長子之庶子, 不可承祀, 而歸於次嫡否?" 愼獨齋曰: "古禮, 則不必然, 而國法如是耳." ○尤菴曰: "鄭文翼公{光弼}之曾孫某, 無後, 有弟及妾子, 而妾子主文翼公以下祀. 沙溪金先生之子文敬公, 無後, 有妾子. 文敬公, 以爲莫重宗事, 不可付之賤生, 移之於其弟參判公子孫. 此亦禮法家所爲, 吾家亦如愼老家. 然鄭相家事, 終是正當." 【右長子無嫡有庶次嫡主祭當否】

본주논증

○『공양전公羊傳』: 적適은 연장자로 세우지 어진 자로 세우지 않으며, 자식을 세우는 것은 귀한

82 정광필(鄭光弼; 1462-1538): 자는 사훈(士勛), 호는 수천(守天), 본관은 동래(東萊), 시호는 문익(文翼)이다.
83 『송자대전』 권107 「답곽여정(答郭汝靜)」.

신분으로 하고 연장자로 하지 않는다. 주: 적適은 적부인適夫人의 자식을 말함이니, 존귀하여 맞설 자가 없으므로[84] 나이로 정한다. 자식[子]은 좌우 잉첩媵妾 및 질제姪娣의 자식을 말함이니, 지위에 귀천이 있는데다, 또 그들이 동시에 태어나는 경우를 방비해야 하므로[85] 귀한 신분으로 정한다. ○『대전大典』: 사대부에게 적자가 없으면 양첩자良妾子가 제사를 받들고, 양첩자가 없으면 천첩자賤妾子가 제사를 받든다. ○물었다. "적자가 없는 자에게, 천첩자가 비록 나이가 많고 또 이미 종량從良[86]되었더라도, 오히려 양첩자가 제사를 받드는가?" 사계가 말하기를 "예법이 그러하다."고 했다. 【이상. 양첩자良妾子가 제사를 주관함】

○『公羊傳』: 立適以長, 不以賢, 立子以貴, 不以長. 註: 適謂適夫人之子, 尊無與敵, 故以齒. 子謂左右媵及姪娣之子, 位有貴賤, 又防其同時而生, 故以貴也. ○『大典』: 士大夫無嫡子, 則良妾子, 無良妾子, 則賤妾子奉祀. ○問: "無嫡子者, 賤妾子, 雖年長, 又已從良, 猶以良妾子奉祀乎?" 沙溪曰: "禮律然也." 【右良妾子主祭】

본주논증

○물었다. "장자에게 서자만 있고 적자가 없으므로 종사를 차적次嫡에게 전하였는데, 차적에게 또 서자만 있고 적자가 없이 죽으면, 누가 제사를 받들어야 마땅한가?" 신독재가 말하기를 "장자의 서자가 제사를 받들어야 할 듯하다."고 했다. 【이상. 차적次嫡에게 서자만 있고 적자가 없으면 장자의 서자가 도로 제사를 주관함】

○問: "長子有庶子而無嫡子, 故宗事傳于次嫡, 次嫡又有庶無嫡而死, 誰當奉祀?" 愼獨齋曰: "長子之庶, 似可奉祀." 【右次嫡有庶無嫡長庶還主祭】

본주논증

○물었다. "장자가 자식이 없이 죽어, 총부冢婦(맏며느리)가 후사를 세우려고 하는데, 서자만 있고 적자가 없으면 어찌해야 하는가? 차자次子의 서자가 승중承重하였으면, 조부의 신주를 쓸 때 어떻게 칭해야 하는가?" 신독재가 말했다. "만약 총부에게 적자가 없으면 서자를 후사로

84 적부인의 자식들은 측실의 자식과 존비의 구별이 분명하나, 그들끼리는 신분이 같아서 귀천으로 구분하지 못하므로, 나이로 구분하여 연장자를 취한다는 말이다.

85 잉첩과 질제 등 측실 소생은 모두 서자이니, 적처 소생과는 신분의 귀천이 있지만, 또한 서자들이 동시에 태어나는 경우도 있으므로, 연장자의 순서로 서열을 정하지 못하고 그 어머니의 신분에 따라 서열을 정한다는 말이다.

86 종량(從良): 노비와 같은 천민이 양민(良民)의 신분을 허락 받는 일을 말한다.

삼을 수 있다. 차자의 서자가 만약 적자로 올라 승중했으면 '효손孝孫'이라 칭함이 마땅하고, 장자의 신주는 반부班祔함이 마땅하다." 【이상. 서자를 세워 후사로 삼거나 혹 차서자次庶子가 제사를 주관함】

○問: "長子無子而死, 冢婦欲立後, 有庶無嫡, 則奈何? 次子有庶子承重, 而題祖父神主, 則當何稱?" 愼獨齋曰: "若冢婦無嫡, 可以庶爲後, 次子之庶, 若陞嫡承重, 則當稱孝孫, 而長子之主, 當班祔." 【右立庶爲後或次庶主祭】

본주논증

○물었다. "적자가 없는 자에게 단지 두 첩만 있으며, 그 소생所生의 장자가 모두 어리석고 아둔한데, 선첩先妾의 아들은 또 다른 집의 계집종에게 장가들었다. 그러므로 가장家長이 유언하기를 '후첩後妾의 자식 중에 조금 나은 자를 가려 제사를 받들게 하라.'고 했다. 3년 상을 치른 뒤에 후첩의 장자가 제 마음대로 방제旁題를 칼로 긁어내어 자기의 이름을 썼다가, 지금은 이미 죽었고 자식이 하나 있다. 선첩의 장자는 생존하여 생산을 많이 했지만 이는 다른 집 계집종의 소생이다. 누가 제사를 받들어야 마땅한가?" 신독재가 말했다. "종법에 장자를 세우는 것은 바뀌지 않는 예禮이다. 비록 유언이 있었더라도 결단코 따를 수 없다. 지금은 선첩의 장자가 제사를 받들어야 마땅하나, 그 자식에 이르러서는 다른 집의 종이니 제사를 받들 수 없다. 선첩의 장자가 죽은 뒤에는 후첩 장자의 자식에게 전해야 마땅하다." 【이상. 장자의 서자가 다른 집의 계집종에게 장가들면 차서자次庶子의 자식이 제사를 주관함】

○問: "無嫡子者, 只有二妾, 而其所生長子, 皆癡頑, 先妾子又娶他婢. 故家長遺言, '擇後妾子中稍勝者, 使之奉祀矣.' 三年後, 後妾長子, 擅自刀刮旁題, 而書己名, 今已死而有一子. 先妾長子, 生存多產, 而乃他婢所生, 誰當奉祀?" 愼獨齋曰: "宗法立長, 不易之禮, 雖有遺言, 決不可從. 今則先妾長子, 當奉祀, 而至於其子, 是他奴, 不可奉祀. 先妾長子死後, 當傳於後妾長子之子." 【右長庶娶他婢次庶子之子主祭】

본주논증

○물었다. "첩손妾孫[87]으로 승중한 자는 그 아버지의 소생모所生母에 대하여 복이 없는데,[88] 그

87 첩손(妾孫): 첩자(妾子)의 자식.

88 그 아버지의……없는데: 첩손의 아버지는 첩의 아들인데, 첩손이 적통(嫡統)을 승중하면 적통의 조모를 받들어야 하기 때문에 아버지의

제사의 주관은 어떻게 해야 하는가?" 남계가 말했다. "「소기小記」에 이르기를 '첩은 첩조고妾祖姑[89]에게 부祔한다.'고 하였고, 또 말하기를 '첩모妾母는 대를 이어 제사하지 않는다.'고 하였다. 만정순萬正淳[90]이 일찍이 이 문제를 주자에게 질문하니, 대답하기를 '첩모를 대를 이어 제사하지 않는다면 첩조고는 영원히 없는 것이다. 소의疏義의 설은 따를 수 없을 듯하다. 아마도 예에 혹 별묘別廟를 두도록 허용할 수도 있으나, 다만 상고할 수가 없다.'고 하였다. 이로 미루어 보면, 첩손으로 승중한 자는 별묘에서 소생조모所生祖母를 제사지내는 것이 마땅할 듯하다. 다만 대를 이어 제사하지 않는 것은 이미 「소기」에 밝게 드러나 있다. 복服이 없는데 제사를 주관하는 것은 인정과는 조금 달라서, 어떻게 조처해야 할지 모르겠다."【이상. 승중한 서손庶孫이 첩조모妾祖母의 제사를 주관함】

○問: "妾孫承重者, 爲其父所生母無服, 則其主祀, 何以爲之?" 南溪曰: "「小記」云, '妾祔於妾祖姑.' 又曰, '妾母不世祭.' 萬正淳, 嘗以此問於朱子, 答曰, '妾母不世祭, 則永無妾祖姑矣. 疏義之說, 或未可從也. 恐於禮, 或容有別廟, 但未有考耳.' 以此推之, 妾孫承重者, 似當以別廟, 祭其所生祖母. 但不世祭, 旣明著於「小記」. 無服而主祭, 於人情小異, 不知何以處之也."【右承重庶孫主妾祖母祭】

본주논증

○『주원양제록』: 며느리가 시부모를 제사지내는 축사祝辭에는 '현구顯舅, 현고顯姑'라 하고, 처가 남편을 제사지낼 때는 '현벽顯辟'이라고 한다. ○남계가 말했다. "반드시 남자 제주祭主가 없어야만 여자 제주祭主를 쓴다."[91] {위를 보라.} ○지촌芝村(이희조李喜朝)이 말했다. "부인이 제사를 주관하는 것은 주관할 만한 남자가 없어서 부득이 하는 것이다."[92]【이상. 부인이 제사를 주관함】

○『周元陽祭錄』: 婦祭舅姑祝辭云, '顯舅顯姑', 妻祭夫曰, '顯辟'. ○南溪曰: "必無男主然後, 用女主." {見上.} ○芝村曰: "婦人主祭, 以無可主之男, 不獲已而有之."【右婦人主祭】

어머니인 첩조모(妾祖母)에 대하여는 복이 없다.

89 첩조고(妾祖姑): 시조부(媤祖父)의 첩.

90 만정순(萬正淳): 만인걸(萬人傑). 자는 정순(正淳), 호는 지재(止齋)이며, 호북성 대야(大冶) 사람이다. 처음에 육구령(陸九齡)에게 배웠고, 뒤에 괴당(槐堂)에서 육구연(陸九淵)에게 수학하였다. 1180년 남강(南康)에서 주희의 문인이 되었다.

91 『남계집』 속집 권14 「답민과회신문(答閔寡悔愼問) 상례(喪禮)○임신사월십팔일(壬申四月十八日)」.

92 『지촌집』 권16 「답재종제회보(答再從弟晦甫) 기묘(己卯)」.

본주논증

○우암이 말했다. "예에 '가모嫁母[93]의 자식이 아버지의 후사가 된다.'는 조문이 있으니, 어찌 일찍이 어미가 시집갔다고 해서 다른 사람에게 종宗을 빼앗기던가?"[94] 【이상, 가모嫁母의 자식이 제사를 주관함】

○尤菴曰: "禮有'嫁母之子爲父後'之文, 何嘗以母嫁而奪宗於他人乎?" 【右嫁母子主祭】

본주논증

○우암이 말했다. "예에 '적자에게 폐질이 있으면 승중承重할 수 없다.'고 하였다. 흉패凶悖한 사람이 윤리에 죄를 얻으면, 그것은 폐질보다 무거움이 현격하다. 외손봉사外孫奉祀를 주자朱子는 '겨레붙이가 아니라'고 배척하였으니, 측실 소생의 아들이 부득이 승중해야 한다."[95] 【이상, 흉패凶悖한 사람은 제사를 주관하지 못함】 ○ 〖경호안설〗 이상 각 조항은 「상례」 '제주題主'조에 서로 보이는 게 많으니, 참고함이 마땅하다.

○尤菴曰: "禮, '嫡子廢疾, 不得承重.' 凶悖之人, 得罪倫常, 則其重於廢疾也, 懸矣. 外孫奉祀, 朱夫子斥之以非族, 則側出男, 不得已承重矣." 【右凶悖人不得主祭】 ○ 〖按〗 已上各條, 多與「喪禮」'題主'條, 互見, 當叅考.

가례본주

만약 적장자와 함께 같은 곳에 산다면, 돌아가신 뒤에 그 자손이 사실私室에 사당을 세우고, 또 계승한 바의 세대 수에 따라 감실을 만들었다가, 우암이 말했다. "지자支子는 종가에 눌려 굽히기[壓屈] 때문에, 단지 세수世數만 헤아려 감실을 만들며, 감히 넷으로 만들지 않는다."[96] 나가서 따로 살게 된 뒤에 그 제도를 갖춘다. 만약 생시에 따로 살았다면, 미리 그곳에 재실齋室을 지어 거처하되 사당의 제도와 같게 하였다가, 죽으면 사당으로 한다. ○신주의 법식은 「상례喪禮」 및[及] 전도前圖에 보인다. 구씨丘氏가 말했다. "도圖는 주자가 지은 것

93 가모(嫁母): 아버지 집에서 나가 다른 남자에게 시집간 어머니.

94 『송자대전』 권83 「답박자옥(答朴子玉) 세진(世振)○기해십일월(己亥十一月)」.

95 『송자대전』 권122 「답혹인(答或人)」.

96 『송자대전』 권86 「답민사앙(答閔士昂)」.

이 아니다. 남옹南雝의 구본舊本에서는 다만 '신주의 법식은 「상례」 '치장治葬'장에 보인다.'고 했는데, 근래의 판본은 어디에 근거하여 '치장'장을 고쳐 '전도前圖에 보인다.'고 하였는지 모르겠다." ○ 〖경호안설〗 '급전도及前圖' 3자는 아마 도圖를 만든 사람이 함부로 고친 것 같다. ◎≪영상影像을 모심≫ ○주자가 말했다. "고례에는 묘廟에 두 신주가 없었다. 그 의도는 조고祖考의 정신이 이미 흩어져 이곳에 모이기를 바라기 때문이니, 둘로 하는 것은 옳지 않다. 이제 사판祠版이 있는데 또 영정影幀이 있으면, 두 신주가 있는 것이다. 반드시 고금에 적합하도록 하려면 종자宗子가 있는 곳에서 두 신주를 받들어야 조고祖考의 정신을 모으는 의리를 잃지 않는다." {주註: 두 신주가 항상 서로 따라다니면 정신이 분산되지 않는다.} {상세한 것은 '시제時祭 부주附註'를 보라.} ○신주는 오직 장자만이 받들어 제사하고, 관직에 나가면 지니고 간다. 영상影像을 여러 자식들이 각각 한 본本씩 전하여 지니는 것은 무방하다. ○물었다. "포은圃隱(정몽주鄭夢周) 선조의 진상眞像을 사당에 모시면 선비들이 배알할 때에 곧장 어려운 점이 있고, 사당 곁에 별도로 영당影堂을 세우는 것이 편리할 듯하나, 주자의 '두 개의 신주는 분리해서는 안 된다.'는 가르침에 어긋나게 되니, 어떠한가?" 우암이 말했다. "어찌 감히 주자의 가르침을 어기겠는가? 그러나 이미 선비들이 배알하는 경우를 가지고 의심하는 것은 또한 조처하기 어려울 듯하다. 다만 두 당堂의 거리가 과연 지척으로 가깝다면 분리되었다고 할 수 없다. 주자가 말한 것은, 영정은 집에 두고 신주를 받들고 관직을 지낼 곳으로 가는 것{상세한 것은 '시제 부주'를 보라.}을 말함이다. 제사할 때 영정에 함께 진설하거나, 영정을 받들어 신주에 합쳐 제사한다는 문제에 대하여는 상고한 바 없다. 그러나 꼭 이렇게 할 것은 아닌 듯하다."[97] ○사당은 반드시 『가례』의 시조始祖의 제도와 같이 해야만 오래도록 시행할 수 있을 것임에는 의심이 없고, 또 일마다 다 편안하다. 처지와 형편에 따라 별묘를 건축한다면, 일이 근거가 있고 순조롭다.[98] ○『집람』: 건재蹇齋 윤직尹直은 선대의 유상遺像을 세시歲時와 기일忌日에 걸어 두고 말하기를, "자손이 한 번 보는 사이에 어렴풋이 선조께서 그 자리에 임해 계신 듯하여, 혹 감모感慕하고 분발하여 자신의 몸을 닦고 행실을 닦아, 낳아주신 분께 누를 끼치지 않으려

97 『송자대전』 권101 「답정경유(答鄭景由) 임술오월칠일(壬戌五月七日)」.
98 『송자대전』 권101 「답정경유(答鄭景由) 경신팔월이십오일(庚申八月二十五日)」.

고 생각하는 경우가 있다. 선유先儒들의 한마디 말에 고착되어, 영정을 낡은 종이처럼 보아서는 안 된다."고 하였다. ○물었다. "고조의 화상畵像을 가묘에 보관해두었는데, 만약 내어 볼 때면 절을 해야 하는가?" 여헌旅軒(장현광)이 말했다. "선조의 유상遺像을 보고 어찌 절하지 않겠는가?"[99]

若與嫡長同居, 則死而後, 其子孫爲立祠堂於私室, 且隨所繼世數爲龕, 尤菴曰: "支子歷於宗家, 故只計世數爲龕, 而不敢爲四也." 俟其出而異居, 乃備其制. 若生而異居, 則預於其地立齋以居, 如祠堂之制, 死則因以爲祠堂. ○主式, 見「喪禮」及前圖. 丘氏曰: "圖, 非朱子作矣. 南雝舊本, 止云, 主式, 見「喪禮」'治葬'章, 不知近本何據, 改'治葬'章, 爲見前圖也?"○ 〖愚按〗 '及前圖'三字, 恐是撰圖者之所妄改也. ◎≪奉影像≫ ○朱子曰: "古禮, 廟無二主. 其意以爲祖考之精神, 旣散, 欲其萃聚於此, 故不可以二. 今有祠版, 又有影, 是有二主矣. 必欲適古今之宜, 宗子所在奉二主, 盖不失萃聚祖考精神之義." {註: 二主常相從, 則精神不分矣.} {詳見時祭附註.} ○神主, 惟長子得奉祀, 之官則以自隨. 影像則諸子各傳一本, 自隨無害也. ○問: "圃隱先祖眞像, 奉於祠堂, 則士子展謁時, 便自難, 別立影堂於祠堂之傍, 似便, 而有違於朱子'二主不可分離'之訓, 何如?" 尤菴曰: "朱子之訓, 何敢違貳? 然旣以士子展謁爲疑, 則亦似難處. 第兩堂相去, 果是咫尺, 則不可謂分離. 朱子所謂, 則'留影於家, 而奉神主之官'{見時祭附註.}之謂也. 祭時並設於影及奉影合祭於神主之示, 未有所考. 然恐不必如此." ○祠堂, 必如『家禮』始祖之制, 可行於久遠而無疑, 且事事皆便矣. 隨地勢, 造建別廟, 則事有據而且順矣. ○『輯覽』: 尹謇齋直, 先世遺像, 歲時忌日, 懸揭曰, "子孫於一覩之頃, 僾然若有見乎其位, 而或有感慕奮勵, 思所以修身飭行, 無忝所生者." 不可泥先儒一言, 而視若古紙也. ○問: "高祖畫像, 藏在家廟, 若出視則當拜之乎?" 旅軒曰: "見祖先遺像, 安得無拜?"

가례부주

정자가 말했다. "천하의 인심을 관섭管攝하여 『운회』: 관管은 주장하여 감당함이다. 섭攝은 유지함이다. 종족을 수합하고 풍속을 후하게 하여, 사람들에게 근본을 잊지 않게 하려면, 반드시 계보[譜系]를 밝혀 섭씨葉氏가 말하기를, "보

99 『여헌집』 권5 「답김휴(答金烋)」.

譜는 문서에 수록함이다. 계系는 관련 소속이다."고 했다. 세족世族을 수합하고 방씨方氏가 말했다. "제사를 주관함으로 말하면 종족宗族이고, 세대를 전함으로 말하면 세족世族이다." 종자법宗子法을 세워야 한다. 정자가 말했다. "종자법을 세우는 것도 천리天理이다. 비유하면 나무는 반드시 뿌리로부터 위로 곧게 한 둥치가 {주: 대종大宗과 같음이다.} 올라가지만, 또한 반드시 곁가지가 있는 것은 자연의 형세이다. 그러나 또 곁가지가 뻗어서 둥치가 되는 것도 있다. 그러므로 옛날에 '천자가 나라를 세우고 제후가 탈종奪宗을 한다.'고 했다." ○주자가 말하기를, "제후는 탈종奪宗을 하나, 대부는 탈종을 할 수 없다."고 했다. 종자법이 무너지면 사람들은 자신이 온 곳을 알지 못하여, 사방으로 떠돌아다니면서 왕왕 친분이 끊어지지 않았는데도 서로 알지 못하는 지경에 이른다." 『유서遺書』에는 이 내용 아래에, "지금 또한 시험 삼아 한 두 거공巨公의 집안에서 행하게 하자면, 반드시 모름지기 당唐나라 때처럼 묘원廟院을 세워 조상의 가업家業을 분할하지 못하게 하고, 한 사람이 주장하게 해야 한다."는 내용이 있다. ○정백자程伯子(정호程顥)가 말했다. "무릇 사람 집안의 법도는 모름지기 매번 족인族人이 멀리서 오면 한 번 회합하여 종족을 모아야 한다. 비록 일이 없더라도 매월 한 번씩은 모여야 마땅하다. 옛 사람의 화수회花樹會나 위씨韋氏 집안의 종회법宗會法은 취할 만하다. 그러나 족인들은 매번 길흉사나 장가들고 시집가는 일이 있으면 반드시 서로 예를 갖추어 골육의 은혜가 항상 서로 통하게 해야 한다. 골육의 친족이 날마다 소원해지는 것은 단지 서로 만나지 않아 정이 서로 접촉되지 않아서이다." ○정숙자程叔子(정이程頤)가 말했다. "동성同姓이 서로 만나 볼 때는 친친親親의 의미를 다함이 마땅하지, 나이 차례를 따져 절해서는 안 된다. 이는 대개 소목昭穆의 고하高下를 알지 못하기 때문이다." ○주자가 말했다. "족장族長이 자기 집에 오면, 친소에 관계없이 모두 반드시 족장을 주인의 자리에 앉게 한다." 또 말했다. "지금은 종자宗子가 〖경호안설〗 『유서』에는 '법法'자가 있다. 없기 때문에 조정에 세신世臣이 없다. 섭씨葉氏가 말하기를, "종자는 그 세록世祿을 세습 받는다. 그러므로 세신世臣이 있다."고 했다. 만약 종자법을 세우면, 사람들이 조상을 높이고 근본을 소중히 여길 줄 알게 된다. 사람들이 근본을 소중히 여기게 되면 조정의 위세는 저절로 높아진다. 섭씨가 말했다. "사람들이 조상을 높이고 근본을 소중히 여길 줄 알게 되면, 상하가 서로 연결되어 자연히 굳건하게 결속되어 흩어지지 않을 것이다. 그러므로 조정의 위세가 저절로 높아진다." 옛날에는 자제들이 부형父兄을 따랐는데, 지금은 부형이 자제를 따르고 있으니, 근본을 알지 못하는 데서 비롯된 것이다." 『유서』에는 이 내용 아래에 "또한 한漢나라 고조高祖[100]가 패沛 땅을 항복시키려할 때 단지 백서帛書[101]를 패沛의 부로父老들에게 주었는데, 그 부로들이 곧 자제들을 거느리고 따랐다. 또 사마상여司馬相如[102]가 촉蜀나라에 사신 갈 때도 글을 주어 부로들을 책망한 뒤에 자제들이 모두 그 명을 듣고 따랐다. 단지 한 절차만 있었는데도 존비尊卑 상하上下가 구분되었다."는 내용이 있다. ○종자법은 폐기되었으나 후세의 보첩譜牒에는 『운회』: 찰札이요, 간簡이다. 또 서판書版을 '첩牒'이라 한다. 그래도 유풍이 있었다. 보첩도 폐지되자 왕씨王氏가 말했다. "보첩이 닦여지지 않은 것은 진晋나라가 강동江東으로 건너가고 오호五胡가 중원을 어지럽히면서부터 의관衣冠을 갖춘 집안이 흩어져 그렇게 된 것이다." 사람들의 집안에서는 온 곳을 알지 못하여 백 년 된 집안도 없어졌고, 골육의 계통이 없어지니 비록 지친至親이라도 은혜가 박하게 되었다. 『유서』 정숙자程叔子의 말 ○장자張子가 말하기를, "종법이 서면 사람들마다 온 곳을 알게 되고, 조정에 크게 이익됨이 있을 것이다."고 했다. 혹자가 "조정에 유익한 것이 무엇인가?"라고 묻자, "공경公卿들이 각자 그 집을 보전하는데 충의忠義를 어찌 세우지 않음이 있겠는가? 충의가 서면 조정이 어찌 굳건하지 않음이 있겠는가?"라고 했다. 『이굴理窟』 ○사마온공이 말하기를, "서쪽을 상석으로 하는 것은 신도神道가 오른쪽을 숭상하기 때문이다."고 했다. 가씨賈氏가 말했다. "산 사람은 양陽이기 때문에 왼쪽을 숭상하고, 귀신은 음陰이기 때문에 오른쪽을

100 한(漢)나라 고조(高祖): 한나라를 창업한 유방(劉邦)을 가리킨다.

101 백서(帛書): 비단에 쓴 글이다.

102 사마상여(司馬相如; B.C.179-B.C.117): 자는 장경(長卿), 전한(前漢)의 문인. 그의 사부(辭賦)는 한위육조(漢魏六朝) 문인의 모범이 되었다. 작품에 「자허지부(子虛之賦)」가 있다.

숭상한다." ○사마온공이 말했다. "옛사람은 오른쪽을 숭상하고, 지금 사람은 왼쪽을 숭상한다." ○주씨周氏가 말했다. "옛날에 사당은 모두 남향하되 아버지 소昭는 왼쪽에 위치하고, 아들 목穆은 오른쪽에 위치하였으니, 옛날의 신도神道에 왼쪽을 숭상한 것은 뚜렷하고 분명하다." ○묻기를, "좌우左右는 필경 어느 쪽이 높은가?"라고 하니, 주자가 말했다. "한나라 초에 우승상右丞相이 좌승상左丞相의 윗자리에 위치하였다. 사중史中이 말하기를, '조정에서 그 오른쪽으로 나올 이가 없다.'고 하였으니, 이는 오른쪽을 높인 것이다. 뒷날에는 또 왼쪽을 높였는데, 노자老子가 말하기를, '상장군上將軍은 오른쪽에 거처하고 편장군偏將軍은 왼쪽에 거처한다. 상사喪事에는 오른쪽을 숭상하고, 병기兵器는 흉기凶器이기에 상례喪禮로 처신한다.'고 하였으니, 이와 같다면 길사吉事에는 왼쪽을 숭상한 것이다. 한나라 초기에는 어쩌면 전국戰國시대와 포악한 진秦나라에서 하던 데 익숙해서였을까?" ○한漢나라 의식에 '후주后主(황후의 신주)는 황제의 오른쪽에 있다.'고 했는데, 어느 곳에서 보는 것인지 모르겠다. 다만 예에 이르기를 '자리가 남향이나 북향이면 서쪽을 상석으로 하고, 동향이나 서향이면 남쪽을 상석으로 한다.'고 하였으니, 이는 동향이나 남향의 자리에는 모두 오른쪽을 높이고, 서향이나 북향의 자리에는 모두 왼쪽을 높인 것이다. {〖경호안설〗 동향이나 남향에는 서쪽과 북쪽이 음陰이기 때문에 오른쪽을 높이고, 서향이나 북향에는 동쪽과 남쪽이 양陽이기 때문에 왼쪽을 높인다.} 지금 제례에는 고비考妣가 같은 자리에서 남향을 하면, 고考는 서쪽, 비妣는 동쪽으로 하여 자연히 예의 뜻에 합치된다. 『개원석전례開元釋奠禮』에는 선성先聖은 동향하고 선사先師는 남향하여 역시 오른쪽을 높였는데, 거기에 정한 부군府君과 부인夫人의 배위配位와는 또 서로 같지 않으니, 무엇 때문인지 모르겠다. 대개 옛날에는 오른쪽을 높였다. 『주례周禮』에 이르기를, '오른쪽 제사를 흠향하신다.'고 했고, 『시경』에 이르기를, '이미 열조烈祖[103]를 오른편으로 하고, 문모文母를 오른편으로 하셨도다.'라고 했고, 한漢나라 사람들도 말하기를, '오른쪽으로 나올 자가 없다.'고 한 것은, 모두 오른쪽을 높인 것이다. ○우암이 말했다. "향교의 위차位次 중 두 정자程子를 동서로 나누는 데는 주자

103 열조(烈祖): 『시경』에는 '열고(烈考)'로 되어 있다.

의 설을 살펴보면 한나라 이전에는 오른쪽을 높였다고 하였는데 오른쪽은 서쪽이다. 그러나 주자가 정한 바로는 명도明道가 동쪽에 있다. 이제 이것을 표준으로 함이 마땅하다."[104]

○ 【우안】 왼쪽을 높이고 오른쪽을 높이는 것은 모두 근거가 있는 듯하다. 대개 천도天道는 왼손편으로 회전한다. 『역易』에 이른바 '상제[帝]는 진震에서 나와 손巽에서 가지런하게 한다.'는 것과, 그 이하로 해와 달이 출몰하는 것도 모두 동쪽을 시작으로 하니, 왼쪽을 높이는 것은 하늘의 도道이다. 지도地道는 오른편으로 회전한다. 그러므로 산과 물의 형세가 아래로 달려 동쪽으로 향하니, 서쪽을 높여서 오른쪽을 숭상하는 것은 지도地道이다. 향교와 서원의 위차로 말하자면, 배향하는 자는 존위尊位가 가운데에서 남향하기 때문에 위차가 동향이나 서향으로 하지 않을 수가 없으니, 여기에는 옛날 소목昭穆의 예를 본떠 왼쪽을 숭상하는 도를 사용한다. 열향列享[105]할 경우에는 존위尊位가 서쪽에 위치하기 때문에, 그 아래의 제위諸位는 차례대로 동편으로 가서, 오른쪽을 숭상하는 도를 사용한다. ○혹자가 묻기를 "사당의 신주를 서쪽부터 배열하는가?" 하자, 주자는 "그것은 고례古禮가 아니다."라고 했다. 『어류』 ○주자가 말했다. "옛날에는 한 세대가 각자 하나의 사당이 되었는데, 후한後漢 이래로 동당이실同堂異室의 사당을 만들어, 한 세대를 하나의 실室로 하되 서쪽을 상석으로 했다." ○물었다. "제후의 묘제廟制는 태조太祖가 북쪽에 거처하여 남향하고, 소묘昭廟 둘은 그 동남쪽에 있고, 목묘穆廟 둘은 그 서남쪽에 있어서, 모두 남북으로 중첩되니, 『설문』: 소昭는 본디 '소佋'이다. ○『효경孝經』 주: 소昭는 밝음이다. 목穆은 경건함이다. ○진씨陳氏가 말했다. "「왕제王制」에 이른바 '세 개의 소昭와 세 개의 목穆'은, 소昭가 좌측에 위치하는데 좌측은 양陽이니, 소昭는 양명陽明의 뜻이며, 목穆은 우측에 위치하는데 우측은 음陰이니, 목穆은 유음幽陰의 뜻이다. 주周나라의 경우로 말하자면, 『서경』에서는 문왕에 대하여 '목고穆考이신 문왕이여.'라고 했고, 『시경』에서는 무왕에 대하여 '제후들을 거느리고 소고昭考를 뵈어.'라고 했다. 아버지가 목穆이면 자식은 소昭이고, 아버지가 소昭이면 자식은 목穆이 되니, 자손들도

104 『송자대전』 권79 「여송희장(與宋希張) 계묘사월십삼일(癸卯四月十三日)」.

105 열향(列享): 신위를 한 줄에 나란히 모시고 제향을 모심.

그것을 차례로 삼는다. 「제통祭統」에 이른바 '소昭는 소昭와 나이로 차례를 짓고, 목穆은 목穆과 나이로 차례를 짓는다.'는 것이 이것이다." ○주자가 말했다. "제후는 5묘廟인데, 태조는 북쪽에 위치하고, 두 소昭와 두 목穆은 차례로 남쪽에 위치한다. 태조의 묘廟에는 처음 책봉받은 군주를 모시고, 소昭의 북쪽 묘에는 두 번째 군주를 모시고, 목穆의 북쪽 묘에는 세 번째 군주를 모시고, 소昭의 남쪽 묘에는 네 번째 군주를 모시고, 목穆의 남쪽 묘에는 다섯 번째 군주를 모신다. 묘는 모두 남향하여 각각 문門과 당堂과 침실寢室이 있으며, 사방을 담장으로 두른다. 태조의 묘는 백세百世가 되어도 옮기지 않으며, 나머지 네 묘廟부터는 한 번 세대가 바뀔 때마다 한 번 옮긴다. 그것을 옮길 경우, 새 신주를 그 반열의 남쪽 묘에 부祔하면, 남쪽 묘에 있던 신주는 북쪽 묘로 옮겨 간다. 북쪽 묘는 친분이 다하면 그 신주를 태조묘太祖廟의 서쪽 협실夾室에다 옮기는데, 이것을 조祧라고 한다. 무릇 사당의 신주는 본 사당의 실室 안에서 모두 동향한다. 태조의 실室 안에서 협사祫祀하면, 오직 태조만 동향하여 그대로 가장 높은 위치가 되고, 이곳에 들어가는 여러 소昭는 모두 북쪽 창 아래에 나열하여 남향하니, 밝은 쪽을 향하는 것을 취하였기에 소昭라고 한다. 이곳에 들어가는 여러 목穆은 모두 남쪽 창 아래에 나열하여 북향하니, 깊고 먼 곳을 취하였기에 목穆이라고 한다. 대개 여러 묘廟의 열列은 왼쪽에 소昭, 오른쪽에 목穆이며, 협제祫祭할 때의 위치는 북쪽이 소昭, 남쪽이 목穆이 된다." ○체천遞遷하거나 헐[毁] 때의 차례는 소昭는 항상 소昭, 목穆은 항상 목穆의 위치이다. 소昭에 부祔하면 여러 소昭들은 모두 움직이되, 목穆은 옮기지 않는다. 목穆에 부祔하면 여러 목穆들은 모두 옮기되, 소昭는 움직이지 않는다. 이는 부祔는 반드시 반班으로 하고, 시尸는 반드시 손孫으로 함이니, 자손의 서열도 이로써 차례 지운다. ○제후의 5묘를 함께 도궁都宮을 만들면, 소昭는 항상 왼쪽에 있고 목穆은 항상 오른쪽에 있어서 밖으로 차례를 잃지 않으며, 1세世가 각자 하나의 묘廟가 되어, 소昭는 목穆과 견주지 않고, 목穆은 소昭와 견주지 않아서 안으로 각각 그 존귀함을 온전히 가진다. 반드시 크게 협제할 때 한 실室에 모은 뒤에라야 존비尊卑의 서차를 차례 지우는데, 무릇 이미 헐었거나 헐지 않은 신주를 모두 진설하여도 바뀌는 것이 없다. 오직 사시四時의 협제祫祭에는 헐어버린 묘의 신주는 함께 하지 않으니, 소昭가 없이 목穆만 홀로 높여지는 때가 있다. 이제 만약 왕계

王季가 비록 체천되더라도, 무왕武王은 여전히 성왕成王과 짝이 되어 있으면서 왕계의 위치로 나가지 않고, 문왕文王이 목穆의 위치에 있으면서 또한 그 마주보는 위치를 비워둔다면, 어찌 그 존귀함에 해가 되겠는가? 【止】 ○『주례』「춘관春官」: 총인冢人은 공公의 묘소 터를 관장하며, 그 묘역[兆域]을 다스려 도형圖形을 그린다. 선왕의 무덤은 가운데 위치하고, 소昭와 목穆에 따라 좌우로 배치한다. 주: 공公은 군君이다. 도圖는 그 지형 및 무덤을 그림으로 그려 보관하는 것이다. 소: '공公'의 뜻을 '군君'이라 한 것은, 선왕의 묘역이기 때문이다. 소목에 근거하여 동서 양편으로 둔다. 만약에 형이 죽고 아우에게 지위가 미쳐 모두 군주가 되면, 형제를 소목으로 하는데, 그 아우는 이미 신하가 되었으니, 신臣과 자子는 한 가지 사례인지라 부자와 같기 때문에 소목으로 구별하는 것이다. ○『춘추』: 희공僖公을 제부躋祔하였다. 좌씨左氏는 "역사逆祀"라고 하였다. 주: 희공은 민공閔公의 형이지만, 일찍이 신하였으니 위치가 아래에 있어야 함에도, 이제 민공의 위에 두었기 때문에 '역사逆祀'라고 했다. 소: 희공과 민공은 부자간이 될 수 없고, 함께 목穆이 된다. 이제 희공을 올려 민공보다 앞에 둔 것은 위차가 거꾸로 된 것이지 소목昭穆이 어지러워진 것은 아니다. 만약 형제가 서로 대代를 이었다고 곧장 소목을 달리한다면, 가령 형제 네 사람이 모두 군주가 되면 조부의 묘廟는 곧장 이미 헐어야 되니, 이치가 반드시 그렇지 않을 것이다. ○묻기를, "형제는 소와 목이 될 수 있는가?" 하자, 정자가 말했다. "국가에서는 아우가 형을 이으면 이는 왕위를 계승한 것이다. 그러므로 소목이 될 수 있다. 사대부는 그렇지 않다." ○주자가 말했다. "선유先儒들의 설은, 형제간에 나라를 전하면 군신간이 되니 부자간과 같아서 각각 한 세대가 되는데, 천자의 7묘 가운데 종宗은 이 숫자에 포함되지 않는다고 한다. 이것이 예의 정법正法이다." ○서건학徐乾學이 말했다. "희공을 민공의 위에 제부躋祔한 것은 녜禰를 조祖 위에 제부한 것이다. 그러므로 좌씨左氏는 '자식이 아버지보다 먼저 먹는 경우'라고 나무랐다." ○퇴계가 말했다. "예전부터 이 일을 논의하는 자는, 하나는 '일찍이 군신 사이가 되었으면 부자간과 같으니 각자 1세가 되어야 마땅하다.'는 것이고, 또 하나는 '형제간에 서로 후사가 될 수 없으니, 소목을 같이 하여 한 자리에 함께 하는 것이 마땅하다.'는 것으로, 두 설이 다투었다. 뒤의 설이 항상 이긴 것은, 위로 고조를 체천하거나 혹 증조와 조祖를 체천하게 되는 것, 이것이 어려웠기 때문이었다."[106] 또 말했다. "주자가 송나라의 협향위차도祫享位次圖를 확정하여 형제를 각기 1세로 하였는데, 지금의 이른바 '소목을 함께하고 위치를 같이 하는 것'과는 같지 않다."[107] ○ 〖경호안설〗 송나라 제도에는 형제가 본디 소목을 함께했는데, 주자가 개정한 것이 이와 같다. 【이상. 형제가 이어서 섰을 때의 소목의 동이 문제】

程子曰: "管攝『韻會』: 管, 主當也. 攝, 持也. 天下人心, 收宗族, 厚風俗, 使人不忘本, 須是明譜系, 葉氏曰: "譜, 籍錄也. 系, 聯屬也." 收世族, 方氏曰: "以主祭言, 則宗族, 以傳世言, 則世族." 立宗子法. 程子曰: "立宗子法, 亦是天理. 譬如木必從根, 直上一幹{註: 如大宗.}, 亦必有旁枝, 自然之勢也. 然又有旁枝達而爲幹者. 故曰, '古者, 天子建國, 諸侯奪宗云.'" ○朱子曰: "諸侯奪宗, 大夫不可奪宗." 宗子法壞, 則人不知來處, 以至流轉四方, 往往親未絶不相識."『遺書』, 此下有曰 "今且試以一二巨公家行之, 須是且如唐時立廟院, 仍不得分割了祖業, 使一人主之." ○程伯子曰: "凡人家法, 須令每有族人遠來, 則爲一會以合族. 雖無事, 亦當每月一爲之. 古人有花樹, 韋家宗會法, 可取也. 然族人, 每有吉凶嫁娶之類, 更須相與爲禮, 使骨肉之恩, 常相通. 骨肉日踈者, 只爲不相見, 情不相接爾." ○程叔子曰: "同姓相見, 當致親親之意, 而不可序齒而拜. 盖昭穆高下, 未可知也." ○朱子曰: "族長, 至己之家, 必以族長, 坐主位, 無親踈皆然." 又曰: "今無宗子, 〖按〗『遺書』有法字. 故朝廷無世臣. 葉氏曰: "宗子, 襲其世祿. 故有世臣." 若立宗子法, 則人知尊祖重本. 旣重本, 則朝廷之勢自尊. 葉氏曰: "人知尊祖重本, 上下相維, 自然固結, 而不渙散. 故朝廷之勢自尊." 古者, 子弟從父兄, 今父兄從子弟, 由不知本也. 『遺書』, 此下曰, "且如漢高祖, 欲下沛時, 只是以帛書, 與沛父老, 其父老, 便能率子弟從之. 又如相如使蜀, 亦遺書責父老, 然後子弟, 皆聽其命而從之. 只有一節尊卑上下之分." ○宗字法廢, 後世譜牒, 『韻會』: 札也, 簡也. 又書版曰'牒'. 尙有遺風. 譜牒又廢, 王氏曰: "譜牒之不修, 自晉東渡五胡亂中原, 衣冠離散而致然也." 人家不知來處, 無百年之家, 骨肉無統, 雖至親, 恩亦薄. 『遺書』 叔子語 ○張子曰: "宗法若立, 則人各知來處, 朝廷大有所益." 或問: "朝廷何所益?" 曰: "公卿各保其家, 忠義豈有不立? 忠義旣立, 朝廷豈有不固?"『理窟』 ○司馬溫公

106 『퇴계집』 권18 「여기명언(與奇明彥)」.
107 『퇴계집』 권7 「의상문소전의(擬上文昭殿議) 병도(幷圖)」.

曰: "所以西上者, 神道尚右故也." 賈氏曰: "生人陽, 故尚左, 鬼神陰, 故尚右." ○司馬溫公曰: "古人尚右, 今人尚左." ○周氏曰: "古者廟, 皆南向, 而父昭在左, 子穆在右, 則古之神道尙左, 彰彰然明矣." ○問: "左右畢竟孰爲尊?" 朱子曰: "漢初, 右丞相, 居左丞相之上. 史中有言曰, '朝廷無出其右者.' 是右爲尊也. 到後來, 又却以左爲尊, 而老子有曰, '上將軍處右, 而偏將軍處左, 喪事尙右, 兵, 凶器也. 故以喪禮處之.' 如此則吉事尙左矣. 漢初, 豈習於戰國與暴秦之所爲乎? ○漢儀, '后主, 在帝之右.' 不知見於何處. 但禮云, '席南向北向, 以西方爲上, 東向西向, 以南方爲上.' 則是東向南向之席, 皆上右, 西向北向之席, 皆上左也. {〖按〗 東向南向, 則西北而陰, 故上右, 西向北向, 則東南而陽, 故上左.} 今祭禮, 考妣同席南向, 則考西妣東, 自合禮意. 開元釋奠禮, 先聖東向, 先師南向, 亦以右爲尊, 與其所定府君夫人配位, 又不相似, 不知何也. 大率古者, 以右爲尊. 如『周禮』云, '享右祭祀.' 『詩』云, '旣右烈祖, 亦右文母.' 漢人亦言, '無能出其右者.' 是皆以右爲尊也. ○尤菴曰: "鄕校位次, 兩程東西之分, 考朱子說, 以爲漢以前, 則以右爲尊, 右卽西也. 然朱子所定, 則明道在東. 今當以此爲準矣." ○〖愚按〗 尙左尙右, 恐皆有據. 蓋天道左旋. 『易』所謂'帝出于震, 齊乎巽.' 以下及日月出沒, 皆以東爲始, 則尙左者, 天之道也. 地道右旋. 山水之勢, 趍下向東, 以西爲上, 則尙右者, 地之道也. 以校院位次言之, 其配享者, 則尊位居中南向, 故次位不得不居東西向, 是象古昭穆之禮, 而用尙左之道也. 其列享者, 則尊位居西, 故其下諸位, 以次而東, 而用尙右之道也. ○或問: "廟主自西而列." 朱子曰: "此也不是古禮" 『語類』 ○朱子曰: "古者一世, 自爲一廟, 自後漢以來, 乃爲同堂異室之廟, 一世一室, 而以西爲上." ○問: "諸侯廟制, 太祖居北而南向, 昭廟二在其東南, 穆廟二在其西南, 皆南北相重, 『說文』: 昭, 本作佋. ○『孝經』註: 昭, 明也. 穆, 敬也. ○陳氏曰: "「王制」所謂'三昭三穆', 昭在左, 左爲陽, 昭者, 陽明之義. 穆在右, 右爲陰, 穆者, 幽陰之義. 以周言之, 『書』於文王曰, '穆考文王.' 『詩』於武王曰, '率見昭考.' 父穆則子昭, 父昭則子穆也, 子孫亦以爲序. 「祭統」所謂'昭與昭齒, 穆與穆齒.' 是也." ○朱子曰: "諸侯五廟, 太祖居北, 二昭二穆, 以次而南. 太祖之廟, 始封之君, 居之, 昭之北廟, 二世之君, 居之, 穆之北廟, 三世之君, 居之, 昭之南廟, 四世之君, 居之, 穆之南廟, 五世之君, 居之. 廟皆南向, 各有門堂寢室, 而墻宇四周焉. 太祖之廟, 百世不遷, 自餘四廟, 則每一易世而一遷. 其遷之也, 新主祔于其班之南廟, 南廟之主, 遷于北廟. 北廟親盡, 則遷其主於太祖廟之西夾室, 而謂之祧. 凡廟主, 在本廟之室中, 皆東向. 及其祫于太廟之室中，則惟太祖東向，自如而爲最尊之位，群昭之入于此者，皆列於北牖下而南向，取其向明，故謂之昭．羣穆之入于此者，皆列於南牖下而北向，取其深遠，故謂之穆．蓋群廟之列，則左爲昭而右爲穆，祫祭之位，則北爲昭而南爲穆也．"○遷毁之序，昭常爲昭，穆常爲穆．祔昭則群昭，皆動而穆不移．祔穆則群穆，皆移而昭不動．此所以祔必以班，尸必以孫，而子孫之列，亦以爲序．○諸侯五廟，同爲都宫，則昭常在左，穆常在右，而外有以不失其序，一世自爲一廟，則昭不見穆，穆不見昭，而內有以各全其尊．必大祫而會於一室，然後序其尊卑之次，則凡已毁未毁之主，又畢陳而無所易．惟四時之祫，不兼毁廟之主，則有無昭，而穆獨爲尊之時．今若王季雖遷，而武王，猶與成王爲偶，不進居王季之處，文王之爲穆也，亦虛其所向之位，則何害其爲尊哉？【止】○「春官」：冢人，掌公墓之地，辨其兆域而爲之圖．先王之葬居中，以昭穆爲左右．註：公，君也．圖，爲畫其地形及丘壟而藏之．疏：訓公爲君者，此王之墓域故也．據昭穆夾處東西．若兄死弟及，俱爲君，則以兄弟爲昭穆，以其弟已爲臣，臣子一例，則如父子，故別昭穆也．○『春秋』：躋僖公．左氏曰，"逆祀也．"註：僖是閔兄，嘗爲臣，位應在下，今居閔上，故曰'逆祀'．疏：僖閔，不得爲父子，同爲穆耳．今升僖先閔，位次之逆，非昭穆亂也．若兄弟相代，卽異昭穆，設令兄弟四人，皆立爲君，則祖父之廟，卽已毁，理必不然．○問："兄弟可爲昭穆否？"程子曰："國家弟繼兄，則是繼位．故可爲昭穆．士大夫則否．"○朱子曰："先儒之說，兄弟傳國者，以其嘗爲君臣，便同父子，各爲一世，而天子七廟，宗者不在數中．此爲禮之正法．"○徐乾學曰："躋僖於閔上，是躋禰於祖上矣．故左氏譏其子先父食．"○退溪曰："前古議此事者，一則曰'嘗爲君臣，便同父子，當各爲一世．'一則曰'兄弟不相爲後，當同昭穆，共一位．'兩說角爭．後說常勝者，以上遷高祖，或遷至曾與祖，以是爲難故也．"又曰："朱子擬定宋祫享位次圖，兄弟各爲一世，與今所謂同昭穆共一位，不同．"○〖按〗宋制，兄弟本同昭穆，而朱子改定如此．【右兄弟繼立昭穆同異】

가례부주

당시에는 묘廟마다 하나의 실室로 하였던 것인지,『어류』에는 '실室'자가 '처處'자로 되어 있다. 아니면 하나의 실을 함께 사용하면서 자리를 따로 했던 것인지 알지 못하겠다." 말했다. "옛날의 묘제는 태조 이하로 각자 1실이었으니, 육농사陸農師의『송감宋鑑』: 육전陸佃의 자字는 농사農師이고, 산음山陰 사람이다. 일찍이 왕안석王安石에게 경전을 배웠지만, 신법新法에 대해서는 옳다고 여기지 않았다. 휘종徽宗 때에 상서우승尙書右丞이 되었고, 저서로는 『비아埤雅』·『춘추후전春秋後傳』·『예상禮象』 등의 책 200여 권이 있다. 『예상도禮象圖』에서 상고할 수 있다. 「제법祭法」: 왕은 7묘廟와 단壇 하나와 선墠 하나를 세운다. 고묘考廟, 왕고묘王考廟, 황고묘皇考廟, 현고묘顯考廟, 조고묘祖考廟에는 모두 달마다 제사지내고, 먼 조상의 묘[遠廟]는 조祧가 되어 두 개의 조祧가 있는데 향享과 상嘗의 제사를 지내고 그치며, 조祧에서 떠나면 단壇을 만들며, 단에서 떠나면 선墠을 만든다. 단과 선에는 기도할 일이 있으면 제사지내고, 기도할 일이 없으면 그친다. 선墠에서 떠나면 귀鬼라 한다. 제후는 5묘와 하나의 단과 하나의 선을 세운다. 고묘, 왕고묘, 황고묘에는 모두 달마다 제사지내고, 현고묘와 조고묘에는 향享과 상嘗의 제사를 지내고 그치며, 조고묘에서 떠나면 단을 만들며, 단에서 떠나면 선을 만든다. 단과 선에는 기도할 일이 있으면 제사지내고, 기도할 일이 없으면 그치며, 선에서 떠나면 귀鬼가 된다. 대부는 3묘와 두 개의 단壇을 세운다. 고묘, 왕고묘, 황고묘에는 향享과 상嘗의 제사를 지내고 그치며, 현고와 조고에게는 묘廟가 없으니, 기도할 일이 있으면 단을 만들어 제사지내고, 단에서 떠나면 귀鬼가 된다. 적사適士는 두 개의 묘廟와 한 개의 단壇이 있는데, 고묘와 왕고묘에는 향享과 상嘗의 제사를 지내고 그치고, 황고에게는 묘廟가 없으니, 기도할 일이 있으면 단을 만들어 제사지내고, 단에서 떠나면 귀鬼가 된다. 관사官師는 한 개의 묘廟이니 고묘인데, 왕고王考에게는 묘가 없이 제사지내며, 왕고의 지위에서 떠나면 귀鬼가 된다. 서사庶士와 서인庶人은 묘廟가 없으니 죽으면 귀鬼가 된다. 주: 흙을 쌓은 것을 단壇이라 하고, 땅을 덜어낸 것을 선墠이라 한다. 향享과 상嘗은 사시四時의 제사를 말한다. 이미 기도하고 나서는 그 신주를 조祧에 돌려놓는다. 귀鬼에게는 천薦만 하고 제사는 지내지 않는다. 양씨楊氏가 말했다. "세 단壇을 한 선墠에[108] 함께 한다는 말은 『서경』 「금등金縢」편에 나온다. 이는 곧 기도할 일이 있은 뒤에 만드는 것이지, 종묘宗廟 이외에 단壇과 선墠을 미리 만들어서 뒷날 기도할 일이 있을 때를 대비하는 것이 아니다. 『효경』에 이르기를, '종묘를 만들어 귀신으로 하여금 흠향하게 한다.'고 했으니, 선墠에서 떠나 귀鬼가 되는 것은 아니다. 「제

108 세 단을 한 선에[三壇同墠]: 주(周)나라 초기 무왕(武王)의 아우 주공(周公)이 무왕의 질병을 위하여 기도할 적에 교외의 한 곳에다 땅을 파내어 선(墠)을 만들고 그곳에다 세 개의 단(壇)을 만들었다는 고사.

법」에서 말한 것은 다 믿기 어렵다." ○「왕제王制」: 천자는 7묘이니, 세 개의 소昭와 세 개의 목穆, 그리고 태조의 묘廟를 합해서 일곱 개다. 제후는 5묘이니, 두 개의 소와 두 개의 목, 그리고 태조의 묘를 합해서 다섯 개다. 대부는 3묘이니, 한 개의 소와 한 개의 목, 그리고 태조의 묘를 합해서 세 개다. 사士는 1묘이고, 서인은 침실에서 제사지낸다. 주: 이는 주周나라의 제도이다. 일곱 개라는 것은, 태조 및 문왕·무왕의 두 개의 조祧와 친묘親廟 네 개를 합한 것이다. 1묘는 관사官師의 경우를 말하고, 상사上士는 2묘이다. ○주자가 말했다. "「왕제」와 「제법」의 묘廟의 제도가 같지 않은데, 주나라 제도로 말하면 「왕제」가 옳은 듯하다." ○주나라 제도에, 후직后稷이 처음으로 책봉되었고, 문왕과 무왕이 천명을 받아 왕이 되었으므로, 이 3묘는 헐지 않았고, 친묘親廟 네 개를 합하여 일곱 개가 된다는 것이 제유諸儒들의 설이다. 세 개의 소昭와 세 개의 목穆, 그리고 태조의 묘廟를 합해서 일곱 개인데, 문왕과 무왕은 종宗이 되기 때문에 그 숫자 안에 있지 않다는 것은 유흠劉歆의 설이다. 그의 설은 주나라의 무왕이 상商나라를 이기고부터 두 개의 소昭와 두 개의 목穆 위에다 두 개의 묘廟를 더 세웠고, 의왕懿王에 이르러 처음으로 세 개의 목穆 위에다 문세실文世室을 세웠고, 효왕孝王에 이르러 처음으로 세 개의 소昭 위에다 무세실武世室을 세웠다는 것인데, 전대의 설들은 유흠을 옳다고 하는 설이 많으며, 나도 역시 그렇다고 여긴다. ○대부의 3묘는 제후에 비하면 한 등급을 줄였다. 그러나 태조와 소목昭穆의 위치는 제후와 같다. 적사適士의 2묘廟는 대부에 비하면 한 등급을 줄였고, 관사官師의 1묘는 대부에 비하면 두 등급을 줄였다. 그러나 문門, 당堂, 침실寢室이 구비된 것은 대부와 같다. 천자의 두공枓共[109]에 산 모양을 새기고, 동자기둥에 마름을 조각하는 것과, 겹집의 묘廟에 겹처마를 하는 것은 제후들이 할 수 없는 것이요, 제후의 유악黝堊[110]으로 새겨 다듬는 것은 대부들이 할 수 없는 것이요, 대부의 기둥을 푸르게 하고 서까래를 깎는 것은 사士가 할 수 없는 것이다. ○주자의 묘제도廟制圖에 말했다. "주나라 사람은 태묘에다 태조인 후직后稷을 제사지내고, 불굴不窋 이하 선조

109 두공(枓共): 건물의 기둥과 도리와 들보가 연결되는 부분을 결구하는 장치이다.

110 유악(黝堊): 땅을 평평하게 하여 검게 하고 담벽을 희게 칠하여 꾸미는 일을 말한다. 일설에는, '유'는 검은 기둥, '악'은 흰 벽으로 검푸르게 칠하는 일을 가리킨다고 한다.

들의 조주祧主는 서쪽 협실에 보관했다. 목세실穆世室에다 문왕을 제사지내고 성왕 이하의 조주는 서쪽 협실에 보관했다. 소세실昭世室에다 무왕을 제사지내고 강왕康王 이하의 조주는 서쪽 협실에다 보관했다." ○장자張子가 말했다. "종자宗子가 사士이면 2묘를 세우고, 지자支子가 대부이면 3묘를 세우는 것이 마땅하다. 이는 증조의 묘를 대부를 위해 세우는 것이지, 종자를 위해 세우는 것이 아니다. 그러나 종宗을 둘로 하여 통統을 나눌 수는 없기 때문에, 그 묘廟 역시 종자의 집에다 세우니, 이른바 '상생上牲으로 종자의 집에서 제사지낸다.'는 것이다." ○남당이 말했다. "사士에서 대부가 되면 더하여 3묘를 세울 수 있고, 대부에서 사士가 되면 그대로 하되 폐하지 않을 수 있다."[111] ○운평雲坪이 말했다. "아버지가 대부이고 자식이 사士이거나, 아버지가 사士이고 자식이 대부라면, 장사지내거나 제사지낼 때 희생 폐백[牲幣] 따위는 각각 그 품계에 따라 하는 것이 마땅하나, 묘廟의 제도에 있어서는 본디 어지럽게 헐었다 세웠다 하는 법이 없다. 사람이 태어나면서부터 귀한 자가 없으나, 왕공경대부王公卿大夫의 장자長子는 모두 왕공경대부의 예禮를 사용한다."[112] 서한西漢 때 고조묘高祖廟와, 『한서漢書』: 혜제惠帝는 동쪽에 있는 태후가 거처하는 장락궁長樂宮에 문안을 드리러 가기 위해 복도複道를 만들었다. 숙손통叔孫通이 아뢰기를, "고침高寢[113]에 보관되어 있는 고제高帝 생전의 의관은 한 달에 한 번 고묘高廟[114]로 옮기게 되어 있는데, 자손들이 어찌하여 종묘로 가는 길을 타고 넘어 다니겠습니까?" 하였다. 혜제가 두려워하며 말하기를, "빨리 무너뜨려라."고 하니, 숙손통이 말하기를, "군주는 허물이 없습니다. 이제 이미 만들었으니, 원컨대 위수渭水 북쪽에 원묘原廟를 만들어 고조의 의관을 달마다 그쪽으로 내십시오. 종묘를 더욱 넓히는 것은 대효大孝의 근본입니다."고 하였다. 이에 조서를 내려 원묘를 세우게 했다. ○주자가 말했다. "원原은 거듭[再]이다. 이미 묘廟가 있는데 다시 하나의 묘廟를 더 세운 것이다." 문제文帝의 고성묘顧成廟는 『한서』: 문제가 고성묘顧成廟를 지었다. 주: 문제는 스스로의 묘廟를 만들었는데, 제도가 낮고 좁아 마치 돌아보는 사이에 완성

111 『남당집』 권21 「답김상부(答金常夫) 십이월(十二月)」.
112 『운평집』 권5 「답이성장(答李聖張) 상익(商翼)○기사원월(己巳元月)」.
113 고침(高寢): 궁중 내 고묘(高廟) 서쪽에 있는데, 고조(高祖)의 의관을 보관하던 사당.
114 고묘(高廟): 고조의 본 묘(廟)로 장안(長安) 대로(大路) 동쪽에 위치하고 있다.

된 듯하여, 문왕의 영대靈臺가 하루도 못되어 이루어진 것과 같기 때문에 '고성顧成'이라 했다. 또 "자신이 살아 있으면서 묘廟를 만들었으니, 고명顧命과 같다."고 한다. 각각 별도의 한 장소에 있었는데, 다만 법도가 없고 한 장소에 같이 하지 않았다. 동한東漢 때 이르러 명제明帝가 겸손하게 낮추어 감히 스스로 묘廟를 세우는 것을 감당하지 못한다고 광무묘光武廟에 부祔했는데, 『후한서』: 명제가 유조遺詔를 내려 "침묘寢廟를 세우지 말고 광열황후光烈皇后의 옷 갈아입는 별실[更衣別室]에다 신주를 보관하며, 감히 침묘를 세우는 자가 있으면, 함부로 종묘의 일을 논의한 법률로 논단하라."고 하였다. 그 뒤에 마침내 그것이 사례事例가 되었다. 당唐나라에 이르러서는 태묘太廟와 뭇 신하의 가묘家廟가 모두 지금 제도와 같이 서쪽을 상석으로 하고, 녜禰가 있는 곳은 동묘東廟라 하였다. 지금 태묘의 제도도 그러하다." 『어류』 ○주자가 말했다. "동당이실同堂異室의 제도는 역대 이래로 모두 그 폐단을 바로 잡지 못하여, 심지어는 태조의 신위神位를 한 모퉁이 구석에다 두어, 그것이 7묘廟 중에 존귀한 곳임을 나타내지 못하는 데다, 여러 묘의 신위가 또 위로 조고祖考에 압도되어 각자 한 묘의 주인이 되지 못하게 하였다. 인정으로 논하자면, 살아서는 구중궁궐의 장엄하고 아름다운 곳에 살다가, 죽어서는 여덟 자나 한 길에 지나지 않은 한 칸의 실室에서 제사지내고, 심하게는 간혹 정鼎과 조俎를 놓을 만한 곳이 없어 가만히 그 숫자를 줄이기도 하니, 자손의 마음에도 편하지 않은 바가 있을 것이다." ○『집설集說』: 주자가 헌의獻議하여 소목昭穆의 제도를 회복하려 했는데, 결과를 맺지 못했다.

不知當時每廟一室, 『語類』作處. 或共一室各爲位也." 曰: "古廟制, 自太祖以下, 各是一室, 陸農師『宋鑑』: 陸佃, 字, 農師, 山陰人. 嘗受經王安石, 而不以新法爲是. 徽宗時, 爲尚書右丞, 著『埤雅』·『春秋後傳』·『禮象』等書二百餘卷. 『禮象圖』可考. 「祭法」: 王立七廟, 一壇一墠. 曰考廟, 曰王考廟, 曰皇考廟, 曰顯考廟, 曰祖考廟, 皆月祭之, 遠廟爲祧, 有二祧, 享嘗乃止, 去祧爲壇, 去壇爲墠. 壇墠有禱焉, 祭之, 無禱乃止, 去墠曰鬼. 諸侯, 立五廟, 一壇一墠. 曰考廟, 曰王考廟, 曰皇考廟, 皆月祭之, 顯考廟祖考廟, 享嘗乃止, 去祖爲壇, 去壇爲墠. 壇墠有禱焉, 祭之, 無禱乃止, 去墠爲鬼. 大夫, 立三廟, 二壇. 曰考廟, 曰王考廟, 曰皇考廟, 享嘗乃止, 顯考祖考, 無廟, 有禱焉,爲壇祭之, 去壇爲鬼. 適士, 二廟一壇, 曰考廟, 曰王考廟, 享嘗乃止, 皇考無廟, 有禱焉, 爲壇祭之, 去壇爲鬼. 官師, 一廟, 曰考廟, 王考, 無廟而祭之, 去王考, 爲鬼. 庶士庶人, 無廟, 死曰鬼. 註: 封土曰壇, 除地曰墠. 享嘗, 謂四時之祭. 旣禱反其主於祧. 凡鬼者, 薦而不祭. 楊氏曰: "三壇同墠之說, 出於「金縢」. 乃是因有所禱而後爲之, 非於宗廟之外, 預爲壇墠, 以待他日之有禱也. 『孝經』云, '爲之宗廟, 以鬼享之.' 非去墠而爲鬼也. 「祭法」所言, 難以盡信." ○「王制」: 天子七廟, 三昭三穆, 與太祖之廟而七. 諸侯五廟, 二昭二穆, 與太祖之廟而五. 大夫三廟, 一昭一穆, 與太祖之廟而三. 士一廟, 庶人, 祭於寢. 註: 此周制. 七者, 太祖及文武二祧與親廟四也. 一廟, 謂官師, 上士, 二廟. ○朱子曰: "「王制」·「祭法」廟制不同, 以周制言之, 恐「王制」爲是." ○周制, 后稷始封, 文武受命而王, 故三廟不毁, 與親廟四而七者, 諸儒之說也. 三昭三穆, 與太祖之廟而七, 文武爲宗, 不在數中者, 劉歆之說也. 其說, 周自武王克商, 卽增立二廟於二昭二穆之上, 至於懿王, 始立文世室於三穆之上, 至孝王, 始立武世室於三昭之上, 前代說者, 多是劉歆, 愚亦意其或然也. ○大夫三廟, 則視諸侯而殺其一. 然其太祖昭穆之位, 猶諸侯也. 適士二廟, 則視大夫而殺其一, 官師一廟, 則視大夫而殺其二. 然其門堂寢室之備, 猶大夫也. 天子之山節藻棁, 複廟重檐, 諸侯固有所不得爲者矣, 諸侯之黝堊斵礱, 大夫有不得爲者矣, 大夫之倉楹斵桷, 士又不得爲矣. ○朱子廟制圖曰: "周人, 以太廟, 祀太祖后稷, 而不窋以下先公之祧主, 藏于西夾室. 以穆世室, 祀文王, 而成王以下祧主, 藏于西夾室. 以昭世室, 祀武王, 而康王以下祧主, 藏于西夾室." ○張子曰: "宗子爲士, 立二廟, 支子爲大夫, 當立三廟. 是曾祖之廟, 爲大夫立, 不爲宗子立. 然不可貳宗別統, 故其廟, 亦立于宗子之家, 所謂'以上牲祭於宗子之家'者也." ○南塘曰: "自士而爲大夫, 可增立三廟, 自大夫而爲士, 可因而無廢矣." ○雲坪曰: "父爲大夫, 子爲士, 父爲士, 子爲大夫, 葬祭牲幣之類, 固當各視其秩. 至若廟制, 則本無紛紛毁立之法. 人無生而貴者, 王公卿大夫之長子, 皆用王公卿大夫之禮也." 西漢時高祖廟, 『漢書』: 惠帝, 爲東朝長樂宮, 作複道. 叔孫通曰: "高寢衣冠, 月出遊高廟, 子孫, 奈何乘宗廟道上行哉?" 惠帝懼曰: "急壞之." 通曰: "人主無過擧, 今已作矣. 願爲原廟於渭北, 衣冠月出遊之. 益廣宗廟, 大孝之本." 乃詔立原廟. ○朱子曰: "原, 再也. 旣有廟而再立一廟." 文帝顧成廟, 『漢書』: 文帝, 作顧成廟. 註: 文帝, 自爲廟, 制度卑狹, 若顧望而成, 猶文王靈臺, 不日成之, 故曰'顧成'. 又曰, "身在而爲廟, 若顧命." 各在一處. 但無法度, 不同一處. 至東漢明帝謙貶, 不敢自當立廟, 祔於光武廟, 『後漢書』: 明帝, 遺詔, "無起寢廟, 藏主於光烈皇后更衣別室, 敢有興作者, 以擅議宗廟法論." 其後遂以爲例. 至唐, 太廟及羣臣家廟, 悉如今制, 以西爲上也, 至禰處謂之東廟. 今太廟之制亦然." 『語類』 ○朱子曰: "同堂異室之制, 歷代以來, 皆不能裁正其獘, 至使太祖之位, 僻處一隅, 旣無以見其爲七廟之尊, 羣廟之神, 又上壓祖考, 而不得自爲一廟之主. 以人情而論之, 則生居九重窮極壯麗, 而歿祭一室不過尋丈之間, 甚或無地以容鼎俎, 而陰損其數, 子孫之心, 亦宜有所不安哉." ○『集說』: 朱子, 欲獻議以復昭穆, 不果.

가례부주

○「대전大傳」에 『예기』의 편명이다. 이르기를, "별자別子가 조祖가 되고, 「소기小記」 진호陳澔의 주: 별자別子에는 3가지가 있다. 첫째, 제후 적자適子의 아우이니, 정적正適과 구별함이다. 둘째, 이성異姓의 공자公子로 타국에서 온 사람이니, 본국에서 오지 않은 자와 구별함이다. 셋째, 서성庶姓[115]으로 이 나라에서 일어나 경대부가 된 사람이니, 벼슬하지 않은 사람과 구별함이다. 이들을 모두 별자라 일컫는다. 별자를 계승한 자는 종宗이 되며, 아버지를 계승한[繼禰] 자는 소종小宗이 된다. 「소기」 소疏: 소종은 4가지가 있는데, 유독 '계녜繼禰'라고 한 것은, 처음에는 모두 녜를 계승하여 시작하기에, 처음에 근거하여 말한 것이다. 백세토록 옮기지 않는 종이 있고, 5세가 되면 옮기는 종이 있다."고 〖경호안설〗 「대전」의 문장은 여기서 끝난다. 한 것은 왜냐? 군주의 적장자適長子는 『운회』: 적適은 '적嫡'자와 통한다. 세자世子가 되어 선군의 정통正統을 계승하고, 모제母弟 이하는 모두 종宗이 되지 못한다. 그 다음 적자[次適]는 별자인데, 그 아버지를 녜禰로 모시지 못하고, 또 사군嗣君을 종宗으로 하지 못하며, 또한 계통과 소속이 없어서도 안 된다. 그러므로 죽은 뒤에 대종大宗의 조祖로 세우니, 이른바 '별자가 조가 된다.'는 것이다. 그 적자가 계승하면 곧 대종大宗이 되고, 곧바로 내려가면서 전하여 백세토록 옮기지 않는다. 별자에게 만약 서자庶子

115 서성(庶姓): 군왕(君王)과 성씨가 다른 자로 친척아 아닌 자. 중성(衆姓).

가 있으면 『예기』「제의祭義」 소疏: 서庶는 무리[衆]이다. ○『의례』「상복喪服」의 '중자衆子' 주: 중자衆子는 장자의 아우와 첩자妾子이다. 사士에게는 중자衆子라고 하니, 분별을 멀리 하지 않음이다. 대부에게는 서자庶子라고 한다. ○우암이 말했다. "옛 경전에서부터 정주程朱에 이르기까지 첩자妾子를 서자庶子라고 한 것이 어찌 한정이 있으며, 또 차적次適을 서자庶子라고 한 것 또한 어찌 한정이 있을까마는, 가공언의 소에 이른바 '서자'는 첩자의 칭호인데, 적처가 낳은 둘째 아들을 함께 서자라고 하는 것은 장자와 멀리 분별한 것이다."[116] 또 감히 별자를 녜禰로 모시지 못하고, 죽은 뒤에 소종小宗의 조祖로 세워져 그 장자가 계승하면 소종이 되는데, 5세가 되면 옮긴다. 〖경호안설〗 『주자대전』에는 이 이상은 동숙중董叔重이 질문한 설인데, 부주附註를 단 자가 주자의 설로 억지로 고쳤다. 별자라는 것은 제후의 아우를 일컬음이니, 정적正嫡과[於] 구별하여 '어於'자는 다른 본에 '위爲'자로 되어 있다. 별자라고 일컫는다. 조祖가 되는 것은, 절로 후세에 시조가 됨이니, 이 별자의 자손이 경대부가 되어서 이 별자를 시조로 세우는 것을 말한다. '별자를 계승한 자가 종이 된다.'는 것은, 별자의 후세에 대대로 장자가 당연히 별자를 계승하여 족인들이 함께 옮기지 않는 종으로 삼는 것을 말한다. 녜禰를 계승한 자는 소종이 된다. 녜는 별자의 서자를 말한다. 서자가 낳은 장자가 이 서자를 계승하여 형제들이 함께 소종으로 삼는다. 「소기」: 서자는 조祖를 제사하지 않는다. 주: 무릇 정체正體가 위[上]에 있는 자는, 하정下正이라 하더라도 오히려 서庶가 된다. 소: 정체는 조祖의 적자適子를 일컫고, 하정은 녜禰의 적자를 말한다. 비록 정正은 녜禰의 적자가 되더라도, 조祖에 대해서는 여전히 서庶이므로, 녜적禰適을 서庶라고 일컫는다. 오종五宗이 다 그러하다. 5세가 되면 옮기는 것은, 위의 고조에서부터 아래로 현손玄孫의 『이아』 주: 현玄은 친속이 희미하고 어두움이다. 손孫은 뒤[後]와 같다. 아들에 이르면, 고조의 묘廟를 헐어서 『춘추곡량전春秋穀梁傳』: 묘廟를 헐어내

116 『송자대전』 권64 「답이유능(答李幼能)」.

는 방법은 서까래를 바꾸어도 되고, 흙칠만 고쳐도 된다. 주: 예에는 고조를 지나면 그 묘廟를 헐고, 차례대로 옮기는데, 장차 새 신주를 들이려 함에 더해지는 바가 있음을 보임이나, 모조리 철거하거나 다 제거하는 것은 아니다. 주자는 "흙칠을 고치거나 서까래를 바꾸는 것은, 다 제거하지 않고 다만 회칠만 고치거나 지붕의 서까래만 바꾸는데 그침을 말함이다."고 하였다. 다시 함께 종宗으로 삼지 않고, 「소기」: 조祖는 위로 옮겨지고, 종宗은 아래로 바뀐다. 또 별도로 종을 세우는 것이다. 그러나 별자의 후손 중에 족인이 많아져서, 혹 고조를 계승하는 자를 삼종형제가 더불어 종으로 삼다가 그 자식에 이르러 5세가 되거나, 혹 증조를 계승한 자를 재종형제가 더불어 종으로 삼다가 그 손자에 이르러 5세가 되거나, 혹 조를 계승한 자를 동당형제同堂兄弟가 「상복喪服」 전傳: 제부娣婦(손아래동서)와 사부姒婦(손위동서)가 서로 같은 실室에 거처함이다. 유울지庾蔚之는 이르기를, "전傳에는 동거하는 것을 의리로 하였으니, 대개 남편을 따라 사는 것을 동실同室이라 한 것이다. 지금 사람들이 종부곤제從父昆弟(종형제)를 동당同堂이라 하는 것은 여기서 취한 것이다."고 했다. 더불어 종으로 삼다가 그 증손에 이르러 5세가 되거나, 혹 아버지를 계승한 자를 친형제가 더불어 종으로 삼다가 현손에 이르러 5세가 되는 것은, 모두 소종小宗의 조祖로부터 내려오는 것을 말한 것이다. 노魯나라 계우季友는 『집람』: 『좌전』을 살펴보면 계우季友는 환공桓公의 서자이고 장공莊公의 아우이다. 환공桓公의 별자 소자출所自出이므로 일족의 대종大宗이 되었다. 〖경호안설〗 '노나라 계우'에서부터 여기까지는 동숙중이 여씨呂氏의 설을 인용하여 질문한 것인데, 부주附註를 한 자가 주자의 설로 옮겨 놓았다. 또 살펴보건대, 「대전」에 이르기를 "별자의 소자출所自出(출생원인)을 계승한 자를 종으로 삼는 자[宗其繼別子之所自出者]는 백세토록 옮기지 않는다."[117]고 했으나, 『통해通解』에는 주자가 말하기를 "'지소자출之所自出' 네 글자는 아마도 연문衍文일 것이다."라고 하였으니, 여씨가 잘 모르고 말한 것을, 부주附註를 한 자가 또

117 이 문맥대로 하면, 별자(別子)의 소자출(所自出)은 별자(別子)의 아버지, 곧 국군(國君)이 되어야 하니, 국군이 되지 않는 별자(別子)의 후손이 형성하는 이른바 대종(大宗)의 의미와는 다르게 된다.

잘 알지 못하고 붙여서 취하였으니, 모두 잘못이다. '소자출所自出' 세 글자는 이제 연문衍文으로 함이 마땅하다. 등滕은 문왕文王의 소昭인데, 등滕나라는 후작侯爵으로, 문왕의 아들 숙수叔繡의 후손이다. ○주자가 말하기를, "문왕이 목穆이기 때문에 그 아들을 문왕의 소昭라고 한 것이다."라고 했다. 무왕이 천자가 되자, 차례로는 주공周公이 연장자가 되었다. 『사기史記』「관채세가管蔡世家」: 무왕의 동모同母 형제가 10인이 있으니, 장자는 백읍고伯邑考, 다음은 무왕武王 발發, 관숙管叔 선鮮, 주공周公 단旦, 채숙蔡叔 도度, 조숙曹叔 진탁振鐸, 성숙郕叔 무武, 곽숙霍叔 처處, 강숙康叔 봉封, 담계聃季 재載이다. 그러므로 등滕나라는 노魯나라를 종국宗國이라 한 것이다. 〖경호안설〗 '등은 문왕의 소인데[滕文之昭]'부터 여기까지는 『어류』의 말이다. 또한 대종은 있는데 소종이 없는 경우가 있으니, 〖경호안설〗 이 구절은 「대전」의 문장이다. 모두 적자이면 소종을 세우지 않는다. 소종만 있고 대종이 없는 경우가 있으니, 이 구절도 「대전」의 문장이다. 적자가 없으면 대종을 세우지 않는다. 〖경호안설〗 「대전」에 또 '종이 없고 또한 종이 되지 못하는 경우가 있으니, 공자公子가 그렇다.'고 한 두 구절이 있고, 소疏에 '오직 공자公子에게 이런 세 가지 경우가 있고, 다른 데는 없다.'고 하였다. ○"소종은 있고 대종이 없는 경우가 있으며, 대종은 있고 소종이 없는 경우가 있으며, 종이 없고 또한 종도 되지 못하는 경우"에 대하여 묻자, 주자가 말했다. "이는 공자公子의 종宗을 설명한 것이다. 만약 군주에게 자식 셋이 있는데, 하나는 적자嫡子이고 둘이 서자라면, 서자는 그 적자를 종宗으로 하니, 이를 일러 대종은 있고 소종은 없다고 한다. 모두 서자라면 그 서자의 연장자를 종宗으로 하는데, 이를 일러 소종은 있고 대종이 없다고 한다. 다만 한 사람 뿐이면 종으로 할 사람도 없고, 자기가 종이 될 수도 없으니, 이것을 일러 종이 없고 또한 종도 되지 못한다고 한다." ○우암이 말했다. "무릇 대종大宗에는 두 종류가 있는데, 하나는 모든 별자別子의 장자長子가 각각 스스로 대종이 되는 것이고, 또 하나는 형제가 서로 종으로 삼는 경우이다. 노魯나라는 형제의 연장자였기에, 동성 제후들이 모두 종국宗國이라 하는 것이 그렇다."[118] ○등滕은 주공의 서얼 아우[孼弟]의 나라이다. 그러나 옛날 제도로 말하면, 비록 주공의 모제母弟(친아우)라도 모두 주공을 종으로 한다. 노나라의 계우季友는 나이로는 비록 맹숙孟叔의 아래에 있지만, 아마도 장공莊公의 모제母弟이기 때문에 일족一族의 종이 된 듯하다.[119] 지금 법에는 장자가 죽었으면, 부친상을 주관하는데 차자次子를 쓰고, 조카를 쓰지 않는다. 이천선생伊川先生이 촉광屬纊[120]하려 할 때 단중端中을 돌아보며, "아들을 세우라."고 하였는데, 이는 적자適子 단언端彦을 가리킨 것이었다. 말이 끝나자 돌아가셨다. 상喪을 마치자, 명도明道(정호程顥)의 장손 앙昻이 스스로 서야 한다고 했으나, 후사성侯師聖이 불가하다 하였다. 앙이 말하기를 "명도는 사당에 들어갈 수 없는가?" 하니, 후사성이 "나는 감히 사정私情을 용납할 수 없다. 명도가 태중太中보다 앞서 죽었기 때문에, 태중을 이어 제사를 주관한 사람은 이천伊川이었다. 이제 이천을 이을 사람이 단언이 아니고 누구이겠는가?"고 하여, 논의가 비로소 확정되었다. 어떤 사람이 후사성에게 "명도가 이미 죽었으니, 그의 장자를 세우는 것이 마땅하지 않은가?"고 물으니, "사당을 세운 것은 이천에게서 시작되었고, 또 명도의 장자는 죽은 지 이미 오래되었다. 하물며 옛날에 '제후가 탈종奪宗[121]하고, 서성庶姓이 탈적奪嫡[122]한다.'는 설이 있으니, 의리로써 일으킬 수 있거니와, 게다가 사당을 세운 것이 이천에게서 시작되었음에랴."고 하였다. 윤자친尹子親[123]의 주註에, "이 한 단락은 잘못되었다."고 하였다. ○"이천伊川이 탈적奪嫡했다는 설은 예경禮經에 합치되지 않는다. 이는 당시에 유언遺言이 있어서였는가? 아니면 후인이 만든 것인가?"고 물으니, 주자가 말하기를 "역시 어찌된 것인지 모르겠다. 다만 후사성이 이와 같이 말했을 뿐이다."고 하였다. "이 말이 옳은가?"고 물으니, "역시 어찌된 것인지 모르겠다."고 하였다. ○사계沙溪가 말했다. "유정부游定夫[124]의 「서명도행장후書明道行狀後」에 '호주鄠州 종사從事로 있을 적에, 이미 고자孤子(아버지를 여읜 아들)로서 조모의 상을 당한 자가 자신이 적손嫡孫이지만 승중承重하지 못하게 되자, 선생이 법전을 추론하여 고하니, 세상 사람들

118 『송자대전』 권121 「답혹인(答或人)」.

119 『송자대전』 위와 같은 곳.

120 촉광(屬纊): 초종(初終)의 절차 가운데 하나로서, 임종할 때 새솜을 코 밑에 대어 숨이 끊어졌는지를 알아보는 것을 말한다.

121 탈종(奪宗): 제후의 종통(宗統)을 뺏는다는 말이다.

122 탈적(奪嫡): 적통을 빼앗았다는 말이다.

123 윤자친(尹子親): 송나라 사람. 정이천(程伊川)의 문도이다.

124 유정부(游定夫): 송나라 사람 유작(游酢; 1053-1123)의 자. 정자(程子)에게 배워 사량좌(謝良佐), 양시(楊時), 여대림(呂大臨)과 함께 '정문사선생(程門四先生)'으로 일컬어졌다.

이 비로소 익혀 예사로 여겼다.'고 하였다. 명도가 이미 고법古法을 행하였는데도, 이천의 집에서 행하지 않았다면 의심이 없을 수 없다. 어쩌면 태중공太中公이 국제國制에 따라 이천에게 유명遺命으로 주관하게 한 것이 아닐까?" 만약 종자법이 세워지면 장자의 아들을 써야 한다. 〖경호안설〗 이 단락은 『주자대전』과 『주자어류』를 뒤섞어 글을 만들었다. ○남계가 말했다. "주복周復이 부주附註를 지었는데, { 〖경호안설〗 부주는 주복이 지은 것이 아니다. 위를 보라.} 때때로 주소註疏와 주자의 설을 합쳐 만들었으므로 억지로 다듬고 꾸며서 다시는 식별할 수 없게 되어, 후인들이 추리하여 보기 어렵게 했다. 이 책에는 이러한 따위가 매우 많은 듯하다."[125] ○양복楊復이 말했다. "선생이 이르시기를 '집안에 일족이 많거나[人家族衆], 혹 제사를 주관하는 사람이 숙부나 백부 등까지 미쳐 제사지낼 수 없으면, 그 사자嗣子에게 명하여 따로 제사지낼 수 있게 한다.'고 하셨다. 우암이 말했다. "당시에 종법이 세워지지 않았기 때문에, 백부나 숙부의 자식에게 별도로 종을 세우게 하여 대종과 소종의 제도를 구별했다."[126] ○ 〖우안〗 『어류』 본문에는 '인가족중人家族衆'의 아래에 '불분합제不分合祭' 네 글자가 있다. 대개 일족이 많은 집안에서 나누지 않고 합제合祭를 하여 반드시 같은 날 제사를 지내려고 하면, 제사를 주관하는 종자는 형편상 백부나 숙부의 제사를 행하는 데 참여할 수가 없다. 그러므로 아래에 말한 것처럼 사자嗣子에게 별도로 다음날에 제사를 행하게 하면, 나머지 자손들이 종가의 제사에 참여할 수 있고, 종자도 백부나 숙부의 제사를 지낼 수 있으니, 서로 방해되지 않는다고 한 것이다. 이는 부주에서 이 구절을 잘못 깎아내어 사람들이 알기 어렵게 한 것인데, 우암이 미처 살펴보지 못하였던 것이다. '이제 또한 동거하는 경우를 말하자면, 같은 증조에게서 나온 사람들로는 종형제와 재종형제가 있는데, 제사지낼 때 제사를 주관하는 사람을 위주로 하면, 그 밖의 사람 가운데는 혹 자식으로서 그 부모를 제사지내지 못하기도 한다. 〖경호안설〗 같은 날 제사를 행하여, 종형제와 재종형제가 종가의 제사를

125 『남계집』 속집 권13 「답이수옹문(答李壽翁問) 계유십이월십칠일(癸酉十二月十七日)」.
126 『송자대전』 권99 「답이군회(答李君晦)」.

위주로 하게 되면, 혹 자식으로서 그 부모를 제사지내지 못하는 폐단이 있을 수 있음을 말한 것이다. 만약 이렇게[恁地] 『어록해語錄解』: '이와 같음[如是]'이다. 뒤섞어[袞] 『집람』: '곤袞'자는 의심컨대 '수水' 변을 따라야 할 듯하다. 『운회』에는 곤滾을 '혼渾', '혼混'과 통용하는데, '서로 분리되지 않음'이다. 한곳에서 제사하여서는 좋게 지낼 수가 없으니, 제사를 주관하는 적손이 하루에 그 증조와 조부와 아버지를 제사지내되, 나머지 자손도 제사에 참여하고, 다음날에는 다음 신위의 자손이 각자 조부와 아버지를 제사지내도록 하고, 또 그 다음날 『어류』에는 여기에 '우又'자가 있다. 다음 신위의 자손이 각자 아버지를 제사지내도록 한다면, 여기에는 도리어 옛날의 종법宗法의 뜻이 있다. 『고금제례古今祭禮』에는 〖경호안설〗 곧 주자가 엮은 『고금가제례古今家祭禮』이다. ○남계가 말했다. "『의례』가 중간에 폐기되면서부터 당나라에 이르기까지 예를 좋아하는 선비들의 집에는 제의祭儀가 있었으니, 주원양周元陽, 맹선孟詵, 유악劉岳 등과 같은 여러 사람들이 이들이다. 송宋나라 때의 한위공韓魏公의 『제식祭式』과 온공溫公의 『서의書儀』 등의 책도 그런 종류이다. 주자가 모두 『고금가제례』에 편입했는데, 지금까지 우리 동방에는 전해지지 않고 있다." 이런[這般] 『어록해』: '차등此等'이란 말과 같다. 곳이 모두 있다. 이제 종법대로 제사지내는 예를 행하려 한다면, 반드시 위에 있는 집안에서 먼저 행하되, 종실宗室 〖경호안설〗 제왕가帝王家의 종족이다. 및 세족世族 『고증考證』: 세가世家와 대족大族이다. '세족世族을 수렴한다.'는 세족世族과는 같지 않다. 집안에서 실행하여 모범을 만들어야[做箇樣子] 『어록해』: 주做는 지음[作]이니 이룬다는 뜻이 있다. 개箇는 어조사이다. 양樣은 법도[法]이다. 자子는 어조사이다. 바야흐로 아래의 사대부士大夫로 하여금 행하게 할 수 있다.'라고 했다." 『어류』 ○선조의 신위를 안배할 때, 빈객의 자리인 서쪽 가장자리를 상석으로 하여, 고조가 첫 번째, 고조모는 그 다음으로 하되, 다만 정위正位[127]의 배치는 정면으로

127 부위(祔位)는 동향 또는 서향하기 때문에, 정위(正位)만 남향함을 구별하여 말한 것이다.

보고[看], 사계가 말했다. "'간看'은 '착著'으로 쓰는 것이 마땅하다." ○남계는 "'간看'자가 '착著'자에 비해 순하며 쉽고 밝다."고 했다.[128] 일찍이 증조와 마주하여 배치하지 않는다. 조祖와 부父도 〖경호안설〗 조부와 부친을 말함이다. 모두 그렇게 한다. 주자가 말했다. "만약 4대를 제사지내면서 한 위位가 가운데 있고, 두 위位는 동쪽에 있고, 한 위位가 서쪽에 있다면, 전혀 가지런하지 못하고, 둘씩 마주보게 배설排設하는 것은 또 체體가 대등하여 존비尊卑가 구분되지 않는다. 더구나 좌소우목左昭右穆은 본디 묘廟를 달리하되 묘廟가 모두 남향이니, 지금 사람들이 서로 마주보게 위位를 배치하는 것과는 같지 않다. 또 서로 마주보게 위를 배치하면, 시아버지와 며느리의 자리가 동서東西로 서로 마주보게 되어 매우 불편하다. 단지 남향하되 서쪽을 상석으로 하여 정하는 것보다 못하다." ○『회성會成』[129]: 살펴보건대, 『대명회전大明會典』에는 사당에 네 개의 감실을 나란히 배열하여, 고조는 중앙에서 동쪽의 한 감실에 있고, 증조는 중앙에서 서쪽의 한 감실에 있고, 조부는 동쪽 벽 가까운 곳의 한 감실에 있고, 녜禰는 서쪽 벽 가까운 곳의 한 감실에 있다. 이제 시제時制를 준용한다. ○후씨侯氏가 말하기를, "우리 성조聖祖의 태묘 제도는 홀로 결단한 데서 나왔고 예전 사례를 따르지 않았다."고 했다. 그 중에 백숙伯叔, 〖경호안설〗 백숙부를 말함이다. 백숙모, 형제, 형수[嫂], 제부[婦]로서 『이아』: 형의 처를 수嫂라 하고, 아우의 처를 부婦라 한다. 소: 수嫂는 수叟와 마찬가지이다. ○ 〖경호안설〗 형제 및 형수와 제부弟婦를 말함이다. 제사를 주관할 사람이 없어 내가 제사를 지내야 하는 자는, 각각 소목昭穆으로 논한다. 『고증』: 소목昭穆에 따라 반부班祔한다. ○『어류』 ○황서절黃瑞節이 『이학통록理學通錄』: 자字는 상옹祥翁, 호號는 관재觀齋이다. 원元나라 말末에 벼슬하지 않았다. 저서에 『주자성서朱子成書』와 『경세부설經世附說』이 있다. 말했다. "신주의 위차位次는 종법을 따른다. 지금 본주에 의거하여 짐짓 소종小宗의 종법으로 밝힌다. 소종에는 네 가지가 있다. 고조를 계승하는 소종은 자신이 현손이 되니, 제사하는 소종의 조祖는 고조이고, 증조·조

128 『남계집』 속집 권13 「답이동보문(答李同甫問) 이서요해(二書要解)○갑술정월십삼일(甲戌正月十三日)」.
129 『회성(會成)』: 명나라 위당(魏堂)이 지은 『가례회성(家禮會成)』.

부·아버지가 그 다음이다. 증조를 계승하는 소종은 자신이 증손이 되니, 제사하는 소종의 조祖는 증조가 되고, 그 이상은 내가 제사지내지 못한다. 조부를 계승하는 소종은 자신이 손자가 되니, 제사하는 소종의 조祖는 조부가 되고, 그 이상은 내가[吾] 다른 본에는 '오吾'자가 없다. 제사지내지 못한다. 녜禰를 계승하는 소종은 자신이 아들이 되니, 소종의 조祖는 녜가 되고, 그 이상은 제사지내지 못한다. 제사지내지 못한다[不得祀]는 것은, 그 이상은 퇴계가 말했다. "'제사지내지 못한다[不得祀].'는 것은 고조를 계승한 소종을 가리켜 말하여야 합당하나, 그러나 그 위에 빠진 글이 있는 듯하다." ○우암이 말했다. "증조를 계승한 소종부터 비로소 '제사지내지 못한다.'고 했으니, 이른바 '제사지내지 못한다.'는 것은 고조를 가리켜 말한 것이다. 고조 이상은 곧 대종이기 때문에 이른 말이다."[130] 대종의 조祖가 되니 내가 제사지내지 못하는 것이다. 대종도 역시 그러하다. 선군先君과 세자世子는 대종大宗 이하而下에서 '이而'자는 다른 본에는 '이以'자로 되어 있다. 또한 제사지내지 못한다. 주자는 '종법은 모름지기 종실宗室과 세족世族의 집안이 먼저 행해야 바야흐로 아래의 사대부로 하여금 행하게 할 수 있다.'고 하였다. 그런데 『가례』는 종법을 위주로 하니, 이른바 '적장자가 아니면 감히 그 부친을 제사지내지 못하는 것'도 모두 이 뜻에서이다. 관혼상제에 이르러서도 그 사이에 종법으로 행하지 않음이 없다." 잠실진씨潛室陳氏가 말했다. "종법은 여러 서자庶子들을 위해서 만든 것이다. 그 유파流派가 점점 많아지면 성씨가 뒤섞여져 혼란에 이르기 쉽다. 그러므로 근원의 첫머리에 대종大宗을 두어 통솔하면, 사람들이 함께 조상을 존중할 줄 안다. 분파分派한 곳에다 소종을 두어 통솔하면, 사람들이 각각 녜禰를 공경할 줄 안다. 적장嫡長은 존귀하여 군주의 도리가 있다. 대종은 그 종족을 통솔하는 것이니, 일족 중에 큰 일이 있으면 대종에 아뢴 뒤에 행하는 것이 마땅하다. 소종은 형제들을 통솔하는 것이

130 『송자대전』 권86 「답민사앙(答閔士昂)」.

니, 만약 녜禰를 함께 하는 자에게 큰 일이 있으면 녜禰를 이은 소종에게 아뢴 뒤에 행하는 것이 마땅하다. 일족一族 중에 대종은 한 사람 뿐이고, 소종은 매우 많다. 이렇게 옛날의 종족은 인정으로 서로 친하여 인륜이 어지럽지 않았으니, 어쩌면 적서嫡庶의 구분이 밝고 군신의 의리가 있었던 것이 대종과 소종의 종법으로 말미암은 것이 아니었겠는가?"

○「大傳」『禮記』篇名. 云: "別子爲祖, 「小記」陳註: 別子有三. 一是諸侯適子之弟, 別於正適. 二是異姓公子, 來自他國, 別於本國不來者. 三是庶姓之起於是邦, 爲卿大夫, 而別於不仕者. 皆稱別子. 繼別爲宗, 繼禰者爲小宗. 「小記」疏: 小宗凡四, 獨云繼禰者, 初皆繼禰爲始, 據初而言之也. 有百世不遷之宗, 有五世則遷之宗." 〖按〗「大傳」文止此. 何也? 君適長『韻會』: 適與嫡通. 爲世子, 繼先君正統, 自母弟以下, 皆不得宗. 其次適爲別子, 不得禰其父, 又不可宗嗣君, 又不可無統屬. 故死後立爲大宗之祖, 所謂別子爲祖者也. 其適子繼之, 則爲大宗, 直下相傳, 百世不遷. 別子若有庶子, 「祭義」疏: 庶者, 衆也. ○「喪服」'衆子'註: 衆子者, 長子之弟及妾子. 士謂之衆子, 未能遠別也. 大夫則謂之庶子. ○尤菴曰: "自古經以至程朱, 以妾子爲庶子者, 何限? 亦以次適爲庶子者, 又何限? 賈疏所謂'庶子', 是妾子之號, 適妻所生第二子, 同名庶子, 遠別長子者也." 又不敢禰別子, 死後立爲小宗之祖. 其長子繼之, 則爲小宗, 五世則遷. 〖按〗『朱子大全』, 此以上, 董叔重問說, 而附註者, 加檃栝, 作朱子說. 別子者, 謂諸侯之弟, 別於 一作爲. 正適, 故稱別子也. 爲祖者, 自與後世爲始祖, 謂此別子子孫爲卿大夫, 立此別子爲始祖也. 繼別爲宗, 謂別子之世世長子, 當繼別子, 與族人爲不遷之宗也. 繼禰者爲小宗, 禰謂別子之庶子, 以庶子所生長子, 繼此庶子, 與兄弟爲小宗也. 「小記」: 庶子, 不祭祖. 註: 凡正體, 在乎上者, 謂下正, 猶爲庶也. 疏: 正體, 謂祖之適也, 下正, 謂禰之適也. 雖正爲禰適, 於祖猶爲庶, 故禰適謂之爲庶. 五宗悉然. 五世則遷者, 上從高祖, 下至玄孫『爾雅』註: 玄者, 親屬微昧也. 孫猶後也. 之子, 高祖廟毁, 『春秋穀梁傳』: 壞廟之道, 易檐, 可也, 改塗, 可也. 註: 禮過高祖, 則毁其廟, 以次而遷, 將納新主, 示有所加. 非盡撤而悉去之也. 朱子曰, "改塗易檐, 言不是盡除, 只改其灰飾, 易其屋檐而已." 不復相宗, 「小記」: 祖遷於上, 宗易於下. 又別立宗也. 然別子之後, 族人衆多, 或繼高祖者, 與三從兄弟爲宗, 至子五世, 或繼曾祖者, 與再從兄弟爲宗, 至孫五世, 或繼祖者, 與同堂兄弟「喪服」傳: 娣姒婦，相與居室中．庾蔚之謂，“傳以同居爲義，蓋從夫，謂之同室．今人謂從父昆弟，爲同堂，取於此也.”爲宗，至曾孫五世，或繼禰者，與親兄弟爲宗，至玄孫五世，皆自小宗之祖以降而言也．魯季友『輯覽』：按，『左傳』，季友，桓公庶子，莊公弟也．乃桓公別子所自出，故爲一族之大宗．〖按〗自魯季友以下至此，乃董叔重，引呂氏說以問者，而附註者，移作朱子說．又按，「大傳」云，“宗其繼別子之所自出者，乃百世不遷者也.”『通解』，朱子曰，“之所自出四字，疑衍云.”而呂氏不知而爲說，附註者，又不知而帶取之，皆誤也．所自出三字，今當作衍．滕文之昭，滕，侯爵，文王子叔繡之後也．○朱子曰：“文王是穆，故其子曰文之昭也.”武王爲天子，以次則周公爲長．「管蔡世家」：武王同母兄弟十人，長伯邑考，次武王發，次管叔鮮，次周公旦，次蔡叔度，次曹叔振鐸，次郕叔武，次霍叔處，次康叔封，次聃季載．故滕謂魯爲宗國．〖按〗自滕文之昭以下至此，『語類』說．又有有大宗而無小宗者，〖按〗此句「大傳」文．皆適則不立小宗也．有有小宗而無大宗者，此句亦「大傳」文．無適則不立大宗也．〖按〗「大傳」，又有‘有無宗亦莫之宗者，公子是也.’二句，疏，‘惟公子有此三事，他無之也.’○問：“有小宗而無大宗者，有大宗而無小宗者，有無宗亦莫之宗者.”朱子曰：“此說公子之宗也．謂如人君有三子，一嫡而二庶，則庶宗其嫡，是謂有大宗而無小宗．皆庶則宗其庶長，是謂有小宗而無大宗．止有一人，則無人宗之，己亦無所宗焉．是謂無宗亦莫之宗也.”○尤菴曰：“凡大宗有二，一是諸別子之長子，各自爲大宗，一是有兄弟相宗者．魯爲兄弟之長，故其同姓諸侯，皆謂之宗國是也.”○滕，是周公孽弟也．然以古制言之，則雖是周公之母弟，皆宗周公也．魯季友，以年則雖居孟叔之下，而似是莊公之母弟，故爲一族之宗也．今法長子死，則主父喪，用次子，不用姪．伊川先生將屬纊，顧謂端中曰：“立子.”蓋詣其適子端彦也．語絶而歿．旣除喪，明道之長孫昂，自以當立，侯師聖，不可．昂曰：“明道不得入廟耶?”師聖曰：“我不敢容私．明道先太中而卒，繼太中主祭者，伊川也．今繼伊川，非端彦而何?”議始定．或謂師聖曰：“明道旣死，其長子不得立乎?”曰：“立廟，自伊川始，又明道長子，死已久．况古者有諸侯奪宗，庶姓奪嫡之說，可以義起矣，况立廟自伊川始乎?”尹子親註云：“此一段差誤”○問：“伊川奪嫡之說，不合禮經．是當時，有遺命？抑後人爲之耶?”朱子曰：“亦不見得如何．只侯師聖如此說.”問：“此說是否?”曰：“亦不見得是如何.”○沙溪曰：“游定夫「書明道行狀後」云，‘鄠州從事，旣孤而遭祖母喪，身爲嫡孫，未果承重，先生，推典告之，天下，始習爲常云.’明道，旣行古法，而伊川家不行之，亦不能無疑．豈太中公，因國制，遺命伊川使主之耶?" 若宗子法立, 則用長子之子. 〖按〗 此段, 以『大全』及『語類』, 參錯成文. ○南溪曰: "周氏復, 作附註, {〖按〗 附註, 非周氏作. 見上.} 時, 合註疏及朱子說而成之. 故檃栝粧綴, 不復識別, 使後人, 難於推見. 恐書中, 此類甚多." ○楊氏復曰: "先生云, '人家族衆, 或主祭者, 不可以祭及叔伯父之類, 則須令其嗣子別得祭之.' 尤菴曰: "當時宗法不立, 故欲令伯叔父之子, 別立宗, 以別大小宗之制." ○ 〖愚按〗『語類』本文, '人家族衆'下, 有'不分合祭'四字. 蓋謂族衆之家, 不分合祭, 而必欲同日行祭, 則主祭宗子, 勢不可以參行叔伯父之祭. 故令其嗣子, 別得行祭於次日, 如下所云, 則餘子孫, 可與宗家之祭, 宗子可以祭及叔伯父, 而不相妨礙云耳. 此附註, 誤刪此句, 令人難曉, 尤翁未及照管耳. '今且說同居, 同出於曾祖, 便有從兄弟及再從兄弟. 祭時主於主祭者, 其他或子不得祭其父母. 〖按〗 謂同日行祭, 而從兄弟及再從兄弟, 主於宗家之祭, 則或有子不得祭其父母之獘. 若恁地『語錄解』: 如是也 袞『輯覽』: 疑當從水. 『韻會』, 滾與混, 渾通, 未相離也. 做一處祭, 不得要好, 則主祭之嫡孫, 當一日祭其曾祖及祖及父, 餘子孫與祭, 次日却令次位子孫, 自祭其祖及父, 又次日却令『語類』此有又字. 次位子孫, 自祭其父, 此却有古宗法意. 『古今祭禮』, 〖按〗 卽朱子所纂『古今家祭禮』. ○南溪曰: "自『儀禮』中廢, 至唐, 好禮之士, 家有祭儀, 如周元陽, 孟詵, 劉岳, 諸人是也. 宋朝, 如韓魏公『祭式』, 溫公『書儀』等書, 亦爲其類. 朱子皆編入『古今家祭禮』, 而迄今未行於東方." 這般『語錄解』: 猶言此等也. 處皆有之. 今要如宗法祭祀之禮, 須是在上之家, 先就宗室 〖按〗 卽帝王家宗族. 及世族『考證』: 世家大族也. 與收世族之世族, 不同. 家行之, 做箇樣子, 『語錄解』: 做, 作也, 有成意. 箇, 語辭. 樣, 法也. 子, 語辭. 方可使以下士大夫行之.'" 『語類』○排祖先時, 以客位西邊爲上, 高祖第一, 高祖母次之, 只是正排看正面, 沙溪曰: "看, 當作著." ○南溪曰: "看字, 比著字, 順而易明." 不曾對排曾祖, 祖父, 〖按〗 謂祖若父. 皆然. 朱子曰: "若祭四世, 一位居中, 二位居東, 一位居西, 殊不齊整, 兩兩對設, 又以體敵不分尊卑, 況左昭右穆是異廟, 而廟皆南向, 卽與今人相向設位, 不同. 又相向設位, 則舅婦之坐, 東西相見, 亦甚不便. 不若只以南向西上爲定之爲愈也." ○『會成』: 按, 『大明會典』, 祠堂並列四龕, 高祖居中東第一龕, 曾祖居中西第一龕, 祖居近東壁一龕, 禰居近西壁一龕, 今遵用時制. ○侯氏曰: "我聖祖太廟之制, 出自獨斷, 不沿於舊." 其中有伯叔, 〖按〗 謂伯叔父也. 伯叔母, 兄弟嫂婦, 『爾雅』: 兄之妻爲嫂, 弟之妻爲婦. 疏: 嫂猶叟也. ○ 〖按〗 謂兄弟及兄嫂弟婦也. 無人主祭, 而我爲祭者, 各以昭穆論. 『考證』: 以昭穆班祔. ○『語類』 ○黃氏瑞節『理學通錄』: 字祥翁, 號觀齋. 元季不仕. 所著有『朱子成書』·『經世附說』. 曰: "神主位次, 倣宗法也. 今依本註, 姑以小宗法明之. 小宗有四. 繼高祖之小宗者, 身爲玄孫, 及祀小宗之祖爲高祖, 曾祖祖父次之. 繼曾祖之小宗者, 身爲曾孫, 及祀小宗之祖爲曾祖, 而以上吾不得祀矣. 繼祖之小宗者, 身爲孫, 及祀小宗之祖爲祖, 而以上吾 一無吾字. 不得祀矣. 繼禰之小宗者, 身爲子, 小宗之祖爲禰, 而以上不得祀矣. 不得祀者, 以上 退溪曰: "不得祀者, 當指繼高祖小宗而言. 然其上, 疑有闕文." ○尤菴曰: "繼曾祖之宗, 始言不得祀, 則其所謂'不得祀者', 指高祖而言也. 高祖以上, 卽是大宗故云也." 爲大宗之祖, 吾不得而祀之也. 大宗亦然. 先君世子, 大宗而 一作以. 下, 又不得而祀之也. 朱子云, '宗法須宗室及世族之家先行之, 方使以下士大夫行之.' 然『家禮』以宗法爲主, 所謂非嫡長子, 不敢祭其父, 皆是意也. 至於冠昏喪祭, 莫不以宗法行其間云." 潛室陳氏曰: "宗法, 爲諸庶子設. 恐其流派浸多, 姓氏紛錯, 易至殽亂. 故於源頭, 有大宗以統之, 則人同知尊祖. 分派處, 有小宗以統之, 則人各知敬禰. 嫡長之尊, 有君道焉. 大宗所以統其宗族, 凡合族中, 有大事, 當稟大宗而後行. 小宗所以統其兄弟, 如同禰者, 有大事, 則當稟繼禰之小宗而後行. 一族之中, 大宗只是一人, 小宗儘多. 此古者宗族, 人情相親, 人倫不亂, 豈非明適庶之分, 有君臣之義, 由大宗小宗之法而然歟?"

가례대문

방친 중에 후사後嗣가 없는 자는 그 반열에 부祔한다

[旁親之無後者以其班祔]

대문논증

「소기小記」: 어려서 죽은 자[殤]와 후사가 없는 자는 조부를 따라 부식祔食[131]한다. 소疏: 어려서 죽은 자와 후사가 없는 자는 모두 죽은 자의 조부를 따라 부식祔食하는 것이 마땅하고, 어려서 죽은 자의 어버이가 그 희생물을 장만하며 종자가 직접 그 예를 관장한다. ○「사우례士虞禮」: 그 반열

131 부식(祔食): 이미 있는 신위에 다른 신위를 붙여 따라 모시는 것을 말한다.

[班]에 부祔한다. 주註: 반班은 차례이고, 부祔는 촉屬(붙임)과 같다. 소疏: 손자는 조부와 소목昭穆이 같기 때문에 손자를 조부에게 나란히 붙여 제사지낸다.

「小記」: 殤與無後者, 從祖祔食. 疏: 殤與無後者, 皆當從死者之祖而祔食, 殤者之親, 供其牲物, 而宗子直掌其禮. ○「士虞禮」: 以其班祔. 註: 班次也, 祔猶屬也. 疏: 孫與祖, 昭穆同, 故以孫聯屬於祖而祭之.

가례본주

『중용혹문中庸或問』[132]: 나로부터 아버지·조부·증조·고조를 정통正統이라 하고, 그 백숙증고伯叔曾高·백숙부조伯叔父祖의 중자衆子와 곤제昆弟는 모두 방친旁親[133]이 된다. ○『집람輯覽』: 어떤 이가 묻기를 "예禮에 이미 '후사가 된다[爲後]'는 조문이 있어서, 방친 중에 후사가 없는 자도 후사를 가질 수 있는데, 후사가 없다고 한 것은 무엇 때문인가?"라고 하였다. "내가 살펴보건대, 「증자문曾子問」에서 공자孔子가 말하기를 '종자宗子가 어려서 죽으면[殤] 서자庶子가 후사가 되지 않는다.'고 하였고, 주註에 '비록 종자라 하더라도 상殤에 해당하는 나이에 죽으면 사람의 아버지가 되는 도리가 없기 때문이다.'고 하였다." 묻기를 "그렇다면 성인인데 후사가 없는 것은 무엇 때문인가?"라고 하기에, 대답하였다. "살펴보건대, 「상복喪服」 전傳에 '위인후자爲人後者[134]는 누구의 후사인가? 대종大宗[135]의 후사이다. 어째서 대종의 뒤를 잇는가? 존귀한 계통이기 때문이다.'고 하였다. 또 살펴보건대, 『통전通典』에 장담張湛이 말하기를 '예禮에서 일컫는 위인후자爲人後者는 대종의 후사가 되어 정통을 계승하는 것이다. 만약 대종이 아니고, 잇는 것이 정통의 중重이 아니라면 서로 후사가 될 의리가 없다.'고 하였다." 백숙조부모伯叔祖父母[136]는 고조에게 부祔하고, 묻기를 "고조에게 부祔하는 자가 혹 그 종손宗孫에게 재종손再從孫이 되면 어찌하는가?"라고 하자, 우암尤庵이 말하기를 "손자를 조부에게 부祔하는 것은 본래 정례正禮이다. 제사를 받드는 자에게 소원한 친척인지는 논할 필요가 없다."고 하였다.[137]

132 『중용혹문(中庸或問)』: 주희가 찬한 사서(四書)의 주석서 중의 하나이다. 원래 『중용집략(中庸輯略)』과 함께 장구(章句)의 끝에 붙어 있던 것인데, 제가(諸家)의 설이 한결같지 않은 것을 문답(問答) 형식으로 논변(論辯)한 것이다.

133 방친(旁親): 직계에서 갈라져 나온 방계의 친척. 나로부터 아버지, 조부, 증조부, 고조부는 직계 존속이나, 그 백부와 숙부, 백조(伯祖)나 숙조(叔祖), 증백조(曾伯祖)와 증숙조(曾叔祖), 그리고 백숙 부조(父祖)의 중자(衆子) 형제는 모두 나의 직계 혈족이 아닌 친족이니, 이를 방친이라 한다.

134 위인후자(爲人後者): 본디 자신을 낳아준 부모의 계통을 떠나 다른 사람의 후사가 된 자.

135 대종(大宗): 제후의 별자(別子)가 조(祖)가 되고, 조를 계승하는 자가 종(宗)이 된다. 이때 별자를 계승하는 종을 대종이라 한다.

136 백숙조부모(伯叔祖父母): 종조부모. 즉 조부의 형제와 그 부인을 가리킨다.

백숙부모伯叔父母는 증조에게 부祔하고, 처와 형제 및 형제의 처는 우암이 말하기를 "그 남편이 처를 위하여 사당을 세우지 못하기 때문에 짐짓 종가에 부祔한다."고 하였다.[138] 조부에게 부祔하고, ○우암이 말하기를 "그 조부가 생존해 있으면 한 세대를 사이에 두고 고조에게 부祔하는 것이 예禮이다."고 하였다.[139] ○『집설集說』: 처가 죽었는데, 남편의 조모가 살아 계시면 고조비高祖妣에게 부祔한다. 【이상. 한 세대를 사이에 두고 부祔함】

『中庸或問』: 自吾父祖曾高, 謂之正統, 其伯叔曾高伯叔父祖衆子昆弟, 皆爲旁親. ○『輯覽』: 或問, "禮旣有'爲後'之文, 則旁親無後者, 亦可以有後, 而曰無後 何也?" 愚按, 「曾子問」, 孔子曰, '宗子爲殤而死, 庶子不爲後.' 註, '雖是宗子, 死在殤年, 無爲人父之道故也.' 曰: "然則成人而無後者, 何也?" 曰: "按, 「喪服」傳, '爲人後者, 孰後? 後大宗也. 曷爲後大宗也? 尊之統也.' 又按, 『通典』張湛曰: '禮所稱爲人後, 後大宗, 所以承正統. 若非大宗, 所繼非正統之重, 無相後之義.'" 伯叔祖父母, 祔于高祖, 問: "祔於高祖者, 或於其宗孫, 爲再從孫, 則如何?" 尤菴曰: "孫祔於祖, 自是正禮. 奉祀者之疎戚, 不須論也." 伯叔父母, 祔于曾祖, 妻若兄弟若兄弟之妻, 尤菴曰: "其夫不得爲妻立廟, 故姑附宗家." 祔于祖, ○尤菴曰: "其祖生存, 則中一而祔于高祖, 禮也." ○『集說』: 妻死, 夫之祖母在, 則祔於高祖妣. 【右中一祔】

가례본주

자식과 조카는 아버지에게 부祔하는데, 모두 서향西向한다. 신주와 독櫝은 다 정위正位[140]와 같이 한다. ○ 〖경호안설〗 「소기小記」 주註에 의거하건대, 종자가 그 예를 주관하면 종자의 속칭屬稱으로 부주祔主에 제주題主함이 마땅하고, 방주傍註는 주자의 '존중할 곳에 시행한다.'는 설에 근거하면, 쓰는 것이 합당치 않다. 【이상. 부위祔位의 제주題主】

子姪祔于父, 皆西向. 主櫝並如正位. ○ 〖按〗 據「小記」註, 宗子主其禮, 則當以宗子屬稱, 題祔主. 傍註, 則據朱子'施於所尊'說, 不當書之. 【右題祔主】

본주논증

○우암이 말하였다. "부위祔位를 동서東西의 벽壁에 봉안하는 것은 만약 이것이 처妻와 자子 이

137 『송자대전』 권119 「답박호(答朴壕)」.
138 『송자대전』 권122 「답혹인(答或人)」.
139 『송자대전』 권118 「답박만선(答朴萬善)」.
140 정위(正位): 고조, 증조, 조, 부의 4대 신위를 말한다. 여기에 합사한 신위를 부위(祔位)라 한다.

하라면 이와 같이 해도 혹 되겠으나, 만약 이것이 조부나 아버지보다 높은 친속이라면 서벽西壁에 봉안하는 것이 참으로 편하지, 고위考位의 감실에 가까운 동벽東壁에 봉안하는 것은 어찌 서로 거리끼고 장애되지 않겠는가?"[141] ○남계가 말하였다. "감실이 매우 좁아 용납하기 어려우면 짐짓 사당 안에 부祔하는 것도 무방하다. 사당의 신위는 오른쪽이 높고 왼쪽이 낮다."[142] ○도암이 말하였다. "감실 속에 반부班祔[143]하는 것을 오늘날은 행하기가 어렵다고 이야기하는 자는, 당초부터 장소가 좁은 것을 구실로 삼지 않는 경우가 없다. 그러나 시제時祭 '설위設位'조에 '부위祔位는 동서東序[144]에서 서향하거나 혹은 양편 서序에서 서로 향하게 한다.'는 글이 있다. 이에 의거하여 변통한다면 또한 용납하기 어려울 염려는 없다. 어찌 본주本註에 구애되어 좁다는 것을 우려하여, 손자를 조부에게 부祔하는 정례正禮를 갑자기 폐할 수가 있겠는가?" ○묻기를 "응당 부祔해야 할 자손이 혹 셋이나 넷에 이르면 어떻게 해야 하는가?"라고 하자, 수암이 대답하기를 "한 감실에 용납하기 어려우면 별실別室에서 제사지낸다."고 하였다. 【이상. 감실이 좁으면 사당 안이나 혹은 별실에 부祔함】

○尤菴曰: "祔位之安於東西壁, 若是妻子以下, 則如是或可也, 若是尊於祖與考之親, 則其安於西壁者, 固便, 而其安於東壁之近考龕者, 豈不相與嫌礙耶?" ○南溪曰: "龕室甚窄, 難容, 姑祔祠內, 無妨. 祠內之位, 右尊左卑." ○陶菴曰: "龕中班祔, 今之說難行者, 未始不以狹窄爲辭. 然時祭'設位'條, 有祔位東序西向, 或兩序相向之文, 倣此而變通, 則亦無難容之慮. 何可滯泥於本註, 以狹窄爲憂, 而遽廢孫祔祖之正禮也?" ○問: "應祔之孫, 或至三四, 則奈何?" 遂菴曰: "一龕難容, 則祭于別室." 【右龕窄祔祠內或別室】

본주논증

○우암이 말하기를 "부祔할 곳이 없는 증조의 형제는, 상을 마친 뒤에 그 신주를 매안埋安하는 것이 마땅할 듯하다. 그러나 그 형제의 자식이나 손자가 어찌 차마 제사를 지내지 않을 수 있겠는가?"라고 하였다.[145] {상세한 내용은 부주附註를 보라.} 【이상. 증조의 형제는 종가

141 『송자대전』 권51 「답김연지(答金延之) 정사삼월일일(丁巳三月一日)」.
142 『남계집』 속집 권13 「답이사형문(答李士亨問) 상례(喪禮)○십일월십삼일(十一月十三日)」.
143 반부(班祔): 자식이 없는 사람의 신주를 조상 사당의 해당하는 반열[그 조부 또는 고조부의 신위]에 붙여 모시는 일을 말한다.
144 동서(東序): 당(堂)이나 청사의 동편 가장자리.
145 『송자대전』 권105 「답심명중(答沈明仲)」.

에 부祔하지 않음】

○尤菴曰: "曾祖兄弟之無所祔者, 似當於喪畢後, 埋其主矣. 然其兄弟之子與孫, 何忍不祭?" {詳見附註.}【右曾祖兄弟不祔宗家】

본주논증

○묻기를 "성인으로 후사가 없는 사람에게는 형제의 손자에 이르도록 제사하지만, 혹 부모의 유명遺命[146]으로 차형제次兄弟가 그 제사를 주관하다가, 제사를 주관한 사람의 손자가 이미 죽었으나, 적형제適兄弟의 손자가 여전히 살아있다면, 신주를 종가에 다시 봉안하고 조부에게 부祔해야 하는가?"라고 하자, 수암遂菴이 대답하였다. "종가에 부祔함이 마땅함에는 의심이 없다."[147]【이상. 다시 종가의 사당에 부祔함】

○問: "成人無後者, 祭及兄弟之孫, 而或以父母遺命, 次兄弟主其祀, 主祀者之孫, 旣歿, 而適兄弟之孫尙在, 則神主還安於宗家, 祔於祖耶?" 遂菴曰: "當祔宗家, 無疑."【右還祔宗祠】

본주논증

○우암이 말하였다. "조부를 계승한 종宗에 후사가 끊어지면, 그 조부의 신주는 고조를 계승한 종宗에게 부祔하는 것이 마땅하나, 고조를 이미 조천祧遷했다면 부득이 매안埋安한다."[148] ○"고조를 장방長房에 조천했다면 부위祔位는 매안埋安하는 것이 마땅하다. 부위의 형제나 조카가 만약 있으면 비록 차마 하지 못할 바가 있으나, 명분에는 한계가 있으니 이를 어찌할 수가 없다. 혹 기일忌日에 지방紙牓으로 대략 그 정을 펴는 것도 무방할 듯하다."[149] ○동춘同春이 말하였다. "부위祔位가 최장방最長房에게 지친至親이라면, 함께 받들어 제사지내는 것이 또한 편안할 듯하다."[150]【이상. 정위正位를 조천祧遷하면 부위祔位는 매안埋安하거나 장방長房이 아울러 제사지냄】

○尤菴曰: "繼祖之宗, 絶嗣, 則其祖神主, 當祔於繼高祖之宗, 而高祖已祧, 則不得已埋安." ○高祖祧遷

146 유명(遺命): 부모가 죽을 때에 유언(遺言)으로 남긴 명령.

147 『한수재집』 권16 「답곽경문(答郭景文) 수황(守熀)○병술(丙戌)」.

148 『송자대전』 권115 「답유자수(答柳子壽)」.

149 『송자대전』 권105 「답심명중(答沈明仲)」.

150 『동춘당집』 별집 권5 「답이사심(答李士深) 기해(己亥)」.

于長房, 則祔位當埋安. 祔位之兄弟及姪, 若在, 雖有所不忍, 而分則有限, 無如之何矣. 或於其忌日, 以紙榜略伸其情, 似不妨." ○同春曰: "祔位於最長房, 是至親, 則並奉以祭, 亦似爲安."【右正位祧祔位埋安或長房並祭】

본주논증

○사계가 말하였다. "후사로 나간[出後] 사람이 본생친本生親에게 후사가 없으면 두 집의 아버지가 상의하여 본종本宗[151]으로 돌려보내는 데는, 옛날에 그런 사례가 있었다. 그러나 양가의 아버지가 모두 죽으면 자식은 제 마음대로 계후繼後를 파기하지 못하니, 본생친을 반부班祔하는 것이 마땅하다." ○묻기를 "소생부所生父의 대상大祥[152]이 이미 닥쳤는데, 형수에게 후사가 없어서 만약 조묘祖廟에 부祔하고 후사 세우기를 기다린다면 어떠한가?"라고 하자, 대답하기를 "짐짓 반부해야 한다."고 하였다. ○우암이 말하였다. "본생친을 대종大宗에 반부하는 데는 이미 선정先正[153]의 설이 있다. 만약 소후所後[154]의 집이 부祔함에 마땅한 친족이 아니면 별묘別廟에서 제사지냄이 마땅하다."[155]【이상. 본생친本生親을 반부班祔하거나 별묘別廟에 모심】

○沙溪曰: "出後者, 本生親無後, 則兩家父相議, 歸宗, 古有其例. 而兩家父死, 則子不可擅自罷繼, 當以本生親爲班祔." ○問: "所生父大祥, 已届, 而兄嫂無後, 若祔於祖廟, 以待立後, 如何?" 曰: "姑爲班祔." ○尤菴曰: "本生親班祔大宗, 已有先正之說. 若所後之家, 非當祔之親, 則當祭於別廟."【右本生親班祔或別廟】

본주논증

○우암이 말하였다. "출계出繼한 사람의 아들이 돌아와 본생조本生祖의 후사가 된다는 것은 『통전』의 글이지만, {아래의 '입후立後'를 보라.} 평소에 항상 마음 속에 의심을 품고 있었다. 대개 아버지가 있은 뒤에 조부가 있는 법인데, 이 아들은 장차 어떤 사람을 아버지로 하여 그 조부를 계승할 것인가? 만약 세속에서 이른바 '시양侍養'이라 할 것 같으면 본생本生이란

151 본종(本宗): 다른 이의 후사가 된 자를 '위인후자(爲人後者)'라고 하는데, 이때 자기를 낳아준 친부모를 본생부모(本生父母)라고 하며, 그 본생부모의 종(宗)을 본종이라고 한다. 본종으로 되돌아가는 것은 환종(還宗)이라고 한다.

152 대상(大祥): 상제(喪祭)의 명칭. 3년상의 2주기에 지내는 제사.

153 선정(先正): 『서집전(書集傳)』에 '선정(先正)은 선세의 장관(長官)을 일컫는다.'고 했으나, 대개는 선현(先賢)을 가리킨다.

154 소후(所後): 당자(當者)가 혈족 내의 다른 가계를 계승하는 계후자로 들어가는 일을 말한다.

155 『송자대전』 권118 「답강용석(答康用錫)」.

이름은 덧붙일 것이 아니고, 시양복侍養服은 예에서 말하지 않았으니 이제 어찌 함부로 만들어 낼 수 있겠는가? {〖경호안설〗 시양복侍養服에 대한 설은 복제服制의 '재최삼년수양齊衰三年收養'조를 보라.} 근래의 일로 말하면 추포秋浦 황신黃愼이 그의 아우 척惕의 독자를 후사로 삼았는데, 이 분이 의주공義州公 일호一皓이다. 의주공의 차자인 진璡이 장차 돌아가 그 소생조所生祖의 뒤를 이으려 하자, 그때 나와 동춘同春 형이 신독재愼獨齋 어른에게 이전에 의심을 품었던 대로 여쭈었더니, 신독재 어른도 난처하다고 하면서, '짐짓 그 소생조를 종가에 반부班祔하는 것이 과오가 없을 듯하다.'고 하였고, 그 집에서도 옳다고 여겼다."[156] ○도암이 말하였다. "출계자出繼子의 둘째 아들이 비록 임시로 상을 주관하더라도 제주題主함에 이르러서는 중간에 이미 한 대를 빠뜨리고 조부라고 일컫거나 손자라고 일컫는 것은 결단코 감히 하지 못한다는 것을 알겠다. 시양侍養이란 명칭은 예에 보이지 않으니 구차하게 따르는 것도 어려울 듯하다. 출계자의 첫째 아들이 종가에서 '현종조顯從祖'라고 제주題主하여 반부班祔하는 사례를 사용하는 것이 적합할 듯하고, 반부할 경우에는 방제旁題[157]가 없다. 대저 따로 후사를 세우는 것이 곧 대경大經 대법大法인데, 이를 버리면 모두 구차해진다."[158] 【이상, 본생조本生祖의 반부班祔】

○尤菴曰: "出繼人之子, 還爲本生祖後, 此『通典』之文, {見下立後.} 而尋常有疑於心. 蓋有父, 然後有祖, 此子將以何人爲父, 而繼其祖耶? 若如世俗所謂'侍養'之云, 則本生之名, 非所加也, 而侍養之服, 禮所不言, 今何敢創出? {〖按〗 侍養服說, 見服制'齊衰三年收養'條.} 以近事言之, 則黃秋浦愼, 以其弟惕之獨子爲後, 是義州公一皓也. 義州次子璡, 將還, 後其所生祖, 其時愚與春兄, 稟於愼老如前所疑, 愼老亦以爲難處, 謂姑以其所生祖, 班祔於宗家, 似無過誤, 其家以爲然矣." ○陶菴曰: "出繼子之第二子, 雖權爲主喪, 而至於題主, 則中間旣闕一世, 稱祖稱孫, 決知其不敢矣. 侍養之名, 不見於禮, 恐難苟從. 出繼子之第一子, 似是宗家, 以'顯從祖'題主, 而用班祔之例, 爲宜, 班祔則無旁題矣. 大抵別爲立後, 卽大經大法, 捨此, 則皆苟矣." 【右本生祖班祔】

156 『송자대전』 권63 「답민지숙(答閔持叔) 임술이월(壬戌二月)」.

157 방제(旁題): 제주(題主)할 때 신주에 쓰는 주사(主祀; 제사를 주관하는 자)의 이름, 또는 그 이름을 새기는 행위. '효자모봉사(孝子某奉祀)' 따위를 말한다. 대개는 망자의 적장자(嫡長子)의 이름으로 방제하는 것이 일반적이다.

158 『도암집』 권18 「답최치양일복문목(答崔穉陽日復問目) 무오(戊午)」.

본주논증

○묻기를 "주자는 말하기를 '처가 먼저 죽으면 별묘別廟를 마련하고, 아우가 죽어 후사가 없으면 또 별묘를 마련하되, 모름지기 각기 한 개의 감실을 만들어야지 뒤섞이게 해서는 안 된다.' 고 하였는데, 이는 '반부班祔'조의 내용과 같지는 않지만, 아우와 처는 한 감실에 같이 부祔해서는 안 된다는 뜻이 분명하다."고 하자, 사계가 대답하였다. "조선祖先에게 부祔하는데 비록 형수와 시숙이 같은 감실에 있더라도 무슨 혐의가 있겠는가? 이른바 '각기 한 개의 감실을 만들어야지 뒤섞이게 해서는 안 된다.'고 한 것은 당초에 반부하는 것을 말한 것이 아니다." ○우암이 말하였다. "『어류語類』에 비록 '형수는 다른 곳에 모신다.'는 조문이 있으나, 『가례家禮』에는 '형수와 제부弟婦는 조祖에게 부祔한다.'는 조문이 있으니, 마땅히 『가례』를 바르다고 해야 할 것이다."[159] 【이상. 형수와 시숙은 같이 부祔함】

○問: "朱子曰: '妻先亡, 別廟, 弟亡無後, 亦爲別廟, 須各以一室爲之, 不可雜也.' 與此'班祔'條, 不同, 弟與妻, 不可同祔一室之意, 則分明." 沙溪曰: "祔於祖先, 雖嫂叔同龕, 何嫌之有? 所謂'各以一室, 不可雜'云者, 初非班祔之謂也." ○尤菴曰: "『語類』, 雖有'嫂則別處'之文, 『家禮』有'兄嫂弟婦祔于祖'之文, 當以『家禮』爲正." 【右嫂叔同祔】

본주논증

○우암이 말하였다. "어떤 사람이, '그의 아우가 몹쓸 병에 걸려 장가들지 못한 채 죽어 사당에 부祔하려 하니, 집안에서 의논하여 허락하지 않는다.'고 했다. 내가 답하기를 '인정으로 말한다면 부모가 몹쓸 병에 걸린 자식에 대해서는 사랑이 더욱 심한데, 어찌 한 감실에 같이 제향하려 하지 않겠는가?' 하였다."[160] 【이상. 몹쓸 병에 걸린 아우의 반부班祔】

○尤菴曰: "有人言, '其弟廢疾, 未娶而死, 將祔廟, 則家議不許云.' 愚答, '以人情言之, 父母於廢疾之子, 慈愛有甚, 豈不欲同享一室?'" 【右廢疾弟班祔】

본주논증

○사계가 말하였다. "장자가 후사 없이 죽어 차자가 승중承重했다면, 장자가 비록 일찍이 승중

159 『송자대전』 권101 「답정경유(答鄭景由) 갑인구월십육일(甲寅九月十六日)」.
160 『송자대전』 권80 「답이하경(答李廈卿) 병오칠월(丙午七月)」.

했다고 하더라도 반부班祔해야 마땅함에는 의심할 것이 없다." ○신독재가 말하였다. "차자에게 서자가 있어 적통을 계승했다면, 장자의 신주는 반부함이 마땅하다." ○묻기를 "형이 죽어 아우가 계승하였는데[兄亡弟及] 아우도 일찍 세상을 떠났다면, 아우의 아들이 조묘祖廟를 받드는 것이 마땅하지만, 백부와 녜묘禰廟의 위차位次가 불편하다."고 하자, 수암遂菴이 대답하였다. "백부의 신주는 부祔할 조위祖位가 사당에 없으니, 별실에서 제사지내는 것이 옳다." ○도암陶菴이 말하였다. "대종大宗이 비록 먼 지방에서 살더라도 만일 가서 부祔할 수 있으면 참으로 좋다. 그렇지 않으면 아우와 형의 차례가 끝내 대단히 미안하게 된다. 아마 별도의 방에서 받드는 것만 못할 듯하다."[161] 【이상. 형망제급兄亡弟及하면 형을 반부班祔하거나 별실에 모심】

○沙溪曰: "長子無後而死, 次子承重, 則長子雖嘗承重, 當班祔無疑." ○愼獨齋曰: "次子有庶, 承嫡, 則長子之主, 當班祔." ○問: "兄亡弟及, 而弟亦早世, 則弟之子, 當奉祖廟, 而伯父與禰廟位次, 難便." 遂菴曰: "伯父神主, 祠堂無祖位可祔, 則祭於別室, 爲可." ○陶菴曰: "大宗雖在遠地, 如可往祔, 則固好矣. 不爾則弟兄之序, 終屬大段未安. 恐莫如姑奉別房." 【右兄亡弟及兄爲班祔或別室】

본주논증

○우암이 말하였다. "처를 조묘祖廟에 부祔하는 것은 본래 바른 예이지만, 일의 형세가 그럴 수 없는 경우가 있다. 그러면 부득이 고묘考廟의 동쪽 벽 아래에 임시로 부祔한다. 그러나 끝내 이에 근거하여 법도로 삼는 것은 불가하다."[162] ○남당이 말하였다. "무릇 후사가 있는 자는 모두 반부班祔해서는 안 된다. 녜禰를 계승한 종宗에서 그 처에게 남편과 아들이 있다면 본디 신주가 없는 자가 아니니, 친묘親廟를 넘어 반부해서는 안 된다."[163] 【이상. 녜禰를 계승한 종자의 처는 고묘考廟에 부祔함】

○尤菴曰: "祔妻於祖廟, 自是正禮, 而事勢有不能. 然則不得已於考廟東壁下, 權祔矣. 然終不可據而爲法也." ○南塘曰: "凡有後者, 皆不可班祔也. 繼禰之宗, 其妻有夫與子, 本非無主者, 不可越親廟而班祔也." 【右繼禰宗子妻祔考廟】

161 『도암집』 권20 「답이백심문목(答李伯心問目) 갑자(甲子)」.
162 『송자대전』 권117 「답송상경(答宋商卿) 형필(衡弼)」.
163 『남당집』 권20 「답권형숙(答權亨叔) 정묘팔월(丁卯八月)」.

본주논증

○남계가 말하였다. "예에 지자支子의 처의 신주는 조부의 감실에 부祔하여 들인다. 그러나 만약 관위官位가 있거나 거처를 달리하는 자라면 그 아들이 신주를 간직해 둔 별실에서 때마다 제사를 행하되, 남편이 처를 위하여 축을 고하는 것도 괜찮다고 하겠다."[164] 【이상. 지자의 처는 사당에 부祔하거나 별실에 모심】

○南溪曰: "禮, 支子妻主, 入祔祖龕. 然若有官位, 異居者, 則其子依時行祭於所藏別室, 而夫爲之告祝, 宜亦可矣." 【右支子妻祔廟或別室】

본주논증

○우암이 말하였다. "아직 사당에 알현하지 못한 여자는 조부의 사당으로 옮기지 않는다고 한 것은 아직 석 달이 되지 않은 처를 가리킨다. 후세에는 친영親迎하지 않는 자가 많다. 그러므로 부인이 혹 자식을 낳고도 아직 그 친정에 남아 있는 일이 있다. 그 자식을 낳았는데도 오히려 아직 완전한 며느리가 되지 않는[未成婦][165] 이치가 있겠는가? 일찍이 들으니, 영남의 한 선현이 '자식을 낳은 며느리'에 대한 물음에 답하기를 '고례古禮가 이와 같으니, 부당夫黨[166]에 부祔할 수 없다.'고 했다 한다. 신독재가 이 말을 듣고서는 지극히 이치에 해害가 된다고 하였다."[167] 【이상. 아직 사당에 알현하지 못한 며느리의 반부班祔】

○尤菴曰: "未廟見之女, 不遷於祖云者, 指未三月之妻也. 後世不親迎者多. 故婦或生子, 而尙在其室者有焉. 其生子, 而猶未成婦之理也? 嘗聞嶺外一先賢, 答'生子婦'之問曰, '古禮如此, 不可祔於夫黨.' 愼齋聞之, 以爲極害理." 【右未廟見婦班祔】

본주논증

○우암이 말하였다. "남편이 죽고 후사가 없는 처가 남편을 조묘에 부祔한다고 한 것은 편치 않다. 남편을 위하여 후사를 세워 따로 종宗을 세우는 것이 마땅하다. 다만 처를 위해서나 자

164 『남계집』 외집 권8 「답이하경지규문(答李雲卿志逵問) 상례(喪禮)○기사유월칠일(己巳六月七日)」.

165 미성부(未成婦): 혼례를 올렸으나 아직 부도(婦道)가 이루어지지 않은 신부.

166 부당(夫黨): 남편의 혈족. 여자의 경우 남편의 혈족을 부당(夫黨)이라고 부르며, 남자의 경우 아내의 혈족을 처당(妻黨) 혹은 부당(婦黨)이라고 부른다.

167 『송자대전』 권51 「답김연지(答金延之)」.

식을 위해서 사당을 세울 수는 없다. 그러므로 모름지기 종가에 부祔해야 한다."[168] 【이상. 처가 있으면 남편을 반부班祔할 수 없음】

○尤菴曰: "夫亡無後之妻, 祔夫於祖廟云者, 未安. 當爲夫立後, 而別立宗矣. 惟爲妻爲子, 則不可立廟. 故須祔於宗家." 【右有妻不可以夫班祔】

본주논증

○묻기를 "쫓겨나 부모의 집으로 돌아온 고모가 계시는데, 훗날 형제나 조카를 제외하고는 상주가 될 사람이 없다. 이미 부祔할 곳이 없으나 어찌 차마 그 귀신이 귀속할 곳이 없도록 하겠는가?"라고 하자, 주자가 대답하였다. "옛 법이 이미 폐기되어 이웃집이나 이정里正[169]이 결단코 남의 친속을 제사지내 주려하지 않을 것이니, 적당하게 별실別室에서 제사지내도 괜찮을 것이다." {상세한 내용은 '입상주立喪主'의 부주附註를 보라.} 【이상. 며느리가 쫓겨나 부모의 집에서 죽으면 별실에서 제사지냄】

○問: "有姑, 出歸父母家, 他日捨兄弟姪之外, 無爲主者. 旣無所祔, 豈忍其神之無歸乎?" 朱子曰: "古法旣廢, 隣家里尹, 決不肯祭他人之親, 則從宜, 而祀之別室, 其亦可也." {詳見'立喪主'附註.} 【右婦出死於父家祭之別室】

본주논증

○한강이 말하였다. "고모와 자매와 딸자식이 이미 시집을 가서 후사가 없는 경우, 본종本宗의 가묘家廟에 부祔함은 이치에 합당하지 않다. 남편과 아내의 신주를 양편의 친속親屬이 각자 나누어 가는 것은 더욱 이치에 가깝지 않다."[170] ○묻기를 "고모와 자매와 딸로서 후사가 없이 죽은 자는 그 부당夫黨에 부祔할 곳이 없으면 형편상 본종에 부祔하는 것이 마땅하지만, 그 남편의 신주는 함께 부祔할 수 없을 듯하다."고 하자, 사계가 대답하였다. "별실別室에서 제사지내면 될 듯하다." 【이상. 고모와 자매와 딸이 이미 시집을 갔으면 사당에 부祔하지 않음】

○寒岡曰: "姑姊妹女子子, 已嫁, 而無後者, 祔于本宗家廟, 於理不合. 至於夫妻神主, 兩邊親屬, 各自分

168 『송자대전』 권122 「답혹인(答或人)」.

169 이정(里正): 마을의 우두머리. 이장(里長)이나 이재(里宰)와 뜻이 같다.

170 『한강집』 권6 「답최계승(答崔季昇)」.

去, 尤不近理." ○問: "姑姊妹女子之無後而死者, 其夫黨無可祔, 則勢當祔於本宗, 而其夫神主, 似不可同祔." 沙溪曰: "祭之別室, 似可."【右姑姊妹女子已嫁不祔廟】

본주논증

○남당이 말하였다. "후사가 없는 방친旁親은 종자의 가묘에 부祔하는 것이 바른 예이다. 만약 형편상 어려움이 있으면 매안埋安하지 않을 수 없다. 외손봉사外孫奉祀는 바른 예가 아니다."[171]【이상. 반부班祔하기 어려운 형편이면 매안埋安함】

○南塘曰: "旁親無後, 祔於宗子家廟, 禮之正也. 若勢有難安, 則不得不埋安矣. 外孫奉祀, 非禮之正."【右勢難班祔埋安】

본주논증

○주자가 말하였다. "가모嫁母(개가한 모친)는 살아서는 사당에 들어갈 수 없고, 죽어서는 사당에 부祔할 수 없다."【이상. 가모嫁母는 사당에 부祔하지 않음】

○朱子曰: "嫁母者, 生不可以入于廟, 死不可以祔于廟."【右嫁母不祔廟】

본주논증

○주자가 말하였다. "승려가 되어 후사가 없는 자를 제사지내는 것이 마땅하다는 데는 의심이 없다." ○ 〖우안〗 여기에는 아마 고금의 차이가 없지 않을 듯한데, 어떨지 모르겠다.【이상. 승려가 된 방친旁親을 반부班祔함】

○朱子曰: "爲僧無後, 固當祭之, 無可疑." ○ 〖愚按〗 此恐不無古今之異宜者, 未知如何.【右爲僧旁親班祔】

본주논증

○『대전大典』: 사대부가 자녀가 없어서 노비나 묘지기[墓直]로 하여금 제사를 주관하게 하려는 자는, 재주財主의 뜻에 따라 문기文記에 서명하여 그 제사를 받들게 한다.【이상. 후사가 없는 사람이 노비를 시켜 제사를 받들게 함】

○『大典』: 士大夫無子女, 欲以奴婢墓直主祭者, 從財主之意, 署文記, 使奉其祀.【右無後人使奴婢奉祀】

171 『남당집』 권17 「답변사총(答邊士聡) 섭(攝)○신해(辛亥)」.

조카는 그 아버지가 스스로 사당을 세우면 옮겨서 따라간다. 한강寒岡이 말하였다. "조카의 아버지가 살아 있으면 조카의 집에는 사당이 없으므로 짐짓 종자宗子의 아버지에게 부祔하지 않을 수 없고, 또한 소목昭穆의 차례를 따르기 위함이다. 조카의 아버지가 사망하여 사당을 세우면 조카는 또한 제 집 사당을 뛰어넘어 종자宗子의 사당에다 부祔할 수는 없다. 그러므로 그의 아버지의 사당으로 되돌아가 부祔한다."[172] ○구봉龜峰이 말하였다. "조카의 아버지는 종형제・재종형제이다. 조카에게 후사가 없으면 그 조부에게 부祔해야 하는데, 그 조부가 아직 살아 계시므로 종가의 조부 신위에 나아가 부祔하며, 그 조부가 사망하여 그 아버지가 사당을 세운다면 이에 옮겨서 친할아버지[親祖]를 따른다."[173] ○『집람』: 살펴보건대, 『가례정형家禮正衡』도 구봉龜峯의 설과 같다. ○ 〖우안〗 우암도 힘써 구봉의 설을 주장하였다. 그러나 이 단락은 이미 윗글의 '아들과 조카는 아버지에게 부祔한다.'는 말을 이어서 말했으니, 조카는 종자의 친조카이다. 여기서 말한 조카의 아버지는 곧 종자의 아우이니, 스스로 사당을 세우는 것이 마땅하지 않음은, 윗글의 '적장자와 같이 살면 죽은 뒤에 그 자손이 그를 위하여 사당을 세운다.'는 글에 의거해 보면 알 수 있다. 그러므로 조카가 죽으면 후사의 유무를 논할 것도 없이 짐짓 종자의 아버지에게 부祔하는데, 곧 망자의 조부이기 때문이다. 조카의 아버지가 죽어 조카의 아들이 조부를 위하여 사당을 세우면, 저절로 옮겨서 그 사당의 녜감禰龕에 따라 들어감이 마땅하다. 그런즉 한강寒岡의 설이 옳은 듯하다. 그러나 '자립사당自立祠堂'이란 글을 살펴보면 조카의 아버지가 죽은 뒤의 일이 아닌 듯하니, 그렇다면 구봉의 설이 나은 듯하다. 그러나 종질從姪이나 재종질再從姪로 말한다면, 이른바 종가의 조위祖位는 곧 망자의 방조旁祖이다. 예에 이미 '조부가 살아계시면 중간 한 대를 건너 고조에게 부祔한다.'는 사례가 있으니, 만약 중간 한 대를 건너 부祔한다고 하면 되겠지만, 어찌 반드시 대충 조위祖位라고 하여 방조旁祖에게 부祔하겠는가? 또 게다가 본문에는 원래 조부가 살아계신다는 말이 없고, 단지 아들과 조카는 아버지에게 부祔한다는 글만 보여 상하의 형평이 무너지니, 구봉의 설은

172 『한강집』 권3 「답김희원장생(答金希元長生)」.
173 『구봉집』 권7 「가례주설(家禮註說) 일(一)」 '사당(祠堂)'.

아마도 본래 뜻이 아닌 듯하다. 다만 여기서 이른바 '스스로 사당을 세운다[自立祠堂].'는 것과 윗글의 '죽은 뒤에 사당을 세운다[死後立祠].'는 예는 서로 큰 차이가 나니, 이는 또한 의심할 만하다. 생각건대 혹시 '자自'자는 '사死'자가 잘못된 것일까? 그렇지 않다면 혹 조카의 아버지 집[父家]에서 죽은 뒤에 사당을 세운다는 의미로 살려 볼 것인가? 이래저래 필경은 한강寒岡의 설이 낫다. ○정자程子가 말하기를 "무복無服의 상殤(어려서 죽은 자)은 『운회』: 상殤은 애통함이다. 혹 상傷으로 되어 있다. ○『비요』: 7세 이하이다. 제사지내지 않고, 하상下殤의 『비요』: 11세에서 8세까지이다. 제사는 부모 자신에게서 끝나며, 중상中殤의 『비요』: 15세에서 12세까지이다. 제사는 형제 자신에게서 끝나고, 장상長殤의 『비요』: 19세에서 16세까지이다. 제사는 형제의 아들 자신에게서 끝나며, 성인成人으로 『비요』: 장부는 관례를 하고, 여자는 시집가기로 허락한 경우. 후사가 없는 자의 제사는 형제의 손자 자신에게서 끝난다. 이것은 모두 의리로 일으킨 것이다."라고 하였다. 「예운禮運」: 예禮라는 것은 의義의 실實(실현)이니, 의에 맞추어서 맞으면 비록 선왕先王의 시대에는 없었던 예라도 의리義理로써 일으킬 수 있다. 진호陳澔의 주註: 예禮는 일정하여 바뀌지 아니하고, 의義는 때에 따라 적의하게 만든다. 그러므로 의리에 맞아서 합당하면 비록 선왕의 시대에는 이 예가 없었더라도 의리를 참작하여 만들 수 있다. ○『유서遺書』 숙자叔子(정이천程伊川)의 말 ○「소기小記」: 서자庶子로서 어려서 죽은 자와 후사가 없는 자는 제사지내지 않고, 어려서 죽은 자와 후사가 없는 자는 조부를 따라 부식祔食한다. 소疏: 어려서 죽은 사람을 제사지내지 않는 것은, 자기가 아버지의 서자로서 아버지 사당을 세우는 것이 합당하지 않으므로, 스스로 그 자식 중 어려서 죽은 자를 제사지내지 못한다. 어려서 죽은 자를 오히려 제사지내지 못한다면 성인이 되어 후사가 없이 죽은 자에게 제사지내지 않는다는 것을 알 수 있다. '후사가 없는 사람을 제사지내지 않는다.'고 한 것은, 자기가 조부의 서庶이기 때문에 조묘를 세우는 것이 합당하지 않으므로, 형제 중에 후사가 없는 자에게 제사지내지 못하는 것이다. 자기가 만약 증조의 서庶이면 또한 제부諸父 중에 후사가 없는 자를 제사지내지 못하는데, 이는 증조묘曾祖廟를 세우는 것이 합당하지 않기 때문이다. 【止】 ○묻기를 "사당에 부祔한 하상下殤의 신주는 그 부모가 죽으면 사당에서 꺼내어 매안埋安해야 하는가?"라고 하자, 신독재가 대답하였다. "이와 같이 하는 것이 옳다." ○ 〖경호안설〗 장상長殤과 중상中殤의 신주를 매안埋安하는 것은 아마 모두 이로 미루어 보면 마땅할 듯하다. 【이상. 삼상三殤의 신주 매안埋安】

姪之父自立祠堂, 則遷而從之. 寒岡曰: "姪之父生, 則姪家無廟, 不得不姑祔於宗子之父, 亦所以順昭穆之序也. 姪之父亡, 而立祠, 則姪又不得越其私祠, 而祔於宗子之廟. 故歸祔於其父之祠." ○龜峯曰: "姪之父, 從兄弟再從兄弟也. 姪無後, 當祔其祖, 而其祖尙存, 故就祔于宗家祖位, 及其祖死, 而其父立祠堂, 則乃遷, 而從親祖也." ○『輯覽』: 按, 『家禮正衡』亦如龜峯說. ○ 〖愚按〗 尤菴亦力主龜峯說. 然此段旣承上文'子姪祔于父'而言, 則姪是宗子之親姪也. 此所謂姪之父, 卽宗子之弟, 而自不當立祠, 據上文'與嫡長同居, 則死而後, 其子孫爲立祠堂'之文 可知也. 故姪死, 勿論有後無後, 姑祔於宗子之父, 卽亡者之祖也. 及姪父死, 姪之子, 爲祖立祠, 則自當遷從而入於其祠之禰龕矣. 然則寒岡說, 似是矣. 然以自立祠堂之文觀之, 則似非姪之父死後事也, 然則龜峯說, 似長. 然以從姪再從姪言之, 則所謂宗家祖位, 乃亡者之旁祖也. 禮, 旣有祖存, 則中一祔高祖之例, 若謂中一祔, 則可也, 何必泛謂祖位, 而祔於旁祖? 又況本文元無祖存之說, 祇見其與子姪祔父之文, 上下衡決, 龜峯說, 恐非本義. 第此所謂自立祠堂, 與上文死後立祠之禮, 自相逕庭, 此亦可疑. 意或'自'字是'死'字之訛耶? 不然, 或以姪之父家, 死後立祠之意, 活看耶? 以彼以此, 畢竟寒岡說, 爲長. ○程子曰: "無服之殤, 『韻會』: 殤痛也. 或作傷. ○『備要』: 七歲以下. 不祭, 下殤『備要』: 十一歲至八歲. 之祭, 終父母之身, 中殤『備要』: 十五至十二. 之祭, 終兄弟之身, 長殤『備要』: 十九至十六. 之祭, 終兄弟之子之身, 成人『備要』: 丈夫冠, 婦人許嫁. 而無後者, 其祭終兄弟之孫之身. 此皆以義起者也." 「禮運」: 禮也者, 義之實也, 協諸義而協, 則禮雖先王未之有, 可以義起也. 陳註: 禮一定不易, 義隨時制宜. 故協合於義, 而合當爲, 則雖先王未有此禮, 可酌於義, 而創爲之. ○『遺書』叔子語 ○「小記」: 庶子不祭殤與無後者, 殤與無後者, 從祖祔食. 疏: 不祭殤者, 以己是父庶, 不合立父廟, 故不得自祭其子之殤. 殤尙不祭, 成人無後, 不祭可知. 云'不祭無後'者, 己是祖庶, 不合立祖廟, 故兄弟無後者, 不得祭之. 己若是曾祖之庶, 亦不得祭, 諸父無後者, 是不合立曾祖廟, 故也. 【止】 ○問: "下殤之主, 祔於廟者, 其父母死, 則當出廟埋之乎?" 愼獨齋曰: "是如此." ○ 〖按〗 長中殤埋主, 恐皆當以此推之. 【右三殤埋主】

◎≪입후立後≫ ○「상복喪服」 '위인후자爲人後者' 소疏: 대종大宗으로 출후出後[174]함이다. ○ 〖경호안설〗 『통전通典』의 '만약 대종이 아니면 서로 후사가 되는 의리가 없다.'는 것은 위를 보라. ○「상복喪服」 전傳: 어떠하여야 후사가 될 수 있는가? 동종同宗이면 후사가 될 수 있다. 어떠하여야 남의 후사로 삼을 수 있는가? 지자支子[175]면 될 수 있다. 소疏: '지자면 될 수 있다.'는 것은 다른 집의 적자適子는 당연히 각자 소종小宗이 되기 때문에 지자를 취함이다. 적자는 이미 남의 후사가 되지 못하니, 후사가 없으면 또한 입후立後의 의리가 있어야 마땅하다. ○구씨丘氏가 말하였다. "살펴보건대, 『대명령大明令』[176]에 무릇 자식이 없으면 동종同宗의 소목昭穆 가운데 조카에 상당하는 사람으로 하여금 계승하게 하는 것을 허락하되, 먼저 동부同父 주친周親[177]에서 취하고, 다음으로 대공大功이나 소공小功이나 시마緦麻에게 미친다. 만일 없으면 원방遠房(먼 형제) 및 동성同姓에서 택하여 후사로 삼는 것은 허락하고, 이성異姓을 양육하여 후사로 삼아 종족을 어지럽히는 것은 허락하지 않는다. 동성을 세우는 자도 존비尊卑의 차례를 잘못하여 종족을 어지럽히지 못한다. 또 무릇 위인후자爲人後者는 대종을 제외하고 그 나머지는 반드시 아버지가 계셔야 하며, 아버지의 명을 받아야 바야흐로 출계出繼[178]를 허락한다. 이미 아버지를 잃은 자식은 허락하지 않는다." ○『대전大典』: 적처와 첩에게 모두 자식이 없는 사람은 관청에 알려 동종同宗의 지자支子를 후사로 세운다. 양가兩家의 아버지가 함께 입후를 명하는데, 아버지가 죽었으면 어머니가 관청에 알린다. 동종의 장자長子를 후사로 삼는 자와 한쪽 부모가 다 죽은 자는 모두 들어주지 않으나, 인정이나 이치로 보아 불쌍하면 한쪽 부모와 문중의 어른이 상언上言하고 본조本曹에서 회계回啓[179]하여 입후立後를 허락한다. ○우암이 말하였다. "예에 의거하면 남의 장자를 취하여 후사로 삼아서는 안 된다."[180] ○대종이 아니면

174 출후(出後): 본생가(本生家)에서 나가 다른 사람의 후사가 되는 일.

175 지자(支子): 적장자(嫡長子)가 아닌 중자(衆子)를 말한다.

176 『대명령(大明令)』: 명나라 태조가 이선장(李善長)・양헌(楊憲) 등에게 명령하여 편찬한 행정관련 법전. 홍무 원년(1368)에 반포되었다.

177 동부(同父) 주친(周親): 주친은 기년복을 입는 친족. 망자와 아버지를 같이하는 사람은 망자의 형제이고, 형제의 자식은 곧 망자에게 기년복을 입는 친족이다.

178 출계(出繼): 계후자로 들어가서 그의 집의 대를 이음.

179 회계(回啓): 임금의 물음에 대하여 심의하여 상주(上奏)하는 것.

180 『송자대전』 권118 「답채문휘(答蔡文徽)」.

서 계후繼後[181]하는 것은 『가례회성家禮會成』에 인용된 '황조皇祖의 제도'에 실려 있으니, 고찰해 보면 알 수 있다.[182] ○고황제高皇帝가 반포한 교서에, "무릇 계후繼後는 가까운 것을 버리고 먼 것을 취해서는 안 된다. 가까운 자가 다한 뒤에 먼 자에게서 구하고, 복服이 없는 사람이 다한 뒤에 복服이 없는 사람에게서 구해야 한다."고 하였다. 명明나라에서는 지금 비록 소홀히 하나 어찌 어겨서야 되겠는가?[183] ○남계가 말하였다. "예경禮經의 옛 뜻은 대종大宗 및 대부大夫의 귀한 신분이 된 사람 외에는 후사를 세울 수 없었는데, 오늘날 세상에서는 비록 지자支子나 먼 일족[遠族]이라도 모두 반드시 끊어진 후사를 잇는다. 정자나 주자와 같은 제현들이 이미 바로잡지 못한데다가 도리어 이를 조장하여, 끊어진 후사를 잇는 의리는 너무 무겁게 하고, 본종에서 떠나는 의리는 너무 가볍게 함으로써, 마침내 반부하는 하나의 도리는 폐하기에 이르렀다. 이는 구구한 내 생각으로 백세百世 전의 사람에게 질정하고자 하나 하지 못하는 것이다."[184] ○『통고通考』: 서건학徐乾學이 말하였다. "고례古禮에는 대종大宗에 아들이 없으면 후사를 세웠으나, 소종은 아들이 없어도 후사를 세우는 일이 없었다. 소종으로 후사가 없는 자에게는 옛날에 조부를 따라 부식祔食하는 예가 있었으니, 비록 후사를 잇지 않았더라도 그 제사가 본래 처음부터 끊어진 적이 없었다." 【이상. 총론】

◎≪立後≫ ○「喪服」'爲人後者'疏: 出後大宗也. ○ 〖按〗『通典』'若非大宗 無相後之義', 見上. ○「喪服」傳: 何如而可爲之後? 同宗則可爲之後. 何如而可以爲人後? 支子可也. 疏: 支子可也者, 以其他家適子, 當自爲小宗, 故取支子. 適子旣不得後人, 則無後, 亦當有立後之義. ○丘氏曰: "按, 『大明令』, 凡無子, 許令同宗昭穆相當之姪承繼, 先取同父周親, 次及大功小功緦麻. 如無, 則方許擇遠房及同姓爲嗣, 不許養異姓爲嗣, 以亂宗族. 立同姓者, 亦不得尊卑失序, 以亂宗族. 且凡爲人後者, 除大宗外, 其餘必有父在, 承父之命, 方許出繼. 已孤之子, 不許." ○『大典』: 嫡妾俱無子者, 告官, 立同宗支子, 爲後. 兩家父, 同命立之, 父歿, 則母告官. 以同宗之長子爲後者, 及一邊父母, 俱歿者, 竝勿聽, 情理可矜, 則或因一邊父母及門長, 上言, 本曹回啓, 許令立後. ○尤菴曰: "據禮, 則人之長子, 不可取以爲後." ○非大宗而繼後,

181 계후(繼後): 생전이나 사후에 가계의 계통을 잇게 하는 절차. 계사(繼嗣)라고도 한다.
182 『송자대전』 권66 「답박화숙(答朴和叔) 계축유월이일(癸丑六月二日)」.
183 『송자대전』 권109 「답황주경(答黃周卿) 무진유월이십육일(戊辰六月二十六日)」.
184 『남계집』 외집 권6 「답이사형(答李士亨) 유월이십팔일(六月二十八日)」.

載於『家禮會成』, 所引皇祖之制, 可考而知也. ○高皇帝頒敎, "凡繼後不可捨近取遠, 近者盡, 然後求於遠者, 有服者盡, 然後求於無服者." 大明今雖忽諸, 何可違也? ○南溪曰: "禮經古義, 大宗及貴爲大夫者外, 不可立後, 而今世雖支子遠族, 皆必繼絶, 程朱諸賢, 旣不能正, 而反助之, 至使繼絶之義太重, 離宗之道太輕, 以至終廢班祔一路. 此區區所以欲質於百世之前, 而不可得者也." ○『通考』: 徐乾學曰, "古禮大宗無子, 則立後, 未有小宗無子, 而立後者也. 小宗無後者, 古有從祖祔食之禮, 則雖未嘗繼嗣, 而其祭祀固未始絶也." 【右總論】

본주논증

○「사의射義」: 공자가 확상矍相{확矍은 확攫(잡아챔)이다.}의 밭에서 활쏘기를 할 때 구경하는 사람들이 담장처럼 둘렀는데, 자로子路에게 궁시弓矢를 잡고 나가서 연사延射[185]하여 말하게 했다. "군사를 망친[賁] 장수, 망국亡國의 대부, 남의 후사가 되기를 구한 자[與爲人後者][186]는 들어오지 말고, 그 나머지는 모두 들어오라."[187]라고 하니, 대개 돌아간 자가 반이고 들어온 자가 반이었다. 진호의 주註: 확상은 지명이고, 분賁은 분僨(무너짐)과 같다. '여위인후與爲人後'는 사람이 죽어 아들이 없어서 종족이 이미 그를 위해 후사를 세웠는데, 이 사람이 다시 후사가 되기를 구한 것을 말한다. 어버이를 잊고 이익을 탐하는 자이니 물리쳐야 마땅하다. 서씨는 말하기를, "여與는 '구함'이니, 이익 될 것이 있어서 구하는 것이다."고 했다. ○구씨가 말하였다. "그 사람이 이미 죽은 뒤에 계승하기를 다투는 사람은 그 종宗을 이으려고 하는 것이 아니라, 그 재산을 탐내는 것일 뿐이다. 만약 그 사람이 군인이나 장인匠人으로 관청에 등록되어 있다면, 비록 재물을 주면서 계승하게 하려 해도, 그가 따르려 하겠는가? 『춘추』의 지극히 은밀하게 사람을 벌주는 뜻을 미루어 알 수 있다." ○『통고通考』: 나우신羅虞臣이 말하였다. "소후所後가 아닌데 뒤를 잇는 것은 '속이는 예[誣禮]'라 한다. 천성天性의 사랑을 버리고 다른 사람을 아버지로 삼는 것은 효자가 차마 못할 일이다." ○우암이 말하였다. "'입후立後함에 반드시 후사가 될 자의 허락을 받는다.'고 한 것은 매우 이치가 없는 말이다. 후사가 될 자가 진실로 사람의

185 연사(延射): 사례(射禮)에서 사마(司馬)가 활 쏠 사람을 나오도록 권하는 절차.

186 여위인후자(與爲人後者): 이에 대한 주석은 정현(鄭玄)이나 성재(性齋; 許傳) 등 제가에 따라 매우 다르다. 여기서는 이 구절의 바로 뒤에 나오는 서씨(徐氏)의 설에 따라서 '여(與)'를 '간(干)'으로 해석하였다.

187 『공자가어(孔子家語)』「관향사(觀鄕射)」.

마음을 가졌다면, 누가 제 부모를 버리고 남의 후사가 되는 것을 허락하려 하겠는가? 이 때문에 반드시 부모의 허락과 군주의 명령을 기다린 뒤에 부득이 후사가 되는 것이다. 공자가 확상矍相에서 활쏘기를 할 적에 '남의 후사가 되기를 구한 자[與爲人後者]'는 물러가라고 했으니, 만약 사양하지 않고 기꺼이 허락한다면 어찌 성인에게 물리침을 당하지 않겠는가? 죽음으로써 굳이 사양하다가 부득이하여 후사가 된 자라야, 소후所後에게 뜻을 전일하게 할 수 있다."[188] 【이상. 후사가 될 자의 마음씨가 사악하고 바름】

○「射義」: 孔子射於矍{攫}相之圃, 盖觀者如堵墻, 使子路執弓矢, 出延射曰, "賁軍之將, 亡國之大夫, 與爲人後者, 不入, 其餘皆入." 盖去者半, 入者半. 陳註: 矍相地名, 賁與僨同. '與爲人後', 言人死無子, 宗族旣爲之立後矣, 此人復求爲之後也. 忘親貪利, 在所當棄. 徐氏曰: "與, 干也, 有所利之, 而干求也." ○丘氏曰: "其人旣死之後, 有爭承繼者, 非是欲承其宗, 無非利其財産而已. 若其人係軍匠籍官府, 雖貧之使繼, 彼肯從哉? 『春秋』推見至隱誅人之意." ○『通考』: 羅虞臣曰, "非所後而後焉, 是曰誣禮. 舍天性之愛, 而父他人, 孝子所不忍也." ○尤菴曰: "其曰'立後必待爲後者之許'云者, 此甚無理之說也. 當爲後者, 苟有人心, 誰肯捨其父母, 而許爲人後哉? 以故, 必待父母之許, 君上之命, 而後不得已而爲之矣. 孔子於矍相之射, 謝去與爲人後者, 若不辭而肯許之, 則豈不爲聖人之所斥乎? 以死固辭, 不得已爲之者, 然後可以專意於所後矣." 【右爲後者心術邪正】

본주논증

○『통고通考』: 유창劉敞[189]이 말하였다. "제후가 후사를 세우려 하면 반드시 천자에게 고하고 조부에게 보이며, 대부가 후사를 세우려 하면 반드시 제후에게 고하고 조부에게 보인다." ○사계가 말하였다. "후사를 세우려면 반드시 예조禮曹에 고한 뒤에 아들로 삼는다. 본관本官에만 고하면 단지 양자養子가 될 뿐이고 계후자繼後子가 되지는 못한다." ○우암이 말하였다. "부자父子는 천성天性이다. 오직 군주만이 하늘을 대신하여 사물을 다스리기 때문에 다른 사람의 자식에게 명하여 자식이 없는 사람을 잇게 한다. 그러므로 『중용中庸』에 '끊어진 세대를

188 『송자대전』 권66 「답박화숙(答朴和叔) 계축유월이일(癸丑六月二日)」.

189 유창(劉敞: 1019-1068): 북송 때 학자로, 자는 원보(原父), 호는 공시(公是)이다. 『춘추』에 정밀하여, 저술에 『칠경소전(七經小傳)』, 『춘추권형(春秋權衡)』, 『춘추전(春秋傳)』, 『춘추의림(春秋意林)』, 『춘추전설례(春秋傳說例)』 등이 있다.

잇는다.'고 하였는데, 필시 군주를 말함이리라. 내가 이른바 '군주에게 고하는 법식이 아마 고경古經에는 빠진 듯하다.'고 한 것은, 생각건대 고례古禮에는 혼례의 날짜나 달을 반드시 군주에게 고할 뿐만이 아니라, 무릇 백성이 자식을 낳으면 자명自名[190] 이상의 나이는 모두 문서로써 고하였으니, 하물며 이 후사를 세우는 것은 인륜의 일대 사건인데, 어찌 감히 사사로이 행하여 군주에게 고하지 않았겠는가? 후사를 세우면서 고하는 것도 자식을 낳으면 고하는 예와 같으므로 어쩌면 따로 예문禮文을 세우지 않았을까? 『주자대전朱子大全』의 정씨표程氏表[191]에 이른바 '후사가 없는 사람을 위하여 관청에 알려 후사를 세웠다.'고 한 것은, 아마도 관청에 알리는 것이 본디 당시의 법령이었기 때문에 정씨가 이와 같이 했던 듯하다. 우리나라에서는 세대가 끊어진 것을 잇는 법이 매우 엄격하여, 반드시 양가 부모가 소장을 올린 뒤 관아에서 허와 실을 갖추어 살펴 듣고, 또 양가의 문장門長에게 물어 다른 말이 없는 뒤에야, 해당 관청에서 입계入啓[192]하여 군주로부터 윤허가 내리면, 해당 관청에서 그제야 사실을 갖추어 거론하여 공문을 만들어 지급한 뒤에야 이에 부자父子가 된다. 그 엄격하고 삼감이 이와 같은데, 군주에게 명령을 받지 않고 사사로이 행할 수 있겠는가?[193] 나라에서 명령이 있으면 비록 작은 일이라도 어겨서는 안 되는데, 하물며 부자의 천륜이 얼마나 큰일인데 사사로이 함부로 해서야 되겠는가?"[194] 【이상. 후사를 세울 때 반드시 군주에게 고함】

○『通考』: 劉敞曰, "諸侯將立後, 必告於天子, 而見於祖, 大夫將立後, 必告於諸侯, 而見於祖." ○沙溪曰: "立後必告禮曹, 然後爲之子. 只告本官, 則只爲養子而已, 不得爲繼後子." ○尤菴曰: "父子天性也. 惟人君代天理物, 故命他子, 以繼無子之人. 故『中庸』言'繼絶世', 必以人君言也. 鄙所謂告君之式, 恐缺於古經云者, 意以爲古禮, 非但昏禮日月亦必告君, 凡民生子自名以上, 皆以籍告, 則況此立後, 是人倫之一大事也, 豈敢私爲, 而不告於君乎? 豈立後而告者, 亦同於生子而告之禮, 故不別立文耶? 『朱子大全』程氏表所謂'爲人無後者, 而聞官立後.' 恐是聞官, 自是當時令格, 故程氏如此矣. 本朝繼絶之法, 甚嚴, 必兩

190 자명(自名): 이름을 말할 수 있는 나이. 자식이 말을 할 줄 알게 되면 스스로 이름을 말할 수 있게 한다고 하였다.
191 정씨표(程氏表): 정이천(程伊川)의 묘표(墓表).
192 입계(入啓): 주무 관청에서 중요한 안건의 처리 방안을 마련하여 그 재가를 받기 위해 임금에게 아뢰는 절차.
193 『송자대전』 권105 「답심명중(答沈明仲) 정사이월(丁巳二月)」.
194 『송자대전』 권121 「답혹인(答或人)」.

家父母呈狀後, 問備虛實, 又問兩家門長, 無異辭, 然後該曹入啓, 自上允下, 該曹乃備擧事實, 成給公文, 然後乃爲父子. 其嚴且謹如此, 其可不命於君, 而私爲之乎? 國有令甲, 雖小事不可違, 況父子天倫, 是何等大事, 而私敢擅輒耶?"【右立後必告君】

본주논증

○정자程子가 말하였다. "이미 위인후자爲人後者가 된 자는 곧장 모름지기 소후자所後者[195]를 부모라 불러야 한다. 이렇게 하지 않으면 바르지 않다. 뒤에 의심하는 입론을 하는 사람들은 단지 『의례』 '부장기不杖朞' 안에 '위인후자가 그 부모를 위하여 입는다. 보복報服.'[196]이라고 한 것을 보고는, 곧장 모름지기 '친親' 부모라고 칭해야 한다고 말한다. 예문의 취지는 대개 다른 사람의 후사로 나갔으면 본부모本父母를 도리어 '숙叔'이나 '백伯'이라고 부르기 때문에 모름지기 '그 부모를 위하여'라는 말을 붙여서 구별한 것이지, 도리어 본부모를 또한 부모라고 일컫는다고 한 것은 아니다." ○정이천이 팽사영彭思永을 대신하여 '복왕濮王의 친속 칭호'를 논한 소疏에 이르기를, "복왕은 폐하의 소생부所生父이니 친속으로는 백부가 되고, 폐하는 복왕의 출계자出繼子이니 친속으로는 조카가 됩니다. 이는 천지의 큰 의리이고 살아있는 사람의 큰 윤리입니다."고 하였다. ○묻기를 "선유들이 복의濮議[197] 논쟁에서 '황고皇考'라고 칭한 것이 옳은가?"라고 하자, 주자가 대답하기를 "옳지 않다."고 하였다. 또 말하였다. "소후부와 소생부가 서로 마주 앉았는데 그 자식이 와서 소후부를 아버지라고 부르는 것은 끝내 성립되지 않고, 또 소생부를 아버지라고 부르는 것도 도리상 이같이 하지 못한다." ○율곡이 말하였다. "위인후자가 그 자식이 되는 것은 떳떳한 법도이고 통용되는 의리이다. 소생부를 도리어 백부나 숙부라고 하니, 친자親子와 털끝만큼이라도 차이가 없다. 부자가 이미 이러하다면, 조부와 손자의 인륜도 정해진다."[198] ○우암이 말하였다. "남의 자식을 양육하여[養他子] 후사로 삼는 것은 『가례』 '의복義服'조에 열거되어 있다. 내 생각으로는 그의 자식이라고는 할 수 있으나, 그

195 소후자(所後者): 자신을 후사로 삼은 자. 즉, 내가 후사가 되는 그 대상자이다.

196 보복(報服): 상대방에 예우에 대하여 그에 상당한 보답으로 입는 상복.

197 복의(濮議): 송나라 영종(英宗)이 복안의왕(濮安懿王)의 아들로서 인종(仁宗)의 뒤를 이어 즉위하자 복왕(濮王)을 숭봉(崇奉)하여 천자(天子)의 대우를 하려 하여 이 때문에 조의(朝議)가 분분하였던 사건이다.

198 『율곡전서』 권8 「입후의(立後議) 이(二)」.

의 체體라고는 할 수 없다."[199] ○문기를 "'양養'자를 소후所後에게 말해서는 안 되는가?"라고 하자,[200] 남당이 대답하였다. "『어류』 '상복喪服'조에 '양육해준 부모[所養父母]를 위하여 참최 3년'이라 하였으니, 주자 또한 소후부모를 양부모養父母라고 한 것이다."[201] ○사계가 말하였다. "주자가 유평劉玶을 대신하여 유평의 형인 유공劉珙의 행장行狀을 지으면서 말하기를 '종제從弟 평玶이 삼가 짓는다.'고 하였다. 대개 공珙과 평玶은 자우子羽의 아들이나, 평玶이 자우의 아우인 자휘子翬에게 후사로 출계出系하였으므로, 주자가 그를 종제라고 일컬었다." 【이상. 출후한 사람의 속칭】

○程子曰: "旣是爲人後者, 便須將所後者, 呼之以爲父母. 不如是, 則不正也. 後之立疑義者, 只見『禮』'不杖期'內有'爲人後者, 爲其父母報.' 便道須是稱親. 禮文盖言出爲人後, 則本父母, 反呼之以爲'叔'爲'伯'也. 故須著道爲其父母以別之, 非謂却將本父母亦稱父母也." ○伊川代彭思永, 論'濮王稱親'疏曰: "濮王 陛下所生之父, 於屬爲伯, 陛下濮王出繼之子, 於屬爲姪. 此天地大義, 生人大倫." ○問: "先儒濮議, 稱皇考, 是否?" 朱子曰: "不是." 又曰: "所後父與所生父, 相對坐, 其子來, 喚所後父爲父, 終不成, 又喚所生父爲父, 這自是道理不如此." ○栗谷曰: "爲人後者, 爲之子, 是常經通義. 反以所生父爲伯叔父, 則與親子, 無豪髮之殊. 父子旣如此, 則祖孫之倫, 亦定矣." ○尤菴曰: "養他子爲後, 『家禮』列此於'義服'條. 鄙意以爲可謂之子, 而不可謂之體." ○問: "養字不可言於所後?" 南塘曰: "『語類』'喪服'條, '爲所養父母, 斬衰三年', 朱子亦以所後父母, 爲養父母也." ○沙溪曰: "朱子代劉玶, 述玶之兄珙行狀曰, '從弟玶謹狀.' 盖珙與玶, 是子羽之子, 而玶出後於子羽之弟子翬, 故朱子以從弟稱之." 【右出後人屬稱】

본주논증

○『대명령大明令』: 고자孤子는 다른 사람의 후사가 됨을 허락하지 않는다. 무릇 다른 사람의 후사가 되는 것은 그 자식이 되는 것이니, 그 소생부모를 백부나 숙부라고 일컫게 된다. 그러니 아버지의 명을 받들지 않고 갑자기 자기 부모를 백부나 숙부라 하면 옳겠는가? 이는 이익을 탐하여 어버이를 잊는 것이다. ○사계가 말하였다. "후사를 세우는 사람은 반드시 군주에게

199 『송자대전』 권82 「답신성시(答申聖時) 병오팔월(丙午八月)」.
200 소후부모(所後父母)를 양부모(養父母)라 부른다는 말이다.
201 『남당집』 권16 「답심신부겸시김상부(答沈信夫兼示金常夫) 계해칠월(癸亥七月)」.

명령을 받는 것이 곧 법이다. 부모가 모두 돌아가신 사람은 혹 문장門長이 말을 올린다고 한다." 【이상. 고자孤子가 출후出後하는 법식】

○『大明令』: 孤子不許爲人後. 夫爲人後者, 爲之子, 則稱其所生爲伯爲叔. 不承父命, 而輒稱己父母爲伯叔, 可乎? 是貪利而忘親也. ○沙溪曰: "立後者, 必命於君, 乃其法也. 父母俱歿者, 或門長上言云." 【右孤子出後之式】

본주논증

○『통전』: 묻기를 "대종大宗에 후사가 없고 친족에도 서자庶子가 없는데, 자기에게 적자嫡子가 1명 있다면 아버지의 제사를 끊고 대종의 후사로 삼아야 마땅하겠는가?"라고 하자, 대성戴聖[202]이 말하였다. "대종을 끊어서는 안 된다. '적자는 후사가 되지 않는다.'고 하는 것은 서자보다 우선하지 못한다는 것일 뿐이고, 친족에 서자가 없으면 마땅히 아버지의 제사를 끊고 대종의 뒤를 이어야 한다." 전경田瓊[203]이 말하였다. "장자로서 대종의 뒤를 이으면 종자의 예가 성립되니, 제부諸父 중 후사가 없는 이를 종가에서 제사지내다가, 뒤에 그의 서자로 다시 그 아버지를 잇는다." ○정자程子가 말하였다. "예에 장자는 비록 다른 사람의 후사가 되지 못하지만, 만약 형제가 없고 또한 조祖를 계승하는 종宗이 끊어진다면, 또한 조祖를 이어 후사가 됨이 마땅하다. 예에는 비록 말하지 않았더라도 의리로써 일으킬 수 있다." ○사계가 말하였다. "『통전』 및 정자의 설은 장자가 후사가 된다는 증거이다. 그러나 예경禮經과 같지 않다." ○우암이 말하였다. "독자獨子를 다른 사람의 후사로 삼아서는 안 된다. 그런데 일찍이 어떤 재신宰臣이 『통전』의 '아버지의 제사를 끊고 대종의 뒤를 잇는다.'는 설을 인용하여 상소해서 그 아우의 독자를 후사로 삼자, 그대로 규례規例가 되었다. 재신宰臣은 곧 추포秋浦(황신黃愼)이다."[204] ○ 〖경호안설〗 우암이 논한 '출계하였던 자의 아들이 돌아와 본생조의 후사가 되면 어떤 사람을 아버지로 삼아야 하는가?'에 대한 설은 위의 '반부班祔'조에 상세히 보인다. 【이상. 독자의 출후出後】

202 대성(戴聖): 중국 전한(前漢) 때의 학자. 자(字)는 차군(次君). 대덕이 쓴 『대대례(大戴禮)』 85편을 간추려서 『소대례(小戴禮)』 49편을 만들었는데, 이것이 곧 오늘날의 『예기(禮記)』이다.

203 전경(田瓊): 중국 위(魏)나라 때 사람으로, 박사(博士)를 역임하였다.

204 『송자대전』 권121 「답혹인(答或人)」.

○『通典』: 問, "大宗無後, 族無庶子, 己有一適子, 當絶父祀, 以後大宗否?" 戴聖云, "大宗不可絶. 言適子不爲後者, 不得先庶耳. 族無庶子, 則當絶父, 以後大宗." 田瓊曰, "以長子後大宗, 則成宗子. 禮, 諸父無後, 祭於宗家, 後以其庶子, 還承其父." ○程子曰: "禮, 長子雖不得爲人後, 若無兄弟, 又繼祖之宗絶, 亦當繼祖爲後. 禮雖不言, 可以義起." ○沙溪曰: "『通典』及程子說, 是長子爲後之證. 然與禮經不同." ○尤菴曰: "獨子不可爲後. 而曾有一宰臣, 引『通典』'絶父祀以後大宗'之說, 陳訴, 以其弟獨子爲後, 因成規例. 宰臣卽秋浦也." ○ 〖按〗 尤菴所論'出繼者之子, 還爲本生祖後, 以何人爲父'之說, 詳見上'班祔'條. 【右獨子出後】

본주논증

○남계가 말하였다. "사람들의 집안에서는 유명遺命을 막중하게 여기니, 진실로 이에 따라 하는 것이 마땅하다. 그러나 증조를 계승하는 소종小宗의 제사가 끊어지는 것은 '유명'에 비하여 더욱 중요하다. 만일 행할 수 있는 여지가 있다면 마땅히 사유를 갖추어 사당에 후사를 세운다고 고유告由하여 '유명'을 쓰지 않아야만 매우 바르다고 하겠다. 그러나 만약 문장門長 중에 이 일을 주관할 만한 사람이 없으면 또한 이루기가 어렵다."[205] 【이상. 입후立後에는 유명遺命을 쓰지 않음】

○南溪曰: "人家莫重於遺命, 固當以此從事也. 然繼曾之宗絶祀, 其重比遺命尤甚. 如有可爲之地, 則惟當具由告祠堂立後, 而不用遺命, 方爲大正. 然若無門長之可主此事者, 亦難得成矣." 【右立後不用遺命】

본주논증

○"우리나라 법에 장자가 계후繼後하면, 그 아버지와 조부의 제사는 친자식에게 전한다고 한 것"에 대하여 묻자, 사계가 대답하였다. "이와 같이 하면 예법이 크게 무너진다. 이는 근세의 한 상신相臣의 논의에서 유래했으니 애석하도다!"[206] ○신독재가 말하였다. "인조조仁祖朝에는 계후자繼後子에게 소생자所生子처럼 조선祖先의 제사를 받들도록 했다." {상세한 내용은 위의 '종법宗法'을 보라.} 【이상. 계후자繼後子가 조선祖先의 제사를 받듦】

○問: "國典長子繼後, 則其父與祖之奉祀, 傳之親子云." 沙溪曰: "如此, 則禮防大毁. 此由近世一相臣之

205 『남계집』 권35 「답이사수(答李士粹) 언순(彦純)○신미팔월칠일(辛未八月七日)」.
206 『동춘당집』 별집 권2 「상사계선생(上沙溪先生)」.

議, 惜哉!" ○愼獨齋曰: "仁祖朝, 令繼後子, 奉祖先祀如所生." {詳見上宗法.}【右繼後子奉先祀】

본주논증

○『대명령大明令』: 만약 소양부모所養父母에게 친생자親生子가 있고 본생부모本生父母에게 자식이 없어서, 되돌아가고자 하면 들어준다. 만약 소양부모에게 자식이 없는데 버리고 간다면 곤장을 치고 귀양을 보낸다. ○『대전大典』: 위인후자爲人後者가 본생부모에게 후사가 끊어져서 계후繼後를 파기하고 본종으로 돌아가면, 그 소후가所後家에서 다시 후사를 세우는 것을 허락한다. 만약 소후부모所後父母가 이미 죽어서 후사를 고쳐 세울 수 없으면, 방친旁親을 반부班祔하는 사례에 따른다. ○사계가 말하였다. "후사로 나간 사람이 본생친本生親에게 후사가 없으면 양가兩家의 아버지가 상의하여 본종本宗으로 돌려보내는 데는, 옛날에 그러한 사례가 있었다. 그러나 양가의 아버지가 다 돌아가시면 자식은 제 마음대로 계후를 파기할 수 없다."[207] {상세한 내용은 '반부班祔'를 보라.} ○남계가 말하였다. "피차 모두 아버지가 없으면 제 마음대로 계후를 파기하고 본종으로 돌아가는 것은 합당치 않다. 다만 반드시 문장門長이 관청에 알려 조처함이 합당한가의 여부를 논의해야지, 감히 가볍게 논의해서는 안 된다."[208]【이상. 본생친本生親에게 후사가 없어 본종本宗으로 돌아감】

○『大明令』: 若所養父母有親生子, 及本生父母無子, 欲還者聽. 若所養父母無子, 而捨去者, 杖流. ○『大典』: 爲人後者, 本生父母絶嗣, 則罷繼歸宗, 許其所後家改立後. 若所後父母已死, 不得改立後, 則從旁親班祔例. ○沙溪曰: "出後者, 本生親無後, 則兩家父相議歸宗, 古有其例. 而兩家父死, 則子不可擅自罷繼." {詳見'班祔'.} ○南溪曰: "彼此俱無父, 則不當擅自罷繼而歸宗. 第必有門長告官, 議處之擧否, 不敢輕議."【右本生無後歸宗】

본주논증

○『대명령大明令』: 만약 후사를 세운 뒤에 도리어 친자식을 낳았다면, 그 집의 재산을 원래 입후한 자와 균등하게 나누어주는 것을 허락한다. ○율곡栗谷이 「입후의立後議」에서 말하였다. "아버지가 아들에 대해서나 아들이 아버지에 대해서나 그 은정恩情은 한가지이다. 아들이 이

207 『동춘당집』 위와 같은 곳.

208 『남계집』 권39 「답양계통문(答梁季通問) 신미추답(辛未追答)」.

미 생부生父를 버리고 그 소후所後를 아버지로 삼는데, 아버지만 친자식을 버리고 계후자繼後子를 적자適子로 삼지 않을 수 있겠는가?"[209] ○묻기를 "입후한 뒤에 자식을 낳았다면 어떻게 조처해야 하는가?"라고 하자, 사계가 대답하였다. "옛날 사람들이 행한 것은 또한 각각 다르나, 예법과 일의 형세에 따라 참작하여 조처하는 것이 마땅하다. 그러나 호문정胡文定[210]이 행한 것이 필경 옳은 듯하다. 하순賀循[211]은 종자從子 굉紘을 취하여 아들로 삼았는데, 뒤에 아들을 낳자 굉을 본종으로 돌려보냈다. 그러나 호문정은 그 형의 아들인 인寅을 후사로 삼았다가, 뒤에 두 아들 영寧과 굉宏을 나았지만 그대로 인寅을 후사로 삼았다."[212] 【입후한 뒤에 아들을 낳아도 소후를 장자로 삼음】

『大明令』: 若立嗣之後, 却生親子, 其家産許與元立均分. ○栗谷「立後議」曰: "父之於子, 子之於父, 其恩情一也. 子旣捨生父, 而父其所後, 則父獨不能捨親子, 而以繼後子爲嫡乎?" ○問: "立後後生子, 則如何處之?" 沙溪曰: "古人所行, 亦各不同, 當以禮律事勢, 參酌處之. 然胡文定所爲, 畢竟似是. 賀循取從子紘, 爲子, 後生子, 遣紘歸本. 文定養其兄子寅, 後生二子寧宏, 而以寅爲後." 【右立後後生子以所後爲長子】

본주논증

○묻기를 "소후부所後父에게 전처前妻와 후처後妻가 있다면 전처의 아버지를 외조부로 기록해야 하는가?"라고 하자, 신독재가 대답하였다. "전처와 후처 중 반드시 나를 양육한 자가 있을 것이니, 자기를 양육한 자의 아버지를 외조부로 삼음이 마땅하다." ○ 〚우안〛 무릇 입후하는 데는 마땅히 군주에게 알리는 것을 중시해야지 자기를 양육한 것을 중시해서는 안 된다. 전처가 살아있을 때에 비록 자기를 양육했더라도 혹 미처 군주에게 알려서 문서를 완성하지 못하였다가, 후처 때에 와서야 비로소 군주에게 알렸다면 아마도 후처의 아버지를 외조부로 삼는 것이 마땅할 듯하니, 신독재의 설은 의심스럽다. 또 살피건대, 신독재는 처음에 입후하면서 관청에 알리지 않은 것을 그르게 여기지 않았다가, 우암이 이 때문에 논쟁을 벌여 하나의 결론으로 귀착했으니, 아마 신독재의 이 설은 곧 초년의 견해인 듯하다. 【이상. 소후가所後家에

209 『율곡전서』 권8.

210 호문정(胡文定): 북송의 사상가인 호안국(胡安國; 1073-1138)을 가리킨다. 문정(文定)은 그의 시호이다.

211 하순(賀循): 자는 언선(彦先). 경례(經禮)에 저명한 학자이다.

212 『동춘당집』 별집 권2 「상사계선생(上沙溪先生)」.

전모前母와 후모後母가 있는 경우 그 어머니를 확정함】

○問: "所後父有前後妻, 則以前妻之父, 書外祖耶?" 愼獨齋曰: "前後妻, 必有養己者, 當以養己者之父, 爲外祖也." ○〖愚按〗凡立後, 當以告君爲重, 不當以養己爲重. 前妻在時, 雖已養己, 而或未及告君成文, 至後妻時, 始告君, 則恐當以後妻之父, 爲外祖, 愼齋說, 可疑. 又按, 愼齋初以立後, 而不爲聞官者, 不以爲非, 尤菴以此爭辨, 而歸一, 則疑愼齋此說, 乃初年之見也.【右所後家有前後母定其母】

본주논증

○우암이 말하였다. "전처와 후처가 모두 죽은 뒤에 비로소 그 자식이 된 자는 전처의 아들이 되어야 마땅하다."[213] ○남당이 말하였다. "전모와 후모가 모두 죽고 그 후사가 된 자는 후모를 친모로 삼는 것이 마땅하다. 후모를 뛰어 넘어 전모를 친모로 한다면 이는 그 자식의 도리를 후모에 앞서 뒤늦게 바로잡는 것이니, 매우 불가하다."[214] 또 말하였다. "전모가 이미 죽은 뒤에 후모가 집안일을 감당하여[當室] 종사宗祀를 받들고 가사를 주관한다면, 그 후사가 된 자는 실제로 후모의 계통을 받들게 되니, 이는 후모를 친모라고 함이 마땅하다. 또 자식이 태어나기 전에 어머니가 죽었다면 비록 열 명의 어머니가 있더라도 모두 전모가 되고, 자식이 태어난 뒤에 어머니를 얻었다면 비록 열 명의 어머니가 있더라도 모두 계모가 된다. 어머니가 죽은 뒤에 후사가 되었는데 그 어머니를 계모라고 한다면, 이는 자식이 태어나기 전에 먼저 이미 계모가 있었던 것이 되니, 아마 정명正名의 의리가 아닌 듯하다. 선사先師(권상하權尙夏)의 문집을 보니 '전처와 후처가 모두 죽고 입후한 자는 아버지의 후처의 아버지를 외조부라고 함이 마땅하다.'고 하였다. 선사께서 평소 스승[宋時烈]의 설을 독실하게 믿었으나 이 설에 대해서만은 우암과 같지 않으니, 필시 소견이 있어서 그랬던 것일까? 혹은 우암에게 들은 것이 있었던 것일까?"[215]【이상. 전모와 후모가 모두 죽은 뒤에 입후한 자가 그 어머니를 확정함】

○尤菴曰: "前後妻皆歿後, 始爲之子者, 當爲前妻之子." ○南塘曰: "前後母俱亡, 爲其後者, 當以後母爲親母. 越後母, 而以前母爲親母, 是使其子道追正於後母之前, 此不可之甚者." 又曰: "前母旣亡後, 後母

213 『송자대전』 권119 「답이중거(答李仲擧)」.

214 『남당집』 권17 「답이성통(答李聖通) 지태(至泰)○갑인십이월(甲寅十二月)」.

215 『남당집』 권17 「여김중명(與金仲明) 계해정월(癸亥正月)」.

當室奉宗祀，而主家事，則爲其後者，實承後母之統緖，此當以後母爲親母．且子生之前母亡，雖有十母，皆爲前母，子生之後，得母，雖有十母，皆爲繼母．爲後於母亡之後，而以其母爲繼母，是子生之前，先已有繼母也，恐亦非正名之義也．見先師遺集曰，'前後妻俱亡，立後者，當以父之後妻之父，爲外祖．' 先師平日篤信師說，而獨於此說不同於尤翁，必有所見而然也？亦或有聞於尤翁者耶？"【右前後母俱亡後立後者定其母】

본주논증

○우암이 말하였다. "어떤 사람[216]이 군주의 재가를 받기 전에 먼저 숙부에 대하여 3년복을 입었다가, 이윽고 그것이 잘못된 것임을 깨닫고 그 숙모에 대하여는 3년복을 입지 않으니, 바로 '어제는 그르나 오늘은 옳다[昨非今是].'는 의미에 맞았다. 그런데 그 당시 사람들은 윤리를 무너뜨렸다고 하면서 유적儒籍에서 깎아내었다. 주자와 국법을 따르려 한 것인데 어째서 윤리를 무너뜨렸다고 하는지를 알지 못하겠다."[217] 또 말하였다. "그 소후부모에 대한 복服을 입지 않아야 마땅하다면, 이때 가령 그의 소생부所生父가 죽었다면 기년복을 입어야 하겠는가? 아니면 참최복을 입어야 하겠는가? 이미 저쪽에 대해 참최복을 입었는데 또 이쪽에 대해서도 참최복을 입는다면 이는 근본을 둘로 하는 것이다. 만약 저쪽에 대해 참최복을 입고 이쪽에 대해 기년복을 입는다면 이는 군주의 명령 없이 사사로이 스스로 그 부모를 끊은 것이 되니, 옳겠는가? 대개 이런 곳에는 터럭만큼의 틈도 용납되지 않는다. 정녕 군신의 의리와 같아서 당일 천명天命이 끊어지면 남이 되고, 한 시각이라도 그 천명이 아직 끊어지지 않았으면 여전히 군신인 것이다. 부자의 윤리는 군신보다 더욱 중요하다. 주자서朱子書에 이미 군주에게 고한 글이 있고 국법이 또한 매우 엄하고 분명한데, 어찌 감히 따르지 않겠는가? 『예기』에 이른바 '남의 후사가 되기를 구한 자[與爲人後者]는 확상矍相에서의 활쏘기에 감히 들어오지 못하게 했던 것'에 가깝지 않겠는가?"[218]【이상. 군주에게 고하기 전에 잘못 복服을 입었다가 바르게 고침】

216 어떤 사람: 『송자대전』에 '족인(族人) 이삼귀(李三龜)'라 하였다.
217 『송자대전』 권105 「답심명중(答沈明仲) 정사이월(丁巳二月)」.
218 『송자대전』 권65 「답박화숙(答朴和叔) 경술십이월오일(庚戌十二月五日)」.

○尤菴曰："有人而不爲啓下，而先服叔父三年矣，旣而覺其非，不服其叔母，正得昨非今是之意．而時輩以爲敗倫，削之儒籍．未知欲從朱子及國法者，何爲而爲敗倫耶．" 又曰："於其所後服，其不當服，於此時，設令其所生父死，則服期耶？抑斬衰耶？旣斬於彼，又斬於此，則是二本也．若斬於彼，而期於此，則是無君命，而私自絶其父矣，而可乎？盖此處，間不容髮．正如君臣之義，當日命絶，則爲路人，雖是一刻，其命未絶，則尙是君臣也．父子之倫，尤重於君臣矣．朱子書旣有告君之文，國法則又甚嚴明，何敢不遵耶？不幾於『禮記』所謂'與爲人後，而不敢入於矍相之射'者耶？"【右告君前誤服改正】

본주논증

○『대명령大明令』: 가령 후사를 세우면서 비록 동종同宗의 관계라도 존비尊卑의 차례를 잃었다면, 그 자식을 본종으로 돌려보내고, 응당 세워야 할 사람으로 바르게 고친다.【이상. 입후하면서 존비尊卑의 차례를 잃어 바르게 고침】

○『大明令』: 若立嗣，雖係同宗，而尊卑失序，其子歸宗，改正應立之人．【右立後尊卑失序改正】

본주논증

○묻기를 "아직 관청에 알리지 않아서 후사가 되지 못한다면, 마땅히 성인成人으로서 후사가 없는 사람의 규정에 의거하여 대종으로 돌아가 반부해야 하는가? 이는 실로 신의 도리[神道]나 사람의 정[人情]에 편치 못한 바이니, 시속의 시양侍養의 사례에 의거하여 그대로 그 제사를 받들고 신주를 개제改題하는 것이 어떻겠는가?"라고 하자, 우암이 대답하였다. "후사가 없는 사람은 종가에 부식祔食하는 것이 본시 바른 예禮이고, 예가 바르면 마음이 편안하다. 양육된 사람이 차마 소홀히 할 수 없다면 제사 때 제물로 도와 또한 스스로 그 정을 펴는 것도 괜찮다."[219] ○묻기를 "어떤 사람이 장차 입후하려고 형제의 자식을 데려와 기르다가 겨우 반년을 살다가 미처 관청에 알리기도 전에 그 사람의 남편과 아내가 함께 죽었다면, 그 조카의 상복 및 제사는 어떻게 해야 하는가?"라고 하자, 대답하였다. "본복本服이 다한 뒤에는 심상心喪의 예禮가 있다. 예컨대 진선進善 박세채朴世采의 경우가 이것이다. 길러준 사람[所養]이 자손이 없으면 양육을 받은 사람은 마땅히 제사를 주관하고, 복服이 다한 뒤에 종가에 부祔하는 것이

219 『송자대전』 권105 「답심명중(答沈明仲) 무오구월(戊午九月)」.

옳다."[220] 【이상. 아직 관청에 알리기 전의 양부모에 대한 반부班祔와 제사】

○問: "未聞官, 不得爲後, 則當依成人而無後者, 歸祔於大宗耶? 此實神道人情之所不安, 依時俗侍養之例, 仍奉其祀, 改題神主, 如何?" 尤菴曰: "無後人, 祔食宗家, 自是正禮, 禮正則心安矣. 被養之人, 如不忍恝然, 則祭時以物助之, 則亦可以自伸其情矣." ○問: "人將立後, 取養兄弟之子, 生纔半歲者, 未及聞官, 其人夫妻俱歿, 其姪服喪及奉祀, 何以爲之?" 曰: "本服盡後, 有心喪之禮. 如朴進善世采氏, 是也. 所養如無子孫, 則被養之人, 當主祀, 服盡後, 祔於宗家, 可也." 【右未聞官養父母班祔奉祀】

본주논증

◎≪시양侍養≫ ○『통전』: 하기何琦[221]가 말하였다. "별종別宗[222]에 후사가 없다고 종통宗統(종가의 계통)을 끊어서는 안 된다. 위魏나라의 종성후宗聖侯[223]는 멀리 선니宣尼(공자)를 이었고, 순의荀顗는 자식이 없어 형의 손자를 후사로 삼았으니, 이것이 비근한 사례가 된다." 유울지庾蔚之가 말하였다. "대를 건너뛰어서 후사를 취하는 것은 예법에서 듣지 못했다. 종성후의 경우 당시 왕의 명령으로 선성先聖을 높였던 것이어서, 본래 대수代數를 계산하지 않았던 것이니, 아마 이것을 인용하여 견주어서는 안 될 듯하다." ○한강이 말하였다. "입후할 적에 다른 자식이나 조카 항렬이 없으면 오늘날 세상에는 족손族孫을 시양자侍養者로 삼는 일이 많다. 그러나 고례古禮는 아니다."[224] ○우암이 말하였다. "시양侍養은 진실로 예가 아니고, 외손봉사는 주자가 친족이 아니라고 물리쳤다. 바른 예로 헤아려보면, 그 신주를 각기 조부의 감실에 부祔하는 것이 마땅하다."[225] ○계승하는 바의 차례가 이미 조부와 손자 사이라면 바로 황조皇祖[226]의 이른바 '소목의 차례를 잃은 자'이니, 즉시 관청에 올려서 바로 고침에 어찌 혐의할 만한 것이 있겠는가? 단지 바로잡아 고친 뒤에 다른 족인 중에 맡길 만한 사람이 없다면, 속인들의 시양侍養의 사례에 의거하여 그대로 그 제사를 받들게 하는 것은, 비록 정당하지는 않을지라도 받은 것은

220 『송자대전』 권108 「답전옥여(答全玉汝)」.

221 하기(何琦): 동진(東晋) 여강(廬江) 첨(灊) 사람으로, 자는 만륜(萬倫)이다. 어려서 아버지를 여의고 어머니를 지극한 효성으로 섬겼다. 박학하여 여러 가지 경전에 능통하였다.

222 별종(別宗): 본종(本宗) 이외에 별도로 세운 종(宗)을 말한다.

223 종성후(宗聖侯): 위(魏)나라 문제(文帝) 때 종성후(宗聖侯)에 봉해진 공선(孔羨)을 가리킨다.

224 『한강집』 권6 「답박정로(答朴廷老)」.

225 『송자대전』 권83 「여구제백(與具濟伯) 임자(壬子)」.

226 황조(皇祖): 이 조문은 앞에 나온 명(明)나라 고황제(高皇帝)의 조칙을 인용한 것이다.

있는데 조처할 곳이 없는 것보다는 나을 듯하다.[227] ○지촌芝村이 말하였다. "윤월정尹月汀의 첩자妾子 창杲이 자식이 없이 죽자, 그의 처 이씨李氏가 예조에 청을 올려 백사白沙 윤훤尹暄의 첩증손妾曾孫인 세운世運을 자식으로 삼았는데, 대개 증손의 항렬이었다. 해당 관청에서 장계狀啓를 올려 말하기를 '옛날 사람 중에 손자의 항렬을 아들로 삼은 사람으로는 한漢나라의 관순冠恂, 진晉나라의 순의荀顗, 당唐나라의 백거이白居易가 이들이다. 우리나라는 송사민宋斯敏이 그의 아우 명의明誼의 증손인 순년順年을 아들로 삼았는데, 옛날 사람들이 이미 행했던 자취를 명백하게 상고할 수 있으니, 그 사정과 바람에 의거하여 확정해 주는 것이 어떻겠습니까?'라고 했다. 전교傳敎에 말하기를 '손자의 항렬을 자식으로 하는 것은 고금에 비록 있지만, 국법에는 일정한 법규가 없다. 양자養子와 시양자侍養子는 명분은 비록 다르더라도, 승중承重하여 봉사奉祀하는 것은 한가지이다. 특별히 시양자로 문안을 만들어 확정해 주는 것이 좋겠다.'고 하였다. 해당 관청에서는 자식이 되는 것을 허락해 주도록 청했는데, 전교에서는 시양자로 확정하여 주었다. 이른바 '승중하여 봉사한다.'는 것이 또한 그 가사家事를 주관하게 한 뜻일까?"[228] {기년복을 대조해 보라.} 【이상. 총론】

◎≪侍養≫ ○『通典』: 何琦曰, "別宗無後, 宗緒不可絕. 魏之宗聖, 遠繼宣尼, 荀顗無子, 以兄孫爲嗣, 此成比也." 庾蔚之曰, "間代取後, 禮未之聞. 宗聖時王所命, 以尊先聖, 本不計數, 恐不得引而比也." ○寒岡曰: "立後無他子姪行, 則今世多以族孫, 爲侍養者. 然非古禮也." ○尤菴曰: "侍養固是非禮, 而外孫奉祀, 則朱子又斥之以非族. 揆以正禮, 則其主當各祔于其祖之龕矣." ○所繼之序, 旣是祖孫, 則正皇祖所謂昭穆失序者, 卽呈官改正, 寧有可疑? 只是改正之後, 無他族人之可托者, 則依俗人侍養例, 仍奉其祀, 雖不正當, 而似亦愈於有所受, 而無所處矣. ○芝村曰: "尹月汀妾子杲, 無子而死, 其妻李氏, 呈禮曹請, 以尹白沙暄之妾曾孫世雲, 爲子, 盖爲曾孫行也. 該曹啓曰, '古人以孫行爲子, 卽漢之冠恂, 晉之荀顗, 唐之白居易, 是也. 我朝宋斯敏, 以其弟明誼曾孫順年爲子, 古人已行之迹, 班班可考, 依情願定給, 如何?' 傳曰, '孫行爲子, 古今雖有, 國典無常規. 養子侍養子, 名號雖殊, 承重奉祀則一也. 特爲侍養子成案定給, 可也云.' 該曹則請許爲子, 而傳教則以侍養子定給. 所謂'承重奉祀'者, 亦令主管其家事之意耶?"

227 『송자대전』 권83 「답구제백(答具濟伯) 신해(辛亥)」.
228 『지촌집』 권8 「여김중화(與金仲和) 임오(壬午)」.

{互見期服.}【右總論】

본주논증

○주자가 말하였다. "출처出妻를 사당에 들이는 것은 결단코 불가하다. 자손된 자는 다만 세시歲時에 그 집의 사당에 가서 절하는 것이 합당하다. 족조族祖와 여러 방친을 제사지내는 것도 모두 합당하지 않다. 잊을 수 없는 사람이 있으면 또한 이 사례에 따라서 하면 된다."【이상. 방친을 잊을 수 없으면 세시歲時에 사당에 가서 절함】

○朱子曰: "出妻入廟, 決然不可. 子孫只合歲時就其家之廟, 拜之. 族祖及諸旁親, 皆不當祭. 有不可忘者, 亦倣此例, 可也."【右旁親不可忘歲時拜廟】

본주논증

◎≪이성異姓을 후사로 삼음≫ ≪부록: 수양자가 제사를 받드는 설≫ ○주자가 말하였다. "이성을 세워 후사로 삼는 것은 참으로 오늘날 사람들의 잘못이다." ○북계北溪 진순陳淳이 말하였다. "귀신은 동류가 아니면 제사를 받지 않고, 백성은 종족이 아니면 제사지내지 않는다. 고인들이 후사를 이을 때 대종大宗에게 자식이 없으면 족인族人의 자식으로 후사를 이은 것은, 같은 기맥의 사람을 취하면 서로 감통하여 사이가 끊어짐이 없이 이을 수 있기 때문이었다. 후세에는 의리에 밝지 못하여 사람들 집안에 후사가 없으면 동종同宗의 자식을 드러내어 세우려 하지 않고, 몰래 이성異姓의 아이를 기르는 이가 많은데, 겉으로는 이어짐이 있는 듯하지만, 속으로는 이미 끊어진 것이다. 대개 『춘추春秋』에 증자鄫子가 거공莒公의 자식을 취하여 후사를 삼았기 때문에 성인이 기록하기를, '거莒나라 사람이 증鄫나라를 멸망시켰다.'[229]고 하였는데, 거나라 사람이 증나라를 멸망시킨 것이 아니라, 이성이 제사를 주관하는 것이 멸망의 길이기 때문이었다. 진秦나라는 여정呂政에서 끊어지고, 진晉나라는 우예牛睿에서 끊어졌다는 것도 모두 같은 종류이다. 그러나 오늘날 세상에서 논의하는 동종同宗을 세우는 것 또한 범연하게 할 수 없다. 대개 성姓은 상고시대에 성인이 만든 것에서 나온 것으로 태어난 곳을 구별하고 부류를 구분하기 위함인데, 이 후로부터 사성賜姓과 변성變姓이 있어서 또 모두 혼란스럽고 뒤섞였

229 거(莒)나라……멸망시켰다: 『춘추』 양공(襄公) 6년조에 보인다.

기 때문에, 종宗을 세우는 자는 또 동성이라고 믿어서는 안 되고, 모름지기 근친 중 내력이 분명한 자를 택하여 세워야만 같은 기맥이 감통되어 아버지와 조부는 제사를 잃음에 이르지 않는다." ○『통전通典』: 위魏나라 때에 어떤 이가 『사고론四孤論』[230]을 지어 말하기를 "전쟁과 기근을 만나면 자식을 파는 사람도 있고, 구렁텅이에 버리는 사람도 있으며, 태어나자 부모가 죽고 석 달 복을 입는 친족[緦親]마저 없어 반드시 죽게 된 사람도 있고, 속인俗人들이 5월 단오에 자식을 낳았다고 꺼려 거두지 않는 자도 있다. 어떤 집에 아이가 없어 이런 아이를 거두어 기르다가 성인이 되었는데, 예禮에 이성異姓은 후사가 되지 못한다고 하였다면서 본래 성씨[本姓]로 돌려보내려 한다면 옳다고 하겠는가?"라고 하였다. 군모사軍謀史 우달숙于達叔이 논의하기를 "이 사고四孤가 된 사람은 그 부모가 아니었다면 태어나지 못했고, 공구公嫗(양부모)를 만나지 않았다면 길러지지 못했을 것이다. 태어나고 양육된 것이 두 집으로 말미암았으니, 본생本生을 버리거나 소후所後의 은혜를 배반하는 것은 진실로 옳지 않다. 이제 마땅히 자식은 그의 힘을 다해 공구가 길러준 은혜에 보답해야 할 것이다. 만약 돌아가시면 부재위모父在爲母[231]의 복服으로 보답하고, 따로 사당[宮宇]을 세워 제사지내며 죽은 뒤에 그만둘 것이다."고 하였다. ○우암이 말하였다. "국법國法에 세 살이 되기 전에 당초 거두어 기른 자는 자신의 아들과 같이 한다. 그러나 이는 상복喪服을 가리켜 말한 것이지, 반드시 그에게 제사를 받들게 한다는 것은 아니다. 만약 이성異姓이면 종족이 아닌 이의 제사로, 주자가 분명히 흠향하지 않는다고 했으니, 그 뜻이 매우 엄격하다."[232] ○ 〖우안〗 수양자收養子가 제사를 받드는 예는 만약 본종本宗으로서 양육을 받은 사람이면 마땅히 위의 '시양侍養'조에서 우암이 논한 바에 의거하여 그 신주는 각각 그 조부의 감실에 부祔하는 것이 마땅하고, 수양자收養子는 희생물을 바쳐서 제사를 돕는 것이 좋다. 만일 부祔할 곳이 없으면 별실에서 제사지내는 것도 괜찮다. 만약 그가 외족外族 및 이성異姓에게 양육을 받았다면 귀신은 동류가 아니면 제사를 받지 않고, 백성은 종족이

230 『사고론(四孤論)』: 위진(魏晋) 시대에 논의된 예설의 하나. 저자는 미상이며, 고아를 네 가지 경우로 수양(收養)하는 의리를 논한 것이다. 성호 이익과 다산 정약용의 『상례사전』과, 성재 허전의 「사고론(四孤論)」 참조.

231 부재위모(父在爲母): 아버지가 살아계시는데, 어머니가 먼저 돌아가신 경우의 상을 '부재모상(父在母喪)'이라고 하고, 이때 어머니를 위해 상복을 입는 경우를 '부재위모'라고 부른다. 대개 부재위모복은 재최장기(齊衰杖期) 즉, 재최복을 입고 상장(喪杖)을 짚는 1년상이다.

232 『송자대전』 권122 「답혹인(答或人)」.

아니면 제사지내지 않는 것이 곧 옛날의 가르침이다. 주자는 외손봉사를 오히려 종족이 아닌 이의 제사로 여겼으니, 하물며 친분이 없는 이성에 있어서랴! 우암의 가르침은 또한 매우 엄정하니, 또한 각각 그 신주를 조부의 감실에 부祔하고, 제물로 제사를 돕는 것은 한결같이 본종의 예禮와 같이 함이 마땅하다. 만일 전혀 부祔할 곳이 없으면 매우 난처하니, 이와 같은 것은 부득이 『통전』에서 논한 '따로 사당을 세워 제사지내야 한다.'는 설에 의거하여, 별실에 신주를 보관하여 임시로 제사를 지내도록 할 것인가? 그러나 끝내 바른 예는 아닐 것이다.

◎《異姓爲後》《收養子奉祀說附》○朱子曰: "立異姓爲後, 此固今人之失." ○陳北溪淳曰: "神不歆非類, 民不祀非族. 古人繼嗣, 大宗無子, 則以族人之子, 續之, 取其一氣脉, 相爲感通, 可以嗣續無間. 後世義理不明, 人家無嗣, 不肯顯立同宗之子, 多是潛養異姓之兒, 陽若有繼, 而陰已絶矣. 蓋自『春秋』鄫子取莒公子, 爲後, 故聖人書曰, '莒人滅鄫.' 非莒人滅之也, 以異姓主祭祀, 滅亡之道也. 秦以呂政絶, 晉以牛睿絶, 亦皆一類. 然在今世論之立同宗, 又不可泛. 蓋姓出於上世聖人之所造, 所以別生分類, 自後有賜姓變姓者, 又皆混雜, 故立宗者, 又不可恃同姓爲憑, 須擇近親來歷分明者, 立之, 則一氣所感, 父祖不至失祀." ○『通典』: 魏時, 或爲『四孤論』曰, "遇兵飢饉, 有賣子者, 有棄溝壑者, 有生而父母亡, 無緦親, 其死必也者, 有俗人, 以五月生子, 妨忌之, 不擧者. 有家無兒, 收養成人, 禮, 異姓不爲後, 使還本姓, 爲可否?" 史于叔達議曰, "此四孤者, 非其父母不生, 非遇公嫗不濟. 旣生旣育, 由於二家, 棄本背恩, 實未之可. 今宜子竭其力, 報於公嫗養育之恩. 若終, 爲報父在爲母之服, 別立宮宇而祭之, 畢己之年也." ○尤菴曰: "國法三歲前, 收養始得, 卽同己子. 然此指喪服而言, 不必使之奉祀也. 若是異姓, 則非族之祀, 朱子明言其不享, 其意甚嚴矣." ○ 〖愚按〗 收養子奉祀之禮, 若是被養於本宗者, 則當依上'侍養'條尤菴所論, 其主當各祔于其祖之龕, 而收養子供其牲物, 而助祭, 可也. 如無所祔, 則祭之別室, 亦可也. 若其被養於外族及異姓者, 則神不歆非類, 民不祀非族, 乃古訓也. 朱子以外孫奉祀, 猶爲非族之祀, 況於無親之異姓乎! 尤翁之訓, 又甚嚴正, 亦當各祔其主於其祖之龕, 而以物助祭 一如本宗之禮. 如其都無所祔處, 則亦甚難處, 如此者, 不得已或依『通典』所論'別立宮宇而祭之'之說, 藏主於別室而權祭耶? 然終非正禮也.

본주논증

◎《외손봉사》《부록: 처부모의 제사를 받드는 설》○『대전大典』: 외조부모 및 처부모의 제사를 주관할 사람이 없으면, 정월 초하루·단오·중추 및 각 기일에 시속의 의례에 따라

제사지낸다. ○정숙자程叔子가 말하기를 "선비先妣 후부인侯夫人께서 돌아가시기 하루 전날 나[程頤]에게 명하여 말씀하시기를 '금일 백오百五[233]에 나를 위해 내 부모님의 제사를 지내고, 내년에는 다시 제사지내지 말라.'고 하셨다."라고 하였다. ○주자가 말하였다. "상곡군군上谷郡君(정자 어머니의 봉호)께서 이천伊川에게 말하기를 '금일은 나를 위해 부모에게 제사를 지내고, 내년에는 다시 지내지 말라.'고 했는데, 이 또한 그의 외가를 제사지낸 것이다. 그러나 예경禮經에는 없다." ○송공宋公이 외조에게 후사가 없어서 세시歲時에 제사지냈다. 이는 그 뜻은 두텁다고 말할 만하다. 그러나 종족이 아닌 사람의 제사는 이치상 편안하지 않고, 그 자손에게 물려줄 형편도 아니니, 또한 그 생각이 멀리 미치지 못한 것이다. 어찌 그 친족을 찾아서 그를 위해 후사를 두고, 이 후사로 하여금 때에 맞추어 제사를 지내는 것이 편안하고 장구한 것만 같겠는가? ○요경堯卿[234]이 묻기를 "형부荊婦[235]에게 소생모所生母가 있는데, 집에서 봉양하다가 백세 뒤[236]에 신주가 부인의 친정으로 돌아가자니 부인의 집안이 없어져, 별실에서 제사지내려 하는데 어떻겠습니까?"라고 하자, 대답하기를 "편치 않다. 북인北人(금金나라)의 풍속은 이러하다."고 하였다. ○북계北溪 진순陳淳[237]이 말하였다. "오늘날 세상에는 딸의 자식을 후사로 삼는 일이 많은데, 성姓은 비록 다르나 기류氣類가 서로 가까우니, 성姓은 같으나 친분이 소원한 것보다 나을 듯하다. 그러나 가충賈充이 외손인 한밀韓謐[238]을 후사로 삼자, 당시 박사博士 진수秦秀[239]가 이미 '그것은 기강을 어지럽힌 것이다.'고 논의하였다. 이런 일은 기류氣類는 비록 가깝지만 성씨가 진실로 다르니, 이 설은 결단코 행해서는 안 된다." ○퇴계가 말하였다. "오늘날 사람 중 아들이 없고 딸이 있는 사람은 사사로운 정에 끌려 대의로 결단하여 입후하는 이가 드물며, 심지어 외손봉사하여 한 사당에서 두 성씨의 제사를 함께 지낸다. 대저 하늘이 만물을 낳음에 근본을

233 백오(百五): 동지(冬至) 후 105일째 되는 한식(寒食)을 가리킨다.

234 요경(堯卿): 이당자(李唐咨)의 자. 복건성 용계(龍溪) 사람으로, 호는 동명(東明)이다. 주희(朱熹)가 지장주(知漳州)로 있을 때 초빙해 제생들의 모범으로 삼았다.

235 형부(荊婦): 자신의 처를 겸사로 일컫는 말.

236 백세 뒤[百歲後]: 천수를 다 누리고 돌아가신 뒤.

237 진순(陳淳; 1159-1223): 자는 안경(安卿), 호는 북계(北溪), 시호는 문충(文忠), 장주(漳州) 사람이다. 주자의 학통을 계승하였다. 저서에 『심경(心經)』이 있다.

238 한밀(韓謐): 진(晉)나라 가충(賈充)이 후사가 없자, 부인 곽씨(郭氏)가 표(表)를 올려 가충이 남긴 뜻대로 외손 한밀(韓謐)을 충의 사자(嗣子)로 삼았다.

239 진수(秦秀): 서진(西晉) 신흥(新興) 운중(雲中) 사람으로, 자(字)는 현량(玄良)이다. 젊어서부터 학행(學行)이 돈독하고 강직한 인물로 이름났다.

하나로 하게 하였는데, 이[외손봉사]는 뿌리를 둘로 하는 것이니 매우 불가하다. 오늘날 사람으로 혹 불행히도 그의 외가 조상에게 후사가 없고 조처할 곳이 없으면, 그 신주가 갈 곳이 없는 것을 차마 보지 못하여, 임시로 별도의 장소에 모셔 두고 오가면서 전奠을 올리고 보살피는 것은 불가할 게 없다."[240] ○우암이 말하였다. "외손봉사는 주자가 이미 '친족이 아닌 사람의 제사'라고 배척하였고, 또한 가충賈充이 외손을 후사로 삼은 것은 진수秦秀가 이미 '그것은 기강을 어지럽힌 것'이라고 논하였으니, 어찌 감히 이를 범하여 행하겠는가? 정자의 모부인이 장차 죽을 적에 이천伊川에게 명하여 말하기를 '나를 위하여 내 부모에게 제사를 지내라.'고 하였는데, 만약 딸의 자식이 있다면 오히려 이 사례를 원용하여 제사를 받들 수는 있겠으나, 하물며 후부인侯夫人이 '내년에는 다시 지내지 말라.'고 하였으니, 그 제사는 후부인에게서 그치는 것이 마땅하므로 이천은 장차 제사를 지낼 수 없었다. 이는 또한 외손이 제사를 받들 수 없다는 명확한 증거가 된다."[241] ○남계가 말하였다. "본종本宗이 4대를 제사지내는 제도는 비록 정자와 주자의 논의에서 나왔지만, 바른 예를 주장하는 사람들은 오히려 간혹 불가하다고 한다. 그런데 하물며 외손의 시양侍養은 본종에서 함께 논할 것이 아님에랴!" ○도암陶菴이 말하였다. "주자의 '친족이 아닌 사람의 제사'라는 한 구절의 말은 실로 정론正論이다. 내 생각으로는 외손이 된 자가 혹 부득이하여 임시로 제사를 받들더라도, 자기 자신이 죽은 뒤에는 곧 매안하는 것이 마땅하다."[242]

◎《外孫奉祀》《妻父母奉祀說附》○『大典』: 外祖父母及妻父母, 無主祭者, 當於正朝·端午·中秋及各忌日, 用俗儀祭之. ○程叔子曰: "先妣侯夫人, 未終前一日, 命頤曰, '今日百五, 爲我祀父母, 明年不復祀矣.'" ○朱子曰: "上谷郡君謂伊川曰, '今日爲我祀父母, 明年不復祀矣.' 是亦祭其外家也. 然無禮經. ○宋公以外祖無後, 而歲時祭之, 此其意可謂厚矣. 然非族之祀, 於理旣未安, 而勢不及其子孫, 則爲慮亦未遠. 曷若訪其族親, 爲之置後, 使之以時奉祀之, 爲安便而久長哉? ○堯卿問: "前婦有所生母, 在家間養百歲, 後神主歸於婦家, 則婦家陵替, 欲祀於別室, 如何?" 曰: "不便. 北人風俗如此." ○陳北溪淳曰: "今

240 『퇴계집』 권39 「답정도가구문목(答鄭道可逑問目)」.
241 『송자대전』 권83 「답구제백(答具濟伯) 신해(辛亥)」.
242 『도암집』 권18 「답남궁도유문목(答南宮道由問目) 계해(癸亥)」.

世多有以女子之子爲後, 以姓雖異, 而氣類相近, 似勝於姓同而屬疎者. 然賈充以外孫韓謐爲後, 當時博士秦秀, 已議'其昏亂紀度'. 是則氣類雖近, 而姓氏實異, 此說斷不可行. ○退溪曰: "今人無子而有女, 牽掣私情, 鮮能斷以大義而立後, 至以外孫奉祀, 一廟而二姓同祭. 夫天之生物, 使之一本, 而此則爲二本, 甚不可也. 今人或不幸, 其外家祖先無後, 而未有所處者, 不忍其主之無歸, 則權宜奉置別所, 而往來奠省, 未爲不可." ○尤菴曰: "外孫奉祀, 朱子旣斥以非族之祀, 又賈充以外孫爲後, 秦秀已議'其昏亂紀度'. 何敢犯此爲之乎? 程子母夫人將終, 命伊川曰, '爲我祀父母.' 若有女子, 則猶可援此奉祀, 況侯夫人語, 以爲'明年不復祀'云, 則其祀當止於侯夫人, 而伊川則將不得祀矣. 此亦爲外孫不得奉祀之明證也." ○南溪曰: "本宗祭四代之制, 雖出於程朱之論, 主正禮者, 猶或以爲不可. 而況外孫侍養, 非所並論於本宗者乎!" ○陶菴曰: "朱子'非族之祀'一句語, 實爲正論. 愚意爲外孫者, 設或不得已而權奉其祀, 己身歿後, 卽當埋安."

가례부주

양복楊復이 말하였다. "살피건대, 부위祔位는 방친旁親으로서 후손이 없는 자 및 비유자卑幼者로서 일찍 죽은 자를 말한다. 제사의 예에는 고조에게 제사를 마치자마자 곧장 사람을 시켜 고조에게 부祔한 자에게 술을 따라 올리게 하며, 증조曾祖와 조부祖父와 고考에게도 모두 이와 같이 한다. 『집람』: 어떤 이가 묻기를 "양씨楊氏는 '고조에게 제사를 마치자마자, 운운.'이라고 하고, '시제時祭'조에도 '매 신위마다 축 읽기가 끝나면 바로 본위本位에 부祔한 신위로 나누어 나아가 술을 따라 올리기를 운운.'이라고 하였다. 그런데 고조에게 부祔한 것은 바로 증조의 아들 항렬인데, 도리어 증조보다 앞서 올리는 것은 미안함이 없겠는가?"라고 하였다. 내가 말하였다. "『의절儀節』에는 '먼저 정위正位에 올리기를 마치고, 다음에 부위祔位에게 올린다.'고 하였고, 주자도 '부식祔食한 신위는 옛날 사람들은 동서東西의 곁방[廂]에서 제사지낸다.'고 하였다. 나는 단지 당堂의 양편에 설치하고, 정위正位에 삼헌三獻을 마치고, 학교에서 종사從祀하는 것과 같이 사람을 시켜 한 잔을 분헌分獻하게 한다." ○ 〖우안〗 『의절』에 '여러 정위正位에 초헌을 마치고, 사람을 시켜 부위祔位에 분헌하게 하고, 아헌과 종헌도 그러하다.'고 했다. 그러므로 아들이 아버지보다 앞서 먹는 혐의가 없다. 『집람』에 이른바 '정위에 먼저 올리기를 마치고'라고 한 것은 삼헌을 마치는 것이 아니다. 그러므로 축문에 이르기를 '모인某人으로써 부식하오니, 흠향하시기 바랍니다[尙饗].' 고 하였다." 「사우례士虞禮」 주註: 상尙은 바람이다. 억지로 권한다는 말이다. 뒤의 '제례'편 '사시제四時祭'조에 상세히 보인다. ○유해손劉垓孫이 말하였다. "선생이 '부제祔祭[243]의 경우는 백숙伯叔은 증조의 옆 한쪽 가에 부祔하는데 위패位牌의 서편 가에 봉안하고, 백숙모伯叔母는 증조모의 동편 가에 부祔하여 봉안하며, 우암이 말하였다. "부위祔位의 동서東西는 가만히 생각건대, 정위正位는 고考가 서쪽이므로 남자는 역시 서쪽이고, 비妣가 동쪽이므로 여자는 역시 동쪽이다. 그러나 백숙부와 백숙모가 모두 죽어 한 독櫝에 합하면, 증조의 옆에 부祔하는 것이 마땅하다. 만약 백숙부가 살아 계시고 백숙모가 죽었다면, 증조모의 옆에 부祔해야 한다. 이미 백숙부라고 말했다면 백숙모는 그 속에 들어 있는 것이지만, 백숙모 한쪽만을 말한 것은 백숙부가 살아 계신 것이다."[244] ○부주附註와 대주大註가 각각 하나의 설이니, 혼합하여 보아서는 안 된다.[245] 형제兄弟와 수처부嫂妻婦는 『집람』: 살피건대, 형수와 처와 제부弟婦이다. 조모祖母의 『집람』: '모母' 위에 아마도 '부父'자가 빠진 듯하다. 곁에 부祔한다.' 고 하였고, 이천이 말하기를 '증조의 형제 중 주관할 자가 없는 경우에는 또한 제사를 지내지 않는다.'고 했으니 『회성會成』: 무릇 부祔할 적에는, 소昭는 소昭에 부하고, 목穆은 목穆에 부하는데, 증조曾祖의 형제로 후사가 없는 자의 경우는 부祔할 수 있는 소목이 없으므로 제사를 지내지 않는다. ○묻기를 "증조형제 중 후사가 없는 자는 제사를 지내지 않는다고 했는데, 이는 부祔할 만한 신위가 없기 때문에 제사지내지 않는 것이다. 그러나 형제의 아들과 손자가 { 〖경호안설〗 종손宗孫 외에 죽은 사람의 조카나 종손從孫을 말한다.} 있으면 별실에서 제사를 지내는 것은 어떻겠는가?"라고 하니, 우암이 대답하였다. "상이 끝난 뒤에 그 신주를 묻어야 마땅할 듯하다. 그러나 이미 '성인成人으로서 후사가 없는 자는 그 제사가 형제의 손자의 몸에서 끝난다.'고 하였으니, 그 형제의

243 부제(祔祭): 사당에 신주를 합사할 때 올리는 제사.

244 『송자대전』 권105 「답심명중(答沈明仲)」.

245 『송자대전』 권101 「답정경유(答鄭景由) 갑인시월십칠일(甲寅十月十七日)」.

아들과 손자가 어찌 차마 제사지내지 않겠는가?"[246] 무엇에 의거하였는지는 모르겠으나, '이천이 말하였다.'고 하였으니 의리로 일으킨 것일 뿐이다." 『어류語類』 ○큰 시절時節을 『집설』 주: 사중월四仲月에 지내는 시제時祭 따위이다. 만나면 조선祖先을 청하여 당堂이나 『집람』: 당堂은 곧 사당 안의 감실 앞에 있는 당堂이다. ○ 〖우안〗 '사당'장 본주本註에 이미 정침正寢과 청사廳事를 상대하여 말하기를 '정침은 전당前堂[247]을 말한다.'고 했으니, 이 당堂은 아마도 정침을 가리켜 말한 듯하다. 혹은 청사 위에서 제사지내는데, 앉는 차례는 또한 사당에서 계실 때와 같이 배정한다. 부제祔祭하는 방친旁親은 오른쪽에 장부丈夫를, 왼쪽에 부녀婦女를 놓되, 『집람』: 어떤 이가 말하기를 "부주附註에 '오른쪽에 장부를, 왼쪽에 부녀를 놓는다.'고 했다. 그렇다면 부위祔位의 부부도 좌우로 나누는 것이 마땅한가?"라고 했다. 내가 답하였다. "이른바 장부와 부녀는 형제와 자매를 가리키거나, 혹은 아들과 딸을 말하는 듯하다. 만약 형제의 처라면 형제와 합독合櫝하는 것이 마땅하지, 어찌 나누어 둘로 해서야 되겠는가?" ○묻기를 "여기서는 '오른쪽에 장부를, 왼쪽에 부녀를 놓는다.'고 했으나, 시제時祭에서 신위를 설치할 경우 부위祔位는 모두 동쪽 서序 혹은 양쪽 서序에 서로 마주하게 두되 존자가 서쪽에 거처한다고 했다. 이는 남녀로 나누는 것이 아니라, 단지 존자가 서쪽에 거처한다는 것이다. 두 설이 같지 않으니 지금 어느 것을 따라야 마땅하겠는가?"라고 하자, 사계가 대답하였다. "과연 두 설이 있으나, 오른쪽에 거처하는 것도 서쪽을 높인다는 뜻이다. 그러나 부부의 신주를 서로 나누는 것은 온당하지 않다. 우리 집안에서는 아래의 설을 따른다."[248] 앉는 순서는 안쪽[裡]을 높은 곳[大]으로 삼는다. 『집람』: 리裡는 안이다. 당堂의 북쪽을 가리켜 말한 것이다. ○구봉龜峯이 말하기를 "대大는 높음[尊]이다. 『좌전』의 '새 귀신이 크다[新鬼爲大].'의 '대大'와 같다."고 하였다.[249] 무릇 여기에 부祔하는 자는 소목昭穆을 따르지 않는다. 다만 남녀를 좌우로 하여, 대소를 나누어

246 『송자대전』 권105 「답심명중(答沈明仲)」.

247 전당(前堂): 퇴계 이황은 "지금의 빈객을 대접하는 곳을 말한다."고 했는데, 바깥채의 정당인 사랑을 가리킨다.

248 『동춘당집』 별집 권2 「상사계선생(上沙溪先生)」.

249 『구봉집』 권7 「가례주설(家禮註說) 일(一)」 '사당(祠堂)'.

배열한다. 사당에서는 도리어 각각 소목을 따라 부祔한다.『어류』

楊氏復曰: "按, 祔位謂旁親無後及卑幼先亡者. 祭禮, 纔祭高祖畢, 卽使人酌獻祔于高祖者, 曾祖祖考皆然. 『輯覽』: 或問, "楊氏謂, '纔祭高祖畢云云.' '時祭'條亦曰, '每逐位讀祝畢, 卽分詣本位所祔之位, 酌獻云云.' 祔高祖者, 乃曾祖之子行, 而反先獻於曾祖, 無乃未安耶?" 愚謂, "『儀節』則'先獻正位畢, 而次祔位.' 朱子亦曰, '祔食之位, 古人祭於東西廂.' 某只設於堂之兩邊, 正位三獻畢, 使人分獻一酌如學中從祀然." ○ 〖愚按〗『儀節』, '諸正位初獻畢, 使人分獻祔位, 亞獻終獻亦然.' 故無子先父食之嫌矣. 『輯覽』所謂'先獻正位畢'者, 非三獻畢也. 故祝文說, '以某人祔食, 尙饗.' 「士虞禮」註: 尙庶幾也. 勸强之辭. 詳見後'祭禮'篇'四時祭'條. ○劉氏垓孫曰: "先生云, '如祔祭, 伯叔則祔于曾祖之旁一邊, 在位牌西邊, 安伯叔母則祔曾祖母東邊安, 尤菴曰: "祔位東西, 竊意正位考西, 故男亦西, 妣東, 故女亦東. 然伯叔父與伯叔母, 皆死, 而合櫝, 則當祔於曾祖之旁. 若伯叔父生存, 而伯叔母死, 則祔於曾祖母之旁矣. 旣曰伯叔父, 則伯叔母在其中矣, 其單言伯叔母者, 伯叔父生存者也." ○附註與大註, 各是一說, 不可混合而看也. 兄弟嫂妻婦, 『輯覽』: 按, 兄嫂・己妻・弟婦也. 則祔于祖母 『輯覽』: '母'上疑闕'父'字. 之傍', 伊川云, '曾祖兄弟無主者, 亦不祭.' 『會成』: 凡祔, 昭祔昭, 穆祔穆, 如曾祖兄弟無後者, 無昭穆可祔, 故不祭. ○問: "曾祖兄弟無後者, 不祭, 此無可祔之位, 故不祭. 然有兄弟之子如孫, {〖按〗 謂宗孫外, 有亡者之姪, 或從孫也.} 則祭之別室, 如何?" 尤菴曰: "似當於喪畢後, 埋其主矣. 然旣曰, '成人而無後者, 其祭終兄弟之孫之身.' 則其兄弟之子與孫, 何忍不祭?" 不知何所據, 而云'伊川云', 只是義起也."『語類』○遇大時節, 『集說』註: 四仲月時祭之類. 請祖先, 祭于堂 『輯覽』: 堂則祠堂內 龕前之堂也. ○ 〖愚按〗 '祠堂'章本註, 旣以正寢廳事, 對言曰, '正寢謂前堂也.' 此堂, 恐亦指正寢言. 或廳上, 座次亦如在廟時排定. 祔祭旁親者, 右丈夫, 左婦女, 『輯覽』: 或曰, "附註云'右丈夫, 左婦女.' 然則祔位之夫婦, 當分左右耶?" 愚答曰, "所謂丈夫婦女, 似指兄弟與姊妹, 或子與女之謂. 若兄弟之妻, 則當與兄弟合櫝, 何可分而貳之也?" ○問: "此謂'右丈夫, 左婦女.' 而時祭設位, 則祔位皆於東序, 或兩序相向, 尊者居西云. 此則不分男女, 只以尊者居西也. 兩說不同, 今當何從?" 沙溪曰: "果有二說, 而居右亦西上之意也. 然夫婦神主相分, 未穩. 鄙家從下說." 坐以就裡爲大. 『輯覽』: 裡, 內也. 指堂之北而言也. ○龜峯曰: "大, 尊也. 如『左傳』'新鬼爲大'之大." 凡祔於此者,不從昭穆了. 只以男女左右, 大小分排. 在廟却各從昭穆祔. 『語類』

가례대문

제전을 둔다[置祭田]

가례본주

처음 사당을 세우면, 현재 남아있는 밭[見田]을 계산하여 〖경호안설〗 '현見'의 음은 '현'이며, 현재 남아있는 밭이다. 감실마다 그 20분의 1을 취하여 제전祭田으로 하고, 친분이 다하면[250] 묘전墓田[251]으로 한다. 『비요』: 해마다 한 번 제사지낸다. ○우암이 말하였다. "친분이 다한 조상의 제전祭田을 묘전墓田으로 한다는 것은 이미 분명한 조문이 있는데, 어찌 그것을 최장방最長房에 옮겨야 하겠는가?"[252] ○수암遂菴이 말하였다. "요즈음 사대부 집안에서 따로 제전을 두지 않은 사람에게는 단지 '봉사奉祀'조의 전민田民만이 있을 뿐이다. 장방長房이 혹 자주 바뀌는 경우 전토田土와 노비는 그 주인을 자주 바꾸면 보존이 쉽지 않으니, 차라리 옮기지 못하게 해서 종가를 두텁게 하는 것이 낫다. 노선생老先生의 뜻도 이와 같아서 그랬던 것일까? 종가의 도리로서는 보내주는 것이 좋을 듯하다."[253] ○외암巍巖이 말하였다. "우암은 '친분이 다한 조상의 제전祭田은 묘전墓田으로 하고, 최장방에게 옮겨서는 안 된다.'고 했다. 그렇다면 사당의 크고 작은 향사는 장방이 주관하면서, 묘제墓祭만은 여러 사람이 곧장 이때부터 번갈아 관장하며 해마다 한 번 행해야 하는가? 대개 제전은 본래 제사를 지내기 위하여 둔 것이니, 신주가 있는 곳을 따라서 제사 비용을 공급하는 것이 마땅할 듯하다. 그리고 신주를 매안하고 난 뒤에는 묘전으로 하여도, 일을 처리함에 그다지 늦지 않고 의리에도 그다지 어긋나지 않는데, 어떨지 모르겠다."[254] 뒤의 무릇 정위正位와 부위祔位는 모두 이와 같이, 종자가 주관하여 제사 비용을 공급한다. 앞 세대에 당초 제전祭田을 두지 않았으면, 묘위墓位 아래 자

250 친함이 다하면: 친족으로서의 봉사 대수가 끝났음을 말한다.

251 묘전(墓田): 사당에서 체천된 이후, 묘소에서 지내는 제사 비용을 염출할 종토(宗土)를 말한다.

252 『송자대전』 권86 「답민사앙(答閔士昂)」.

253 『한수재집』 권13 「답이공거(答李公擧) 간(柬)○정해십일월(丁亥十一月)」.

254 『외암유고』 권4 「상수암선생(上遂菴先生)」.

손들의 전지田地를 구봉이 말하였다. "묘소 아래에 있는 밭을 말하는 것이 아니라, 그 묘소와 관련된 자손들의 전답을 말한다."[255] 합쳐서 계산하여 분할하고, 모두 약조를 세워 관가에 알려, 전당잡히거나[典] 팔지 못하게 한다. 『고증考證』: 전典은 전당典當이란 말과 같다. 서로 맞대어 값을 정하는 것을 말한다.【止】 ○묻기를 "친분이 다한 조상의 신주를 조천祧遷한 뒤에, 종가에서 그 제전祭田을 그대로 가지고 제사를 받들지 않는다면, 여러 자손들이 관청에 알려 추궁하여 얻어서 묘제의 비용으로 삼는 것은 어떤가?"라고 하자, 우암이 대답하였다. "처음 제전祭田을 두었을 때에 약조를 세워 관가에 알렸다면, 제전이 상실된 뒤에 관청에 알려서 바른 데로 돌려보내는 것을 어찌 그만둘 수 있겠는가? 만약 족인이면 사사로이 의리로 타이르고, 듣지 않으면 그런 뒤에 관청에 알리는 것이 온당하다."[256]【이상. 제전祭田이 상실되면 관청에 알려서 바로잡아 돌림】

初立祠堂, 則計見田, 〖按〗 見音現, 見在之田也. 每龕取其二十之一, 以爲祭田, 親盡, 則以爲墓田. 『備要』: 歲一祭之. ○尤菴曰: "親盡之祖祭田, 以爲墓田, 旣有明文, 何可移之於最長房乎?" ○遂菴曰: "卽今士夫家, 別無置祭田者, 只有所謂'奉祀'條田民而已. 長房或有頻易者, 田土奴婢屢換其主, 則保存未易. 毋寧不動以厚宗家爲愈. 老先生之意, 亦如此而然耶? 在宗家之道, 送之似得." ○巍巖曰: "尤菴曰, '親盡祖之祭田, 以爲墓田, 不可移於㝡長房云.' 然則家廟大小祀享, 則長房主之, 而獨墓祭, 諸位徑自迭掌, 而歲一行之否? 盖祭田, 本爲祭祀而置也, 似當隨主所在, 以給祭用. 而至埋主, 然後爲墓田, 於事未爲甚晩, 而於理未爲甚悖, 未知如何." 後凡正位祔位, 皆放此, 宗子主之, 以給祭用. 上世初未置田, 則合墓下子孫之田, 龜峯曰: "非謂田在墓下, 乃其墓子孫之田云." 計數而割之, 皆立約聞官, 不得典賣. 『考證』: 典, 猶言典當也. 相質定價之謂.【止】 ○問: "親盡祖祧後, 若宗家仍執其田, 不奉祀事, 則諸子孫欲聞官推得, 以爲墓祭之資, 何如?" 尤菴曰: "初置祭田時, 立約聞官, 則見失之後, 聞官歸正, 何可已乎? 若是族人, 則私以義理開諭, 不聽, 然後聞官穩當."【右祭田見失聞官歸正】

255 『구봉집』 권7 「가례주설(家禮註說) 일(一)」 '사당(祠堂)'.
256 『송자대전』 권108 「답전옥여(答全玉汝)」.

가례대문

제기를 갖춘다[具祭器]

대문논증

「곡례」: 무릇 집안의 기구 제작은 제기를 우선으로 한다. ○「왕제」: 대부는 제기를 빌리지 않고, 제기가 만들어지지 않았으면 평상시의 그릇[燕器]은 만들지 않는다.

「曲禮」: 凡家造祭器爲先. ○「王制」: 大夫祭器不假, 祭器未成, 不造燕器.

가례본주

상牀, 자리[席], 의자[倚], 탁자[卓], 『고증』: 의倚는 '의椅'라고도 한다. 시속에서는 '좌등坐凳'이라고 부른다. '탁卓'은 '탁棹'이라고도 한다. 세숫대야, 화로火鑪, 술과 음식을 담을 그릇은 『의절儀節』 보補: 향로, 향합, 향시香匙, 등잔걸이, 모사반茅沙盤[257], 축판, 배교环珓[258], 술 주전자, 잔반, 잔, 다병茶瓶, 찻잔은 받침과 같이 놓고, 주발, 접시, 숟가락과 젓가락, 주준酒樽, 현주준玄酒樽, 탁반托盤, 세숫대야는 걸이와 같이 놓으며, 수건은 걸이와 같이 놓는다. ○ 〖경호안설〗 『집람』에 제기도祭器圖가 있는데 매우 상세하나 번거로워서 다 취할 수 없다. 그 사용될 수량에 따라 모두 마련하여 창고 안에 넣고 봉함하여 자물쇠를 잠가서 다른 용도로 쓰지 못한다. 창고가 없으면 궤짝 안에 넣어 두되, 넣어둘 수 없는 것은 외문外門[259] 안에 진열한다. 정숙자程叔子가 말하였다. "바닥에 자리를 깔지 않고 의자와 탁자에 의지하며, 손으로 밥을 먹지 않고 수저로 먹는 것, 이는 성인이 반드시 시대의 적의함을 따른 것이니, 만약 합당하지 못한 것이 있으면 만들어야 한다." ○제기祭器와 좌석坐席은 모두 뒤섞어 사용해서는 안 된다. ○장자張子(장재張載)가 말하였다. "옛날 사람에게 의자와 탁자가 없었던 것은 지혜가 미치지 못해서가 아니다. 다만 바닥에 자리를 깔면 몸을 공손히 해서 엎드려 절할 수 있기 때문이다."【止】 ○『의절儀節』: 제기는 집이 가난하여 준비할 수 없으면 평상시 쓰는 용기[燕器]를 대신 사용해도 괜찮다. ○묻기를

257 모사반(茅沙盤): 모사(茅沙)를 담는 그릇.

258 배교(环珓): 택일 등의 길흉을 점칠 때 사용하는 윷가락 모양으로 다듬은 나무 조각.

259 외문(外門): 삼문(내문, 중문, 외문) 중 제일 바깥의 문.

"제기는 모두 목기木器를 쓰면 어떻겠는가?"라고 하자, 우암이 대답하였다. "이는 검소하여 구차한 비용을 없애려는 뜻이니 아마도 해가 없을 듯하다. 그러나 『가례』에서는 연기燕器를 쓰는 것을 허락했는데, 이른바 '연기'라는 것은 살아있는 사람이 평상시 쓰는 용기이다."260 【이상. 연기燕器나 혹은 목기를 대신 사용함】

牀席倚卓『考證』: 倚一作椅. 俗呼'坐凳'. 卓一作棹. 盥盆火爐酒食之器, 『儀節』補: 香爐·香盒·香匙·燭檠·茅沙盤·祝版·环珓·酒注·盞盤·盞·茶瓶·茶盞並托, 椀·楪子·匙筯·酒樽·玄酒樽·托盤·盥盤並架, 帨巾並架. ○ 〖按〗『輯覽』有祭器圖, 甚詳, 而煩未能盡取. 隨其合用之數, 皆具, 貯於庫中, 而封鎖之, 不得他用. 無庫, 則貯於櫃中, 不可貯者, 列於外門之內. 程叔子曰: "不席地而倚卓, 不手飯而匕筯, 此聖人必隨時, 若未有, 當且作之矣." ○祭器坐席, 皆不可雜用. ○張子曰: "古人無倚卓, 智非不能及也. 但席地, 則體恭, 可以拜伏."【止】 ○『儀節』: 祭器, 人家貧, 不能備者, 用燕器代之, 亦可. ○問: "祭器皆用木器, 如何?" 尤菴曰: "此儉素, 無苟費之意, 恐無害也. 然『家禮』許用燕器, 所謂燕器者, 生人常用之器也."【右代用燕器或木器】

본주논증

○「곡례」: 제복祭服이 낡으면 불태우고, 제기祭器가 낡으면 묻는다. 진호의 주註: 사람이 쓴 것은 불태우는데, 불태우는 것은 양陽이다. 그리고 귀신이 쓴 것은 묻는데, 묻는 것은 음陰이다. 유씨劉氏가 말하기를 "불태우거나 묻지 않으면 다른 용도로 옮겨가니, 벌써 신명을 업신여기는 것이 아니겠는가?"라고 하였다. 【이상. 제복祭服이나 제기가 낡으면 불태우거나 묻음】

○「曲禮」: 祭服敝則焚之, 祭器敝則埋之. 陳註: 人所用則焚之, 焚之陽也. 鬼神所用, 則埋之, 埋之陰也. 劉氏曰: "不焚不埋, 則移於他用, 無已瀆於神明哉?"【右祭服祭器敝而焚埋】

260 『송자대전』 권116 「답이자달(答李子達)」.

천자제후전옥오가동우도天子諸侯殿屋五架棟宇圖

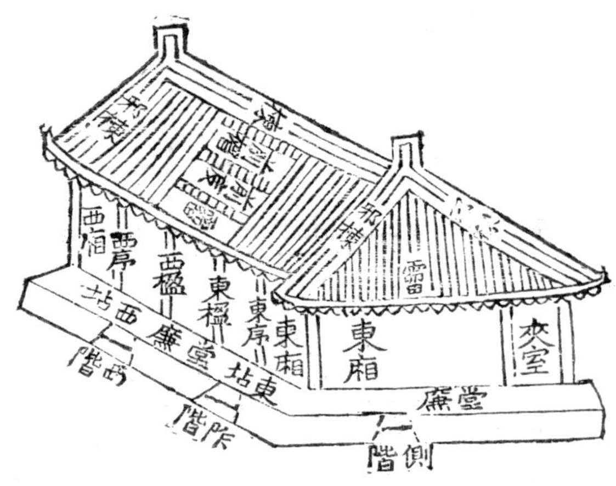

「사관례士冠禮」 소疏: 은나라 사람이 처음 사주四注[261]의 가옥을 만들었다. 하후씨夏后氏는 중옥重屋(겹집)을 양하兩下로만 만들었지 사주四注로 하지 않았다. 그러므로 양하兩下의 집을 하옥夏屋이라 이름한다. 천자와 제후는 모두 사주四注이다. ○『주자대전』: 전옥殿屋은 오가五架[262]이다. 그 동棟(종도리)은 가운데 3칸을 한 동棟으로 하여, 동쪽과 서쪽 방향 가로로 놓아 양서兩序 위에 이르러 끝나고, 그대로 이곳에서 4개의 사동邪棟으로 나누어, 네 모퉁이를 향하여, 위로는 횡동橫棟에 이어지고, 아래는 유霤(처마끝)와 가지런하게 한다. {주註: 이는 그 상동上棟의 제도이니 이른바 사아四阿[263]이다.} 그 지붕 아래 공간[宇]은 횡동橫棟의 앞과 뒤가 곧 남북南北의 양하兩下이고, 횡동橫棟이 끝난 바깥이 동서東西의 양하兩下이다. 4개 동棟의 옆에 사방으로 서까래[榱桷]가 당렴堂廉을 덮어서 층계 바깥으로 나간 것을 무廡라고 하고, {주註: 『설문』에 '렴廉은 당堂 아래를 둘러싼 지붕이다.'고 하였다.} 그 지붕 끝에 물이 떨어지는 곳을 처마끝[霤]이라고 한다. 사방의 처마에는 모두 물이 많기 때문에 그 처마를 모두 류霤라고 이름한다. {주註: 이는 하우下宇의 제도이다.}

「士冠禮」疏: 殷人始爲四注. 夏后重屋, 但兩下爲之, 不四注矣. 故兩下屋名爲夏屋. 天子諸侯皆四注. ○『朱子大全』: 殿屋五架. 其棟則中三間爲一棟, 橫指東西, 至兩序之上而盡, 遂自此處, 分爲四棟, 邪指四隅, 上接橫棟, 下與霤齊. {註: 此其上棟之制, 所謂四阿也.} 其宇, 則橫棟前後, 卽爲南北兩下, 橫棟盡外, 卽爲東西兩下. 四棟之旁, 四面榱桷覆堂廉, 出階外者謂之廡, {註: 『說文』云, '廉, 堂下周屋也.'} 其屋盡水下處, 謂之霤. 四面之簷, 其水皆多, 故其簷皆以霤名. {註: 此其下宇之制也.}

261 사주(四注): 지붕 날개의 물받이가 사방으로 향하도록 하여, 빗물이 사방으로 모여 떨어지게 한 것이다.

262 오가(五架): 오가(五架)는 후기(後庋)·후미(後楣)·동(棟)·전미(前楣)·전기(前庋)를 이르는데, 이 가(架)를 기준으로 방과 실과 당이 구분된다.

263 사아(四阿): 지금의 사주옥(四注屋)과 같은 것으로, 은나라 사람이 처음 사주옥(四注屋)을 만들었고, 하후씨(夏后氏)의 옥(屋)은 남북 양쪽으로 내렸을 뿐이다.

경대부사하옥오가동우도卿大夫士厦屋五架棟宇圖

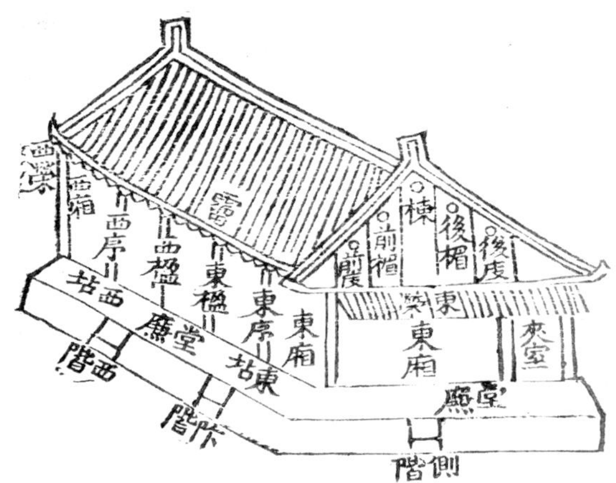

「사관례」 주註: 주나라 제도에 경대부 이하의 실室은 하옥厦屋[264]인데 양하兩下로 하여 {〚경호안설〛『대전大全』에는 '사四'자가 있다.} 두루 덮는다. ○『주자대전』: 하옥厦屋은 5칸 모두 횡동橫棟(종도리)으로 덮고, 동棟의 앞과 뒤로는 모두 양하兩下의 우宇이다. 횡동橫棟이 끝난 바깥에 있는 드리워진 판板을 박풍搏風(박공)이라고 한다. 박풍의 아래에 또한 양쪽으로 무廡를 만들어 남북으로 연접하여 측면 계단[側階]을 덮는데, 다만 그 무廡도 박풍의 바깥으로 나오지 않는다. 하옥厦屋은 남북의 양하兩下의 무廡가 전옥殿屋과 같기 때문에 그 처마도 유霤라고 한다. 동서東西 2개의 무廡는 요첨腰簷만 만들고, 동棟의 아래와 연결하지 않는데, 물이 많지 않기 때문이다. 그러므로 다만 그것을 '영榮'이라고 하고 '익翼'이라고만 하지 '유霤'라고 이름하지 않는다. {주註: 「사관례」 소에서 곧바로 박풍搏風을 가리켜 영榮이라고 한 것은 잘못이다.}

「士冠禮」註: 周制, 卿大夫以下其室, 爲厦屋, 兩下而 {〚按〛『大全』有四字.} 周之. ○『朱子大全』: 厦屋五間, 皆爲橫棟, 棟之前後, 皆爲兩下之宇. 橫棟盡外 有板下垂, 謂之搏風. 搏風之下, 亦爲兩廡, 連接南北, 以覆側階, 但其廡, 亦不出搏風之外耳. 厦屋, 南北兩下之廡, 與殿屋同, 故其簷亦謂之霤. 東西兩廡, 則但爲腰簷, 不連棟下, 水不能多. 故但謂之榮, 謂之翼, 而不得以霤名. {註: 「士冠」疏, 乃直指搏風爲榮, 誤矣.}

264 하옥(厦屋): 지붕을 앞뒤 두 부분으로 만든 집. 맞배지붕. 전옥(殿屋)은 지붕을 동서남북 사방으로 경사지게 만든 집이다.

◎「사혼례士昏禮」 소疏: 가운데 등줄기[中脊]는 동棟(종도리)이고, 동棟 앞의 1개의 가架는 미楣(중도리)이며, 미楣의 앞에 처마와 이어지는 곳은 기庪(주심도리)이다. 동棟은 일명 아阿라고 하는데, 동棟의 북쪽 1개의 미楣 아래에 실호室戶가 있고 동棟은 실室의 바깥에 있다. ○『대전大全』: 당堂의 위 동쪽과 서쪽에 영楹이 있다. 주註: 영楹은 기둥[柱]이다. 옛날 실室을 짓는 사람은 담[垣墉]으로 터를 만들고 그 위에 지붕[屋]을 덮었으니, 당堂 위에는 두 개의 영楹이 있었을 뿐인데, 영楹은 앞쪽의 미楣 아래에 설치하였다. 살펴보니 「석궁釋宮」에 '들보[梁] 위의 영楹을 절梲이라고 하는데, 절梲은 동자기둥[侏儒柱]이고, 양梁은 미楣이다. 동자기둥은 들보의 위에 있다.'고 하였으니, 영楹은 미楣의 아래에 있다는 것을 알 수 있다. ○"양편 협당夾堂 밖에 이미 벽이 없다면 또한 기둥이 있어야 하지 않겠는가?"라고 하니, 대답하기를 "기둥이 없다면 양 지붕[屋]의 모서리는 공중에 매달려 의탁할 곳이 없게 될 것이다."라고 하였다. ○사계가 말하였다. "전옥과 하옥의 제도는 후기後庪(뒷쪽 주심도리)에서 전기前庪(앞쪽 주심도리)에 이르기까지 오가五架를 통틀어 1개의 대량大梁(대들보)으로 받치며, 양梁 위의 남쪽과 북쪽에 각각 짧은 기둥을 세워 앞뒤의 미楣를 떠받친다." ○ 〖우안〗 「석궁釋宮」의 '미楣는 양梁이다.'고 한 주註에는 '문호門戶 위에 가로로 대는 나무'라고 하였고, 또 '망류宊廇는 양梁(들보)이다.'고 한 주註에는 '대량大梁'이라고 하였으며, 또 '그 위의 영楹을 절梲이라 한다.'고 한 주註에는 '동자기둥[侏儒柱]'이라고 했으니, 미楣와 망류宊廇를 통틀어 양梁이라고 하되, 다만 크고 작거나 가로 세로의 구별이 있을 따름이다. 동자기둥[侏儒柱]은 망류宊廇의 위에 있는 것이어서 미楣를 받치는 것이다. 그러니 양영楹은 망류宊廇 끝, 전기前庪 아래에 설치하여, 양편의 서序의 끝과 서로 나란하다. 또한 「상대기喪大記」 소疏의 '양영兩楹은 남쪽으로는 당렴堂廉[265]에 가깝다.'는 설과 서로 합치한다. 『대전』에 이른바 '영楹을 미楣 아래에 설치한다.'고 한 것은 의심스럽다. 또한 기庪도 통틀어 미楣라고 하는 것일까?

◎「士昏禮」疏: 中脊爲棟, 棟前一架爲楣, 楣前接簷爲庪. 棟一名阿, 棟北一楣下有室戶, 棟在室外. ○『大

265 당렴(堂廉): 마당에서 당을 쌓아 올린 축대의 수직 벽면.

全』: 堂之上東西有楹. 註: 楹, 柱也. 古之築室者, 以垣墉爲基, 而屋其上, 惟堂上有兩楹而已, 楹設於前楣之下. 按, 「釋宮」曰, '梁上楹謂之梲, 梲, 侏儒柱也, 梁, 楣也. 侏儒柱在梁之上.' 則楹在楣之下, 可知. ○"兩夾堂外, 旣無墉, 亦合有柱否?" 云, "無柱, 則兩屋角懸空, 無寄託處." ○沙溪曰: "殿屋厦屋之制, 自後庋至前庋, 通五架一大梁, 梁上南北, 各立短柱, 以擎前後楣." ○ 〖愚按〗「釋宮」'楣謂之梁'註, '門戶上橫木', 又曰'宲廇謂之梁'註, '大梁', 又曰'其上楹謂之梲'註, '侏儒柱'云, 則楣與宲廇, 通謂之梁, 而但有大小縱橫之別. 侏儒柱是在宲廇之上, 而所以柱楣者. 然則兩楹是設於宲廇頭前庋下, 而與兩序端 相齊矣. 且與「大記」疏'兩楹南近堂廉'之說, 相合矣. 『大全』所謂'楹設於楣下'云者, 可疑. 抑庋亦通謂之楣耶?

후침지도後寢之圖

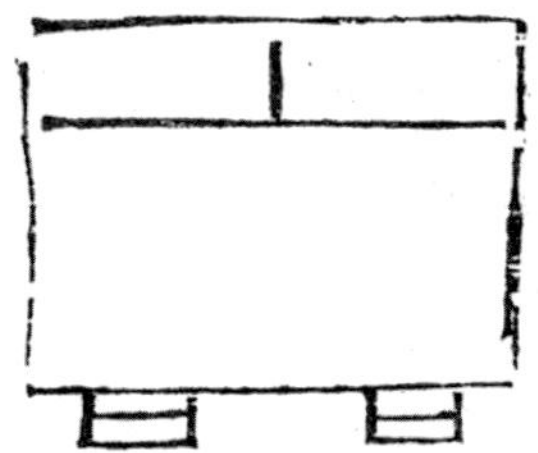

○『이아爾雅』「석궁釋宮」: 실室에 동서의 상廂(곁방)이 있는 것을 묘廟라 한다. 동서 상이 없고 실室이 있는 것을 침寢이라 한다. 소疏: 무릇 태실太室에 동서의 상廂과 협실夾室 및 전당前堂에 서序와 담[墻]이 있는 것을 묘廟라 한다. 태실太室만 있는 것은 침寢이라 한다. ○주자朱子가 말하였다. "「고명顧命」의 소疏에 '침寢에 동협東夾 서협西夾이 있다.'고 하였으니, 정침正寢에도 협실과 상廂이 있는 것이다. 「석궁釋宮」에 이른바 '동서 상廂'이라고 한 것은 혹 묘廟의 침寢일까?"

○『爾雅』「釋宮」: 室有東西廂曰廟. 無東西廂, 有室曰寢. 疏: 凡太室有東西廂夾室及前堂有序墻者, 曰廟. 但有太室者, 曰寢. ○朱子曰, "「顧命」疏, '寢有東夾西夾', 則正寢亦有夾與廂矣. 「釋宮」所謂無東西廂者, 或者廟之寢也歟?"

하옥오가오간지반지도厦屋五架五間地盤之圖

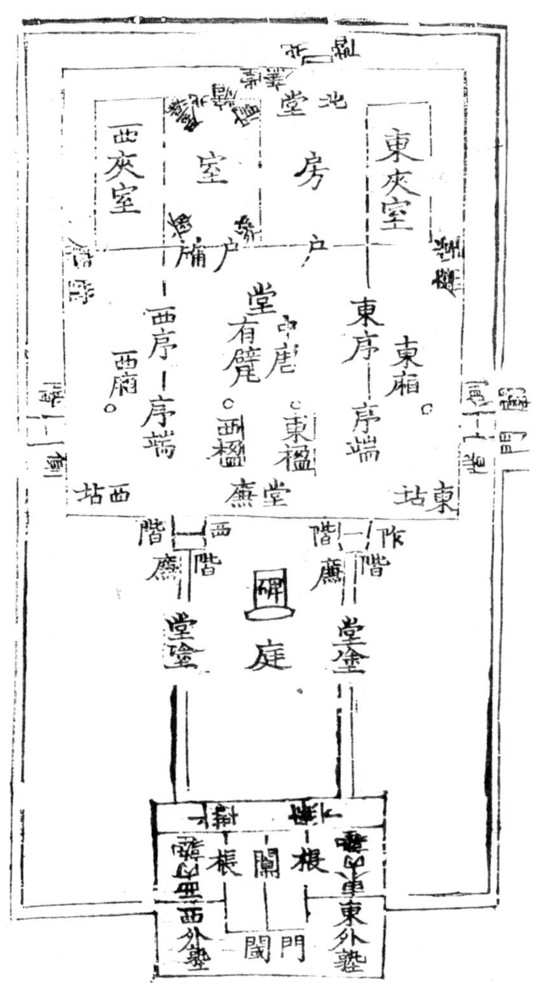

▪ 본주논증

『주자대전』: 하옥厦屋은 앞쪽이 5칸이고, 뒷쪽은 4칸이다. 당堂의 가운데 3칸의 뒷편을 2칸으로 나누어 동쪽은 방房, 서쪽은 실室로 한다. 당堂 중간의 앞이 양영兩楹의 사이이고, 동쪽 칸의 앞이 동영東楹의 동쪽이며, 또 조금 동쪽이 조계阼階 위가 되고, 조금 북쪽이 동서東序가 된다.

서쪽 칸의 앞이 서영西楹의 서쪽이고, 또 조금 서쪽이 빈계賓階 위가 되며, 조금 북쪽이 서서西序가 되는데, 서序는 곧 벽[墻]이다. {주註: 신위를 동서東序와 서서西序에 설치할 경우 벽을 등지고 세운다.} 그 남쪽이 서단序端이고, 동서東序의 동쪽과 서서西序의 서쪽이 협夾인데, 또한 곁방[廂]이라고 한다. 그 앞이 동서東西의 당堂이고, 그 뒤가 동서東西의 협실夾室이며, 협夾 바깥의 넓은 곳이 측계側階[266]이고, 방房 뒤가 북계北階이다. {주註: 이것은 그 지반地盤(평면도)이다.} ○ 〖경호안설〗 정씨가 말하기를 "천자와 제후에게는 좌우의 방이 있고, 대부와 사士에게는 오직 동방東房과 서실西室만 있다."고 했으니, 전옥殿屋 5칸의 가옥 제도는 모두 이 하옥厦屋과 같으나, 다만 좌우에 방이 있는 것이 조금 다를 뿐이다. 『대전』에서는 오로지 전옥殿屋만 해석하면서 하옥厦屋을 겸하여 언급하였다. 그러므로 이제 교정하여 하옥厦屋의 설을 만든다. 【이상. 하옥厦屋 제도 총론】

『朱子大全』: 厦屋前五間, 後四間. 堂中三間之後, 分爲兩間, 東房西室. 堂中間之前爲兩楹間, 東間之前爲東楹之東, 又少東爲阼階, 上少北爲東序. 西間之前爲西楹之西, 又少西爲賓階, 上少北爲西序, 序卽墻也. {註: 設位在東西序者, 負墻而立.} 其南爲序端, 東序之東, 西序之西, 爲夾, 亦謂之廂. 其前爲東西堂, 其後爲東西夾室, 夾外之廣爲側階, 房後爲北階. {註: 此其地之盤也.} ○ 〖按〗 鄭氏曰: "天子諸侯, 有左右房, 大夫士, 惟有東房西室云." 則殿屋五間屋制, 並與此厦屋同, 而但有左右房, 爲少異耳. 『大全』專釋殿屋, 而兼及厦屋. 故今檃栝爲厦屋說. 【右總論厦屋之制】

본주논증

○『이아爾雅』: 서남쪽 모퉁이를 오奧라고 하고, 서북쪽 모퉁이를 옥루屋漏라고 하며, 동북쪽 모퉁이를 이宧라고 하고, {음은 '이'이다.} 동남쪽 모퉁이를 요窔라고 한다. {음은 '요'이고 또한 요穾라고 되어 있다.} 주註: 지게문[戶]이 동쪽에 있어서 서남쪽 모퉁이가 가장 깊고 은밀하기 때문에 오奧라고 한다. 요窔 또한 은밀하고 어두운 곳이다. 동북쪽은 양陽이 처음 일어나 만물을 양육하기 때문에 이宧라고 하는데, 이宧는 양육함[養]이다. 손염孫炎은 "옥루屋漏는 실室의 햇빛이 새어 들어오는 곳에 해당한다."고 하였고, 정씨는 "실室의 밝은 곳에 해당

266 측계(側階): 동방의 계단인데 정계(正階)가 아닌 계단.

한다.”고 하였으니, 서북쪽 모퉁이에 호戶의 밝은 빛을 받는 곳이다. ○주자가 말하였다. “지게문[戶]은 실의 남쪽 벽 동편에 있고, 바라지[牖]는 실의 남쪽 벽 서편에 있다. 유牖는 일명 향鄕이라고도 한다.” ○「사우례士虞禮」 기記의 주註: 유牖의 문짝[扇]은 안에 있다. ○「사혼례士昏禮」 소疏: 방의 반쪽 북쪽을 북당北堂이라고 하는데, 북벽北壁도 없고 북호北戶도 없다. ○주자가 말하였다. “방房의 호戶는 남쪽 벽의 동쪽과 서쪽의 중간에 해당한다. 북당北堂은 방중房中이라고 통칭한다.” 또 말하였다. “동협東夾의 북쪽을 통틀어 방중房中라고 한다.” 【이상. 실室과 방房, 지게문[戶], 바라지[牖]의 제도】

○『爾雅』: 西南隅謂之奧, 西北隅謂之屋漏, 東北隅謂之宧, {音夷.} 東南隅謂之窔. {音要, 亦作穾.} 註: 戶在東, 西南隅最爲深隱, 故曰奧. 窔亦隱暗也. 東北陽始起, 育養萬物, 故曰宧, 宧養也. 孫炎曰, “屋漏當室日光所漏入也.” 鄭謂, “當室之白.” 西北隅得戶明者. ○朱子曰: “戶在室南壁之東偏, 牖在室南壁之西偏. 牖一名鄕.” ○「士虞」記註: 牖扇在內. ○「士昏禮」疏: 房半以北謂之北堂, 無北壁, 亦無北戶. ○朱子曰: “房戶, 宜當南壁東西之中. 北堂通名房中.” 又曰: “東夾之北, 通爲房中.” 【右室房戶牖之制】

본주논증

○『대전』: 옛날에는 당堂의 앞쪽 반을 비워서 당堂으로 하였고, 뒤쪽 반을 채워서 실室로 하였다. ○『이아』: 묘廟 가운데의 길을 당唐이라고 한다. 주註: 중당中唐에는 벽돌[甓]이 있다. ○「사상례」 소 : 당堂 위에서 행사하는 것은 한 곳에서만 오로지 하는 것이 아니다. 만약 지게문[戶]에서 가까우면 호동戶東이나 호서戶西라 하고, 방房에서 가까우면 방외房外나 방동房東이라 하며, 가운데기둥[楹]에서 가까우면 동영東楹이나 서영西楹이라 하고, 서序에서 가까우면 동서東序나 서서西序라 하며, 층계[階]에서 가까우면 동계東階나 서계西階라 한다. 그 당堂의 반 남쪽으로 소속된 곳이 없는 곳을 당堂이라고 말하니, ‘축祝이 당堂에서 쌀을 씻는다.’고 한 것이 이곳이다. ○「상대기喪大記」 소疏: 당렴堂廉은 당堂의 기반 남쪽 가장자리의 모난 측변[廉稜] 위쪽이다. 『은의隱義』[267]에 ‘당堂 위의 남쪽 처마끝[霤]에 가까운 곳이 염廉이다.’고 한 것이 이것이다. 양영兩楹

267 『은의(隱義)』: 하예(何裔)가 찬한 『예학은의(禮學隱義)』를 말한다.

의 남쪽이 당렴堂廉에 가깝다. ○「사혼례」 소: 점坫은 당堂의 모서리에 있는데 흙으로 만든다. 혹자는 당우堂隅(당의 모퉁이)를 점坫이라고도 한다. 또 점坫은 『논어論語』의 '반점反坫'[268]처럼 두 글자로 된 것도 있는데, 양영兩楹 사이의 남쪽 가까운 곳에 있고, 흙을 쌓아서 만들며, 잔을 되돌려 두는 곳이다. ○주자가 말하였다. "당堂의 측면을 당렴堂廉이라 한다. 당堂의 네 주위에는 모두 염廉이 있다." ○"무릇 예사禮事를 행할 적에 영楹의 안쪽과 영楹의 바깥을 구별하는 일이 있는데, 양영兩楹이 전기前庋(앞쪽주심도리) 아래에 서 있으니, 영楹의 안은 있어도 영楹의 바깥은 없다."고 묻자, 사계가 대답하였다. "영楹 바깥의 처마 아래, 층계 위에는 남는 땅이 있어서 또한 행사를 할 수 있다." ○ 〖우안〗 옛날 당堂의 제도는 오늘날과는 달라서, 본디 마루판자[板]를 설치하지 않고 당堂의 터에 벽돌을 깔았을 뿐이다. 『이아』 주註에 '중당中唐에 벽돌이 있다.'고 한 것이 이것이다. 그러므로 당堂의 앞쪽 염廉은 영楹의 바깥에 있는데, 방실房室의 바깥에서부터 전렴前廉까지 동일한 평지이다. 「상대기」 소疏에 이른바 '남쪽 처마끝[霤]에 가까운 곳이 염廉이고, 양영兩楹의 남쪽이 당렴堂廉에 가깝다.'고 한 것이 이것이다. 오늘날 세상에서는 마루판을 당堂의 터 위에 높게 설치하여 양영兩楹을 한계로 하기 때문에 당렴堂廉은 양영兩楹과 나란하다.[269] 옛날은 세 계단의 층계를 다 오르면 곧 당堂에 올랐는데, 오늘날은 층계를 다 오른 뒤에 또 한 계단이 있어서, 이 네 계단을 다 오른 뒤에야 당堂에 올라간다. 그러므로 영楹의 바깥, 층계 위는 행례行禮할 적에 자못 장애가 있게 되는데, 그래서 이렇게 영楹의 바깥이 없을 것이라는 의문이 있었던 것이나, 사계가 분명하게 변별하지 않았기 때문에 분에 넘치게 이를 논급하였다. 【이상. 당堂의 제도】

○『大全』: 古者爲堂自半以前虛之, 爲堂, 半以後實之, 爲室. ○『爾雅』: 廟中路謂之唐. 註: 中唐有甓. ○「士喪禮」疏: 堂上行事, 非專一所. 若近戶, 卽言戶東戶西, 近房, 卽言房外房東, 近楹, 卽言東楹西楹, 近序, 卽言東序西序, 近階, 卽言東階西階. 其堂半以南, 無所係屬者, 卽以堂言之, '祝淅米于堂.' 是也. ○「大記」疏: 堂廉, 謂堂基南畔廉稜之上. 『隱義』云, '堂上近南霤爲廉.' 是也. 兩楹南近堂廉. ○「士昏禮」

268 반점(反坫): 『논어』 「팔일(八佾)」편의 '邦君 爲兩君之好 有反坫 管氏亦有反坫 管氏而知禮 孰不知禮'에 보인다.

269 당렴(堂廉)은 양영(兩楹)과 나란하다: 경호의 이 설명은 조선조 건축에서 청마루 위를 당(堂)으로 간주한 데서 나온 것이므로, 하옥 본디 제도의 당렴(堂廉)과는 거리가 있다.

疏: 坫在堂角, 以土爲之. 或謂堂隅爲坫. 又坫有二文若『論語』'反坫', 在兩楹間近南, 築土爲之, 以反爵. ○朱子曰: "堂之側邊曰堂廉. 堂之四周皆有廉." ○問: "凡行禮事, 有楹內楹外之別, 兩楹立於前度下, 則有楹內, 而無楹外矣." 沙溪曰: "楹外簷下階上, 有餘地, 亦可行事." ○ 〖愚按〗 古之堂制, 與今異本, 不設板, 而只鋪甓於堂基耳. 『爾雅』註所謂'中唐有甓', 是也. 故堂之前廉, 在於楹外, 而自房室外至前廉, 同一平地也. 「大記」疏所謂'近南霤爲廉, 兩楹南近堂廉', 是也. 今世則以板高設於堂基之上, 以兩楹爲限, 故堂廉與兩楹齊. 古則盡階三級, 便上堂, 今則盡階後, 又有一級, 盡此四級, 然後上堂. 故楹外階上, 行禮之際, 頗覺窒礙, 所以有此無楹外之疑問. 而沙翁未有明辨, 故僭論及之. 【右堂制】

본주논증

○「사관례」 주: 층계마다 동서의 양렴兩廉이 있다. ○주자가 말하였다. "조계阼階는 동서東序의 서쪽에 아주 가까우며, 바로 방호房戶의 동쪽 벽에 해당한다." ○동쪽 면의 계단은 동당東堂의 층계이고, 그 서당西堂에는 서쪽 면의 계단이 있다. 북당北堂에는 북계北階가 있다. ○「향음주례鄕飮酒禮」: 경磬은 계단 사이 처마끝[霤]에 세로[縮] 방향으로 매달아 둔다. 주註: 축縮은 세로[縱]이다. 유霤는 빗물이 흘러가는 곳이다. 【이상. 층계와 유霤의 제도】

○「士冠禮」註: 每階有東西兩廉. ○朱子曰: "阼階切近東序之西, 正當房戶之東壁." ○東面階則東堂之階, 其西堂有西面階也. 北堂有北階. ○「鄕飮酒禮」: 磬懸於階間縮霤. 註: 縮, 縱也. 霤, 雨霤處也. 【右階與霤之制】

본주논증

○『이아』: 묘廟 가운데의 길을 당唐이라 하고, 당堂에 이르는 길을 진陳이라 한다. 주註: 당堂 아래에서 문門에 이르는 지름길을 진陳이라고 이름한다. ○주자가 말하였다. "당堂에 이르는 길을 진陳이라고 하는데, 북쪽으로 층계에 접속하고 남쪽으로는 문의 안쪽 처마에 접속된다." 【이상. 진陳의 제도】

○『爾雅』: 廟中路謂之唐, 堂途謂之陳. 註: 堂下至門徑名陳. ○朱子曰: "堂塗謂之陳, 北屬階, 南接門內霤." 【右陳制】

본주논증

○『대전』: 당堂 아래에서 문에 이르기까지를 뜰[庭]이라고 한다. 뜰의 삼분의 일 북쪽에 비석[碑]

을 설치한다. ○「빙례聘禮」 주: 궁宮에는 반드시 비碑가 있는데, 해 그림자[日景]를 표시하여 음양陰陽을 알기 위한 것이다. 또 말하였다. "비碑의 설치는 당堂의 깊이와 같은 거리에 하는데, 당의 깊이는 당렴堂廉의 북쪽에서 방실房室의 벽까지를 말한다. 뜰의 삼분의 일 북쪽에 비碑를 설치하니, 비석을 설치하는 거리가 당堂의 깊이와 같다면, 뜰은 대개 당堂 깊이의 3배이다." ○「제의祭義」: 제사지내는 날 군주가 희생을 끌고 묘문廟門으로 들어와 비碑에 맨다[麗]. 소疏: '이麗'는 매는 것이니, 고삐를 꿰어서 뜰 가운데의 비碑 가운데에 매는 것이다. ○손씨孫氏가 말하였다. "옛날의 이른바 비碑라는 것은 곧 장사나 제사, 잔치, 빙례聘禮를 행할 즈음에 하나의 큰 나무를 세우는 것일 뿐이었다. 그런데 그 글자에 '돌 석石'을 사용한 것은 장차 견고하고 오래됨을 취하려 함일까?" ○주자가 말하였다. "「단궁」에 '공실公室은 풍비豊碑에 준하고, 삼가三家는 환영桓楹에 준한다.'고 했는데, {상세한 내용은 '장葬'조를 보라.} 아마 천자와 제후는 돌을 쓰기 때문에 '비碑'라 하고, 대부 이하는 나무를 쓰기 때문에 '영楹'이라 한 것일까? 묘廟 안에서는 동일하게 '비碑'라 하니, 진실로 다 돌을 말하는 것이다."고 하였다. 【이상. 뜰[庭]과 비석[碑]의 제도】

○『大全』: 堂下至門謂之庭. 三分庭一在北設碑. ○「聘禮」註: 宮必有碑, 所以識日景, 知陰陽也. 又曰: "設碑近如堂深, 堂深謂從堂廉北至房室之壁. 三分庭一在北設碑, 而碑如堂深, 則庭盖三堂之深也." ○「祭義」: 祭之日, 君牽牲, 入廟門, 麗于碑. 疏: 麗, 繫也, 以紖貫, 繫中庭碑中. ○孫氏曰: "古之所謂碑者, 乃葬祭饗聘之際, 所植一大木耳. 而其字從石者, 將取其堅且久乎?" ○朱子曰: "「檀弓」云, '公室視豊碑, 三家視桓楹', {詳見'葬'條.} 豈天子諸候以石, 故謂之碑, 大夫以下用木, 故謂之楹歟? 廟中同謂之碑, 則固皆謂石也." 【右庭與碑制】

본주논증

○「사관례」: 문 가운데 얼闑 서쪽, 문지방[閾] 바깥에 자리를 깐다. 주註: 얼闑은 문의 말뚝이며, 문 가운데 세워진 짧은 나무이다. 역閾은 문지방이다. ○『이아』 주註: 역閾은 문지방[門限]인데, 문 아래에 가로로 댄 나무를 말하며, 안과 밖을 구분하는 경계이다. 그 문의 양쪽 옆에 있는 나무를 정棖이라고 하는데, 정棖과 얼闑 사이를 문 가운데[中門]라고 한다. ○주자가 말하였다. "홀수를 호戶라 하는데 외짝 문[隻扇]이고, 짝수를 문門이라 하는데 두 짝 문[雙扇]이다. 문 가운데

에는 얼闑이 있고, 양 옆에는 정棖이 있는데, 옛날 사람들은 왼쪽 문짝을 항상 닫아두었다." ○『이아』: 문門 곁의 당堂을 숙塾이라고 한다. 주註: 문의 안과 밖의 동쪽과 서쪽에 모두 숙塾이 있으니, 하나의 문에 숙塾이 4개이다. 그 외숙外塾은 남쪽으로 향하고, 내숙內塾은 북쪽으로 향한다. ○주자가 말하였다. "대부와 사는 오직 외문外門과 내문內門만 있을 뿐이고, 제후는 3개, 천자는 5개이며, 상서庠序에는 오직 1개의 문만 있다." ○「사관례」 주註: '동쪽 벽으로 간다.'는 것은 위문闈門을 나감이다. 이때 어머니는 위문 밖에 있는데, 부인은 위문을 통해 사당에 들어온다. ○「분상奔喪」 소疏: 부인은 위문으로부터 들어가 측계側階로 오른다. 위문은 동편의 문이다. ○『이아』 주註: 위문은 소문小門과 서로 통하며, 옆의 벽壁에 있다. ○「사우례」 기記의 주註: 위문은 지금의 동서東西 액문掖門(쪽문)과 같다. 소疏: 한나라 때의 액문掖門은 사람의 좌우 겨드랑이와 같다. 【이상. 문門의 제도】

○「士冠禮」: 布席于門中闑西閾外. 註: 闑, 門橛, 門之中央所竪短木也. 閾, 閫也. ○『爾雅』註: 閾, 門限, 謂門下橫木, 爲內外之限也. 其門之兩旁木, 則謂之棖, 棖闑之間, 謂之中門. ○朱子曰: "奇曰戶, 隻扇, 偶曰門, 雙扇. 門中有闑, 兩旁有棖, 古人常掩左扉." ○『爾雅』: 門側之堂, 謂之塾. 註: 門之內外其東西, 皆有塾, 一門而塾四. 其外塾南向, 內塾北向也. ○朱子曰: "大夫士惟外門內門而已, 諸候則三, 天子則五, 庠序則惟有一門." ○「士冠禮」註: '適東壁'者, 出闈門也. 時母在闈門外, 婦人入廟由闈門. ○「奔喪」疏: 婦人入自闈門, 升自側階. 闈門, 東邊之門. ○『爾雅』註: 闈門相通小門, 在旁壁也. ○「士虞」記註: 闈門如今東西掖門. 疏: 漢時掖門, 若人左右掖. 【右門制】

본주논증

○『대전大全』: 문으로부터 북쪽은 모두 담[墻]을 두른다. 주註: 장墻은 담벽[墉壁]의 총칭이다. 실室 가운데는 용墉(벽)이라고 하고, 방房과 협실[夾]에도 용墉이라고 하며, 당堂 위에서는 서序라고 하고, 당堂 아래에서는 벽壁이나 장墻이라고도 하지만, 그 실상은 동일하다. 있는 곳에 따라서 그 이름을 달리한 것일 뿐이다. 【이상. 담장의 제도】

○『大全』: 自門以北, 皆周以墻. 註: 墻者, 墉壁之總名. 室中謂之墉, 房與夾亦謂之墉, 堂上謂之序, 堂下謂之壁, 謂之墻, 其實一也. 隨所在, 而異其名爾. 【右墻制】

◎「왕제王制」: 침寢이 묘廟보다 나아서는 안 된다. 섭씨葉氏가 말하였다. "침소는 항상 편안하게 지내는 곳이지만, 묘廟보다 나으면 어버이를 섬기는 데 혐의가 있다." ○ 〖경호안설〗 옛날의 사당제도는 산 사람이 침실에 거처하는 것과 같았다. ○「사상례士喪禮」 소疏: 천자와 제후에게는 노침路寢[270]이라 하고, 경대부卿大夫와 사士에게는 적실適室, 또는 적침適寢이라 하였는데, 모두 정침正寢[271]을 말한다. ○『대전大全』: 침寢 뒤에 하실下室이 있다. 주註: 「사상례」 주註에 '하실은 지금의 내당內堂과 같다.'고 했고, 가씨賈氏는 "하실은 연침燕寢[272]이다."고 했다. 그러니 하실은 천자와 제후에게는 소침小寢이 된다. 묘침廟寢은 사당의 북쪽에 있으니, 하실이 적침適寢의 뒤에 있다는 것을 알 수 있다. 「내칙內則」에 '명사命士 이상은 부자父子가 궁宮을 달리한다.'고 하였는데, 가씨는 말하기를 "만약 명을 받지 못한 사士이면 부자가 비록 큰 집[大院]에서 같이 살더라도, 그 가운데는 또한 격리하여, 각각 문門과 호戶가 있다."고 하였으니, 하실의 바깥에 또한 이궁異宮이 있는 것이다. ○「상복喪服」 전傳: 자식이 그 아버지에게 사사로운 마음을 가지지 않으면 자식 노릇을 하지 못한다. 그러므로 동궁東宮이 있고, 서궁西宮이 있으며, 남궁南宮이 있고, 북궁北宮이 있어서, 사는 곳은 다르더라도 재물을 함께하고, 남는 것이 있으면 종宗에게 돌려주고, 부족하면 종宗에게 의지한다. 소疏: 곤제의 아들은 각자 그의 아버지를 사사로이 뵙는다. 그러므로 그 아버지에게 사사로운 마음을 가지지 않으면 사람의 자식이 되는 법을 이루지 못한다. 명사命士 이상은 아버지와 아들이 궁宮을 달리하고, 명을 받지 못한 사士는 부자가 비록 궁宮을 같이 하더라도 또한 격리하여 사방의 궁宮을 만든다. ○「내칙」의 진호의 주註: 궁실의 제도는 앞에는 노침路寢이 있고, 그 다음이 군君의 연침燕寢이며, 그 다음이 부인의 정침正寢이다. 경대부 이하는 앞에 적침適寢이 있고, 그 다음은 연침이 있으며, 그 다음은 적처適妻의 침소가 있다. 측실側室은 연침의 옆 방[旁室]이다. 【이상. 궁실 제도 총론】

270 노침(路寢): 천자나 제후가 정사를 보던 정전(正殿)을 말한다.

271 정침(正寢): 평소에 가장이 거처하는 곳이기도 하고, 죽음을 맞이하는 공간임과 동시에 제사의 공간으로써 가정생활의 가장 중심이 되는 공간이라고 할 수 있다. 그런데 정침의 위치에 대해서는 논의가 일정하지 않는데, 퇴계 이하 영남 예학자들은 정침은 지금의 빈객을 접대하는 바깥채의 정당(正堂), 즉 사랑이라 했고, 사계는 안채의 대청이라고 했다. 이 문제는 일괄적으로 규정하기가 어려우며, 가옥 구조에 따라 적합하게 변통해야 할 것이다.

272 연침(燕寢): 한가롭게 편히 쉬는 방을 말한다.

◎「王制」: 寢不踰廟. 葉氏曰: "寢所常安, 而踰廟, 嫌於事親." ○ 〖按〗 古者廟制, 與生人居寢同. ○「士喪禮」疏: 天子諸侯謂之路寢, 卿大夫士謂之適室, 亦謂之適寢, 皆謂正寢. ○『大全』: 寢之後有下室. 註: 「士喪禮」註, '下室, 如今之內堂', 賈氏曰, "下室, 燕寢也." 然則下室, 於天子諸侯, 則爲小寢也. 廟寢在廟之北, 則下室在適寢之後, 可知. 「內則」, '命士以上, 父子異宮.' 賈氏曰, "若不命之士, 父子雖大院同居, 其中亦隔別, 各有門戶." 則下室之外, 又有異宮也. ○「喪服」傳: 子不私其父, 則不成爲子. 故有東宮, 有西宮, 有南宮, 有北宮, 異居而同財, 有餘則歸之宗, 不足則資之宗. 疏: 昆弟之子, 各自私朝其父. 故不得私其父, 不成爲人子之法也. 命士以上, 父子異宮, 不命之士, 父子縱同宮, 亦隔別爲四方之宮也. ○「內則」陳註: 宮室之制, 前有路寢, 次則君之燕寢, 次夫人正寢. 卿大夫以下, 前有適寢, 次則燕寢, 次則適妻之寢. 側室者, 燕寢之旁室也. 【右總論宮室之制】

본주논증

◎ 〖경호안설〗 『가례』의 사당제도는 진실로 옛날의 묘제廟制와는 같지 않으나, 본주本註에 이미 묘제廟制의 조문이 있으니 또한 옛날의 궁실제도를 상세히 알지 않을 수 없다. 그러므로 위에 전옥殿屋과 하옥厦屋의 제도를 도식으로 그리고, 이어서 사당 도식을 그렸다.

◎ 〖按〗 『家禮』祠堂之制, 固與古廟制不同, 而本註旣有廟制之文, 又古宮室之制, 不可不詳. 故以殿屋厦屋之制圖於上, 而繼以祠堂圖.

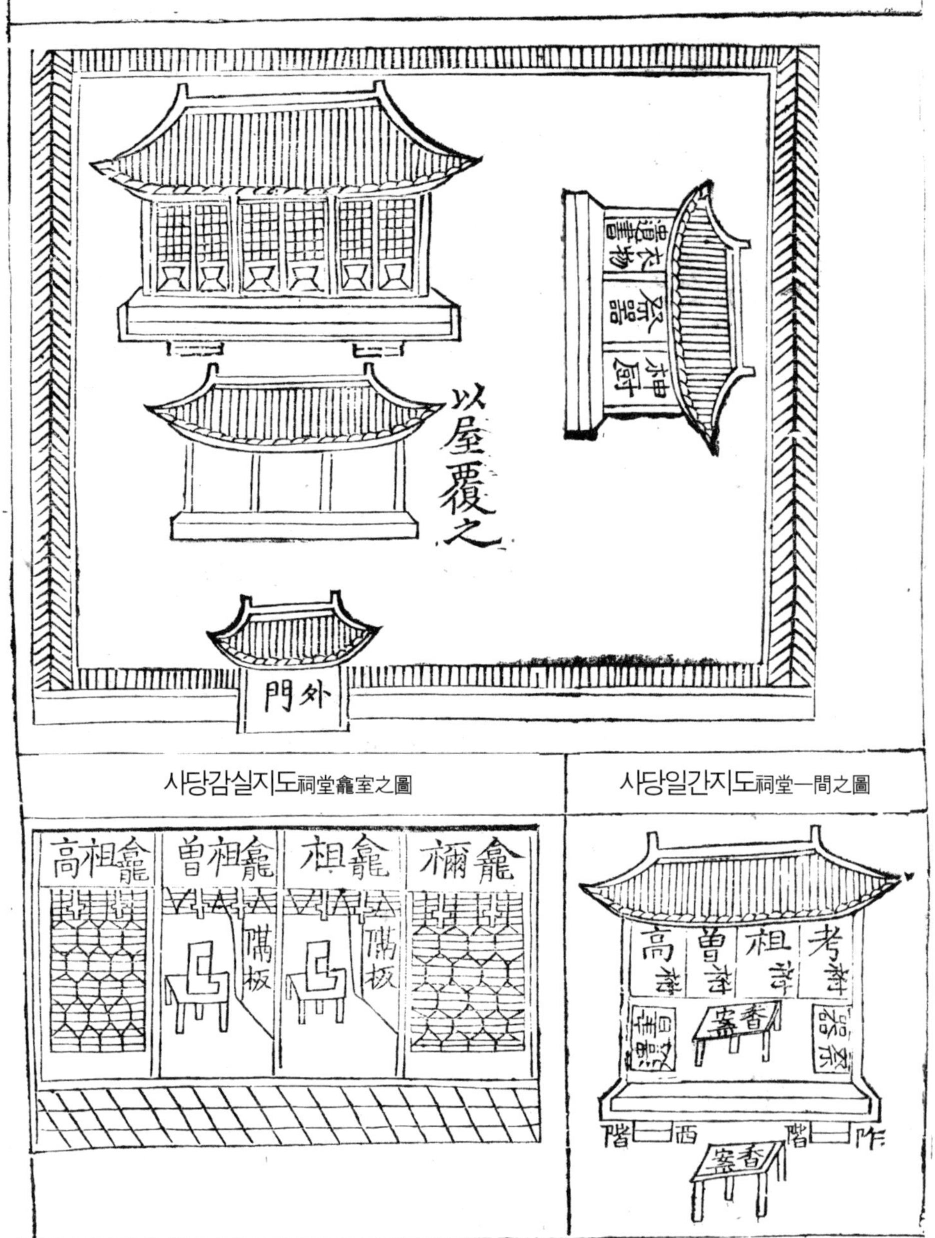
사당전도祠堂全圖
遺書衣物
祭器
神廚
以屋覆之
外門
사당감실지도祠堂龕室之圖
高祖龕
曾祖龕
祖龕
禰龕
隔板
隔板
사당일간지도祠堂一間之圖
高
曾
祖
考
香案
西階
阼階
香案

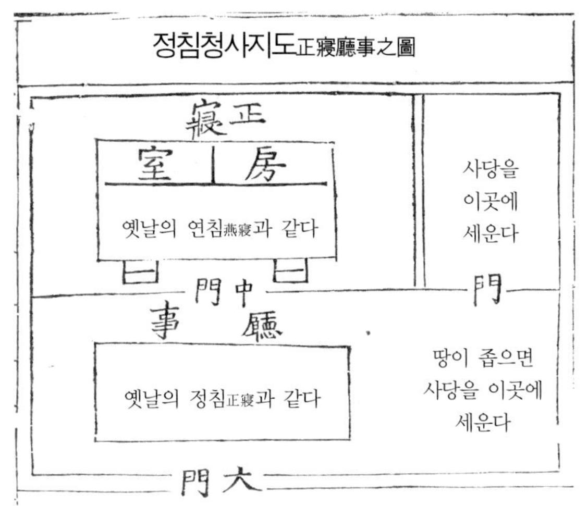

〖경호안설〗 위의 진호의 설에 의거해 보면, '경대부 이하는 앞에 적침適寢이 있고, {곧 정침正寢이다.} 그 다음은 연침燕寢이 있으며, 그 다음은 적처適妻의 침소가 있다.'고 했으니, 『가례』의 이른바 정침은 옛날의 연침과 같고, 청사廳事는 옛날의 정침과 같다. 또한 『가례』에는 정침의 뒤에 또 내침內寢 즉 이른바 적처의 침소가 있어야 마땅하다. 또 살펴보건대, 침실에 거처하는 제도는 송나라 때에 이르러 이미 옛날과 같지 않았다. 그러므로 '대렴大斂'조에 사마온공司馬溫公이 말하기를 "주周나라 사람은 서계西階 위에 빈소를 차렸다. 오늘날은 당실堂室의 제도가 달라서 다만 당堂의 가운데에서 조금 서쪽에 한다."고 하였다. 주자가 또한 말하기를 "오늘날 사람들의 집에는 동서東西의 곁방[廂]이 없다."고 했으니, 옛날의 가옥 제도와 대조하여 합치되기를 구할 수는 없다. 다만 방房·실室·당堂·계단[階]의 제도는 대체로 다르지 않다. 또한 옛날 가옥제도의 정침에는 본래 당堂의 문이 없었으나 『가례』에는 있다. 우제虞祭에 이른바 '당문堂門 밖의 동쪽에 진설한다.'는 조문 및 시제時祭의 '합문闔門'조에 이른바 '문이 없는 곳은 발을 드리운다.'는 글로 알 수 있다. 대개 상례와 제례의 여러 예는 모두 실室 가운데의 바라지 아래에 있는 서남쪽 모퉁이[奧處]에 자리를 깔고 궤几를 마련하여 동향하므로, 예를 행할 때 바라지와 지게문을 닫는 절차가 있다. 『가례』에는 상례에 영좌靈座를 설치하거나 제례에 신위를 설치하면서 모두 당堂 가운데에서 남쪽을 향한다. 그러므로 당에는 문이 있어서 합문闔門과 계문啓門의 절차가 있고, 문이 없으면 발을 설치하여 대신한다.

〖按〗 據上陳氏說, 卿大夫以下, 前有適寢, {卽正寢.} 次則燕寢, 次則適妻之寢云, 則『家禮』所謂正寢猶古燕寢, 廳事猶古正寢. 且『家禮』正寢之後, 亦當有內寢, 卽所謂適妻之寢也. 又按, 居寢之制, 至宋時, 已與古不同. 故'大斂'條 司馬溫公曰: "周人殯于西階之上. 今堂室異制, 但於堂中少西." 朱子亦曰: "今人家無東西廂云." 則不可以古之屋制, 對較求合. 而第房室堂階之制, 則大體不異矣. 且古之屋制, 正寢本無堂門, 而『家禮』則有之. 虞祭所謂'陳於堂門外之東'之文, 及時祭'闔門'條所謂'無門處降簾'之文, 可見矣. 蓋古喪祭諸禮, 皆鋪筵設几於室中牖下奧處, 而東向, 故行禮時, 有闔牖戶之節矣. 『家禮』則喪禮之設靈座, 祭禮之設神位, 皆於堂中南向. 故堂有門, 而有闔門啓門節, 無門則設簾以代之也.

대종소종지도大宗小宗之圖

도圖	지之	종宗	소小	종宗	대大
제후 諸侯 제후의 적자는 대를 이어서 제후가 된다. 諸侯適子世爲諸侯	별자 別子 제후의 서자가 죽은 뒤에 세워 대종의 조祖가 된다. 諸侯庶子死後立爲大宗之祖	고조 高祖 별자의 서자가 죽은 뒤에 세워 소종의 고조가 된다. 別子庶子死後立爲小宗高祖 증조 曾祖 조祖 녜禰	증조 曾祖 고조의 서자가 죽은 뒤에 세워 소종의 증조가 된다. 高祖庶子死後立爲小宗曾祖 조祖 녜禰	조祖 증조의 서자가 죽은 뒤에 세워 소종의 조祖가 된다. 曾祖庶子死後立爲小宗之祖 녜禰	녜禰 조부의 서자가 죽은 뒤에 세워 소종의 녜禰가 된다. 祖之庶子死後立爲小宗之禰
	계별대종 繼別大宗 바로 아래로 서로 전하여 백세토록 조천하지 않는다. 直下相傳百世不遷	계고조소종 繼高祖小宗 그 아들에 이르러 5세가 되면 조천한다. 至其子五世則遷	계증조소종 繼曾祖小宗 그 손자에 이르러 5세가 되면 조천한다. 至其孫五世則遷	계조소종 繼祖小宗 증손에 이르러 5세가 되면 조천한다. 至曾孫五世則遷	계녜소종 繼禰小宗 현손에 이르러 5세가 되면 조천한다. 至玄孫五世則遷

구준丘濬이 말하였다. "살피건대, 예경禮經의 별자법別子法은 곧 하은주夏殷周 삼대三代에서 제후를 봉건封建하던 제도이니, 오늘날 사람들의 집안과 합치되지 않는다. 지금 오로지 사람들의 집안을 위주로 말하자면, 처음 옮겨오거나 최초로 책봉 받은 작위를 가진 자를 시조始祖로 삼는 것은 옛날의 별자別子에 준하고, 또 시조의 장자는 옛날 별자를 계승하는 종宗에 준한다. 비록 옛날 제도는 아니더라도 그 실상은 옛 사람의 뜻이다."

丘氏曰: "按, 禮經別子法, 乃三代封建諸侯之制, 於今人家不相合. 今專主人家而言, 以始遷及初有封爵者, 爲始祖, 準古之別子, 又以始祖之長子, 準古繼別之宗. 雖非古制, 其實則古人之意也."

가례대문

주인은 대문 안에서 신알한다[主人晨謁於大門之內]

가례본주

주인은 종자宗子로서 이 사당의 제사를 주관하는 자를 말한다. 신알晨謁할 적에 심의深衣를 입고서 「주자행장朱子行狀」[273]: 복건幅巾[274]과 방리方履를 갖추었다. 분향하고 〖경호안설〗 계단 사이에 설치한 향탁에 이르러 분향한다. 【止】 ○사계沙溪가 말하였다. "『서의書儀』 및 『요결要訣』[275]에는 모두 분향하는 절차가 없다."[276] 【이상. 신알할 적에 혹 분향하지 않음】

主人謂宗子主此堂之祭者. 晨謁深衣, 「朱子行狀」: 具幅巾方履. 焚香, 〖按〗 詣階間所設香卓, 焚香. 【止】 ○沙溪曰: "『書儀』及『要訣』, 皆無焚香之節." 【右晨謁或不焚香】

가례본주

재배한다. 『어류語類』: 선생은 매일 일찍 일어났다. 자제들은 서원書院에 있으면서 모두 먼저 난삼襴衫[277]을 입고 영당影堂 앞에 가서 판板을 두드리며 선생이 나오기를 기다렸다. 문을 열면, 선생은 당에 올라 자제들을 거느리고 차례로 줄지어 절하고, 향을 피우고, 또 절하고 물러났다. 자제 1인이 토지土地 사당에 이르러 향을 피우고 절하였다. 모시고 따라서 누각에 올라가 선성상先聖像에게 절한 다음에, 바야흐로 서원에 앉아서 아침 인사를 받고 탕을 마셨다. ○묻기를 "선생께서는 이른 아침에 영당에 들어가 절하나, 저녁에는 다시 들어가지 않으니 어째서인가?"라고 하자, 주자가 대답하였다. "지난번에 보니 조승상趙丞相은 영당에서 혼정昏定의 예를 행하였다. 혹 잔치모임이 있은 뒤에는 가만히 생각해 보니 미안한 듯했다. 그러므로 매양 항상 옛날 예禮에 따라 신알만 하고 만다." 【止】 ○율곡이 말하였다. "비록 주인이 아니더라도 주인을 따라서 같이 배알하는 것은 무방하다."[278] ○사계가 말하였다. "주인이 없

273 「주자행장(朱子行狀)」: 송나라 학자 면재(勉齋) 황간(黃榦)이 지었다.

274 복건(幅巾): 한 폭의 베를 사용하여 머리를 감싸는 모자의 일종. 은사(隱士)들이 주로 사용하였다.

275 『요결(要訣)』: 이이(李珥)가 편찬한 『격몽요결(擊蒙要訣)』.

276 『동춘당집』 별집 권1 「상사계김선생(上沙溪金先生)」.

277 난삼(襴衫): 생원(生員)이나 진사(進士)에 합격된 때에 입던 예복으로, 녹색이나 검은 빛의 단령(團領)에 각기 같은 빛의 선을 둘렀다. 주자는 저고리[衣]와 치마[裳]가 서로 연결된 것을 '난(襴)'이라 하였다. 난삼(襴衫).

는데 홀로 행하는 것은 옳지 않다." ○우암이 말하였다. "살아있을 때를 헤아려 보면 여러 자식들[諸子]은 아침저녁으로 각자 의식대로 한다. 또 『가례』에 여러 자식들이 출입할 때 사당에 고하는 것은 장자와 꼭 같으나, 다만 중문을 열지 않는 것만은 다르다. 이에 의거해 보면 유독 신알을 감히 못하게 하는 것은 그 의리를 아직 알지 못하겠다."[279] 또 말하였다. "'여러 형제들이 출입할 때 반드시 고한다.'는 글로 보면 신알의 예도 주인의 유무와 관계되지 않는다."[280] ○동춘이 말하였다. "신알의 예는 출입의 의식으로 말하면, 비록 주인이 없더라도 나머지 사람들도 절하고 하직하는 절차가 있다. 또 생시를 본뜨는 것으로 논한다면, 또한 홀로 절하지 못할 이유는 없다."[281] 【이상. 여러 자식들이 신알함】

再拜. 『語類』: 先生每日早起. 子弟在書院, 皆先着衫, 到影堂前, 擊板俟先生出. 旣啓門, 先生升堂, 率子弟, 以次列拜, 炷香, 又拜而退. 子弟一人, 詣土地之祠, 炷香而拜. 隨侍登閣, 拜先聖像, 方坐書院, 受早揖, 飮湯. ○問: "先生早晨入影堂展拜, 而昏暮無復再入, 如何?" 朱子曰: "向見, 趙丞相於影堂行昏定之禮, 或在燕集之後, 竊疑未安. 故每常只循舊禮晨謁而已." 【止】 ○栗谷曰: "雖非主人, 隨主人同謁, 不妨." ○沙溪曰: "無主人而獨行, 不可." ○尤菴曰: "揆以生時, 則諸子晨昏各自如儀. 且『家禮』, 諸子出入時, 告廟, 一如長子, 但不開中門爲異. 據此, 則獨於晨謁有所不敢者, 未知其義也." 又曰: "以諸兄弟出入必告之文, 觀之, 則晨謁之禮, 亦不係主人之有無矣." ○同春曰: "晨謁之禮, 以出入之儀言之, 雖無主人, 餘人亦有拜辭之節. 且以象生時論之, 亦無不可獨拜之理." 【右諸子晨謁】

본주논증

○묻기를 "매일 신알을 하는데 혹 몸이 정결하지 못하면 어떻게 해야 하는가?"라고 하자, 퇴계가 말하였다. "이런 것까지 따진다면 이는 주택周澤의 장재長齋[282]이니, 아마도 이런 이치가 없을 듯하다. 대개 신알할 적에는 올리는 음식[薦獻]이 없다."[283] ○묻기를 "상차喪次[284] 곁에

278 『율곡전서』 권27 「격몽요결(擊蒙要訣)」 '제례장제칠(祭禮章第七)'.

279 『송자대전』 권57 「답민공서대수지숙(答閔公瑞大受持叔) 신축윤월(辛丑閏月)」.

280 『송자대전』 권103 「답윤이화(答尹爾和) 정사삼월십팔일(丁巳三月十八日)」.

281 『동춘당집』 별집 권5 「답민지숙(答閔持叔) 신축(辛丑)」.

282 주택(周澤)의 장재(長齋): 주택(周澤)은 후한(後漢) 때 사람으로, 태상(太常) 벼슬을 하면서 종묘에서 재계를 근실히 하였는데, 당시 속담에 "세상에 나서 태상의 처가 되지 마라. 1년 360일에 359일 동안 재계한다네."라는 말이 있었다고 한다.

283 『퇴계집』 권39 「답정도가문목(答鄭道可問目)」.

284 상차(喪次): 상제(喪制)들이 상복을 입거나 조문을 받는 막차(幕次)이다. 참최복을 입는 사람들은 여막(廬幕), 재최복을 입는 사람들은 악

있으면서 사당에 들어가 참알하는 것은 미안한가?"라고 하자, 우암이 대답하였다. "참알하는 것은 평소 혼정신성昏定晨省의 예를 본뜬 것이다. 평소 상차로부터 돌아온 자가 어찌 혼정신성의 예를 폐할 이유가 있겠는가? 이것은 제사와 다른 점이 있다."[285] 【이상. 몸이 정결하지 못하더라도 신알을 폐하지 못함】

○問 "逐日晨謁, 或未潔, 則奈何?" 退溪曰: "若計此, 則是周澤長齋, 恐無是理. 盖晨謁, 非有薦獻也."

○問: "在喪側, 入廟參謁, 未安." 尤菴曰: "參謁是象平日晨昏之禮也. 平日自喪次歸者, 豈有廢晨昏之理也? 此與祭祀有異矣." 【右不潔不廢晨謁】

본주논증

○"삼년상 안에 신알하는 것"에 대해 물으니, 남계南溪가 대답하였다. "짐짓 빠뜨림이 마땅하다." 【이상. 상중에는 신알을 폐함】

○問: "三年內晨謁." 南溪曰: "當姑闕." 【右喪中廢晨謁】

본주논증

○ 〖경호안설〗 담제禫祭 전에 신알하는 데 대한 한강寒岡의 설은 '대상大祥'조를 보라. 【이상. 담제 전에 신알함】

○ 〖按〗 禫前晨謁寒岡說, 見'大祥'條. 【右禫前晨謁】

본주논증

○묻기를 "기년복期年服을 입은 사람이 가묘에 새벽에 참배하거나 출입을 고할 때 흑대黑帶를 사용하는가?"라고 하자, 구봉이 대답하였다. "이것은 사당에 들어가 신을 접하는 것에 비할 것이 아니니, 백의白衣와 백대白帶도 무방할 듯하다."[286] 【이상. 기년복을 입은 사람이 신알할 때 입는 복색】

○問: "期服家廟晨參及出入告, 用黑帶否?" 龜峯曰: "此非入廟接神之比, 白衣白帶, 恐無妨." 【右期服晨謁服色】

실(堊室)을 말한다.

285 『송자대전』 권103 「답윤이화(答尹爾和) 병진유월십일일(丙辰六月十一日)」.

286 『구봉집』 권6 「답계함문(答季涵問)」.

본주논증

○ 〖경호안설〗 새로 난 물품이 있으면 신알할 때 얻는 대로 올린다는 설은 아래의 참례參禮를 보라. 【이상. 신알할 때 겸하여 새로 난 물품을 올림】

○ 〖按〗 有新物, 則晨謁時, 隨得卽薦說, 見下參禮. 【右晨謁兼薦新】

가례대문

출입에 반드시 고한다[出入必告]

대문논증

『좌전』: 공公이 출행出行하면 종묘宗廟에 고하고, 돌아와서는 음지飮至의 예를 행한다. 주註: 사당에 도착을 고하고 술을 마신다.

『左傳』: 公行告于宗廟, 反行飮至. 註: 告至于廟, 而飮酒.

가례본주

주인과 주부가 가까운데 외출하면[近出] 대문에 들어가서 첨례瞻禮(쳐다보고 올리는 예)를 하고 간다. 『집람輯覽』: 살피건대, 첨례는 읍揖이라는 말과 같다. 『구의丘儀』에 "남자는 읍을 하면서 길게 소리 내고[唱喏][287] 부인은 서서 절한다."고 하였다. ○『고증考證』: 첨례는 우러러 보면서 예를 바치는 것이다. ○우암이 말하였다. "가까운데 외출하면 원래 고하는 예가 없다. 첨례의 의식은 매우 간결한데 무엇 때문에 폐하겠는가? 부득이하면 단배單拜로 대신하는 것이 근리할 듯하다."[288] ○ 〖우안〗 첨례는 『구의』에는 '창야唱喏'라고 했고, 『회성會成』에는 '창야唱喏는 읍할 때 내는 소리이다.'고 했다. 이에 의거해 보면 (첨례란) 『집람』에서 이른바 '읍揖'이 아마 옳을 듯하다. 대개 아침마다 영당 앞에 이르러 창야唱喏하는 것은 아래의 부주에 있는 「온공잡의溫公雜儀」의 설을 보라. 돌아와서도 이와 같이 한다. 하루 밤을 자고 돌아오면[歸] 〖경호안설〗 여기서 '돌아오면[歸]'이라고 말한 것은 '외출하면[出]'의 의미가 그 속에 들어있으니, 곧 위의 '가까운데 외출하면[近出]'의 글에 이어져야 한다. 분향하고 재배한다. 멀리 나가 열흘 이상을 지내면 재배하고 분향하며 고하기를 〖경호안

287 『회성(會成)』의 '揖相傳曰唱喏'라는 말로 미루어 보면, 창야는 '읍할 때 서로 말을 전한다.'는 뜻이라는 것을 알 수 있다.
288 『송자대전』 권78 「답한여석(答韓汝碩)」.

설』 아래의 '고생자告生子(자식이 태어남을 고함)'조에는 '축을 쓰지 않는다.'고 했고, 사계沙溪는 "단지 구어口語로만 고한다."고 했으며, 여기에 축문을 쓴다는 조문이 없으니, 또한 입으로 고하는 것이 마땅하다. "모가 장차 아무 곳으로 가기에 감히 고합니다."라고 하고는, 또 재배하고 간다. 돌아와서도 이와 같이 하는데, 다만 고할 때 "모가 오늘 아무 곳으로부터 돌아와 감히 뵙습니다."라고 한다. 달을 지내고 돌아오면 중문을 열고 계단 아래에 서서 재배하고, 동쪽 계단으로부터 올라가서 분향하고 『경호안설』 이는 당 가운데에 설치한 향탁 앞에 이르러 분향함이다. 그 나머지 중문을 열지 않고 동쪽 계단으로 오르지 않는 사람들은, 모두 계단 앞에 설치한 향탁에 이르러 분향한다. 고하며, 마치면 재배한다. 내려와서 자리에 돌아와 재배한다. 나머지 사람들도 그렇게 하되, 다만 중문을 열지 않는다. 『요결要訣』: 중자衆子(장자 이외의 자식)로서 다른 곳에 사는 사람이 가까운 데에 외출하면 절하고 하직할 필요는 없다. 만약 먼 곳으로 외출하면 모름지기 의식대로 절하고 하직한다.

主人主婦近出, 則入大門瞻禮, 而行. 『輯覽』: 按, 瞻禮猶言揖. 『丘儀』, "男子唱喏, 婦人立拜." ○『考證』: 瞻禮, 瞻仰而致禮也. ○尤菴曰: "近出, 則元無告禮矣. 瞻禮之儀, 甚簡省, 何故廢之? 如不得已, 則以單拜代之, 似爲近之." ○ 『愚按』 瞻禮, 『丘儀』云'唱喏', 而『會成』云'唱喏, 揖時聲.' 據此, 『輯覽』所謂'揖', 恐是. 蓋每朝詣影堂前唱喏, 見下附註「溫公雜儀」說. 歸亦如之. 經宿而歸, 『按』 此言'歸', 則'出'在中矣, 卽蒙上'近出'之文也. 則焚香再拜. 遠出經旬以上, 則再拜焚香, 告云, 『按』 下'告生子'條曰: '不用祝.' 沙溪曰: "只以口語告之." 此無用祝之文, 亦當口告. "某將適某所, 敢告." 又再拜而行. 歸亦如之, 但告云, "某今日歸自某所, 敢見." 經月而歸, 則開中門, 立於階下, 再拜, 升自阼階, 焚香, 『按』 此詣堂中所設香卓前, 焚香. 其餘不開中門, 不升阼階者, 皆詣階前所設香卓, 焚香. 告畢再拜. 降復位, 再拜. 餘人亦然, 但不開中門. 『要訣』: 諸子異居者, 近出, 則不必拜辭. 若遠出, 則須拜辭如儀.

가례본주

○무릇 주부는 주인의 처를 말한다. 「증자문曾子問」: 공자가 말하였다. "종자宗子는 비록 일흔이라도 주부가 없을 수 없다. 종자가 아니라면 비록 주부가 없더라도 괜찮다." 소疏:

종자는 밖에서 종중의 남자[宗男]를 거느리고, 종부宗婦는 안에서 종중의 여자[宗女]를 거느린다. 소목昭穆의 일은 중요하니 폐하거나 빠뜨릴 수 없다. 그러므로 비록 나이가 일흔이라도 오히려 장가든다. 진호의 주註: 이것은 대종大宗에 아들이 없거나, 아들이 어린 경우를 말한다. 만약 아들이 있고 며느리가 있어 전하여 계승할 수 있으면 장가들지 않아도 된다.

○凡主婦謂主人之妻. 「曾子問」: 孔子曰, "宗子雖七十, 無無主婦. 非宗子, 雖無主婦, 可也." 疏: 宗子領宗男於外, 宗婦領宗女於內. 昭穆事重, 不可廢闕. 故雖年七十, 猶娶也. 陳註: 此謂大宗之無子, 或子幼者. 若有子有婦, 可傳繼者, 可不娶.

가례본주

○무릇 오르내릴 때는 오직 주인만이 동쪽 계단을 이용하고, 주부와 나머지 사람들은 비록 존장尊長[289]이라도 서쪽 계단을 이용한다. 율곡이 말하였다. "동쪽은 주인의 자리이다. 주인이 동쪽 계단을 이용하기 때문에 주부와 이하의 사람들은 서쪽 계단을 이용하지 않을 수 없는 것이지, 높이는 것은 아니다."[290]

○凡升降, 惟主人由阼階, 主婦及餘人, 雖尊長, 亦由西階. 栗谷曰: "東, 主位也. 主人由阼階, 故主婦以下, 不得不由西階. 非所以尊也."

가례본주

○무릇 절할 때는 「춘관春官」: 대축大祝은 아홉 가지 배례[九拜]를 변별한다. {주註: 음은 '배'이다.} 첫째는 계수稽首이다. {주: 머리를 숙여 바닥에 닿음이다. 소: 먼저 두 손을 맞잡아 바닥에 이르고, 또 머리를 당겨 바닥에 이르러 오랫동안 머문다. 절 가운데 가장 무거운 것으로 신하가 군주에게 하는 절이다.} 둘째는 돈수頓首이다. {주: 머리를 숙여 바닥에 두드림이다. 소: 먼저 두 손을 맞잡아 바닥에 닿도록 하고, 또 머리를 당겨 바닥에 이르러 머리를 바닥에 조아리고 곧장 든다. 마치 머리로 물건을 두드리듯이 하는데, 이는 대등한 사람들이 각기 서로 하는 절이다.} 셋째는 공수空首이다. {주: 머리를 숙여 바닥에 이르는 것으로 이른바 배수拜

289 존장(尊長): 존대해야 할 나이가 많은 웃어른을 가리킨다. 주자는 "존자(尊者)는 자기보다 20세 이상 나이가 많으면서 아버지 항렬에 있는 자이며, 장자(長者)는 자기보다 10세 이상 많으면서 형의 항렬에 있는 자이다." 하였다.

290 『율곡전서』 권31 「어록(語錄) 상(上) 김진강소록(金振綱所錄)」.

手다. 소: 먼저 두 손을 맞잡아 바닥에 대고 머리가 손에 이른다. 그 머리가 바닥에 이르지 않기 때문에 공수空首라고 이름한다. 군주가 신하에게 답하는 절이다.} 넷째는 진동振動이다. {주: 전율하며 변하여 움직이는 절이다.} 다섯째는 길배吉拜이다. 여섯째는 흉배凶拜이다. {주: 길배는 절한 뒤에 계상稽顙하는 것으로 재최齊衰 부장기不杖朞 이하의 사람이 하는 절이다. 흉배는 계상한 뒤에 절하는 것으로, 삼년상의 복을 입은 사람들이 하는 절이다. 소: 계상稽顙은 바로 돈수頓首이지만, 다만 바닥에 닿아 용모를 차림이 없는 것이다.} 일곱째는 기배奇拜이다. 여덟째는 포배褒拜이다. {주註: 기奇는 기우奇偶라 할 때의 기奇라고 읽으며, 한 번 절하는 것으로 신하에게 답하는 절을 이른다. 포褒는 보報라고 읽는데 보배報拜는 두 번 절하는 것으로 신神과 시尸에게 절하는 것이다.} 아홉째는 숙배肅拜이다. {주: 몸을 숙이고 손을 아래로 내리는 것으로, 지금의 읍揖이나 의撎가 이것이다. 소: 숙배肅拜는 배례 중에 가장 가벼운 것으로, 오직 군대에서만 이 절이 있다. 부인은 또한 숙배를 정배正拜로 한다. 손을 내미는 것을 읍揖이라 하고, 손을 당기는 것을 의撎라 한다. 아홉 가지 배례 중에서 계수稽首·돈수頓首·공수空首는 정배正拜이고, 숙배肅拜는 부인의 정배正拜이다. 그 나머지 5가지는 이 4종류에 부속되는 것으로 일에 따라 생긴 명칭이다. 진동振動·흉배凶拜·포배褒拜는 계수稽首에 부속되고, 길배吉拜는 돈수頓首에 부속되며, 기배奇拜는 공수空首에 부속된다.} ○가의賈誼의 「용경容經」[291]: 경쇠가 굽은 모양으로 몸을 굽혀 절을 한다. 길사吉事에는 왼손을 위로 하고, 흉사凶事에는 오른손을 위로 한다. 머리를 따라 목까지 들어 올렸다가 평형으로 내리는데, 빠르게 하고 더디게 하지 말며, 목과 등의 형상은 지붕의 기와와 같이 절하는 모양이다. ○주자가 말하였다. "두 손을 내리는 것을 '배拜'라고 한다." {주: '배拜'자는 두 손을 각자 내리는 모양이다.} 또 말하였다. "두자춘杜子春이 '대축大祝'의 아홉 가지 배례를 설명하는 곳에서 기배奇拜를 풀이하여 '절할 때 먼저 한쪽 무릎을 굽히는 것으로, 지금 아배雅拜가 이것이다.'고 하여 대저 특별히 먼저 한쪽 무릎을 굽히는 것을 아배라고 하였으니, 다른 절은 모두 오늘날의 예배禮拜처럼 가지런하게 양쪽 무릎을 굽혀야 하는 것이 분명하다." ○『향교례집鄕校禮輯』: 무릇 절을 하는 예는 한 번 읍하고 조금

291 「용경(容經)」: 『신서(新書)』의 편명이다.

물러나 다시 한 번 읍하고 바로 부복俯伏하여 양손을 가지런히 하여 땅을 누르며, 먼저 왼발을 꿇고 다음으로 오른발을 굽히고, 조금 왼쪽으로 돌아서[蟠旋] 머리를 숙여 바닥에 대었다가 바로 일어난다. (일어날 적에는) 먼저 오른발을 일으켜 두 손을 가지런히 하여 무릎 위를 짚고 다음으로 왼발을 일으키고 나서 한 번 읍을 한 뒤에 절을 한다. 그 의식의 법도[儀度]는 자상하고 느긋한 것을 공경하니 급박하게 해서는 안 된다. 또 말하였다. "읍을 할 때에는 조금 넓게 벌려서 그 발은 편안하게 서고, 읍은 무릎을 곧게 펴고 몸은 굽히며 머리를 숙이고 눈은 자기의 신발 끝을 보는 것을 기준으로 삼는다. 그런 다음 두 손을 둥글게 껴서 내리되 손은 단지 무릎 가[膝畔]에 놓아야지 무릎 안에 넣어서는 안 된다. 존장 앞에서 읍할 적에 손은 모름지기 무릎 아래를 지나도록 해서 손을 눈까지 들었다가 내린다. 장자長者와 읍할 적에는 손을 입까지 들었다가 내리되 마치면 손은 몸을 일으키는 때를 따라서 가슴 앞에서 차수叉手한다." ○ 【경호안설】 『향교례집』의 이 설은 『사림광기事林廣記』의 글을 따라 대략 윤색을 더한 것이다.

○凡拜, 「春官」: 大祝, 辨九㨜. {註: 音拜.} 一曰稽首. {註: 拜頭至地. 疏: 先以兩手拱至地, 又引頭至地, 多時也. 拜中㝡重, 臣拜君之拜.} 二曰頓首. {註: 拜頭叩地. 疏: 先以兩手拱至地, 又引頭至地, 首頓地, 卽擧. 若以首叩物然, 此平敵相拜.} 三曰空首. {註: 拜頭至地, 所謂拜手. 疏: 先以兩手拱至地, 乃頭至手. 以其頭不至地, 故名空首. 君答臣拜.} 四曰振動. {註: 戰栗變動之拜.} 五曰吉㨜. 六曰凶㨜. {註: 吉拜, 拜而后稽顙, 齊衰不杖期以下者. 凶㨜, 稽顙而后拜, 三年服者. 疏: 稽顙是頓首, 但觸地無容.} 七曰奇㨜. 八曰褒㨜. {註: 奇讀爲奇偶之奇, 謂一拜答臣下拜. 褒讀爲報, 報拜再拜, 拜神與尸.} 九曰肅㨜. {註: 俯下手, 今揖撎是也. 疏: 肅拜, 拜中㝡輕, 惟軍中有此拜. 婦人亦以肅拜爲正. 推手曰揖, 引手曰撎. 九拜之中, 稽首頓首空首, 正拜也, 肅拜, 婦人之正拜也. 其餘五者, 附此四種, 逐事生名. 振動·凶拜·褒拜, 附稽首, 吉拜, 附頓首, 奇拜, 附空首.} ○賈誼「容經」: 拜以磬折之容. 吉事尚左, 凶事尚右. 隨首以擧項, 衡以下, 寧速無遲, 項背之狀, 如屋之瓦拜容也. ○朱子曰: "兩手下爲拜." {註: 拜字, 從兩手下.} 又曰: "杜子春說'大祝'九拜處, 解奇拜云, '拜時先屈一膝, 今之雅拜, 是也.' 夫特以先屈一膝, 爲雅拜, 則他拜, 皆當齊屈兩膝如今之禮拜, 明矣." ○『鄕校禮輯』: 凡下拜之禮, 一揖少退, 再一揖, 卽俯伏, 以兩手齊按地, 先跪左足, 次屈右足, 略蟠旋左邊, 稽首至地, 卽起. 先起右足, 以雙手齊, 按膝上, 次起左足,仍一揖而後拜. 其儀度以詳緩爲敬, 不可急迫. 又曰: "凡作揖時, 用稍潤, 其足則立穩, 揖則須直其膝, 曲其身, 低其頭, 眼看自己鞋頭爲準. 兩手圓拱而下, 使手只可至膝畔, 不得入膝內. 尊長前作揖, 手須過膝下, 擧手至眼而下. 與長者揖, 擧手至口而下, 畢則手隨起時, 交於胸前. ○ [按] 『禮輯』此說, 因『事林廣記』之文, 而略加潤色者.

가례본주

남자가 재배再拜하면 부인이 사배四拜[292]하는 것을 협배俠拜라고 한다. 『운회韻會』: 협俠은 병並이다. ○「소뢰궤식례少牢饋食禮」'아헌亞獻'조: 주부가 절하고 시尸에게 올리면, 시尸는 절하고 받으며, 주부는 절을 하여 작爵을 보낸다. 주: 협배俠拜이다. ○「특생궤식례特牲饋食禮」: 주부가 시尸에게 아헌을 하면 시尸는 절하고 받으며, 주부는 절을 하여 보낸다. 주: 협배하지 않는 것은 사士의 처는 의식이 간략하기 때문이다. ○「소의少儀」: 부인은 길사吉事에 비록 군주가 하사하더라도 숙배肅拜를 한다. 시尸가 되어 앉았을 때는 수배手拜[293]하지 않고 숙배를 한다. 상주가 되면 '수배'를 하지 않는다. 주: 숙배는 머리를 숙이는 절이다. '수배'는 손으로 땅을 짚는 것이다. 부인은 숙배가 정배正拜이고, 흉사에만 곧 '수배'를 한다. 상주가 되면 '수배'를 하지 않는다는 것은, 남편과 장자를 위하여 계상稽顙함이 마땅하여서이다. 그 나머지는 또한 '수배'만 하고 만다. 소: 수배는 『주례』의 공수空首이다. 숙배는 부인이 평상시 하는 절인데, 혼례 때 땅에 손을 짚고 절을 하는 것은 처음 시집와서 며느리가 됨에 시부모에게 예를 극진하게 하기 때문이다. ○주자가 말하였다. "두 무릎을 가지런히 하여 꿇어앉아 손은 땅에 대나 머리를 숙이지 않는 것이 숙배인데, '수배'도 이와 같이 한다. 부인은 머리 장식이 성대하여 스스로 몸을 굽혀 땅 위에 엎드리기 어렵다." ○『의절儀節』: 살펴보건대, 부인의 절은 대개 서서 절함[立拜]을 위주로 한다. 지금 남쪽 지방 부녀들은 모두 서서 차수叉手를 하고 무릎을 굽혀서 절을 한다. 만약 시부모를 뵐 때면 바닥에 손을 대며, 상주喪主가 되면 계상稽顙하고, 상주가 되지 않으면 '수배'를 하는 것이 거의 예禮의 뜻을 얻었다고 하겠다.

292 행례에 네 번 절하는 것을 말한다. 혼례에 협배하는 경우 신부가 신랑에게 사배하는 경우, 임금의 명을 받아 사배하는 경우 등의 예가 이에 해당한다.

293 수배(手拜): 무릎을 꿇고 두 손을 땅에 대고 머리를 숙여서 하는 절.

男子再拜, 婦人四拜, 謂之俠拜. 『韻會』: 俠, 並也. ○「少牢饋食禮」'亞獻'條: 主婦拜獻尸, 尸拜受, 主婦拜送爵. 註: 俠拜也. ○「特牲饋食禮」: 主婦亞獻尸, 尸拜受, 主婦拜送. 註: 不俠拜, 士妻儀簡. ○「少儀」: 婦人吉事, 雖君賜, 肅拜. 爲尸坐, 則不手拜, 肅拜. 爲喪主, 則不手拜. 註: 肅拜, 拜低頭也. 手拜, 手至地也. 婦人以肅拜爲正, 凶事乃手拜. 爲喪主, 不手拜者, 爲夫與長子, 當稽顙也, 其餘亦手拜而已. 疏: 手拜, 『周禮』空首也. 肅拜是婦人之常, 而昏禮拜扱地, 以新來爲婦, 盡禮舅姑故也. ○朱子曰: "兩膝齊跪, 手至地, 而頭不下, 爲肅拜, 手拜亦然. 婦人首飾盛多, 自難俯伏地上." ○『儀節』: 按, 婦人拜, 蓋主立拜言也. 今南方婦女, 皆立而叉手, 屈膝以拜. 若見舅姑, 則扱地, 爲喪主則稽顙, 不爲喪主則手拜, 庶得禮意.

가례본주

그 남녀가 서로 답배할 적에도 이와 같이 한다. 주자가 말하였다. "무릇 부인이 남자를 만나면 매양 먼저 한 번 절하고, 남자가 절하면 또 답배하며, 재배도 이와 같이 한다."【止】 ○묻기를 "부부가 오랫동안 헤어졌다가 서로 만나면 서로 절하는 것은 어떠한가?" 라고 하자, 퇴계가 대답하였다. "혼례 때 신랑과 신부가 서로 절하는 것[交拜]은 옛날에는 없었는데, 훗날의 현자가 시속을 따라 드러내었다. 처의 제사를 지낼 때 남편이 또한 절하는 것이 마땅하니, 이로 미루어 보면 절을 하는 것이 옳을 듯하며, 다만 단배單拜가 옳다."[294] ○우암이 말하였다. "내가 며칠 이상 밖으로 나가면 처와 서로 절하여 작별하지 않은 적이 없었고, 돌아와서도 이와 같이 하였다."[295]【이상. 부부가 서로 절함】

其男女相答拜, 亦然. 朱子曰: "凡婦人見男子, 每先一拜, 男拜則又答拜, 再拜亦然.【止】 ○問: "夫婦久別, 而相見相拜, 如何?" 退溪曰: "昏禮壻婦交拜, 古無, 而後賢循俗著之. 祭妻, 夫亦當拜, 以此觀之, 拜似得之, 但單拜爲得." ○尤菴曰: "吾出遊數日以上, 未嘗不與妻相拜以別, 歸亦如之也."【右夫婦相拜】

본주논증

○주자가 말하였다. "어버이에게 절할 때는 모름지기 앉아서 받는 것이 합당하고, 숙모叔母나

294 『퇴계집』 권39 「답정도가문목(答鄭道可問目)」.

295 『송자대전』 부록 권18 「어록(語錄) 최신록(崔愼錄) 하(下)」.

백모伯母도 앉아서 받는 것이 합당하다. 형은 단지 서서 받고, 수숙嫂叔은 같은 일가이니 절하지 않을 수 없으나 또한 모름지기 마주 보고 절하며, 부부도 마주 보고 절을 한다."【이상. 여러 친족이 서로 절함】

○朱子曰: "拜親時, 須合坐受, 叔伯母亦合坐受. 兄止立受, 嫂叔同一家, 不可不拜, 亦須對拜, 夫婦對拜."【右諸親相拜】

가례대문

정조正朝, 동지, 초하루, 보름에는 참알한다[正至朔望則參][296]

대문논증

『운회』: 참參은 뵘[覲]이다. ○「제법祭法」: 고묘考廟, 왕고묘王考廟, 황고묘皇考廟, 현고묘顯考廟, 조고묘祖考廟에는 모두 달마다 제사를 지낸다. {위의 부주附註를 보라.}

「韻會」: 參, 覲也. ○「祭法」: 考廟·王考廟·皇考廟·顯考廟·祖考廟, 皆月祭之. {見上附註.}

가례본주

정지正至, 『고증』: 곧 정조正朝와 동지이다. 초하루, 보름 ○"윤달은 바른 달이 아닌데 참알은 행하지 않아야 하는가?"라고 물으니, 우암이 대답하기를 "행하지 않아서는 안 된다."고 하였다.[297]【이상. 윤달에 참알을 행함】

正至『考證』: 卽正朝冬至也. 朔望 ○問: "閏月非正月, 參不當行耶?" 尤菴曰: "不可不行."【右閏月行參】

가례본주

하루 전날에 물 뿌리고 쓸고 재계하고 잔다. 그 이튿날 새벽에 일찍 일어나서 문을 열고 발을 걷는다. 감실龕室[298]마다 새 과일을 정자가 말하였다. "매달 초하루에 반드시 새것을 올린다[薦新]." 또 말하였다. "새것을 맛보는 것은 반드시 천신薦新한 후에 할 수 있다. 천薦을 자주하면 외람스러우니 반드시 초하루를 알리면서[告朔] 올린다." ○장자가 말하였다. "삭망에는 일헌一獻의 예를 쓰고 제 철에 나는 새 물건을 취하여 올린다."

296 정월 초하루와 동지, 매달 초하루와 보름날에 사당에 날짜의 변화를 고하는 절차를 말한다.
297 『송자대전』 권86 「답민사앙(答閔士昂)」.
298 감실(龕室): 사당 안에 신주를 모셔두는 장(欌)을 말한다. 벽을 뚫어 공간을 마련하기도 한다.

○『가례회통家禮會通』: 주자朱子의 종법宗法에, 초하루와 보름에는 천신하고, 시속명절[俗節][299]과 시제時祭에는 제 철에 나는 물건으로써 한다. ○「동래종법東萊宗法」: 천신은 삭망에 한다. ○ 〖우안〗 정자・장자・주자・동래여씨와 같은 여러 선생들이 논하고 행한 것에 의거해 보면, 천신은 반드시 삭망에 하였고, 이 조목에서 이른바 '새 과일'은 아마 천신의 조문인 듯하다. 대개 단지 새 과일만을 거론하여 사례를 일으켜 그 나머지를 포괄한 것이리라. 『집람』에는 이것을 천신이라 하였는데, 다만 『비요』에는 천신을 시속명절에 붙였으며, 『삼례의三禮儀』에는 신알에 붙였다. 우암도 "천신이란 글은 『가례』에 말하지 않았다."[300]고 하였고, 또 "'시속명절에 시식時食을 올린다.'고 했으니 아마 천신은 그 속에 포함될 것이다."[301]고 하였다. 따로 의의가 있어서 그런 것일까? 의심스럽다. 큰 소반 하나에 담아 우암이 말하였다. "하나의 감실 안에 정위正位가 두 분이거나 혹 세 분 네 분이고, 다시 부위祔位가 하나나 둘, 혹은 셋이나 넷인데, 함께 한 소반의 과일만 진설하는 것은 무람없거나 너무 인색한 듯하다. 그러므로 의심컨대 '감실마다[每龕]'의 '감龕'은 '위位'자의 오자인 듯하다."[302] ○'한 감실에 소반 한 개'는 아마도 정위正位에 의거해서만 말한 듯하다. 만약 부위祔位가 있으면 한 그릇에 합쳐서 진설해서는 안 될 듯하다.[303]

前一日, 灑掃齊宿. 厥明夙興, 開門軸簾. 每龕設新果 程子曰: "月朔必薦新." 又曰: "嘗新, 必薦享後, 方可. 薦數則瀆, 必因告朔而薦." ○張子曰: "朔望用一獻之禮, 取時之新物, 因薦." ○『家禮會通』: 朱子宗法, 朔望薦新, 俗節時祭以時物. ○「東萊宗法」: 薦新以朔望. ○ 〖愚按〗 據此程張朱呂諸先生所論所行, 而觀之, 則薦新必以朔望, 此條所謂新果, 疑卽薦新之文, 盖只擧新果, 以起例, 以包其餘也. 『輯覽』則以此爲薦新, 而第『備要』則附薦新於俗節, 『三禮儀』則附於晨謁. 尤菴亦曰: "薦新之文, 『家禮』不言." 又曰: "俗節獻以時食, 則恐薦新包在其中云." 未知別有義意而然耶, 可疑. 一大盤 尤菴曰: "一龕內, 正位二分, 或三四分, 復有祔位一二, 或三四, 而只共設一盤果, 似褻而太嗇矣. 故疑每龕之龕, 是

299 시속명절[俗節]: 설날・한식・단오・추석・중구(重九)・동지 등의 날을 말한다.
300 『송자대전』 권65 「답박화숙(答朴和叔) 을사칠월이십사일(乙巳七月二十四日)」.
301 『송자대전』 위와 같은 곳.
302 『송자대전』 권66 「답박화숙(答朴和叔) 계축사월이십사일(癸丑四月二十四日)」.
303 『송자대전』 권51 「여김연지(與金延之) 병진구월이일(丙辰九月二日)」.

位字之誤也." ○一龕一盤, 恐是只據正位而言. 若有祔位, 則恐不可合設一器.

가례본주

탁자 위에 진설한다. 『의절儀節』: 殽[304]와 채소[菜] 종류는 적절한 대로 한다. ○「동래종법」: 삭망에 차와 술과 철에 따른 과일을 진설하고, 새 보리가 나는 철이 되면 떡국[湯餠]을 진설하며, 새 쌀이 나는 철이면 밥을 진설하여, 제 철의 음식을 권한다. ○『요결要訣』: 포와 과일은 적절한 대로 하되 혹 떡을 진설해도 괜찮다. 만약 정조正朝(설날)와 동지라면 몇 가지 찬을 따로 진설하되, 동지에는 팥죽을 더 올리고, 만약 동지에 시제를 행하면 참례는 행하지 않는다. 새로 나는 물건[新物]이 있으면 모름지기 삭망이나 시속명절에 아울러 진설한다. 만약 밥을 지을 수 있는 오곡이면 몇 가지 찬을 갖추어 같이 진설하는 것이 마땅하다. ○사계가 말하였다. "오곡을 어찌 일일이 모두 올리겠는가? 보리와 밀과 햅쌀 같은 것은 밥을 짓거나 혹은 떡을 만들어 올려도 좋다."[305] ○『삼례의三禮儀』: 천신薦新은 대략 『오례의五禮儀』에서 정해 둔 것을 따르되, 보리·쌀·서직과 같은 종류의 곡식은 모두 밥을 지어서 올린다. 콩은 익혀서 과일과 같이 올린다. 과일은 앵두·살구[杏]·오얏·능금[林禽]·참외[甛瓜]·수박[西瓜]·배·대추·밤·감과 같은 종류이다. 나물은 고사리·오이·가지와 같은 종류이다. 생선은 조기[石魚]·웅어[葦魚]·은어銀魚·뱅어[白魚]·청어靑魚와 같은 종류이다. 밥과 국이 있으면 시저접匙箸楪[306]을 쓰고, 생선과 익힌 나물에는 저접箸楪[307]을 쓴다. ○"『요결要訣』에서 삭망에 포와 떡을 진설한다고 한 것은, 『가례』의 간략함만 못한 듯하다."고 묻자, 남계가 대답하였다. "또한 속례를 따른 듯한데, 미안한 듯하다."[308] ○우암이 말하였다. "삭망의 의식은 극히 간략하다. 이른바 '대반大盤'은 실로 오늘날 시속 명칭으로 대접大貼이다. 만약 이러하다면 비록 고조까지 제사하는 집안이라도 초하루와 보름을 합쳐 새 과일 8대접에 지나지 않는다. 올리는 술도 하루 밤을 재워서 숙성한 것을 쓰면 또한 그다지 어렵지는 않다."[309] ○『가례』에는 큰 제

304 효(殽): 「특생궤식례」 기(記)의 주(註)에는, 뼈에 살이 붙은 것을 '효(殽)'라 한다고 하였다.

305 『동춘당집』 별집 권1 「상사계김선생(上沙溪金先生)」.

306 시저접(匙箸楪): 숟가락과 젓가락을 올린 대접.

307 저접(箸楪): 젓가락만 올린 대접.

308 『남계집』 외집 권8 「답이태이문(答李泰而問) 격몽요결(擊蒙要訣)○신미(辛未)」.

사 이외는 비록 메[飯]를 진설한다는 글은 없으나, 천신은 오로지 오곡 때문에 진설하니, 생것을 쓰는 것은 불가하고, 형편상 모름지기 메를 지어야 한다.[310] ○도암陶菴이 말하였다. "보리밥을 올리는 것은 예에 어긋나지 않을 듯하며, 나는 갱羹(국)을 진설하고 차를 올리는 절차를 이전부터 행하였다." ○구봉龜峯이 말하였다. "소소하여 상관없는 신물新物은 그럴 필요가 없다."[311] 【止】 ○주자가 말하였다. "제가諸家의 예禮에는 모두 '천신은 초하루를 쓴다.'고 한다. 초하루와 천신을 어떻게 맞추겠는가? 단지 새로운 것이 있으면 곧 묘廟에 올린다." ○『요결要訣』: 만약 생선과 과일의 종류 및 콩과 밀 등 밥을 지을 수 없는 것은, 신알할 때 독을 열고 단헌單獻을 올리고 분향하고 재배한다. 단헌할 때의 물건은 얻는 대로 올리고, 삭망과 시속명절을 기다릴 필요는 없다. ○『봉선잡의奉先雜儀』[312]: 새로운 물건[新物]이 있으면 소반小盤에 올리고 독을 열고 분향하고 재배한다.○ 〖경호안설〗 멀리 나갈 때 고하는 의식에도 오히려 분향하고 고하면서 절하는 전후에 재배再拜를 함이 있으니, 아마 여기에는 참신參神과 사신辭神이 없어서는 안 될 듯하다.【이상. 얻을 때마다 곧 올림】

於卓上. 『儀節』: 殽菜之類, 隨宜. ○「東萊宗法」: 朔望設茶酒時果, 遇新麥出, 則設湯餠, 新米出, 則設飯, 侑以時味. ○『要訣』: 脯果隨宜, 或設餠亦可. 若正朝冬至, 則別設饌數品, 冬至則加以豆粥, 若冬至行時祭, 則不行參禮. 有新物, 則須於朔望俗節, 並設. 若五穀可作飯者, 則當具饌數品同設. ○少溪曰: "五穀何可一一皆薦? 如大小麥及新米, 作飯或作餠上之爲可." ○『三禮儀』: 薦新略倣『五禮儀』定著, 穀如麥稻黍稷之類, 並作飯以薦. 菽則熟之, 與果同薦. 果如櫻桃·杏·李·林禽·甛瓜·西瓜·梨·棗·栗·柿之類. 菜如蕨·瓜·茄子之類. 魚如石魚·葦魚·銀魚·白魚·靑魚之類. 有飯羹, 則用匙筯楪, 魚菜熟者, 用筯楪. ○問: "『要訣』朔望設脯餠, 恐不如『家禮』之爲簡." 南溪曰: "似亦從俗禮, 而恐未安." ○尤菴曰: "朔望之儀, 極其簡省. 所謂大盤, 實今俗名之大貼也. 若是, 則雖祭及高祖之家, 並朔望不過新果八大貼而已. 所薦之酒, 亦用一宿而成者, 則亦不甚難矣." ○『家禮』大祭祀外, 雖無設飯之文, 然薦新專爲五穀而設, 則不可生用, 勢須作飯. ○陶菴曰: "麥飯之薦, 似不悖於禮, 而鄙人則設羹進茶之節, 自前行之."

309 『송자대전』 권51 「여김연지(與金延之) 병진구월이일(丙辰九月二日)」.

310 『송자대전』 권65 「답박화숙(答朴和叔) 을사칠월이십사일(乙巳七月二十四日)」.

311 『구봉집』 권7 「가례주설(家禮註說) 일(一)」 '사당(祠堂)'.

312 『봉선잡의(奉先雜儀)』: 이언적(李彦迪; 1491-1553)이 편찬한 제례서(祭禮書). 목판본 2권 1책.

○龜峯曰: "小小不關新物, 不須爾.【止】○朱子曰: "諸家禮皆云, 薦新用朔. 朔新如何得合? 但有新物, 卽薦于廟." ○『要訣』: 若魚果之類及菽小麥等, 不可作飯者, 則於晨謁之時啓櫝, 而單獻焚香再拜. 單獻之物, 隨得卽薦, 不必待朔望俗節. ○「奉先雜儀」: 有新物, 則薦以小盤, 啓櫝焚香再拜. ○〖按〗遠出告儀, 尙有焚香告拜之前後再拜, 恐此不可無參辭神.【右隨得卽薦】

본주논증

○「소의少儀」: 상嘗[313]을 하지 않으면 새것을 먹지 않는다. 진호의 주註: 상嘗은 침묘寢廟에 새로 난 물건[新物]을 올리는 것이다. 보씨輔氏가 말하였다. "한 번 마시거나 먹을 적에도 감히 부모를 잊지 못하는데, 상嘗을 하지 않고 갑자기 새것을 먹는 것은, 그 어버이를 죽었다고 여기는 것이고 제 본 마음을 잊은 것이다." ○묻기를 "만약 먼 곳으로 나가 다니면서 아직 천신을 하지 않았는데 재삼 이런 경우를 당하면 어떻게 하는가?"라고 하자, 퇴계가 대답하였다. "아마 하나의 법으로 지켜서 정해진 규정으로 삼기가 어려울 듯하다. 만약 고수하여 바꾸지 않으면 먼 곳으로 나간 사람이 새 곡식을 먹지 못해 굶어 죽을 것이니, 불가하지 않겠는가?"[314] ○『요결要訣』: 새로 난 물건[新物]을 올리기 전에 먼저 먹어서는 안 된다. 만약 타향에 있다면 반드시 그럴 필요는 없다.【이상. 상嘗하지 않았으면 새것을 먹지 않음】

○「少儀」: 未嘗不食新. 陳註: 嘗者, 薦新物於寢廟也. 輔氏曰: "一飮食, 不敢忘父母, 未嘗而遽食新焉, 是死其親, 而喪其心也." ○問: "若出遊遠方未薦, 而再三遇之, 則奈何?" 退溪曰: "恐難守一法爲定規也. 若膠守不變, 則出遠方者, 不食新穀, 飢而死矣, 無乃不可乎?" ○『要訣』: 新物未薦前, 不可先食. 若在他鄕, 則不必然.【右未嘗不食新】

가례본주

신위마다 찻잔과 잔받침[茶盞托], 『고증』: 잔받침[托]은 당나라 최녕崔寧의 딸로부터 시작되었다. 차를 마실 적에 잔이 뜨거워 손가락이 데는 것이 괴로워, 접시에다 밀랍을 녹여 잔의 대소에 따라 고리처럼 둥근 모양으로 그 가운데를 엉기게 해서, 잔을 밀랍에 놓으니 옆으로 기울어지는 일이 없었다. 그래서 장인에게 옻칠을 하게 했는데, 최녕이 그 제도를 기뻐하

313 상(嘗): 천신(薦新) 즉 새 음식을 올리는 것을 말한다.

314 『퇴계집』 권39「답정도가문목(答鄭道可問目)」.

여 이름을 지어 '탁托'이라 했으며, 드디어 세상에 유행하였다. ○ 〖경호안설〗 잔탁盞托은 잔과 받침을 말한다. 술잔과 잔받침[酒盞盤]을 〖경호안설〗 잔과 잔받침을 말한다. 각기 하나씩 신주 독櫝[315] 앞에 진설한다. 〖경호안설〗 우리나라 풍속에는 차를 쓰지 않기 때문에 『요결要訣』에는 찻잔과 잔받침을 없앴다. 띠풀 묶음[束茅]을 진설하고 「천관天官」: 제사에 소모蕭茅[316]를 공급한다. 주: '소蕭'자는 혹 '축莤'이라고도 하는데, 축莤은 독음이 축縮이다. 띠풀을 묶어 세워, 제사지내기 전에 술을 그 위로 붓는다. 술이 아래로 스며 내려감이 마치 신이 마시는 것 같으므로 그것을 '축縮'이라고 한다. 소: '띠풀을 묶어 세워 제사지내기 전에'라는 것은 「사우례」의 '띠풀을 묶어 시尸의 동쪽에 세운다.'는 것을 취함이니, 술을 거르기 위한 것이다. ○『설문』: 띠풀을 묶어 관규祼圭에 얹어 두고 울창주를 붓는데, 이것을 축莤이라 한다. ○「사우례」: 깔개[苴]는 띠풀을 길이 5치로 잘라 묶는다. 축祝이 깔개를 가지고 내려가 씻고, 올라와 들어가서 궤几의 동쪽 자리 위에 동쪽에서 세로로[縮] 진설한다. 좌식佐食[317]이 메기장과 찰기장을 취하여 깔개에 3번 제祭한다. 살코기를 취하여 제祭하는데 처음과 같이 제祭한다. 축이 놓아둔 치觶를 가지고 제祭하는데 또한 똑같이 한다. 주: 저苴는 깔개[藉]와 같고, 제祭한 음식을 까는 것이다. 효자가 장차 시尸를 들여서 부모를 섬기는데, 신이 그 자리에 계신다고 여겨 깔개를 설치하여 안돈시키는 것이다. 어떤 이는 말하기를 '저苴는 신주神主의 도리'라고 하나, 「특생特牲」과 「소뢰少牢」에도 신주의 형상[主象]이 있어야 마땅한데, 없는 것은 왜냐? 소疏: 「특생」과 「소뢰」는 길제吉祭이기 때문에 신주의 형상이 있으니 또한 저苴가 있어야 마땅한데, 저苴가 없는 것은, 이 저苴가 제祭한 음식을 깔기 위한 것이지 신주의 도리가 아니기 때문이다. ○『주례』 주註: 반드시 띠풀을 사용하는 것은, 그 체體가 순하고 결이 곧으며 부드럽고 결백하여, 제사를 받드는 덕이 마땅히 이와 같아야 함을 말함이다. 모래를 모아 『고증』: 술을 땅에 따라 붓는 것을 뇌酹라고 하는데, 후세에 모래를 대신 사용하는 것은 곧 땅에 따라 붓는 뜻이다. ○『삼례의』: 유씨劉氏의 초조제初祖祭의 사례에 의거하여 쟁반을 사용하는 것이

315 독(櫝): 신주를 덮어서 모셔두는 덮개의 일종.

316 소모(蕭茅): 제사에서 강신할 때 쓰는 띠.

317 좌식(佐食): 식사를 돕는 자.

마땅하다. ○『회통』: 띠풀 한 줌쯤을 길이가 8치가 되도록 잘라 모래 가운데에 세워서 묶는다. 향탁香卓 앞에 진설한다.

每位茶盞托『考證』: 托始於唐崔寧女. 飮茶, 病盞熱熨指, 取楪子融蠟, 象盞之大小, 而環結其中, 置盞於蠟, 無所傾側. 因命工髹漆爲之, 寧喜其制, 名之曰托, 遂行於世. ○ 〖按〗 盞托謂盞與托也. 酒盞盤 〖按〗 謂盞與盤. 各一於神主櫝前. 〖按〗 國俗不用茶, 故『要訣』刪茶盞托. 設東茅「天官」: 祭祀供蕭茅. 註: 蕭字或爲茜, 茜讀爲縮. 束茅立之, 祭前沃酒其上. 酒滲下去, 若神飮之, 故謂之縮. 疏: 束茅立之, 祭前者, 取「士虞禮」'束茅立几東', 所以籍酒. ○『說文』: 束茅加于祼圭, 而灌鬯酒, 是爲茜. ○「士虞禮」: 苴刌茅長五寸, 束之. 祝取苴降洗之, 升入設于几東席上東縮. 佐食取黍稷, 祭于苴三. 取膚祭, 祭如初. 祝取奠觶祭, 亦如之. 註: 苴猶藉也, 藉祭也. 孝子將納尸, 事親, 爲神疑於其位, 設苴以定之耳. 或曰, 苴主道也, 則「特牲」·「少牢」當有主象, 而無何乎? 疏: 「特牲」·「少牢」吉祭有主象. 亦宜設苴, 而無苴, 是苴爲藉祭, 非主道也. ○『周禮』註: 必用茅者, 謂其體順理直, 柔而潔白, 承祭祀之德, 當如此. 聚沙『考證』: 以酒沃地曰酹, 後世用沙代之者, 卽澆地義. ○『三禮儀』: 當依劉氏初祖祭例, 用盤. ○『會通』: 截茅一搤許長八寸, 立沙中束之. 於香卓前.

가례본주

별도로 탁자 하나를 동쪽 계단 위에 설치하고, 술 주전자와 술잔, 잔반 하나를 〖경호안설〗 강신 때 사용한다. 그 위에 놓고, 술병 하나를 그 서쪽에 놓는다. 세숫대야[盥盆]와 수건 각각 두 개를 동쪽 계단 아래 동남쪽에 놓는다. 우암이 말하였다. "세숫대야를 반드시 동남쪽에 놓는 것은 옛날 사람은 '바다가 동남쪽에 위치하는 뜻'이라고 했다."[318] 받침대에 걸개가 있는 것은 〖경호안설〗 세숫대야의 대臺와 수건의 걸개이다. 서쪽에 두어 주인과 친속이 씻는 곳으로 하고, 없는 것은 동쪽에 두어 집사자가 씻는 곳으로 하며, 수건은 모두 북쪽에 둔다. 구봉이 말하였다. "남녀가 옷걸이[椸架]를 같이 쓰지 않으니 세숫대야와 수건도 반드시 달라야 한다. 그런데 지금 그렇지 않으니 아마 궐문闕文인 듯하다."[319] ○남계가 말하였다. "여기서부

318 『송자대전』 권86 「답민사앙(答閔士昂)」.

319 『구봉집』 권7 「가례주설(家禮註說) 일(一)」 '사당(祠堂)'.

터 제례에 이르기까지 끝내 분별하는 글이 없는 것은 아마도 혹 부인 쪽을 빠뜨리거나 생략하여 그럴 것이다."[320] ○우암이 말하였다. "이른바 '주인과 친속'은 남녀를 모두 거론한 것이며, 이른바 '집사'도 내외를 모두 거론한 것이다. 그러나 옛날의 세숫대야와 수건의 예법에는 다른 그릇에 물을 담아 세洗의 동쪽에 두어 {〖경호안설〗 세洗는 물을 버리는 물그릇이다.} 세수할 때 물을 부어서 씻었으니, 남녀가 뒤섞일 혐의가 없었다. 오직 수건만은 분별의 의리가 있지 않으니, 혹여 내외가 각각 한쪽 끝을 사용하기 때문일까?"[321] 주인 이하의 사람들은 복장을 차려 입고[盛服] 〖경호안설〗 차려 입는 복장[盛服]은 아래 글을 보라. 문으로 들어가 자리로 나아간다. 「제통祭統」: 태묘太廟에 일이 있으면 여러 소목昭穆의 신위는 다 모시되 그 순서를 잃지 않는다. 주인은 동쪽 계단 아래에서 북면하고, 주부는 서쪽 계단 아래에서 북면하며, 보주補註: 신주의 위차位次는 남자는 서쪽에 자리하고 여자는 동쪽에 자리하며, 자손의 위차는 남자는 동쪽에 자리하고 여자는 서쪽에 자리하는데, 이는 음양의 구별이다. ○ 〖우안〗 신주는 남향하므로 남자가 서쪽에 있는 것은 오른쪽을 숭상하기 때문이고, 자손은 북향하므로 남자가 동쪽에 있는 것도 오른쪽을 숭상하기 때문이다. 곧 「왕제王制」에 이른바 '남자는 오른편으로 걷고 여자는 왼편으로 걷는다.'는 의리이고, 또한 동쪽 계단이 주인의 자리이기 때문이다. 주인에게 어머니가 있으면 주부의 앞에 별도로 자리한다. ○율곡이 말하였다. "제사를 받드는 첩자妾子의 어머니는 진실로 주부의 앞에 서는 것이 마땅하지 않지만, 또한 어찌 주부의 뒤에 설 수 있겠는가? 주부의 서쪽 조금 앞에 서는 것이 마땅하다."[322] 【이상. 승중承重한 서자庶子의 어머니의 위차位次】

別設一卓於阼階上, 置酒注盞盤一 〖按〗 用降神. 於其上, 酒一瓶於其西. 盥盆帨巾各二於阼階下東南. 尤菴曰: "盥盆必設於東南者, 古人云, '海居東南之義.'" 有臺架者 〖按〗 盆之臺, 巾之架. 在西, 爲主人親屬所盥, 無者在東, 爲執事者所盥, 巾皆在北. 龜峯曰: "男女不同椸架, 則盥巾必異. 而今不然, 恐闕文." ○南溪曰: "自此至祭禮, 終無分別之文, 恐或闕略於婦人一邊,

320 『남계집』 속집 권13 「답이수옹문(答李壽翁問) 계유십이월십칠일(癸酉十二月十七日)」.
321 『송자대전』 권86 「답민사앙(答閔士昂)」.
322 『율곡전서』 권11 「답송운장(答宋雲長)」.

而然也." ○尤菴曰: "所謂主人, 親屬男女, 皆擧之矣, 所謂執事, 亦內外皆擧之矣. 然古盥帨之禮, 以別器儲水, 置於洗東, {〖按〗洗棄水器.} 盥時沃而洗之, 則男女不嫌於混雜也. 惟巾則未有所別之義, 豈或內外, 各用一頭耶?" 主人以下盛服 〖按〗盛服見下文. 入門就位. 「祭統」: 有事於太廟, 則羣昭羣穆咸在, 而不失其倫. 主人北面於阼階下, 主婦北面於西階下, 補註: 神主位次, 則男西女東, 子孫位次, 則男東女西, 此陰陽之別. ○〖愚按〗神主南面, 故男居西, 尙右也, 子孫北面, 故男居東, 亦尙右也. 卽「王制」所謂'男子由右, 女子由左'之義, 且阼是主人位, 故也. 主人有母, 則特位於主婦之前. ○栗谷曰: "奉祀妾子之母, 固不當立於主婦之前矣, 亦豈可立於主婦之後乎? 當立於主婦之西稍前."【右承重庶子之母位次】

가례본주

주인에게 제부諸父[323]와 제형諸兄[324]이 있으면 주인의 오른쪽 조금 앞에 겹줄[重行]로 특별히 자리를 마련하되 『집람輯覽』: 살피건대, '겹줄'이란 것은 주인 앞에 백부나 숙부가 한 줄을 만들고, 주인의 형제가 다음 줄을 만들며, 주인의 아들이나 조카들이 또 다음 아랫줄을 만들고, 주인의 손자들이 또 다음 아랫줄을 만드는데, 이것을 겹줄이라 한다. ○사계가 말하였다. "제부諸父는 줄을 달리하지만, 형제들은 조금 앞서거나 조금 물러남의 차이가 있는 것이지 겹줄은 아니다."【止】 ○우암이 말하였다. "적서嫡庶의 분별이 비록 엄하지만 소목을 어지럽혀서는 안 된다. 서숙庶叔은 앞줄의 맨끝에 서서 적질嫡姪의 앞을 가로막지 않는다면 양쪽이 서로 무방할 것이다."[325]【이상. 서숙庶叔의 위차位次】 서편이 상석이다. 보주補註: 서편을 상석으로 한다.

主人有諸父諸兄, 則特位於主人之右少前重行, 『輯覽』: 按, 重行者, 主人前, 伯叔父爲一行, 主人兄弟爲次行, 主人子姪, 又爲次下, 主人之孫, 又爲次下, 是爲重行. ○沙溪曰: "諸父異行, 兄弟則有少前少退之異, 非重行也."【止】 ○尤菴曰: "嫡庶之分雖嚴, 昭穆不可亂也. 庶叔在前行而立於行末, 不當於嫡姪之前, 兩不相妨."【右庶叔位次】 西上. 補註: 以西爲上.

323 제부(諸父): 아버지와 한 항렬(行列)의 당내(黨內) 친속을 말한다.

324 제형(諸兄): 나와 같은 항렬(行列)이 되는 여러 형들을 말한다.

325 『송자대전』 권118 「답박만선(答朴萬善)」.

제모諸母[326]와 고모, 형수, 누이가 있으면 주부의 왼편 조금 앞에 겹줄로 특별히 자리를 마련하되『비요』에는 '어於'자가 있다.[327] 동편이 상석이다. 보주補註: 동편을 상석으로 한다. 아우들은 주인의 오른편에서 조금 뒤로 물러서 고, 자손들과 외집사外執事들은 주인 뒤에 겹줄로 서편을 상석으로 선다. 주인 아우의 처와 여러 누이들은 주부의 왼편에서 조금 물러나며, 자손 부녀와 내집사內執事들은 주부의 뒤에 겹줄로 동편을 상석으로 늘어선다. 우암이 말하였다. "부인이 제사에 참여하는 일은 예를 좋아하는 집안에서 행하지 않음이 없다. 무릇 예는 만약 선조 대에 행하지 않았다고 해서 마침내 행하지 않는다면 장차 행할 수 있는 때가 없을 것이다."[328] ○"내외집사"에 대하여 물으니, 대답하기를 "비복婢僕이 맡아본 듯도 하고 자손이 맡아본 듯도 하나, 아마 하나를 고집하여 말할 수 없을 듯하다."고 하였다.[329] ○ 【우안】 부제祔祭에 '내집사가 조비祖妣의 신주를 받들어 영좌에 둔다.'는 글이 있는데, 어찌 비복에게 신주를 꺼내게 할 수 있겠는가? 아마도 이는 자손이나 자손 부녀가 당연히 내외집사가 되어야 한다는 말일 것이다.【止】○묻기를 "조주祧主를 최장방最長房에게 옮겼다면 저 친분이 끝난 종자宗子는 중자손衆子孫[330]의 줄에 서는 것이 마땅한가?"라고 하자, 사계가 대답하였다. "사당이 헐리고 나면 서로 종宗이 되지 않는다는 데에는 진실로 그 설이 있거니와, 만약 대종大宗 종자宗子라면 한 가지 사례로 간주할 수 없을 듯하다. 어떤 이는 말하기를, 정자程子가 '무릇 소종小宗은 5세로 친분이 다하면 친족이 흩어진다. 만약 고조의 아들이 아직 살아있어 그 아버지를 제사지내려 한다면, 종자宗子가 된 자는 비록 6세나 7세가 되더라도 또한 모름지기 오늘의 종자와 상의한[計會] 뒤에 그 아버지를 제사해야 한다. 종자宗子에게는 군도君道가 있다.'고 운운하였다고 하는데, 상고하는 것이 마땅하다. ○우암이 말하

326 제모(諸母): 백모(伯母) 숙모(叔母) 등 어머니 항렬의 부인들.

327 앞 단락에서는 '特位於主人…'이라 하여 '於'가 있는 반면에, 이 단락에서는 '特位主婦…'라 하여 '於'자가 빠져 있기 때문에『상례비요』에서 보충한 것이다.

328 『송자대전』 권78 「답한여석(答韓汝碩)」.

329 『송자대전』 권86 「답민사앙(答閔士昂)」.

330 중자손(衆子孫): 종자(宗子)나 종손(宗孫) 외의 다른 자손들.

였다. "신주를 조천祧遷하면 그 종宗은 이미 헐리고 족인族人은 다시 서로 종宗이 되지 않는데, 또한 어찌 종자란 이름이 있겠는가? 그 신주가 최장방에 있으면 이는 조금 가까운 것임에도 오히려 또한 이와 같게 하는데, 하물며 신주가 이미 매안되어 더욱 멀어진 것이라면 종자라는 이름은 더욱 시행할 곳이 없다."[331] ○도암이 말하였다. "서립序立하는 차례는 최장방이 스스로 앞줄에 있는 것이 마땅하고, 종자는 굳이 중형제보다 우선하여 자리해야지, 어찌 감히 최장방의 오른편에 있겠는가?"[332] 【이상. 친분이 끝난 종자의 위차位次】

有諸母姑嫂姊, 則特位『備要』有於字. 主婦之左少前重行東上. 補註: 以東爲上. 諸弟在主人之右少退, 子孫外執事者, 在主人之後重行西上. 主人弟之妻及諸妹, 在主婦之左少退, 子孫婦女內執事者, 在主婦之後重行東上. 尤菴曰: "婦人參祭, 好禮之家, 無不行之矣. 凡禮若以先世不行, 而遂不行之, 則將無可行之時矣." ○問: "內外執事." 曰: "或似以婢僕看者, 或似以子孫看者, 恐不可執一而言也." ○ 〖愚按〗 祔祭有'內執事者奉祖妣主, 置于座'之文, 則豈可使婢僕出主也? 恐是謂子孫及子孫婦女, 當爲內外執事者也. 【止】 ○問: "祧主遷於最長房, 則彼親盡之宗子, 當立於衆子孫之列耶?" 沙溪曰: "廟毁不相宗, 固有其說, 而若大宗子, 則似不可一例看. 或曰, 程子云, '凡小宗以五世爲親盡, 則族散. 若高祖之子尙存, 欲祭其父, 則見爲宗子者, 雖是六世七世, 亦須計會. 今日之宗子, 然後祭其父, 宗子有君道云云.' 當考." ○尤菴曰: "神主祧遷, 則其宗已毁, 而族人不復相宗, 又安有宗子之名乎? 其主在最長房, 則是稍近, 而尙且如此. 況神主旣埋, 而尤遠者, 則宗子之名, 益無所施矣." ○陶菴曰: "序立之次, 最長房自當在前行, 宗子固位於衆兄弟之先. 而安敢居最長房之右耶?" 【右親盡宗子位次】

가례본주

제자리에 서면 주인은 관세盥帨[333]하고 올라가 홀笏[334]을 꽂고[搢] 『소학』 주: 진搢은 꽂는 것이니, 대대大帶(큰띠)에 꽂는다. 홀笏이란 홀忽이니, 갑자기 잊는 것을 대비하는 것이다. ○「옥조」: 홀은 천자는 구옥球玉으로 하고, 제후는 상아象牙로 하며, 대부는 어수魚須(물

331 『송자대전』 권70 「답송도원(答宋道源)」.

332 『도암집』 권13 「답김중여정문목(答金重汝碇問目) 경술(庚戌)」.

333 관세(盥帨): 손을 씻고 수건으로 닦음. 관수세수(盥手帨手).

334 홀(笏): 천자 이하 공, 경, 대부, 사가 조복을 입거나 제례 등을 올릴 때 손에 드는 판을 말한다. 『예기』 「옥조(玉藻)」에 천자는 둥근 옥(球玉), 제후는 상아, 대부는 상어 수염 무늬의 대나무, 사는 대나무를 쓴다. 조선시대에는 4품 이상은 상아, 그 이하는 괴목(槐木)을 사용하였다.

고기수염) 무늬[文]의 대나무로 하며, 사士는 대나무로 하되 밑둥치는 상아로 해도 괜찮다. 홀의 길이는 2자 6치인데, 그 중심부의 너비는 3치이며, 그 줄인 곳은 6분의 1을 제거한다. 진호의 주註: 문文은 꾸밈이니, 교어수鮫魚須(상어수염)로 대나무를 꾸며서 무늬를 이룬 것이다. 사士는 존자尊者에게서 멀어 정을 펼 수 있으므로 상아로 꾸민다. 가운데 부분의 너비는 3치인데, 천자·제후는 가운데로부터 위로 점점 줄여서 머리에 이르러 너비가 2치 반이다. 이것이 3치의 6분의 1을 줄인 것이다. 대부와 사士는 또 가운데로부터 줄여서 아래에 이르러서는 역시 너비가 2치 반이다. 육씨陸氏가 말하였다. "이것은 제후의 홀을 말한다. 내려오면서 둘씩 줄이니, 대부는 2자 4치이고, 사士는 2자 2치일 것이다. 사는 대나무 밑둥치로 하는 것이 바르지만, 상아를 쓰는 것도 허용하였으므로 '상아도 괜찮다.'고 하였다." ○무릇 군주 앞에서 가리키거나 그릴 때 홀을 사용한다. ○주자가 말하였다. "홀은 단지 잊어버리는 것을 대비하거나, 혹 군주 앞에서 가리키거나 그릴 것이 있으면 감히 손을 사용할 수 없으므로 홀로써 가리키거나 그렸다. 지금 세상에서는 마침내 항상 지니는 물건으로 사용한다." ○『삼례의』: 홀을 꽂는 한 절차가 『의절儀節』에는 빠졌는데, 이제 이에 의거하여 쓰지 않는다. 독櫝을 열고 『집람輯覽』: 어떤 이가 독櫝 덮개의 방위에 대하여 물었다. 내가 살피건대, 당唐나라 『원릉의주元陵儀註』에 '대축大祝은 신주를 받들어 곡궤曲几 뒤의 받침대 위에 두고, 그 함[匱]은 궤의 동쪽에서 뒤쪽 가까이에 둔다.'고 했는데, 이로 미루어 보면 알 수 있다. 여러 고위考位의 신주를 받들어 독櫝 앞에 놓고, 우암이 말하였다. "독 앞에 신주의 몸체를 꺼내어 놓는다."[335] 주부는 관세하고 올라가 여러 비위妣位의 『이아』 소: 비妣는 혼인함[媲]이다. 혼인하면 아버지와 짝이 된다. 신주를 받들어 고考의 동쪽에 놓는다. 다음으로 부주祔主[336]를 내는데 또한 같이 한다. 〖경호안설〗 부주祔主 가운데 높은 이를 내는 것을, 정위正位의 고비 신주를 나누어 내는 것과 같이 함을 말한다. 장자와 장부長婦 혹은 장녀에게 명하여 관세하고 올라가 부주祔主 가운데 낮은 이를 나누어 내게 하는데 또한 같이 한다. 장자張子가 말하였다. "부위祔位의 예물은 조금 적게 함이 마땅

335 『송자대전』 권78 「답한여석(答韓汝碩)」.

336 부주(祔主): 부제를 지내고 조상의 신주 곁에 모신 새 신주.

한데, 그 제사를 주관하는 사람이 부식자祔食者[337]보다 높다면, 친히 그 예를 집행할 필요는 없고, 반드시 유사나 혹은 자제에게 행하게 한다."【止】 ○퇴계가 말하였다. "신주를 부附할 적에 감실이 작아서 설치하기 어려우면, 술과 과일을 진설할 때에 동쪽 벽의 아래에 꺼내어 놓고 행하는 것도 아마 괜찮을 듯하다."[338]【이상. 부위祔位는 혹 동쪽 벽의 아래에 설치함】

立定, 主人盥帨升, 搢笏, 『小學』註: 搢插也, 插於大帶. 笏者忽也, 所以備忽忘也. ○「玉藻」: 笏天子以球玉, 諸侯以象, 大夫以魚須文竹, 士竹, 本象可也. 笏度二尺有六寸, 其中博三寸, 其殺六分而去一. 陳註: 文飾也, 以鮫魚須飾竹, 成文. 士遠尊而伸, 故飾以象. 中廣三寸, 天子諸侯從中, 以上漸漸稍殺, 至首, 廣二寸半. 是六分三寸而去一. 大夫士又從中殺至下, 亦廣二寸半. 陸氏曰: "此言諸侯之笏也. 降殺以兩, 則大夫二尺四寸, 士二尺二寸歟. 士以竹, 本爲正, 用象亦許, 故曰'象可也.'" ○凡有指畫於君前, 用笏. ○朱子曰: "笏只是備遺忘, 或於君前有所指畫, 不敢用手, 故以笏指畫. 今世遂用以爲常執之物." ○『三禮儀』: 搢笏一節, 『儀節』闕之, 今依不用. 啓櫝, 『輯覽』: 或問置櫝蓋方位. 愚按, 唐『元陵儀註』, '大祝奉神主, 置於曲几後趺上, 其匱置於几東近後.' 以此推之, 可見. 奉諸考神主, 置於櫝前, 尤菴曰: "出置主身於櫝前." 主婦盥帨升, 奉諸妣『爾雅』疏: 妣媲也. 媲匹於父. 神主置於考東. 次出祔主, 亦如之. 〖按〗 謂出祔主之尊者, 亦如分出正位考妣主. 命長子長婦或長女, 盥帨升, 分出諸祔主之卑者, 亦如之. 張子曰: "祔位禮物, 當少損, 其主祭者, 於祔食者, 若其尊也, 則不必親執其禮, 必使有司或子弟爲之."【止】 ○退溪曰: "附主, 龕小難設, 及其設酒果時, 出置東壁下, 行之, 庶或可也."【右祔位或設東壁下】

가례본주

모두 마치면 주부 이하는 먼저 내려와 자리로 돌아간다. 주인은 향탁 앞에 나가 강신降神한다. 사계沙溪가 말하였다. "무릇 신주를 내지 않고 본디 있던 곳에 그대로 두면, 먼저 강신하고 뒤에 참신하는데, 삭망의 참례 따위가 이것이다. 신위를 마련했으나 신주가 없으면 역시 먼저 강신하고 뒤에 참신하는데, 시조·선조를 제사지내거나 지방紙牓으로 행사하는 따위가 이것이다. 만약 신주를 옮겨 밖에 내면 공허하게 보아서는 안 되고 반

337 부식자(祔食者): 이미 있는 신위에 다른 신위를 붙여 따라 모신 자.
338 『퇴계집』 권32 「답우경선(答禹景善)」.

드시 절하여 공경하는데, 시제・기제와 같은 따위가 이것이다."[339] 홀을 꽂고 분향하고 주자가 말하였다. "사마온공의 『서의書儀』에는 분향을 쑥을 태우는 것[焫蕭]에 해당시켰는데, 곧 도가道家에서 기미가 향기로우므로 신명에게 공양하는 것이다." {상세한 내용은 '시제時祭'를 보라.} ○구씨가 말하였다. "옛날에는 지금 세상의 향이 없었다. 한나라 이전에는 단지 난초・지초・쑥・초목의 뿌리[芰] 따위를 태웠을 뿐이다. 그 뒤 백월百越[340]이 중국에 들어오면서 비로소 있게 되었다. 비록 고례古禮는 아니나 통용된 지가 이미 오래되었으니, 귀신도 역시 편안히 여길 것이다." 재배하고 조금 물러나 서면, 집사자가 관세盥帨하고 올라가 병을 열어 주전자에 술을 채운다. 한 사람은 주전자를 받들어 주인 오른편으로 나아가고, 한 사람은 잔반을 잡고 주인 왼편으로 나아간다. 주인이 꿇어앉으면 집사자가 모두 꿇어앉는다. 주인이 주전자를 받아 술을 따르고 남계가 말하였다. "시제時祭에는 집사가 술을 붓는데 곧 신에게 명령을 듣는다는 뜻이다. 삭참朔參(초하루 참례)과는 다르다." ○ 〖우안〗 시제時祭에는 예가 갖추어져 신을 대신하여 제주祭酒[341]하는 등의 절차가 있기 때문에 집사자가 신위 앞에 술을 붓고 또 강신주降神酒를 붓는다. 그리고 삭참은 예가 간략하여 주인이 스스로 신위 앞에 술을 붓기 때문에 강신주 또한 스스로 붓는다. 어떨지 아직 모르겠다. {시제時祭의 '강신'조에 함께 보인다.} 주전자를 돌려준 다음, 잔반을 잡아 받들고 왼손으로 잔반을 잡고 오른손으로 잔을 잡아 띠[茅] 위에 붓고[酹], 주자가 말하였다. "뇌주酹酒[342]는 모조리 기울이는 것이다." 잔반을 집사에게 주고, ○『요결要訣』: 집사자는 모두 물러난다. 홀을 꺼내어 몸을 숙여[俛] 엎드렸다가 일어난다. 조금 물러나서 재배하고, 주자가 말하였다. "사마온공 『서의書儀』의 강신하는 한 절차는 역시 참람한 듯하다. 대부는 술을 붓고 올리는 것이 없으며, 또한 쑥을 태우는 절차도 없다. 술을 붓고 쑥을 태우는 것은 곧 천자와 제후

339 『동춘당집』 별집 권1 「상사계김선생(上沙溪金先生)」.

340 백월(百越): 백월은 옛날 강절민월(江浙閩越)의 지방을 말한다. 지금 절강(浙江)・복건(福建)・강서(江西)・광동(廣東)의 여러 성(省)에서 안남(安南)지방까지에 이르는 지역이다.

341 제주(祭酒): 술잔의 술을 조금 부어 제거하는 것. 여기서 제(祭)는 '제(除; 제거함)'의 의미로 사용한다.

342 뇌주(酹酒): 술을 부어 강신함을 말한다.

의 예이다." ○ 〖경호안설〗 사마온공의 『서의』에서 향을 태우는 것으로 쑥을 태우는 것을 대신하고, 뇌주酹酒로 울창주 붓는 것을 대신한다는 설은 시제時祭의 부주附註에 상세히 나타난다. 내려와 자리에 돌아와서, 자리에 있는 사람들과 함께 모두 재배한다.[343] 우암이 말하였다. "살아있을 때는 계단 아래에서 절하는 것이 없다. 제사지낼 때에 있는 것은 제례는 엄격함을 위주로 하기 때문이다."[344] 주인이 올라가 홀을 꽂고 주전자를 잡아 술을 따르되 『요결要訣』: 각 신위의 앞에 있는 잔에 따른다. ○퇴계가 말하였다. "참參에는 신을 대신해서 제祭하는 것이 없어서 절차와 예문이 간략한 듯하다. 그러므로 스스로 술을 따라 사랑하고 공경하는 마음을 다한다. 제사에는 신을 대신해서 제祭하는 것이 있어서 허다하게 스스로 행하는 절차와 조문이 있으니 비록 스스로 술을 따르지 않더라도 괜찮다."[345] 정위正位[346]에 먼저하고 부위祔位에 다음으로 하며, 다음으로 장자에게 명하여 여러 부위의 낮은 이에게 술을 따르게 한다. 주부가 올라와서 다선茶筅[347]을 잡고 선筅은 소蘇와 전典의 반절이다. ○퇴계가 말하였다. "선筅은 대나무로 만든다."[348] ○구씨가 말하였다. "다선茶筅의 제도는 서책에 보이지 않는다. 오직 원나라 사종가謝宗可[349]가 다선茶筅을 읊은 시詩에 '대나무 한 마디 티 없이 맑은데, 솔바람에 옥 이슬 씻는 소리 밤에 들리네. 만 가닥 바람을 끌어 게눈[350]으로 돌리니, 반병半瓶의 나르는 눈발에 용의 어금니[351] 일어섰네.'라고 한 구절에서, 그 형상을 방불하게 볼 수 있겠다. 채씨蔡氏는 '차숟가락[茶匙]'이라 하였으나, 옳지 않다." 집사자가 탕병湯甁[352]을 가지고 뒤따라 전과 같이 남계가 말하였다. "정위에 먼저 하고 부위에 다음으로 한다는 것을 말한다."[353]

343 '재배(再拜)' 뒤에 '참신(參神)'이 빠져 있다.

344 『송자대전』 권106 「여박대숙(與朴大叔) 정묘이월(丁卯二月)」.

345 『퇴계집』 권39 「답정도가문목(答鄭道可問目)」.

346 정위(正位): 고조, 증조, 조, 부의 4대 신위. 여기에 합사한 신위를 부위(祔位)라 한다.

347 다선(茶筅): 차솔을 가리킨다.

348 『물암집(勿巖集)』 권3 「가례강록(家禮講錄)」 '통례(通禮)'.

349 사종가(謝宗可): 원(元)나라 시인. 『영물시(詠物詩)』 1권을 편찬했다. 사종가는 자칭(自稱) '금릉(金陵) 사람'이라 했는데, 혹자는 '임천(臨川) 사람'이라 하기도 한다. 그 외의 이력은 상고할 수 없다.

350 게눈[蟹眼]: 물이 끓을 때 올라오는 기포(氣泡)를 가리키는 말이다.

351 용의 어금니: 차솔[茶筅]의 모양을 형용한 말이다.

352 탕병(湯甁): 탕을 담는 그릇.

점다點茶[354]하며, 『고증』: 차나무의 이름은 남방에서 시작되었다. 나무는 치자梔子와 비슷한데 높이가 수십 자에 이른다. 꽃은 장미처럼 희고, 열매는 종려나무[栟櫚]와 같으며, 꼭지[蔕]는 정향丁香과 같다. 그 이름은 첫째는 차茶, 둘째는 가檟, 셋째는 설蔎, 넷째는 명茗, 다섯째는 천荈이라고 한다. 차가 세상에 성행한 것은 진晉나라로부터 시작되었다. 봄에 일찍 그 싹을 따서 불에 쬐고 공이로 잘게 부수어 고膏(기름)와 섞어 둥근 떡[團餠]을 만들기 때문에 용단龍團이나 황단鳳團이란 이름이 있게 되었다. ○구씨가 말하였다. "옛사람은 차를 마시는데 가루를 사용했다. 먼저 그릇 속에 차가루[茶末]를 넣은 뒤에, 끓는 물[滾湯]을 투입하고, 냉수冷水를 따라 부어, 다선茶筅을 사용하여 조절하였다. 지금 사람들은 물을 끓여[燒湯] 엽차를 달인다." 장부長婦(큰며느리) 혹은 장녀長女에게 명하여 또한 같이 한다. 자식과 며느리와 집사는 먼저 내려와 자리에 돌아온다. 주인은 홀을 꺼내고 주부와 더불어 향탁 앞에 동서로 나누어 서서 재배하고, 〖경호안설〗 재배는 주인을 주로 하여 말한 것이고, 주부는 사배를 함이 마땅하다. 또 살펴보니, 『요결要訣』에는 점다點茶가 없기 때문에 주부가 절하는 것이 없다. 내려와 자리에 돌아와서, ○『삼례의』: 술을 따르고 재배한 뒤에 용모를 엄숙히 하여 조금 기다렸다가 내려오는 것은 시속명절[俗節]과 같다. 자리에 있는 사람들과 함께 모두 재배하여 사신하고 『의절儀節』: 신주를 받들어 독에 넣는다. 물러난다.

皆畢, 主婦以下, 先降復位. 主人詣香卓前降神. 沙溪曰: "凡神主不出, 仍在故處, 則先降後參, 如朔望參之類, 是也. 設位而無主, 則亦先降後參, 如祭始祖先祖及紙榜之類, 是也. 若神主遷動出外, 則不可虛視, 必拜而肅之, 如時祭忌祭之類, 是也." 搢笏焚香, 朱子曰: "『溫公儀』以焚香當焫蕭. 乃道家以氣味香, 而供養神明." {詳見時祭.} ○丘氏曰: "古無今世之香. 漢以前只是焚蘭芷蕭艾之類. 後百越入中國, 始有之. 雖非古禮, 然通用已久, 鬼神亦安之矣." 再拜少退立, 執事者盥帨升, 開甁實酒于注. 一人奉注, 詣主人之右, 一人執盞盤, 詣主人之左. 主人跪, 執事者皆跪. 主人受注斟酒, 南溪曰: "時祭執事斟酒, 乃聽命於神之義也. 與朔參不同." ○ 〖愚按〗 時祭則禮備, 而有代神

353 『남계집』 권45 「답오자순문(答吳子順問) 가례(家禮)○을묘구월십일(乙卯九月十日)」.
354 점다(點茶): 찻물을 찻잔에 따르는 행위이다.

祭酒等節, 故執事者斟位前酒, 亦斟降神酒也. 朔參則禮簡, 而主人自斟位前酒, 故亦自斟降神酒也. 未知如何. {並見時祭'降神'條.} 反注, 取盞盤奉之, 左執盤, 右執盞, 酹于茅上, 朱子曰: "酹酒是盡傾." 以盞盤授執事者, ○『要訣』: 執事者皆退. 出笏俛伏興. 少退再拜, 朱子曰: "『溫公儀』降神一節, 亦似僭. 大夫無灌獻, 亦無爇蕭, 灌獻爇蕭, 乃天子諸侯之禮." ○ 〖按〗『溫公儀』, 焚香代爇蕭, 酹酒代灌鬯之說, 詳見「時祭」附註. 降復位, 與在位者皆再拜. 尤菴曰: "生時無階下拜, 祭時之有者, 祭禮主於嚴, 故也." 主人升搢笏, 執注斟酒, 『要訣』: 斟於各位前盞. ○退溪曰: "參無代神祭, 節文似略. 故自斟爲盡愛敬之心. 祭則有代神祭, 許多自行節文, 雖非自斟, 亦可耳." 先正位, 次祔位, 次命長子, 斟諸祔位之卑者. 主婦升, 執茶筅, 蘇典切. ○退溪曰: "筅以竹爲之." ○丘氏曰: "茶筅之制, 不見於書傳. 惟元謝宗可詠茶筅詩, '此君一節瑩無瑕, 夜聽松風漱玉華. 萬縷引風歸蟹眼, 半瓶飛雪起龍牙'之句, 其形狀彷彿可見. 蔡氏謂'茶匙', 非是." 執事者執湯瓶, 隨之點茶, 『考證』: 茶木名生南方. 樹似梔子, 高至數十尺. 花白如薔薇, 實如栟櫚, 蒂如丁香. 其名一曰茶, 二曰檟, 三曰蔎, 四曰茗, 五曰荈. 茶之盛行於世, 自晉始. 春早摘其芽火焙, 而杵碎和膏作團餠, 有龍團鳳團之名. ○丘氏曰: "古人飮茶用末, 先置末茶於器中, 投以滾湯, 點以冷水, 用茶筅調之. 今人燒湯煎茶葉." 如前, 南溪曰: "謂先正位, 次祔位也." 命長婦或長女, 亦如之. 子婦執事者, 先降復位. 主人出笏, 與主婦分立於香卓之前東西, 再拜, 〖按〗 再拜主主人而言, 主婦則當四拜. 又按, 『要訣』無點茶, 故主婦無拜. 降復位, ○『三禮儀』: 斟酒再拜後, 容肅俟少時下, 俗節同. 與在位者, 皆再拜辭神, ○『儀節』: 奉主入櫝. 而退.

가례본주

○동지에는 시조를 제사지내되 "시조의 제사"에 대하여 물으니, 주자가 대답하기를 "참람한 듯하여 지금은 감히 제사지내지 않는다."고 하였다. {상세한 내용은 「제례祭禮」를 보라.} 모두 다 예를 행하는 것은 위의 의식과 같다.

○冬至則祭始祖 問: "始祖祭." 朱子曰: "覺得似僭, 今不敢祭." {詳見「祭禮」.} 畢, 行禮如上儀.

가례본주

○보름날에는 술을 진설하지 않고, 우암이 말하였다. "이미 '나머지는 위의 의식과 같이 한다.'고 했으니, 과일을 그대로 진설한다는 것은 의심할 것이 없다."[355] 또 말하였다.

"보름에는 술을 쓰지 않는다면, 모르겠으나 강신할 때도 차茶를 모사茅沙에 붓는가? 아니면 강신에는 술을 쓰고, 올리는 데는 차茶를 써야 하는가? 옛날 사람들이 술을 부을 적에 울창주를 쓴 것은 그 향기를 취한 것이니, 만약 차茶도 향기가 있다면 술과 다른 것이 없을게다."[356] 【止】 ○운평雲坪이 말하였다. "고례에는 단술[醴]과 술을 함께 진설했으나 단술이 술보다 소중하였다. 『가례』는 『서의書儀』에 따라 삭참에 차茶와 술을 함께 사용하였는데, 곧 당나라와 송나라의 시속時俗에서 이를 숭상하였기 때문이다. 우리나라에는 이미 차茶의 풍속이 없으므로 단술을 숭상한다. 이 때문에 차茶 대신에 단술을 쓴 것이니, 고례에도 합당하고 근본을 잃지 않은 것이다. 게다가 보름날에 이미 술을 쓰지 않고 차茶로 강신하는 것은 아주 편치 않다."[357] 【이상. 단술을 차茶 대신에 씀】

○望日不設酒. 尤菴曰: "旣云'餘如上儀.' 則果之仍設無疑." 又曰: "望日不用酒, 則未知降神時亦以茶灌于茅沙耶? 抑灌則以酒, 而薦則以茶耶? 古人灌用鬱鬯, 取其香氣也, 若茶亦有香氣, 則亦與酒無異耶." 【止】 ○雲坪曰: "古禮醴酒並設, 醴重於酒. 『家禮』因『書儀』, 朔參用茶酒並者, 乃唐宋時俗尙之故耳. 我國旣無茶俗, 尙醴. 由是則茶代以醴, 合於古, 而不忘本. 且望日旣不用酒, 茶之降神, 甚不便矣." 【右用醴代茶】

가례본주

신주도 내놓지 않는다. 『의절儀節』: 독櫝을 연다. 다만 주인이 차를 따를 때 『요결要訣』: 오늘날 우리나라 풍속에는 차茶를 사용하는 예가 없으니, 보름날에 단지 독櫝만 열며, 뇌주酹酒하지 않고 분향만 하여 차등이 있게 하는 것이 마땅하다. 【止】 ○『요결』: 보름날 만일 천신薦新을 겸한다면 또한 신주를 내고 뇌주한다. 【이상. 보름날의 참례에 천신을 겸하면 신주를 내고 뇌주함】

不出主. 『儀節』: 啓櫝. 只主人點茶, 『要訣』: 今國俗無用茶之禮, 當於望日只啓櫝, 不酹酒, 只焚香, 使有差等. 【止】 ○『要訣』: 望日若兼薦新, 則亦出主酹酒. 【右望參兼薦新出主酹酒】

355 『송자대전』 권65 「답박화숙(答朴和叔) 을사칠월이십사일(乙巳七月二十四日)」.
356 『송자대전』 권66 「답박화숙(答朴和叔) 계축사월이십사일(癸丑四月二十四日)」.
357 『운평집』 권10 「상례비요지두사기(喪禮備要紙頭私記)」.

가례본주

장자長子가 돕다가 먼저 내려온다. 주인은 향탁의 남쪽에 서서 재배하고 내려온다. 나머지는 위의 의식과 같이 한다. ○『찬요纂要』[358]: 보름날에는 차와 술을 진설하지 않고 오직 독櫝을 열고 분향만 하고는 절하고 물러난다. 【이상. 보름날에 분향만 함】

長子佐之先降. 主人立於香卓之南, 再拜乃降. 餘如上儀. ○『纂要』: 望日不設茶酒, 惟啓櫝焚香, 拜而退. 【右望日只焚香】

본주논증

○남계가 말하였다. "집이 매우 가난하여 한 잔의 술이나 한 그릇의 과일도 갖출 수 없다면 삭망에 모두 분향만 행해도 된다. 다만 그 의식은 삭망의 예를 사용한다."[359] 【이상. 삭망에 분향만 함】

○南溪曰: "若家甚貧, 一盞酒一器果, 亦不能備, 則朔望只得並行焚香. 但其儀則用朔望之禮矣." 【右朔望只焚香】

본주논증

○우암이 말하였다. "기제忌祭는 무겁고 참례參禮는 가벼우므로, 존비尊卑를 따질 것 없이 기제를 먼저 하고 참례를 뒤에 하는 것이 마땅하다."[360] {상세한 내용은 '기제'를 보라.} 【이상. 참례와 기제가 같은 날에 있을 경우의 선후】

○尤菴曰: "忌祭重而參禮輕, 無論尊卑, 當先忌後參." {詳見忌祭.} 【右參禮忌祭同日先後】

본주논증

○주자가 말하였다. "천신薦新과 고삭告朔[361]은 장사를 지내기 전에는 폐함이 옳고, 이미 장사를 지냈으면 복이 가벼운 자나 혹 이미 복을 벗은 자에게 사당에 들어가 예를 행하게 하는 것이

358 『찬요纂要』: 후정훈(侯廷訓)과 반욱(潘昱)이 찬술한 『육례찬요(六禮纂要)』를 말함.

359 『남계집』 속집 권18 「답서족질태숭문(答庶族姪泰崇問) 정월이십팔일(正月二十八日)」.

360 『송자대전』 권78 「답한여석(答韓汝碩)」.

361 고삭(告朔): 사당에 매달 초하루를 알리는 의식. 『논어(論語)』 「팔일(八佾)」에 나오는 '告朔'의 '告'는 예로부터 고(古)와 독(篤)의 반절 즉 '곡'으로 읽었고, 교정청 간본 『논어언해』에도 '곡삭'이라 하였으나, 이 구절의 '告'를 또한 고(古)와 호(號)의 반절로 '알린다.'는 의미로 읽는 문헌도 있고, 『주자가례』의 삭참(朔參)은 이미 『논어』에 언급한 고대의 '곡삭'의 의식이 아닌 만큼, 여기서 이 '告朔'은 '고삭'으로 읽는다.

옳다." ○ 〖경호안설〗 주자가 말하기를 "시제時祭는 예가 번거로우니 상을 치르는 자가 행할 수 있는 것이 아니고, 절사節祠(명절제사)는 그 예가 아주 간단하니 비록 묵최墨衰[362]를 착용하고 행사行事하더라도 안 될 것이 없다."고 하였으니, 절사節祠에 이미 묵최를 착용하고 행할 수 있다면, 참례參禮는 아마도 다름이 없을 듯하다. ○남계가 말하였다. "상중에 조선祖先에게 제사지낼 때 복이 가벼워 시킬 만한 사람이 있으면 대행하게 하고, 상인喪人은 참례 뒤에 별도로 배례拜禮를 행하는 것이 나을 듯하다. 만약 대신할 수 있는 사람이 없다면 상인喪人이 부득이 포직령布直領[363]과 효건孝巾[364]을 착용하고 사당에 들어가 참례를 행한다."[365] ○사계가 말하였다. "효대絞帶[366]를 착용하고서 사당에 들어가는 것은 미안하니, 별도로 포대布帶를 갖추는 것이 혹 무방할 듯하다."[367] ○도암이 말하였다. "효건孝巾은 관冠을 받치는 것이지, 관이 아니다. 지금은 평량자平凉子에다 별도로 포대布帶와 직령直領을 만들어 사당에 들어가는 것이 적합할 듯하다." 또 말하였다. "졸곡이 아직 끝나지 않았으면 곧 장사지내기 전이니, 가묘의 차례茶禮는 아마도 빠트리는 것이 합당할 듯하다" ○우암이 말하였다. "장자長子 상의 참최복을 입고 있는 중에 사당에 들어갈 때, 잠시 포립布笠과 포대布帶를 차용하는 것이 무슨 거리낄 것이 있겠는가? 출입할 때는 면치 못할 듯하다.[368] 이는 주자가 아들의 상중에 영당影堂에 가서 천薦을 올린 것이나, 장사지내기 전에 꼭 이와 같이 한 것은 아니다."[369] 【이상. 중상重喪 중에 참례를 행함】

○朱子曰: "薦新告朔, 未葬可廢, 旣葬, 則使輕服或已除服者, 入廟行禮, 可也." ○ 〖按〗 朱子曰: "時祭禮煩, 非居喪者所能行, 節祠則其禮甚簡, 雖以墨衰行事, 亦無不可云." 節祠旣可以墨衰行之, 則參禮恐無異同矣. ○南溪曰: "喪中祭先, 若有服輕可使者, 代行, 而喪人參後, 別行拜禮, 似勝. 若無可代者, 喪人不得已以布直領孝巾, 入廟行參." ○沙溪曰: "絞帶入廟未安, 別具布帶, 似或無妨." ○陶菴曰: "孝巾所

362 묵최(墨衰): 검은 상복을 말한다. 우리나라에서는 아버지가 살아 있는 동안 돌아가신 어머니의 담제 뒤와, 생가 부모의 소상 뒤에 심제인(心制人)이 다듬은 베 직령(直領)에 묵립(墨笠)과 묵대(墨帶)를 갖추어 입는 옷이다.

363 포직령(布直領): 베로 된 직령의(直領衣).

364 효건(孝巾): 베로 된 두건으로, 상제가 부득이한 경우 상복을 입고 바깥을 출입할 때 착용하였던 건이다.

365 『남계집』 속집 권13 「답나현도문(答羅顯道問) 상례(喪禮)○갑술이월이십오일(甲戌二月二十五日)」.

366 효대(絞帶): 상복 제도에 있어서 참최복을 입는 자가 띠는 허리띠로, 삼을 꼬아서 만든 것이다.

367 『동춘당집』 별집 권1 「상사계김선생(上沙溪金先生)」.

368 『송자대전』 권31 「답송명보(答宋明甫)」.

369 『송자대전』 권58 「답민대수(答閔大受) 계축십일월(癸丑十一月)」.

以承冠者, 非冠也. 今以平凉子別制布帶直領, 入廟似宜." 又曰: "卒哭未畢, 便是葬前, 家廟茶禮, 恐當闕之." ○尤菴曰: "長子喪斬衰中入廟, 暫借布笠布帶, 何妨? 出入時, 恐不免. 此朱子子喪, 就影堂致薦, 未必葬前如此."【右重喪中行參】

본주논증

○우암이 말하였다. "삭망의 참례參禮를 사당에 먼저 하고 빈소에 나중에 하는 것은 의심의 여지가 없다."[370] {상세한 내용은 '졸곡'조를 보라.}【이상. 사당과 빈소에 참례를 행하는 선후】

○尤菴曰: "朔望參, 先祠後殯, 無疑." {詳見'卒哭'條.}【右廟與殯行參先後】

본주논증

○운평이 말하였다. "남에게 출후出後한 자가 본생친本生親에 대한 명칭이나 복服은 대체大體로 보아 끝내 방친旁親이다. 예禮에 제부諸父나 형제의 상에 졸곡이 끝나기 전에는 집으로 돌아가는 것을 허락하지 않는다. 그런즉 삭망의 참례參禮는 바로 종자宗子가 정을 펴는 예이지, 조고祖考와 관계된 일이 아닌데, 대행시키는 것이 이미 풍속을 이루었으니, 또한 혹 근거한 바가 있는 것인가?"[371] ○수암遂菴이 말하였다. "본생本生의 상중에 소후가所後家의 사당에 들어가는 복색은 포건布巾과 포심의布深衣가 마음에 자못 편안하며, 시속에도 놀랍지 않다. 황초립黃草笠과 같은 것은 비록 중고中古[372]에 무거운 복을 입은 사람이 착용했지만 본디 화려하고 아름다워 도리어 평량자平凉子만 못하다."[373]【이상. 본생의 상중에 소후가所後家 사당에서 참례를 행함】

○雲坪曰: "出後於人者, 於本生親, 名服大體, 終是旁親也. 禮諸父兄弟之喪, 未卒哭, 不許歸家. 則朔望之參, 正宗子伸情之禮, 非關於祖考事, 而代行已成俗, 抑或有所據耶?" ○遂菴曰: "本生喪中, 入所後廟服色, 布巾布深衣, 於心頗安, 於時俗不駭. 若黃草笠, 雖是中古重服人所著, 而本華美, 反不如平凉子."【右本生喪中所後廟行參】

본주논증

○ 〖경호안설〗 "처의 상을 당해 아직 장사지내지 않았거나 혹은 이미 장사지냈을 경우는,

370 『송자대전』 권115 「답김회백(答金晦伯)」.
371 『운평집』 권4 「답송회가(答宋晦可) 정사사월(丁巳四月)」.
372 중고(中古): 주공(周公)이 예를 제정할 때이다.
373 『한수재집』 권6 「답이동보(答李同甫) 정월(正月)」.

시제時祭를 지내야 하는가?"라고 묻자, 주자가 대답하기를 "아마 제사를 지내지 않아야 할 듯하다. 나의 집안에서는 절사節祠는 그대로 보존하여 심의深衣와 양삼凉衫 따위만 착용한다."라고 하였다. {상세한 내용은 '속절俗節'을 보라.} 이에 의거해 보면, 절사에 이미 심의와 양삼을 사용하여 행하였으니, 참례는 아마도 다름이 없을 듯하다. 【이상. 처상 중에 참례를 행함】

○ 〖按〗 問: "爲妻喪, 未葬或已葬, 當時祭否?" 朱子曰: "恐不當祭. 某家猶存節祠, 只用深衣凉衫之屬云." {詳見俗節.} 據此, 節祀旣用深衣凉衫, 而行之, 則參禮恐無異同矣. 【右妻喪中行參】

본주논증

○남계가 말하였다. "기년복의 상에 장사를 치르기 전에는 당초에 삭망의 참례를 행하지 않는다는 글은 없다." ○신독재가 말하였다. "외상外喪[374]의 가벼운 복은 자기의 사사로운 상복이니, 사복私服을 입고 사당에 들어가서는 안 된다. 만약 본족本族의 무거운 상이면 장사지내기 전에는 제사를 폐하는 것이 마땅하고, 참알參謁할 경우는 임시로 흑대黑帶를 착용하는 것이 좋을 듯하다." 【이상. 무거운 복을 입은 가운데 참례를 행함】

○南溪曰: "期服未葬前, 初無朔望參不行之文." ○愼獨齋曰: "外喪輕服, 是私己之服, 不可以私服入廟. 若本族重喪, 葬前當廢祭, 而參謁則權著黑帶, 似可." 【右重服中行參】

본주논증

○우암이 말하였다. "시마緦麻와 소공小功 상의 성복하는 날이 이미 초상의 성빈成殯 사이에 끼어 있다면, 돌아와서 삭참을 행하는 것은 하루 전에 재계하며 묵는 예에 어긋남이 있으니, 다른 사람에게 대신하게 하는 것이 옳다."[375] ○도암이 말하였다. "다른 장소에서 성복을 했다면 성복한 뒤에 몸소 행하는 것은 무방하다." 또 말하였다. "소공 대공과 시마복의 친척 상에 아직 성복하기 전에는 차례茶禮는 폐하는 것이 마땅하다. 외당外黨이나 처당妻黨[376]의 복과 같은 경우는 집안의 복이 없는 자에게 대신 행하게 하는 것도 괜찮다."[377] 【이상. 가벼운 복을 입은 가운데 참례를 행함】

374 외상(外喪): 대문 밖의 다른 집에서 난 상. 간혹 먼 곳에 사는 형제의 상이나, 또는 남자의 상을 외상이라 하는 경우도 있다.
375 『송자대전』 권98 「답이중심(答李仲深)」.
376 처당(妻黨): 부당(婦黨)과 같은 말로, 아내의 혈족을 말한다.
377 『도암집』 권18 「답오백온문목(答吳伯溫問目) 정사(丁巳)」.

○尤菴曰："緦小功成服之日，旣已參錯於喪殯之間，則歸行朔參，有違前一日齊宿之禮，使人代之，可也."

○陶菴曰："在他所成服，則成服後，躬行無妨." 又曰："功緦之戚，未成服前，茶禮當廢. 如外黨妻黨之服，則使家中無服者代行，亦可."【右輕服中行參】

본주논증

○우암이 말하였다. "참례參禮와 제복除服(복을 벗음)의 선후는 근거로 삼을 만한 분명한 조문이 없으니, 제복한 뒤에 성복盛服을 차려 입고 참례를 행하는 것은 아마도 불가함이 없을 듯하다. 다만 『가례』에 '장차 참례하려 할 적에 재계하며 묵는다.'는 글이 있는데, 이미 재계하고 묵는다면 제복할 때의 곡哭과는 서로 방해가 될 듯하다. 이것을 혐의한다면 먼저 참례한 뒤에 제복을 하는 것이 도리어 적합한 것일까?"[378] 【이상. 삭참과 제복의 선후】

○尤菴曰："參禮與除服先後，無可據明文，除服後以盛服，行參禮，恐無不可. 但『家禮』將參，而有齊宿之文，旣齊宿，則除服之哭，似覺相妨. 以此爲嫌，則先參而後除服，反爲得宜耶?"【右朔參除服先後】

본주논증

○율곡이 말하였다. "국휼國恤의 졸곡卒哭 이전에는 삭망의 참례參禮가 제례祭禮가 아니니 평상시 사례대로 행하는데 무슨 거리낄 것이 있겠는가?"[379] ○"국휼 때의 삭참朔參"에 대해 묻자, 우암이 대답하였다. "퇴계나 율곡의 설에 의거하여 간략하게 차리고 삭참을 행하는 것이 마땅하다. 그 예는 간략해서 비록 졸곡 이전이더라도 크게 혐의는 없을 듯하다."[380] 【이상. 국휼의 장사를 치르기 전에 참례를 행함】

○栗谷曰："國恤卒哭前朔望參，則非祭禮也，依常例行之，何妨." ○問："國恤時朔參." 尤菴曰："當依退栗說略設，以行朔參. 其禮略，雖是卒哭前，似無大嫌矣."【右國恤葬前行參】

본주논증

○"국휼의 장사를 치르기 전 사가私家의 천신薦新"에 대해 묻자, 우암이 대답하였다. "천신은 작은 제사이므로 조정에서는 행한다. 그러니 사대부의 집에서도 행해서 안 될 것은 없다. 그

378 『송자대전』 권98 「답송문재(答宋文哉)」.
379 『율곡전서』 권11 「답성호원(答成浩原) 을해(乙亥)」.
380 『송자대전』 권103 「답김백온(答金伯溫)」.

러나 평상시보다 줄이는 것이 마땅할 듯하다."[381] 【이상. 국휼의 장사를 치르기 전 사가에서 천신함】

○問: "國恤葬前, 私家薦新." 尤菴曰: "薦新是小祭祀, 故朝家行之. 然則士大夫家, 亦無不可行者. 然似當殺於常時矣." 【右國恤葬前私家薦新】

가례본주

○『예기』에 따르면, 시아버지가 죽었으면 시어머니는 늙었다[老]고 여기므로 〖경호안설〗 이 구는 「내칙」의 글이다. 진호의 주註: '노老'는 가사家事를 장부長婦에게 전함을 말한다. 제사에 간여하지 않는다. 또 말하기를, "지자支子는 제사지내지 않는다."고 하였다. 「곡례」: 지자支子는 제사지내지 않으며, 제사지내려면 반드시 종자에게 고해야 한다. 소: 지자는 서자庶子이다. 조부와 아버지의 사당이 적자適子의 집에 있으니, 서자는 천하므로 감히 함부로 제사지내지 못한다. 만약 종자宗子에게 질병이 있어 제사를 감당하지 못할 지경이면 서자가 대행할 수는 있다. 그래도 반드시 종자에게 고한 뒤에 제사지내야 한다. 【止】 ○우암이 말하였다. "지자支子로서 벼슬하는 자는 감히 신주를 받들고 가지 못한다. 예禮에는 종자가 국경 넘어 다른 나라에 있더라도 지자로서 본국에 있는 자는 그래도 감히 사당에는 들어가서 제사를 행하지 못하고, 다만 무덤이 바라보이는 곳에 단을 만들어 행하는데, 또한 종자를 주인으로 하여 '효자 아무개가 개자介子[382] 아무개로 하여금 운운.'이라고 한다고 하였다. 종법의 엄격함이 이와 같으니 어찌 감히 지자가 관소의 임시 거처[官次]에서 신주를 받들 수 있겠는가? 지자 중에서 만약 예의를 돌보지 않고 자기 마음대로 바로 행하려고 하는 자가 있다면 의리로써 깨우쳐 주는 것이 마땅하다. 다만 종가에 제수祭需를 갖추어 보내어 좋은 것을 올리는 정성을 다함이 옳을 것이다."[383] 【이상. 지자支子로서 벼슬하는 자는 감히 묘주廟主를 받들지 못함】 그러므로 이제 오로지 대를 이은 적통[世嫡]의 종자宗子 부부를 주인과 주부로 하고, 그 어머니와 제부諸父 제모諸母 및 형

381 『송자대전』 권63 「답민지숙(答閔持叔)」.

382 개자(介子): 종자를 대신하여 일을 주관하는 자를 말한다.

383 『송자대전』 권78 「답한여석(答韓汝碩)」.

수가 있는 자는 이렇게 앞에다 특별히 자리를 설치한다.

○準『禮』, 舅沒則姑老, 〚按〛 此句, 「內則」文也. 陳註: 老謂傳家事於長婦也. 不預於祭. 又曰: "支子不祭." 「曲禮」: 支子不祭, 祭必告于宗子. 疏: 支子庶子也. 祖禰廟在適子之家, 庶子賤不敢輒祭. 若宗子有疾, 不堪當祭, 則庶子代攝, 可也. 猶必告于宗子, 然後祭. 【止】 ○尤菴曰: "支子作官者, 不敢奉神主以往. 禮宗子越在他國, 而支子在本國者, 猶不敢入廟行祭, 只於望墓處爲壇而行之, 而亦以宗子爲主, 曰孝子某, 使介子云云. 宗法之嚴如此, 何敢奉神主於支子官次乎? 支子中如有不顧禮義, 欲徑情直行者, 則當以義諭之. 只使備送祭需於宗家, 以致獻賢之誠, 可也." 【右支子作官不敢奉廟主】 故今專以世嫡宗子夫婦, 爲主人主婦, 其有母及諸父母兄嫂者, 則設特位於前如此.

가례본주

○무릇 성복盛服이라 말하는 것은 「곡례」: 전답과 봉록이 있는 자는 먼저 제복祭服을 만든다. ○「왕제」: 연의燕衣(평상복)는 제복祭服을 넘지 않는다. 벼슬이 있으면 복두幞頭와 고승高承의 『사물기원事物記原』[384]: 옛날에 검은 비단[皂羅] 3자로 머리를 감싼 것을 '두건頭巾'이라고 불렀다. 하·은·주 삼대三代에는 모두 관冠으로 품등을 매겼는데, 일반 백성은 검은 명주[皂絹]로 머리털을 감쌌다. 후주後周의 무제武帝(561-577)에 이르러 옛날 3자의 제도대로 재단하여 복두幞頭를 만들었다. 당나라 마주馬周[385]에 이르러 교차 분할하여 만들었는데, 1자 8치의 베를 사용하여 좌우로 세 번 주름을 잡아 삼재三才를 본받고, 앞의 다리를 겹으로 매어 양의兩儀를 나타내었다. ○주자가 말하였다. "복두는 주周나라 무제 때 만든 평상시 관[常冠]이다. 네모진 베 한 폭을 쓰는데, 앞의 두 모서리에는 큰 띠 2개를 꿰매고, 뒤의 두 모서리에는 작은 띠 2개를 꿰맨다. 정수리를 덮어 사방으로 드리우면서, 그대로 앞 변을 이마에 대어 큰 띠를 머리 뒤에서 매고, 다시 뒤쪽의 뿔을 거두면서 작은 띠를 상투 앞에서 매어서 옛날의 관을 대신했는데, 또한 '절상건折上巾'이라고도 이름하였다. 당나라 환관들은 철선鐵線을 띠 가운데

384 『사물기원(事物記原)』: 북송대 고승(高承)이 편찬한 유서(類書)로 모두 10권이다. 여기저기 흩어져 있는 자료들을 모아 모두 217종의 사물에 대한 기원과 관련 자료들을 기록한 것이다. 사물과 제도에 대한 기원을 모두 밝혀두고 있진 못하며, 명목(名目)과 유속(類屬)이 명백하지 못한 점은 있지만, 자료가 풍부하여 고증에 많은 참고가 된다.

385 마주(馬周; 601-648): 자(字)는 빈왕(賓王), 청하(淸河) 임평인(茌平人)이다. 어려서 고아가 되어 가난했지만 배움을 좋아했다. 『시(詩)』와 『춘추(春秋)』에 밝았다. 중서령이 되었다가, 은청광록대부(銀靑光祿大夫)에 나아갔다. 문집 10권이 있다.

에 꽂고는, 또 그 가운데가 함몰될까 염려하여 오동나무로 뼈대를 만들어, 항상 복두를 새것처럼 높이 서 있도록 하여 군용두軍容頭라고 하였다. 우리 조정에 이르러서는 또 등나무로 뼈대를 만들고, 위에다 풀로 깁을 붙였는데, 뒤에는 또 검은 칠을 한 깁으로 만들었다."

○凡言盛服者, 「曲禮」: 有田祿者, 先爲祭服. ○「王制」: 燕衣不踰祭服. 有官, 則幞頭 高承『事物記原』: 古以皂羅三尺裹頭, 號頭巾. 三代皆冠列品, 黔首以皂絹裹髮. 至周武帝, 依古三尺, 裁爲幞頭. 至唐馬周, 交解爲之, 用一尺八寸, 左右三襵, 象三才, 重繫前脚, 法二儀. ○朱子曰: "幞頭, 乃周武帝所製之常冠. 用布一方幅, 前兩角, 綴兩大帶, 後兩角, 綴兩小帶. 覆頂四垂, 因以前邊抹額, 而繫大帶於腦後, 復收後角, 而繫小帶於髻前, 以代古冠, 亦名折上巾. 唐宦官, 以鐵線插帶中, 又恐壞其中, 以桐木爲骨子, 常令幞頭高起如新, 謂之軍容頭. 到本朝, 又以藤做骨子, 以紗糊於上, 後又以漆紗爲之."

가례본주

공복公服[386]을 입고 주자가 말하였다. "고금의 제도에 제사 때는 면복冕服을 사용하고 조회 때는 조복朝服을 사용했는데, 모두 직령直領[387]을 사용하여 드리웠으니, 큰띠[紳]를 가하여 묶지 않으면 곧 지금 부인의 옷과 같고, 앞을 교차하여 가리고 띠[帶]를 묶으면 오늘날 남자의 옷과 같으며, 모두 일찍이 상령上領[388]을 하지 않았다. 지금의 상령공복上領公服은 곧 이적夷狄의 융복戎服(전투복)이다. 오호五胡 말기부터 중국에 흘러 들어왔고, 수隋나라 양제煬帝 때에 이르러 법도 없이 각처를 돌아다니면서 이에 백관에게 융복을 입고 거가車駕를 따르도록 명하였는데, 3품 이상은 자색紫色을 입고, 5품 이상은 비색緋色을 입고, 6품 이하는 녹색綠色을 입었다." ○한漢나라 이후로부터 제사에는 면복冕服과 조복朝服을 사용하였으니, 이른바 진현관進賢冠과 강사포絳紗袍이다. 수隋나라 양제煬帝가 처음으로 백관에게 융복戎服을 입으라고 명령했다. 당나라 사람은 그것을 '편복便服'이라 하고, 또 '종성복從省服'이라 하였으니, 곧 지금의 공복公服이다. ○옛날의 공복公服은 법복法服으로 주의朱衣(붉은 색 윗옷)에 조연皂緣(검은 가선)을 하였으며, 관冠으로는 삼공三公은 초선관[貂蟬]을 착용하고, 어사御史는 해치관[獬]을 착용했다. ○제씨齊氏가 말하

386 공복(公服): 대소관원(大小官員)의 제복(制服)이다.
387 직령(直領): 곧은 옷깃. 또한 옷깃을 일직선으로 만든 옷을 가리키기도 한다.
388 상령(上領): 옷깃의 한 방식. 단령의(團領衣)와 같이 옷깃의 한쪽 끝을 목 뒤로 올려서 단추에 매도록 만든 옷깃.

였다. "후세의 조복과 제복은 녹색[綠]·비색[緋]·자색[紫]을 사용하니, 제도만 척발씨拓拔氏[389]의 위魏나라 때 다 변하였을 뿐 아니라, 그 색깔도 이미 바름을 잃게 되었다." ○『고증』: 주자는 '상령上領'의 뜻을 해석하여 "비스듬히 자른 베를 잇대어 꿰매어 둥그렇게 굽은 형태로 모이도록 하여 둥근 원형이 되도록 만든 것이다."라고 했다. 그런즉 우리나라 단령團領 공복公服은 역시 여기에서 나온 듯하다.

公服, 朱子曰: "古今之制, 祭祀用冕服, 朝會用朝服, 皆用直領垂之, 而不加紳束, 則如今婦人之服, 交揜於前, 而束帶焉, 則如今男子之衣, 皆未嘗上領也. 今之上領公服, 乃夷狄之戎服. 自五胡之末, 流入中國, 至隋煬帝時, 巡游無度, 乃令百官戎服從駕, 三品以上服紫, 五品以上服緋, 六品以下服綠." ○自漢以下, 祭祀用冕服朝服, 則所謂進賢冠絳紗袍. 隋煬帝, 始令百官戎服. 唐人謂之便服, 又謂從省服, 乃今公服也. ○古公服是法服, 朱衣皂緣, 冠則三公用貂蟬, 御史用獬. ○齊氏曰: "後世朝祭服綠緋紫, 盖不特制度盡變於拓拔魏, 而其色已失其正矣." ○『考證』: 朱子釋上領之義曰, "聯綴斜帛, 湊成盤曲之勢, 以就正圓." 然則我國團領公服, 疑亦出於此矣.

가례본주

띠[帶]를 두르고 적곡자炙轂子[390]가 말하였다. "당나라의 「여복지輿服志」[391]에는 이른바 구환대九環帶라는 것이 있으니, 진秦나라 때는 거꾸로 꽂아 머리가 아래로 드리웠는데 처음으로 이름을 요대腰帶라고 불렀고, 당唐나라 초에는 아래로 향하여 꽂아서 드리웠는데 또한 이름을 달미達尾라고 하였다. 1품에서 3품까지는 금과金銙(금장식띠고리)를 쓰고, 4품에서 6품까지는 화서과花犀銙, 7품에서 9품까지는 은과銀銙(은장식띠고리), 서인은 철과鐵銙(쇠띠고리)를 쓴다. 송宋나라 때에 그 제도는 6가지가 있었다. 일반 관료들은 흑각대黑角帶를 두르고, 시종侍從으로서 특별히 띠[帶]를 하사받은 자는 여자荔子[392]로 장식하며, 중서사인中書舍人에서 권시랑權侍郎까지는 홍정흑서대紅鞓黑犀帶, 권상서權尙書와 어사중승御史中丞에서 급사중給事中까지는 금화어선대金花御仙帶,

389 척발씨(拓拔氏): 위(魏)나라의 성(姓)이 척발(拓拔)이다.

390 적곡자(炙轂子): 당나라 왕예(王叡)의 호이다. 저술로는 『적곡자잡록주해(炙轂子雜錄注解)』(5권)가 있는데 이 속에 사물의 시원(始原)에 관해 기록한 『이의실록(二儀實錄)』과 악부의 기원에 관해 해설한 「악부제해(樂府題解)」 그리고 「고금주(古今注)」가 함께 실려 있다.

391 「여복지(輿服志)」: 『구당서(舊唐書)』 「여복지(輿服志)」를 가리킨다.

392 여자(荔子): 여지(荔枝)의 열매. 여기서는 여지의 열매 장식을 사용한 요대(腰帶)인 여자금대(荔子金帶)를 가리킨다.

한림학사翰林學士 이상 정상서正尙書는 어선대御仙帶, 집정관 재상執政官 宰相은 방두모문대方頭毛文帶를 두른다. ○남계가 말하였다. "혁대는 가죽으로 만든다. 곧 당나라의 구환대九環帶이며 지금의 품대品帶와 같다."[393] ○ 〚경호안설〛 「관례」를 의거하면, 공복公服에 사용하는 혁대는 아마 구환대의 종류일 것이다.

帶, 炙轂子曰: "唐『輿服志』有所謂九環帶, 秦時反揷垂頭, 始名腰帶, 唐初向下揷垂, 又名達尾. 一品至三品金銙, 四品六品花犀銙, 七品九品銀銙, 庶人鐵銙. 宋時其制有六. 庶僚黑角帶, 至侍從而特賜帶者, 爲荔子, 中書舍人至權侍郎, 紅鞓黑犀帶, 權尙書御史中丞, 至給事中, 金花御仙帶, 翰林學士以上正尙書, 御仙帶, 執政官宰相, 方頭毛文帶. ○南溪曰 "革帶以革爲之. 卽唐九環帶, 如今品帶." ○ 〚按〛 據「冠禮」, 公服用革帶, 疑卽九環帶之類.

가례본주

가죽신[靴]을 신고 『석명釋名』: 화靴는 본래 호족胡族 복장으로, 조趙나라 무령왕武靈王이 만든 것이다. ○『사물기원』: 무령왕武靈王은 호복胡服을 좋아하여 항상 목 짧은 가죽신[短靿]을 신었다. 황피黃皮로 만들었는데, 뒤에 점점 길어졌다. 요靿는 군융軍戎(군대)에서 통용하는 복장이다. 당나라 마주馬周는 삼베[麻]로 만들어 그 요靿의 길이를 줄이고 화전靴氈을 더하였다. 고사故事에 오랑캐의 복장은 대궐에 착용하고 들어와 문안하는 것을 허락하지 않았는데, 마주馬周가 장식을 더하자 이에 허락하였다. ○주자가 말하였다. "화靴는 곧 말을 탈 때 신는 신[鞋]이다. 요즘 세상의 옷은 대개 모두 상령삼上領衫과 가죽신[靴鞋]과 같은 따위의 호복胡服이니, 선왕先王의 관복은 모두 땅을 쓸어버린 것처럼 다 없어졌다. 중국 의관衣冠의 어지러움은 진晉나라 때 오호五胡로부터였는데, 뒤에 와서는 그대로 이어받아 원위元魏와 수隋나라 · 당唐나라에서는 대저 모두 호복을 입었다." ○『고증』: 살펴보건대, 선왕의 제도에는 석舃과 구屨만 있을 뿐이다. 『주례周禮』에 "구인屨人[394]은 왕과 왕후의 적석赤舃과 흑석黑舃[395], 소구素屨와 갈구葛屨[396]를 담당한다."고 했고, 정주鄭註에 "아래가 겹으로 된 것을 석舃이라 하고, 아래가 홑으로 된 것을 구屨

393 『남계집』 권45 「답오자순문(答吳子順問) 가례(家禮)○을묘구월십일(乙卯九月十日)」.

394 구인(屨人): 왕실과 고급관리의 신발을 만드는 장인(匠人), 즉 담당관리를 말한다.

395 적석(赤舃)과 흑석(黑舃): 신발의 이름. 석(舃)은 아래가 겹으로 된 신발이다.

396 소구(素屨)와 갈구(葛屨): 소구는 소박한 신으로 화려하게 꾸미지 않은 신이고, 갈구는 칡으로 삼은 신이다.

라고 한다."고 하였다. 후세의 조복朝服과 제복祭服에는 모두 화靴를 사용하고, 다시는 석구舃屨의 제도가 없어졌다. 이것이 주자가 탄식한 까닭이다. ○「소의少儀」: 무릇 제사지낼 때에는 실室 가운데나 당堂 위에서나 신을 벗는[跣] 일이 없다. 소疏: 선跣은 신을 벗는 것이다. 홀을 잡는다. 〖경호안설〗 제도는 위를 보라.

靴, 『釋名』: 靴本胡服, 趙武靈王所作. ○『事物記原』: 武靈王好胡服, 常服短靿. 以黃皮爲之, 後漸以長. 靿, 軍戎通服. 唐馬周, 以麻爲之, 殺其靿, 加以靴氈. 故事, 胡虜之服, 不許著入殿省, 馬周加飾, 乃許. ○朱子曰: "靴乃上馬鞋也. 今世之服, 大抵皆胡服如上領·衫·靴·鞋之類, 先王冠服, 掃地盡矣. 中國衣冠之亂, 自晉五胡, 後來遂相承襲元·魏·隋·唐, 大抵皆胡服." ○『考證』: 按, 先王之制, 舃與屨而已. 『周禮』, "屨人掌王及后之赤舃黑舃素屨葛屨." 鄭註曰, "複下曰舃, 禪下曰屨." 後世朝祭之服, 皆用靴, 無復舃屨之制. 此朱子所以歎也. ○「少儀」: 凡祭室中堂上, 無跣. 疏: 跣, 脫屨也. 笏. 〖按〗 制見上.

가례본주

진사進士는 『사물기원』: 주周나라에서는 제후가 천자에게 어진 이를 천거하면 그들을 태학太學에 올려서 조사造士[397]라 하고, 대악정大樂正이 조사造士 중 우수한 자를 논하여 왕에게 고하고 사마司馬[398]에게 추천하여 진사進士[399]라고 했다. 수隋나라의 대업大業[400] 연간에 처음으로 진사과進士科를 설치하여 시부詩賦로 시험하였다. ○『고증』: 진사進士는 과거에 응시한 사람을 말한다. 당唐나라에서는 수나라의 제도를 따라서 해마다 중동仲冬에 군현郡縣과 관감館監[401]에서 시험하여 그 중 성취된 자는 장리長吏(지방관)가 관원들을 모아 빈주賓主의 예를 베풀어 조두俎豆를 진설하고 관현管絃을 갖추어 향음례鄕飮禮를 행하면서 「녹명鹿鳴」[402]의 시를 노래하는데, 노성한

397 조사(造士): 주(周)나라 제도에 국학(國學)에서 교육하여 성취한 인재, 또는 그 인재를 육성하는 일을 가리키는 말. 『예기』「왕제(王制)」에 "각 고을에서 빼어난 인사[秀士]를 논하여 사도(司徒)에게 올리는데, 이를 선사(選士)라 한다. 사도는 그 중에 우수한 자를 선발하여 국학에 올리는데, 이를 준사(俊士)라 한다. 사도에게 올라간 자는 고을에 부역하지 않고, 국학에 올라간 자는 사도에게 부역하지 않는데, 이를 조사라 한다."고 하였다.

398 사마(司馬): 하관(夏官)의 경(卿)으로, 방정(邦政)을 주관하는 자.

399 진사(進士): 주(周)나라 제도에 국학(國學)에서 대사악(大司樂)에게 시·서·예·악(詩書禮樂)을 교육받아 성취한 뒤 사마(司馬)에게 추천된 인사를 가리킨다.

400 대업(大業): 수(隋) 양제(煬帝)의 연호로, 605-616년간 사용되었다.

401 관감(館監): 양관(兩館)과 국자감(國子監). 당나라 때는 각 지방 군현의 학교 외에 수도에다 홍문관(弘文館)과 숭문관(崇文館) 양관에 각기 생도를 두고, 또 국자감에서 6학(學)을 두어 생도 2천여 인을 두었다.

402 「녹명(鹿鳴)」: 『시경(詩經)』의 소아(小雅) 첫머리에 실린 시.

어른들[耆艾]을 불러서 장유의 차례대로 배석하여 구경하도록 한다. 이미 전별의 잔치를 하고 나면 회계하는 관리[計吏]와 함께 예부禮部로 올라가는데 이를 진사進士라고 한다. 그 중 관학館學[403]에 있지 않으면서 된 자를 향공진사鄕貢進士[404]라 하고, 급제及第한 자를 전진사前進士라고 한다. 송나라에서도 당나라의 제도를 따랐다.

進士, 『事物記原』: 周諸侯貢賢于天子, 升之太學, 曰造士, 大樂正論造士之秀者, 以告于王, 以升諸司馬, 曰進士. 隋大業中, 始置進士科, 試以詩賦. ○『考證』: 進士謂應擧者. 唐因隋制, 每歲仲冬, 郡縣館監, 試其成者, 長吏會僚屬, 設賓主, 陳俎豆, 備管絃, 行鄕飮禮, 歌鹿鳴之詩, 召耆艾, 敍少長而觀焉. 旣餞, 與計偕而進於禮部, 謂之進士. 其不在館學而得者, 謂之鄕貢進士, 得第者, 謂之前進士. 宋又因唐制.

가례본주

복두에 난삼襴衫[405]을 입고 『운회』: 의衣(윗옷)와 상裳(치마)이 연결된 것을 '난襴'이라 했는데, 금문今文에는 줄여서 '난襴'이라 하였다. ○『사물기원』: 당나라 마주馬周는 삼대三代의 포심의布深衣에 난襴과 거裾를 붙여서 난삼襴衫이라 이름하고 상사上士[406]의 옷으로 하였는데, 지금 거자擧子가 입는 옷이다. ○주자가 말하였다. "직령直領은 고례古禮인데, 상의上衣와 하상下裳이 이것이다. 상령上領에 난襴이 있는 것은 지금의 예인데, 오늘날의 공복公服에 윗옷과 아래의 옷자락[襴]이 서로 이어져 끊어지지 않는 것이 이것이다." ○『대명집례大明集禮』: 송나라의 공복公服은 곡령曲領과 대수大袖 아래에 가로로 옷자락[襴]을 댄다. 홍무 24년(1391)에 생원生員의 건복巾服 제도를 정하였다. 난삼襴衫은 옥색 명주[絹布]를 써서 만들고, 소매는 넓게 한다. ○사계가 말하였다. "옛날에 선군先君을 따라 중국 연경燕京에 가서 국자감國子監의 유생儒生을 보았더니, 남색 명주로 윗옷[衣]를 만들고 청흑색 명주 4-5치의 너비로 깃의 가선[領緣] 및 소매의 끝[袖端]과 단의 끝[裔末]을 꾸몄으며, 옷깃[領]이 둥글었는데, 이것을 난삼襴衫이라고 하였다." ○우암이 말하였다. "근년에 상서尙書 민정중閔鼎重이 연경의 시장에서 난삼襴衫 하나를 사서 주었는데,

403 관학(館學): 양관과 국자감의 6학(學). 관감(館監)과 같다.

404 향공진사(鄕貢進士): 지방에서 추천하여 올라간 진사(進士).

405 난삼(襴衫): 생원(生員)이나 진사(進士)에 합격된 때에 입던 예복으로, 녹색이나 검은 빛의 단령(團領)에 각기 같은 빛의 선을 둘렀다. 주자(朱子)는 저고리[衣]와 치마[裳]가 서로 연결된 것을 '난(襴)'이라 한다고 하였다.

406 상사(上士): 관직의 품계(品階)이다. 사(士)를 상·중·하 3등급으로 나눈다. 『예기』「왕제」에, '제후의 상대부경(上大夫卿)·하대부·상사·중사·하사 5등급으로 나눈다.'라고 했다.

그 제도가 우리나라의 단령團領과 같으나 다만 곁의 귀[傍耳]가 한 잎[葉]밖에 없었다. 바탕은 청색이며 가선[緣]은 흑색이었다. 이것은 황조皇祖가 제작한 것으로 관학생館學生이 입는 것이라 하였다. 송나라의 이른바 난삼도 이와 같은 것이었는지는 모르겠다. 다만 주자가 일찍이 '옷에 횡란橫闌이 있기 때문에 난襴이라고 한다.'고 했는데, 이것은 별도의 가로로 된 베를 옷 앞에 붙여서 마치 가옥에 난간闌干이 있는 것과 같은 것이다. 이에 의거해 보면 연경의 시장에서 산 것은 주자가 말한 것과 아마 같지 않은 듯하다. 검은색으로 만든 것을 조삼皀衫[407]이라 하고, 흰색으로 만든 것을 양삼涼衫[408]이라 하는데, 그 제도는 모두 난삼과 같음이 당연하다."[409] 띠를 두른다. 〖경호안설〗 난삼襴衫에 어떤 띠를 사용하는 지를 여기서 말하지 않았으나, 『의절儀節』의 「관례冠禮」에는 '검은 술 띠[皀絲絛]를 사용한다.'고 했다. 우리나라에서 근세에 사용하는 난삼대襴衫帶는 청사조靑絲絛(푸른실끈)로 뒤에서 묶어서 드리운다. 이는 주자가 이른바 '지금의 법복法服은 등 뒤에서 끈[綏]을 드리우는데, 이 또한 옛날에 끈을 매는[組綏] 형상이 남은 것이다.'라고 한 것인지는 모르겠다. 고찰할 수 없다. ○또 살펴보니, 관례冠禮 때 난삼襴衫에는 가죽신[靴]을 사용한다.

則幞頭襴衫, 『韻會』: 衣與裳連曰襴, 今文省作襴. ○『事物記原』: 唐馬周, 以三代布深衣, 著襴及裾, 名襴衫, 以爲上士之服, 今擧子所衣者. ○朱子曰: "直領者, 古禮也, 上衣下裳者, 是也. 上領有襴者, 今禮也, 今之公服, 上衣下襴相屬, 而不殊者, 是也." ○『大明集禮』: 宋公服, 曲領大袖下施橫襴. 洪武二十四年, 定生員巾服之制. 襴衫用玉色絹布爲之, 寬袖. ○沙溪曰: "昔隨先君赴京, 見國子監儒生, 以藍絹爲衣, 以靑黑絹廣四五寸, 飾領緣及袖端與裔末, 領則圓也, 是襴衫云." ○尤菴曰: "頃年, 閔尙書鼎重, 貿襴衫一件於燕市, 而見贈, 其制如本朝團領, 而但傍耳但一葉. 質靑而緣黑. 云是皇祖所製, 館學生所服也. 未知宋朝所謂襴衫, 亦如此否. 第朱子嘗言, '衣有橫闌, 故謂之襴.' 此則別以橫布著衣, 前如屋之有闌干矣. 據此則燕市所貿, 與朱子所言, 恐不同也. 以黑爲之者, 謂之皀衫, 以白爲之者, 謂之涼衫, 其制則皆當如襴衫也." 帶. 〖按〗 襴衫此不言用某帶, 而『儀節』「冠禮」, '用皀絲絛.' 我朝近世所用襴衫帶, 則以靑

407 조삼(皀衫): 공복(公服)의 일종인 검은 저고리. 『송사(宋史)』 「여복지(輿服志)」에 사대부가에서 제사와 혼인, 관례 때의 성복에 처사(處士)가 입는 옷이라고 하였다.

408 양삼(涼衫): 여름에 입는 흰색의 남자용 홑두루마기로, 평상복 혹은 상복(喪服)으로도 입었다.

409 『송자대전』 권101 「답정경유(答鄭景由) 갑인구월십육일(甲寅九月十六日)」.

絲條，約結於後而垂之．未知是朱子所謂‘今法服背後垂綬，亦是古組綬之遺像’云者歟．不可考．○又按，冠禮，襴衫用靴．

가례본주

처사處士는 『사기』 주: 아직 벼슬하지 않은 사士가 ‘처사’이니, 아직 결혼하지 않은 여자를 ‘처녀處女’라 하는 것과 같다. ○『집람』: 예컨대 송宋나라에서 임포林逋에게 호를 하사할 적에도 처사處士라고 일컬었다. 대개 보통 사람으로서 관직이 없는 자와 구별하려는 것이다. 복두에 조삼皁衫을 입고, 『운회』: 조皁는 또 조皂로 되어 있다. 굴밤[柞栗] 종류이다. 황씨黃氏가 말하였다. “작柞(상수리나무)의 열매는 곧 상수리[橡]이다. 그 씨방[房]으로 검게 물을 들일 수 있으므로 조두皂斗라고 하는데, 속세에서는 인하여 검은 것을 조皁라고 했다.” ○“사士의 제복祭服”에 대해 물으니, 주자가 대답하기를 “과거에 응시하는 자는 난삼襴衫과 복두幞頭를 쓰고, 과거에 응시하는 자가 아니면 조삼皁衫과 복두幞頭를 쓴다.”고 하였다. 또 “모자帽子에 조삼皁衫은 어떤지?” 물으니, 대답하기를, “역시 괜찮다. 그러나 역시 양삼凉衫이 합당하다.”고 하였다. 띠를 두른다. 〖경호안설〗 관례 때 조삼皁衫에는 역시 혁대革帶를 사용한다. ○또 살펴보니, 조삼皂衫에는 혜鞋를 사용한다.

處士，『史』註：士未仕處士也，猶女未嫁曰處女也．○『輯覽』：如宋朝賜號林逋，亦謂之處士．蓋以別於常人之無官者．則幞頭皁衫，『韻會』：皁又作皂．柞栗之屬．黃氏曰：“柞實卽橡也．其房可以染黑，故謂之皂斗，俗因謂黑爲皁．”○問：“士祭服．”朱子曰：“應擧者，用襴衫幞頭，不應擧者，用皁衫幞頭．”又問：“帽子皁衫如何?”曰：“亦可．然亦只當凉衫．”帶．〖按〗冠禮，皁衫亦用革帶．○又按，皂衫用鞋．

가례본주

관직이 없는 자는 모자와 『통전』: 상고시대에는 털옷을 입고 가죽모자를 쓴[毛帽皮] 것이 모자 이름의 시초이다. ○「여복지輿服志」: 모帽는 머리를 덮는다는 데서 뜻을 취하였는데, 그것은 본래 머리싸개[纚]였다. 옛적에는 관 아래에 머리싸개가 있었는데, 비단[縉]으로 만들었다. 후세에는 관冠에 책幘을 대고 인하여 머리싸개를 재단하여 모자를 만들어, 천자의 연거宴居에서부터 아래로 서인에 이르기까지 모두 착용하였다. 역대에 모두 양梁이 있었는데, 칠을 시작하면서 지금의 모양이 되었다. ○주자가 말하였다. “모자는 본래 단지 건巾으로, 앞쪽의 두

다리는 뒤에서 동여매고, 뒤쪽의 두 다리는 반대로 위에서 아래로 동여맨다." ○각저도角抵圖(씨름 그림)를 보니, 그려놓은 구경꾼들이 모두 관冠과 띠[帶]를 하고 있다. 그때는 아직 연모軟帽(뼈대 없는 모자)만 머리 위에 얹어놓고, 띠는 단지 한 가닥[條]의 작은 가죽에다가 몇 개의 구멍을 뚫어 이것을 사용하여 허리에 걸쳐 묶어 놓았다. 오늘날 모자는 이처럼 높고 딱딱하게 만들고, 띠를 이렇게 무겁고 크게 만들며, 또한 돈이 많이 들어, 조삼皂衫은 경비가 더욱 중대하다. 예전에 그것이 필시 폐해질 것으로 의심했는데, 지금 과연 쓰는 사람이 적다. ○박태후薄太后[410]는 모서冒絮[411]를 문제文帝에게 던졌으니, 모자는 이미 이때부터 있었다. ○통정모자桶頂帽子[412]는 곧 은사隱士의 관이다. ○이천伊川이 썼던 모자는 통桶이 8치이고, 차양[簷]이 7푼 4치[直]이다. ○유씨劉氏가 말하였다. "모자는 칠漆을 한 깁을 사용하여 만들며, 위에 허첨虛簷이 있다." ○『의절儀節』: 모자와 조삼皁衫은 그 체제를 상고할 수 없다. 요즘의 모자는 2가지 종류가 있다. 이른바 큰 모자[大帽]라는 것은 삿갓[笠子]이니 비와 해를 가리는 데에 쓰고, 이른바 작은 모자[小帽]라는 것은 주름 잡은 깁[皺紗]이나 혹은 얇은 비단[羅]이나 혹은 두꺼운 비단[緞]으로 만든다. 2가지 모자 외에는 따로 다른 모자는 없다. ○『고증』: 복두幞頭와 모자帽子는 처음에는 모두 건巾(수건)으로 상투를 덮는 것이었는데, 후세에 점점 그 제도를 바꾸어 그대로 세상에 아울러 통용되었다. 삼衫과 『고증』: 곧 조삼皁衫이다. ○ 〖우안〗 『집람輯覽』에는 「여복지輿服志」를 인용하여, 사인士人의 청란淸襴[413]에 소매 장식[褾襈]과, 서인庶人의 사고삼四袴衫에 해당시켰으나, 다만 이 윗글에 이미 조삼皁衫을 거론했고, 이어서 '관직이 없는 자는 삼衫과 띠를 통용한다.'고 했으니, 이는 조삼을 통용한다는 뜻이다. 주자는 항상 사모紗帽와 조삼을 함께 일컬어 '삼모衫帽'라고 했고, 또 관례冠禮에 '조삼을 통용한다.'고 했으니, 이는 또한 관직의 유무에 관계없이 통용한다는 뜻이다. 『고증』에 따라 '조삼皀衫'이라 하는 것이 마땅할 듯하다. 띠[帶]를 통용한다. 주자가 말하였다. "선배 사대부들은 집에 있을 때 평상복으로 사모紗帽·

410 박태후(薄太后): 한(漢)나라 문제(文帝)의 생모(生母)이다.

411 모서(冒絮): 머리를 덮는 두건의 일종. 『자치통감(資治通鑑)』의 주석에 '머리 위의 두건을 모서라 한다[頭上巾曰冒絮].'는 말이 있다.

412 통정모자(桶頂帽子): 통처럼 생긴 모자.

413 청란(淸襴): 원본의 '淸'은 잘못 들어간 글자인 듯하다. 『신당서(新唐書)』에는 마주(馬周)가 사인의 의복제도를 논할 때 '請加襴袖褾襈爲士人上服'이라 하였다.

조삼皂衫・혁대革帶를 착용했으며, 이것이 없으면 감히 나가지 못했다. 지금의 사대부들은 사모와 조삼을 하는 자가 전혀 없다."

無官者, 通用帽子『通典』: 上古衣毛帽皮, 則帽名之始也. ○「輿服志」: 帽義取覆首, 其本纚也. 古者冠下有纚, 以繒爲之. 後世施幘于冠, 因裁纚爲帽, 自乘輿宴居, 至庶人, 皆服之. 歷代皆有梁, 始漆爲今樣. ○朱子曰: "帽本只是巾, 前二脚縛於後, 後二脚反前縛於上." ○看角抵圖, 所畫觀戲者, 盡是冠帶. 那時猶只是軟帽搭在頭上, 帶只是一條小皮, 穿幾箇孔, 用那胯子縛住. 今來, 帽子做得恁地高硬, 帶做得恁地重大. 且是費錢, 皂衫更費重. 向疑其必廢, 今果人罕用也. ○薄太后以帽絮提文帝, 則帽已自此時有了. ○桶頂帽子, 乃隱士之冠. ○伊川所戴帽, 桶八寸, 簷七分四直. ○劉氏曰: "帽用漆紗爲之, 上有虛簷." ○『儀節』: 帽子皁衫, 其制不可考. 今世帽子, 有二等. 所謂大帽者, 乃是笠子, 用蔽雨日, 所謂小帽者, 以皺紗或羅或段爲之. 二帽之外, 別無他帽. ○『考證』: 幞頭帽子, 其初皆以巾覆髻. 而後世漸變, 其制遂並行於世. 衫『考證』: 卽皁衫也. ○〖愚按〗『輯覽』引「輿服志」, 以士人清襴袖褾襈, 庶人四袴衫當之, 而第此上文, 旣擧皁衫, 此繼云, '無官者通用衫帶', 則是通用皂衫之意也. 朱子常以紗帽皁衫, 並稱曰衫帽, 又冠禮曰, '通用皁衫.' 是亦有官無官, 通用之意也. 恐當從『考證』作皂衫. 帶. 朱子曰: "前輩士大夫, 家居常服, 紗帽皂衫革帶, 無此則不敢出. 今士大夫, 殊無有衫帽者."

가례본주

또 갖출 수 없으면 혹 심의深衣를 입거나 〖경호안설〗 제도는 아래를 보라. 혹은 양삼凉衫을 입는다. 『고증』: 곧 백량삼白凉衫이다. ○『사물기원』: 요즘 서울의 사인士人들이 조복朝服으로 말을 탈 때 참의黲衣[414]를 덮고서는 이를 양삼凉衫이라고 하는데, 역시 옛 법도가 남은 것이다. 『의례儀禮』에 "조복朝服에 볕가리개[景]를 더한다."고 했는데, 다만 옛 사람의 제도가 어떠했는지는 알지 못한다. ○주자가 말하였다. "선화宣和[415] 말기에 서울의 사인들이 길을 가는 사이에도 여전히 조삼皁衫과 사모紗帽를 착용하였는데, 강동으로 건너가 전쟁을 하는 도중에는 이에 백량삼白凉衫으로 바뀌었고, 뒤에 군대가 일어나자 또 변하여 자삼紫衫이 되었으니, 모두 융복戎服(전투복)이었다." ○우암이 말하였다. "주자의 설을 살펴보면 양삼凉衫도

414 참의(黲衣): 검푸른 빛을 옅게 물들인 옷.
415 선화(宣和): 송(宋)나라 휘종(徽宗)의 연호. 1119-1125년.

반령盤領[416]의 제도이나, 『사물기원』에서 '옛 법도가 남은 것'이라고 한 것은 그 뜻이 자세하지 않다."[417] 또 말하였다. "가만히 생각건대 양삼凉衫은 옛날의 경의景衣와 같다. 옛날 사람들은 출입할 때에 이미 정복正服을 입었다가, 뒤에 단포單布(홑감)로 옷을 만들어 정복 위에 더하여 먼지를 막았는데, 후세에는 이를 그대로 정복으로 하였을 뿐이다. 경의景衣는 『의례』에 보이는데 다만 후세의 반령盤領만 못하다."[418] 관직이 있는 사람도 모자 이하를 통용하는 복장으로 하나, 다만 성복盛服[419]으로 하지는 않는다. ○우암이 말하였다. "처사 이하의 성복盛服에는 화靴를 말하지 않았으니, 혜鞋를 신었다는 것을 알 수 있다."[420]

又不能具, 則或深衣, 〖按〗 制見下. 或凉衫. 『考證』: 卽白凉衫. ○『事物記原』: 近歲京師士人, 朝服乘馬, 以黲衣蒙之, 謂之凉衫, 亦古遺法也. 『儀禮』曰, "朝服加景." 但不知古人制度如何." ○朱子曰: "宣和末, 京師士人, 行道間, 猶著衫帽. 至渡江, 戎馬中, 乃變爲白凉衫. 後來軍興, 又變爲紫衫, 皆戎服也." ○尤菴曰: "以朱子說觀之, 凉衫亦是盤領之制, 而『記原』以爲古之遺法者, 未詳其意." 又曰: "竊意, 凉衫如古之景衣. 古人出入, 旣著正服, 後以單布爲衣, 加於正服之上, 以禦塵. 後世以此因以爲正服耳. 景衣見『儀禮』, 但不如後世之盤領矣. 有官者, 亦通服帽子以下, 但不爲盛服. ○尤菴曰: "處士以下, 盛服不言靴, 則其著鞋可知矣."

본주논증

◎≪행등行縢(행전)≫ ○ 〖경호안설〗 「내칙」에는 '신을 신고 들메끈으로 맨다[偪屨着綦].'고 하였고, 『시』에는 '사폭邪幅이 아래에 있다.'고 했으며, 『모전毛傳』에는 '폭幅은 핍偪이다.'고 했으니, 가장자리[偪]로부터 묶는 것이다. 정전鄭箋에 이르기를 '사폭邪幅은 지금의 행등行縢과 같이 가장자리에서 그 정강이를 묶어 발부터 무릎까지 이른다. 등縢은 묶는다[緘]는 뜻이니, 걸을 때 발을 묶기 때문에 행등行縢이라 부르고, 비스듬히 둘러서 묶으므로 이름을 사폭邪幅이라고 부른다.'고 하였다. 이것은 참으로 성복盛服에서 뺄 수 없는 것인데, 『가례』에는 없으니 의심스럽다.

416 반령(盤領): 목에 둘러 여미는 옷깃. 상령(上領).
417 『송자대전』 권51 「답김연지(答金延之) 정사유월십일일(丁巳六月十一日)」.
418 『송자대전』 위와 같은 곳.
419 성복(盛服): 예복으로 차려 입는다는 말로서, 성대하게 갖춘 의관을 말한다.
420 『송자대전』 권86 「답민사앙(答閔士昂)」.

◎≪行縢≫ ○ 〖按〗「內則」云, ‘偪屨着綦.’『詩』云, ‘邪幅在下.’『毛傳』曰, ‘幅, 偪也.’ 所以自偪束. 鄭箋云, ‘邪幅如今行縢, 偪束其脛, 自足至膝. 縢訓緘也, 行而緘足, 故名行縢, 邪纏束之, 故名邪幅云.’ 此實盛服之不可闕者, 而『家禮』無之, 可疑.

가례본주

부인은 가계假髻[421]를 올리고 『이의실록二儀實錄』[422]: 수인씨燧人氏의 시대에는 부인이 머리를 묶어 계髻(상투, 쪽)를 만들었는데, 다만 머리카락을 서로 얽기만 하였지 잡아매는 물건은 없었다. 계髻는 계繼(이어감)이다. 여자는 반드시 다른 사람에게 이어짐이 있음을 말한다. ○『주례周禮』: 왕후의 머리치장[首服]은 머리꾸미개[副]와 편編과 차次와 형衡과 계笄이다. 주註: 부副는 덮는다[覆]는 말이다. 머리를 덮어 장식하는 것으로, 지금의 보요步搖[423]와 같다. 착용하고서 왕의 제사에 따라 간다. 편編은 머리카락을 늘어놓고 엮어서 만드는데 지금의 가계假紒와 {〖경호안설〗 계髻와 같다.} 같다. 착용하고 제사지낸다. 차次는 머리카락을 길고 짧은 차례로 하여 만든 것이니, 이른바 다리[髲髢]이다. 착용하고서 군주를 뵙는다. 형衡은 머리꾸미개[副]의 양 옆 귀 있는 곳에 드리우고 그 아래 끈[紞]에 귀막이옥[瑱]을 매단다. 계笄는 머리를 말아 넣는 것이다. ○공씨孔氏가 말하였다. "부副는 덮는다[覆]는 말로, 머리를 덮어 장식하는 것이다. 편編은 다른 머리를 늘어놓고 임시로 쪽[紒] 모양을 만들어 머리 위에 올리는 것이다." ○「소뢰궤식례少牢饋食禮」: 주부는 피체被錫한다. 주註: '피체被錫'는 피체髲鬄라고 읽는다. 옛날에 혹 천한 사람이나 죄수들의 머리를 깎아서 부인의 쪽[紒]에 덮어 장식했다. 그래서 이름을 피체髲鬄라 했는데, 『주례』에 이른바 차次이다. ○주자가 말하였다. "환계環髻는 곧 가계假髻이다. 모양으로 말하면 환계環髻이고, 제도로 말하면 가계假髻이다." ○『고증』: 살펴보건대, 공씨孔氏의 설에는 부副도 역시 가계假髻이니, 만드는 제도를 대략 상상해 볼 수 있다. ○사계가 말하였다. "가계假髻는 머리카락을 짜서 만든다. 머리장식이 없는 것을 지계指髻라고 한다." ○남계가 말하였다.

421 가계(假髻): 부인(婦人)의 머리숱을 더하기 위하여 사용하는 머리털로, 일종의 가발이다. 다리, 가결(假結), 가두(假頭)라고도 한다.

422 『이의실록(二儀實錄)』: 당나라 왕예(王叡, 호 적곡자炙轂子)의 저술로, 사물의 시원(始原)에 관해 기록한 것이다. 독립된 저술이지만 『자곡자잡록주해(炙轂子雜錄注解)』(5권) 속에 그의 다른 저술인 「고금주(古今注)」와 악부의 기원에 관해 해설한 「악부제해(樂府題解)」와 함께 전한다. 또 역시 사물의 시원에 대해 기록한 유효손(劉孝孫)의 『이의실록(二儀實錄)』 1권도 있다.

423 보요(步搖): 구슬을 드리워 만든 머리 장식. 걸으면 흔들린다고 하여 붙인 이름이다.

"중국의 풍속에 부인이 쪽을 짓는 것은 남자와 같다."[424] ○병계屛溪가 말하였다. "상투[髻]는 중국의 제도이다. 지금의 부인들이 머리를 땋는 것은 오랑캐 풍속이다. 우리나라의 문물은 중국과 다름이 없으나, 다만 이 머리를 땋는 제도만은 고치지 않으니 탄식할 만하다." {상세한 내용은 「상례喪禮」 '목욕沐浴'조를 보라.} ○ 〖우안〗 가계假髻의 제도는 예禮의 주註 및 공씨孔氏나 주자의 여러 설을 참조해 보면, 이것은 아마 별도의 머리카락을 짜서 늘어놓고 빙 돌려 감아 상투[髻]를 만드는데, 밖은 둥글고 안은 고리처럼 비게 하여 본래의 상투[髻] 위에 씌우는 것이다. 「소뢰궤식례」의 주註에 이른바 '머리를 깎아서 부인의 상투[紒]에 씌워 장식한다.'고 한 것도 이 뜻이다. 대개 「내칙內則」의 글을 고찰해 보면, 옛날에는 머리를 빗어 머리싸개[纚]로 감싸고 {사纚는 사縰와 같다.} 비녀를 꽂아 묶는 것은 남녀가 모두 같았다. 그런즉 6자의 비단[繒]으로 머리를 감싸서 상투를 짓는 것을 머리싸개[纚]라 하고, 또 비녀를 꽂아 묶고 난 뒤에 남자는 그 위에 관冠을 얹고, 부인은 관冠을 하지 않고 머리꾸미개[副]와 편編과 차次를 얹어서 장식했다. 후세에는 머리싸개[纚]로 머리를 감싸는 제도는 없고 단지 머리만을 묶어 상투를 지은 뒤에 지금의 망건網巾의 제도와 같이 약두掠頭를 사용하였다. {「계례笄禮」를 보라.} 그러나 본 상투[髻] 위에 가계假髻를 얹어서 장식하는 것은 옛날과 다르지 않다. 옛말에 이르기를 '성 안의 사람들이 높은 계髻를 좋아하여, 사방으로 한 자가 높아졌다.'고 했으니, 이는 그것이 너무 높다고 기롱한 것이다. 그런즉 한 자가 되지 않는 것이 적절한 제도이다. '기제忌祭'조에 이른바 '특계特髻[425]를 하되 장식은 제거한다.'는 것은, 곧 본래의 머리만을 묶어서 상투를 짓고, 가계假髻를 얹어서 장식하지 아니함이다. 대개 상투[髻] 모양의 돌려서 감는 것이 고동의 쪽[螺鬟]과 같은데, {『운서韻書』: 쪽머리[鬟]는 계髻이다. 대개 고동[螺]이 쪽[鬟]이라는 이름을 얻은 것은 상투[髻]와 비슷하기 때문이다.} 그런데 『집람』의 가계도假髻圖는 전혀 계髻의 모양과 비슷하지 않으니 의심스럽다. 혹시 머리카락을 돌려 감을 때 반드시 어떤 물건에 기대어 붙인 뒤에야 상투[髻]의 모양을 이룰 수 있으니, 대나무나 나무로 뼈대를 만든 것이 있어야 할 듯하다. 그러니 『집람』에는 단지 뼈대만을 그린 것일까? 또 살펴보니, 영조英祖 때에 일찍이 변발辮髮

424 『남계집』 권41 「답심명중문(答沈明仲問) 소학(小學)」.
425 특계(特髻): 부인의 머리숱을 묶는 방식의 하나로, 가계(假髻)와 같다.

의 풍속을 금지하였으나, 가계假髻의 법식을 반포하지 않았기 때문에, 일이 마침내 중지되어 끝내 중국의 옛 제도가 우리나라에서 시행되지 못했으니, 한탄할 만하다.

婦人則假髻. 『二儀實錄』: 燧人氏, 婦人束髮爲髻, 但以髮上纏而無物繫縛. 髻繼也. 言女子必有繼于人也. ○『周禮』: 王后首服, 爲副·編·次·衡·笄. 註: 副之言覆. 覆首爲飾, 若今步搖. 服之從王祭. 編, 編列髮爲之, 若今假紒. {〚按〛 與髻同.} 服之以祭. 次, 次第髮長短爲之, 所謂髲髢也. 服之以見王. 衡, 垂于副之兩旁當耳, 其下以紞懸瑱. 笄, 卷髮者. ○孔氏曰: "副之言覆, 所以覆首爲飾. 編, 列他髮, 假作紒形, 加於首上." ○「少牢饋食禮」: 主婦被錫. 註: 被錫讀爲髲鬄. 古者或剔賤者刑者之髮, 以被婦人之紒爲飾. 因名髲鬄, 『周禮』所謂次也. ○朱子曰: "環髻卽假髻也. 以形言, 則曰環髻, 以制言則曰假髻." ○『考證』: 按, 孔氏說, 則副亦假髻, 而爲制略可想矣. ○沙溪曰: "假髻者編髮爲之. 無首飾曰指髻." ○南溪曰: "中國之俗, 婦人爲髻, 與男子同." ○屛溪曰: "髻者華制也. 卽今婦人之辮髮, 胡俗也. 我國文物, 無異中華, 而獨此辮髮之制, 不改, 可歎." {詳見「喪禮」'沐浴'條.} ○ 〚愚按〛 假髻之制, 以禮註及孔氏朱子諸說參之, 恐是以他髮編列, 而回纏作髻, 外圓內虛如環, 以冒於本髻之上矣. 「少牢」註所謂'剔髮被紒爲飾.' 亦此意也. 盖以「內則」文考之, 古者櫛纚, {縰同.} 笄總, 男女皆同. 然則以六尺之繒, 韜髮作髻, 是謂之纚, 而又施笄總, 然後男子則加冠於其上, 婦人則不冠, 而以副編次加之爲飾. 後世則無以纚韜髮之制, 只以髮束之爲髻, 後施掠頭, 如今網巾之制矣. {見笄禮.} 然其加假髻於本髻之上, 以爲飾, 則與古不異矣. 古語云, '城中好高髻, 四方高一尺.' 此則譏其太高耳. 然則不滿尺者, 乃爲中制也. '忌祭'條所謂'特髻去飾'者, 卽只束本髮爲髻, 而不加假髻爲飾耳, 盖髻形之回纏如螺鬟. {『韻書』: 鬟髻也. 盖螺之得名爲鬟, 以類髻故也.} 而『輯覽』假髻圖, 則全不類髻形, 可疑. 抑或以髮回纏之際, 必須靠著於物, 而後可成髻樣, 則似當有以竹若木爲骨子矣. 然則『輯覽』只以骨子畵之耶? 又按, 英廟朝, 嘗禁辮髮之俗, 而未頒假髻之式, 事遂寢, 而竟使中華古制, 不行於東方, 可恨.

가례본주

대의大衣에 『사물기원』: 상商나라와 주周나라 시대에 내외 명부命婦의 복장은 제적諸翟이었고, 당唐나라의 명부命婦의 복장은 군유裙襦와 대수大袖를 예복으로 하였다. ○『고증』: 대의大衣는 대수大袖라는 것이 분명하다. ○"대의大衣는 명부命婦가 아니라도 입을 수 있는가?"라고 묻자, 주자가 "그렇다."고 하였다. ○남계가 말하기를 "대수大袖는 우리나라의 장삼長衫이다."고

하였다.[426] 장군長裙을 입는다. 『사물기원』: 수隋나라 양제煬帝가 장군長裙(긴치마)을 12파破(조각)로 지어 이름을 선군仙裙이라 하였는데, 지금의 대의大衣 가운데 남아 있다. ○호정胡珵의 『창오잡지蒼梧雜志』: 부인은 대의大衣뿐이고, 다만 횡피橫帔 직피直帔의 다름이 있을 뿐이다. 진陳나라와 위魏나라의 사이에 치마를 일러 피帔라고 하였다. ○우암이 말하였다. "대의大衣와 장군長裙은 각자 한 가지이고, 서로 이어진 것이 아니다."[427] ○남계가 말하였다. "대수大袖[428]와 장군長裙[429]의 제도에서, 대帶는 상고한 바 없다."[430]

大衣『事物記原』: 商周之代, 內外命婦服諸翟, 唐命婦服裙襦大袖爲禮衣. ○『考證』: 大衣之爲大袖, 明矣. ○問: "大衣非命婦, 亦可服否?" 朱子曰: "可." ○南溪曰: "大袖, 本國長衫." 長裙. 『記原』: 隋煬帝作長裙十二破, 名仙裙, 今大衣中有之. ○胡珵『蒼梧雜志』: 婦人只是大衣, 但有橫帔直帔之異耳. 陳魏之間, 謂裙爲帔. ○尤菴曰: "大衣長裙, 各自一件, 不相連續也." ○南溪曰: "大袖長裙之制, 帶則未有所考."

가례본주

여자로서 시집가지 않은 자는 『집람』: 처녀이다. 관자冠子를 올리고 『사물기원』: 황제黃帝 때부터 관면冠冕의 제도를 만들었지만, 부인의 머리장식에 대하여는 글이 없고, 주나라에 이르러서야 비로소 있었으나 부계副笄만 하고 말 따름이었다. 한漢나라 후궁 가운데 은총을 입은 자라야 비로소 부용관자芙蓉冠子를 하사 받았는데, 어떤 것은 파랑색[碧]이고 어떤 것은 붉은색[緋]이었으니, 한나라 때부터 시작되었던 것이다. ○『고증』: 옛날에 부인은 관冠을 하지 않고 비녀로써 쪽[髻]을 고정시켰을 따름이다. 살펴보건대, 『주례』의 '머리꾸미개[副]에는 형계衡笄가 있다.'는 주註에 '형衡은 관冠을 유지하는 것이다.'고 했다. 정악鄭鍔이 말하기를 "이른바 관冠이라는 것은 부副를 가리켜 말한 것이다."고 하였다. 그러나 그것이 머리에 덮는 것이기 때문에 관冠이라고 했지, 남자들이 쓰는 관冠과 같은 것은 아니다. 후한後漢의 「여복지輿服志」에 '부인夫人의 감색 비단쓰개[紺繒幗]'라는 것이 있고, 『석명釋名』에 '후부인后夫人의 머리꾸미개[首

426 『남계집』 권28 「답윤자인(答尹子仁)」.

427 『송자대전』 권128 「답회석(答晦錫)」.

428 대수(大袖): 『오례의(五禮儀)』에서는 우리나라의 장삼(長衫)이라 하였다. 부인의 옷인 단삼과 같으나, 넓고 커서 길이가 무릎까지 온다. 소매의 길이는 2자 2치이다.

429 장군(長裙): 『오례의』에서는 치마[裳]라 하였다. 길이가 땅에 끌릴 정도이며, 베 6폭으로 만든다.

430 『남계집』 권45 「답이유룡문(答李猶龍問) 상례(喪禮)○임자십일월팔일(壬子十一月八日)」.

飾]는 위에 구슬이 드리워 있는데 걸어가면 흔들린다.'고 했으며, 『통감通鑑』에 '건귁巾幗은 부인婦人이 쓰는 것이다.'고 한 주석에 '귁幗은 부인의 상관喪冠이며 건巾으로 머리를 덮는 것인데 머리띠[帕]와 같은 종류이다.'고 했으니, 또한 후세의 화관花冠이나 주관珠冠과 같은 종류로, 시대를 따라 더욱 공교해졌다. 또 살펴보건대, 「사관례士冠禮」의 주註에 '오늘날 관冠과 계笄를 하지 않은 자는 권책卷幘을 쓴다.'고 하였고, 소疏에 '한漢나라 때 남녀로서 관冠과 계笄를 하지 않은 자는 머리에 권책을 쓴다.'고 했는데, 포백布帛으로 머리 가장자리를 둘러싸는 것을 권책이라 한다. 여기서 '관자冠子'라고 한 것은, 당시에 반드시 머리를 덮어 장식하는 것이 있어서 이름을 관冠이라 했던 것으로, 한나라 사람들의 권책과 같은 것이었다고 생각되나, 그 제도는 고증할 수 없다. ○ 〖우안〗 거가잡의居家雜儀 및 혼례, 계례, 상례 등의 예에서 성인成人이 된 부인은 모두 관자冠子를 통용한다고 했으니, 관冠과 계笄를 하지 않은 자의 권책으로 증명할 필요는 없을 듯하다.

女在室者, 『輯覽』: 處女也. 冠子, 『記原』: 自黃帝, 制爲冠冕, 而婦人之首飾無文, 至周始有, 不過副笄而已. 漢宮掖承恩者, 始賜芙蓉冠子, 或碧或緋, 則自漢始矣. ○『考證』: 古者婦人不冠, 以笄固髻而已. 按, 『周禮』'副有衡笄'註, '衡維持冠者.' 鄭鍔曰, "所謂冠者, 指副而言也." 然以其覆首而言曰冠, 非若男子之冠. 後漢「輿服志」, '夫人紺繒幗', 『釋名』云, '后夫人之首飾, 上有垂珠, 步則搖.' 『通鑑』'巾幗婦人之服'註, '幗婦人之喪冠, 以巾覆髮, 如帕之類.' 又如後世花冠珠冠之類, 隨世益巧. 又按, 「士冠禮」註, '今未冠笄者, 著卷幘.' 疏曰, '漢時男女未冠笄者, 首著卷幘.' 以布帛圍繞髮際爲之. 此曰'冠子'云者, 意當時必有覆首以飾, 而名之以冠, 如漢人卷幘者, 其制不可考. ○ 〖愚按〗 居家雜儀及昏笄喪等禮, 成人婦人, 皆通用冠子, 恐不必以未冠笄者卷幘, 爲證.

가례본주

배자背子를 입으며, 『사물기원』: 진秦나라 이세二世의 조칙에, '삼자衫子 위에 조복朝服을 입고 배자背子를 더한다.'고 하였는데, 그 제도는 소매가 적삼보다 짧고, 몸체는 적삼과 가지런하며 큰 소매[大袖]이다. ○『이의실록二儀實錄』: 수隋나라 대업大業[431] 연간에 내관內官들은 반비半臂

431 대업(大業): 수(隋)나라 양제(煬帝)의 연호. 605-617년.

를 많이 입었는데, 지금의 배자背子이다. 강호江湖 사이에는 혹 '작자綽子'라고도 하여, 사인士人들이 다투어 입었다. 요즘 세속에서는 이름을 '답호褡褸'라고 한다. ○『창오잡지蒼梧雜志』: 배자는 본디 비첩婢妾의 옷인데, 다닐 적에 주모主母의 등 뒤에서 있으므로 이름을 배자라고 불렀다. 그 뒤에 습속이 서로 이어져 마침내 남녀 귀천을 분별하는 옷이 되었다. ○"배자는 곧 비저婢姐의 옷인데, 등 뒤에 있으므로 배자라고 불렀다."는 것에 대하여 묻자, 주자가 대답하였다. "이야기되기로는 국초國初에 지존至尊은 평상시 궁중에서 단지 모자로 감싸고 배자만 입었다고 했는데, 이것이 어떤 것인지는 모르겠다." ○전배前輩의 자제들이 평소 집에 있을 때 모두 모자로 감싸고 배자를 입었으며, 그렇지 않으면 예가 아니라고 생각했다. ○남계가 말하였다. "배자는 우리나라의 몽두의蒙頭衣(몽두리)이다."[432]

背子. 『記原』: 秦二世詔, '衫子上朝服, 加背子.' 其制袖短于衫, 身與衫齊, 而大袖. ○『二儀實錄』: 隋大業中, 內官多服半臂, 今背子也. 江湖之間, 或曰'綽子', 士人競服. 今俗名褡褸. ○『蒼梧雜志』: 背子本婢妾之服, 以其行直主母之背, 故名背子. 後來習俗相承, 遂爲男女辨貴賤之服. ○問: "背子乃婢姐之服, 以其在背後, 故謂之背子." 朱子曰: "見說, 國初時, 至尊常時禁中, 只裹帽着背子, 不知是如何." ○前輩子弟, 平時家居, 皆裹帽着背子, 否則以爲非禮. ○南溪曰: "背子, 本國蒙頭衣."

가례본주

첩들은 가계假髻를 올리고 배자를 입는다. ○『의절儀節』: 관冠과 복장으로는 관직이 있는 사람은 오사모烏紗帽·반령포盤領袍·혁대革帶·조화皂靴를 착용하고, 생원生員은 유건儒巾·난삼襴衫·사조絲條(실끈)·조화皂靴를 착용하며, 관직이 없는 사람은 평정건平定巾[433]·직령의直領衣[434]·사조絲條·화靴나 혹은 리履, 혹은 심의深衣와 복건幅巾[435]을 착용한다. 명부命婦는 주관珠冠·배자背子·하피霞帔, 혹은 가계假髻·반령포盤領袍·향다대香茶帶를 하고, 명부命婦가 아니면 가계假髻를 하고, 시속제도의 윗옷과 치마 중 새로 만든 깨끗한 것을 입는다. ○『오례의』: 관과 복장으로는 관직이 있는 사람은 사모紗帽를 쓰고 품대品帶를 두른다. 관직이 없는

432 『남계집』 권28 「답윤자인(答尹子仁)」.
433 평정건(平定巾): 평정건(平頂巾)을 말한다. 정수리부분이 평평한 관이다.
434 직령의(直領衣): 옷깃을 일직선으로 곧게 만든 겉옷.
435 복건(幅巾): 한 폭의 베를 사용하여 머리를 감싸는 모자의 일종. 은사(隱士)들이 주로 사용하였다.

사람은 입자笠子(갓)를 쓰고 끈띠[絛兒]를 두른다. ○『봉선잡의奉先雜儀』: 관직이 있는 사람은 공복公服에 띠[帶]와 홀笏을 하고, 공복公服이 없으면 흑단령黑團領[436]에 사모紗帽와 품대品帶를 한다. 벼슬이 없는 사람은 흑단령에 흑대黑帶를 하며, 부인은 대의大衣에 장군長裙을 입는다. ○구봉龜峯이 말하였다. "우리나라의 법은 관직이 있는 사람은 요직이든 한직이든 사모紗帽를 통용한다."[437] ○ 〚우안〛 주자가 이르기를 "옛날의 면복冕服은 모두 직령直領[438]을 사용하여 드리웠고, 모두 일찍이 상령上領을 하지 않았다. 지금의 상령공복上領公服은 곧 이적夷狄의 융복戎服이다." 고 하였고, 또 "선왕先王의 관복은 모두 쓸어버린 듯 없어져 버렸다."고 탄식한 일이 있었다. 그러나 『가례』를 수정하면서 공복公服이나 난삼襴衫 등 상령上領의 제도를 성복盛服으로 한 것은, 특별히 시왕時王의 제도를 따라서 감히 어기지 않은 것일 뿐이다. 우리나라에 이르러서도 상령공복上領公服 등의 옷을 조회나 제사의 성복盛服으로 계승하여 사용하니, 관직이 있는 자가 어찌 감히 어기겠는가? 벼슬이 없는 사람의 경우는, 『의절儀節』에서 이른바 직령의直領衣를 입는다고 한 것이 비록 그 제도가 어떤 것인지는 알지 못하나, 세속에서 이른바 도포道袍라고 하는 것은 실로 직령直領의 제도이니, 지금 세상의 선비들이 통용하는 성복盛服으로 하고 제사 지낼 때의 복장으로 하는 것이 마땅할 듯하다. 『봉선잡의奉先雜儀』에 반드시 흑단령黑團領을 사용하는 것에는 감히 알지 못할 것이 있다.

衆妾假髻背子. ○『儀節』: 冠服, 有官者, 服烏紗帽·盤領袍·革帶·皂靴, 生員, 服儒巾·襴衫·絲絛·皂靴, 無官者, 平定巾·直領衣·絲絛·靴或履, 或深衣幅巾. 命婦, 珠冠·背子·霞帔, 或假髻·盤領袍·香茶帶, 非命婦, 假髻, 服時制衣裙之新潔者. ○『五禮儀』: 冠服, 有職者, 紗帽品帶. 無職者, 笠子絛兒. ○『奉先雜儀』: 有官者, 公服帶笏, 無公服則黑團領紗帽品帶. 無官者, 黑團領黑帶, 婦人則大衣長裙. ○龜峯曰: "我國法, 有官者, 時散通用紗帽." ○ 〚愚按〛 朱子云, "古之冕服, 皆用直領垂之, 皆未嘗上領也. 今之上領公服, 乃夷狄之戎服也." 又有先王冠服, 掃地盡之歎. 然其修『家禮』, 乃以公服襴衫等上領之制, 爲盛服者, 特從時王之制, 而不敢違耳. 至於我國, 亦承用上領公服等衣, 爲朝祭之盛服, 則有官

436 흑단령(黑團領): 둥글게 옷깃을 단 검은 옷.
437 『구봉집』 권6 「답계함문(答季涵問)」.
438 직령(直領): 곧은 옷깃. 또한 옷깃을 일직선으로 만든 옷을 가리키기도 한다.

者, 何敢違也? 至於無官者, 則『儀節』所謂直領衣者, 雖未知其制如何, 而世俗所謂道袍者, 實直領之制, 而爲今世士子通用之盛服, 則以爲祭時之服, 恐當. 『奉先儀』之必用黑團領者, 有不敢知者耳.

가례부주

양복楊復이 말하였다. "선생께서 말씀하시기를 '원단元旦에는 두대경杜臺卿의 『옥촉보전玉燭寶典』[439]: 정월正月은 단월端月이니, 걸음을 시작함이다. 그 첫날은 원일元日이다. ○원일元日은 정월 초하루라고 쓰는데, 해[歲]의 으뜸이고 달[月]의 으뜸이며 일日의 으뜸이기 때문에 삼원절三元節이라고 한다. 묘사廟祠로써 정월 초하루[履端]에 지내는 제사는 상하가 경하慶賀하는 예 가운데 이것이 가장 중대하다. 벼슬자리에 있는 사람이라면 조알朝謁[440]의 예가 있으므로 『고증』: 정월 초하룻날 아침에 하례하는 것[元日朝賀]은 한漢나라 고조高祖에서 시작되었다. 제사에만 정성을 오로지 할 수가 없을 듯하여, 우리 향리에서는 이를 중지하고 제석除夕(섣달그믐) 『속강목續綱目』 주: 12월 30일은 한 해가 없어지기 때문에 '제석除夕'이라 한다. ○종름宗懍의 『형초세시기荊楚歲時記』[441]: 해[年]가 밤에 끝나므로 술과 떡을 갖추어 새해를 기다린다. ○"선생께서는 제야除夜에 제사가 있습니까?"라고 묻자, 주자가 "없다."고 대답했다. 전 3-4일에 행사하니, 이것도 역시 다시 짐작하기에 달려있다.'고 하였다." 『대전大全』「답진명중서答陳明仲書」【止】 ○『의절儀節』: 살펴보건대, 제석除夕에는 본디 제석에 지내는 예가 있으니, 정월 초하루[履端] 제사를 세전歲前에 행하는 것은 미안한 듯하다. 지금 조정에서는 정월 초하루 아침에 대조하례大朝賀禮를 행하고, 맹춘孟春의 시향時享도 별도의 날에 행한다. 이제 관직이 있는 자는 다음날에 행사하는 것으로 하려 한다. ○남계가 말하였다. "정월 초하루 이틀이나 사흘 뒤에 행하는 것이 합당하다. 주자도 향리의 옛 풍속대로 하면서도, 말은 오히려 '다시 짐작하기에 달려있다.'고 했으니, 확정된 논의가 아니다."[442] 【이상. 관직이 있

439 『옥촉보전(玉燭寶典)』: 수(隋)나라 저작랑(著作郎) 두대경(杜臺卿)의 저술. 월령(月令)의 내용을 확대한 것으로 총 12권이다.

440 조알(朝謁): 조정(朝廷)에서 임금을 만나 뵘.

441 『형초세시기(荊楚歲時記)』: 양(梁)나라 종름(宗懍)이 남북조시대 형초(荊楚) 지방 농가의 연중 행사를 기록한 것이다. 모두 1권. 정월 1일부터 12월 말까지 민간의 연중행사를 월별로 기록하고 설명하였다.

442 『남계집』 권38 「답성자장문(答成子章問) 가례(家禮)○기유정월십일(己酉正月十日)」.

는 자는 정월 초하루의 뒷날 제사를 행함】

楊氏復曰: "先生云, '元旦, 杜臺卿『玉燭寶典』: 正月爲端月, 履於始也. 其一日爲元日. ○元日書正月一日, 歲之元, 月之元, 日之元, 故謂之三元節. 廟祠履端之祭, 上下慶賀之禮, 此最爲重. 則在官者, 有朝謁之禮, 『考證』: 元日朝賀, 起於漢高. 恐不得專精於祭事, 其鄕里却止, 於除夕『續綱目』註: 十二月三十日歲除, 故云'除夕'. ○宗懍『荊楚歲時記』: 年隨夜盡, 故具酒餠, 以廷新年. ○問: "先生除夜有祭否?", 朱子曰: "無." 前三四日, 行事, 此亦更在斟酌也.'" 『大全』「答陳明仲書」【止】○『儀節』: 按, 除夕自有除夕之禮, 履端之祭, 隔年行之, 恐未安. 今朝廷於元朝, 行大朝賀禮, 而孟春時享, 亦於別日行之. 今擬有官者, 以次日行事. ○南溪曰: "行於新元後二三日, 爲得, 朱子亦仍鄕里舊俗, 而言猶曰'更在斟酌', 則非定論也."【右居官者元朝後日行祭】

가례부주

○유장劉璋[443]이 말하였다. "사마온공司馬溫公이 「영당잡의影堂雜儀」[444]에 다음과 같이 주註를 달았다. 우암이 말하였다. "「영당잡의」는 사마온공이 지은 것이다."[445] 무릇 매달 초하루가 되면 집사자가 영당影堂에 향을 갖추고[裝香] 『고증』: 장裝은 공급을 대비한다[供備]는 뜻과 같다. 일찍이 『전등록傳燈錄』을 보니, 부처를 공양할 때 '장향裝香'이란 말을 많이 쓰니, 대개 당시의 속어이다. 차와 술과 평상시 음식 몇 가지를 마련하고, 주인 이하는 모두 성복盛服을 하고, 남녀가 보통 의식 때처럼 좌우에 차례대로 선다. 주인과 주부는 친히 조고祖考 이하의 사판祠版[446]을 내어다가 『통전通典』: 진晉나라의 채모蔡謨[447]가 말하였다. "지금 시대에는 사판祠版이 있으니 곧 예에서 받드는 묘주廟主이다. 묘주에도 역시 제題가 있다. 지금 판版에 이름과 칭호를 쓰는 것은 또한 제주題主의 뜻이다. 안창공安昌公 순욱荀勗[448]의

443 유장(劉璋): 미상. 저술로 『가례보주(家禮補註)』가 있다.

444 「영당잡의(影堂雜儀)」: 사마온공이 지은 『서의(書儀)』의 장명(章名).

445 『송자대전』 권86 「답민사앙(答閔士昂)」.

446 사판(祠版): 신주(神主) 대용으로 신위(神位)를 표시한 나무판자를 말한다. 위패(位牌).

447 채모(蔡謨; 281-356): 동진(東晋) 진류(陳留) 고성(考城) 사람이다. 자는 도명(道明)이다. 『한서집해(漢書集解)』를 찬술하였다.

448 안창공(安昌公) 순욱(荀勗): 서진(西晉) 때의 학자로, 자는 공회(公會), 시호는 성(成)이다. 문헌 정리에 심혈을 기울였으며, 저서에 『중경신부(中經神簿)』가 있다.

사당에는 신판神版(위패位牌)을 만들었는데, 모두 정면과 측면의 길이가 1자 2치, 너비가 4치 5푼, 두께가 5치인데, {〚경호안설〛 5치[五寸]라 한 것은 잘못이다.} 팔분체八分體[449]의 큰 글씨로 '모인신좌某人神座'라 쓴다. 쓰고 나면 밀랍기름으로 지져 나무결에 들어가게 하고 닦는다." ○주자가 말하였다. "살펴보건대, 다른 곳에 인용되기로는 간혹 두께가 5치 8푼[八分]으로 되어 있다. 이 '팔분八分'이라는 글자는 아래의 대서大書와 연결되어서 문장이 된다. 그러므로 서윤徐潤이 이르기를 '반드시 팔분서八分書가 아니라도 해서楷書도 된다.'고 했다. 5치라고 한 것은 명백히 후인後人의 잘못이다. 만약 너비가 4치 5푼, 두께가 5치 8푼이라고 한다면 측면이 정면보다 넓게 되니 결코 이런 이치는 없다." ○ 〚경호안설〛 『어류語類』에 "패자牌子의 법식"에 대하여 물으니, 대답하기를 "진晋나라 사람들이 만든 것은 또한 너무 커서 다만 정자程子의 신주 법식에 의거하는 것만 못하다."고 하였다. 그러니 사판祠版도 패자牌子라고 통칭하는 것이다.

○劉氏璋曰: "司馬溫公註「影堂雜儀」, 尤菴曰: "「影堂雜儀」, 溫公所作." 凡月朔則執事者於影堂裝香, 『考證』: 裝猶供備之意. 嘗見『傳燈錄』, 供佛多用'裝香'之語, 盖當時俗語. 具茶酒常食數品, 主人以下, 皆盛服, 男女左右敍立如常儀. 主人主婦, 親出祖考以下祠版, 『通典』: 晋蔡謨曰: "今代有祠版, 乃禮之廟主也. 主亦有題. 今版書名號, 亦是題主之意. 安昌公荀氏曷祠, 制神版, 皆正側長一尺二寸, 博四寸五分, 厚五寸, {〚按〛 云五寸誤.} 八分大書某人神座. 書訖, 蠟油炙, 令入理, 刮拭之. ○朱子曰: "按, 他所引, 或作厚五寸八分. 此八分字, 連下大書爲文. 故徐潤云, '不必八分楷書, 亦可.' 其作五寸者, 明是後人誤也. 若博四寸五分, 厚五寸八分, 則側面闊於正面矣, 決無此理. ○ 〚按〛『語類』, 問: "牌子式." 曰: "晋人制亦太大, 不如只依程子主式云." 然則祠版亦通謂之牌子.

가례부주

정위正位에 놓고, 분향을 하고, 주인 이하 모두 재배한다. 집사자가 조고祖考 앞에서 차와 술을 따라 주인에게 주면, 주인은 홀을 꽂고 꿇어

449 팔분체(八分體): 서체(書體)의 한 종류인데, 예서(隸書)의 이분(二分)과 전서(篆書)의 팔분을 취하여 개발한 서체로, 중국 한나라 때 왕차중(王次中)이 개발하였다고 한다. 이때 분이란 글씨를 나눈 부분이다.

앉아 차와 술을 붓고[酹] 『고증』: 살피건대, 주자가 말하기를, "뇌주酹酒[450]에는 2가지 설이 있다. 하나는 울창주를 땅에 부어 신이 강림하게 하는 것이고, 다른 하나는 제주祭酒이다. 옛날에는 음식에 반드시 제祭(덜어냄)하였는데, 사람들이 귀신은 스스로 제祭할 수 없기 때문에 대신하여 제祭한 것이다."라고 했다. 그러니 여기서의 '뇌酹'자는 '전奠'자가 되어야 옳다. 대개 세속에서는 뇌酹를 전奠이라고 했는데, 온공溫公도 벗어나지 못하였다.

置於位, 焚香, 主人以下俱再拜. 執事者斟祖考前茶酒, 以授主人, 主人搢笏, 跪酹茶酒, 『考證』: 按, 朱子曰, "酹酒有兩說. 一用鬱鬯灌地, 以降神, 一是祭酒. 古者飮食必祭, 人以鬼神自不能祭, 故代之祭也." 然則此'酹'字作'奠'字, 爲是. 蓋世俗以酹爲奠, 而溫公亦不免.

가례부주

홀을 잡고 엎드렸다가 일어나 남녀를 거느리고 모두 재배한다. 다음으로 조비祖妣 이하에게도 두루 하고, 사판祠版을 들이고 나와서 철상한다. 보름에는 음식도 차리지 않고, 사판도 꺼내지 않지만, 나머지는 초하루 의식과 같이 한다. 영당影堂의 문은 일이 없으면 항상 닫아둔다. 아침마다 자손들은 영당 앞에 나아가 소리를 내며 읍하고[唱喏] 하서河西[451]가 말하였다. "야喏는 음이 야惹이고, 창야唱喏는 읍하는 것이다." ○중국 사신 허국許國이 말하였다. "야喏라는 글자는 『한서漢書』에서 나왔는데, 두 손을 아래로 드리우고 읍하는 모양이다." ○주자가 말하였다. "공손함은 단지 머리를 숙여 창야唱喏할 때 곧장 볼 수 있다."[452] ○『회성會成』: 창야唱喏는 생각건대, 옛날 사람들이 서로 읍할 때 반드시 이 소리를 내었으니, 말이 없는 것이 아니다. 창야는 기를 끌어올리는 소리이다. 이와 같이 하지 않는 것은 예禮를 알지 못하기 때문이다. 송宋나라 사람이 오랑캐 조정의 사실事實을 기록하면서 "오랑캐들은 읍할 때 소리를 내지 않아 아읍啞揖이라 불렀다고 하였다. 송나라 사람들은 이를 괴이하게 여겼으니, 송나라 이전에 중국의 읍에는 소리를 내었음을 알겠다. 지금은 원元

450 뇌주(酹酒): 술을 부어 강신함을 말한다.

451 하서(河西): 김인후(金麟厚; 1510-1560)의 호.

452 공손함은……있다: 『주자어류(朱子語類)』에는 이 구절이 다소 다르게 표기되어 있다. "단지 머리를 숙여 창야할 때 곧장 예에 가까운지 예에 가깝지 않은지 본다[只是低頭唱喏時, 便看近禮與不近禮]."

나라의 뒤를 이어 읍할 때 소리 내지 않는 것이 오래되었지만, 창야라는 이름은 아직 관부官府에 남아 있다. 당에 올라 공좌公座에 앉으면 아전과 하인들이 관아에 늘어서서 여전히 기를 끌어올려 칭하면서 읍을 하니, 어찌 창야가 아니겠는가?"라고 했다. ○『집람』: 어떤 이는 "야喏는 음音이 야惹이다. 사곡詞曲에 '하나가 창唱하면 백이 야喏한다.'고 한 것은, 한 사람이 위에서 창唱을 부르면 여러 사람들이 아래에서 야喏로 호응하는 것을 말한다. 예컨대 장수가 명령을 내리면 부하들이 똑같이 응답하는 것과 같다. 자제들이 부형을 뵐 때도 그렇게 한다. 그래서 읍하는 것을 창야라고 한다."라고 하였다. 옳은지 아닌지 분명하지 않다. 지금 중국의 풍속에는 몸을 굽혀 공수拱手하는 것을 창야라고 한다.

執笏, 俛伏興, 帥男女, 俱再拜. 次酹祖妣以下, 皆徧納祠版, 出徹. 月望不設食, 不出祠版, 餘如朔儀. 影堂門無事常閉. 每旦子孫詣影堂前唱喏, 河西曰: "喏音若, 唱喏, 揖也. ○華使許國曰: "喏字, 出『漢書』, 兩手垂下, 作揖之狀." ○朱子曰: "恭只是低頭唱喏時便看." ○『會成』: 唱喏, 想古人相揖, 必作此聲, 不黙然也. 唱喏者, 引氣之聲也. 不如是者, 爲不知禮. 宋人記虜廷事實云, "虜揖不作聲, 名曰啞揖. 宋人以爲恠, 卽宋以前, 中國之揖, 作聲可知. 今日承元之後, 揖不作聲, 久矣, 而其名唱喏, 猶存獨官府. 升堂公座, 輿皂排衙, 猶引氣稱揖, 豈非唱喏之謂歟?" ○『輯覽』: 或曰: "喏音惹." 詞曲曰, '一箇唱, 百箇喏.' 謂一人呼唱於上, 衆人應喏於下. 如將帥發令, 衆下齊應. 子弟謁父兄, 亦然. 因謂揖曰唱喏, 未詳是否. 今中朝俗, 以鞠躬拱手爲唱喏.

가례부주

밖으로 나갔다가 돌아와서도 그렇게 한다. 만약 밖에 나가서 이틀 밤 이상을 묵었으면, 돌아와서는 영당影堂에 들어가서 재배한다. 장차 먼 곳에 가거나 벼슬자리를 옮기는 것과 같은 큰일에는 손을 씻고 분향하고 그 일을 고하고 물러날 적에 각각 재배한다. 철따라 새로 나는 물건이 있으면 먼저 영당에 올린다. 『고증』: 예컨대 「월령月令」에 '중하仲夏[453]에 기장을 닭고기[雞]와 함께 올리고 앵두[含桃]를 올려 먼저 침묘寢廟에 천신薦新[454]하는 것'과 같

453 중하(仲夏): 여름의 한중간 달인 음력으로 5월을 가리킨다.
454 천신(薦新): 새로 난 과실이나 음식물을 신에게 올리는 절차를 말한다.

은 따위이다. 진호의 주註에 '추雛는 닭이고, 함도含桃는 앵두이다.' 하였다. ○『국어國語』[455]: 대한大寒에 큰 물고기나 천금川禽[456]을 잡아서 침묘寢廟에 올린다.

出外, 歸亦然. 若出外, 再宿以上, 歸則入影堂, 再拜. 將遠適及遷官, 凡大事則盥手焚香, 以其事告, 退各再拜. 有時新之物, 則先薦于影堂. 『考證』: 如「月令」'仲夏以雛嘗黍, 羞以含桃, 先薦寢廟'之類. 陳註, '雛鷄也, 含桃櫻桃也.' ○『國語』: 大寒取名魚登氷禽, 嘗之寢廟.

가례부주

기일忌日에는 화려한 장식의 옷을 피하고, 매월 초하루[月朔]의 의식과 같이 술과 음식을 올리되, 술을 마시지 않고 고기도 먹지 않으며, 사모하기를 상을 치를 때와 같이 한다. 군자君子에게는 종신의 상[終身之喪]이 있으니 기일忌日을 말함이다. 〖경호안설〗 군자君子 이하는 『예기』「제의祭義」의 글이다.

忌日則去華飾之服, 薦酒食如月朔, 不飮酒, 不食肉, 思慕如居喪. 君子有終身之喪, 忌日之謂也. 〖按〗 君子以下, 「祭義」文.

가례부주

『구의舊儀』에는 우암이 말하였다. "『구의舊儀』는 남북조南北朝 전후 사이의 책이기 때문에 남북조의 일이 실려 있다."[457] 손님을 만나지 않되, 조문은 받는다고 했는데, 주자가 말하였다. "당唐나라 때 사대부들은 기일忌日에 여전히 효복孝服[458]을 입고 조문을 받았다. 오대五代 때 어떤 사람이 기일에 조문을 받았는데, 어떤 사람이 조문을 하다가 마침내 그 자리에서 찔러 죽이는 일이 발생하였다. 그 뒤에는 다른 사람이 보내주는 위로의 편지만 받고, 접견하지 않았다. 모름지기 하루 전에 미리 감사의 글을 준비하여 기다리다가 와서 위로하는 사람이 있으면 즉시 감사의 글을 주되, 다음 날을 넘기지 않는다. 다음 날을 넘기면 실례라고 한다." 예禮에 없으니 지금 취하지 않는다. 우암이 말

455 『국어(國語)』: 춘추외전(春秋外傳)이라 불리고, 좌구명(左丘明)이 지었다. 주나라 목왕(穆王) 12년(B.C.990)에서 정정왕(貞定王) 16년(B.C.453)까지 주(周)·노(魯)·제(齊)·진(晉)·정(鄭)·초(楚)·오(吳)·월(越) 8국의 역사를 기록하였다.

456 천금(川禽): 원본의 빙(氷)은 『국어(國語)』를 비롯한 여러 문헌에는 '천(川)'으로 되어 있다. 천금(川禽)은 자라나 조개 등속을 가리킨다고 하였다.

457 『송자대전』 권86 「답민사앙(答閔士昂)」.

458 효복(孝服): 상복을 가리킨다.

하였다. "이제 사마온공은 이렇게 객을 보지 않고 조문 서찰을 받는 예를 사용하지 않음이다."[459] 홍수나 화재나 도적을 만나면 먼저 선공先公의 유문遺文을 구출하고, 그 다음은 사판祠版, 그 다음은 영정, 그런 뒤에야 집안의 재물을 구출한다."

『舊儀』 尤菴曰: "『舊儀』, 南北朝前後間書, 故載南北朝事." 不見客, 受弔, 朱子曰: "唐時士大夫, 忌日依舊孝服, 受弔. 五代時, 某人忌日受弔, 某人弔之, 遂於座間刺殺之. 後來只是受人慰書, 而不接見. 須隔日預辦謝書, 俟有來慰者, 卽以謝書授之, 不得過次日. 過次日謂之失禮." 於禮無之, 今不取. 尤菴曰: "今溫公不用此不見客受弔書之禮. 遇水火盜賊, 則先救先公遺文, 次祠版, 次影, 然後救家財."

가례대문

시속명절에는 시식을 올린다[俗節則獻以時食]

가례본주

명절은 청명, 한식, 『운부군옥韻府群玉』: 동지冬至로부터 104일 혹은 105일이나 106일 뒤에 질풍과 폭우가 있기 때문에 한식寒食을 한다. ○『단양집丹陽集』: 용성龍星은 목木의 자리[位]이고 봄에 속하며, 동방東方의 심수心宿가 대화성大火星이므로 불이 극성할까 두려워 불을 금하고 찬밥을 먹으며[寒食], 용龍을 꺼리는 금기가 있다. 『형초세시기荊楚歲時記』: 동지를 지난 뒤 105일에 곧 질풍과 심하게 내리는 비가 있으므로 불을 금하고 익힌 음식을 먹는다. 그러므로 한식절寒食節이라고 한다. ○『사기』: 개지추介之推(개자추介子推)가 3월 초하룻날 불에 타서 죽었으므로 사람들이 이를 슬퍼하여 그를 위해 찬 음식을 먹었다.[460] ○장자張子가 말하였다. "『주례』에 네 계절마다 불을 바꾸되, 오직 계춘季春이 가장 엄격한 것은, 그 대화심성大火心星[461]이 그때에 아주 높기 때문에, 먼저 불을 금하여 그것이 지나치게 극성한 것을 방지함이다. 이미 불을 피우지 못하게 하므로 모름지기 며칠 분의 양식을 마련해 두는데, 이미 먹는

459 『송자대전』 권99 「답이군회(答李君晦)」.

460 개자추의 고사는 『사기(史記)』 「진세가(晉世家)」에 보이나, 이 구절은 『사물기원(事物紀元)』에서 인용한 것이다.

461 대화심성(大火心星): 심성(心星)은 동방(東方)에 있는 창룡(蒼龍) 7수(宿) 중 하나이다. 28수 중 동방의 창룡 7수는 진 · 묘 · 인(辰卯寅) 방위에 해당하는데, 그 중 묘 방위에 해당하는 방 · 심 · 미(旁心尾) 세 별을 대화성(大火星)이라 한다.

것이 있으므로 다시 그 조선祖先을 생각하여 제사를 지낸다." ○남계가 말하였다. "역서曆書를 상고하건대 청명淸明은 반드시 한식寒食의 하루 앞이나 혹은 하루 뒤에 해당하니 혼동해서는 안 됨이 분명하다."[462]

節如淸明寒食 『韻府群玉』: 冬至後百四日·五日·六日, 有疾風暴雨, 爲寒食. ○『丹陽集』: 龍星, 木之位, 春屬, 東方心爲大火, 懼火盛, 故禁火而寒食, 有龍忌之禁. 『荊楚歲時記』, 去冬至一百五日, 卽有疾風甚兩, 故禁火爲之熟食, 故云寒食節. ○『史』: 介之推, 三月初一日, 爲火所焚, 人哀之, 爲之寒食. ○張子曰: "『周禮』四時變火, 惟季春最嚴, 以其大火心星, 其時太高, 故先禁火, 以防其太盛. 旣禁火, 須爲數日糧, 旣有食, 復思其祖先祭祀." ○南溪曰: "考曆書, 淸明必前寒食或後各一日, 其不可滾同, 明矣."

가례본주

단오[重午], 『집람』: 살피건대, 중오重午는 곧 단오端午이다. 『풍토기風土記』의 '단오端午' 주註에 '단端은 처음[始]이다. 또 5월 5일 오시午時는 천중절天中節이다.'고 하였다.

重午 『輯覽』: 按, 重午卽端午. 『風土記』'端午'註, '端始也. 又五月五日午時, 爲天中節.'

가례본주

중원中元(백중), 『한묵전서翰墨全書』: 7월 15일은 중원절中元節이다. 『도경道經』에는 이 날을 천진조원天眞朝元이라 하고, 또 지관地官이 하강하여 인간의 선善과 악惡을 정한다고 했다. 정월 15일은 상원上元이고, 10월 15일은 하원下元이다.

中元 『翰墨全書』: 七月十五日中元節. 『道經』以是日爲天眞朝元, 又地官下降, 定人間善惡. 正月十五日爲上元, 十月十五日爲下元.

가례본주

중양절 『한묵전서』: 위魏나라 문제文帝가 중양절에 종요鍾繇에게 국화를 하사하면서 교서를 주어 말하기를, "구九는 양수陽數인데 날과 달이 모두 상응하니, 풍속이 그 이름에 걸맞아서 장구하게 유전流轉될 것이 마땅하므로 고아한 모임에서 연향燕享을 베푸노라."라고 하였다.

462 『남계집』 권40 「답최여화문(答崔汝和問) 가례(家禮)○임술칠월이십이일(壬戌七月二十二日)」.

重陽『翰墨全書』: 魏文帝重九以菊賜鍾繇, 與書曰: "九爲陽數, 而日月並應, 俗宜其名, 宜於長久, 故以燕享高會."

가례본주

따위의 지방 풍속에서 숭상하는 것이다. 『삼례의三禮儀』: 시속명절로 한식寒食 때는 묘소에 가서 대제大祭를 행하되, 『의절儀節』에 의거하여 중원中元의 제사는 없애고, 동지冬至와 정월 초하루[正朝]로 대신하는 것은, 대개 나라의 풍속이 그러하기 때문이다. 『위공제식魏公祭式』에 의거하여 천칠荐七(칠석)을 더하고, 『가범家範』에 의거하여 상원上元을 더하며, 『오례의』에 의거하여 추석을 더하고, 『요결要訣』에 의거하여 중삼重三과 유두流頭를 더한다. 또 말하였다. "중삼重三과 유두流頭의 두 명절은 단지 속설俗說일 뿐이며 근거할 만한 어떤 문헌도 없기 때문에 쓰지 않는다." ○우암이 말하였다. "납일臘日은 큰 시속의 명절이니 어찌 천향薦享을 행하지 않을 수 있겠는가?"[463] ○"납일은 율곡栗谷이 이미 『요결』에 수록하였다. 운운." 하고 물으니, 남계가 대답하였다. "요즘 제사의 절목이 매우 번거롭기 때문에 성왕聖王이 일어난다면 아마도 반드시 간략하게 줄이는 법을 따를 것이다. 이에 『가례』와 우리나라 풍속에서 거행하지 않는 예를 만들고 싶지 않다."[464]

之類, 凡鄕俗所尙者. 『三禮儀』: 俗節, 寒食爲上墓大祭. 依『儀節』刪中元, 代以冬至正朝, 盖國俗然也. 依『魏公祭式』添荐七, 依『家範』添上元, 依『五禮儀』添秋夕, 依『要訣』添重三·流頭. 又曰: "重三·流頭二節, 只是俗說, 無文可據, 不用." ○尤菴曰: "臘日是大俗節, 何可不行薦享乎?" ○問: "臘日, 栗谷旣收於『要訣』云云." 南溪曰: "今來祭祀節日[465]甚煩, 使聖王有作, 必從簡省之法. 玆不欲創起『家禮』國俗未擧之禮也."

가례본주

음식은 각서角黍[466]와 같이 주처周處의 『풍토기風土記』: 단오에 오리를 삶고, 고미 잎[菰葉]으로 찹쌀[糯米]을 싸서 찰떡[粽]을 만들어, 음양이 서로 감싸 분산되지 않는 것을 나타내는데,

463 『송자대전』 권78 「답한여석(答韓汝碩)」.

464 『남계집』 권40 「답최여화문(答崔汝和問) 가례(家禮)○임술칠월이십이일(壬戌七月二十二日)」.

465 『남계집』에는 일(日)이 목(目)으로 되어 있다.

466 각서(角黍): 찹쌀가루를 식물의 잎에 싸서 찐 떡.

이를 '각서角黍'라고 한다. 5월 5일에 제사하는 것은 멱라汨羅의 유속遺俗이다.

食如角黍 周處『風土記』: 端午烹鶩, 以菰葉裹糯米爲粽, 以象陰陽相包裹未分散, 謂之角黍. 五月五日祭, 汨羅之遺俗也.

가례본주

무릇 그 절기에 숭상하는 것을 『옥촉보전玉燭寶典』: 한식에 찰벼와 보리를 삶아 죽을 쑤고, 살구씨를 갈아 유장乳漿을 만들고, 따로 당餳(엿)을 만들어 붓는다. ○엄유익嚴有翼의 『예원자황藝苑雌黃』: 한식에 밀가루[麵]로 증병단烝餅團을 만들고 거기에 대추를 붙인 것을 조고棗糕라고 이름한다. ○『천보유사天寶遺事』: 단오에 분단각서粉團角黍를 만들어 금반金盤에다 곱고 사랑스럽게 쌓아두고, 소각궁小角弓으로 쏘아 적중시킨 자가 먹었는데, 분단粉團이 매끄러워 쏘아 맞추기가 어려웠다. ○오균吳均의 『제해기齊諧記』: 중양절에 세상 사람들이 환경桓景의 고사를 본받아 높은 곳에 올라가 국화주를 마시고, 부인들은 수유茱萸를 담은 붉은 주머니를 허리에 찬다. ○『몽화록夢華錄』: 중양절에 도성 사람들이 밀가루로 떡을 쪄서 위에 전채소기剪綵小旗를 꽂으며, 과실은 석류·밤[栗黃]·송자육松子肉(잣)·은행과 같은 종류이다. ○「동래종법」: 명절의 물건은 입춘에는 춘병春餠을 올리고, 원소元宵(대보름날 밤)에는 원자圓子를 올린다. 2월 사일社日[467]에는 두반杜飯을 올리고, 추사秋社에도 같다. 한식에는 조당稠餳·증채蒸菜를 올리고, 단오에는 단종團粽을 올리며, 칠석에는 과식果食을 올리고, 중양절에는 유국고萸菊餻를 올린다. ○『요결要訣』: 시식時食은 예컨대 약밥[藥飯], 쑥떡[艾餠], 수단水團 따위이다. 만약 속세에서 숭상하는 음식이 없으면 떡과 과일 몇 가지를 갖추는 것이 마땅하다. ○『삼례의』: 시식時食은, 정월 초하루에는 떡국[餠羹]을 쓰고, 정월 대보름에는 약밥[藥飯], 청명淸明에는 화전花煎이나 혹은 쑥떡[艾餠], 단오에는 찐떡[蒸餠]이나 혹은 송편, 천칠荐七(칠석)에는 만두[霜花]나 {〖경호안설〗 만두를 세속에서는 상화霜花라고 한다.} 혹은 수단水團, 추석에는 인절미[引餠], 중양절에는 국화전[菊煎]이나 혹은 밤떡[栗餠], 동지에는 팥죽[豆粥]·화전花煎·국화전[菊煎]을 쓴다. 만약 미칠 수 없으면 다른 음식으로 대신한다. ○묻기를 "동지의 팥죽은 염병[瘟]을 물리치려고 마련했고, 정월

467 사일(社日): 입춘과 입추 후 다섯 번째의 무일(戊日)을 말한다. 춘사(春社)와 추사(秋社)가 있다. 그러므로 이월 사일은 춘사(春社)이다.

대보름의 약밥은 까마귀에게 먹이던 것이니, 천신하지 않는 것이 어떤가?"라고 하자, 한강寒岡이 대답하였다. "애초에 염병을 물리치고 까마귀에게 먹이던 것에서 나와 드디어 풍속을 이룬 것이다. 절기에 따른 물건은 각기 인정人情에 합치되는 것으로, 이 날 그 조고祖考를 생각하지 않을 수 없어서 다시 그 음식물을 올린다는 것을 어찌 들어보지 못했는가?"[468] ○수암이 말하였다. "정월 대보름의 찰밥[黏飯]은 사람들이 간혹 중독되기 때문에 우리 집안에서는 쓰지 않는다."[469]

凡其節之所尙者, 『玉燭寶典』: 寒食煮糯及麥粥, 硏杏仁爲酪, 別造餳沃之. ○嚴有翼『藝苑雌黃』: 寒食, 以糆爲蒸餠團, 棗附之, 名曰棗糕. ○『天寶遺事』: 端午, 造粉團角黍, 飣金盤中, 纖妙可愛, 以小角弓射中者, 得食, 蓋粉團膩滑難射. ○吳均『齊諧記』: 九日世人效桓景, 登高, 飮菊花酒, 婦人帶茱萸紫囊. ○『夢華錄』: 重九都人, 以粉糆蒸糕, 上插剪綵小旗, 果實如石榴·栗黃·松子肉·銀杏之類. ○「東萊宗法」: 節物, 立春薦春餠, 元宵薦圓子. 二月杜薦杜飯, 秋社同. 寒食薦稠餳·蒸菜, 端午薦團粽, 七夕薦果食, 重陽薦茱菊糕. ○『要訣』: 時食, 如藥飯·艾餠·水團之類. 若無俗尙之食, 則當具餠果數品. ○『三禮儀』: 時食, 正朝餠羹, 上元藥飯, 淸明花煎或艾餠, 端午蒸餠或松餠, 荐七霜花, {〖按〗 饅頭, 俗稱霜花.} 或水團, 秋夕引餠, 重陽菊煎或栗餠, 冬至豆粥花煎菊煎. 若不及則以他食代之. ○問: "冬至豆粥, 辟瘟之具, 上元藥飯, 飼烏之物, 不薦何如?" 寒岡曰: "初出辟瘟飼烏, 而遂以成俗. 豈不聞節物各有宜人情, 於是日不能不思其祖考, 而復以其物享之者乎?" ○遂菴曰: "上元黏飯, 人或中毒, 故鄙家不用."

가례본주

큰 쟁반에 올리고, 사이에 채소와 과일[蔬果]을 놓는다. 우암이 말하였다. "소과蔬果는 곧 소채蔬菜의 소蔬이다.[470] 산효山殽와 야소野蔬는 본래 술자리에 진설하는 것이니, 어찌 반드시 고례古禮에 있었는지 없었는지를 묻겠는가?"[471] ○ 〖우안〗 채소와 과일, 포脯[472]와 해醢[473], 생선과 고기, 미식米食과 면식麵食, 갱羹과 반飯은 『가례』의 제사음식[祭饌]인데, 작은 제사

468 『한강집』 권7 「답임탁이(答任卓爾)」.

469 『한수재집』 권16 「답채조응(答蔡祖應)」.

470 이 구절은 착오가 있는 듯하다. 『가례(家禮)』의 사시제(四時祭) 본주에 이미 '과접(果楪)'과 '소채포해(蔬菜脯醢)'를 별도로 구분하였으니 소과(蔬果)는 그냥 '채소'가 아니라 '과일과 채소'임이 분명하다. 따라서 여기서는 『가례』 본주 내용에 따라 두 가지로 구별한다.

471 『송자대전』 권98 「답이중심(答李仲深) 임자십이월이십일(壬子十二月二十日)」.

472 포(脯): 고기의 육질 부분을 떠내어 오래 보관할 수 있도록 조미하여 말린 것.

때에는 단지 채소와 과일, 포와 해醢만 쓰거나 혹은 채소와 과일만 쓰고, 큰 제사 때에는 생선과 고기 이하를 함께 쓴다. 이것은 『가례』의 상법常法이며 길흉吉凶에 모두 그렇게 한다. 여기서 단지 채소와 과일만 쓴 것은 아마도 작은 제사이기 때문인 듯하다. ○남계가 말하였다. "구운 고기[炙]는 곧 큰 제사의 삼헌三獻에 쓰는 것이니 아마 반드시 진설하는 것은 아닌 듯하다."[474] 【止】 ○『요결要訣』: 신물新物이 있으면 함께 진설한다. ○퇴계는 집에 있을 때 만약 절기에 따른 물건이나 혹 특별한 음식을 얻으면 마른 것이든 해醢이든 절사節祀[475]와 시제時祭가 되면 올렸다. 아마 선생이 지자支子여서 가묘에서 천신薦新의 예를 행할 수 없었기 때문일 것이다. 【이상. 시속명절에 천신薦新을 겸함】

薦以大盤, 間以蔬果. 尤菴曰: "蔬果, 卽蔬菜之蔬也. 山殽野蔬, 自是酒席之所設, 何必問古禮之有無." ○ 〖愚按〗 蔬果·脯醢·魚肉·米麵食·羹飯, 是『家禮』之祭饌, 而其小祭祀, 則只用蔬果脯醢, 或只用蔬果, 大祭祀則並用魚肉以下. 是『家禮』之常法, 而吉凶皆然. 此只用蔬果, 恐是小祭祀故也. ○南溪曰: "炙則乃大祭三獻所用, 恐不必設." 【止】 ○『要訣』: 有新物則並設. ○退溪居家, 若得節物, 或異味則或乾或醢, 節祀時祭, 則薦之. 盖先生支子, 未得行薦新禮於家廟故也. 【右俗節兼薦新】

가례본주

예禮는 정월 초하루와 동지, 삭일의 의식과 같다. ○회재晦齋가 말하였다. "세속에서는 정월 초하루·한식·단오·추석에 모두 묘소에 가서 소분掃墳하고 절한다. 이제 한쪽을 폐할 수 없으니 이 날 아침 사당에 나아가 천식薦食하고, 이어 묘소에 가서 전奠을 올리고 절한다." ○사계가 말하였다. "묘제墓祭는 가묘家廟와 처소가 다르니, 비록 둘 다 행하더라도 아마 무방할 듯하다."[476] 【이상. 가묘와 묘소 두 곳에서 행함】

禮如正·至·朔日之儀. ○晦齋曰: "世俗, 正朝·寒食·端午·秋夕, 皆詣墓拜掃. 今不可偏廢, 是日

473 해(醢): 이 용어에 대해서는 번역상 해석이 구구하여 혹자는 '육장'이라 하고, 혹자는 '젓갈'이라 하며, 혹자는 '고기절임'이라 한다. 여기서는 『소학집설(小學集說)』에 말한 "채소를 소금에 절인 것[淹菜]을 '저(菹)'라 하고 육장(肉醬)을 '해(醢)'라 한다."는 설을 따라 해(醢)를 육장(肉醬)으로 번역한다.

474 『남계집』 속집 권17 「답윤여필명상문(答尹汝弼明相問) 상례(喪禮)○사월십오일(四月十五日)」.

475 절사(節祀): 시속의 명절에 간략하게 죽은 이를 추도하는 절차를 말한다. 이 절차는 사시의 정제(正祭)나 기일제(忌日祭)와 달리, 살아있는 사람들의 세시 명절에 음식을 마련하여 즐기는 일로 말미암은 것이다. 이 행사는 정제의 절차를 그대로 행하지 않고, 평상시의 삭망 참례(參禮)에 준하여 간략하게 거행한다. 그러므로 이를 차례(茶禮), 차사(茶祀)라 하기도 한다.

476 『동춘당집』 별집 권1 「상사계김선생(上沙溪金先生)」.

晨詣祠堂薦食, 仍詣墓奠拜." ○沙溪曰: "墓祭, 與家廟處所旣異, 雖兩行, 恐不妨." 【右家廟墓所兩行】

본주논증

○묻기를 "시속명절 중 5월과 8월은 시속명절의 참례參禮 및 묘제墓祭와 시제時祭가 함께 행해지는 달이다. 여러 선생들의 설에 의거하면 어느 한 쪽을 폐할 수 없는데, 만약 사고가 있거나 묘소의 길이 멀어 형편상 어느 하나를 폐해야 한다면 어떻게 해야 하는가?"라고 하자, 우암이 대답하였다. "같은 날 큰 제사와 작은 제사를 둘 다 모신다는 뜻은 이미 주자의 가르침이 있었으니, {〖경호안설〗 주자의 설은 아래의 부주附註에 보이는데, 아마 같은 날을 말한 것은 아닌 듯하다.} 같은 날에 중첩된다고 해서 폐하는 것이 있어서는 안 된다. 만약 두 제사를 겹쳐서 주선할 수 없으면, 묘소든 사당이든 사람을 시켜 대신하게 한다. 만약 대신할 사람이 없으면 주자의 '제석除夕 사나흘 전에 행한다.'는 설에 의거하여 앞날이나 뒷날에 행하는 것이 좋을 듯하다."[477] ○단오와 추석의 두 제사를 사당에 옮겨서 행하면서 여름과 가을의 시제時祭에 해당시키는 것은 매우 미안하다. 이렇게 하기보다는 『가례』에 의거하여 단지 3월에 묘소에서 한 번만 행하고, 그 나머지 세 명절은 모두 폐하는 것이 낫다. 사시四時의 시제時祭 및 명절의 작은 제사는 폐하거나 빠뜨리지 않는 것이 이미 예에 모두 합당하고 또 시속에 끌려가지 않는 것이다. 이와 같이 하면 큰 제사와 작은 제사가 정돈될 것이다.[478] 【이상. 시속명절의 참례參禮가 묘제墓祭나 시제時祭와 중첩됨】

○問: "俗節中五月八月, 則俗節參及墓祭時祭, 並行之月也. 據諸先生說, 不可偏廢, 而若有事故, 墓且路遠, 勢當廢一矣, 如何?" 尤菴曰: "同日大小祀兩存之義, 旣有朱子之訓, {〖按〗 朱子說見下附註, 恐非同日之謂.} 則不可以一日重疊, 而有所廢也. 若二祭並值, 而不可周旋, 則或墓或廟, 使人代之. 若無可代之人, 則依朱子'除夕前三四日行之'之說, 先後行之, 似好." ○端秋二祭, 移行於祠堂, 以當夏秋時祭云者, 殊甚未安. 與其如此, 不若依『家禮』, 只行三月一祭於墓, 而其餘三節日則皆廢之. 四時時祭及節日小祭祀, 無所廢闕, 旣盡合於禮, 又不牽於俗矣. 如此, 則大小大整齊也. 【右俗節參與墓祭時祭並值】

477 『송자대전』 권78 「답한여석(答韓汝碩)」.

478 『송자대전』 위와 같은 곳.

본주논증

○묻기를 "네 명절에 우리나라 풍속에는 모두 묘소에 올라가는데, 그 중 정월 초하루와 단오의 두 명절은 가묘家廟에서 행하는 이가 많으니, 그 의식을 어떻게 하는 것이 마땅한가?"라고 하자, 우암이 대답하였다. "이미 묘소에 올라가지 않는다면 참례參禮에 의거하여 단헌單獻을 하는 것이 좋다."[479] 【이상. 묘소에 올라가지 않는다면 참례에 의거함】

○問: "四節日, 東俗皆上墓, 而其中正朝·端午二節, 人多行之廟中, 其儀當如何?" 尤菴曰: "旣不上墓, 則依參禮單獻, 可矣." 【右不上墓則依參禮】

본주논증

○주자가 말하였다. "우리 집에서는 지난해 상을 당했을 때 시속명절에 천향薦享하면서 묵최墨衰를 착용하고 행했다." ○"처의 상에 아직 장사지내지 않았거나 혹은 이미 장사지낸 경우, 시제時祭를 지내야 할지 말지?"라고 묻자, 주자가 대답하였다. "아마 제사지내는 것은 합당치 않을 듯하다. 우리 집에서는 사시四時의 정제正祭는 폐했지만, 절사節祀는 그대로 보존하여, 심의深衣·양삼涼衫 따위만 착용하였다. 이 역시 의리로써 일으킨 것이지, 상고할 만한 정례正禮는 없다."[480] ○ 〖경호안설〗 상복을 입고 있는 중에 행사하는 의식 및 복색服色은 '삭망참朔望參'조에 상세히 보이니, 마땅히 서로 상고해야 한다. 【이상. 상복 중의 시속 명절】

○朱子曰: "家間頃年居喪, 於俗節薦享, 則以墨衰行之." ○問: "妻喪未葬, 或已葬, 當時祭否?" 朱子曰: "恐不當祭. 某家則廢四時正祭, 而猶存節祀, 只用深衣·涼衫之屬. 亦以義起, 無正禮可攷也." ○ 〖按〗 喪服中行事儀及服色, 詳見'朔望參'條, 當互巧. 【右喪服中俗節】

본주논증

○"국휼國恤의 졸곡卒哭 이전의 시속명절"에 대해 묻자, 남계가 대답하였다. "시속명절은 찬품饌品을 줄여서 행하는 것이 좋다."[481] ○수암遂菴이 말하였다. "기제忌祭는 상을 지낸 나머지 날이니, 간략하게 단헌單獻만 진설해도 혐의가 없다. 사명일四名日[482]은 그 시초가 잔치를 베풀어

479 『송자대전』 권107 「답김노원(答金魯源)」.
480 이 구절은 주자의 「답두문경서(答竇文卿書)」에 나오는 내용이다. "夫爲妻喪未葬或已葬而未除服 當時祭否."
481 『남계집』 외집 권9 「답유영숙문(答兪寧叔問) 국휼례(國恤禮)○계해십이월이십사일(癸亥十二月二十四日)」.
482 사명일(四名日): 한 해의 네 명절인 원조(元朝)·단오·추석·동지를 말한다.

즐기는 데서 말미암은 것이므로 그 의의가 길례吉禮와 흡사하다. 국가에서 이미 산릉山陵의 제향을 정지시켰으니 비록 폐지하더라도 괜찮다. 내 생각으로는 대략 차례茶禮처럼 진설하여 가묘家廟에서 행하는 것이 완전히 그만두는 것보다는 오히려 나으리라 생각한다. 참례參禮는 더욱이 생략한 가운데 생략한 것으로 제사가 성립되지 않으니, 행하는 것도 무방하다고 하겠다."[483] 【이상. 국휼 중의 시속명절】

○問: "國恤卒哭前俗節" 南溪曰: "俗節, 可以減饌行之." ○遂菴曰: "忌祭則是喪餘之日, 略設單獻, 無嫌. 四名日則厥初因燕樂, 而取義似乎吉禮也. 國家旣停山陵之享, 則雖廢之可也. 愚意略設如茶禮, 行於家廟, 猶勝於全廢耶. 參禮尤是略之略者, 不成爲祭祀, 行之無妨." 【右國恤中俗節】

본주논증

○ 〖경호안설〗 어떤 이가 말하기를 "천신薦新·시속명절·삭망朔望·시제時祭를 대종大宗에 비록 사고가 있어 행하지 못한다 하더라도, 따라서 함께 폐하는 것은 미안한 듯하다. 예禮에 의거하여 힘껏 행하여 대종에게 본받도록 하는 것이 더욱 좋다."고 하니, 그 설이 옳은 듯하다.【이상. 대종이 행하지 못한다 하더라도 소종이 폐하지 않음】

○ 〖按〗 或曰: "薦新俗節朔望時祭, 大宗雖有故, 不行, 從而並廢, 似未安. 依禮力行, 而使大宗效之, 尤善." 其說恐是.【右大宗不行小宗不廢】

본주논증

○ 〖경호안설〗 생기生忌[484] 및 자손의 생일에 천薦을 행하는 것이 합당한지의 여부는 기제忌祭의 아래를 보라.

○ 〖按〗 生忌及子孫生日, 行薦當否, 見忌祭下.

가례부주

"시속명절의 제사는 어떻게 해야 하는가?" 하고 묻자, 주자가 대답하였다. "한위공韓魏公이 잘 조처하여 이르기를 '절사節祠는 정제正祭보다 줄인다.'고 하였다. 『집람』: 정제는 시제時祭이다. 다만 7월 보름날에는 불교

483 『한수재집』 권9 「답이점우(答李漸于) 경자팔월(庚子八月)」.

484 생기(生忌): 죽은 자의 생일을 말한다. 옛날에는 이날에 죽은 자의 제사를 지냈다.

의 법도[浮屠]를 써서 『석전釋典』: 스님을 부도浮屠라고 하고, 탑도 부도浮屠라고 한다. 소찬素饌을 진설하여 제祭를 지낸다고 하는데, 『한위공제식韓魏公祭式』[485]: 근래의 풍속에 7월 15일에 우란분재盂蘭盆齋라는 것이 있는데 대개 석가의 가르침에서 나온 것이나, 효자의 마음은 차마 대중을 어기고서 어버이를 잊지 못하니, 이제 재향齋享하는 것으로 정한다. ○『고증』: 살펴보건대, 불경佛經과 불령佛令에, 스님들이 7월 15일에 온갖 음식[百味]과 오과五果를 구비하여, 우란분盂蘭盆 속에 담아 조선祖先에게 공양하는데 이를 '우란회盂蘭會'라고 한다. 세속에서는 이날 소찬素饌으로 선조를 공양하였으므로 한위공도 세속을 따랐다. 나는 쓰지 않는다." 『어류』 ○사계가 말하였다. "쓰지 않는다고 한 것은 소찬素饌을 행하지 않음이다." ○남계가 말하였다. "주자가 이것을 폐한 것은 남헌南軒이 힘써 논쟁함에서 나온 것으로 문자文字가 뚜렷하니, 어찌 이 때문에 소찬을 한다고 핑계해서야 되겠는가?"[486]

問: "俗節之祭 如何?", 朱子曰: "韓魏公處得好, 謂之'節祠殺於正祭.' 『輯覽』: 時祭也. 但七月十五日, 用浮屠, 『釋典』: 僧曰浮屠, 塔亦曰浮屠. 設素饌祭, 『韓魏公祭式』: 近俗七月十五日, 有盂蘭盆齋者, 盖出於釋氏之敎. 孝子之心, 不忍違衆而忘親, 今定爲齋享. ○『考證』: 按, 佛經佛令, 衆僧以七月十五日, 具百味五果, 著盂蘭盆中, 供養祖先, 謂之盂蘭會. 俗是日, 以素饌供養祖先, 故魏公亦從俗. 某不用." 『語類』 ○沙溪曰: "不用云者, 不行素饌也." ○南溪曰: "朱子之廢此, 出於南軒之力爭, 而文字較然, 豈可以此徒諉之素饌耶?"

가례부주

○또 대답하였다. "장남헌張南軒이 이름은 식栻이고 자는 경부敬夫이며 위국공魏國公 준浚의 아들로, 광한廣漢 사람이다. 호오봉胡五峯 선생을 스승으로 하여 배웠고, 주자周子 정자程子를 종宗으로 하였으며, 주자와 우의가 좋았다. 벼슬이 비서각수찬秘書閣修撰에 이르렀고, 48세에 죽었으며 시호는 선공宣公이다. 말하기를 '오늘날[今日] 『집람』: 당금當今이다. 시속명절은 옛적에는 없었던 것이다. 그러므로 옛날 사람들은 비

485 『한위공제식(韓魏公祭式)』: 송나라 한기(韓琦)의 『한위공제의(韓魏公祭儀)』.
486 『남계집』 권40 「답최여화문(答崔汝和問) 가례(家禮)○임술칠월이십이일(壬戌七月二十二日)」.

록 제사를 지내지 않더라도 마음이 절로 편안했다. 요즘 사람들은 이미 이를 중요하게 여겨서, 이 날이 되면 반드시 안주와 음식을 장만하여 서로 잔치를 열어 즐기고, 그 절기의 물건 역시 각기 적합함이 있다. 그러므로 세속의 인정은 이 날이 되면 그 조고祖考를 생각하지 않을 수 없어서, 다시 그 계절의 산물로 흠향하게 하는 것이다. 비록 바른 예는 아니지만 역시 인정상으로는 그만둘 수 없는 일이다. 〖경호안설〗『대전大全』에는 이 사이에 "이제 타일러 주신 말씀 가운데 '함부로 모독하여 경건하지 못하다.'고 하셨는데, 이는 참으로 그런 병통에 꼭 맞습니다. 그러나 그대로 폐기한다면 철에 따라 사물에 감촉되어 사모하는 마음은 또한 각자 멈출 수 없을 듯하니, 참으로 조처하기가 쉽지 않습니다. 또한 옛날 사람들은 운운."이라는 말이 들어있다. 또한 옛날 사람들은 제사지내지 않으면 감히 잔치를 벌이지도 않았다. 『맹자孟子』에 보인다. 하물며 지금 이러한 시속명절에 이미 경전에 의거하여 『고증』: 예경禮經을 가리킨다. 제사를 폐하고, 살아있는 자들만 음식을 먹고 잔치를 열어 즐기며 시속을 그대로 따른다면, 죽은 사람 섬기기를 산 사람 섬기는 것과 같이 하고, 없는 사람 섬기기를 있는 사람 섬기는 것과 같이 하는 뜻이 아니다.'고 하였다." 『대전大全』에는 이 아래에 "삼왕三王이 예를 만들 때 이전 그대로 하는 것과 고치는 것[因革]이 같지 않아서, 모두 풍기風氣의 적절함에 합치되고 의리義理의 바름을 어기지 않았으니, 정녕 성인聖人을 다시 일어나게 한다면 오늘날 논의에 대하여는 또한 반드시 조처함이 있을 것이다."라고 하였다. ○주자가 말하였다. "남헌南軒이 시속명절의 제사를 폐하자, 내가 묻기를, '단오에 떡을 먹지 않고, 중양절에 수유주茱萸酒를 마시지 않을 수 있겠는가? 제사를 지내지 않고 제 혼자 향유하는 것이 그대 마음에 편안하겠는가?'라고 하였다."

○又答: "張南軒 名栻, 字敬夫, 魏公浚之子, 廣漢人. 師五峯胡先生學, 以周程爲宗, 與朱子友善. 仕至秘書閣修撰, 四十八卒, 諡宣公. 曰, '今日『輯覽』: 當今也. 俗節, 古所無有. 故古人雖不祭, 而情亦自安. 今人旣以此爲重, 至於是日, 必具殽羞, 相宴樂, 而其節物, 亦各有宜. 故世俗之情, 至於是日, 不能不思其祖考, 而復以其物享之. 雖非禮之正, 然亦人情之不能已者. 〖按〗『大全』此間有曰: "今承誨諭, 以爲黷而不敬, 此誠中其病. 然欲遂廢之, 則恐感時觸物, 思慕之心, 又無以自止, 殊覺不易處. 且古人云云." 且古人不祭, 則不敢以燕. 見『孟子』. 况今於此俗節旣已據經『考證』: 指禮經. 而廢祭, 而生者則飮食宴樂, 隨俗自如, 非事死如事生, 事亡如事存之意也.'" 『大全』此下曰: "三王制禮, 因革不同, 皆合乎風氣之宜, 而不違乎義理之正, 正使聖人復起, 其於今日之議, 亦必有所處矣." ○朱子曰: "南軒廢俗節之祭, 某問, '於端午能不食粽乎? 重陽能不飮茱萸酒乎? 不祭而自享, 於汝安乎?'"

가례부주

또 말하였다. "초하루 아침에는 가묘家廟에 술과 과일을 쓰고, 보름날 아침에는 차를 쓴다. 단오·중원·중양절 따위는 모두 시속명절이라고 부른다. 큰 제사 때에는 매 신위마다 네 가지 음식을 사용하고, 목주木主[487]를 청하여 내온다. 시속명절의 작은 제사는 가묘에서만 하되 두 가지 음식에 그치고, 초하루 아침과 시속명절에는 술을 한 잔만 한 번 따라 올리는 것에서 그친다." 『어류語類』

又曰: "朔旦家廟用酒果, 望旦用茶. 重午中元九日之類, 皆名俗節. 大祭時, 每位用四味, 請出木主. 俗節小祭, 只就家廟, 止二味, 朔旦俗節, 酒止一上斟一盃." 『語類』

가례부주

○양복楊復이 말하였다. "시제時祭 외에 각각 향리 풍속의 옛 관습대로 그 숭상하는 시기에 〖경호안설〗 숭상하는 시속명절을 말한다. 사용하는 물건을 〖경호안설〗 사용하는 시물時物을 말한다. 큰 쟁반에 받들어 묘廟 안에 진설하고, 고삭告朔의 예로 『예기』「옥조玉藻」 소: 매월 초하루에 신에게 고하는 것을 고삭告朔이라고 한다. 올린다면, 거의 높이고 줄이는 절도에 합치하고, 곡진한 정을 다하여 오래도록 행할 수 있음에는 의심할 것이 없다." 〖경호

487 목주(木主): 나무로 만든 신주.

안설〗 양씨의 이 조목은 곧 위에서 주자가 남헌南軒에게 답한 글의 끝단의 말이다. ○묻기를 "시제時祭를 행할 경우 시속명절은 어떻게 해야 하는가?"라고 하자, 주자가 대답하기를, "우리 집안에는 또한 둘 다 보존한다."고 했다. 다시 묻기를 "시제時祭보다 간소해야 하지 않겠는가?"라고 하니, (주자가) 대답하기를, "그래야 하나 되지 않는다. 모름지기 자신이 또한 술을 마시지 않으면 된다."고 하였다.

○楊氏復曰: "時祭之外, 各因鄉俗之舊, 以其所尚之時, 〖按〗 謂所尚俗節. 所用之物, 〖按〗 謂所用時物. 奉以大盤, 陳於廟中, 而以告朔之禮, 「玉藻」疏: 每月以朔告神, 謂之告朔. 奠焉, 則庶幾合乎隆殺之節, 而盡乎委曲之情, 可行於久遠, 而無疑矣." 〖按〗 楊氏此條, 卽上朱子答南軒書末段語. ○問: "行時祭, 則俗節如何?" 朱子曰: "某家且兩存之." 問: "莫簡於時祭否?" 曰: "是要得不行. 須是自家亦不飮酒始得."

가례대문

일이 있으면 고한다[有事則告]

가례본주

정조正朝, 동지, 초하루의 의식처럼 하되, 한위공韓魏公이 말하였다. "옛날에는 제사를 고하는 데는 녜묘禰廟에만 고했는데, 지금은 혹 시제時祭를 지내면서 선세先世에 두루 고하기도 한다." 차와 술만 올리고, 재배한다. 끝나면 주부가 먼저 내려와 제자리로 돌아간다. 주인은 향탁의 남쪽에 선다. ○『의절儀節』: 주인 이하는 모두 꿇어앉는다. ○ 〖경호안설〗 어떤 이가 말하였다. "고례古禮에는 서는 것을 경건하다고 여겼으나, 우리나라 풍속에는 엎드리는 것이 경건하다고 생각한다. 이제 독축讀祝할 때에 꿇어앉아 엎드리는 것이 마땅하다."고 했는데, 이 설이 아마 옳을 듯하다. 축祝은 『집람輯覽』: 축祝은 제사에 거드는 말[贊辭]을 주관하는 사람이다. 축판祝版을 들고, 『의절』: 축판은 제사지낼 때 술주전자를 두는 탁자 위에 두었다가, 읽기를 마치면 향안 위 향로香爐 왼쪽에 둔다. 주인의 왼쪽에 서서 무릎을 꿇고 축祝을 읽는다. "독축할 때의 소리의 높낮이"에 대해 물으니, 퇴계가 대답하였다. "너무 높아도 안 되고 너무 낮아도 안 되니, 요컨대 자리에 있는 사람에게 들리도록 할 수 있으면 된다."[488] 【止】 ○묻기를 "제사를 지낼 때 집사가 없으면 축문은 스스로 읽어야 하는가?"라고 하자, 사계가 대답하기를 "무방하다."고 하였다.[489] 【이상. 집사가 없을 때에는 주인이 스스로 축을 읽음】

如正至朔日之儀. 韓魏公曰: "古者告祀, 但告于禰, 今或時祭, 徧告先世." 但獻茶酒, 再拜. 訖主婦先降復位. 主人立於香卓之南. ○『儀節』: 主人以下皆跪. ○ 〖按〗 或曰: "古禮以立爲敬, 東俗以伏爲敬, 今則讀祝時, 當跪伏." 此說恐是. 祝, 『輯覽』: 祝, 祭主賛辭者. 執版, 『儀節』: 祝版, 臨祭, 置于酒注卓上, 讀畢, 置于案上香爐之左. 立於主人之左, 跪讀之. 問: "讀祝聲高低." 退溪曰: "太高不可, 太低亦不可, 要使在位者得聞, 可也."【止】 ○問: "凡祭無執事, 則祝文自讀之耶?" 沙溪曰: "不妨."【右無執事主人自讀祝】

가례본주

다 읽고 일어나면 주인은 재배하고 내려와 제자리로 돌아간다. 나머지는 모두 같다. ○ 〖경호안설〗 어떤 이가 말하였다. "고사告事의 의식이 만약 작은 일[小事]이어서 단지 분향만 하고 고한다면, 밖으로 나갈 때 고하는 예에 의거하되 앞뒤로 재배하는 것이 있다."고 하였는데, 이 설이 아마도 합당할 듯하다. 【이상. 작은 일에 고하는 의식】

畢興, 主人再拜, 降復位. 餘並同. ○ 〖按〗 或曰: "告事之儀, 若是小事, 只焚香以告, 則只依出行時告禮, 而有先後再拜." 此說恐當. 【右小事告儀】

가례본주

○벼슬 받은 것을 고할 적의 축판祝版은 다음과 같다. "유維 『서경강의書經講義』 주註: 무릇 글에 연과 월을 쓸 때는 반드시 '유維'자로 시작한다. 년年 『비요備要』: 연호年號 몇 년[幾年]. 세歲 『비요』: 세차歲次 간지干支. 월月 『비요』: 며칠[幾月]. 삭朔 『비요』: 간지干支 삭朔. 일日에 『비요』: 며칠[幾日] 간지干支. ○『서경書經』 「무성武成」: 유維 10월 임진壬辰 방사백旁死魄(16일)을 지난 다음날 계사癸巳. 주註: '임진壬辰 방사백旁死魄'을 먼저 기록한 연후에 '계사癸巳'를 말한 것은, 후세에 '며칠[某日]'을 말할 때에 반드시 '아무 초하루[某朔]'를 먼저 말하는 것과 같다. ○퇴계가 말하였다. "옛사람은 초하루를 중시했으니, 초하루가 어긋나면 날

488 『퇴계집』 권39 「답정도가문목(答鄭道可問目)」.
489 『월당집(月塘集)』 별집 권2 「의례문해(疑禮問解) 하(下)」 '제례(祭禮)'.

이 모두 어긋나므로 반드시 표출하여 쓴 것이다."[490] 효자孝子 주자가 말하였다. "효자라고 일컫는 것은 예에 의거하여 또한 이와 같이 통칭하는 것이 있으나, '효자 아무개가 개자介子[491] 아무개로 하여금 그가 항상 하던 일을 집행하게 하였습니다.'라고 하는 등속과 같은 경우에는, 다만 각기 그 관계에 합당한 대로 고쳐 쓰는 것이 온당한 듯하다." ○남계가 말하였다. "이것은 단지 고하는 칭호만을 들어 예例로 보인 것으로, 그 자신의 칭호는 가장 높은 사람을 위주로 한다."[492] {아래 글을 보라.} 모관某官 아무개는 「곡례」: 사당[廟] 안에서는 휘諱[493]하지 않는다. 주註: 만일 고조에게 일이 있으면 증조 이하에게는 휘하지 않으니, 존尊이 둘이 될 수 없기 때문이다. 아랫사람에게는 윗사람을 휘한다. ○왕숙王肅이 말하였다. "축祝에는 군주의 이름을 휘하지 않는다." 감히[敢] 밝게[昭] 고합니다. 「사우례」 주註: 감敢은 '무릅쓰다[冒昧]'는 말이다. ○『운회』: 소昭는 밝다는 말이다. 감히 고故 『의절儀節』: 살펴보건대, 『가례』 구본舊本에는 고·증·조·고·비의 위에 모두 '황皇'자를 더하였으나 금본今本에는 고쳐서 '고故'로 되어 있다. '고故'자가 시속과 가까우나, '현顯'자를 쓰는 것만 못하다. 대개 '황皇'과 '현顯'은 모두 '밝음'이니 그 뜻이 서로 통한다. ○우암이 말하였다. "구본舊本의 『가례』에는 '황皇'자를 썼으나, '고故'자로 고쳐 쓴 데는 감히 모를 것이 있다."[494] ○ 〖우안〗 『주원양제록周元陽祭錄』에 "예에는 존중할 분을 모두 '황皇'이라고 칭하였으나, 오늘날은 '황皇'이라는 칭호를 피한다. '현顯'이라고 말하는 것이 옳다."라고 하였다. 또 한위공韓魏公의 위판位版(위패)에도 '현顯'자를 썼다. 그러니 '현顯'자를 사용한 유래도 오래되었다고 하겠다. 그러나 「제법祭法」을 살펴보건대, 현고顯考는 본래 고조高祖를 일컫는 것이니, 증조 이하를 칭하기에는 적합하지 않다. 황고皇考는 증조를 일컫는 것인데, '황皇'자는 또 통칭하는 말도 된다. 「사우례士虞禮」 기記에는 조부를 일컬어 황조皇祖라고 하고, 「사혼례士昏禮」에는 황구皇舅나 황고皇姑라고 하였다. 「곡례曲禮」에 이르기를 '왕부王父(조부)를 제사지낼 적에는 황조고皇祖考

490 『퇴계집』 권28 「답김백영부인가행부신돈서문목(答金伯榮富仁可行富信惇敍問目) 상례(喪禮)○을묘(乙卯)」.

491 개자(介子): 종자를 대신하여 일을 주관하는 자이다.

492 『남계집』 권38 「답성자장문(答成子章問) 가례(家禮)○기유정월십일(己酉正月十日)」.

493 휘(諱): 이름 글자를 그대로 들어서 말하지 아니하는 법도.

494 『송자대전』 권105 「답심명중(答沈明仲)」.

라고 하고, 왕모王母(조모)는 황조비皇祖妣라고 하며, 아버지는 황고皇考라고 하고, 어머니는 황비皇妣라고 하며, 남편은 황벽皇辟이라고 한다.'고 하였다. 주자도 아버지를 일컬어 황고皇考라고 하였다. 그러니 『가례』 구본舊本에 '황皇'자를 쓴 것이 옳았지만, 원元나라 대덕大德[495] 연간에 '황皇'자를 쓰는 것을 금지하였으므로 '현顯'자로 고쳤고, 『구의丘儀』도 그것을 따라 썼다. 그러나 『가례』의 '제주題主'조 및 시제時祭 이하의 축문에는 모두 '모친某親'이라고만 하고 모두 '황皇'자나 '고故'자를 사용하지 않았다. 그러므로 우암은 일찍이 말하기를 "예를 좋아하는 집안에서 원元나라의 제도를 싫어하여 『가례』 별본別本을 따라 단지 고비考妣라고 일컫는다." 고 하였다. 그래서 우암의 집안에서도 이 논설에 의거하여 다만 속칭屬稱만 썼다. '제주題主' 조와 더불어 참고하는 것이 마땅하다. 모친某親 모관某官·봉封·시諡 〖경호안설〗 예컨대 장준張浚은 벼슬이 승상이고, 위국공魏國公으로 책봉되었으며, 시호는 충헌공忠獻公이라는 것과 같은 종류이다. ○『운회韻會』: 시諡는 죽은 자의 행적을 서술하고 칭호를 세워 이로써 이름을 바꾸는 것이다. ○ 〖경호안설〗 시호諡號에 대한 설은 '제주題主'조에 상세히 보인다. 부군府君과 주자가 말하였다. "부군府君은 귀신을 높이는 말로써 관부官府의 군君과 같다. 지금 사람들도 아버지를 일러 가부家府라고 한다." 고故 모친某親 모봉某封 주자가 말하였다. "부인의 봉호는 모두 그 남편을 따르니, 만일 남편의 봉호[夫封]가 건안군建安郡이면 처는 건안군부인建安郡夫人에 봉해지고, 남편의 봉호가 진국秦國이면 처도 진국부인秦國夫人에 봉해진다. 숙인淑人이나 석인碩人, 의인宜人, 유인孺人과 같은 종류도 각각 그 남편의 관직에 따른다." 모씨에게. 남계南溪가 말하였다. "주자朱子는 '성姓은 총괄하는 큰 두뇌이고, 씨氏는 뒤에 오는 차례를 분별하는 것이다. 노魯나라는 본디 희姬성이었는데, 그 뒤 맹씨孟氏·계씨季氏가 있었다.'고 했다. 이로 보면 씨氏는 곧 남자를 일컫는 것인데, 지금은 오로지 부인을 일컫게 된 것은, 대개 남자는 후세에 공公이나 군君이라고 일컫는 사례가 있었으나, 부인에 대해서는 이러한 관습을 사용하지 않은 이유 때문이다."[496] 【止】 ○우암이 말하였다. "비위妣位에 단지 모씨某氏라고만 쓰고 관향貫鄕을 쓰지 않는 것은, 명정銘旌에서부터 신주,

495 대덕(大德): 원(元)나라 성종(成宗)의 연호. 1297-1307년.

496 『남계집』 권48 「답이태이문(答李泰而問) 기사삼월이십육일(己巳三月二十六日)」.

지석誌石, 석비石碑까지 모두 그러하다. 우리나라는 이씨李氏 성이 이씨 성에게 장가들고 김씨金氏 성이 김씨 성에게 장가를 들기 때문에, 부득이 관향을 써서 구별한다. 중국 사람이 한음漢陰 이덕형李德馨(1561-1613)의 부인 이씨李氏의 정문旌門을 보고 크게 놀라며 말하기를 '당신 나라는 비록 예의의 나라라고 이르지만 오히려 아직 오랑캐 풍속을 면치 못했다.'고 했다 한다. 현종顯宗이 일찍이 명령을 만들어 금지시켰다. 지금 들으니 시속의 무리들은 천신賤臣이 건의한 것이어서 사용하지 않는다고 한다. 그렇다면 관향을 쓰는 것은 장차 면할 수 없을 것이다."[497] 【이상. 성자姓字가 같은 비위妣位에 관향貫鄕을 쓰는 경우】

○告授官祝版云, "維『書經講義』註: 凡策書年月, 必以維字發之. 年『備要』: 年號幾年. 歲『備要』: 歲次干支. 月『備要』: 幾月. 朔『備要』: 干支朔. 日, 『備要』: 幾日干支. ○「武成」: '維十月壬辰旁死魄, 越翌日癸巳.' 註: 先記'壬辰旁死魄', 然後言'癸巳', 猶後世言'某日', 必先言'某朔'. ○退溪曰: "古人重朔, 朔差, 則日皆差, 故必表出而書之耳." 孝子 朱子曰: "孝子之稱, 據禮, 亦有如此通稱者, 如云'孝子某, 使介子某, 執其常事'之類, 但今當各以其屬書之, 似爲穩當." ○南溪曰: "此只擧告稱以見例, 其自稱以最尊者爲主. 見下文." 某官某「曲禮」: 廟中不諱. 註: 如有事於高祖, 則不諱曾祖以下, 尊無二也. 於下則諱上. ○王肅曰: "祝則名君不諱." 敢昭告于「士虞禮」註: 敢, 冒昧之辭. ○『韻會』: 昭, 明也. 故『儀節』: 按, 『家禮』舊本, 於高·曾·祖·考·妣上, 俱加'皇'字, 今本改作'故'字. '故'字近俗, 不如用'顯'字. 蓋皇與顯, 皆明也, 其義相通. ○尤菴曰: "舊本『家禮』用'皇'字, 而改用'故'字, 有所不敢知耳." ○〖愚按〗『周元陽祭錄』云, "禮稱所尊皆'皇', 今避'皇'之號. 言'顯'可也." 又韓魏公位版, 亦用'顯'字. 然則'顯'字之用流來, 亦久. 然考諸祭法, 顯考本是高祖之稱, 曾祖以下, 不宜稱之. 皇考是曾祖之稱, 而'皇'字又爲通稱之語. 「士虞」記, 稱祖曰皇祖, 「士昏禮」曰, 皇舅皇姑. 「曲禮」云, '祭王父, 曰皇祖考, 王母曰皇祖妣, 父曰皇考, 母曰皇妣, 夫曰皇辟.' 朱子亦稱父爲皇考. 然則『家禮』舊本之用'皇'字爲是, 而胡元大德年間, 禁用'皇'字, 故改'顯'字, 『丘儀』亦遵用之. 然『家禮』'題主'條及時祭以下祝文, 皆只稱某親, 而都不用'皇'字'故'字. 故尤菴嘗曰: "好禮之家, 嫌於胡元之制, 從『家禮』別本, 只稱考妣云." 而尤翁家, 亦依此論, 只書屬稱矣. 當與'題主'條參考. 某親某官封謚〖按〗如張浚官丞相, 封魏國, 謚忠獻公之類. ○『韻會』:

497 『송자대전』 권105 「답심명중(答沈明仲)」.

謚誄行, 立號以易名. ○ [按] 謚說詳見'題主'條. 府君 朱子曰: "府君是尊神之辭, 如官府之君. 今人亦謂父爲家府." 故某親某封 朱子曰: "婦人封號, 皆隨其夫, 如夫封建安郡, 則妻封建安郡夫人, 夫封秦國, 則妻亦封秦國夫人. 如淑人碩人宜人孺人之類, 亦各隨其夫官." 某氏, 南溪曰: "朱子曰, '姓是大摠腦處, 氏是後來次第分別. 如魯本姬姓, 其後有孟氏季氏.' 以此觀之, 氏乃男子之稱也, 今專爲婦人之稱者, 盖以男子, 則後世有稱公稱君之例, 而於婦人, 則不用此節之由耳." 【止】 ○尤菴曰: "妣位只書某氏, 而不書鄕貫, 自銘旌神主誌石石碑, 而皆然. 本朝則李姓娶李姓, 金姓娶金姓, 故不得已書鄕貫, 以別之. 中朝人, 見漢陰李公夫人李氏旌門, 大駭曰, '爾國雖云禮義之邦, 猶未免胡俗云.' 顯廟嘗爲掣令, 以禁之矣. 今聞時輩, 以賤臣之所建白, 而不用云. 然則鄕貫之書, 將不得免矣." 【右姓字同妣位書鄕貫】

가례본주

모는 모월 모일에 성은聖恩을 입어 모 관직에 임명되었는데, 선훈先訓을 받들어 모시어 녹과 지위[祿位]를 받게 된 것은 남겨주신 경사 때문입니다. 감격과 흠모하는 마음 이기지 못하겠기에 삼가 술과 과일을 차려 놓고 경건히[虔] 『운회』: 공恭의 뜻이다. 고합니다. 삼가 고합니다." 좌천되면 "아무 관직으로 좌천된 것은 선훈先訓을 함부로 떨어뜨린지라 황공하여 몸 둘 곳을 모르겠습니다."라고 하고, 『비요』: 만약 제부諸父나 제형諸兄의 경우는 '함부로 떨어뜨림[荒墜]' 이하를 다른 말로 고친다. '삼가' 이후는 같게 한다. 만약 아우나 아들이라면 곧 '모某의 아무[某] 아무개[某]'라고 말하고 구봉이 말하였다. "위의 모某는 주인이고, 다음의 모某는 항렬의 순서이며, 다음의 모某는 이름이다."[498] 나머지는 같다. 『요결要訣』: 과거에 급제했으면 "은혜를 입어 모 과거 몇 번째에 급제를 받았습니다. 선조의 가르침을 계승하여 외람되이 출신出身하게 되었는데 운운."이라 하고, 생원生員이나 진사進士에 입격入格하였음을 고할 때에는 "은혜를 입어 생원 혹 진사 제 몇 등으로 입격하고, 조선祖先의 가르침을 받들어 국상國庠(성균관)에 오르게 되었습니다. 운운."이라 하며, 만약 개자介子와 개손介孫의 일이라면 주인이 역시 고하는데, 그 말은 "개자介子 모某, 혹은 개자介子 아무

498 『구봉집』 권7 「가례주설(家禮註說) 일(一)」 '사당(祠堂)'.

개의 아들 아무개 운운."이라고 한다. 고사告辭를 마치면, 해당하는 사람이 두 계단 사이에 나아가 재배한다. 해당하는 사람이 절할 때 주인은 서향하여 선다.

某以某月某日, 蒙恩授某官, 奉承先訓, 獲霑祿位, 餘慶所及, 不勝感慕. 謹以酒果, 用伸虔『韻會』: 恭也. 告. 謹告." 貶降, 則言"貶某官, 荒墜先訓, 皇恐無地."『備要』: 若諸父諸兄, 則'荒墜'以下, 改以他語. '謹'以後同. 若弟子, 則言'某之某某', 龜峯曰: "上某主人, 次某行第, 次某名也. 餘同. 『要訣』: 及第則曰, "蒙恩, 授某科某第及第. 奉承先訓, 獲忝出身云云." 告生進入格則曰, "蒙恩, 授生員或進士, 某第入格. 奉承先訓, 獲升國庠云云." 若介子孫之事, 則主人亦告, 其辭曰, "介子某, 或介子某之子某云云." 告畢, 當身進于兩階間再拜. 當身拜時, 主人西向立.

가례본주

○추증追贈을 고할 적에는 단지 추증된 감실에만 고하는데, 우암이 말하였다. "술과 과일은 단지 고하는 감실에만 진설한다."499 【止】 ○남계가 말하였다. "선조先祖에게 내리는 시호를 맞이하는 한 절차도 묘소의 막차에서 행하여야 한다는 말씀을 전에 들었는데, 내 생각도 일찍이 이와 같았으나, 어떤 이는 종가에 신위를 설치하고 행하는 것이 마땅하다고 한다."500 【이상. 신주를 묻은 뒤에 시호를 맞이하고[延諡] 분황焚黃하는 절차】

○告追贈, 則只告所贈之龕, 尤菴曰: "酒果, 只設於所告之龕矣." 【止】 ○南溪曰: "先祖延諡一節, 前承當行於墓次, 惟鄙意亦嘗如此矣. 或者以爲當於宗家設位而行." 【右埋主後延諡焚黃之節】

가례본주

따로 감실龕室 앞에 향탁香卓을 설치하고 〖경호안설〗 분황焚黃501을 하면 여기에는 마땅히 "먼저 글씨를 잘 쓰는 사람에게 명하여 황지黃紙로 제서制書 1통을 기록하게 하여, 소반에 담아 향안香案 위 정중앙에 놓는다."는 한 절차가 있어야 한다. 또 그 동쪽에도 1개의 탁자를 설치하고, 맑은 물 · 〖경호안설〗 예전 글자를 씻어 제거하는데 쓴다. 분잔粉盞 · 〖경호안설〗 곧 이분泥粉을 담는 그릇이다. 솔[刷子]과 『운회』: 솰刷은 수數와 괄刮

499 『송자대전』 권86 「답민사앙(答閔士昂)」.

500 『남계집』 외집 권3 「답송우재(答宋尤齋) 신유사월칠일(辛酉四月七日)」.

501 분황(焚黃): 망자의 사후에 관직을 추증 받아 신위에 고하는 절차이다.

의 반절이다. ○『회성會成』: 이는 물에 담가 예전 글자를 씻는 도구이다. 벼루 · 먹 · 붓을 ○『비요』: 분粉, 아교[鹿角膠], 속새풀[木賊]을 보충한다. 그 위에 놓으며, 그 나머지는 모두 같다. 다만 축판에는 "모월 모일에 제서制書를 받들어보니 『사기』 주註: 제왕이 법도를 제정하는 명령이니, 그 글을 '제制'라 한다. ○『비요』: 살피건대, '제制'자는 우리나라는 감히 사용하지 않기 때문에 '교敎'자로 바꾸는 것이 마땅하다. ○우암이 말하였다. "교지敎旨 앞에서 절하는 예는 『오례의五禮儀』에 의거하여 행하는 것이 무방하다."[502] 고故 모친某親에게 모 관직을 추증하고[贈], 『의절儀節』: 만약 다시 추증하면 '증贈'자 위에 '가加'자를 더한다. 고故 모친某親에게 모봉某封을 추증하셨습니다. 모某가 『비요』: 만약 아우나 아들이면, 위를 보라. 선조의 훈계를 받들어 계승하여 외람되이 조정에 벼슬하였기에, 『의절』: 만약 외관外官(지방관)이면 고쳐서 '외람되이 녹이 있는 지위를 받아[叨有祿位]'라고 한다. 공경히 은혜로운 경사를 받들어 이러한 포증褒贈이 있게 되었습니다. 녹을 받아도 봉양할 길이 없으니 안타깝고 목이 메어 견디기 어렵습니다."라고 한다. 『의절』: 선조의 훈계를 받들어 계승하여 외람되이 조정에 녹을 받았사온데, 우러러 황은皇恩을 입어 낳아주신 분에게까지 은혜를 미치시니, {『비요』와 『대전』에는 '은혜로운 경사를 입어 녜묘에 추증의 영광을 얻게 하였으니[獲被恩慶, 追榮禰廟]'라고 되어 있다.} 이에 모월 모일의 고명誥命에 { 〖경호안설〗 '고誥'자는 우리나라는 감히 사용하지 않기 때문에 교지敎旨로 바꾸는 것이 마땅하다.} 고考를 모 관직에, 비妣를 모봉에 추증하도록 하였습니다. 생각건대 음성과 모습이 날로 멀어져 뒤미처 봉양할 길이 없었는데, 삼가 명서命書를 받드니 한편으로는 기쁘고 한편으로는 슬픕니다. 공경히 베껴 써서 불사름에 슬픔의 눈물[哀隕]이 더욱 더합니다. '삼가' 이후는 같다. 만약 어떤 일로 인하여 특별히 추증된 것이라면 별도로 글을 지어서 그 뜻을 서술한다.

주자의 「분황문焚黃文」: 공경히 생각건대 선군先君께서는 천부의 바탕이 특이하여, 효도와 우애의 행실은 옛 군자를 넉넉히 이었고, 고아高雅하고 웅건한 문장은 옛 작가를 추종하였으나, 작

502 『송자대전』 권106 「답최선여(答崔善餘) 정미(丁未)」.

위와 수명이 맞지 않아 중도에 운명하셨습니다. 선군께서 남기신 은혜가 저희 후손에게 베풀어져, 외람되이 은총의 녹과 추증의 영광을 받았는데, 칠명七命[503]으로 비로소 시종侍從의 반열에 오르게 되어, 선부인先夫人께서도 아름다운 명호[顯號]를 받으시게 되었으니 두터운 덕에 대한 보답이 여기에 있는 것이 아니겠습니까? 아울러 황제께서 명을 내려 조서를 내려 찬양하는 글을 지어 각별히 표창하도록 하였는바, 예전의 전례에 비추어볼 때 특별한 총애가 더한 것입니다. 생각하면 음성과 모습은 날로 희미하고 달로 멀어져, 나를 낳아주신 노고를 뒤미처 봉양할 길이 없습니다. 삼가 명서命書를 받들어 술잔을 놓고 고유하니 눈물이 흐르고 목이 메여 말할 바를 알지 못하겠습니다. 흠향하시기 바랍니다. ○희熹는 남기신 훈계에 힘입어 외람되이 조정에서 벼슬하였고 은혜로운 경사를 받아 녜묘禰廟에 추증의 영광을 얻은 지가 또한 몇 년이 되었으나, 근자에 당파에 연루되어 금고 폐기됨에 근심과 두려움이 너무 심하여, 그 때문에 지금에야 비로소 삼가 명서命書를 받들고 침묘寢廟에 고유하나이다. 생각건대 우리 황고께서는 고금을 환히 꿰뚫어 보시니 아무런 유감의 정이 없을 것입니다. 오르내림에 있어서 마치 실제로 임해 계신 듯한 바, 존령께서는 바라건대 이를 흠향하시고 훌륭하신 명을 크게 드러내옵소서. 돌아보건대 희熹는 쇠퇴하여 나이가 퇴직할 때에 닥쳤는데, 우리 황고皇考로 하여금 아직 높은 품계에 오르게 하지 못했고, 선부인先夫人께도 아직 소군小君의 명호를 바로 정해 드리지 못했습니다. 부모님의 은혜에 대한 보답[流根之報]은 다시 뒤를 기약할 길이 없습니다. 기나긴 생각이 여기에 미치니 원통함이 어찌 끝이 있겠습니까? 우러러 사랑으로 비호함[慈廕]을 생각하고 굽어 소자의 충심을 살피시어, 후인들에게 불일간에 창대昌大하도록 길을 열어 주십시오. 희熹가 은혜로운 영령을 우러러 보며 감격과 사모하는 마음으로 목멤을 견딜 수 없습니다. 삼가 고유하나이다. ○「벼슬을 추증하여 황고에게 고하는 글[贈官告皇考文]」: 지난해에 천자께서 태단泰壇에서 제사지내자 상제上帝가 내려와 흠향하고 복으로 밝게 화답하시니, 경사스럽게 내리신 은택이 만방에 미쳤습니다. 내외의 산 자와 죽은 자들이 모두 은택을 입게 되었는데, 모某의 관명과 관직이 내조內朝에 들어 있다고 하여 조서[制書]를 내리시어 녜묘禰廟를 빛나

503 칠명(七命): 『주례(周禮)』 춘관(春官) 「종백(宗伯)」 '전명(典命)'에 "후작이나 백작은 칠명(七命)으로써 하고, 국가와 궁실과 수레와 국기와 의복과 예의는 다 칠(七)로써 절을 삼는다[侯伯七命 其國家宮室車旗衣服禮儀 皆以七爲節]."고 하였다.

도록 하셨습니다. 돌이켜 생각건대 어버이를 잃고 보잘것없는 저[孤藐]가 봉록이 어버이에게 미치지 못했는데, 경건히 밝은 은혜를 받드니 더욱 깊이 슬프고 그립습니다. 이에 재계[齋祓]하고 침정寢庭에 고유하오니, 공경히 생각건대 신령께서 이 밝고 아름다운 명령[休顯]을 받으십시오. 희熹가 비록 불초하오나 감히 경건하고 공손하지 아니하오리까? 효성스럽고 충성스럽게 하여 혹시라도 명예를 실추시키지는 않으리니, 계속하여 포상이 있으면 바라건대 아름답게 여기셔서 그 후인들이 영세토록 이어가도록 비호 하옵소서. ○얼마 전에 천자께서 처음 교제郊祭를 지내고 천하[寓內]에 경사를 베푸시니, 희熹의 관직과 벼슬이 대부의 반열에 있는지라 나의 죽은 아내에게 명호名號를 더해 줌이 있었소. 공손히 조서[制書]를 받들고, 굽어보고 우러러보며 애도하고 탄식하나니, 오직 당신에게 신령스러움이 있다면 바라건대 아름답게 여기시오. 삼가 고하오. ○우암이 「남을 대신하여 지은 고유문[代人製告文]」에 말하였다. "모년 모월 모일에 온 고을의 사람들이 함께 군수에게 부군府君의 효행을 천거하자, 군수는 방백方伯에게 보고하고 방백은 다시 주상主上께 상주했습니다. 성스러운 주상께서는 해당 관청에 그 일을 하명하시고, 해당 관청에서는 거듭 관직 품계를 추증하여 정포旌褒(포상하기)를 계청啓請하니, 그대로 하라는 하명에 따라 모년 모월 모일에 모관을 특별히 추증하였습니다. 가만히 생각건대 부군의 효성과 지극한 행실은 옛사람에게 부끄러움이 없으셨으나, 보잘 것 없는 고아[藐孤]가 잔약하고 용렬하여 드러내어 선양하지 못하여서 매몰되어 알려지지 못할까 크게 걱정했는데, 다행히 고을의 품평에서 빠뜨리지 않고 숨은 아름다움[潛懿]을 들추어내었습니다. 마침 이렇게 임금께서 효성으로 다스리는 날[孝理之日]을 당하여 마침내 추증의 영광된 은전을 입어, 위로는 선조의 덕을 영광스럽게 할 수 있고 아래로는 후손들을 감싸고 비호할 수 있어, 참으로 큰 행운을 이기지 못하겠습니다. 지금 내리신 고명誥命에 따라 신주를 개제改題하고 분황焚黃의 의식을 펴니, 눈물이 흐르고 목이 메여 고할 바를 알지 못하겠습니다. 삼과 술과 과일로써 운운." 고하는 일이 끝나면 재배한다. 〖경호안설〗 분황焚黃을 하면 이 아래에는 아마도 '주인이 자리에 돌아와 꿇어앉는다. 이하 모두 꿇어앉는다. 축은 동쪽을 향하여 서서, 제서를 펼쳐 읽고[宣制書]'라는 한 절차가 있어야 마땅할 듯하다. 대개 『의절儀節』에는 '선제宣制'가 '개제改題'의 뒤에 있는데, 아마도 '독축讀祝'의 뒤에 있는 것만 못하다. 또한 『의절』의 분황焚黃과 삼헌三獻의 의식에는 '선제宣制'가 또한 '독축讀祝'의 뒤에 있다. 주인이 나아가 신주를 받들어 탁자 위에 놓으면 우암이 말하였다. "개제改題할 때의 그 술과 과일은 걷지 않고 그대로 진설하는 것이 마땅할 듯하다."[504] 집사자執事者는 예전 글자를 씻어 버리고 『회성會成』에는 '솔을 물에 담가 씻는다[刷蘸水洗之].'는 내용이 있다. ○『한위공제식韓魏公祭式』: 추증하면 속새풀로 예전 글자를 문질러 없애고 나서 개제한다. 달리 분을 칠하고 〖경호안설〗 시속 방식[俗方]으로는 붓 2자루를 가지고 먹을 제거하고 분을 문질러 바르는데 극히 편리하고 좋다. 새 붓이면 더욱 좋다. 마르기를 기다려, 글씨를 잘 쓰는 사람에게 명하여 추증된 관官·봉封을 퇴계가 말하였다. "우리나라 풍속에 증직贈職을 먼저 쓰는 것은 나라의 은혜를 우선하는 뜻이다. 그러나 관직의 높고 낮음과 일의 선후가 모두 도치되었다. 변경하여 옛 법도를 따르고자 하지만 그러지 못하였다."[505] ○우암이 말하였다. "『주자대전』에는 실직實職을 먼저 썼다.[506] 또한 모두 군주의 은혜이나, 실직에 있은 것이 먼저이므로 이것을 먼저 쓰는 것이 옳을 듯하다."[507] ○수암遂菴이 말하였다. "글자 수가 매우 많다면 두 줄로 쓰더라도 무슨 장애가 있겠는가? 세상에는 이렇게 하는 자가 많다."[508] 개제改題하되, 『비요』: 손을 씻고 서쪽을 향하여 서서 개제改題한다. 함중陷中은 고쳐 쓰지 않는다. 씻은 물은 〖경호안설〗 곧 예전 글자를 씻어서 제거한 물이다. 사당의 사방 벽에 뿌린다. 이천伊川의 신주 법식에는, '붓으로 씻고 고친다.'는 주註에 '물을 사당의 담장[廟墻]에 뿌린다.'고 했다. 주인이 신주를 모셔다가 예전 자리에 놓고는 ○『비요』: 길제吉祭에는 여러 신위도 앞과 같이 개제하여 부위祔位까지 한다. 내려와 자기 위치로 돌아가며 〖경호안설〗 분황焚黃에는 축祝이 기록한 황지黃紙와 축문을 불사른다. 그 뒤는 같다. ○『의절儀節』: 분황의식 하루 전에 재계하며 자고, 그 날 일찍 일어나 추증된 신주독櫝 앞에 찻잔과 술잔, 과일, 포를 진설한다. 먼저 글씨를 잘 쓰는 사람에게 명하여 황지黃紙

504 『송자대전』 권122 「답혹인(答或人)」.
505 『퇴계집』 속집 권3 「답노이재문목(答盧伊齋問目)」.
506 『송자대전』 권87 「답윤체원복원(答尹體元復元) 신해삼월이십일일(辛亥三月二十一日)」.
507 『송자대전』 권30 「여송명보(與宋明甫)」.
508 『한수재집』 권16 「답채조응(答蔡祖應)」.

에 제서制書 1통을 기록하게 하여, 소반에 담아 향안香案 위 정중앙에 놓는다. 차례로 서서 손을 씻어 수건에 닦고는 독櫝을 열고 신주를 꺼내며, 다시 자리로 돌아와 향안 앞에 나아가 꿇어 앉아 분향한다. 주인은 스스로 고하기를 "효남孝男 모某는 삼가 제서制書를 받들고 보니, 현고顯考 모관某官 부군에게 모관某官을 추증하고, 비妣 모봉 모씨에게 모봉某封을 추증하였기에, 감히 신주를 개제하기를 청합니다."라고 하고는 재배한다. 주인은 신주를 받들어 탁자 위에 두고, 집사자는 예전 글자를 씻어 없애고 백분을 바르고, 마르기를 기다려 글씨를 잘 쓰는 사람에게 신주를 쓰도록 명하고, 주인은 받들어 독櫝 앞에 두고 자리로 돌아온다. 강신하여 재배하고 자리로 돌아와서, 참신하면서 주인 이하 모두 재배한다. 주인은 신위 앞에 나아가 제주祭酒하여 술을 올리고, 재배한 다음, 주인 이하는 모두 꿇어앉아 축을 읽고, 재배하고, 주인은 다시 자리로 돌아와 꿇어앉는다. 이하 모두 꿇어앉는다. 축은 동향하여 서서 제서制書를 펼쳐 읽고, 마치면 부복했다가 일어난다. 집사자는 베껴 쓴 제서 황지黃紙를 받들고 향안香案 앞에 나아가서 축문과 함께 불사른다. 마치면 사신辭神으로 모두 재배하고, 신주를 받들어 독에 넣는다. 이것은 관직에 있으면서 거행하는 자이다. 만약 분황하여 고유하겠다고 청하여 공손히 은혜로운 명령을 받들어 천리의 머나먼 고향으로 돌아온다면 부모를 영광되게 하는 일인데, 행하는 예가 일헌一獻으로 그치는 것은 너무 간단하지 않겠는가? 시제時祭의 예에 준하여 행한다. ○『비요』: 『구의丘儀』가 자세한 듯하다. ○우암이 말하였다. "분황과 시사時祀는 각각 하나의 일이니, 다음날 시사時祀를 행하는 것이 옳다. 일찍이 신독재 집에서 보았더니 또한 그러하였다."[509] ○개제改題의 의식에 한결같이 『가례』의 절차를 사용함에는 다시 의심할 것이 없다. 다만 세속에서는 성대한 은전[盛典]이 내렸는데 단지 작은 제사를 행하는 것을 너무 소략하다고 여겨, 혹 다음날 거듭 성대한 제사를 행하고, 그대로 종족宗族과 더불어 술자리를 베푸는데, 비록 바른 예는 아니더라도 혹 풍속을 따르는 한 방법이 아니겠는가?[510] 【止】

別設香卓於龕前, 〚按〛 焚黃, 則此當有"先命善書者, 以黃紙錄制書一通, 以盤盛, 置香案上正中"一節. 又設一卓於其東, 置淨水 〚按〛 用以洗去舊字. 粉盞 〚按〛 卽泥粉器. 刷子 『韻會』: 刷數刮切.

509 『송자대전』 권106 「답최선여(答崔善餘) 정미(丁未)」.
510 『송자대전』 권116 「답정유홍(答鄭維訌)」.

○『會成』: 是醮水, 洗舊字之具. 硯墨筆 ○『備要』: 補粉鹿角膠木賊. 於其上, 餘並同. 但祝版云“奉某月某日制書, 『史記』註: 帝者制度之命, 其文曰制. ○『備要』: 按, ‘制’字, 我國不敢用, 當易以‘敎’字. ○尤菴曰: “敎旨前拜禮, 依『五禮儀』行之, 無妨.” 贈故某親某官, 『儀節』: 如再贈, 則於‘贈’字上, 加‘加’字. 故某親某封. 某『備要』: 若弟子, 則見上. 奉承先訓, 竊位于朝, 『儀節』: 如外官, 則改爲‘叨有祿位’. 祇奉恩慶, 有此褒贈. 祿不及養, 摧咽難勝.” 『儀節』: 奉承先訓, 竊祿于朝, 仰荷皇仁, 推恩所生, {『備要』·『大全』, ‘獲被恩慶, 追榮禰廟.’} 乃某月某日誥, {〖按〗 ‘誥’字, 我國不敢用, 當易以敎旨.} 贈考爲某官, 妣爲某封. 惟是音容日遠, 追養靡從, 祇奉命書, 且喜且悲. 敬錄以焚, 益增哀隕. 謹以後同. 若因事特贈, 則別爲文, 以敍其意. 朱子「焚黃文」: 恭惟先君, 天賦異質, 孝友之行, 足繼前修, 雅健之文, 追古作者. 爵壽不稱, 隕於半途. 施及後人, 叨被寵祿. 追榮七命, 始列從班 而先夫人, 亦膺顯號, 厚德之報, 不其在玆? 並命帝庭, 璽封霞檢, 贊辭褒異, 視昔有加. 惟是音容, 日荒月遠, 生我勞悴, 追養靡從. 祇奉命書, 舍爵以告, 涕泗摧咽, 不知所云. 尙饗. ○熹賴遺訓, 竊祿于朝, 獲被恩慶, 追榮禰廟, 亦有年矣, 比以鉤黨廢痼, 憂畏過甚, 以故及今, 始克祇奉命書, 以告于寢廟. 惟我皇考, 洞視古今, 靡有遺情. 陟降如存, 尙克歆此, 丕顯休命. 顧熹衰頹, 年迫告休, 使我皇考未躋品, 而先夫人, 亦未克正小君之號. 流根之報, 無復後期. 永念及玆, 痛恨何極? 仰惟慈廕, 俯鑑愚衷, 尙啓後人, 不日昌大. 熹瞻望恩靈, 不勝感慕摧咽之至. 謹告. ○「贈官告皇考文」: 往歲天子用泰壇, 上帝降歆, 福祚昭答, 慶賜之澤, 覃及萬方. 中外幽明, 罔不咸賴, 謂某名秩, 有列內朝, 降以制書, 賁其禰廟. 顧念孤藐, 祿不逮親, 祇奉明恩, 益深哀慕. 玆用齊祓, 致告寢庭, 欽惟神靈, 服此休顯. 熹雖不肖, 敢不敬恭. 惟孝惟忠, 無或荒墜. 嗣有褒賜, 尙克嘉之, 覆其後人, 延于永世. ○日者天子始郊, 肹慶寓內, 熹以職秩, 得從大夫之後, 故我亡室錫號有加. 恭奉制書, 俯仰悼歎. 惟爾有靈, 尙克嘉之. 謹告. ○尤菴「代人製告文」曰: “某年月日, 一鄕之人, 共擧府君孝行于郡庭, 郡守申于方伯, 方伯轉以上聞. 聖上下其事于該曹, 該曹覆啓請贈官階以旌之, 因命如章, 某年月日, 特贈某官. 竊以府君誠孝至行, 無愧古人. 而藐孤孱劣, 不能顯揚, 大懼堙没於無聞, 幸以鄕評不泯, 克闡潛懿. 適玆孝理之日, 竟蒙追榮之典, 上可以光飾先德, 下可以覆庇後昆, 誠不勝大幸. 今將所下誥命, 改題神主, 以展焚黃之儀, 涕泗摧咽, 不知所告. 謹以酒果, 云云.” 告畢再拜. 〖按〗 焚黃, 則此下恐當有‘主人復位跪. 以下皆跪. 祝東面立, 宣制書’一節. 盖『儀節』則宣制在改題後, 而恐不若在讀祝後. 且『儀節』焚黃獻儀, 則宣制亦在讀祝後矣. 主人進, 奉主置卓上,尤菴曰: "改題時, 其酒果, 似當仍設不徹." 執事者洗去舊字, 『會成』: 有刷, 蘸水洗之. ○『韓魏公祭式』: 追贈, 則以木賊草揩去舊字, 而改題之. 別塗以粉, 〖按〗 俗方以筆二柄去墨, 而抹粉塗之, 則極便好. 新筆尤佳. 俟乾, 命善書者, 改題『備要』: 盥水西向立, 改題之. 所贈官封 退溪曰: "東俗先書贈職, 先國恩之意也. 然官之高下, 事之先後, 皆倒置. 欲變以從古, 未果也." ○尤菴曰: "『朱子大全』先書實職. 且俱是君恩, 而實職居先, 以此先書, 似宜." ○遂菴曰: "字數甚多, 則書兩行, 何妨? 世多有如此者." 陷中不改. 洗水 〖按〗 卽洗去舊字之水. 以灑祠堂之四壁. 伊川主式, '筆滌而更之'註, '水以灑廟墻.' 主人奉主置故處, ○『備要』: 吉祭則改題諸位, 如前, 以及祔位. 乃降復位, 〖按〗 焚黃, 則祝焚所錄黃紙及祝文. 後同. ○『儀節』: 焚黃儀前一日齊宿, 其日夙興, 設茶酒盞果脯於所贈主櫝前. 先命善書者, 以黃紙錄制書一通, 以盤盛置香案上正中. 序立盥帨, 啓櫝出主, 復位, 詣香案前, 跪焚香. 主人自告曰: "孝男某, 祇奉制書, 追贈顯考某官府君爲某官, 妣某封某氏爲某封, 敢請神主改題." 再拜, 主人奉主置于卓上, 執事者洗去舊字, 塗粉俟乾, 命善書者題, 主人奉置櫝前復位. 降神. 再拜復位. 叅神. 主人以下, 皆再拜. 主人詣神位前祭酒, 奠酒, 再拜. 主人以下皆跪, 讀祝, 再拜, 主人復位跪. 以下皆跪. 祝東向立宣制書, 畢俯伏興. 執事者, 奉所錄制書黃紙, 卽香案前, 並祝文焚之. 畢辭神. 皆再拜, 奉主入櫝. 此在官行之者, 若請告焚黃, 則恭奉恩命, 千里還鄕, 光榮父母, 而所行之禮, 止於一獻, 無乃太簡乎? 準時祭禮爲之. ○『備要』: 『丘儀』似詳悉. ○尤菴曰: "焚黃與時祀, 各是一事, 翌日行時祀, 是矣. 曾見愼齋家, 亦然矣." ○改題之儀, 一用『家禮』, 則更無可疑. 但世俗以盛典之下, 只小行小祀爲太略, 或於翌日仍行盛祭, 因與宗族設酌, 雖非禮之正, 亦或從俗之一道否? 【止】

본주논증

○『의절儀節』: 기일에 앞서 재계하고, 희생을 살피고, 신위를 설치하고, 제기祭器를 진설한다. 이날 일찍 일어나 사당에 나아가 분향하고, 신주에게 청하기를 "지금 아들 모가 조정에 벼슬하여 고비考妣에게 추증하여, 분황하여 고하기를 청하니, 감히 현고 모관 부군과 현비 모봉 모씨의 신주가 정침으로 나오셔서 제사를 받기를 청합니다." 하고는, 신주를 받들고 정침에 이르러 신위를 봉안하고 차례로 서서 참신한다. 강신한다. 찬을 드린다. 초헌初獻을 하고, 모두 꿇어앉아 축을 읽는다. 마치면 예생禮生 한 사람이 향안 앞에 서서 동면하여 제사制詞를 읽고, 마치면 부복俯伏하고 일어났다가 재배하고 자리로 돌아간다. 아헌亞獻한다. 종헌終獻한다.

유식侑食[511]한다. 문을 닫는다. 문을 연다. 차를 올린다. 향안 앞에서 분황하는데, 축문을 아울러 불사른다. 사신辭神하고 예를 끝낸다. 【이상. 분황焚黃은 시제時祭에 준함】

○『儀節』: 先期齊戒, 省牲, 設位, 陳器. 是日夙興, 詣祠堂焚香, 請主曰: "今以子某, 列官于朝, 追贈考妣, 請告焚黃, 敢請顯考某官府君, 顯妣某封某氏神主, 出就正寢, 恭伸祭告." 捧主至正寢, 安于座序立. 參神. 降神. 進饌. 初獻. 皆跪. 讀祝. 畢禮生一人, 立香案前東面讀制詞, 畢俯伏興, 再拜復位. 亞獻. 終獻. 侑食. 闔門. 啓門. 獻茶. 焚黃於香案前, 並祝文焚之. 辭神禮畢. 【右焚黃準時祭】

본주논증

○묻기를 "조선祖先의 추증을 받게 한 사람이 아직 미처 분황하기 전에 죽었다면, 신주를 개제하는 고사에 말을 어떻게 놓아야 하는가?"라고 하자, 남계가 대답하였다. "산 사람의 이름으로 죽은 사람의 일을 고하고, 단지 추후에 분황을 거행하는 뜻을 말함이 마땅하니, 어찌 의심할 것이 있겠는가?"[512] 【이상. 추후에 분황焚黃을 거행함】

○問: "追贈祖先者, 未及焚黃而死, 則改題主告辭, 當如何措語耶?" 南溪曰: "以生者名, 告死者事, 只當言追擧焚黃之意, 豈有所疑?" 【右追行焚黃】

본주논증

○묻기를 "증조에게 시호를 내리는 은전이 종손宗孫을 장사지내기 전에 내려오면, 사당 안의 주인은 누가 해야 하는가? 분황焚黃하고 개제改題하는 것은 부득이 초상 안에 해야 하는데, 손자 아이의 이름으로 방제旁題[513]하여 증조를 고조로 한다면, 증조비의 신주도 개제해야 하는가? 이하의 신주들도 혹 이로 인하여 개제하는가?"라고 하자, 여헌旅軒이 대답하였다. "지손支孫 중 가장 연장자가 섭주攝主[514]하되, 그 일을 어찌 중지할 수 있겠는가? 그 나머지 신주는 뒤를 기다려 개제하는 것이 또한 혹 마땅할 듯하다."[515] ○묻기를 "길제吉祭의 개제改題 전에 영광스런 추증의 은혜로운 고명誥命이 비록 내렸더라도, 제사할 때의 축사祝辭 중에 추증된 직함을

511 유식(侑食): 제례에서 종헌이 끝나고 신에게 음식을 권하는 절차를 말한다.

512 『남계집』 외집 권7 「답이유룡지로문(答李猶龍之老問) 상례(喪禮)○임자십일월팔일(壬子十一月八日)」.

513 방제(旁題): 제주(題主)할 때 신주에 쓰는 주사(主祀; 제사를 주관하는 자)의 이름, 또는 그 이름을 새기는 행위. '효자모봉사(孝子某奉祀)' 따위를 말한다. 대개는 망자의 적장자(嫡長子)의 이름으로 방제하는 것이 일반적이다.

514 섭주(攝主): 제사를 주관할 주인이 사망하거나 변고가 생겨서 제사를 주관하지 못하게 되었을 때 임시로 제사를 주관하는 사람을 말한다.

515 『여헌집』 권5 「답노형필(答盧亨弼)」.

쓸 수 없는가?"라고 하자, 도암陶菴이 대답하였다. "특별한 은총의 발탁은 이미 남다른 은혜이니 사유를 갖추어 사당에 고해야 할 듯하다. 사당에 고한 뒤라면 비록 미처 개제하지 않았더라도 제사 때에 축문 중에 추증된 직함을 쓰는 것이 불가함이 없을 듯하다. 그리고 먼저 개제하는 것은 아마도 도리가 되지 못할 듯하다."[516] ○ 〖우안〗 고례古禮에는 장사로 인하여 시호를 내리면 상중에 분황하는 것이 본디 바른 예였다. 이에 의거하면 조선祖先의 분황을 종손의 상중에 행하는 것은 불가함이 없을 듯하다. 또한 시호를 내리거나 관직을 추증하는 데는 아마도 다름이 없을 듯하다. 어떤 이가 시호를 내림에는 분황이 없다고 한 것은 잘못이다. 부주附註에 주자가 분황을 논하면서 한위공韓魏公의 증시贈諡를 아울러 거론한 것에 의거하면 알 수 있다. 다만 개제改題가 이미 종손을 장사지내기 전에 있다면 산 자를 섬기는 의리가 매우 중요하니, 어찌 갑자기 세대를 바꾸는 체천遞遷의 예를 행하여, 고자孤子의 이름으로 방제旁題하여 증조를 고조라 하겠는가? 아마도 예전대로 증조라고 칭하되 짐짓 방주旁註에 쓰지 않고, 상을 마치기를 기다렸다가 개제하는 것이 마땅할 듯하다. 방주를 쓰지 않는 것은 종손이 초종初終 때에 이미 사당에 상을 고했기 때문이다. 그러나 예전대로 망자亡者의 이름을 방주에 쓰는 것도 어찌 해가 되겠는가? 대개 이 개제는 단지 추증된 직함을 쓰기 위해서이기 때문이다. 대개 세속에서 분황할 적에 술자리를 마련하여 경사를 축하하는 것을 일삼으므로 상중에 행해서는 안 된다고 여기게 되었다. 그러나 은혜로운 고명誥命이 내려오면 반드시 곧바로 개제를 행해야 하고, 제사지낼 때 축사祝辭는 바야흐로 추증된 직함을 써야 한다. 비록 개제를 행했더라도 이미 세대를 바꾸는 체천의 일이 없다면 상중에 개제하는 것이 어찌 불가함이 있겠는가? 그러나 도암陶菴이 이미 '도리가 되지 못한다.'고 여겼으니, 내가 또한 어찌 감히 대놓고 말하겠는가?【이상. 상중에 분황함】

○問: "曾祖易名之典, 將至於宗孫未葬之前, 廟中主人, 誰可爲之? 焚黃改題, 不可已於喪內, 而旁題以孫兒之名, 曾祖爲高祖, 則曾祖妣神主, 亦可改題耶? 以下神主, 或因是改題耶?" 旅軒曰: "支孫最長者攝主, 其事何可已也? 其餘神主, 待後改題, 亦或宜耶. ○問: "吉祭改題之前, 榮贈恩誥, 雖下, 祭時祝辭中,

516 『도암집』 권9 「답윤계형양래문목(答尹季亨陽來問目) 신유(辛酉)」.

追贈職銜, 不可書耶?" 陶菴曰: "寵擢旣係異恩, 似已具由告廟矣. 告廟之後, 則雖未及改題, 祭祀時, 祝文中書以贈銜, 似無不可. 而至於先爲改題, 恐不成道理." ○ 〖愚按〗 古禮因葬而賜諡, 則喪中焚黃, 自是正禮. 據此, 祖先焚黃, 恐亦無不可行. 於宗孫喪中, 且贈諡贈職, 恐無異同. 或言贈諡無焚黃者, 誤矣. 據附註朱子論焚黃, 幷擧韓魏公贈諡, 可知矣. 但改題旣在宗孫葬前, 則事生之義甚重, 豈可遽行易世遞遷之禮, 以孤子名旁題, 而以曾祖爲高祖耶? 恐當依舊稱曾祖, 而姑不書旁註, 以待喪畢, 改題矣. 其不書旁註者, 以宗孫初終, 已告喪於廟中也. 然依舊以亡者名書旁註, 亦何害? 蓋以此改題, 只爲書贈銜, 故也. 大抵世俗焚黃, 多以設酌稱慶爲事, 故認以爲不可行於喪中. 然恩誥之下, 必須卽行改題, 祭時祝辭, 方可書贈銜也. 雖行改題, 旣無易世遞遷之事, 則喪中改題, 有何不可? 然陶菴旣以爲不成道理, 則愚亦何敢質言? 【右喪中焚黃】

가례본주

○주인이 적장자를 낳아 달이 차면 남계가 말하였다. "살피건대, 『예기』 「내칙」에는 '자식이 태어나면 석 달 만에 아비를 본다.'고 했고, 『제식祭式』에도 '자식을 낳으면 석 달 뒤 시향時享을 만나 고한다.'고 했는데, '달이 찼다.'는 것은 석 달이 찬 것인 듯하다." ○우암이 말하였다. "'달이 찼다.'는 것은 날수가 한 달에 찼음을 말한다."[517] 앞 의식대로 뵙되, 『의절儀節』: 적손嫡孫 역시 이와 같다. 만약 나머지 자손들을 낳으면 차와 술을 진설하지 않고, 단지 독櫝만 열고 신주는 꺼내지 않는다. 다만 축을 사용하지 않는다. 『의절』: 축이 없으면 고사告辭라는 말이다. ○사계沙溪가 말하였다. "고할 말이 많으면 축판祝版을 사용하고, 적으면 단지 구어口語로만 고한다. 우리 집안에서는 축판을 함께 사용한다." ○남계가 말하였다. "고사告辭라고 한 것은 연과 월의 앞과 뒤가 없이 마땅히 행할 일만을 고하기 때문이다."[518] 주인이 향탁 앞에 서서, "모의 처 모가 『의절』: 아들이면 '모의 아들 모의 처 모씨'라고 한다. 아우와 조카와 손자는 똑같이 한다. 모월 모일에 자식 이름 모某를 낳았기에 감히 뵙습니다."라고 고한다. 「내칙」: 자식이 태어나서 남자이면 문의 왼쪽에 활을 걸어놓고, 여자이면 문의 오른쪽에 수건을 걸어놓는다. 석 달이 지나면 비로소 자식을

517 『송자대전』 권128 「답회석(答晦錫)」.

518 『남계집』 속집 권13 「답조덕수문(答趙德叟問) 예(禮)○갑술삼월삼일(甲戌三月三日)」.

안는데[負], 남자면 활을 쏘는 의식을 행하고, 여자면 행하지 않는다. 주註: 활은 무武에 일이 있다는 것을 보임이고, 수건은 사람이 차는 수건에 일이 있음이다. 부負는 안음[抱]이다. ○세자가 태어났음을 군주에게 고하면, 태뢰太牢(소)로 산모에게 대접한다. 3일이 되면 사士를 점쳐 골라 침문寢門 밖에서 아이를 받들어[詩] 안게 한다. 그러면 활을 쏘는 사람이 뽕나무로 만든 활과 쑥대로 만든 화살 여섯으로 하늘과 땅 그리고 사방으로 쏜다. 무릇 출생한 아들을 처음 만나보는 예는 길일을 가려서 행하는데, 서인과 사士는 특돈特豚을 쓰고, 대부는 소뢰少牢를 쓴다. 3개월째 되는 달의 말에 길일을 택하여 머리카락을 깎아 타발鬌髮을 {타鬌의 음은 타朶임.} 만들되, 남자아이는 각角[519]을 만들고 여자아이는 기羈[520]를 만든다. 이 날에 처는 자식을 아버지에게 뵈인다. 남편이 동쪽 계단으로부터 올라가 서향하여 서면, 처는 자식을 안고 방으로부터 나와 문미門楣에서 동면하여 선다. 아버지가 자식의 오른손을 잡고 웃음소리[咳]를 내고서 이름을 불러준다. 진호의 주註: '시詩'는 '받듦[承]'이다. 천지와 사방으로 활을 쏘는 것은 원대한 데 일삼음이 있기를 기약함이다. 타鬌는 깎지 않고 남겨두는 것이다. 숨구멍[囟] 양쪽의 뿔에 해당하는 곳의 머리카락을 남겨 자르지 않은 것을 '각角'이라고 하고, 정수리 위에 가로와 세로로 각기 한 곳에 머리카락을 남겨 서로 교통하게 하는 것을 '기羈'라고 한다. '해咳'는 아린아이가 웃는 소리이다. 아버지가 웃는 소리와 웃는 얼굴을 하고 이름을 불러주는 것을 말한다. 엄씨嚴氏가 말하였다. "숨구멍[囟] 양쪽을 뿔[角]이라 하는데, 두 가닥 상투이다. 남북으로 뻗은 것을 기羈라고 하는데 세 가닥 상투이다." ○무릇 아버지[521]가 계시면 손자를 조부에게 보이는데, 조부도 역시 이름을 불러 자식을 아버지에게 뵈는 것과 같이 하지만, 훈계하는 말은 없다. 적장자嫡長子는 예식禮食[522]을 하기 전에 아버지를 뵙는데, 반드시 적장자의 오른손을 잡는다. 적자適子나 서자庶子는 이미 예식禮食을 하고나서 아버지를 뵙는데, 반드시 그들의 머리를 어루만진다. 주: 천자와 제후는 세자世子를 존중하여 구별하니, 비록 같은 어머니 소생이라도 예禮는 다르다. 예식禮食을 하기 전에 하는 것과 이미 예식을 하고 난 뒤에 하는 것은, 정正

519 각(角): 사내아이의 머리카락을 좌우로 갈라서 뿔처럼 양쪽을 묶는 것을 가리킴.

520 기(羈): 여자아이의 머리카락을 한 가닥은 세로로 묶고 두 가닥은 가로로 묶는 것을 가리킴.

521 아버지: 아버지의 아버지, 즉 조부를 말함.

522 예식(禮食): 3개월째의 마지막 즈음에 남편과 처첩이 함께 식사를 하는 예를 말한다.

은 급히 하고 서庶는 느리게 하는 의리이다. ○『집람』: 살피건대, 「내칙」에는 석 달 만에 이름을 지어준다고 했는데, 『가례』와는 같지 않다. ○「곡례」: 자식의 이름을 짓는 데는 나라 이름을 쓰지 않고, 날짜나 달의 호칭을 쓰지 않으며, 숨은 병[疾]을 쓰지 않고, 산과 내의 이름을 쓰지 않는다. 진호의 주註: 평상시 쉬 언급하는 말은 휘諱를 피하기 어렵기 때문에 자식의 이름을 짓는 데는 쓰지 않는다. 【止】 ○「곡례」: 군자가 이미 고孤(아버지를 여읨)가 되었으면 이름을 고치지 않는다. 진호의 주註: 이름은 처음 태어나서 석 달 만에 아버지가 명한 것이다. 아버지가 죽었는데 그것을 고치는 것은 효자가 차마 하지 못한다. 【이상. 이미 고孤가 되었으면 이름을 고치지 못함】 고하는 일이 끝나면, 향탁 동남쪽에서 서향으로 선다. 주부가 자식을 안고 나아가 양 계단 사이에 서서 『의절』: 자제나 조카, 손자의 며느리이면 주부의 뒤에 선다. 재배한다. 묻기를 "주부는 사배四拜를 해야 마땅한데, 여기서 '재배再拜'라고 한 것은, 위에 있는 '협배俠拜'의 글을 덮어 씌워서 그런 것인가?"라고 하자, 남계가 대답하기를 "옳다."고 하였다.[523] ○ 〖경호안설〗 어떤 이는 "여기서는 협배俠拜하지 아니한다. 아마 우연인 듯하다."고 하는데, 이 설이 옳은 듯하다. 주인은 이에 내려와 다시 제자리로 돌아가며 ○『의절』: 주인과 주부는 모두 제자리로 돌아가 자식을 유모에게 준다. 그 뒤는 같다.

○主人生嫡長子, 則滿月, 南溪曰: "按, 「內則」, '子生三月見於父', 『祭式』亦曰, '生子三月後, 遇時享則告', 恐滿月, 是滿三月." ○尤菴曰: "滿月, 謂日數滿一月." 而見如上儀, 『儀節』: 嫡孫亦如之. 若生餘子孫, 則不設茶酒, 只啓櫝, 不出主. 但不用祝. 『儀節』: 無祝, 則曰告辭. ○沙溪曰: "所告之辭, 多則用版, 少則只以口語告之. 鄙家並用版." ○南溪曰: "所謂告辭, 無年月首尾, 只告當行之事故也." 主人立於香卓之前, 告曰: "某之婦某氏, 『儀節』: 子則云'某之子某婦某氏.' 弟姪孫同. 以某月某日生子名某, 敢見." 「內則」: 子生, 男子設弧於門左, 女子設帨於門右. 三月始負子, 男射, 女否. 註: 弧者, 示有事於武也, 帨事人之佩巾也. 負抱也. ○世子生告于君, 接以大牢. 三日卜士, 寢門外詩負之. 射人以桑弧蓬矢, 六射天地四方. 凡接子擇日, 庶人士特豚, 大夫少牢. 三月之末擇日, 剪髮爲鬌{朶}, 男

523 『남계집』 속집 권14 「답정진경문(答鄭眞卿問) 제의(祭儀)○임신유월십팔일(壬申六月十八日)」.

角女羈. 是日也, 妻以子見於父. 夫升自阼階, 立西鄉, 妻抱子出自房, 當楣立東面. 父執子之右手, 咳而名之. 陳註: 詩, 承也. 射天地四方, 期其有事於遠大也. 鬌所存留, 不剪者也. 夾囟兩旁, 當角之處, 留髮不剪者, 謂之角, 留頂上, 縱橫各一相交通達者, 謂之羈. 咳, 小兒笑聲. 謂父作咳聲, 笑容而名之. 嚴氏曰: "夾囟曰角, 兩髻也, 午達曰羈, 三髻也." ○凡父在, 孫見於祖, 祖亦名之. 如子見父無辭. 冢子未食而見, 必執其右手. 適子庶子, 已食而見, 必循其首. 註: 天子諸侯, 尊別世子, 雖同母, 禮則異矣. 未食已食, 急正緩庶之義. ○『輯覽』: 按, 「內則」三月而名, 與『家禮』不同. ○「曲禮」: 名子者, 不以國, 不以日月, 不以隱疾, 不以山川. 陳註: 常語易及, 則避諱爲難, 故名子者, 不用. 【止】 ○「曲禮」: 君子已孤, 不更名. 陳註: 名者, 始生三月, 父所命也. 父歿改之, 孝子不忍. 【右已孤不更名】 告畢, 立於香卓東南西向. 主婦抱子進, 立於兩階之間, 『儀節』: 若子弟姪孫婦, 則立主婦之後. 再拜. 問: "主婦當四拜, 而此曰再拜者, 蒙上俠拜之文而然耶?" 南溪曰: "是." ○ 〖按〗 或曰, "此不俠拜, 恐是偶然." 此說恐得之. 主人乃降, 復位, 『儀節』: 主人主婦, 俱復位, 以子授乳母. 後同.

가례본주

○관례와 혼례 때의 절차는 해당 본편本篇에 보인다. ○『비요』: 살피건대, 집에 상이 나면 또한 고함이 마땅하다. {「상례喪禮」의 '부고訃告'조에 상세히 보인다.} ○묻기를 "종자가 태어남에는 사당에 고하는 절차가 있는데, 불행히 요절하면 또한 고해야 마땅한가?"라고 하자, 수암이 대답하였다. "그 태어남을 이미 고했다면, 그의 죽음도 고하는 것이 마땅할 듯하다."[524] 【이상. 상이 나면 고하는 의식】

○冠昏則見本篇. ○『備要』: 按, 家有喪, 亦當告也. {詳見「喪禮」'訃告'條.} ○問: "宗子生, 有告祠之節, 不幸夭逝, 亦當告耶?" 遂菴曰: "其生旣告, 則其死亦似當告." 【右有喪告儀】

본주논증

○"상중에 후사를 세워 사당에 고하는 절차"에 대해 묻자, 남계가 대답하였다. "복服이 가벼운 사람을 시켜 대신 제祭를 올리게 하는 것은 곧 횡거橫渠의 설이다. 그러나 주자는 이미 묵최墨衰를 입고 사당에 들어갔고, 율곡은 또 말하기를 '시속 제도의 상복으로 제사한다.'고 하

524 『한수재집』 권16 「답채조응(答蔡祖應)」.

였으니, 복색服色은 근거할 만한 것이 없지 않다. 다만 장사지내기 전에는 바야흐로 새로 난 상에 전념하기에 사당에 들어가 제祭를 행하는 일이 없다. 졸곡을 기다린 뒤에 상인喪人이 친히 가묘家廟에 고하는 예를 행함이 마땅할 듯하다."[525] 【이상. 상중에 후사를 세워 고하는 의식】

○問: "喪中立後, 告廟之節." 南溪曰: "使服輕者代祭, 乃橫渠說. 然朱子旣以墨衰入廟, 栗谷又言, '以俗制喪服, 行祀.' 服色則非無可據. 第葬前, 方專於新喪, 無入廟行祭之事. 恐當待卒哭後, 喪人親行告禮於家廟矣." 【右喪中立後告儀】

본주논증

○『요결要訣』: 무릇 신주를 이안移安(옮겨 봉안함)하거나 환안還安(제자리로 되돌려 봉안함)하거나 혹은 다른 곳으로 받들어 옮기는 등의 일은, 고하는 제사[告祭]에 삭참朔參의 의식을 사용한다. 만약 묘廟 가운데 기물이나 깔개를 다시 배치하거나, 혹은 잠시 비가 새는 곳을 수리하면서 신주를 움직이지 않는 일이면, 고하는 제사[告祭]에 망참望參의 의식을 사용한다. 고하는 말[告詞]은 임시로 짓는다. 【이상. 사당 속에 일이 있을 때 고하는 의식】

○『要訣』: 凡神主移安還安, 或奉遷他處等事, 則告祭用朔參之儀. 若廟中改排器物鋪陳, 或暫修雨漏處, 而不動神主之事, 則告祭用望參之儀. 告詞則臨時製述. 【右廟中有事告儀】

본주논증

○묻기를 "신주의 독櫝이 상하거나 부서지면 일을 고하고 개조함이 마땅할 듯한데, 분면의 글자가 혹 좀먹거나 이지러지면 또한 날짜를 점쳐서 개제해야 하는가?"라고 하자, 수암이 대답하기를 "그렇다."고 하였다.[526] 【이상. 개독改櫝과 개분改粉을 고하는 의식】

○問: "神主櫝傷敗, 則似當告事改造, 粉面字或蠹缺, 則亦卜日改題耶?" 遂菴曰: "然." 【右改櫝改粉告儀】

본주논증

○남계가 말하였다. "장사지내기 전에는 전혀 제사를 행하는 예가 없다. 만일 이안移安하는 일이 있으면 아마도 복服이 가벼운 사람을 시켜 단지 고사告辭만 하여 행하게 함이 마땅할 듯

525 『남계집』 권52 「답원생몽익문(答元生夢翼問) 상례(喪禮)○정묘이월이십육일(丁卯二月二十六日)」.
526 『한수재집』 권16 「답채조응(答蔡祖應)」.

하다."[527] 【이상. 장사지내기 전에 사당에 이안을 고하는 의식】

○南溪曰: "未葬之前, 殊無行祭之禮. 如有移安之擧, 則恐當使服輕者, 只告辭而行之." 【右葬前祠堂移安告儀】

본주논증

○주자의 「거처를 옮기고 가묘에 고하는 글」: 희熹의 죄가 하늘의 법도를 어겨 어려서 아버님을 여의고는 유언을 경건히 받들어 유씨劉氏들의 집으로 가서 의지하여, 장사를 치르고 거처한 것이 이미 여러 해가 되었는데, 때가 바뀌고 일도 변하여 생사 간에 편치 못합니다. 이에 이 고장을 돌아보니 또한 조고께서 일찍이 사랑하고 돌보시며 복거卜居하려고 했던 곳입니다. 이제 이미 집을 정하고는 감히 경건하게 고하고 또한 조고의 혼령을 봉안하오니, 엎드려 바라옵건대 살펴보시고 거처를 영원히 정하시고, 자손에게 물려주어 만세토록 무궁하게 하옵소서. 【이상. 거처를 옮기고 고하는 의식】

○朱子「遷居告家廟文」: 熹罪戾不天, 幼失所怙, 祗奉遺訓, 往依諸劉. 卜葬卜居, 亦旣累歲, 時移事改, 存歿未安. 乃眷此鄕, 實亦祖考, 所嘗愛賞, 而欲卜居之地. 今旣定宅, 敢伸虔告, 亦安祖考之靈, 伏惟降鑑, 永奠厥居, 垂之子孫, 萬世無極. 【右遷居告儀】

본주논증

○「곡례」: 70세를 '노老'라고 하는데, 전해준다. 주: 아들에게 집안일을 전하는 것이다. ○『예기』「왕제」: 80세가 되면 재계齊戒와 상사喪事에 관계된 일에 간여하지 않는다. 주: 80세가 되면 재계를 하지 않는다는 것은 제사를 지내지 않음이다. 아들이 대신하여 제사지낸다. ○주자의 「벼슬을 그만두고 가묘에 고하는 글」: 경원慶元 5년 기미己未(1199) 6월 신유辛酉 삭朔에 효손孝孫 구위具位[528] 희熹는 감히 시향時享에 맞추어 조고祖考의 영령께 밝게 고합니다. 저는 지극히 어리석고 불초하나, 선대先代의 유덕遺德을 입어 선조를 제사하는 일을 하게 된 지 50여 년 동안, 해마다 때마다 조심하며 감히 게으르거나 태만하지 않았습니다. 이제 나이가 일흔인데, 쇠약하여 병에 시달리고 근력과 뼈가 느슨하여 못쓰게 되어, 이미 성은을 입어

527 『남계집』 속집 권13 「답조덕수문(答趙德叟問) 예(禮)○갑술삼월삼일(甲戌三月三日)」.

528 구위(具位): 구관(具官)과 같은 말로, 문장을 쓸 때 마땅히 써야할 관작을 나타내는 말.

치사致事(관직에서 물러남)를 허락 받았습니다. 맡은바 집안일을 마땅히 자손에게 전해야 하지만, 사자嗣子[529]가 이미 죽었고, 어린 고손孤孫인 감鑑이 일을 이을 차례에 해당하나, 또한 나이가 어려 꿇어앉아 술잔을 올리는 일도 감당하지 못합니다. 이제 이미 논의를 정하여 그에게 제사를 받들게 하되, 두 아들 야埜・재在로 하여금 서로 돕게 하고, 그가 성동成童[530]이 되어 관례를 치르기를 기다려 그 일을 몸소 하기로 하였습니다. 뒷날 조정에서 저의 유충遺忠을 살펴 혹 은의恩意가 있게 되면 또한 그에게 먼저 미치도록 할 것입니다. 엎드려 생각하건대 조고祖考께서 감싸고 보살피며 돌보시고 흠향하시어 길이길이 싫어하지 않으신다면 저에게는 더 없는 큰 바람입니다. 집안의 다른 여러 가지 일 또한 헤아려 구분 처리하여 야埜 등과 여러 손자들에게 분속分屬시켜, 그들로 하여금 직분을 나누어 문호를 지키고, 평소 사유를 갖추어 고하고 시행하게 하였습니다. 저는 쇠약하고 병들어 오래 버티기 어려운 형편인데, 만약 은령恩靈으로 목숨이 연명되는 사이에는 그래도 애써 큰 기강은 총괄하여서 선조의 가르침을 황폐하게 하여 욕되게 하지 않도록 하겠습니다. 엎드려 생각건대 조고께서는 살펴 임하소서. 삼가 아룁니다. ○묻기를 "'70세이면 늙어 전한다[七十老而傳].'면, 적자嫡子나 적손嫡孫이 제사를 주관한다. 이와 같이 하면 사당 안의 신주를 모두 고치거나 바꾸어 적자나 적손의 이름을 써서 제사를 받든다. 그러나 부모가 아직 계시니 마음이 편하겠는가?"라고 하니, (주자가) 대답하였다. "그렇다. 이런 것은 행하기 어려우니, 또한 몸소 해야 맞다." ○모某(주자)는 14세에 아버지를 여의어 16세에 상복을 벗었다. 이때에 제사라고는 단지 집안의 예전 예에만 의거하였기에 예문禮文이 비록 갖추어지지는 않았지만 도리어 매우 가지런히 정돈되었고, 돌아가신 어머니께서 제사의 일을 집행함에 매우 경건하였다. 모某의 나이가 17-18살에 이르러서야 제가諸家의 예를 고증하여 예문禮文이 조금 갖추어졌다. 이때 생각하기를, 옛날 사람 중에는 80세에도 몸소 제사의 일을 행하여 예법대로 절을 하고 꿇어앉는 사람이 있었으니, 항상 스스로 나이가 이때가 되어도 이와 같이 하려고 기약하였다. 예에는 비록 '70세

529 사자(嗣子): 대를 이을 아들, 즉 장자(長子)를 말한다. 여기서는 주희의 장자인 숙(塾; 1153-1191)을 말한다.

530 성동(成童): 15세 이상의 소년을 말한다. 『예기』「내칙」에, "13세가 되면 음악을 배우고, 시를 외우고, 작(勺)을 춤추고, 성동(成童)이 되면 상(象)을 춤춘다."고 했다.

가 되면 늙었다[老]고 하여 전해 주고는 제사에 간여하지 않는다.'는 설이 있기는 하지만, 또한 스스로 혹 나이가 이에 이르러도 반드시 감히 그 일을 스스로 친히 하지 않지는 않으리라고 기약하였다. 그런데 지난해부터 절하고 꿇어앉는 일이 이미 어렵더니, 올해 봄 사이에 들어서는 서 있는 것도 겨우 버틸 수 있어서 마침내 사람을 시켜 대신 절하게 하였으나, 지금은 서는 것도 할 수 없으니 어떻게 이처럼 쇠약했는지 모르겠다. 【이상. 벼슬을 그만두고 집안일을 전하여 고하는 의식】

○「曲禮」: 七十曰老而傳. 註: 傳家事於子也. ○「王制」: 八十齊喪之事, 不及也. 註: 八十不齊, 則不祭也. 子代之祭. ○朱子「致事告家廟文」: 維慶元五年, 歲次己未, 六月辛酉朔, 孝孫具位熹, 敢因時享, 昭告于祖考之靈. 熹至愚不肖, 蒙被先世遺德, 獲祗祀事, 五十餘年, 歲時戰兢, 罔敢怠忽. 至于今茲, 行年七十, 衰病侵凌, 筋骨弛廢, 已蒙聖恩, 許令致事. 所有家政, 當傳子孫, 而嗣子旣亡, 藐孤孫鑑, 次當承緖, 於以年幼, 未堪跪奠. 今已定議, 屬之奉祀, 而使二子埜在, 相與佐之, 俟其成童, 加冠于首, 乃躬厥事. 異時朝廷, 察熹遺忠, 或有恩意, 亦合首及. 伏惟祖考, 擁佑顧歆, 永永無斁, 熹不勝大願. 其諸家務, 亦當計度區處, 分屬埜等, 及諸孫息, 使有分職, 以守門戶, 尋別具告, 而施行之. 熹之衰病, 勢難支久, 如以恩靈, 尙延喘息之間, 猶當黽勉, 提總大綱, 不使荒頹, 以辱先訓. 伏惟祖考, 實鑑臨之. 謹告. ○問: "七十老而傳, 則嫡子嫡孫主祭. 如此, 則廟中神主, 都用改換, 作嫡子嫡孫名, 奉祀. 然父母猶在, 於心安乎?" 曰: "然. 此等也, 難行, 且得躬親耳." ○某自十四歲而孤, 十六而免喪. 是時祭祀, 只依家中舊禮, 禮文雖未備, 却甚齊整, 先妣執祭事甚虔. 及某年十七八, 方考證, 得諸家禮, 禮文稍備. 是時因思, 古人有八十歲, 躬祭事, 拜跪如禮者, 常自期以爲年至此時, 當亦能如此. 在禮雖有七十曰老而傳, 則祭祀不預之說, 然亦自期儻年至此, 必不敢不自親其事. 然自去年來, 拜跪已難, 至今年春間, 僅能立得住, 遂使人代拜, 今立亦不得了, 不知安得如此衰也. 【右致事傳家告儀】

가례본주

○무릇 축판祝版은 길이 1자 『비요』: 주척周尺이다. 높이 5치의 사계가 말하였다. "축을 읽을 때 판을 세우면 이것이 높이이고 또한 너비이다." ○『회성會成』: 살피건대, 축판은 법도로 정한 형상이 있는 것이 아니니, 조금 높고 크더라도 무방하다. 너무 작으면 글자가 많을 경우에 다 쓸 수가 없다. 판을 사용하되, 종이에 글을 적어 그 위에 붙

인다. 끝나면 들어내어 불사르는데, 『의절儀節』: 판版은 남긴다. ○정자程子가 말하였다. "근세에 축문祝文은 불사르기도 하고 묻기도 하는데, 필시 옛날 사람에게는 불사르거나 묻는 예가 없었을 것이다." ○『집설』 주: 축문을 불사르는 것은 당나라의 왕여王璵[531]로부터 시작되었다. 그 처음부터 끝까지의 의식은 모두 앞과 같다. 다만 '고故 고조고高祖考'와 '고故 고조비高祖妣'에 대해서는 '효원손孝元孫'이라 자칭自稱하고, 『의절』: 송나라에서는 '현玄'자를 기휘忌諱하였다. 그러므로 『가례』에는 '원손元孫'이라고 일컬었다. 지금은 고쳐 '현玄'을 따른다. ○『송사宋史』: 송宋나라 진종眞宗의 대중상부大中祥符 연간(1008-1016)에 조씨趙氏 조상이 연은전延恩殿에 강림하였는데, 휘諱는 성조聖祖이고 이름은 현랑玄朗이었기에, 곧장 함부로 범하지 못하였다. 이에 앞서 공자를 현성문선왕玄聖文宣王으로 봉하였는데, 이때에 이르러 지성至聖으로 고쳤다.[532] ○묻기를 "'현玄'자를 고사告事에만 휘諱하고 '시제時祭'조에서는 휘하지 않는 것은 왠가?"라고 하자, 남계가 대답하였다. "아마 처음 나타난 곳에서는 바르게 고쳐 놓고, 나머지는 짐짓 남겨둔 것이 아닐까?"[533] '고故 증조고曾祖考'와 '고故 증조비曾祖妣'에 대해서는 '효증손孝曾孫'이라 자칭하고, '고故 조고祖考'와 '고故 조비祖妣'에 대해서는 '효손孝孫'이라 자칭하고, '고故 고考'와 '고故 비妣'에 대해서는 '효자孝子'라 자칭한다. 관직[官]·봉호[封]·시호[諡]가 있으면 모두 그것을 일컫고, 없으면 살았을 때의 항렬 순서 칭호[行第稱號]를 퇴계가 말하였다. "항렬 순서 칭호는 사람마다 모두 정해진 것이 있다. 사마씨 열두 번째[司馬十二], 소씨 두 번째[蘇二], 황씨 아홉 번째[黃九]와 같은 따위이다."[534] ○ 〖우안〗 장례葬禮의 '작주作主'조 부주附註에서 주자는, "이천伊川의 주식主式의 '속칭屬稱을 쓴다.'는 구절의 본주本註에, 속屬은 고高·증曾·조祖·고考를 말하고, 칭稱은 관직 혹은 호항號行으로 처사處士나 수재秀才, 몇 째 낭郞, 몇 째 공公과 같은 따위이니, 사士나 서인이 통용할

531 왕여(王璵): 당(唐)나라 사람으로, 왕침(王綝)의 6세손이며 어려서부터 예학을 익혔다. 동교(東郊)에 단(壇)을 쌓고 청제(靑帝)에게 제사지낼 것을 현종(玄宗)에게 청하여 사제사(祠祭使)로 발탁되었는데, 행한 바가 무격(巫覡)과 유사하였다. 태자소사(太子少師)를 지냈으며, 시호는 간회(簡懷)이다.

532 송(宋) 진종(眞宗)이 '현성문선왕(玄聖文宣王)'으로 가시(加諡)하였다가 5년 뒤에 '지성문성왕(至聖文宣王)'으로 개시(改諡)한 일을 말한다.

533 『남계집』 권45 「답오자순문(答吳子順問) 가례(家禮)○을묘구월십일(乙卯九月十日)」.

534 『퇴계집』 권28 「답김이정(答金而精)」. 사마씨는 사마광(司馬光), 소씨는 소식(蘇軾), 황씨는 황정견(黃庭堅)을 말한다.

수 있다. 운운." 하였다. 이에 의거하면 처사와 수재는 '호號'자를 풀이한 것이니, 이것이 이른바 '칭호'이고, 몇 째 낭郎이나 몇 째 공公은 '항行'자를 풀이한 것이니, 이것이 이른바 '항제行第'이다. 이는 곧 벼슬이 없는 자의 칭호인데, 『가례』의 이 조항은 실제로 '주식主式'의 주註의 설에 근본이 있다. 퇴계는 항렬 순서와 칭호를 합하여 하나의 뜻으로 보았는데, 아마 본래 뜻이 아닌 듯하다. 부군府君의 위에 더하며, 〖경호안설〗 예컨대 '몇 째[第幾] 처사 부군'이라 한다. 비妣는 '모씨 부인'이라고 한다. 주자가 말하였다. "벼슬이 없어도 '부군府君'이라 한다. '부인夫人'은 한漢나라 사람의 비석에 이미 있는데, 단지 신神을 높이는 말이다." ○『의절』: 부인婦人을 '부인夫人'이라고 일컫는 것은 남자를 공公이라고 일컫는 것과 같다. 오늘날 제도에는 2품이라야 바야흐로 부인夫人에 봉하는데, 시속에서 유인孺人이라고 칭하는 것과 같이 함이 적의하다. ○ 〖경호안설〗 우리나라 풍속에 봉호封號가 없는 사람은 '유인孺人'이라고 통칭한다. 모든 자칭自稱에 있어서, 종자가 아니면 효孝라고 말하지 않는다. 「예운禮運」: 축祝은 효孝로써 고한다. 진호의 주註: 효孝는 조종祖宗을 섬기는 도리이다. ○「교특생」: 제사에서 효자孝子나 효손孝孫이라고 칭하는 것은 그 의리로써 일컬은 것이다. 진호의 주註: 제사에서는 효孝로써 제사지내는 의리를 으뜸으로 하여 칭호를 삼는다. ○「증자문」: 공자가 말하였다. "종자가 죽으면 이름을 일컫고 '효孝'라고 말하지 않는다. 자신[535]이 죽으면 그친다." 주: 효孝는 종자宗子의 칭호이니, [다른 사람은] '자子 모'라고만 말한다. 소疏: 종자가 살아있으면 개자介子라고 말할 수 있으나, 지금 종자가 죽었고 자신이 또한 작위가 없으므로 개介라고 칭할 수 없다. 여씨呂氏가 말하였다. "개介라고 말하지 않는 것은 돕는 대상[所助]이 없음을 밝힌 것이다." 진호의 주註: '자신이 죽으면 그친다.'는 것은, 서자庶子(중자衆子) 자신이 죽으면 그 자식은 서자의 적자이기 때문에 죽은 아버지의 사당에 제사지낼 때 효孝라고 칭할 수 있음이다. ○수암遂菴이 말하였다. "효孝라는 글자는 '노老'와 '자子'를 합한 것으로 자子(자식)가 노老(노인)를 계승한다는 뜻이 있다. 그러므로 오직 종자만이 조선祖先에 대하여 정통이므로 그렇게 칭하고, 개자介子는 감히 칭하지 못한다."[536] 【止】 ○구봉龜峯이

535 자신: 여기서 '자신'은 종자가 아닌 중자(衆子)로서 종자를 대신하여 임시로 제사를 주관하는 자를 가리킨다.

536 『한수재집』 권11 「답신백겸(答申伯謙)」.

말하였다. "종자가 죽어 후사가 없으면 서자로서 종사를 주관하는 사람은 {『경호안설』 임시로 섭행하는 사람을 말한다.} 이 예를 따름이 마땅하나, 종자의 상을 마치고 나서 서자가 제사를 받들고 신주의 방제傍題를 고쳐 쓰면 반드시 이 예를 쓸 필요는 없다."[537] ○묻기를 "서자가 승중하면 효孝라고 칭할 수 없는가?"라고 하자, 우암이 대답하였다. "이미 승중했다면 곧 적자가 된 것이니, 어찌 효孝라고 말하지 않아서야 되겠는가?"[538] 【이상. 서자庶子가 승중承重하면 효孝라고 칭함】

○凡言祝版者, 用版長一尺『備要』: 周尺. 高五寸, 沙溪曰: "讀祝時立版, 則乃是高也, 亦是廣也." ○『會成』: 按, 祝版非有法象. 稍高大亦不妨. 太小, 則字多之文, 書不盡矣. 以紙書文, 黏於其上. 畢則揭而焚之, 『儀節』: 留版. ○程子曰: "近世祝文, 或焚或埋, 必是古人, 未有焚埋之禮." ○『集說』註: 焚祝文, 自唐王璵始. 其首尾皆如前. 但於故高祖考故高祖妣, 自稱'孝元孫', 『儀節』: 宋朝諱'玄'. 故『家禮』稱'元孫'. 今改從'玄'. ○『史』: 宋眞宗大中祥符中, 有趙氏祖降延恩殿, 諱聖祖, 名玄朗, 卽不得斥犯. 先是封孔子玄聖文宣王, 至是改至聖. ○問: "玄字獨諱於告事, 而不諱於'時祭'條, 何也?" 南溪曰: "豈於始見處改正之, 其他姑存之否?" 於故曾祖考故曾祖妣, 自稱'孝曾孫', 於故祖考故祖妣, 自稱'孝孫', 於故考故妣, 自稱'孝子'. 有官·封·謚, 則皆稱之, 無則以生時行第稱號, 退溪曰: "行第稱號, 人皆有定. 如司馬十二, 蘇二, 黃九之類." ○〖愚按〗葬禮'作主'條附註, 朱子曰: "伊川主式'書屬稱'本註, 屬謂高·曾·祖·考, 稱謂官或號行, 如處士·秀才·幾郎·幾公之類. 如此, 則士庶可通用云云." 據此, 則處士秀才, 是釋號字, 而此所謂稱號也, 幾郎幾公, 是釋行字, 而此所謂行第也. 此乃無官者之稱, 而『家禮』此條, 實本於'主式'註說也. 退溪乃合行第稱號, 作一意者, 恐非本意. 加于府君之上, 〖按〗如云第幾處士府君也. 妣曰某氏夫人. 朱子曰: "無爵曰'府君'. '夫人'漢人碑已有, 只是尊神之辭." ○『儀節』: 婦人稱夫人, 猶男子之稱公也. 今制二品方封夫人, 宜如俗稱孺人. ○〖按〗東俗無封者, 亦通稱'孺人'. 凡自稱非宗子, 不言孝. 「禮運」: 祝以孝告. 陳註: 孝事祖宗之道. ○「郊特牲」: 祭稱孝子孝孫, 以其義稱也. 陳註: 祭主於孝, 以祭之義爲稱也. ○「曾子問」: 孔子曰, "宗子死稱名, 不言孝. 身歿而已." 註: 孝, 宗子之稱, 但言子某. 疏: 宗子在, 得言介子,

537 『구봉집』 권7 「가례주설(家禮註說) 일(一)」 '사당(祠堂)'.
538 『송자대전』 권121 「답혹인(答或人)」.

今宗子死, 身又無爵, 故不得稱介. 吕氏曰: "不言介, 明無所助也." 陳註: 身歿而已者, 庶子身死, 其子則庶子之適子, 祭禰之時, 可稱孝. ○遂菴曰: "孝之爲字, 從老從子, 有子承老之義. 故惟宗子, 於祖先正統稱之, 介子不敢稱."【止】○龜峯曰: "宗子死無後, 則庶子主宗者, {〖按〗謂權攝者.} 宜倣此禮, 而宗子喪畢, 以庶子奉祀, 改題主傍, 不必用此禮." ○問: "庶子承重, 不得稱孝耶?" 尤菴曰: "旣曰承重, 則便成嫡子, 何可不言孝耶?"【右庶子承重稱孝】

가례본주

○고사告事의 축祝은 4대를 한 판에 함께 한다. 『비요』: 고조 이하는 함께 나열하여 쓴다. 자칭自稱은 그 중 가장 높은 분을 위주로 한다. 『고증』: 만약 고조를 계승한 종자宗子면 현손이라 일컫고, 증조를 계승하면 증손이라 일컫는다. 단지 정위正位에게만 고하고, 부위祔位에게는 고하지 않는데, 차와 술은 아울러 진설한다.

○告事之祝, 四代共爲一版. 『備要』: 高祖以下, 並列書. 自稱, 以其最尊者爲主. 『考證』: 如繼高祖之宗, 則稱玄孫, 繼曾祖, 則稱曾孫. 止告正位, 不告祔位, 茶酒則並設之.

가례부주

○주자가 말하였다. "분황焚黃은 『쇄쇄록瑣碎錄』: 당나라 상원上元 3년[539] 이전의 제칙制勅(칙령)에는 모두 백지를 사용하였는데, 좀먹는 일이 많이 있어서 이후에는 모두 황지黃紙를 사용하였다. ○주자가 말하였다. "황지에 조명詔命을 베끼고는, 펼쳐서 다 읽고 나면 불사른다." ○『고증』: 반드시 따로 베껴 썼다가 불사르는 것은, 명서命書는 불살라서는 안 되기 때문이다. ○사계가 말하였다. "옛날의 제고制誥는 황지를 사용하였으므로 황지에 베껴 대신으로 불사른다. 지금의 교지敎旨는 이미 백지를 사용하니, 백지를 사용하여 불사르더라도 무방할 듯하다."[540] 근세에는 묘차墓次[541]에서 행하는데, 〖경호안설〗『진서晋書』에, 순의荀顗[542]가 시법諡法을 올려 이르기를, '만약 시호를 내리는데 길이 멀어 장사를

539 상원(上元) 3년: 상원은 당나라 고종(高宗)의 연호. 676년을 가리킨다.

540 『월당집(月塘集)』 별집 권1 「의례문해(疑禮問解) 상(上)」 '통례(通禮)'.

541 묘차(墓次): 묘소 곁에 임시로 거처하게 만든 장소.

542 순의(荀顗): 하안(何晏), 손옹(孫邕), 정충(鄭沖), 조희(曹羲) 등 다섯 사람들과 『논어』를 집해(集解)한 인물로 알려져 있다.

치르기 전에 도달하지 못할 것 같으면, 장리長吏(지방수령)를 보내어 책명冊命을 받들고 무덤으로 가서 제사지내고 시호를 내린다.'고 하였으니, 분황을 묘차墓次에서 행하는 것은 아마도 여기에서 나온 듯하다. 예禮의 어디서 근거한 것인지 모르겠다. 이상은 『대전大全』「답왕상서서答汪尚書書」 장위공張魏公에게 이름은 준浚이고 자는 덕원德遠으로, 면죽綿竹 사람이다. 저서는 『오경해五經解』와 『잡설雜說』이 있다. 효종孝宗 때 위국공魏國公에 봉해졌고, 시호는 충헌忠獻이다. 곧 함咸의 아들이며 남헌南軒의 부친이다. 시호가 내려지자 오직 사당에만 고했는데 아마도 체體를 얻었다고 할 수 있을 듯하다. 『대전』에는 체體가 '예禮'로 되어 있다. 다만 지금 세상에는 모두 묘소에서 고하는데, 아마도 시속時俗을 따름을 면치 못할 듯하다." 이상은 『대전大全』「답이회숙서答李晦叔書」

朱子曰: "焚黃『瑣碎錄』: 唐上元三年前, 制勅皆用白紙, 多有蠹食, 自後並用黃紙. ○朱子曰: "以黃紙謄詔命, 宣畢焚之." ○『考證』: 必錄而焚之者, 命書不可焚也. ○沙溪曰: "古之制誥用黃紙, 故謄以黃紙, 替焚之. 今則敎旨旣用白, 雖用白以焚, 似不妨." 近世行之墓次, 〖按〗『晋書』荀顗上謚法云, '若賜謚, 而道遠不及葬者, 遣長吏奉冊, 卽家祭賜謚云.' 則焚黃行墓次, 恐出於此. 不知於禮何據. 以上『大全』「答汪尚書書」 張魏公 名浚, 字德遠, 綿竹人. 所著有『五經解』及『雜說』. 孝宗封魏國公, 謚忠獻. 卽咸之子, 南軒之父. 贈謚, 只告于廟, 疑爲得體. 『大全』作禮. 但今世, 皆告墓, 恐未免隨俗耳." 已上『大全』「答李晦叔書」

가례부주

○양복楊復이 말하였다. "살피건대, 선생의 문집에 「분황축문焚黃祝文」이 있는데 '가묘家廟에 고한다.'고 하였고, 또한 '묘소에 고한다.'고 하지 않았다." ○『가례회통家禮會通』: 사당이 없으면 묘소에 고한다. 【이상. 사당이 없으면 분황焚黃은 묘소에서 고함】

○楊氏復曰: "按, 先生文集, 有「焚黃祝文」, 云'告于家廟', 亦不云'告墓'也." ○『會通』: 無祠堂, 則告墓. 【右無祠堂焚黃告墓】

가례대문

혹 홍수나 화재나 도적이 있으면 먼저 사당을 구출하고, 신주와 유서를 옮기며, 그 다음에 제기를 옮긴다. 그런 뒤에 집안의 재물을 옮긴다. 세대가 바뀌면 신주를 개제하고 체천한다

[或有水火盜賊則先救祠堂遷神主遺書次及祭器然後及家財易世則改題主而遞遷之]

대문논증

『수감手鑑』[543]: 체遞는 세대를 바꾸는 것이고, 천遷은 옮김이고 올림이다.

『手鑑』: 遞更代也, 遷移也升也.

본주논증

「단궁」: 종묘[先人之室]에 불이 나는 일이 있으면 3일 동안 곡을 한다. 그러므로 '신궁新宮이 불타니 또한 3일 동안 곡했다.'고 하였다. 진호의 주註: '선인지실先人之室'은 종묘이다. 노魯나라에서 선공宣公의 사당이 불탔다. 신주가 처음 들어갔으므로 신궁新宮이라 하였다. ○퇴계가 말하였다. "신주가 화재로 불타면 전날 신주를 봉안한 곳에 허위虛位를 설치하고, 개제改題하며, 분향焚香하고 제사를 지낸다. 어떤 이는 정침正寢에서 행하는 것이 마땅하다고 한다. 실옥室屋(가옥)이 그대로 남아있다면 집에서 제주題主하는 것이 마땅하고, 묘소에서 하는 것은 적합하지 않다. 전날 이미 되돌아왔던 혼령이 어찌 체백體魄이 있는 곳으로 가서 의지할 수 있겠는가?"[544] 또 말하였다. "가옥[屋]이 비록 다 불탔더라도 묘소에서 제주하는 것은 합당치 않다. 위안제慰安祭는 우제虞祭의 예에 따라 소복素服으로 행사하는 것이 좋다."[545] ○사계가 말하였다. "화재로 신주가 불타면 마땅히 '신궁에 화재가 난 사례'에 의거하여 3일 동안 곡만 하고 그치며, 제복製服[546]은 하지 않는다." 【이상. 사당의 신주가 불탐】

「檀弓」: 有焚其先人之室, 則三日哭, 故曰'新宮火, 亦三日哭'. 陳註: 先人之室, 宗廟也. 魯焚宣公之廟, 神主初入, 故曰新宮. ○退溪曰: "神主火燒, 則於前日安神之所, 設虛位, 改題焚香設祭, 或云, '正寢爲

543 『수감(手鑑)』: 『용감수감(龍龕手鑑)』. 거란(契丹)의 승려 행균(行均)이 지었다.

544 『퇴계집』 권28 「답김이정(答金而精)」.

545 『퇴계집』 위와 같은 곳.

546 제복(製服): 별도로 상복(喪服)을 지어 입고 그에 따른 절차를 지키는 일.

當', 室屋猶存, 則當題主於家, 不當之墓. 前日已返之魂, 豈可徃依於體魄所在之處乎?" 又曰: "屋雖盡燒, 不當題主於墓. 慰安則可倣虞禮, 而用素服行之." ○沙溪曰: "火焚神主, 則當依新宮災, 三日哭而已, 不爲製服耳."【右廟主火】

본주논증

○묻기를 "가묘에 불이 났는데 최마衰麻[547]의 상중喪中이어서 감히 복을 바꿔 입지 못한다. 신주를 개제改題할 때 어떤 복을 입어야 마땅한가? 또 화재를 입은 곳에 자리를 만드는 것은 신주를 고쳐 쓰는 것을 기한으로 하는가?"라고 하자, 신독재가 대답하였다. "예에 종묘가 불타면 복을 바꿔 입고 3일 동안 곡을 한다고 했으니, 당연히 이에 의거하여 행해야 할 것이나, 상중이니 효복孝服(상복喪服)으로는 베로 된 심의를 입고 예를 행하며, 신주를 쓸 때도 이와 같이 하는 것이 좋을 듯하다. 자리를 마련하는 것은 3일을 넘겨 오래도록 설치해도 되는지는 알 수 없다." 또 묻기를 "네 위位의 신주를 고쳐 만드는 것이 쉽지 않은데, 그 사이에 선대의 기제사나 궤연의 삭망 및 일제日祭는 행하는 것이 마땅한가?"라고 하자, (신독재가) 답하기를 "정지하여 폐하지 못한다."고 하였다. ○묻기를 "종자가 죽어 아직 염을 하지 않은 상태에서 사당에 화재가 발생하여, 염을 하고 빈殯을 한 뒤에 신주를 고쳐 만드는데, 고사告辭에 쓰는 말은 어떻게 지어야 하는가?"라고 하자, 도암陶菴이 대답하였다. "'집안의 재앙이 매우 혹독하여 사당 건물에 화재가 일어났음을 고하니, 종자가 막 죽고 제사를 모실 사람이 없어서 3일 곡을 하는 동안 예법이 있어도 정을 펴지 못합니다. 엎드려 생각건대 신혼神魂이 어느 곳에 머물러 의지하시겠습니까? 이에 전날 신주를 봉안한 곳에다 위位를 설치하고 개제改題하여 신주를 이미 이루었으니, 우러러 바라옵건대 존령尊靈께서는 여기에 기대고 여기에 의지하소서.'라고 한다." ○〖경호안설〗 어떤 이가 이르기를 "상중에 사당에 모신 신주가 불이 나서 신주를 고쳐 만들고서 개제할 때는 고애자孤哀子의 속칭屬稱을 쓰는 것이 마땅하다."고 하는데, 이 설은 매우 잘못되었다. 이와 같이 하면 3년상 안에 화재 때문에 곧장 세대를 바꾸어 체천의 예를 행하는 것이니 그것이 괜찮겠는가? 그 속칭屬稱과 방제旁題는 모두 예전대로 의거하여 쓰는 것이 아마

547 최마(衰麻): 참최(斬衰) 재최(齊衰)의 무거운 상복.

마땅할 듯하다. 【이상. 상중에 사당에 모신 신주가 불탐】

○問: "家廟失火, 而衰麻之中, 未敢變服. 改題主時 當何服? 且爲位於被災之所, 以改神主爲限耶?" 愼獨齋曰: "禮宗廟焚, 易服, 三日哭, 當依此行之, 而憂中以孝服, 布深衣行事, 題主時, 亦如此似可. 設位, 則三日之外久設, 未可知." 又問: "四位神主, 改造未易, 其間先世忌祀 · 几筵朔望及日祭, 當行否?" 曰: "不得停廢." ○問: "宗子死未斂, 火災及廟, 斂殯後, 改造神主, 告辭措語, 何以爲之?" 陶菴曰: "家禍孔酷, 祀屋告災, 宗子纔亡, 尸事無人, 三日之哭, 有禮莫伸. 伏惟神魂, 何所依泊? 茲於前日安神之所, 設位改題, 神主旣成, 仰冀尊靈, 是憑是依." ○ 〖按〗 或云, "喪中廟主火, 改造題主, 當以孤哀子屬稱書之." 此說甚誤. 如此, 則三年之內, 因火災, 而徑行易世遞遷之禮矣, 其可乎? 其屬稱及旁題, 皆依舊題之, 恐當. 【右喪中廟主火】

본주논증

○사계가 말하였다. "평소 먼 곳에서 벼슬을 하는 자도 오히려 신주를 받들고 가는데, 유독 난리 중에는 어찌 받들고 가지 않아서야 되겠는가?"[548] ○사람이 재앙을 당하여 떠돌아다닐 적에 신주를 받들고 가는 것은 지극히 편치 않은 일이다. 혹 10여 위位가 되도록 많은 자가 있어서 단지 근친近親만 받들고 원조遠祖를 묻어두기에는 불가한 점이 있다. 임진왜란 때 정산定山 수령이 되었을 때에 신주를 묘소로 보내어 옹기 속에 담아서 매안하였다. 반 년 뒤에 꺼내어 보니 습기에 침해를 받아 독櫝의 다리가 떨어져 있었다.[549] ○우암이 말하였다. "난이 일어났을 때 신주를 받들고 전쟁을 피하는 것은 진실로 인정과 사리[情理]의 당연한 일이지만, 일찍이 들으니 도적에게 핍박을 받아 간혹 도륙을 당한 자들은 도로에 버리지 않을 수 없었다고 한다. 이렇게 된다면 묘소에 매안하는 것이 더 나을 것이다."[550] ○묻기를 "오랑캐의 난리에 신주를 잃어버리고 고쳐 만들어 제주하는 것은, 그때 잃어버린 곳에서 만드는 것이 마땅한 듯하나, 이제 그 잃어버린 곳을 알지 못한다면 묘소에서 만드는 것이 마땅할 듯하다."라고 하자, 남계가 대답하기를 "말씀하신 것이 옳은 듯하다."고 하였다.[551] ○ 〖우안〗 여기서 묘소에

548 『동춘당집』 별집 권2 「상사계선생(上沙溪先生)」.

549 『사계유고』 권3 「답김헌문목(答金巘問目)」.

550 『송자대전』 권94 「답이동보(答李同甫) 병진구월삼일(丙辰九月三日)」.

551 『남계집』 속집 권14 「답정진경문(答鄭眞卿問) 예(禮)○십이월이십삼일(十二月二十三日)」.

서 제주題主한다고 한 것은, 집과 사당 모두 폐허가 된 경우를 말하는가? 만약 집이 있다면 집에서 제주하는 것이 마땅할 듯하다. 퇴계가 논한 '사당의 신주가 불탄 것은 이른바 가옥[屋]이 비록 다 탔다 하더라도 묘소에서 제주하는 것은 합당치 않다.'는 설에 의거해 보면 알 수 있다. 이것은 위의 '위사감봉주爲四龕奉主'조의 '추후에 신주를 만들어 제주한다.'는 설을 참고함이 마땅하다. 【이상. 병란으로 신주를 묻거나 신주를 잃어버림】

○沙溪曰: "平日仕官遠方者, 亦且奉主而徃, 獨於亂離中, 何可不爲奉徃耶?" ○人遭禍難, 流離之際, 奉主而行, 極爲非便. 或有多至十餘位者, 只奉近親, 而埋遠祖, 有所不可僕. 壬辰倭亂, 爲定山宰時, 送主于墓所, 盛瓮中, 而埋安矣. 半年後出之, 櫝足脫落, 濕氣所侵也. ○尤菴曰: "亂時神主奉, 以避兵, 此固情理之當然. 而曾聞迫於盜賊或被屠戮者, 無不棄之於道路云. 若是, 則不如埋安於墓所之爲愈也." ○問: "於虜亂失神主, 改造題主, 似當於其時亡失處爲之, 而今不知其處, 則似當於墓所爲之." 南溪曰: "來示似可." ○〖愚按〗此云題主於墓者, 以家與廟俱墟者言耶? 若有家, 則恐當題之於家. 據退溪論廟主火, 所謂屋雖盡燒, 不當題主於墓之說, 可知矣. 此當與上'爲四龕奉主'條, 追造神主題主說, 參考. 【右兵亂埋主或失主】

본주논증

○동춘同春이 말하였다. "난리를 당하여 흩어져 다니는 사람이 3년상 안의 궤연几筵[552]을 묻어 두고 홀로 피해서는 결단코 불가하다. 마땅히 신주를 받들고 가서 때와 장소에 따라 산 사람이 먹는 대로 조석으로 전을 올리는 것이 인정과 예문에 합당할 듯하다."[553] 【이상. 상중에 신주를 받들고 난리를 피함】

○同春曰: "遭亂播遷者, 三年內几筵, 決不可埋置而獨避也, 當奉往, 隨時隨處, 隨生人所食, 而奠之於朝夕, 似合情禮." 【右喪中奉主避亂】

본주논증

○묻기를 "선대의 신주를 잃어버려서 '신궁이 불탄' 사례에 의거하여 3일 동안 곡을 하고 새 신주를 만들어 봉안하였다가, 뒤에 옛 신주를 찾았는데 분면粉面에 때가 묻어 분간하지 못할 정도였다. 새 신주를 그대로 봉안하고 옛 신주를 매안한다면 어떠한가?"라고 하자, 남당南塘이

552 궤연(几筵): 죽은 이의 혼백이나 신주를 모셔두는 기구를 말한다. 영좌(靈座).

553 『동춘당집』 별집 권2 「상사계선생(上沙溪先生)」.

대답하기를 "옳다."고 하였다.[554] ○묻기를 "사당에 모신 신주를 잃어버려서 고쳐 만들어 봉안한 뒤에 옛 신주를 찾았는데, 그다지 손상되었거나 더럽지 않으면 어떻게 해야 하는가?"라고 하자, 도암陶菴이 대답하였다. "옛 신주는 혼이 집으로 돌아오는 때에 성립되었다. 비록 불행하게 난리를 만나 손상되거나 더러워졌더라도 빙의憑依하여 잃지 않는 것이 일정한 이치이다. 하물며 다행히도 크게 손상되거나 더럽혀지지 않은 것임에랴! 새 신주를 고쳐 만들어 빙의하게 하는 절차는 예전 신주보다 못할 듯하니, 새 신주를 버리고 옛 신주로 돌아옴이 아마 의심이 없을 듯하다."[555] 【이상. 신주를 잃어버림】

○問: "有失先代神主, 依新宮火之例, 哭臨三日, 造主奉安後, 得舊主, 粉面漫漶. 仍奉新主, 埋安舊主, 如何?" 南塘曰: "是." ○問: "失廟主, 改造奉安後, 得舊主, 不甚傷汚, 則奈何?" 陶菴曰: "舊主之成, 在於魂返室堂之時. 雖不幸遭亂傷汚, 而憑依不失者, 理之常也. 況幸而不至大傷汚者乎! 新主改造, 憑依之節, 視舊主, 似不及焉, 捨新還舊, 恐無疑." 【右神主見失】

본주논증

○도암陶菴이 말하였다. "비록 좀이 먹는 근심이 있더라도 신주 몸체는 본디 그대로인데, 어찌 함부로 고치거나 바꾸어서야 되겠는가?"[556] 【이상. 좀이 먹는 근심이 있어도 신주를 고치지 않음】

○陶菴曰: "雖有蠹患, 主身自如, 神氣所寓, 何得妄行改易?" 【右有蠹患不改主】

가례본주

개제改題하고 체천遞遷하는 예는 「상례喪禮」 '대상大祥'장에 보인다. 『경호안설』 『비요』에는 체천의 예를 '길제吉祭'조로 옮겼다. 대종大宗의 집안에서 시조始祖의 친분이 다하면 곧 그 신주를 묘소에 묻고, 대종이 그대로 그 묘전墓田을 주관하여 그 묘제墓祭를 받든다. 해마다 종인宗人들을 거느리고 한 번 제사지내되, 백세토록 바꾸지 않는다. ○『대전大典』: 처음 공신이 된 자는 대수代數가

554 『남당집』 권20 「답권형숙(答權亨叔) 을축십이월(乙丑十二月)」.
555 『도암집』 권13 「답어생유화문목(答魚生有和問目) 을축(乙丑)」.
556 『도암집』 권13 「답이생광후문목(答李生光垕問目)」.

비록 다해도 옮기지 않고 따로 1실室을 세운다. ○『오례의五禮儀』: 처음 공신이 되어 백세토록 신위를 옮기지 않는 경우가 있으면, 정해진 대수代數 외에 {주註: 3대代이다} 따로 감실 하나를 세워 제사지낸다. ○묻기를 "불천위不遷位가 있으면 고조는 체천遞遷해야 마땅한데, 혹 4개의 감실 외에 불천위를 별도로 마련하는가?"라고 하자, 사계가 대답하였다. "4개의 감실 외에 또 별도로 마련한다면 곧 5개의 감실이 되어 곧 제후의 예를 완전히 사용하는 것이니 참람하여 할 수 없다. 우리 종가에서는 5대조[557]가 불천위이므로 4대조[558]는 비록 대수代數가 다하지 않았지만 별실別室로 내어가 봉안했다."[559] ○만약 4대가 연이어 공훈으로 책봉되어 모두 체천하지 않는다면, 조祖와 고考는 또한 사당에 들어갈 수 없으니, 어찌 이런 이치가 있겠는가? 『대전大典』에는 다만 '처음 공신이 되면'이라고만 하였으니, 둘째 이하는 조천祧遷한다는 것을 또한 알 수 있다. 혹자는 『대전』의 '별도로 1실室을 세운다.'는 글로 인하여 따로 하나의 사당[廟]을 세우려고 하는데, 사당[廟]이 과연 실室과 같은 것이겠는가? ○병계屛溪가 말하였다. "사옹沙翁(사계沙溪)이 이른바 별실은 곧 집 가운데의 깨끗한 방 하나이지, 별묘別廟가 아니다." ○우암이 말하였다. "'사당祠堂'장 부주附註의 '별자別子'조에는 이미 '백세토록 옮기지 않는다.'고 했고, '체천遞遷'조에는 '그 신주를 묘소에 보관한다.'고 했으니, 이 두 가지는 진실로 다른 점이 있는 듯하다. 그러나 거기서 이른바 '불천不遷'이라고 한 것은 다른 곳으로 옮기지 않고 여전히 대종의 사당에서 주재하는 것이다. 그렇다면 거기에 이른바 '신주를 보관한다.'는 것은 비록 사당에 있는 것과는 다르지만, 종자가 주재하는 것은 한가지이다. 그 신주를 이미 묘소에 보관한다면, 시제時祭와 기제忌祭는 예에 준하여 폐지해야 하는데, 양씨楊氏는 이미 말하기를 '사당을 두어 묘제廟祭를 받든다.'고 하였으니, 이는 묘제墓祭란 이름은 여전히 있지만, 실은 신주神主에 행하는 것이다. 중요한 것은 그 신주를 묻지 않음에 있다. 해마다 한 번 묘소에서 그 제사를 지내는 것과 같은 것은 친분이 다한 소종小宗과 다름이 없다. 일찍이 완남군完南君의 선대 묘역[先兆]를 보니, 광평대군廣平大君[560]이 시조였으므로 그 묘소 아래에 사당이 있어 신주를 보관하

557 5대조: 광산군(光山君)에 봉해진 서석(瑞石) 김국광(金國光; 1415-1480)을 말한다.
558 4대조: 대사간을 지낸 김극뉴(金克忸)를 말한다.
559 『월당집』 별집 권1 「의례문해(疑禮問解) 상(上)」 '통례(通禮)'.
560 광평대군(廣平大君): 이여(李璵; 1425-1444)이다. 자는 환지(煥之), 호는 명성당(明誠堂). 본관은 전주(全州), 시호는 장의(章懿)이다. 아버

고 지금까지 거기서 제사를 지낸다. 『가례』의 조문이 이미 이와 같아서 시속에서 또한 행하는 자가 있으니, 지금의 사대부들은 단지 이렇게만 행하면 된다. 대개 신주를 묘소에 보관하는 것은, 아마도 주자가 의리로 일으킨 것이고, 또한 사대부의 예일 뿐이다."[561] ○이군회李君晦에게 답하였다. "『가례』에 의거해 보면 무안대군撫安大君과 광평대군廣平大君이 각각 별자別子가 되니 각기 그 묘소에 사당을 세우고, 우리나라 풍속에 따라 사명일四名日에 제사를 지내는 것이 마땅하고, 두 묘소가 같이 한 곳에 있으니 사당을 같이 하면 더욱 편하다."[562] 또 말하였다. "국법에는 처음 공신이 된 사람은 별도의 감실을 증조의 위에 세워 제사지낸다고 했다. 이는 국법에 사대부에게 단지 3대만 제사지내게 하였기 때문에 하나의 감실을 더 세우는 것이고, 또한 『가례』에서 4대를 제사지낸다는 글에 부합한다. 노선생老先生은 이미 『가례』에 의거하여 4대를 제사지내다가 또 불천위가 있으므로 부득이 고조를 옮겨서 내보낸 것이니, 이것은 이미 국법도 아니고 또 『가례』도 아니다. 나는 일찍이, 불천위를 묘소에 옮기되 묻지 않고, 고조를 되돌려 사당 안에 봉안하는 것이 『가례』에 합당할 듯하고, 또 국법에서 공신을 대우하는 뜻에도 어긋나지 않는 것이라고 생각했다."[563] ○시험삼아 일찍이 논의하기를, "연평延平이 처음 공신이 되었으면 연양延陽은 본래 체천遞遷해 내는 것이 마땅하나, 연성延城은 대종大宗이기 때문에 백세토록 신위를 옮기지 않는 것이 마땅한데, 사람으로 보나 공으로 보나 연성은 오래토록 제사를 받고 연양은 제사하지 않는 것이 어찌 도리이겠는가?"라고 하였다. 그러므로 내가 일찍이 신독재에게 사뢰기를, "우리나라의 사당제도가 좁고 장애가 많아서, 만약 『가례』의 '묘소에 보관한다.'는 의식을 따른다면 삼연三延(연평, 연양, 연성)이 모두 불천위가 되고, 삼연三延의 후손 중에 비록 10명의 공신이 있더라도 또한 장애될 것이 없다."고 하면서, 인하여 이것을 『문해問解』에 붙여 넣어 줄 것을 청하였으나, 신독재는 끝내 수긍하지 않았다. 매양 생각날 때마다 힘껏 다투어 귀일歸一하지 못한 것을 한스럽게 여긴다.[564] ○운평雲坪이 말하였

지는 세종이다. 1432년 광평대군에 봉해졌고 1437년에 방번(芳蕃)의 후사(後嗣)가 되었다.

561 『송자대전』 권72 「답이택지(答李擇之)」.

562 『송자대전』 권99 「답이군회(答李君晦)」.

563 『송자대전』 권99 위와 같은 곳.

564 『송자대전』 권72 「답이택지(答李擇之)」. 연평은 이귀(李貴), 연양은 이시백(李時白), 연성은 이시방(李時方)을 가리킨다.

다. "'별자別子의 신주를 보관한다.'고 한 『가례』는 주자가 초년에 지은 것이고, 만년에 문인과 함께 편찬하여 이룬 『통해通解』에는 도리어 다시 종묘의 제도를 엄격하게 하여, '조祖는 옮길 수 없으며 사당은 밖에 둘 수 없다.'고 하였다. 이것이 사계가 '묘소에 옮긴다.'는 논의를 감히 따르지 않은 까닭이다."[565] 【이상. 『가례』와 국법에 대종大宗의 묘제廟制가 같지 않음】

改題遞遷禮, 見「喪禮」'大祥'章. 〖按〗『備要』, 移遞遷禮於'吉祭'條. 大宗之家, 始祖親盡, 則藏其主於墓所, 而大宗猶主其墓田, 以奉其墓祭. 歲率宗人一祭之, 百世不改. ○『大典』: 始爲功臣者, 代雖盡不遷, 別立一室. ○『五禮儀』: 始爲功臣, 而百世不遷者, 則代數外, {註: 三代} 別立一龕, 祭之. ○問: "有不遷之位, 則高祖當遞遷, 或特設不遷位於四龕外否?" 沙溪曰: "四龕外又特設, 則五龕也, 乃全用諸侯之禮, 僭不可爲也. 吾宗家五代祖, 乃不遷之位, 故四代祖雖未代盡, 而出安別室耳." ○若連四代策勳, 而皆不遞遷, 則祖與考亦不得入廟, 豈有是理? 『大典』只言'始爲功臣', 則第二以下祧遷, 亦可知也. 或者因『大典』別立一室之文, 欲別立一廟, 廟與室, 果同乎? ○屛溪曰: "沙翁所謂別室, 乃宅中一淨室也, 非別廟也." ○尤菴曰: "'祠堂'章附註'別子'條, 旣曰'百世不遷.' '遞遷'條云, '藏其主於墓所.' 二者誠似有異. 然其所謂'不遷'云者, 不遷於他所, 而猶主於大宗之祠也. 然則其所謂藏主者, 雖與在廟者有異, 而宗子主之, 則一也. 其神主旣藏於墓所, 則時祭忌祭, 當準禮廢之. 而楊氏旣曰, '有祠堂, 以奉廟祭云.' 則是墓祭之名, 猶在, 而其實行之於神主也. 所重在於不埋其主, 若其歲一祭墓, 則與小宗親盡者無異矣. 曾見完南君先兆, 則廣平大君是始祖, 故其墓下有祠堂而藏主, 至今祭之. 『家禮』之文, 旣如此, 而時俗亦有行之者, 則今之士大夫, 只得如此行之而已. 蓋藏主墓所, 恐是朱子以義起者, 而亦只是士夫禮也." ○答李君晦曰: "據『家禮』, 則撫安廣平, 各爲別子, 當各就其墓所立廟, 依東俗, 享之於四名日, 二墓同在一處, 則同廟尤便." 又曰: "國法始爲功臣者, 別立一龕, 於曾祖之上以祭之, 此則國法令士大夫, 只祭三代, 故加設一龕, 而亦符於『家禮』祭四代之文矣. 老先生旣依『家禮』祭四代, 而又有不遷之位, 故不得已遷出高祖, 此旣非國法, 又非『家禮』矣. 愚嘗以爲不遷之位遷於墓所, 而不埋, 還奉高祖於廟中, 似合於『家禮』, 又不違於國法待功臣之意矣." ○試嘗論之. 延平是始爲功臣, 則延陽自當遞出, 而延城則以大宗之故, 當百世不遷矣. 以人以功, 延城久食, 而延陽餒而者, 豈是道理? 故愚嘗稟於愼老, 以爲國制狹隘而多礙,

565 『운평집』 권4 「답이판서(答李判書) 정보(鼎輔)○병인유월(丙寅六月)」.

若從『家禮』'藏墓'之儀, 則三廷俱爲不遷之位, 而三廷之後, 雖有十功臣, 亦無所礙矣, 仍請以此附入『問解』中, 而愼齋終不肯可. 每一思之, 恨未得力爭而歸一也. ○雲坪曰: "'別子藏主'『家禮』, 是朱子初年所作, 而晩年與門人編成『通解』, 則却復致嚴, 於宗廟之制, 祖不可遷, 而廟不可外, 此沙翁所以不敢從'遷于墓所'之論也."【右家禮國法大宗廟制不同】

본주논증

○우암이 정경유鄭景由(정찬휘鄭纘輝)에게 답하여 말하였다. "불천위는 따로 묘소에 사당을 세우고 그 신주를 보관하는 것이 마땅하다. 다만 노선생{〖경호안설〗 바로 포은圃隱이다.}의 묘소 아래에 이미 서원이 있으니, 또 따로 사당을 세운 것은 중복된 듯하다. 그러니 익재益齋 이제현李齊賢의 영당에서 한 것처럼 종가宗家에다 세워서 신주와 화상을 아울러 여기에 안치해야 마땅하다."[566] ○동춘同春이 말하였다. "『가례』에서 '대종의 시조는 신주를 묘소에 보관한다.'고 말한 것은, 주부자朱夫子께서 필시 여기서 십분 짐작하여 이 법제를 정립한 것이다. 어찌 버리고 새 법제를 만들어 내어서야 되겠는가? 다만 생각하면 묘소에는 멀고 가까운 것이 있고 형세에는 어렵고 쉬운 것이 있으니, 설령 사당을 묘소에 세우더라도 어렵고 편한 형세가 있기 마련이니, 또한 적절하게 변통해서 『가례』의 뜻을 잃지 않아야 마땅하다."[567] ○지촌芝村이 말하였다. "지금 만약 적장자嫡長子[568]의 집에 사당 하나를 세워 단지 연성부원군延城府院君의 신주만 받들고, 적장자의 고조 이하 4대 신주는 또 다른 곳에 봉안하거나 혹 따로 사당을 세운다면 일마다 평순平順하다. 우암이 시제時祭와 기제忌祭는 예에 준하여 폐지하는 것이 마땅하다고 생각한 것은 사당이 묘소에 있어서 묘제를 받드는 것으로 명분을 삼은 까닭일까? 그러나 이것이 비록 묘소의 아래 있다 하더라도 곧 종가이다. 이미 종가에 사당을 세웠다면 시제와 기제는 한결같이 평소처럼 행하는 것이 마땅할 듯하다."[569] ○묻기를 "불천위 사당을 묘소에 세우려는데 형세가 여의치 않으니, 사당 옆에 묘廟(부조묘)를 세우려하는데 어떠한가?"라고 하니, 수암遂菴이 대답하였다. "사당 옆에 따로 묘廟를 세우는 것은 예법에 근거할 만한

566 『송자대전』 권101 「답정경유(答鄭景由) 경신칠월이십일일(庚申七月二十一日)」.
567 『동춘당집』 별집 권4 「답강월당(答姜月塘) 석기(碩期)」.
568 적장자(嫡長子): 정실의 몸에서 난 맏아들.
569 『지촌집』 권10 「답민정능(答閔靜能)」.

것이 없으니 함부로 말하지 못하겠다."[570] ○별묘를 세워서 불천위를 봉안하였다면 두 번째 공신은 함께 봉안해도 무방하다.[571] 【이상. 대종의 별묘가 합당한가의 여부】

○尤菴答鄭景由曰: "不遷之位, 當別立祠於墓所, 而藏其主矣. 第老先生{〖按〗卽圃隱.}墓下, 已有書院, 則又別立祠, 似涉重複. 然則當立於宗家, 如李益齋影堂之爲, 而神主畫像, 幷安於此矣." ○同春曰: "『家禮』, 大宗始祖, 藏主於墓所云者, 朱夫子於此, 必十分斟酌, 立定此制也. 何可捨之, 而剏出新制耶? 但念墓所有遠近, 形勢有難易, 設令立廟於墓, 有難便之勢, 則亦當權宜處變, 不失家禮之意也." ○芝村曰: "今若就嫡長家, 立一廟, 只奉延城府院君神主, 而嫡長之高祖以下四代神主, 則又自爲奉安於他所, 或別立祠, 則事事平順矣. 尤菴以爲時忌祭, 準禮當廢, 豈以廟在墓所, 以奉墓祭爲名故耶? 然此則雖在墓下, 乃是宗家也. 旣就宗家而立廟, 則時忌祭, 似當一如平日行之." ○問: "不遷位, 立廟墓所, 勢或未及, 則欲別立廟於祠堂之傍, 如何?" 遂菴曰: "祠堂傍別立廟, 禮法無可據, 不敢言." ○立別廟, 以奉不遷位, 則第二功臣, 並爲奉安, 無妨. 【右大宗別廟當否】

본주논증

○지촌芝村이 말하였다. "문묘文廟에 종향從享하는 제현諸賢들은 조천祧遷하지 않는 것을 국전國典에 싣지 않은 것은 분명하다. 안문성安文成(안향) 이전은 진실로 알 수 없고, 오직 포은圃隱(정몽주)은 사판祠版만 아직도 남아있으며, 그 뒤에 정암靜菴도 조천하지 않았다고 들었다. 율곡에게 계후繼後[572]할 때 외재畏齋 이단하李端夏[573]는 율곡이 이미 문묘에 향사享祀되었으므로 백세토록 조천하지 않는 것이 마땅하다고 하였는데, 현석玄石 박세채朴世采는 송나라부터 이러한 법이 없고 설혹 조정의 영令이 있다 하더라도 또한 후세의 비난이 있을 것이라고 하였다. 포은의 일은 전조前朝의 공신이었기 때문에 그랬던 듯하나, 우암은 포은의 일에 대하여 이미 매우 의심하였다가, 을축년乙丑年(1685) 가을에 이르러 조천하는 것이 부당하다고 확정하였다. 대개 외재의 말로 말미암아 옳다고 한 것이다. 지금 이 사계沙溪의 사판祠版은 조천한 지가 이미 오래되어

570 『한수재집』 권16 「답곽경문(答郭景文) 수황(守熀)○병술(丙戌)」.

571 『한수재집』 권17 「답김대유광오(答金大有光五)」.

572 계후(繼後): 생전이나 사후에 가계의 계통을 잇게 하는 절차. 계사(繼嗣)라고도 한다.

573 이단하(李端夏; 1625-1689): 자는 계주(季周), 호는 외재(畏齋) 혹은 송간(松磵), 본관은 덕수(德水), 시호는 문충(文忠)이다. 송시열(宋時烈)의 문인이며, 저서로는 『외재집(畏齋集)』이 있다.

다시 봉안하는 일은 대단히 어렵다. 자손들이 반드시 다시 조정의 영을 기다린 뒤에 행하려고 하는 것은 그 형세가 그래서이다. 좌상左相이 이미 품의稟議를 올려 주상으로부터 불천위로 하는 것이 마땅하다는 교서가 내렸으니, 현석이 비록 후세에 비난할 것이라는 말을 하였으나, 이것은 곧 시왕時王의 법이니 합당한가의 여부는 논할 수 없을 듯하다. 다만 그 합당한가의 여부는 진실로 알지 못할 것이 있다. 국가에 공이 있는 자에게 이미 불천위를 허락하였다면, 사문斯文에 공이 있는 사람도 마땅히 일체가 되어야 하나, 종묘에서 배식配食[574]하는 자도 조천하지 않는 일이 없다. 오직 효종을 세실世室[575]로 한 후에 우암이 대신 축문을 짓고서 고하게 하기를 '종묘 묘정廟庭의 배향을 이미 장차 백세토록 조천하지 않는다면, 사가私家의 사판祠版도 마땅히 이와 같아야 한다.'고 하였다. 또 이 뜻으로 미루어 보건대, 비록 문묘에 들어가지 못했더라도 선유先儒나 충신 중에 조정의 명령으로 사당을 세우고 관청에서 제전祭奠의 비용을 지급하는 것은, 그 사가의 사판을 조천할지 묻을지도 어떻게 해야 할지 모르겠다."[576]

○芝村曰:"文廟從享諸賢之不祧, 國典之不載, 固也. 安文成以前, 固不可知, 惟圃隱祠版尚存, 其後靜菴, 則聞亦不祧. 栗谷繼後時, 畏齋以爲栗谷旣享文廟, 當百世不祧, 玄石則以爲自宋朝無此法, 設或有朝令, 亦當有後世譏議. 圃隱事, 似因前朝功臣而然, 尤翁於圃隱事已疑之至, 乙丑秋, 定以爲不當祧, 蓋因畏相言而是之也. 今此沙溪祠版, 祧遷已久, 還奉之擧措重難. 子孫之必欲更待朝令, 而後行之者, 其勢然矣. 左相旣陳稟, 而自上敎以爲當爲不遷之位, 則玄石雖以後世譏議爲辭, 此便爲時王之制, 當否似不可論矣, 惟其當否, 則誠有未知者. 有功於國家者, 旣許不遷, 則有功於斯文者, 亦宜一體. 宗廟配食人, 亦無不遷之事. 惟孝宗世室後, 尤翁代作祝文, 使告以宗廟, 庭享旣將百世不祧, 則私家祠版, 亦當如之云. 又以此意推之, 雖不入於文廟, 或儒先或忠臣, 朝令立祠, 而官給祭奠者, 其私家祠版之或祧或埋, 亦未知其如何."

본주논증

○수암이 말하였다. "비록 명현이더라도 '처음 터를 잡은 조상[始基之祖]'이 아니고 또 공신이

574 배식(配食): 제사를 지낼 적에 다른 신위를 함께 모셔 제사하는 것을 말한다.
575 세실(世室): 대대로 지내는 제향(祭享)의 위패(位牌)를 모시는 종묘(宗廟)의 신실(神室)을 말한다.
576 『지촌집』 권10 「답이양숙(答李養叔)」.

아니면, 예에서나 법에서도 백세토록 매안埋安하지 않는 의리가 없다."[577] ○도암이 말하였다. "문묘에서 종향從享하는 대현大賢이나 태묘太廟에 배식配食하는 공신은 모두 조천하지 않는 것이 마땅하고, 이 외에는 모두 참람된 것이다. 자손된 자가 어찌 감히 사사로운 정 때문에 마음대로 행하겠는가? 호남에 이러한 폐단이 가장 많아서, 미암眉菴 유희춘柳希春[578]의 집안에만 그치지 않는다. 아마 모두 다스려 바로잡지 않으면 안 될 듯하다. 그러나 이미 바로잡는 조정의 명령이 없으니, 그 자손 중에서 어진 자가 다만 스스로 행하는 것이 마땅하고, 백 번 절하고 고사告辭하기 전에 또 먼저 사유를 갖추어 고유하는 것이 마땅하다."[579] 【이상. 문묘에 종사하고 종묘에 배향한 인물을 조천하는 것이 합당한가의 여부】

○遂菴曰: "雖是名賢, 旣非始基之祖, 又非功臣, 則於禮於法, 無百世不埋之義." ○陶菴曰: "文廟從享之大賢, 太廟配食之功臣, 皆當不遷, 此外則皆僭也. 爲子孫者, 安敢以私情而擅行耶? 湖南此弊最多, 不獨眉菴家而已. 恐不可不盡爲釐正. 然旣無釐正朝命, 則其子孫之賢者, 只當自爲之, 而百拜告辭之前, 又當先爲具由以告矣." 【右文廟從祀宗廟配享人祧遷當否】

본주논증

○지촌芝村이 말하였다. "『대전大典』 '치제致祭'조에 왕후의 고비考妣는 공신을 백세토록 조천하지 않는 것과는 같지 않아서, 왕후 신위의 조천 여부에 따라서 혹 치제致祭하기도 하고 혹 치제하지 않기도 한다. 그러므로 여기에서는 단지 '제사를 받드는 사람은 대수가 다하면 별도로 하나의 실室을 세워서 제사지낸다.'고 했다. 이미 별도로 하나의 실室을 세운다고 했으니 1칸의 사당을 만드는 것도 괜찮다."[580] 【이상. 왕후의 고비考妣는 왕후의 신위를 조천하기 전에 별실에 봉안함】

○芝村曰: "『大典』'致祭'條, 王后考妣, 非如功臣之百世不遷, 隨后位之祧否, 而或致祭, 或不致祭. 故只於此言奉祀者代盡, 則別立一室, 以祭之, 旣謂之別立一室, 則作爲一間祠堂, 亦可." 【右王后考妣后位祧

577 『한수재집』 권18 「답신태보(答申泰甫) 대래(大來)○신축삼월(辛丑三月)」.

578 유희춘(柳希春; 1513-1577): 자는 인중(仁仲), 호는 미암(眉菴), 본관은 선산(善山), 시호는 문절(文節)이다. 저서로는 『미암일기(眉巖日記)』, 『속휘변(續諱辨)』, 『주자어류전해(朱子語類箋解)』 등이 있다.

579 『도암집』 권17 「답양계달(答楊季達)」.

580 『지촌집』 권10 「답민정능(答閔靜能) 정유(丁酉)」.

遷前奉別室】

본주논증

○사계가 말하였다. "불천위不遷位를 선조先祖라고 일컫는 것은 괜찮고, 혹 몇 대조代祖라고 일컫는 것도 괜찮으나, 시조始祖라고 일컫는 것은, '태초에 백성을 낳은 조상'과 혐의가 있는 듯하다."[581] ○우암이 말하였다. "우리나라의 대군大君은 곧 『가례』에 말한 별자別子이니, 시조始祖라고 일컫는 것이 마땅하고, 그 아래 불천위는 선조先祖라고 일컫는 것이 마땅하다."[582] ○동춘이 말하였다. "방제傍題는 '효孝 몇 대 손'이라고 쓰는 것이 마땅하다."[583] 【이상, 불천위를 제주題主할 때의 칭호】

○沙溪曰: "不遷位稱先祖, 可也, 或稱幾代祖, 亦可, 始祖之稱, 似有嫌於厥初生民之祖." ○尤菴曰: "本朝大君, 卽『家禮』所謂別子也, 當稱始祖, 其下不遷位, 則稱先祖." ○同春曰: "傍題, 當書以'孝幾代孫'." 【右不遷位題主所稱】

가례본주

그중 제 2세 이하의 조상으로 친분이 다하거나, 소종의 집안에서 고조의 친분이 다하면, 그 신주를 옮겨 묻는다. 〖경호안설〗 이것은 대문大文의 '체천遞遷'이라는 말을 이었으므로, 다만 '옮겨서 묻는다.'고만 하였으나, 체천에서 시작해서 묻는 것을 끝낼 때까지를 말함이다. 【止】 ○묻기를 "적손이 제사를 주관하면 곧바로 6세와 5세의 묘주廟主를 조천해야 한다. 그런데 만약 숙조叔祖가 아직 살아계신다면 곧 이것은 그 고조와 증조를 조천하는 것이니 마음에 편안하겠는가?"라고 하자, 주자가 대답하였다. "또한 이렇게만 할 수 있다. 성인이 법을 세워 하나로 정해졌으니 바꾸어서는 안 된다." 또 묻기를 "선형先兄에게 후사를 세워 제사를 주관하게 하면, 고조도 마땅히 조천해 내어야 하는가?"라고 하니, 답하였다. "이미 제사를 주관할 사람을 세웠다면, 곧 사판祠版도 마땅히 개제改題해야 하고 고조도 조천해 내어야 하는데, 비록 인정상으로는 편치 않게 느껴지나 달리 조처할 방법이 없다. 내 집에서

581 『동춘당집』 별집 권2 「상사계선생(上沙溪先生)」.
582 『송자대전』 권99 「답이군회(答李君晦)」.
583 『동춘당집』 별집 권6 「답채생(答蔡生) 지면(之沔)○갑진(甲辰)」.

장래에 소손小孫이 제사를 받든다면 그 형세는 또한 이와 같이 하는 것이 마땅하다." ○퇴계가 말하였다. "남편은 아내의 하늘이다. 남편이 살아있으면 아내가 비록 죽더라도 대代를 바꾸지 아니하고, 남편이 죽으면 부인이 비록 살아있더라도 대를 바꾼다. 이것은 진실로 천지의 불변의 법칙[常經]이고 존비의 큰 의리이다. 어머니가 있고 조모가 있다고 조천을 행하지 않는 것이 옳겠는가?"[584] ○우암이 말하였다. "친분이 다한 신주를 조천하는 것은 봉사손奉祀孫의 세대로 계산하는 것이 마땅하다. 비록 증조모가 생존하더라도 조천하지 않을 수 없다."[585] ○ 〖경호안설〗 어떤 이가 말하기를 "5대손이 승중承重[586]하여 상복을 입으면, 그 제사를 받드는 것은 예법대로 제한하는 것이 마땅하니, 길제吉祭 뒤에 조천하는 것이 마땅할 듯하다."고 하였는데, 이 논의가 옳다. 【이상. 조천은 대수代數로 제한함】

其第二世以下祖, 親盡, 及小宗之家, 高祖親盡, 則遷其主, 而埋之. 〖按〗 此承大文'遞遷'之語, 故只曰遷而埋之, 謂始遞遷, 而終埋之也. 【止】 ○問: "嫡孫主祭, 則便須祧六世五世廟主. 若叔祖尙在, 則乃是祧其高曾祖, 於心安乎?" 朱子曰: "也只得如此. 聖人立法一定, 而不可易." 又問: "先兄立後, 主祭, 則高祖亦當祧去否?" 曰: "旣立主祭者, 卽祠版亦當改題, 高祖祧去, 雖覺人情不安, 然別未有以處也. 家間將來小孫奉祀, 其勢亦當如此." ○退溪曰: "夫者婦之天. 夫存, 則婦雖亡, 而不易代, 夫亡, 則婦雖存, 而以易代. 此固天地之常經, 尊卑之大義. 母在祖母在, 而不行祧遷, 可乎?" ○尤菴曰: "親盡主祧遷, 當以奉祀孫世代計之. 雖曾祖母生存, 亦不可不遷." ○ 〖按〗 或曰: "五代孫承重服喪, 則其奉祀, 當限於禮法, 吉祭後祧遷." 恐當此論得之. 【右祧遷代限】

본주논증

○묻기를 "국법에 3대를 제사지내니 고조의 상이 끝나면 그 신주를 묻어야 마땅한데, 고조모가 살아계시면 어떻게 해야 하는가?"라고 하자, 사계가 대답하였다. "인정상으로는 차마 묻지 못하니, 별실에 봉안하는 것이 합당할 듯하다."[587] 【이상. 3대를 제사지내면 고조를 조천함】

584 『퇴계집』 권17 「답기명언(答奇明彦) 을축(乙丑)」.

585 『송자대전』 권122 「답혹인(答或人)」.

586 승중(承重): 적장자(嫡長子)로서 가계를 계승하여 상주가 될 사람이 일찍 죽고 없는 경우, 가계를 계승하는 자손이 조부모나 증조부모 등 직계조상에 대하여 참최(斬衰) 또는 재최(齊衰) 등의 복을 입어 상주(喪主)의 중책을 감당하는 것을 말한다. 자손의 입장에서는 승중이지만, 조부모나 증조부모의 입장에서는 전중(傳重)이 된다.

587 『동춘당집』 별집 권2 「상사계선생(上沙溪先生)」.

○問: "國法祭三代, 則高祖喪畢, 當埋其主, 高祖母在, 則奈何?" 沙溪曰: "情不忍埋, 奉安別室, 恐當." 【右祭三代祧高祖】

본주논증

○동춘同春이 말하였다. "3대를 제사지내는 것은 시왕時王의 제도이나, 고례를 따라 4대를 제사지내면 사유를 갖추어 사당에 고유하고 고조를 조천하여 내지 않는 것이 마땅하나, 다만 고조를 이미 장방長房으로 옮겼으면 사유를 갖추어 고사告辭를 하고 종가에 되돌려 봉안하는 것이 합당할 듯하다."[588] 【이상, 4대를 제사지내면 고조를 조천하지 않음】

○同春曰: "祭三代, 是時王之制, 而從古禮祭四代, 則當具由告廟, 不爲祧出高祖. 而但高祖已遷于長房, 則具由告辭, 而還奉於宗家, 似當." 【右祭四代不祧高祖】

본주논증

○「상복소기喪服小記」: 첩모妾母[589]는 대를 이어 제사지내지 않는다. 주註: 정正[590]이 아니기 때문에 자식은 제사를 지내나, 손자에 와서는 중지한다. ○묻기를 "「상복소기」에 '첩은 첩조고妾祖姑에게 부祔한다.'고 한 소疏에 '첩모妾母는 대를 이어 제사지내지 않는다. 손자에게는 아니한다.'고 했으니 첩은 사당이 없는가?"라고 하자, 주자가 대답하였다. "첩모는 대를 이어 제사지내지 않는다면 영원히 첩조고가 없는 것이니, 소疏의 설은 혹 따르기에 옳지 않다. 아마 예에는 별묘를 두는 것을 용납한 듯하나, 다만 미처 상고한 것이 없다." ○묻기를 "첩자가 아버지의 후사가 되었으면 그 어머니의 신주는 별실에서 제사지내는 것이 마땅하나, 다만 반드시 현손玄孫에 이르러 세대를 바꾼 뒤에 묻는지 모르겠다."라고 하자, 사계가 대답하였다. "서얼은 비록 고비考妣만 제사지내는 법을 한결같이 따를 수 없다고 하더라도, 또한 3대를 제사하고 그쳐야 마땅하다. 어찌 현손의 세대가 바뀐 뒤에까지 가겠는가?"[591] ○남계가 말하였다. "「상복소기」에 이르기를 '첩은 첩조고妾祖姑에게 부祔한다.'고 했는데, 주자는 '첩모妾母는 대를 이어 제사지내지 않는다면 영원히 첩조고가 없는 것이다. 아마도 예에는 혹 별묘를 두는 것을

588 『동춘당집』 별집 권1 「상사계김선생(上沙溪金先生)」.
589 첩모(妾母): 첩인 어머니를 말한다.
590 정(正): 정상의 적통을 말한다.
591 『동춘당집』 별집 권2 「상사계선생(上沙溪先生)」.

용납한 듯하다.'고 했다. 이로 미루어 보면 첩손妾孫으로서 승중한 사람은 별묘에서 그 조모를 제사지내는 것이 마땅할 듯하다."[592] ○우암이 말하였다. "주자는 이미 첩조고에 관한 글을 주장하면서도 첩모妾母는 대를 이어 제사지내지 않는다는 설을 의심하였는데, 달리하여 어기기는 어려울 듯하다. 그런데 의심할 만한 것이 있다. 고례古禮[593]에 적사適士[594]는 2묘廟이고, 관사官師는 1묘라고 했으니, 첩모에 대한 제사가 어찌 그 손자에게까지 미치겠는가?"[595] ○ 〖경호안설〗 어떤 이가 말하였다. "『예기禮記』에 첩모妾母는 대를 이어 제사지내지 않는다고 했는데, 종자가 서모庶母를 제사지내면 대를 이어 제사지내지 않고, 아들이 그 어머니를 제사지내면 대를 이어 제사하는 것이 마땅하다." ○도암陶菴이 말하였다. "남의 첩이 된 사람의 제사는 그 자식에서 그치는 것이 바른 예이다. 첩의 자식이 이미 그 녜위禰位를 받들지 못하니, 계통을 이어 내려가는[傳序] 의리로 논할 수 없다. 진실로 인정상 차마 하지 못할 바가 있으면 손자에게는 오히려 괜찮다 하겠으나, 3세와 4세는 불가하니, 조천祧遷을 어찌 논할 수 있겠는가?"[596] 【이상. 첩모 제사의 대수代數 제한】

○「小記」: 妾母不世祭. 註: 以其非正, 於子祭, 於孫止. ○問: "「小記」'妾祔於妾祖姑'疏, '妾母不世祭, 於孫否', 則妾無廟矣?" 朱子曰: "妾母不世祭, 則永無妾祖姑矣, 疏說或未可從也. 恐於禮或容有別廟, 但未有考耳." ○問: "妾子爲父後, 其母神主, 當祭於別室, 而但未知必至玄孫易世, 而後埋置否." 沙溪曰: "庶孽雖不可一從只祭考妣之法, 亦當祭三代而已. 豈至玄孫 易世之後乎?" ○南溪曰: "「小記」云, '妾祔於妾祖姑', 朱子曰, '妾母不世祭, 則永無妾祖姑矣. 恐於禮容或有別廟.' 以此推之, 妾孫承重者, 似當以別廟祭其祖母." ○尤菴曰: "朱子旣主妾祖姑之文, 而以妾母不世祭之說爲可疑, 似難違貳, 抑有可疑者. 古禮, 適士二廟, 官師一廟. 然則妾母何至於祭及其孫耶?" ○ 〖按〗 或曰: "『記』云, 妾母不世祭云云, 宗子祭庶母, 則不世祭, 子祭其母, 則當世祭. ○陶菴曰: "爲人妾者, 祭止於其子, 於禮爲正. 妾子旣不能奉其禰位, 則不可以傳序之義論也. 苟以情有所未忍, 則於孫猶可, 三世四世則不可, 祧遷尚何可

592 『남계집』 권45 「답이유룡문(答李猶龍問) 상례(喪禮)○임자십일월팔일(壬子十一月八日)」.
593 고례(古禮): 여기서는 『예기(禮記)』 「제법(祭法)」을 말한다.
594 적사(適士): 사(士)에는 상사(上士), 중사(中士), 하사(下士)가 있는데, 사(士) 계급 중에 덕이 높고 훌륭한 선비를 상사 즉, 적사라 했다.
595 『송자대전』 권100 「답유공좌(答兪公佐) 계축십이월이십칠일(癸丑十二月二十七日)」.
596 『도암집』 권22 「답서종숙(答庶從叔) 만응(晩膺)」.

論?"【右妾母祭代限】

본주논증

○묻기를 "최장방最長房[597]이 죽고 나서 그 아들이 또한 친분이 아직 다하지 않았더라도, 문중에 또 제부諸父와 제형諸兄이 있으면 그 방에 옮겨 받드는 것이 당연한가?"라고 하니, 사계가 대답하기를 "그렇다."고 했다. ○우암이 묻기를 "가형家兄의 3년상을 치른 뒤에 고조·증조 2세의 신주를 아우의 집으로 옮겨야 마땅하나, 가질家姪이 증조에게는 그 또한 아직 친분이 끝나지 않았다고 하여 제사를 받들기를 청한다고 한다. 내 생각에는 이것은 예의 뜻으로 보아 결코 따를 수 없다. 이미 조천祧遷했다가 조만간 다시 되돌려 주는 것은 멀리로 나아감에 물림이 없다는 의리[598]에 대해 어떤 해로움이 있겠는가?"라고 하자, 동춘이 대답하기를 "마땅한 듯하다."고 하였다.[599] 【이상. 최장방이 죽고 나서 그 자식이 아직 친분이 다하지 않았는데 오히려 차장방次長房에게 되돌림】

○問: "最長者死, 其子雖亦親未盡, 而門中, 又有諸父諸兄, 則當遷奉於其房耶?" 沙溪曰: "然." ○尤菴問: "家兄三年後, 高曾二世神主, 當遷于弟家, 而家姪以爲曾祖則渠亦未親盡, 因請奉祀云. 愚意此於禮意, 決不可從. 旣遷, 而早晩復還, 其於卽遠無退之義, 有何所害?" 同春曰: "恐當."【右最長死其子親未盡猶還次長】

본주논증

○묻기를 "종자가 죽고 적손이 승중하여 조천한 신주를 이미 최장방最長房으로 옮겼는데, 적손이 또 죽고 후사가 없어서 종자의 아우가 대를 이어 그 제사를 받든다면, 그 조천한 신주는 다시 사당에 들여놓는 것이 마땅한가?"라고 하자, 사계가 대답하기를 "다시 봉안하는 것이 마땅할 듯하다."고 하였다.[600] 【이상. 종손이 후사가 없어 숙부가 제사를 주관할 때 조천한 신주를 다시 받듦】

597 최장방(最長房): 가장 연장자. 사당에서 친진(親盡)이 된 신주를 조천(祧遷)하는데 족인(族人) 가운데 친진이 되지 않은 자가 있을 경우에는 그중 가장 연장자의 집으로 신주를 옮겨서 제사지내는 예가 있다.

598 멀리로 나아감에 물림이 없다는 의리: 상례(喪禮)에는 '나아감은 있으나 물러남은 없다[有進無退].'로 되어 있다.

599 『동춘당집』 별집 권5 「답송영보(答宋英甫) 임자(壬子)」.

600 『월당집』 별집 권1 「의례문해(疑禮問解) 상(上)」 '통례(通禮)'.

○問: "宗子死, 而嫡孫承重, 則祧主已遷于最長之房矣, 嫡孫又死, 無後, 而宗子之弟, 代奉其祀, 則其祧主, 當還入於祠堂耶?" 沙溪曰: "當還奉."【右宗孫無後叔父主祀還奉祧主】

본주논증

○농암農巖이 말하였다. "최장방이 제사를 받드는 것은 서얼에게까지 통용되나, 서인庶人에 이르러서는 단지 고비만을 제사지내니, 원용하여 설을 만드는 것은 부당하다. 이미 송나라 선현이 정한 예를 사용하여 4대를 통틀어 제사지낸다면, 어찌 첩의 자식이라 해서 유독 옛날 서인庶人의 예를 사용하겠는가? 하물며 첩의 자식 중에는 또한 관직이 있는 자가 있으니, 이 설은 더욱 통하지 않는다."[601] ○묻기를 "조천한 신주의 자손 중에 서얼이 있는데, 여전히 최장방으로 논할 수 없는가?"라고 하자, 사계가 대답하였다. "서얼의 지위는 비록 낮더라도 조선祖先에 대해서는 균등하게 자손이니, 정자의 설에 의거하면 처음부터 제사를 받들지 못할 의리는 없다. 다만 적형제嫡兄弟가 다 죽은 뒤에 제사를 받드는 것이 방해되지 않을 듯하다."[602] ○묻기를 "친분이 다한 조상은 서증손庶曾孫과 적현손嫡玄孫 중 누가 제사를 받들어야 하는가?"라고 하자, 신독재愼獨齋가 대답하였다. "서증손이 제사를 받드는 것이 마땅하다. 만약 가난하고 천하여 제사를 받들 수 없다면 적현손이 제사를 받드는 것도 무방하다." ○도암陶菴이 말하였다. "『예해禮解』(『의례문해』)에 이르기를 '적형제嫡兄弟가 다 죽은 뒤에 제사를 받든다.'고 하였는데, 무릇 형제의 차례가 어찌 중요하지 않겠는가마는, 그러나 아우가 이미 형보다 앞선다면 기타는 미루어 알 수 있다. 이 일은 의론이 여러 갈래지만, 소목昭穆으로 논하지 않고 반드시 적자를 서자보다 우선케 하는 것을 정론定論으로 한다." ○방제旁題와 축사祝辭에 스스로를 '서庶'라고 일컬음이 옳을 듯하다. ○남당이 말하였다. "『의례儀禮』 '장자長子'조의 정현鄭玄의 주註에, '연장자를 적자로 세운다.'고 하였고, 가공언賈公彦의 소疏에 '적처適妻 소생은 모두 적자라고 이름한다.'고 하였다. 주자는 말하기를 '종자宗子는 적자만을 세우니, 비록 서자는 연장자라도 설 수 없다. 만약 적자가 없으면 또한 서자를 세운다.'고 하였다. 이것만으로 적자와 서자의 분별이 연장자와 연소자의 분별보다 엄격하다는 것을 알 수 있다. 사자嗣子를 세워 제사를

601 『농암집』 권18 「답유참봉응수문목(答柳參奉應壽問目) 을해(乙亥)」.

602 『동춘당집』 별집 권1 「상사계김선생(上沙溪金先生)」.

받들게 할 적에 적자嫡子를 우선으로 한다면, 체천遞遷과 봉사奉祀는 그 의리가 한 가지인데, 어찌 사당에 있는 경우는 적자를 우선으로 하고, 체천할 경우는 서자를 우선으로 할 수가 있겠는가? 종손이 대가 다하면 적손이 잇고, 적손이 이미 다하면 서손이 잇는 것은, 종宗으로써 족族을 거느리고 적嫡으로써 서庶를 거느리는 것이니, 일통一統의 의리가 아님이 없다. 사계沙溪가 이른바 '적형제가 다 죽은 뒤에 제사를 받든다.'고 한 것이 예의禮意의 근본에 맞는 듯하다. 만약 형제가 있는 경우는 적자를 우선으로 하고, 숙질이 있는 경우는 서자를 우선으로 한다면, 형제와 숙질에 무슨 같고 다른 의리가 있는지 모르겠다. 한편으로는 적자와 서자의 분별을 위주로 하고, 한편으로는 소목의 차례를 위주로 하니, 의리의 사례가 또한 한결같지 않은 듯하다."[603] ○동춘이 말하였다. "첩의 자식이 최장방으로서 조천한 신주를 받들면, 그의 어머니는 같이 한 사당에 들어갈 수 없다."[604] 【이상. 서얼이 조천한 신주를 받듦】

○農巖曰: "最長房奉祀, 宜通庶孽, 至於庶人, 只祭考妣, 不當援以爲說矣. 旣用宋賢定禮, 通祀四代, 則豈以妾子, 而獨用古庶人之禮耶? 況妾子, 亦有有官職者, 此說尤不通矣." ○問: "祧主子孫, 有庶孽, 猶不可以最長房論歟?" 沙溪曰: "庶孽地位雖卑, 其於祖先, 均是子孫, 據程子說, 則初無不可奉祭之義, 但嫡兄弟盡歿後, 奉祭, 似不妨." ○問: "親盡之祖, 庶曾孫與嫡玄孫, 誰爲奉祀?" 愼獨齋曰: "庶曾孫當奉祀. 若貧殘, 不可奉祀, 則嫡玄孫奉祀, 無妨." ○陶菴曰: "『禮解』云, '嫡兄弟盡歿後, 奉祀.' 夫兄弟之倫序, 豈不重, 而弟旣先於兄, 則其他, 可推而知也. 此事議論多歧, 而以不論昭穆, 必令嫡先於庶, 爲定論矣." ○旁題祝辭, 自稱爲庶, 恐得之. ○南塘曰: "『儀禮』'長子'條鄭註曰, '立嫡以長.' 賈疏曰, '嫡妻所生, 皆名嫡子.' 朱子曰, '宗子只得立嫡, 雖庶長立不得. 若無嫡子, 則亦立庶子.' 只此可見嫡庶之分, 嚴於長少之別也. 立嗣爲奉祀也, 而以嫡爲先, 則遞遷奉祀, 其義一也, 豈有在廟則先嫡, 而遞遷則先庶乎? 宗孫代盡, 嫡孫繼之, 嫡孫旣盡, 庶孫繼之, 宗以統族, 嫡以統庶, 莫非一統之義也. 沙溪所謂嫡兄弟盡歿後, 奉祀者, 恐得禮意之本也. 若謂在兄弟, 則先嫡, 而在叔姪, 則先庶, 則未知兄弟與叔姪, 有何異同之義耶. 一主嫡庶之分, 一主昭穆之序, 義例亦恐不一矣." ○同春曰: "妾子以最長房, 奉祧主, 則其母不可同入一祠." 【右庶孽奉祧主】

603 『남당집』 권20 「답권형숙(答權亨叔) 무진이월(戊辰二月)」.
604 『동춘당집』 별집 권6 「답이택지(答李擇之)」.

본주논증

○사계가 말하였다. "최장자最長者가 옮겨가서 받들지 못하면, 짐짓 당연히 별실에 봉안하여, 봄과 가을에 제사지낸다고 한 퇴계의 설과 같이 함이 무방하나, 최장방이 이미 제사를 받들지 않는다면 이 사람을 주인으로 함은 불가할 듯하다."[605] ○한강寒岡이 말하였다. "최장방이 가난하고 지혜롭지 못해 기꺼이 제사를 지내려고 하지 않으면, 참으로 억지로 하게 하기가 어렵다. 이른바 최장방은 끊어내듯 범하기 어려운 종자와는 비교되지 않는다. 내가 생각하기로는 차장방次長房이 임시로 제사를 받드는 것은 부득이한 형세에서 나온 것이니 혹 불가하지는 않으리라."[606] ○우암이 말하였다. "조천祧遷한 신주를 장방長房이 받들어 옮기지 못하면 종자가 짐짓 별실에 봉안한다. 이는 사문師門에서 행한 것이다. 그러나 장방의 이름으로 방주旁註를 개제改題하는 것이 마땅할 듯하다. 우리 집안에서는 조천한 자손이 힘을 합쳐 장방의 집에 작은 사당을 지어 받들어 옮기고, 제사지낼 때도 힘을 합쳐 돕는다."[607] 【이상. 장방이 가난하면 별실에 신주를 보관하고 혹 힘을 합쳐 사당을 지음】

○沙溪曰: "最長者不能遷奉, 姑當安於別室, 若退溪祭春秋之說, 無妨, 最長房旣不奉祀, 則恐不可以是人爲主." ○寒岡曰: "最長房窶且不慧, 而不肯, 則固難強焉. 所謂最長房, 不比宗子之截然難犯. 鄙意次長之房, 權宜奉祀, 出於不得已之勢, 而或未爲不可耶." ○尤菴曰: "祧主, 長房不能奉遷, 則宗子姑安於別室, 是師門所行也. 然長房改題旁註, 似當. 鄙家則所祧子孫合力, 就長房家, 搆小祠而奉遷, 祭時亦合力助之." 【右長房貧窮別室藏主或合力搆祠】

본주논증

○도암이 말하였다. "사대부의 자손이 쇠망하여 가난하고 천하면, 비록 차례가 최장방에 해당하더라도 조선祖先의 제사를 모실 수 없는 경우가 많다. 이에 별묘別廟를 부득이 만드는 것이다. 그러나 그 사이의 예절은 실로 조처하기가 매우 어렵다."[608] 또 말하였다. "장방의 다음에 해당하는 사람이 비록 궁핍한 시골에 있더라도 인정상 받들고 가기를 원하면 허락한다. 진실

605 『월당집』 별집 권1 「의례문해(疑禮問解) 상(上)」 '통례(通禮)'.
606 『한강집』 권7 「답임탁이(答任卓爾)」.
607 『송자대전』 권66 「답박화숙(答朴和叔) 계축사월이십사일(癸丑四月二十四日)」.
608 『도암집』 권13 「답한참봉명현문목(答韓參奉命玄問目)」.

로 그렇게 할 수 없어서 형세가 어찌할 수 없으면, 비로소 임시로 별묘에서 받드는 논의를 행해야 한다. 그러나 체천하는 날 장방의 차례에 해당하는 사람이 와서 그의 이름으로 방제旁題하여 제사를 행하고, 받들고 갈 수 없어 임시로 별묘에 봉안한다는 사유를 고하지 않아서는 안 된다. 그 뒤에 제사에는 그가 오면 몸소 행하고, 그렇지 않으면 축문에 '현손 모가 모친 모로 하여금 운운.'이라 하여 삼헌三獻을 행하는 것이 마땅하다."[609] 【이상. 장방이 다른 곳에 살 경우 조천한 신주를 받드는 절차】

○陶菴曰: "士大夫子孫, 淪落貧殘, 雖序當最長, 而不能尸先祀者類多. 此別廟之不得已而作者也. 然其間禮節, 實甚難處." 又曰: "長房當次者, 雖在窮鄕, 情願奉往, 則許之. 苟不能然, 而勢不可奈何, 則始可爲權奉別廟之議矣. 然遞遷之日, 長房當次者, 不可不來, 以其名旁題行祀, 告以不能奉往, 權安別廟之由. 其後祀事, 來則躬行, 否則祝文云, '玄孫某, 使某親某云云', 行三獻, 爲當." 【右長房異居奉祧主之節】

본주논증

○묻기를 "종자가 죽고 자식이 없어서 장차 최장방의 사당으로 옮겨 받들려고 하는데, 합제合祭에 주인이 될 만한 사람이 없어서, 합제한 뒤에 옮겨 받들려 하면 그 기약이 없으니, 어떻게 해야 하는가? 어떤 이가 이르기를 '말을 만들어 고하고 옮겨 받드는 것이 합당하다.'고 하는데, 어떠한가?"라고 하자, 도암이 대답하였다. "어떤 이가 말한 것과 같이 임시로 행하는 것은 무방하다." 【이상. 종손이 아직 합제하지 않았을 적에 조천한 신주를 임시로 받듦】

○問: "宗子死而無子, 有將遷奉於最長房之廟, 而合祭無人可主, 欲待合祭後移奉, 則無其期, 奈何? 或云, '措辭以告, 而當遷奉.' 如何?" 陶菴曰: "如或說, 權宜行之, 無害." 【右宗孫未合祭權奉祧主】

본주논증

○남계가 말하였다. "출후한 자손은 최장방의 제도를 사용하기 어렵다."[610] 【이상. 출후한 자손은 조천한 신주를 받들지 못함】

○南溪曰: "出後子孫, 難用最長房之制." 【右出後子孫不奉祧主】

609 『도암집』 위와 같은 곳.

610 『남계집』 권48 「답이태이행태문(答李泰而行泰問) 예(禮)○병인팔월이십오일(丙寅八月二十五日)」.

본주논증

○문기를 "조천한 신주를 최장방으로 옮긴다면 제사를 주관하는 자의 칭호로 개제改題함이 마땅하고, 그 절차는 받들어 옮기는 날에 하고, 방제旁題에는 '효孝'라고 일컫지 않고 단지 '증현손曾玄孫'이라고 일컫는 것이 마땅한가?"라고 하니, 사계가 대답하기를 "그렇다."고 하였다. ○우암이 말하였다. "조천한 신주의 개제는 본디 옮겨 받드는 자의 일이니, 옛날 주인이 간여할 바가 아니다. 이미 옮긴 뒤에 또한 마땅히 술과 과일을 차려 고유하는 예가 있어야 하는데, 이때에 개제하는 것이 마땅할 듯하다."[611] ○남계가 말하였다. "조묘祧廟를 받들어 옮기고 개제하는 예는 추증追贈의 예와 같이 하는 것이 마땅할 듯하다." ○도암이 말하였다. "조천한 신주의 개제는 반드시 종가宗家에서 할 필요는 없다. 장방이 옮겨 받들어 집에 이른 뒤에, 고하기를 '모관 부군·모봉 모씨'라고 하고, 그 아래에 붙이기를 '종자가 친분이 다하여 모某가 장방으로서 예에 따라 옮겨 받들어야 마땅하기에 지금 장차 개제하여 삼가 술과 과일로 운운.'이라고 한다."[612] 【이상. 조천한 신주의 개제改題 의식】

○問: "祧主遷於最長房, 則當以主祀者所稱改題, 其節次, 當在於遷奉之日, 而旁題不稱'孝', 只稱'曾玄孫'乎?" 沙溪曰: "然." ○尤菴曰: "祧主改題, 自是遷奉者之事, 則非舊主人之所當與也. 旣遷之後, 亦當有酒果告由之禮, 其時改題, 似宜." ○南溪曰: "祧廟奉遷改題之禮, 如追贈禮, 似當." ○陶菴曰: "祧主改題, 不必於宗家爲之. 長房遷奉, 至家後, 告辭曰, '某官府君, 某封某氏', 下係之以'宗子親盡, 某以長房, 禮當遷奉, 今將改題, 謹以酒果, 云云.'" 【右祧主改題節次】

본주논증

○한강寒岡이 말하였다. "부모의 제사를 받드는 사람이 또 증조의 조천한 신주를 받들게 되면, 증조는 서쪽의 두 번째 감실에 봉안하는 것이 마땅하고, 고비考妣는 동쪽의 가장 아래 감실에 봉안하는 것이 마땅하며, 첫 번째 감실과 세 번째 감실은 비워두는 것이 마땅하다. 또 장방으로서 증조고비曾祖考妣를 받들고 온 뜻을 고비考妣 앞에 대략 서술하여 고하는 것이 마땅하다."[613] 또 말하였다. "사당에 봉안했는데, 마침 중월仲月의 시사時祀를 지낼 때라면 성찬

611 『송자대전』 권111 「답윤증(答尹拯)」.

612 『도암집』 권17 「답이내숙헌장문목(答李來叔慶章問目) 계해(癸亥)」.

을 갖추는 것이 마땅하다. 그렇지 않다면 술과 과일로 고한다."[614] 【이상. 조천한 신주를 봉안하는 절차】

○寒岡曰: "奉父母祭者, 又奉曾祖祧主, 則曾祖當安於西之第二龕, 考妣當安於東之最下龕, 第一龕與第三龕, 則當虛之矣. 又考妣前, 當以曾祖考妣, 以長房奉來之意, 略叙以告." 又曰: "其安祠堂, 適在仲月時事之時, 則具盛饌, 爲當. 不然, 則用酒果以告." 【右奉安祧主節次】

본주논증

○우암이 말하였다. "최장방最長房이 죽으면 그가 받들던 신주는 즉시 차장방次長房으로 옮기며, 3년상을 마치기를 기다리지 않는다. 대개 최장방이 조천한 신주를 받드는 것은 일의 형편이 종가와 다름이 있어서 단지 임시로 제사를 받들려고 함인데, 다시 3년 동안 제사를 그만두는 것은 편안하지 않음이 있다."[615] ○최장방이 죽어서 차장방으로 옮기는 것은 언제가 마땅한가? 이러한 물음은 가장 절실하다. 이는 우리 집에서 일찍이 겪은 적이 있었던 일이다. 가형家兄의 장사 뒤에 우리 집으로 옮겨 봉안하려 했으나, 동춘이 3년을 기다리고 난 뒤 길제吉祭 때가 마땅하다고 했다. 얼마 안 있어 듣자니, 니산尼山 윤도헌尹都憲은 장방長房을 장사지낸 뒤에 곧 그의 집으로 옮겨 받들었다고 하였다. 비록 고례는 아니더라도 인정에 매우 편안하였다. 그가 이미 대가大家로서 행했다면 이미 속례俗例를 이룬 것이니 따르는 것이 마땅하다. 그래서 장사를 지낸 뒤에 우리 집에 옮겨 봉안하였다.[616] ○도암이 말하였다. "장방은 일의 체면이 종가와 동등하지 않으니, 그 상이 끝나기를 기다릴 필요 없이, 받들어야 할 차장次長이 고유하고 옮겨 받든 뒤에, 개제하는 것이 마땅할 듯하다."[617] ○묻기를 "돌아가신 아버지의 3년상 안에는 조천한 신주를 짐짓 그대로 받들려 한다."고 하자, 대답하였다. "상주의 심정과 바람이 이와 같으니, 온 집안 사이에서 양해하여 3년 뒤에 조천하는 것을 허락함이 마땅하다." 【이상. 차장방으로 옮겨 받드는 절차】

613 『한강집』 권7 「답임탁이(答任卓爾)」.
614 『한강집』 위와 같은 곳.
615 『송자대전』 권31 「여송명보(與宋明甫) 임자(壬子)」, 권31 「여송명보(與宋明甫)」.
616 『송자대전』 권70 「답송도원(答宋道源)」.
617 『도암집』 권13 「답이참봉이정문목(答李參奉頤正問目) 경신(庚申)」.

○尤菴曰:“最長房死, 則其所奉神主, 卽遷于次長, 不待三年喪畢. 盖最長之奉祧主, 其事體 與宗家有異, 只欲權奉祭祀, 而復三年廢祭, 有所未安.” ○最長房死, 而移於次長房, 當在何時? 此問最切, 此鄙家曾所經歷者也. 欲於家兄葬後, 移安於鄙家, 而同春以爲當待三年後, 吉祭時也. 俄聞尼山尹都憲, 於長房葬後, 卽移奉於其家云. 雖非古禮, 甚安於人情. 彼旣以大家行之, 則已成俗例, 從之宜矣. 遂於葬後, 移安於鄙家. ○陶菴曰:“長房事體, 非與宗家等, 不必待其喪畢, 次長之當奉者, 告由遷奉後, 改題似宜.” ○問:“亡父三年內, 祧主姑欲仍奉.” 曰:“哀之情願如此, 一家之間, 所當體諒, 而許其三年後祧遷也.”【右次長房移奉節次】

본주논증

○정자가 말하였다. “사당의 신주를 조천하였다면 장사지낸 곳에 묻는다.” ○주자가 말하였다. “옛날에 시조묘始祖廟에는 협실夾室이 있어서 조천한 신주를 모두 여기에 보관했는데, 천자로부터 사서인士庶人에 이르기까지 모두 그러하였다. 지금 사서인의 집안에서는 감히 시조묘를 세우지 못하기 때문에 조천한 신주를 안치할 곳이 없다. 단지 이천伊川이 말했듯이 양 계단 사이에 묻고 말아야 할 것이나, 지금 사람의 가묘家廟에 또한 어찌 이른바 양 계단이란 것이 있겠는가? 다만 깨끗한 곳을 가려서 묻는 것이 좋다. 생각건대 시조 묘소의 가장자리를 따라 묻는 것만 못하다. 시조묘始祖廟가 없으니 그래서 조처하기가 어렵고 이렇게만 할 수 있다.” ○옛날 사람이 양 계단 사이에 뽕나무 신주[桑主]를 묻은 것은 대개 옛날 계단 사이에는 사람이 많이 다니지 않았기 때문이었다. 지금은 혼잡하여 또한 여기에 묻기 어렵고, 단지 묘소에만 묻을 수 있다. ○묻기를 “신주는 묘소의 어느 곳에 묻어야 하는가?”라고 하자, 우암이 대답하였다. “주자는 ‘시조 묘소의 가장자리에 묻는다.’고 하였으나, 단지 ‘묘소의 가장자리’라고만 하고 좌우는 말하지 않았다. 내 생각에는 왼편이든 오른편이든 모두 무방할 듯하다. 우리 집안에서는 본 묘소[本墓]의 오른편에 묻었다.”[618] ○수암遂菴이 말하였다. “조천한 신주는 본 신위[本位]의 묘소 뒤쪽 서편에 매안하는 것이 좋다.”[619] 【이상. 조천한 신주를 매안하는 곳】

○程子曰:“廟主旣祧, 埋於所葬處.” ○朱子曰:“古者始祖之廟有夾室, 祧主皆藏於此, 自天子至士庶皆

618 『송자대전』 권99 「답이군회(答李君晦)」.
619 『한수재집』 권14 「답이기보(答李器甫) 경자(庚子)」.

然. 今士庶家不敢立始祖廟, 故祧主無安頓處. 只得如伊川說, 埋於兩階間而已. 今人家廟亦安有所謂兩階? 但擇淨處埋之可也. 思之, 不若埋于始祖墓邊緣. 無箇始祖廟, 所以難處, 只得如此." ○古人埋桑主於兩階間, 盖古者階間, 人不甚行. 今則混雜, 亦難埋於此, 只得埋於墓所. ○問: "埋主墓所何方?" 尤菴曰: "朱子云, '埋于始祖墓邊.' 然只云墓邊, 而不言左右. 鄙意或左或右, 恐皆無妨. 鄙家, 則埋於本墓之右邊." ○遂菴曰: "祧主埋安於本位墓後西邊, 可也."【右祧主埋安處所】

본주논증

○"묘소를 잃어버린 사람이 신주를 묻는 것"에 대하여 물으니, 수암이 대답하였다. "깨끗한 곳에 묻는 것이 좋다. 혹 선대의 묘소 옆에 묻거나 혹 자손의 묘소 위에 묻는 것도 괜찮다."[620]【이상. 묘소를 잃어버린 사람이 신주를 묻는 곳】

○問: "失墓者埋主." 遂菴曰: "埋於潔地, 可也. 或埋先世墓傍, 或子孫墓上, 亦可."【右失墓者埋主處所】

본주논증

○우암이 말하였다. "조천한 신주를 묻는 절목節目은 고증할 수 없으나, 본 묘소의 뒤쪽 오른편에 묻는 것이 마땅하다. 이미 땅을 파놓고는 나무 상자를 먼저 구덩이 속에 안치한 뒤에, 신주의 독을 나무 상자 안에 안치하고, 자손들이 모두 재배하여 사신辭神한다. 마치면 상자의 문을 닫고, 흙을 덮어 견고하게 다지고 나서, 사초莎草를 더한다.[621] 세상에는 옹기에 담아서 묻는 일이 많은데, 어떤 이는 '세월이 오래되니 물이 옹기 속에 차서 신주가 뜨는 것이 발견된다.'고 하기도 한다."[622] 또 말하였다. "그 독櫝을 버리고 묻는 것은 마음에 차마 못할 것이 있다."[623] ○묻기를 "신주를 묻을 때 묘소에 고하는 것이 마땅할 듯하다."고 하니, 대답하였다. "간략하게 술과 과일로 고하는 것이 마땅할 듯하다."[624] ○"신주를 묻을 때의 고사告辭"에 대하여 물으니, 율곡이 대답하였다. "지금 깨끗한 곳에 나아가 선주先主(선대의 신주)를 받들어 봉안하고 영원히 작별하니 슬픔을 이길 수 없습니다. 감히 맑은 술로 정성을 펴고 경건하게 고합

620 『한수재집』 권18 「답이기중(答李機仲) 을미사월(乙未四月)」.
621 『송자대전』 권99 「답이군회(答李君晦)」.
622 『송자대전』 권122 「답혹인(答或人)」.
623 『송자대전』 위와 같은 곳.
624 『송자대전』 권103 「답윤이화(答尹爾和) 무오십일월칠일(戊午十一月七日)」.

니다. 운운."[625] ○ 〖우안〗 만약 묘소의 오른쪽에 묻고 묘소에 고한다면 '깨끗한 곳'을 '묘소의 오른쪽'이라고 고치는 것이 마땅할 듯하고, 또 '봉안奉安'의 '안安'을 '묻는다[埋]'로 하는 것이 마땅할 듯한데, 어떨지? ○"신주를 묻을 때 앉혀 두는지 뉘어 두는지의 의절"에 대하여 물으니, 남계南溪가 대답하였다. "평상시는 좌식坐式을 사용하여 제사를 지내지만, 지금은 이미 영원히 조천하였으니 뉘어 두는 것이 마땅할 듯하다."[626] ○도암陶菴이 말하였다. "조천한 신주를 매안할 때 자손이 슬픔을 드러내는[擧哀] 것이 인정人情과 예문禮文에 모두 알맞다." 【이상. 신주를 묻는 절차】

○尤菴曰: "埋主節目, 未有所考, 當於本墓後右邊. 旣掘坎, 以木匣先安于坎中, 然後以主櫝安于木匣中, 子孫皆再拜而辭. 畢閉匣門, 而掩土緊[627]築, 加以莎草. 世多有盛於甕, 而埋之者. 或云, '歲久, 發見水盈甕中, 神主浮泛云.'" 又曰: '去其櫝而埋之, 心有所不忍矣.' ○問: "埋主時似當告墓." 曰: "略以酒果告之, 似宜." ○問: "埋主告辭." 栗谷曰: "今就潔地, 奉安先主, 永訣終天, 不勝悲感. 敢以淸酌, 用伸虔告. 云云." ○ 〖愚按〗 若埋墓右, 而告墓, 則恐當改'潔地'曰'墓右', 又'奉安'之'安', 恐當作'埋', 如何? ○問: "埋主時, 坐置臥置之節." 南溪曰: "常時用坐式而祀之, 今已永祧, 恐當臥置." ○陶菴曰: "祧主埋安時, 子孫之擧哀, 情禮俱得." 【右埋主節次】

가례본주

그 묘전墓田[628]은 제위諸位[629]가 번갈아 가며 관장하고 우암이 말하였다. "번갈아 가며 관장한다는 것은 금년에는 장자가 주관하고 내년에는 차자가 주관한다는 것을 말한다."[630] ○'묘전墓田' 주註에는 정위正位와 부위祔位[631]가 모두 같다고 하였으니, 여기서 단지 정위만을 들었지만, 그러나 부祔한 신위도 모두 거론한 것이다.[632] 해마다 그 자손을 거

625 『율곡전서』 권31 「어록(語錄) 상(上) 김진강소록(金振綱所錄)」.
626 『남계집』 외집 권8 「답이인보문(答李仁甫問) 상례(喪禮)○경신(庚申)」.
627 『송자대전』 권99 「답이군회(答李君晦)」에는 긴(緊)이 견(堅)으로 되어 있다.
628 묘전(墓田): 사당에서 체천된 이후, 묘소에서 지내는 제사 비용을 염출할 종토를 말한다.
629 제위(諸位): 장방(長房)과 차방(次房)을 가리킨다.
630 『송자대전』 권86 「답민사앙(答閔士昂)」.
631 정위(正位)와 부위(祔位): 정위는 고조, 증조, 조, 부의 4대 신위. 여기에 합사한 신위를 부위(祔位)라 한다.
632 『송자대전』 권66 「답박화숙(答朴和叔) 계축사월이십사일(癸丑四月二十四日)」.

느리고 한 번 제사를 지내되, 또한 백세가 되어도 바꾸지 않는다. "세대가 점점 멀어지고 정상精爽(정기)이 사라져 없어지기 때문에 사당에서 체천遞遷하여 허는 일이 있는가?"라고 묻자, 주자가 대답하였다. "비록 이와 같기는 하지만, 그러나 제사는 음陰에서 구하고 양陽에서 구하는데, 이 기운은 여전히 남아 있어서 마치 입으로 불거나 숨을 들이 쉬면 또 오는 것과 같다. 만약 이렇게 하지 않는다면 이는 죽었다고 죽은 것으로 여겨버리는 것이다. 대개 그 자손이 끊어지지 않으면 이 기운도 접속하여 끊어지지 않는다."【止】○남계가 말하였다. "예에 '서자가 어려서 죽으면[殤] 제사지내지 않는다.'고 했는데, 이에 준하면 정자가 정한 바는 이미 후厚한 쪽으로 따른 것이다. 그런데 만약 묘제墓祭에서도 오히려 백세토록 고치지 않는다면 너무 지나친 것이 아니겠는가? 성인成人으로서 후사가 없는 사람에게는 혹 그럴 듯도 하지만, 자손이 있는 자와 구별이 없는 것은 또한 합당한 지의 여부를 알지 못하겠다. 또한 묘소가 혹 다른 곳에 있는 자나, 그 신주를 애초에 조부에게 부식祔食하지 않은, 예컨대 속세에서 이른바 수양收養이나 외손봉사外孫奉祀와 같은 따위도 장차 이 예를 다 사용해야 하겠는가?"【이상. 어려서 죽거나 후사가 없는 자에 대한 한 해 한 번의 제사】

其墓田, 則諸位迭掌, 尤菴曰: "迭掌, 謂今年長子主之, 明年次子主之之謂." ○'墓田'註, 正位祔位皆同, 而此只擧正位. 然其所祔者, 並擧之. 而歲率其子孫, 一祭之, 亦百世不改也. 問: "世代浸遠, 精爽消亡, 故廟有遷毁." 朱子曰: "雖是如此, 然祭者, 求諸陰, 求諸陽, 此氣依舊在, 如噓吸之, 則又來. 若不如此, 則是之死而致死之也. 盖其子孫未絶, 此氣接續, 亦未絶."【止】○南溪曰: "禮云, '庶殤不祭.' 準此程子所定, 已爲從厚. 而若於墓祭, 猶且百世不改, 則無乃太過乎? 至於成人無後者, 恐或宜然, 然與有子孫者無別, 亦未知恰當否也. 且墓或在他所者, 及其主初不祔食於祖, 如俗所謂收養外孫奉祀之類, 亦將盡用此禮耶?"【右殤與無後者歲一祭】

본주논증

○남계가 말하였다. "민씨閔氏의 5대 조고비의 신주는 오래 전에 조천했어야 마땅하다. 외손봉사外孫奉祀는 비록 예가 아니지만, 본종本宗으로 말하면 후사가 없는 부위祔位이다. 부위에 제전祭田을 두는 것은 정위正位와 다름이 없으니, 그 묘소에서 마땅히 해마다 제사를 행해야 한다는 것은 의심할 것이 없다. 또 생각건대 우리 집의 전민田民들은 모두 민씨閔氏에서 나왔다.

이제 다른 사람의 부탁을 받고 다른 사람의 재산을 향유하면서 응당 행해야 할 묘제墓祭를 빠뜨리고 거행하지 않는 것은 의리상 감히 꺼내어서는 안 될 일이다. 아마도 따로 제전을 두어 근후한 성품의 묘지기로 하여금 지키게 하고, 일을 주관하는 사람이 때맞추어 가서 예를 행한다면, 거의 부탁받은 은정과 의리를 저버리지 않을 것이다."[633] 【이상. 외선조外先祖에게 후사가 없으면 묘소에서 해마다 한 번 제사지냄】

○南溪曰: "閔氏五世祖考妣神主, 當祧久矣. 外孫奉祀, 雖非禮, 自本宗言之, 則無後之祔位也. 祔位之置祭田, 與正位無異, 當行歲祭於其墓, 無疑. 且念吾家田民, 皆出於閔氏. 今受人之托, 享人之財產, 而使其應行之墓祭, 闕而不擧, 義所不敢出也. 恐當別置祭田, 使墓僕謹厚者, 看守, 主事之人, 時往行禮, 庶不負其屬托恩義也." 【右外先無後墓歲一祭】

가례부주

어떤 이가 묻기를 요경堯卿이 물은 것이다. "지금 사士와 서인들에게도 역시 처음으로 터를 잡은 선조가 있는데, 또한 모두 다만 4대를 제사지낸다. 다만 4대[但四代] 다른 본에는 이 3자[但四代]가 없다. 이상은 제사를 지내지 않아도 되는가?"라고 하자, 주자가 대답하였다. "지금 4대를 제사지내는 것이 이미 참람한 일이다. 주자가 말하였다. "옛날에는 한 대代에 곧 한 묘廟가 있었으며, 그에 해당되는 예도 매우 많았다. 지금은 사士와 서인들에게는 모두 사당이 없다. 다만 사마온공司馬溫公은 3대를 제사지냈고, 정이천程伊川은 고조부터 제사지냈는데, 처음에는 지나치다고 의심하였다. 요컨대 이미 사당도 없고 또 예도 매우 모자라니, 4대를 제사지내더라도 해가 없을 것이다." 옛날에 관사官師도 2대만 제사지냈다. 만약 처음으로 터를 잡은 조선祖先이라면, 생각건대 묘제墓祭만 지내야 할 것이다." 『어류語類』

或問: 堯卿問. "而今士庶, 亦有始基之祖, 莫亦只祭得四代. 但四代 一無此三字. 以上, 則可不祭否?" 朱子曰: "而今祭四代, 已爲僭. 朱子曰: "古時一代卽有一廟, 其禮甚多. 今士

633 『남계집』 권36 「답태두질(答泰斗姪)」.

庶, 皆無廟. 但溫公祭三代, 伊川祭自高祖, 始疑其過. 要之, 旣無廟, 又於禮煞缺, 祭四代, 亦無害."

古者官師, 亦只祭得二代. 若是始基之祖, 想亦只存得墓祭."『語類』

가례부주

○양복楊復이 말하였다. "이 장에서 '시조의 친분이 다하면 그 신주를 묘소에 갈무리한다.'고 하였는데, 「상례喪禮」 '대상大祥'장에서도 '만약 친분이 다한 조상이 있는데, 그가 별자別子라면 축판에 운운云云이라 하고, 다 고한 다음에 묘소로 옮겨가되 묻지는 않는다.'고 하였다. 무릇 그 신주를 묘소에 갈무리하되 묻지 않는다면, 묘소에 반드시 사당이 있어 묘제墓祭를 받들 것이다."

○楊氏復曰: "此章云, '始祖親盡, 則藏其主於墓所.' 「喪禮」'大祥'章亦云, '若有親盡之祖, 而其別子也, 則祝版云云, 告畢, 而遷于墓所, 不埋.' 夫藏其主於墓所, 而不埋, 則墓所必有祠堂, 以奉墓祭."

원정·동지·초하루·보름·시속명절에 주독을 꺼내기 전에 집안의 여러 사람들이 차례대로 서는 도[正至朔望俗節出主櫝前家衆敍立之圖]

櫝 櫝 櫝 櫝

高祖考 高祖妣 曾祖考 曾祖妣 祖考 祖妣 考 妣

酒 茶 酒 茶 酒 茶 酒 茶 酒 茶 酒 茶 酒 茶 酒 茶

盤 果 盤 果 盤 果 盤 果

香案

中門 中門 中門

酒盞 酒注 酒瓶 盞盤

西階 香案 阼階

『집람』: 살피건대, 「왕제」에 '아버지의 연배에 대해서는 뒤따라 가며[隨行], 형의 연배에 대해서는 줄지어 간다[鴈行].'고 한 구절의 주註에 '안행鴈行은 나란히 가되 조금 뒤처져서 가는 것이다.'고 했다. 이 도식에서 차례대로 서는 자리는 또한 이 설에 의거한 것이다. 거기에 '어머니가 있으면 특별히 주부 앞에 자리한다.'고 한 것과, '자손들과 외집사外執事는 주인의 뒤에 선다.'는 것은 바로 여기서의 '수행隨行'이다. 그리고 거기에 '조금 앞이나 조금 뒤에 있는 사람'이라 한 것은 바로 여기서의 '안행鴈行'이다.

『輯覽』: 按, 「王制」, '父之齒, 隨行, 兄之齒, 鴈行.' 註, '鴈行, 幷行而稍後也.' 此圖, 叙立之位, 亦依此說也. 其曰'有母, 則特位於主婦之前.' '子孫外執事者, 在主人之後者.' 卽此'隨行'也. 其曰'少前少後者', 卽此'鴈行'也.

권1 끝.

가례증해
家禮增解

총색인總索引

ㄱ ㅏ

ㄴ ㅏ

ㄷㅏ

ㅁㅏ

ㅂㅏ

ㅅㅏ

아

ㅈ ㅏ

ㅊㅏ

ㅌㅏ

파

ㅎㅏ

ㄱㅣㅌㅏ

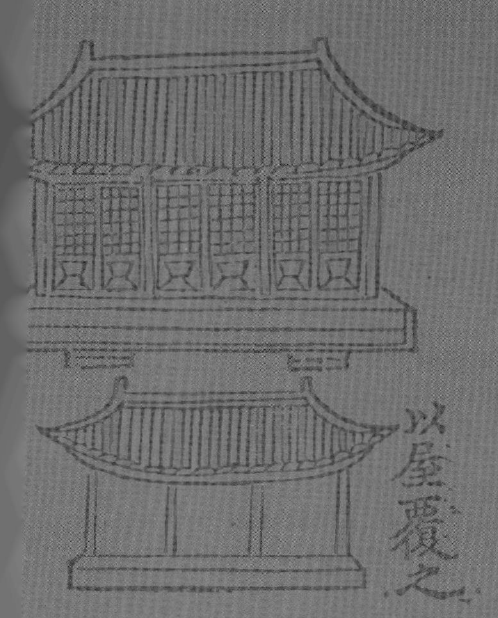

가례증해
家禮增解

영인본
影印本

권1 卷之一

家禮增解序

晦菴朱夫子家禮之書出於草
剏亡失之餘故後世之議論散
到自 皇明以來祖述此書者
有丘氏儀節魏氏會成楊氏正
衡馮氏集說而但其損益修潤
皆不純乎朱子之本意矣至于

家禮增解序 一

我東沙翁之輯覽市南之源流
出而其爲輿衛於朱門也蔑以
加焉然於疑文變節尙恐有未
照勘者則後人之隨其見聞證
成一解說不亦可乎鏡湖李孟
宗以其所編家禮增解示余曰
此乃吾先人嘗蒐輯古今之禮

說家禮而編出者也草本未及
再修而先人奄忽捐世不肖滾
悃雖言之將堙益懼遺教之或
墜繼此修整悉用心力者必十
季而今絶得就願得子一言以
弁于卷余乃繙閱必回而見其
所以分門類附逐事彙編者引

家禮增解序 二

据該備取捨精確間附已見辨
析甚詳發前人所未發者亦多
儘可謂良工心獨苦也嗚呼記
曰禮有大有小有顯有微經禮
三百曲禮三千其致一也是書
於其顯微大小之節實有以發
揮盡矣則常變因革之義名物

度數之文皆可瞭然如指諸掌
焉若使剞劂而行于世則其有
補世敎者果如何哉抑余又有
所興歎者書曰天叙有典天秩
有禮今盈宗既師事雲坪以禮
飭躬而又克紹述先業編成此
書其所自盡於典禮者如是

矣而亦將見其繹回增美之化
不止於家衖鄉黨間耳然則維
訟所編豈徒爲巾笥之藏而已
謹爲序以俟之
崇禎後三壬子德殷宋煥箕序

家禮增解小敘 採變禮而增之欲人推行 引古禮而解之欲人博攷

儀禮廢而家禮作蓋家禮者酌古今之宜適文質之中以爲千萬世通行之定制者也夫禮之爲道有常有變有因有革此古聖人制作之大義而家禮之所主也然而其常與因則一定其變與革則無窮矣一定者易守而無窮者難盡此家禮之亦不能悉舉而猶有待於後人者也自有家禮以來後賢之因之而纂修者不爲不多而其所以兼因革該常變而盡之以之發揮乎家禮之精蘊者蓋鮮矣我先君子蓋嘗有志於此搜集古今之禮就家禮而分門類附逐事彙編上以明晦翁祖述損益之本意下以示後

學常經通誼之全體名之曰家禮增解草具甫就未克再修蓋以窮鄉書籍之難求故也逮乎晚歲託不肖而戒之曰汝其善述之不肖承命未久奄哭風樹每一奉閱手澤如新雖未忍蚤卽始工而遺敎在耳亦不可小緩矣乃發篋開書濡毫而飮泣日荏苒時月遺託未就而蒲柳之質風燭奄及則先考之雅言執禮恐遂湮沒而其肯曰余有後哉因廣蒐群書刻意修潤首尾十餘年凡易稿者屢矣嗚呼此書之役旣是紹述先業則雖有不敢辭者第事大才小實無異僬僥之強千斤耳用是兢勵不敢小忽費盡心力纔用工夫以至今日粗得就緖而第懼其規模纂次

之間或失遺已日商訂取舍之際或乖理致則其得罪於先
考貽譏於後人者已不少矣亦有一得之說濫厠其間則
雖自謂謹遵繩墨依樣葫蘆而尤安得免於汰哉之誚哉
然此本擬於用之一家以爲年少子弟講習之資耳不敢
公之於世人則庶或相諱而得免公議之紛紜否大抵此
書之修於向所謂常與因之一定者固不敢議到而若其
變與革之無窮者則粗及其一二耳然亦安得而盡之哉
倘或有取之者因其所已言者而推及乎其所未言者則
此書足爲發端之資而其無窮而難盡者庶有可盡之時
矣此則又不能無望於後人耳不肖孤宜朝泣血謹書

家禮增解凡例

一廣引經傳及古今諸儒說以解家禮本文之義而家禮本文則不敢動一字

一家禮本因古禮而祖述之損益之則必須以經文與傳記編入於其間(如家禮源流書)然後可詳聖賢作述之本末而第編秩浩穰有難盡載然其間或有必待相證而後可以發明者則悉以節略載錄於大文之下(大文體例尊嚴只載經記不及他書)或大註逐句之間亦多散載於篇目之下附註之間而務從簡要以便考閱又以通解各條所標之目揔錄於篇目之下以爲大體參證之資

一家禮只言常而不及變故以古今論變禮之文隨事編入於逐條下而以陰刻標題目於說下曰右其禮

一家禮本文或有未備之節文則引他書以補之而各以類附於逐條之下(吉祭改葬二禮依備要補入禫祭下)

一先儒論禮或有異同則並取悉書以備後人之博考而第取定論書之於後不拘時代之先後

一所引經傳及先儒說或有通關於家禮各條者則亦必隨事編入不避重複而第備載於所引最關之本條其餘則節略之而註曰詳見其條(註之又或似煩則否)

一先儒說有以一事屢論各出而皆可取則合爲一段有

一說而旁及數事者則分爲各段

一引先儒問答之際有必待問說而後圓備者則詳載問說有不待問說而答語已自圓備者則削去問說或有必書所問之人然後可詳其事者則必書其問其餘則盡削所問之人且繁蔓者則刪節之牴牾者則隱栝之要就精簡通暢

一成服篇楊儀之在附註者依備要悉以補入於本註之下而有先儒論說則並書之要爲歸重本註且從其類不避重複

一服制有降正義之別家禮以此爲主而至於變禮之補入者則或以義服入於正服以正服入於義服蓋從其類故也(如所後子服當入義服而從入於衆子正服期之類)

一所引諸說各標書名若姓號於圈下其圈而稱按者是瞽說也或有承先儒說而僭加論辨者則稱愚按

一其正義釋了後將及變禮則以陰刻止字界而標之

一註於小註者若是其文之本註則加註字若是愚說則加按字以別之

一以圖各係於逐章之下而第家禮本圖既非朱子所作多有可疑處不可盡從故以儀節備要輯覽三禮儀諸圖略加參酌增損覽者詳之

家禮序

晦菴朱先生

凡禮有本有文(禮器文) 自其施於家者言之則名分之守愛敬之實其本也冠昏喪祭儀章度數者(陳氏曰儀威儀章文章也胡氏曰度制度數數目也) 其文也其本者有家日用之常體(禮器禮也者猶體也體不備君子謂之不成人)固不可以一日而不修其文又皆所以紀綱(陳氏曰綱網大繩紀附綱小繩○朱子曰綱者猶網之有綱也紀者猶絲之有紀也)人道之始終雖其行之有時施之有所然非講之素明習之素熟則其臨事之際亦無以合宜而應節是亦不可一日而不講且習焉者也三代之際禮經備矣然其存於今者宮廬器服之制出入起居之節皆已不宜於世世之君子雖或酌以古今之變更爲一時之法然亦或詳或略無所折衷(朱子曰折衷者摺疊來取中衷只是箇中亭有不同者執其兩端而折其中)至或遺其本而務其末緩於實而急於文自有志好禮之士猶或不能舉其要而困於貧窶者(孔氏曰窶謂無財可以爲禮貧謂無財可以自給)尤患其終不能有以及於禮也熹之愚蓋兩病焉(問序文兩病尤菴曰然其存於今止不宜於世是一病然亦或詳止及於禮也是一病○愚按尤菴說恐未然蓋禮經之不宜於世者固是可病然其下繼曰世之君子酌以古今之變云則此非始自朱子而病之者也特其所病者雖酌以古今之變而詳略無所折衷則好禮者不能舉要是一病也務末急文則貧窶者不能及禮是一病也故其下因說大體之不可變而少加損益於其間則其要可舉而貧窶者可及矣如此觀之似爲圓轉未知如何)是以嘗獨究觀古今之籍因其大體

之不可變者而少加損益於其間以爲一家之書退溪曰家禮也○輯覽謚言行於一家之書大抵謹名分崇愛敬以爲之本至其施行之際則又略浮文敦本實按儀節發作務以竊自附於孔子從先進見論語先進篇之遺意誠願得與同志之士熟講而勉行之庶幾古人所以修身齊家之道謹終追遠曾子曰愼終追遠民德歸厚矣○按朱子避宋御諱改愼爲謹之心猶可以復見而於國家所以崇化導民之意亦或有小補云黃氏榦曰昔者聞諸先師曰禮者天理之節文人事之儀則也蓋自天高地下萬物散殊而禮之制已存乎其中矣於五行則爲火於四序則爲夏於四德則爲亨莫非天理之自然而不可易人稟五常之性以生禮之體已具於有生之初形而爲恭敬辭遜著而爲威儀度數則又皆人事之當然而不容已也聖人沿人情而制禮旣本於天理之正隆古之世習俗淳厚亦安行於是理之中世降俗末人心邪僻天理湮晦於是始以是爲强世之具矣先儒取其施於家者著爲一家之書爲斯世慮至切也晦菴先生以其本末詳略猶有可疑酌損益更爲家禮務從本實以惠後學盖以天理不可一日而不存則是禮亦不可一日而間缺也先生敎人自格物致知誠意正心以修其身皆所以正人心復天理也則禮其可緩歟迨其晩年討論家鄕侯國王朝之禮以復三代之墜典未及脫藳而先生歿矣此百世之遺恨也則是書以誠而切於人倫日用之常學者其可不盡心歟學者得是書而習之又於先生之所以敎人者深致意焉然後知是書之作無非天理之自然人事之當然而不可一日缺也見之明信之篤守之固禮敎之行庶乎有望矣○丘氏濬家禮儀節序略曰禮之在天下不可一日無也中國所以異於夷狄人類所以異於禽獸以其有禮也禮其可一日無乎成周以禮持世上自王朝以至于士庶人之家莫不有其禮秦火之厄所餘無幾漢魏以來王朝郡國之禮雖或有所施行而民庶之家則蕩然無餘矣士夫之好禮者在唐有孟詵在宋有韓琦諸人雖或有所著述然皆略而未備駁而未純文公先生因温公書儀參以程張二家之說而爲家禮一書實萬世人家通行之典也議者乃謂此書初成爲人所竊去雖文公亦未盡行噫

家禮增解卷一　六

文公之身動容周旋無非禮者方其存時固無俟乎此書今其旣歿之後有志欲行古禮者舍此將何據哉○又曰濬按武林應氏作家禮辨謂文公先生於紹熙甲寅八月跋三家禮範云其嘗欲因司馬氏之書參考諸家之說裁定增損擧綱張目以附其後顧以衰病不能及已今以年月考之宋光宗紹熙甲寅文公已於三家禮範自言顧以衰病不能及已豈於孝宗乾道己丑已有此書是書非文公所編不待辨而明矣文公集中有與門人言及家禮已成四卷並家禮序文此門人編入以爲張本耳應氏此言謂家禮爲未成之書雖成而未盡用可也乃並以爲無此書可乎旣無此書則胡爲而有此序且序文夾非朱子不能作而三家禮範序所云是亦謂未及參考諸家裁定增損使無遺恨爾非謂無是書也黃陳李楊諸子皆出自朱門親受指教皆不以爲疑而應氏生元至正間一朝乃肆意辨論以爲非朱子所編又謂附註穿鑿尤甚噫應氏之爲此言其亦淺妄之甚矣○尤菴曰朱子嘗言今所編禮書只欲使人知之而已是指通解也又言有聖者作必將因今之禮而裁酌其中取其簡易易曉此正絲次家禮之意也大抵家禮是酌古今之中使文質適均而因於貧寠者亦得以行之則今之行禮者固當一主於此書而至於大段窒塞欠闕處然後始當以他書參之矣鄙意每如此故家間所行不敢遽易以他說也所可恨者家禮不及再修以幸萬世誠如楊氏之說也○南溪曰大抵儀禮爲先王之正禮家禮爲今世之定制其當遵而守之者明矣苟使後人更視家禮如儀禮之不可盡行必欲務爲損益是將人自爲禮莫適所從往往悅新而廢舊其違於聖賢述而不作之義大矣

楊氏復實記字志仁號信齋福寧州人所著有祭禮圖十四卷儀禮圖解十七卷家禮雜說附著二卷○按朱子門人也又於勉齋稱門人曰先生呂氏曰先生者父兄之稱有齒德可爲人師猶父兄也學者自此於子弟故稱弟子服母喪李氏方子曰乾道五年九月先生丁母祝令人憂參酌古今韻會參酌審擇量處也咸盡其變因成喪葬祭禮又推之於冠昏名曰家禮按家禮人家所行之禮也先生所纂儀禮通解亦有家禮之目而第彼幷鄕禮學禮等而名且喪祭二禮不在其中名義與此不同矣旣成爲一童行考證行合浪切童行也○

家禮增解卷一　七

劉忠肅公珉詩削髮八空門被緇爲童行竊之以逃先生易簀見禮記檀弓其書始出行於世按文獻通考此以上爲李氏說○陳氏淳曰嘉定辛未歲過溫陵先生季子敬之倅郡出示家禮一編云此往年僧寺所亡本也有士人錄得會先生葬日携來因得之○黃氏嘗曰家禮先生易簀始出其間有與先生晩年之論不合者故未嘗爲學者道也今按先生所定家鄉邦國王朝禮考證今儀禮經傳通解是也○按通解篇目有工曰家禮也鄉禮也學禮也邦國禮也王朝禮也詳見墓祭附註專以儀禮爲經士冠禮鄭玄註周禮儀禮同是周公攝政六年所制周禮取別夏殷故言周儀禮不言周者欲見兼有異代之法也○朱子曰周禮忒煞繁細亦自難行今所編禮書只欲使人知之而已觀孔子欲從先進與寧儉寧戚之意往往得時得位亦必不盡循周禮亦須參酌古今別制爲禮以行之所以告顏子者亦可見世固有人硬欲行古禮者然終是情文不相稱又曰今所集禮書也只是略存古之制度使後之人自去減殺求其可行者而已及自述家禮則又通之

以古今之宜故冠禮則多取司馬氏名光字君實陜州人贈溫國公謚文正昏禮則參諸司馬氏程氏卽程叔子名頤字正叔號伊川有昏儀祭儀喪禮本之司馬氏後又以高氏名閌字抑崇四明人紹興初爲禮部侍郞撰厚終禮爲最善及論祔遷則取橫渠卽張子號也名載字子厚遺命治喪則以書儀按卽溫公所著疎略而用儀禮朱子行狀先生病革門人問溫公喪禮曰疎略問儀禮頷之門人治喪者一以儀禮從事○實記以疾終于正寢註諸生入問疾因請曰先生之疾革矣萬一不諱當用書儀乎朱子搖首然則當用儀禮乎亦搖首然則以儀禮書儀參用之乎乃頷之遂終諸事皆用遺訓焉○南溪曰諸書記先生遺命凡三而狀譜則並同要其歸趣似將同歸於言行錄之所記蓋家禮者本以溫公書儀更考儀禮而整頓之俾作一家所用之書而旣已前亡不及再修且當時門人多習儀禮之制故遺命之意以爲家禮旣亡與其全用疎略之書儀只當直依經禮而參酌行之云爾恐未必如勉齋所謂一以儀禮行事○按周氏復亦曰參酌儀禮書儀而行之云耳祭禮兼用司馬氏程氏而先後所見又有不同問四先生禮朱子曰二程及橫渠多是古禮溫公則大槩本儀禮而參之以今之可行者要之溫公較好其中與古不甚相遠是七分好若伊川禮則祭祀可用昏禮惟溫公者好大抵古禮不可全用古服古器今皆難用如節祠則以韓魏公名琦字稚圭相州人嘉祐中拜相後封魏國公卒謚忠獻追封魏王所行者爲法若夫明大宗小宗之法程子曰所謂宗者以己之旁親兄弟來宗己所以得宗之名又曰言宗子者宗主祭祀○小記陳註繼別子之後爲百世不遷之大宗也別子之庶子以其長子繼己爲小宗以寓愛禮存羊之意見論語八佾篇○按當時宗法不行而朱子修家禮以宗法爲主故云此又家禮之大義所繫蓋諸書所未暇及而先生於此尤拳拳也中庸註拳拳奉持之貌惜其書旣亡至先生歿而後出不及再修以幸萬

世於是竊取先生平日去就折衷之言有以發明家禮之意者若昏禮親迎用溫公入門以後則從伊川之類是也有後來議論始定若祭禮祭始祖先祖先一作初而後不祭之類是也有不用疏家之說若深衣續衽鉤邊是也有用先儒舊儀與經傳不同若喪服辟領婦人不杖之類是也凡此悉附於逐條之下云周氏復曰文公門人三山楊復附註于逐條之下者可謂有功於家禮矣復別出之以附于書之後恐其間斷文公本書也抑文公此書欲簡便而易行故與儀禮或有不同其所同者又不能無詳略之異楊氏往往多不滿之意復竊謂儀禮存乎古家禮通於今儀禮備其詳家禮擧其要蓋並行而不悖也故文公雖著家禮而尤拳拳於編集儀禮之書遺命治喪必令參酌儀禮書儀而行之其意蓋可見矣好古而欲盡禮者固有儀禮在楊氏之說有不得以盡錄云○丘氏

日上饒周氏以楊氏附註間斷家禮本文別出之於本書卷帙之後以爲附錄○問家禮逐條下附註誰所編入耶沙溪曰以周氏復所論觀之可知但周氏不知何代人○(愚按)據上周氏及丘氏說則今家禮附註之編入於逐條之下以從楊氏之舊例者定非周氏之所爲矣沙溪所謂可知云者似指周氏而言其他諸賢亦多認爲周氏所爲然恐必不然今觀附註其部伍纂次之間殊多舛錯其刪節點竄之際又欠精切其書多引黃劉諸人之說而黃氏是元季人則恐是後來撰圖者之所爲矣(又按)元亡於至正而武林應氏生元至正間已歿附註之穿鑿(見上)則其時世槩可推而知之矣○丘氏曰按文公家禮五卷而未聞有圖今本載于卷首而不言作者夫書不盡言故圖以明之今卷首圖註多不合於本書豈文公所作自相矛盾裁尺式圖下載天台潘時擧說末識歲月日嘉定癸酉是時距文公歿時慶元庚申十有三年矣由是觀之圖非文公作彰彰然明矣○輯覽按圖與本文不同處甚多而至如主式圖有大德字大德是元成宗年號則圖非朱子所爲益明矣○(愚按)圖之與家禮本文不合處儀節擧其六條輯覽擧其十四條則其所以不合者固是其錯處而又以圖之多從古禮故也圖之多從古禮者以從附註故也蓋附註之失多在於牽合古今不同之禮強使同之而圖與之合以此益信附註之必出於撰圖者之手也今歷數圖之從古禮而違家禮處則若祠堂之云家廟前有後寢深衣用白屨襲具之用質殺三條則見於儀節昏禮主人迎壻再拜一條則見於輯覽其餘二書之未盡考者又有十六條如冠禮家禮則云設盥帨而圖云設洗一也庭有碑二也醮有脯醢三也昏禮壻盛服家禮用襆頭公服而圖用爵弁纁裳四也從者玄端五也父醮女于東序西向而圖則醴女于房南面六也女次純衣纁袡七也女從者袗玄八也姆纚笄綃衣九也父正衣若笄十也不曰諸母姑嫂姊而曰庶母及門內十一也設筵几十二也主人玄端十三也有衿鞶十四也喪禮斬衰家禮用麻屨而圖用菅屨十五也齊衰無屨號而圖用疏屨十六也若附註之牽合古今不同之禮者俱詳於逐條本文下

家禮增解卷之一

通禮一

此篇所著皆所謂有家日用之常體不可一日而不修者 [(按)此篇所載祠堂深衣居家雜儀三章卽有家日用通行之禮亦所以通關於四禮故云通禮]

祠堂

此章本合在祭禮篇今以報本反始之心 [郊特牲萬物本乎天人本乎祖此所以配上帝也郊之祭也大報本反始也陳註報者酬之以禮反者追之以心] 尊祖敬宗之意 [小記尊祖故敬宗敬宗所以尊祖禰也疏宗是先祖正體尊崇其祖故敬宗子所以敬宗子者尊崇祖禰之義也] 實有家名分之守所以開業傳世之本也故特著此冠于篇端使覽者知所以先立乎其大者而凡後篇所以周旋升降出入向背之曲折亦有所據而攷焉然古之廟制 [士虞禮註鬼神所在曰廟] 不見於經 [考證按廟制經無明文但室有東西廂曰廟無曰寢爾雅之文前廟後寢鄭康成之說兩下五架之制見于賈公彥之疏至於體制向背則賈氏以爲諸侯五廟太祖廟居中二昭居東二穆居西大夫三廟亦然諸家所說如此而已矣] 且今士庶人之賤亦有所不得爲者故特以祠堂名之而其制度亦多用俗禮云

司馬溫公曰宋 [南溪曰宋字是後人所追加] 仁宗時嘗詔聽太子 [方氏曰太以大言之適子大而庶子小也] 少傅以上皆立家廟而有司終不爲之定制度惟文潞公 [名彥博字寬夫介休]

人歷事四朝出將入相官至太師封潞國公立廟於西京考證宋都汴以洛陽稱西京○溫公作文潞公先廟碑記云先王之制自天子至于官師皆有廟及秦非笑聖人蕩滅典禮務尊君卑臣天子之外無敢營廟漢世公卿貴人多建祠堂於墓所在都邑則鮮焉魏晉以降漸復廟制唐世貴臣皆有廟及五代禮頹教墜廟制遂廢宋興久而未講仁宗閔羣臣貴極公相而祖禰食於寢儕於庶人聽文武官依舊式立家廟於是共奏請自平章事以上立四廟東宮少保以上三廟詔如其請公卿無肯倡衆爲之者獨文公首奏乞立廟河南詔可之然尚未知構築之式西鎮長安訪唐朝之存者得杜岐公遺迹始倣而營之元豊三年留守西都始營廟而祀焉他人皆莫之立故今但以影堂考證畫像謂之影楚詞云像設君室靜閒安些世俗祠影蓋本於此言之退溪曰祠堂之名始於家禮前此稱影堂○朱子曰古命士喪服註命者加爵服之名○陳氏曰初命爲士再命爲大夫三命爲卿或曰一命受職再命受服三命受爵未詳孰是○李氏曰一命者天子之下士公侯伯之上士子男之上大夫再命者天子之中士公侯伯之大夫子男之卿也三命者天子之上士公侯伯之卿也○方氏曰周官典命子男之士不命則士固有不命者得立家廟朱子曰蓋命士以上父子異宮而死不得異廟則有不得盡其事生事存之心者家廟之制內立寢廟中立正廟外立門四面墻圍之爾雅室有東西廂曰廟無東西廂有室曰寢廟中路謂之唐堂途謂之陳閍謂之門註宀唐有甓瓴凡室有東西廂夾室及前堂有序墻者曰廟但有太室者曰寢廟中路名唐堂下至門徑名陳○通典古宗廟前制廟後制寢以象人君之居前有朝後有寢廟以藏主以四時祭寢藏衣冠几杖象生之具以薦新物秦始出寢於墓側漢因而不改○文獻通考月令四時新物皆先薦寢廟蓋有寢者薦於寢無寢者薦於廟非謂薦止於寢也○方氏曰以

人道事之則有寢以神道事之則有廟祭神道也薦人道也○朱子曰古之廟制前廟後寢寢所以藏亾者之衣冠漢時却移寢於陵所謂陵寢故明帝於原陵見太后鏡奩中物而悲哀蔡邕因謂上陵亦古禮此等議論皆是他講學不明之故他只偶見明帝之事故爲是說非命士止祭於堂上王制庶人祭於寢○(按)堂上即正寢之堂只祭考妣此問官師一廟只祭得父母更不及祖無乃不盡人情朱子曰位卑則流澤淺其理自然如此又問今士庶人家亦祭三代却是違禮曰雖祭三代却無廟亦不可謂之僭古所謂廟體面甚大皆具門堂寢室勝如所居之宮非如今人但以一室爲之伊川謂無貴賤皆祭自高祖而下大傳大夫士有大事省於其君干祫及其高祖陳註大事謂祫祭也大夫三廟士二廟一廟不敢私自舉行必省問於君而君賜之乃得行焉而上及於高祖干者自下干上之義以卑者而行尊者之禮故謂之干祫○(按)無貴賤皆祭自高祖云者

以祭法考之王侯皆祭及始祖王則又有親盡二祧而其近親廟則皆止於顯考(即高祖詳見下)大夫士干祫亦及高祖故云但祭有豐殺(愚按)輯覽引王制天子社稷皆太牢諸侯社稷皆少牢之說以爲豐殺之證然恐不甚切但當以君之廟祭太牢大夫廟祭少牢士廟祭特牲爲據未知如何疏數音朔○(按)疏數說以祭法考之王立七廟而自考廟至祖考(即始祖)五廟則皆月祭之其二祧則享嘗乃止壇墠則有禱焉祭之諸侯五廟大夫三廟適士二廟官師一廟皆以次差之而有疏數(詳見下附註昭穆說)其大夫士又必干祫而後祭及高祖不同尤菴曰豐殺疏數程子以貴賤言朱子以遠近言然古禮則世各異廟故可得如此今世則同處一廟此禮恐是行不得○(按)程朱論疏數說詳見時祭附註廟向南坐皆東向伊川於此不審乃云廟皆東向程子曰士大夫必建家廟廟必東向祖先位面東自廳側直(語類有東字)入

其所反轉面西入廟中)其制非是古人所以廟
面退溪曰面恐作皆東向坐者蓋戶在東牖在西坐於
一邊乃是奧處也語類○朱子曰堂室皆南向但室戶在室南壁之東偏而
南向牖在室南壁之西偏西南向以室西南隅爲奧而爲尊者之居故神主在焉所謂宗室牖
下是也既以西南爲尊者之位固以東向爲尊矣非謂廟東向而太祖東向也○嘗欲
立一家廟小五架屋少牢疏大夫士廟室皆兩下五架正中曰棟棟之南
兩架北亦兩架棟南一架爲前楣楣前承簷曰庪棟北一架爲室南壁而開戶○按此五架雖
與古同而家禮祠堂則只有堂而無房室與古廟制不同以後架作一長龕
堂韻會龕枯含切塔下室也○性理大全楠註此下四堂字恐皆當作室以板隔
截作四龕堂堂置位牌韻會牌牓也○愚伏曰位牌似是牌子則與神

家禮增解卷一　十四

主不同朱子所謂不須二尺相合者然班祔條註在位牌西邊安云者又似指神主未詳○愚
按語類問向見人設主有父在子死而主牌書父主祀字如何朱子曰此類只得不寫若尊長
則寫云則主與牌恐當時混稱之也堂外用簾子小小祭祀祭法註祭
者祀之事祀者祭之道時亦可只就其處大祭祀集說註小祭如
節祀之類大祭如四時及正朝之類○輯覽按正朝謂之大祭與家禮不同則請出
或堂或廳上尤菴曰祠堂章註曰正寢謂前堂也此附註所謂堂指此而言也廳
謂廳事如今之外舍廊也皆可語類○唐大臣皆立廟於京師
公羊傳京大也師衆也宋朝惟文潞公法唐杜佑萬年人德憲兩
朝拜司空司徒封岐國公博學撰通典二百篇○輯覽按佑黨於伾叔文朱子譏之制立
一廟在西京雖如韓按謂魏公司馬按謂溫公家亦不曾

立廟杜佑廟祖宗時尚在長安語類○劉氏垓孫
南溪曰劉氏垓孫劉氏璋似並元時人但無出處曰伊川先生云古者
庶人祭於寢王制文也○陳氏曰先王之於死者常待之以生由士以上生而異
宮死則爲之立廟庶人則生非異宮死則祭於寢而已○尤菴曰庶人雖無廟豈無居室耶有
居室則必有寢矣問庶人祭於寢當時位牌藏於何處曰說者謂古者大夫以下無主或謂有
主先師嘗言謂之有主者似勝此蓋主無主而言士大夫祭於廟庶人
無廟可立按遺書作以影堂今文公先生乃曰祠堂
者蓋以伊川先生謂祭時不可用影伊川曰大凡影不可
用祭若用影祭須無一毫差方可若多一莖鬚便是別人故改影堂曰祠堂
云

家禮增解卷一　十五

君子將營宮室先立祠堂於正寢之東曲禮君子將營宮室宗廟爲先陳註
君子有位者也宗廟所以奉先故先營之○祭義右社稷而左宗廟陳註右陰也故右社稷左陽也故左宗廟
問家廟在東莫是親親之義否朱子曰此是人子不死其親之意○尤菴曰古者建國都左祖右社士大夫家
亦遵用此禮祠堂之制三間外爲中門輯覽中門對外門而言外門在南牆中門
在堂之南壁中門外爲兩階皆三級東曰阼階士冠禮註阼猶酢也東階
所以答酢賓客西曰西階階下隨地廣狹以屋覆之輯覽其制不可得而
詳也乃家衆叙立之際欲蔽雨暘也然則其制當與祠堂前簷相接今　陵寢丁字閣亦其制也下四龕註所
階之間又設香卓香卓豈可設於雨暘之下乎○尤菴曰嘗見申公義慶家禮圖則祠堂南簷下接作縱屋此
則一似　陵寢丁字閣階不敢爲矣曾見德興大院君廟則廟庭南畔別作橫屋疑此得家禮之意矣○陶菴
曰本註不曰隨地長短而曰隨地廣狹則其爲橫屋明矣置香卓於橫屋中間自爲兩階間矣今可容

家衆敍立又爲遺書韓覽按開元禮疾病有遺言則書之卽是遺書止○尤菴荅或問曰
凡遺書所命不至甚悖於義則何敢不從若臨死亂命
而必不可從者則雖不得不變通然亦何至於焚裂也
只得藏之也又曰不問手書與代書而有乖禮違法
則爲官負者一切打破而一正之以禮法矣右亂命遺
書

衣物周禮春官遺衣服藏焉若將祭祀則各以其服授尸註遺衣服大斂之餘也尸當服卒者之上
服以象生時止○問遺衣服藏之祠堂果似無用而處
之亦甚難便竊以意度之遺衣服則或澣濯以爲子孫
衣服亦無不可至於冠帶諸物比於杯圈書冊尤不能
接目而存之難處焚之墓所或埋於潔地如何沙溪曰
示意曲折甚好焚之墓所似可而古無此禮不可創始
右遺衣冠帶所處○尤菴曰遺衣服當依家禮藏於廟
中而人家或被偸竊之患封鎖一櫃敬而藏之密處似
或可也右遺衣冠藏○問平日所用硯墨刀筆何以處
之尤菴曰依遺衣服之例藏置似宜右硯墨刀筆所處
○愼獨齋曰祧主遷長房則遺衣服隨而遷之似宜○
遂菴曰遺衣服不可長留當位神主埋
安時並埋似當右遺衣同神主遷埋

祭器庫及神廚

家禮增解卷一　十五

沙溪曰饎祭時
炊爨酒饌之所於其東繚韻會繚纏也以周垣別爲外門常加
扃閉曲禮陳註扃門關木○問扃是關戶之橫木南溪
曰是○士昏禮疏無事則閉之以鬼神尚幽暗故
也若家貧地狹則止立一間問祠堂必須三間或一間
者神從陽數耶南溪曰似
然不立廚庫而東西壁下置立兩櫃韻會匱匣也西藏遺書衣
物東藏祭器亦可問兩櫃置東西壁何也抑有輕重之
別耶南溪曰不容一櫃故也西重東
輕正寢謂前堂也退溪曰今之待賓客之處地狹則於廳事顏師古曰古者
治官處謂之聽事○徐氏曰漢晉
以來謂之聽事六朝始加广也之東亦可朱子曰家廟要就人
住居旂依人不可離外做廟又
在外時時婦女遇雨時難出入凡祠堂所在之宅宗子
世守之不得分析張子曰如一人數子且以適長爲大
宗須據所有家計厚給以養宗子且
要主張門戶宗子不善則別擇其次賢者立之又曰今
驟得富貴者止能爲三四十年之計造宅一區及其所

有旣死則衆子分裂未幾蕩盡則家遂不存○愚按張
子立次賢者之說恐因宋時不行宗法之俗禮而言也
朱子旣以潁川棄嫡之事謂不見得是云則可知此說
之爲未安公羊傳所謂立適以長不以賢恐是不易之
正禮止○朱子曰復宗子法於廢後而宗子無力不能
立祠堂則庶子立之然亦宗子主其祭而用宗子所得
命數之禮右支子立祠宗子主祭○藍田呂氏曰凡主
祭者出仕卽告于廟以櫝載板而行於官所權立祠堂
以祭之右官所權立祠堂○南溪曰所謂謫者重則竄
海絶塞輕則限年徒配要之皆難以木主並行若如左
右之處善地無年數者至或獨子無兄弟羅從邊之律
則恐亦難以長違先廟而闕蒸嘗奉廟行事恐無可疑
右謫中奉祠堂○尤菴曰今世出次之人謝置家廟而
獨身脫出想以所次之處無奉安之所而然非事亡
如事存之道矣右出次者奉祠堂○問人有兄弟者其
兄流落他鄕父母祠堂夾無奉往之路其弟雖至貧祭
祀及奉安之節姑爲自當如何遂菴曰拘於事勢姑爲
權奉蓋出於不得已也況祝辭旣以兄爲主人曰介子
某云云則尤無所嫌右支子權奉祠堂

○凡屋之制不問何向背但以前

家禮增解卷一　十七

爲南後爲北左爲東右爲西後皆放此

爲四龕以奉先世神主

祠堂之內以近一作後北一架爲四龕每龕內置一卓大
宗及繼高祖之小宗則高祖居西曾祖次之祖次之父
次之爾雅註高最上也祖始也曾重也○韓覽按家禮
以西爲上特因時王之制宋朝太廟亦以西爲上
繼曾祖之小宗則不敢祭高祖而虛其西龕一繼祖之
小宗則不敢祭曾祖而虛其西龕二繼禰之小宗則不
敢祭祖而虛其西龕三本朝大典文武官六品以上祭
三代七品以下祭二代庶人則
只祭考妣○晦齋曰今國朝禮典六品以上祭三代不
可違也○偰氏廷訓曰洪武年間儀註亦有孝孫祭高
曾祖禰考妣祝文則此又時制也○韓覽按要訣亦從
國制只祭三代然家禮旣以祭四代定爲中制故好禮

之家々從家禮○尤菴曰祭三代國制也祭四代家禮也槩宗在京者從家禮在鄕者從國制矣數十年前同春立議皆從家禮○南溪曰祭三代古今通行之禮栗谷之從時制不可非也但大明會典及五禮儀皆許士大夫以從文公家禮是亦不以祭四代爲罪也然則從程朱祭高祖恐不至未安

若大宗世數未滿則亦虛其西龕如小宗之制則○問家廟只立一間爲四龕於一壁狹窄難容寒問曰曾見中朝禮文高祖居中南向曾祖禰坐東西向祖坐西東向○退溪曰龕以東西分昭穆旣非古又非今刱作此制多礙難行得罪於先王之典也又曰祠堂患狹隘與其取東壁添一龕不如取西壁添一龕蓋西壁東向本始祖居尊之位仍不失遞遷而西之次○沙溪曰奉高祖於西壁旣非昭穆有似班祔恐不若考妣東壁曲坐

右祠堂一間龕制

神主問古者大夫無主或曰有主何說爲是沙溪曰諸家說可參考士虞疏大夫無木主以幣主其神天子諸侯有木主許愼五經異義曰按公羊說卿大夫非有土之君不得祫享昭穆故無主大夫束帛依神士結茅爲蕝徐邈曰左傳稱孔悝反祏(註祏盛主石函所以避火災)又公羊大夫聞君喪攝主而往(註攝斂神主不暇待祭)皆大夫有主之文自天子及士並有其禮但制度降殺爲殊禮言重主道也埋重則立主大夫士有重亦宜有主以記別座位有尸無主何以爲別今按經傳未見大夫士無主之文意有者爲長歟○讀禮通考汪琬曰大夫士之廟祀也謂之無主者鄭玄許愼也謂之有主者徐邈清河王懌也廟所以棲主大夫三廟士一廟使其無主則祭於寢足矣廟何爲者檀弓重主道也商主綴重焉周主重徹焉並非指天子諸侯爲說也則大夫士宜有主者一孔子曰祭祀之有尸也宗廟之有主也示民有事也以此坊民民猶忘其親亦非專指天子諸侯也則大夫士宜有主者二也斯可以闢許鄭之妄矣○問庶人亦可用主否朱子曰用亦不妨

皆藏於櫝中(按櫝制及韜籍說俱見葬禮作主條)止○祭統鋪筵設同几爲依神也陳註人生則形氣異故夫婦之倫在於有別死則精氣無間共設一几故祝辭云以其妃配○朱子曰考妣各自爲主同匣

右考妣合櫝

○張子曰其葬其祔雖爲同穴同筵几然譬之人情一室中豈容二妻以義斷之須祔以首娶○朱子曰配祭只用元妃繼室則爲別廟○問程氏祭儀凡配只用正妻一

人或奉祀之人是再娶所生即以所生配若奉祀者是再娶之子乃用所生配而正妻無子遂不得配可乎曰程先生此說恐誤唐會要中有論凡是適母無先後皆當並祔合祭與古者諸侯之禮不同又曰橫渠之說似亦推之太過○兩娶三娶者唐人自有此議云當並配○勉齋曰按小記云婦祔於祖姑祖姑有三人則祔於親者祖姑二人皆得祔廟則再娶之妻自可祔廟程子張子特考之不詳朱先生所辨正合禮經○尤菴曰父之所娶雖至於四何害於合櫝配食也

右繼妣合櫝

置於卓上南向龕外各垂小簾尤菴曰家禮龕室之制極其簡省龕內置一卓此卓北端安神主而其前空處設酒果非別有卓也祔位亦安於此卓之東西邊矣今人例安神主於倚子而別設一卓子故難容於龕內矣○南溪曰以板隔作四龕而上以板覆之就各龕中置卓設主並容祔主及祭物而外爲垂簾方成家禮之制止○尤菴曰葬時神主未又造則追後合櫝不可少緩當俟主成即當設祭以告而祔之何待於忌祭時祭也告時亦當以追祔之意告於舊主○問有人幼喪父不得立主其意他日因母喪立主南溪曰母亡之前過了許多歲月終不立主奉祭其果安於人子之心乎恐不如即墓造主之猶爲彼勝於此也蓋退溪答柯堂火改題主當行於正廳者當初旣已返魂於祠堂故不得不改題於前日安神之所也初無立主返魂之節則亦無前日安神之所其義不得不往行於墓前也○(愚按)初葬時雖未能立主返魂而必有以魂帛返魂之卽且禮曰送形而往迎精而返古無立主返魂之禮立主則必在初虞矣然則神返室堂何必待立主況朱子說曰祖宗氣只存在子孫身上云則子孫在此神亦在此矣且古有庶人無主祭於寢之禮果若初以無主而魂不返則聖人豈宜教人行無神之虛祭乎以今世言之雖不立主以紙榜行祭於正寢已久則雖謂之前日安神之所亦可也只當因家祭題主恐不必往行於藏體魄之墓所矣未知如何

右追造神主入廟

○(按)因改葬立主陶菴說見改葬

右因改葬立主

○尤菴曰天疾人不可入廟雖有是說苟有其則將何以處其父耶○(愚按)天疾人不得入廟本義恐子以廢疾不得傳重而言詳見下(又按)或曰天子諸侯以承統爲重故天疾人不得承統則不得入廟固也若士大夫家雖有廢疾有子傳世則何可不入廟其說似是

右廢疾人神主入廟

○問承嫡庶子神主當入祠堂

孚愼獨齋曰當入而似不可並坐【右承嫡庶子主入廟】
○程子曰庶孽不可入廟子當祀於私室○問庶孽以
長房立祠奉祧主則其妻或其子死其神主恐當入於
祠堂而至於其母乃是妾則決不可許入一祠似當安
於別室同春曰承嫡者之母許入於先廟丘氏有此論
老先生嘗以不識義理斥之○問庶母死其長子承重
則次子當祀於私室歟遂菴曰似合情禮○按妾母祭
代限見遞遷條【右妾母不入廟】○朱子曰出妻入廟吷
然不可爲子孫者只合歲時就其家之廟拜之
若祖去遠則設位望拜可也【右出妻不入廟】

簾外設香卓於堂中置香爐香盒於其上 要訣爐西盒東○補註簾外設香卓是各設一卓○輯覽按補註各設云云恐是錯看本註

兩階之間又設香卓亦如之 輯覽按兩階間所設蓋爲晨謁及出入告辭時所用

非嫡長子則不敢祭其父 大傳
庶子不祭明其宗也（通解）朱子曰謂非大宗則不得祭
別子之爲祖者非小宗則各不得祭其四小宗所主之
祖禰也小記則云庶子不祭禰明其宗也又云庶子不
祭祖明其宗也文意重複似是衍字而鄭氏曲爲之說
疏亦從之恐不如大傳語雖簡而事反該悉也【右祭論】

家禮增解卷一　三十一

【宗法】○小記庶子不祭禰疏若庶子是下士宗子是庶
人此下士立廟於宗子之家供其牲物宗子主其禮若
俱爲下士宗子自祭庶子不得祭○曾子問曰宗子爲
士庶子爲大夫其祭也如之何孔子曰以上牲祭於宗
子之家祝曰孝子某爲介子某薦其常事註貴祿重宗
也上牲大夫少牢也介副也【右支子祭宗子主禮】○問
子幼則人爲之攝否朱子曰攝主但主其事名則宗子
主之○退溪曰宗子死繼後子雖在襁褓亦當書其名
而季也爲攝主可也【右子幼攝主】○退溪曰宗子死未
立後之前亦不得已權以季爲攝主不稱孝只書名稱
攝而行之爲可其爲攝主之意當告於攝行之初祭其
後則年月日下只云攝祀事子某云云○沙溪曰婦人
無奉祀之義（詳見題主條）○尤菴曰既無主人攝之一
字無所當矣不得已次子主祭則以權字稍安○南溪
曰禮經必無男主然後用女主備要題主祝亦歷舉諸
男主而最末始用女主名號此蓋無男主然後用女主
之證也○南塘曰婦人題主出於周元陽祭錄此恐是
無子與孫而只有婦人者也既無子孫則婦人自當主
祭題主事勢固然矣後人因此雖有子孫苟非嫡長則

婦人主祭題主此雖出於嚴嫡之義恐或推之太過矣
愚意婦人不敢專家人臣不敢階上天地之大義也家
有男子而婦人主祭亦武曌新莽之類也嫡子死無後
次子奉祀題主去孝字不稱奉祀而稱攝祀以今姑攝
祀以待長房立嗣復還宗事之意告之恐或得宜或曰
今無主者而謂之攝未可曰此有婦人故謂之攝耳他
日嫡長立後復歸宗事理順事便婦人主祭大義已失
故卽目之間事事窒礙婦人既主祭則當爲初獻而諸
子亞獻則是嫂叔共事而有內外官之嫌婦人主祭者
仍就西階之位則豈有主祭而在西階之賓位者乎若
就東階則諸子就西階男女易位又不可之大者次子
主祭初獻而仍在東位次婦亞獻而在西位嫡長婦位
於次婦之上則位序名義秩然不亂而無苟且難便之
患矣○宗婦主祀以婦人計世而不祧親盡之主固不
可既題主奉祀而又行祧遷之事亦不可其勢不得不
以其弟題主奉祀其兄題主以顯兄而姑在祔位待其
立後歸宗如終不能則仍爲奉祀稱孝亦無不可矣移
宗歸宗之際俱可告廟而行之【右有嫡婦次子攝主】○
退溪曰長子無後而死爲之立後而得之長婦此正當
道理也人家父母之情多牽愛次子而欲與之爲次子

家禮增解卷一　三十二

者亦多不知爲兄立後之爲義而欲自得之因卒歸於
不善處者尤可歎也○沙溪曰長子妻立後則當奉祀
也又及思之長子妻無子已移宗於次子到今立後必
有辨爭之端未知國典舊例之如何也○南溪曰主婦
在而未及立後則祥禫改題等節皆當以攝主主之且
以或兄或姪祔於祖廟俟異日立後一並改正○爲長
子成人而死者不立後非古也既立後矣而不使承先
祀又無於禮者也昔有問叔齊當立之義晦翁曰看來
叔齊雖以父命終非正理恐只當立伯夷曰伯夷終不
肯立奈何曰國有賢大臣則必請於天子而立之不問
其情願矣然則今日之義乃是門長事也具其本末告
廟還宗終似得禮○陶菴曰今以承重孫死無子不立
曾孫而立子或立孫則是亡子亡孫無罪而見廢也寧
有是理【右嫡婦立後主祭】○雲坪曰兄亡弟及禮經大
法春秋一世一及而季札乃以讓國亂家見貶於聖筆
旁達爲幹天理何嘗不可且所謂奪宗者本指有嫡長
而支庶承重也非指嫡長早死於承重之前而立後無
可指擬處者耳先尊文既以長房無後而攝祀焉稱子
不稱孝禮義允當至於哀世則真是孔子所謂身歿而
已者也【右兄亡弟及主祭】○問父母皆喪中喪妻無子

身又歿第二弟先歿無子有嫡婦第三弟未長成前頭
主祀以誰爲之遂菴曰兄亡弟及禮也次子婦雖存非
如嫡婦之比第三子當承重 右二兄俱死無後季弟主
祭 ○尤菴曰大典立後條嫡妾俱無子然後方許立後
據此則有妾子者當承重矣 右妾子主祭 ○問長子繼
後則國典只爲長子之後而其父與祖之奉祀傳之親
子云云沙溪曰長子立後而不得奉祀則禮防大毁此
法由近世一相臣(按沈守慶)之議仍爲藉口之資惜哉
○愼獨齋曰先君子下世後仁祖朝崔鳴吉建議據
禮經繼後子令奉沮先祀如所生允之遂爲定式 右
繼後子主祭 ○大典凡無子立後者旣已呈出立案雖
或生子當爲第二子以立後者奉祀 ○沙溪曰胡文定
養其兄子寅後生二子寧宏而以寅爲後文定所爲似
是(詳見立後條) 右立後後生子所後子主祭 ○朱子曰
主祭事據禮合以甲之長孫爲之若不能則以尊長攝
行可也如又疾病則以次攝似亦無害異時甲之長孫
長成却歸正不妨 右長孫幼攝祭 ○問人有三子其長子
亦有三子而死長子之長子未娶而遭祖父母喪喪中
又死誰當主祀尤菴曰長子之次子當以兄亡弟及之
禮主祀矣 右長子之次子主祭 ○問長子無後而死不

家禮增解卷一 二十三

立後次子死而有子又季子生存則誰當奉祀沙溪曰
次子之子當奉祀也 ○同春曰長子無嗣則次子當代
之次子雖歿其子若在則當承重雖非正嫡猶是次嫡
何可捨之而第三子主祀耶 ○尤菴曰兄亡而弟及禮
之大節目也長子旣死無後則宗移次子而次子之子
爲宗子矣正程子所謂旁枝達爲直榦者也禮家所謂
傳重非正體者也季子何敢自謂於序爲體而折其已
直之榦奪其已傳之重乎千不是萬不是 右次子之長
子主祭 ○穀梁子曰有天疾者不得入乎宗廟勉齋曰
衛侯之母兄輒有惡疾不得立故穀梁云爾 ○(按)或曰
天子諸侯以承統爲重故天疾人不得承統固也若士
大夫家雖有廢疾有子傳世則何可不入廟 ○愼獨齋
曰長子雖病廢似不可傳重於次子況長子有子豈謂
不可傳重而以次子奉祀耶 右廢疾人有子傳重 ○南
溪曰祖父生時旣以權宜命次孫承重矣今長孫雖廢
疾旣娶生子則理當還使主宗兄弟相議以此意告祖
父祠堂而行之恐當 右廢疾孫生子還宗 ○南塘曰前
後所後子俱死皆有妻而無後二妻皆立後則前所後
者之子爲長子之子後所後者之子爲次子之子矣長
子之子自當承重而奉祀若曰次子旣以父命承重則

長子雖立後安敢與爭此則不然伊川以太中之命奉
祀而其後明道之子不免與爭侯師聖主伊川子而朱
子不以爲是又有一事可證者或問夷齊事使無中子
二子誰當立朱子曰叔齊雖以父命終非正理只當立
伯夷蓋以父命爲輕而天倫爲重也 右前後所後子父
命皆立後長子之子主祭 ○大典奉祀條適長子無後則
衆子衆子無後則妾子奉祀註適長只有妾子願以弟
之子爲後則聽 ○問長子之庶子不可承祀而歸於次
嫡否愼獨齋曰古禮則不必然而國法如是耳 ○尤菴
曰鄭文翼公(光弼)之曾孫某無後有弟及妾子而妾子
主文翼公以下祀沙溪金先生之子文敬公無後有妾
子文敬公以爲莫重宗事不可付之賤生移之於其弟
叅判公子孫此亦禮法家所爲吾家亦如愼老家然鄭
相家事終是正當 右長子無嫡有庶次嫡主祭當否 ○
公羊傳立適以長不以賢立子以貴不以長註適謂適
夫人之子尊無與敵故以齒子謂左右媵及姪娣之子
位有貴賤又防其同時而生故以貴也 ○大典士大夫
無嫡子則良妾子無良妾子則賤妾子奉祀 ○問無嫡
子者賤妾子雖年長又已從良猶以良妾子奉祀乎沙
溪曰禮律然也 右良妾子主祭 ○問長子有庶子而無

家禮增解卷一 二十三

嫡子故宗事傳于次嫡次嫡又有庶無嫡而死誰當奉
祀愼獨齋曰長子之庶似可奉祀 右次嫡有庶無嫡長
庶還主祭 ○問長子無子而死冢婦欲立後有庶無嫡
則奈何次子有庶子承重而題祖父神主則當何稱愼
獨齋曰若冢婦無嫡可以庶爲後次子之庶若陞嫡承
重則當稱孝孫而長子之主當班祔 右立庶爲後或次
庶主祭 ○問無嫡子者只有二妾而其所生長子皆癡
頑先妾子又娶他婢故家長遺言擇後妾子中稍勝者
使之奉祀矣三年後後妾長子擅自刀刮旁題而書已
名今已死而有一子先妾長子生存多産而乃他婢所
生誰當奉祀愼獨齋曰宗法立長不易之禮雖有遺言
決不可從今則先妾長子當奉祀而至於其子是他奴
不可奉祀先妾長子死後當傳於後妾長子之子 右長
庶娶他婢次庶子之子主祭 ○問妾孫承重者爲其父
所生母無服則其主祀何以爲之南溪曰小記云妾祔
於妾祖姑又曰妾母不世祭蔣正淳嘗以此問於朱子
荅曰妾母不世祭則永無妾祖姑矣疑義之說或未可
從也恐於禮或容有別廟但未有考耳以此推之妾孫
承重者似當以別廟祭其所生祖母但不世祭旣明著
於小記無服而主祭於入情小異不知何以處之也 右

承重庶孫主妾祖母祭〇周元陽祭錄婦祭舅姑祝辭云顯舅顯姑妻祭夫日顯辟〇南溪日必無男主然後用女主(見上)〇芝村日婦人主祭以無可主之男不獲已而有之 右婦人主祭 〇尤菴日禮有嫁母之子爲父後之文何嘗以母嫁而奪宗於他人乎 右嫁母子主祭 〇尤菴日禮嫡子廢疾不得承重凶悖之人得罪倫常則其重於廢疾也懸矣外孫奉祀朱夫子斥之以非族則側出男不得已承重矣 右凶悖人不得主祭 〇(按)已上各條多與喪禮題主條互見當參考

若與嫡長同居則死而後其子孫爲立祠堂於私室且隨所繼世數爲龕尤菴日支子歷於宗家故只許世數爲龕而不敢爲四也俟其出而異居乃備其制若死而異居則預於其地立齋以居如祠堂之制死則因以爲祠堂〇主式見喪禮及前圖丘氏日圖非朱子作矣南雖舊本止云主式見喪禮治葬章不知近本何據改治葬章爲見前圖也〇(愚按)及前圖三字恐是撰圖者之所妄改也〇(奉影像)〇朱子日古禮廟無二主其意以爲祖考之精神既散欲其萃聚於此故不可以二今有祠版又有影是有二主矣必欲適古今之宜宗子所在奉二主盖不失萃聚祖考精神之義(註)二主常相從則精神不分矣(詳見時祭附註)〇神主唯長子得奉祀之官則以自隨影像則諸子各傳一本自隨無害也〇問圖隱先祖真像奉於祠堂則士子展謁時便自難便別立影堂於祠堂之傍似便而有違於朱子二主不可分離之訓何如尤菴日朱子之訓何敢違貳然既以士子展謁爲疑則亦似難處葛兩堂相去果是咫尺則不可謂分離朱子所謂則留影於家而奉神主之官(見時祭附註)之謂也祭時並設於影及奉影合祭於神主之示未有所考然恐不必如此〇祠堂必如家禮始祖之制可行於久遠而無疑且事事皆便矣隨地勢造建別廟則事有據而且順矣〇輯覽尹韾齋直先世遺像歲時忌日懸揭曰子孫於一觀之項僾然若有見乎其位而或有感慕奮勵思所以修身飭行無忝所生者不可泥先儒一言而視若古紙也〇問高祖畫像藏在家廟若出視則當拜之乎旅軒日見祖先遺像安得無拜

家禮增解卷一 三十四

程子日管攝韻會管主當也攝持也天下人心收宗族厚風俗使人不忘本須是明譜系葉氏日譜籍錄也系聯屬也收世族方氏日以主祭言則宗族以傳世言則世族立宗子法程子日立宗子法亦是天理譬如木必從根直上一榦(註如大宗)亦必有旁枝自然之勢也然又有旁枝達而爲榦者故日古者天子建國諸侯奪宗云〇朱子日諸侯奪宗大夫不可奪宗宗子法壞則人不知來處以至流轉四方往往親未絕不相識遺書此下有日今且試以一二巨公家行之須是且如唐時立廟院仍不得分割了祖業使一人主之〇程伯子日凡人家法須令每有族人遠來一則爲一會以合族雖無事亦當每月一爲之古人有花樹韋家宗會法可取也然族人每有吉凶嫁娶之類更須相與爲禮使骨肉之恩常相通骨肉日踈者只爲不相見情不相接爾〇程叔子日同姓相見當致親親之意而不可序齒而拜盖昭穆高下未可知也〇朱子日族長至已之家必以族長坐主位無親踈皆然又日今無宗子(按)遺書有法字故朝廷無世臣葉氏日宗子襲其世祿故有世臣若立宗子法則人知尊祖重本人既重本則朝廷之勢自尊葉氏日人知尊祖重本上下相維自然固結而不渙散故朝廷之勢自尊古者子弟從父兄今父兄從子弟由不知本也遺書此下日且如漢高祖欲下沛時只是以帛書與沛父老其父老便能率子弟從之又如相如使蜀亦遺書責父老然後子弟皆聽其命而從之只有一箇尊卑上下之分〇宗子法廢後世譜牒韻會札也簡也又書版日牒尚有遺風譜牒又廢王氏日譜牒之不修自晋東渡五胡亂中原衣冠離散而致然也人家不知來處無百年之家骨肉無統雖至親恩亦薄遺書叔子語〇張子日宗法若立則人各知來處朝廷大有所益或問朝廷何所益日

家禮增解卷一 三十五

公卿各保其家忠義豈有不立忠義旣立朝廷豈有不固理○司馬溫公曰所以西上者神道尚右故也賈氏曰生人陽故尚左鬼神陰故尚右○司馬溫公曰古人尚右今人尚左○周氏曰古者廟皆南向而父昭在左子穆在右則古之神道尚左彰彰然明矣○問左右畢竟孰爲尊朱子曰漢初右丞相居左丞相之上史中有言曰朝廷無出其右者是右爲尊也到後來又却以左爲尊而老子有曰上將軍處右而偏將軍處左喪事尚右兵凶器也故以喪禮處之如此則吉事尚左矣漢初豈習於戰國與暴秦之所爲乎○漢儀后主在帝之右不知見於何處但禮云席南向北向以西方爲上東向西向以南方爲上則是東向南向之席皆上右西向北向之席皆上左也(按東向南向則西北爲陰故上右西向北向則東南而陽故上左)今祭禮考妣同席南向則考西妣東自合禮意開元釋奠禮先聖東向先師南向亦以右爲尊與其所定府君夫人配位又不相似不知何也大率古者以右爲尊如周禮云享右祭祀詩云旣右烈祖

家禮增解卷一　二十三

亦右文毋漢人亦言無能出其右者是皆以右爲尊也○尤菴曰鄕校位次兩程東西之分考朱子說以爲漢以前則以右爲尊右即西也然朱子所定則明道在東今當以此爲準矣○(愚按)尚左尚右恐皆有據蓋天道左旋易所謂帝出乎震齊乎巽以下及日月出沒皆以東爲始則尚左者天之道也地道右旋山水之勢趍下向東以西爲上則尚右者地之道也以校院位次言之其配享者則尊位居中南向故次位不得不居東西向是象古昭穆之禮而用尚左之道也其列享者則尊位居西故其下諸位以次而東而用尚右之道也

○或問廟主自西而列朱子曰此也不是古禮語類○朱子曰古者一世自爲一廟自後漢以來乃爲同堂異室之廟一世一室而以西爲上

○問諸侯廟制太祖居北而南向昭廟二在其東南穆廟二在其西南皆南北相重說文昭本作佋○孝經註昭明也穆敬也○陳氏曰王制所謂三昭三穆昭在左左爲陽昭者陽明之義穆在右右爲陰穆者幽陰之義以周言之

書於文王曰穆考文王詩於武王曰率見昭考父穆則子昭父昭則子穆也子孫亦以爲序祭統所謂昭與昭齒穆與穆齒是也○朱子曰諸侯五廟太祖居北二昭二穆以次而南太祖之廟始封之君居之昭之北廟二世之君居之穆之北廟三世之君居之昭之南廟四世之君居之穆之南廟五世之君居之廟皆南向各有門堂寢室而墻宇四周焉太祖之廟百世不遷自餘四廟則每一易世而一遷其遷之也新主祔于其班之南廟南廟之主遷于北廟北廟親盡則遷其主於太祖廟之西夾室而謂之祧凡廟主在本廟之室中皆東向及其祫于太廟之室中則惟太祖東向自如而爲最尊之位群昭之入乎此者皆列於北牖下而南向取其向明故謂之昭群穆之入乎此者皆列於南牖下而北向取其深遠故謂之穆蓋群廟之列則左爲昭而右爲穆祫祭之位則北爲昭而南爲穆也○遷毁之序昭常爲昭穆常爲穆祔昭則群昭皆動而穆不移祔穆則群穆皆移而昭不動此所以祔必以班尸必以孫而子孫之列亦以爲序○諸侯五廟同爲都宮則昭常在左穆常在右而外有以不失其序一世自爲一廟則昭不見穆穆不見

家禮增解卷一　二十七

昭而內有以各全其尊必大祫而會於一室然後序其尊卑之次則凡已毁未毁之主又畢陳而無所易惟四時之祫不兼毁廟之主則有無昭而穆獨爲尊之時今若王季雖遷而武王猶與成王爲偶不進居王季之處文王之爲穆也亦虛其所向之位則何害其爲尊哉(註)○春官冢人掌公墓之地辨其兆域而爲之圖先王之葬居中以昭穆爲左右註公君也圖爲畫其地形及丘壠而藏之䟽訓公爲君者此王之墓域故也據昭穆夾處東西若兄死弟及俱爲君則以兄弟爲昭穆以其弟已爲臣臣子一例則如父子故別昭穆也○春秋躋僖公左氏曰逆祀也註僖是閔兄當爲臣位應在下今居閔上故曰逆祀䟽僖閔不得爲父子同爲穆耳今升僖先閔位次之逆非昭穆亂也若兄弟相代即異昭穆設令兄弟四人皆立爲君則祖父之廟即已毁理必不然○問兄弟可爲昭穆否程子曰國家弟繼兄則是繼位故可爲昭穆士大夫則否○朱子曰先儒之說兄弟傳國者以其嘗爲君臣便同父子各爲一世而天子七廟宗者不在數中此爲禮之正法○徐乾學曰躋僖於閔上是躋禰於祖上矣故左氏譏其子先父食○退溪曰前

古議此事者一則曰當爲君臣便同父子當各爲一世一則曰兄弟不相爲後當同昭穆共一位兩說角爭後說常勝者以上遷高祖或遷至曾與祖以是爲難故也又曰朱子擬定宋祫享位次圖兄弟各爲一世與今所謂同昭穆共一位不同○按宋制兄弟本同昭穆而朱子改定如此 右兄弟繼立昭穆同異

不知當時每廟一室語類作共或共一室各爲位也曰古廟制自太祖以下各是一室陸農師宋鑑陸佃字農師山陰人嘗受經王安石而不以新法爲是徽宗時爲尚書右丞著埤雅春秋後傳禮象等書二百餘卷禮象圖可考祭法王立七廟一壇一墠曰考廟曰王考廟曰皇考廟曰顯考廟曰祖考廟皆月祭之遠廟爲祧有二祧享嘗乃止去祧爲壇去壇爲墠壇墠有禱焉祭之無禱乃止去墠曰鬼諸侯立五廟一壇一墠曰考廟曰王考廟曰皇考廟皆月祭之顯考廟祖考廟享嘗乃止去祖爲壇去壇爲墠壇墠有禱焉祭之無禱乃止去墠爲鬼大夫立三廟二壇曰考廟曰王考廟曰皇考廟享嘗乃止顯考祖考無廟有禱焉爲

家禮增解卷一 二十八

壇祭之去壇爲鬼適士二廟一壇曰考廟曰王考廟享嘗乃止皇考無廟有禱焉爲壇祭之去壇爲鬼官師一廟曰考廟王考無廟而祭之去王考爲鬼庶士庶人無廟死曰鬼註封土曰壇除地曰墠享嘗謂四時之祭既禱反其主於祧凡鬼者薦而不祭楊氏曰三壇同墠之說出於金縢乃是因有所禱而後爲之非於宗廟之外預爲壇墠以待他日之有禱也孝經云爲之宗廟以鬼享之非去墠而爲鬼也祭法所言難以盡信○王制天子七廟三昭三穆與太祖之廟而七諸侯五廟二昭二穆與太祖之廟而五大夫三廟一昭一穆與太祖之廟而三士一廟庶人祭於寢註此周制七者太祖及文武二祧與親廟四也一廟謂官師上士二廟○朱子曰王制祭法廟制不同以周制言之恐王制爲是○周制右稷始封文武受命而王故三廟不毁與親廟四而七者諸儒之說也三昭三穆與太祖之廟而七文武爲宗不在數中者劉歆之說也其說周自武王克商卽增立二廟於二昭二穆之上至於懿王始立文世室於三穆之上至孝王始立武世室於三昭之上前代說者多是劉歆愚亦意其或然也○大夫三廟則視諸侯而殺其一然

其太祖昭穆之位猶諸侯也適士二廟則視大夫而殺其一官師一廟則視大夫而殺其二然其門堂寢室之備猶大夫也天子之山節藻梲複廟重檐諸侯固有所不得爲者矣諸侯之黝堊斲礱大夫有不得爲者矣大夫之倉楹斲桷士又不得爲矣○朱子廟制圖曰周人以太廟祀太祖后稷而不窋以下先公之祧主藏于西夾室以穆世室祀文王而成王以下祧主藏于西夾室以昭世室祀武王而康王以下祧主藏于西夾室○張子曰宗子爲士立二廟支子爲大夫當立三廟是曾祖之廟爲大夫立不爲宗子立然不可貳宗別統故其廟亦立於宗子之家所謂以上牲祭於宗子之家者也○南塘曰自士而爲大夫可增立三廟自大夫而爲士可曰而無廢矣○雲坪曰父爲大夫子爲士父爲士子爲大夫葬祭牲幣之類固當各視其秩至若廟制則本無紛紛毁立之法人無生而貴者王公卿大夫之長子皆用王公卿大夫之禮也西漢時高祖廟漢書惠帝爲東朝長樂宮作複道叔孫通曰高寢衣冠月出遊高廟子孫奈何乘宗廟道上行哉惠帝懼曰急壞之通曰人主無過擧今已作矣願爲原廟於渭北衣冠

家禮增解卷一 二十九

月出遊之益廣宗廟大孝之本乃詔立原廟○朱子曰原再也旣有廟而再立一廟文帝顧成廟漢書文帝作顧成廟註文帝自爲廟制度卑狹若顧望而成猶文王靈臺不日成之故曰顧成又曰身在而爲廟若顧命各在一處但無法度不同一處至東漢明帝謙貶不敢自當立廟祔於光武廟後漢書明帝遺詔無起寢廟藏主於光烈皇后更衣別室敢有興作者以擅議宗廟法論其後遂以爲例至唐太廟及羣臣家廟悉如今制以西爲上也至禰處謂之東廟今太廟之制亦然語類○朱子曰同堂異室之制歷代以來皆不能裁正其弊至使太祖之位僻處一隅旣無以見其爲七廟之尊羣廟之神又上壓祖考而不得自爲一廟之主以人情而論之則生居九重窮極壯麗而沒祭一室不過尋丈之間甚或無地以容鼎俎而陰損其數子孫之心亦宜有所不安矣○集說朱子欲獻議以復昭穆不果○大傳禮記篇名云別子

爲祖小記陳註別子有三一是諸侯適子之弟別於正適二是異姓公子來自他國別於本國不來者三是庶姓之起於是邦爲卿大夫而別於不仕者皆稱別子繼別爲宗繼禰者爲小宗小記疏小宗凡四獨云繼禰者初皆繼禰爲始據初而言之也有百世不遷之宗有五世則遷之宗按大傳文止此何也君適長韻會適與嫡通爲世子繼先君正統自母弟以下皆不得宗其次適爲別子不得禰其父又不可宗嗣君又不可無統屬故死後立爲大宗之祖所謂別子爲祖者也其適子繼之則爲大宗直下相傳百世不遷別子若有庶子祭義疏庶者衆也○喪服衆子註衆子者長子之弟及妾子士謂之衆子未能遠別也大夫則謂之庶子○九菴曰自古經以至程朱以妾子爲庶子猶何限亦以次適爲庶子者又何限賈疏所謂庶子是妾子之號

家禮增解卷一 三十一

適妻所生弟二子同名庶子遠別於長子者也又不敢禰別子死後立爲小宗之祖其長子繼之則爲小宗五世則遷按朱子大全此以上即董叔重問說而附註者就加檃栝因作朱子說別子者謂諸侯之弟別於一作爲正適故稱別子也爲祖者自與後世爲始祖謂此別子子孫爲卿大夫立此別子爲始祖也繼別爲宗謂別子之世世長子當繼別子與族人爲不遷之宗也繼禰者爲小宗禰謂別子之庶子以庶子所生長子繼此庶子與兄弟爲小宗也小記庶子不祭祖註凡正體在乎上者謂下正猶爲庶也疏正體謂祖之適也下正謂禰之適也雖正爲禰適於祖猶爲庶故禰適謂之爲庶五宗悉然五世則遷者上從高祖下至玄孫爾雅註玄者親屬微昧也

孫猶後也之子高祖廟毀春秋穀梁傳壞廟之道易檐可也改塗可也註禮過高祖則毀其廟以次而遷將納新主示有所加非盡撤而悉去之也朱子曰改塗易檐言不是盡除只改其灰飾易其屋檐而已不復相宗小記祖遷於上宗易於下又別立宗也然別子之後族人衆多或繼高祖者與三從兄弟爲宗至子五世或繼曾祖者與再從兄弟爲宗至孫五世或繼祖者與同堂兄弟喪服傳娣姒婦相與居室中庾蔚之謂傳以同居爲義蓋從夫謂之同室今人謂從父昆弟爲同堂取於此也爲宗至曾孫五世或繼禰者與親兄弟爲宗至玄孫五世皆自小宗之祖以降而言也魯季友輯覽按左傳季友桓公庶子莊公弟也乃桓公別子所自出故爲一族之大宗按自魯季友以下至此乃董叔重引呂氏說以問者而附註者移作

家禮增解卷一 三十二

朱子說又按大傳云宗其繼別子之所自出者乃百世不遷者也通解朱子曰之所自出四字疑衍云而呂氏不知而爲說附註者又不知而帶取之皆誤也所自出三字今當作衍滕文之昭滕侯爵文王子叔繡之後也○朱子曰文王是穆故其子曰文之昭也武王爲天子以次則周公爲長管蔡世家武王同母兄弟十人長伯邑考次武王發次管叔鮮次周公旦次蔡叔度次曹叔振鐸次郕叔武次霍叔處次康叔封次聃季載故滕謂魯爲宗國按自滕文之昭以下至此語類說又有有大宗而無小宗者按此句大傳文皆適則不立小宗也有有小宗而無大宗者此句亦大傳文無適則不立大宗也按大傳又有有無宗亦莫之宗者公子是也二句疏惟公子有此三事他無之也○問有小宗而無大宗者有大宗而無小宗者有無宗亦莫之宗者朱子曰此說公子之宗也謂如人君有三子一嫡而二庶則庶宗其嫡是謂有大宗而無小宗皆庶則宗其庶長是謂有小宗而

無大宗止有一人則無人宗之已亦無所宗焉是謂無宗亦莫之宗也○尤菴曰凡大宗有二一是諸別
子之長子各自爲大宗一是有兄弟相宗者曾爲兄弟之長故其同姓諸侯皆謂之宗國是也○滕是周
公孽弟也然以古制言之則雖是周公之母弟皆宗周公也魯季友以年則雖居孟叔之下而似是莊公
之母弟故爲一族之宗也今法長子死則主父喪用次子不用姪
伊川先生將屬纊顧謂端中曰立子蓋指其適子端彥也語絶而歿既除喪明道之長孫昂自以當立侯
師聖不可昂曰明道不得入廟耶師聖曰我不敢容私明道先太中而卒繼太中主祭者伊川也今繼伊
川非端彥而何議始定或謂師聖曰明道既死其長子不得立乎曰立廟自伊川始又明道長子死已久
况古者有諸侯奪宗庶姓奪嫡之說可以義起矣况立廟自伊川始乎尹子親註云此一段差誤○問伊
川奪嫡之說不合禮經是當時有遺命抑後人爲之耶朱子曰亦不見得如何只侯師聖如此說問此說
是否曰亦不見得是如何○沙溪曰游定夫書明道行狀後云鄠州從事既孤而遭祖母喪身爲嫡孫未

果承重先生推此告之天下始習爲常云明道既行古法而伊川家不行之亦不能無疑豈太中公因國
制遺命伊川使主之耶若宗子法立則用長子之子按此段以大全及語
類參錯成文○南溪曰周氏復作附註按附註非周氏作見上時合註疏及朱子說而成之故檃括粧綴
不復識別使後人難於推見恐書中此類甚多○楊氏復曰先生云人家族
衆或主祭者不可以祭及叔伯父之類則須令其嗣
子別得祭之尤菴曰當時宗法不立故欲令伯叔父之子別立宗以別大小宗之制○愚按
語類本文人家族衆下有不分合祭四字蓋謂族衆之家不分合祭而必欲同日行祭則主祭宗子勢不
可以參行叔伯父之祭故令其嗣子別得行祭於次日如下所云則餘子孫可與宗家之祭宗子可以祭
及叔伯父而不相妨礙云耳此附註誤刪此句令人難曉尤翁未及照管耳今且說同居
同出於曾祖便有從兄弟及再從兄弟祭時主於主

祭者其他或子不得祭其父母按謂同日行祭而從兄弟及再從兄弟主
於宗家之祭則或有子不得祭其父母之弊若恁地語錄解如是也衮輯覽疑當從水韻會
滚與混渾通未相離也做一處祭不得要好則主祭之嫡孫當
一日祭其曾祖及祖及父餘子孫與祭次日却令次
位子孫自祭其祖及父又次日却令語類此有又字次位子
孫自祭其父此却有古宗法意古今祭禮按即宗子所纂古今
家祭禮○南溪曰自儀禮中廢至唐好禮之士家有祭儀如周元陽孟詵劉岳諸人是也宋朝如韓魏公
祭式溫公書儀等書亦爲其類朱子皆編入古今家祭禮而迄今未行於東方這般語錄解猶言此
等也處皆有之今要如宗法祭祀之禮須是在上之家
先就宗室按即帝王家宗族及世族考證世家大族也與叔世族之世不同家

行之做箇樣子語錄解做作也有成意箇語辭樣法也子語辭方可使以下
士大夫行之語類○排祖先時以客位西邊爲上高祖
第一高祖母次之只是正排着正面沙溪曰着當作著○南溪曰着
字比著字頗而易明不曾對排曾祖祖父按謂祖若父皆然朱子曰若祭四
世一位居中二位居東一位居西殘不齊整兩兩對設又以體敵不分尊卑况左昭右穆是異廟而廟皆
南向即與今人相向設位不同又相向設位則舅婦之坐東西相見亦甚不便不若只以南向西上爲定
之爲愈也○會成按大明會典祠堂並列四龕高祖居中東第一龕曾祖居中西第一龕祖居近東壁一
龕禰居近西壁一龕今遵用時制○侯氏曰我聖祖太廟之制出自獨斷不沿於舊其中有伯
叔按謂伯叔父也伯叔母兄弟嫂婦爾雅兄之妻爲嫂弟之妻爲婦疏嫂猶叟也○
按謂兄弟及兄嫂弟婦也無人主祭而我爲祭者各以昭穆論考證

以昭穆班祔○語類 ○黃氏瑞節 理學通錄字祥翁號觀齋元季不仕所著有朱子成書經
世附說 曰神主位次倣宗法也今依本註姑以小宗法
明之小宗有四繼高祖之小宗者身爲玄孫及祀小
宗之祖爲高祖而曾祖祖父次之繼曾祖之小宗者
身爲曾孫及祀小宗之祖爲曾祖而以上吾不得祀
矣繼祖之小宗者身爲孫及祀小宗之祖爲祖而以
上吾 吾字一無 不得祀矣繼禰之小宗者身爲子小宗之
祖爲禰而以上不得祀矣不得祀者以上 退溪曰不得祀者當
指繼高祖小宗而言然其上疑有闕文○尤菴曰繼曾祖之宗始言不得祀則其所謂不得祀者指高祖
而言也高祖以上即是大宗故云也 爲大宗之祖吾不得而祀之也大

宗亦然先君世子大宗而 以一作 下又不得而祀之也
朱子云宗法須宗室及世族之家先行之方使以下
士大夫行之然家禮以宗法爲主所謂非嫡長子不
敢祭其父皆是意也至於冠昏喪祭莫不以宗法行
其間云 潛室陳氏曰宗法爲諸庶子設恐其流泒浸多姓氏紛錯易至殽亂故於源頭有大宗以
統之則人人同知尊祖分派處有小宗以統之則人各知敬禰嫡長之尊有君道焉大宗所以統其宗族凡
合族中有大事當稟大宗而後行小宗所以統其一兄弟如同禰者有大事則當稟繼禰之小宗而後行一
族之中大宗只是一人小宗儘多此古者宗族人情相親人倫不亂豈非明適庶之分有君臣之義由大
宗小宗之法而然歟

旁親之無後者以其班祔 小記殤與無後者從祖祔食疏殤與無後者皆當從死者之祖
而祔食殤者之親併其牲物而宗子直掌其禮○士虞禮以其班祔註班次也祔猶屬也疏孫與祖昭穆同故以孫
聯屬於祖而祭之
中庸或問自吾父祖曾高謂之正統其伯叔曾高伯叔父祖衆子昆弟皆爲旁親○韓覓或問禮既有爲後之
文則旁親無後者亦可以有後而曰無後何也愚按曾子問孔子曰宗子爲殤而死庶子不爲後註雖是宗子
死在殤年無爲人父之道故也曰然則成人而無後者何也曰按喪服傳爲人後者孰後後大宗也曷爲後大
宗也尊之統也又按通典張湛曰禮所稱爲人後後大宗所以承正統若非大宗所繼非正統之重無相後之
義

伯叔祖父母祔于高祖 問祔於高祖者或於其宗孫爲再從孫則如何尤菴曰孫
祔於祖自是正禮奉祀者之踈戚不須論也 伯叔父母祔于曾祖妻若兄弟

若兄弟之妻 尤菴曰其夫不得爲妻立廟故姑附宗家 祔于祖 ○尤菴曰其祖生存則中
一而祔于高祖禮也○集說妻死夫之祖母在則祔於高祖妣 【右中一條】 子姪祔于父皆西

向主櫝並如正位 ○[按]據小記註宗子主其禮則當以宗子屬稱題祔主傍註則據朱子施
於所尊說不當書之 【右題祔主】 ○尤菴曰祔位之安於東西壁若是妻子以下則如是或可也若是尊於祖與
考之親則其安於西壁者固便而其安於東壁之近考龕者豈不相與嫌礙耶○南溪曰龕室甚窄難容姑祔
祠內無姑祠內之位右尊左卑○陶菴曰龕中班祔今之說難行者未始不以狹窄爲辭然時祭設位條有祔
位東序西向或兩序相向之文倣此而變通則亦無難容之慮何可滯泥於本註以狹窄爲憂而遽廢孫祔祖
之正禮也○問應祔之孫或至三四則奈何遂菴曰一龕難容則祭于別室 【右龕窄祔祠內或別室】 ○尤菴曰
曾祖兄弟之無所祔者似當於喪畢後埋其主矣然其兄弟之子與孫何忍不祭(詳見附註) 【右曾祖兄弟不祔】
【宗家】 ○問成人無後者祭及兄弟之孫而或以父母遺命次兄弟主其祀主祀者之孫既歿而適兄弟之孫尚
在則神主還安於宗家祔於祖耶遂菴曰當祔宗家無疑 【右還祔宗祠】 ○尤菴曰繼祖之宗絕嗣則其祖神主
當祔於繼高祖之宗而高祖已祧則不得已埋安○高祖祧遷于長房則祔位當埋安祔位之兄弟及姪若在

雖有所不忍而分則有限無如之何矣或於其忌日以
紙滂略伸其情似不妨○同春日祔位於最長房是至
親則並奉以祭亦似爲安 右正位祧祔位遷安或長房
並祭○沙溪曰出後者本生親無後則兩家父祖議歸
宗古有其例而兩家父死則子不可擅自罷繼當以本
生親爲班祔○問所生父大祥已届而兄嫂無後若祔
於祖廟以待立後如何曰姑爲班祔○尤菴曰本生親
班祔大宗已有先正之說若所後之家非當祔之親則
當祭於別廟 右本生親班祔或別廟 ○尤菴曰出繼人
之子還爲本生祖後此通典之文(見下立後)而尋常有
疑於心蓋有父然後有祖此子將以何人爲父而繼其
祖耶若如世俗所謂侍養之云則本生之名非所加也
而侍養之服禮所不言今何敢創出也(按侍養服說見
服制齊衰三年杖養條)以近事言之則黃秋浦愼以其
弟暢之獨子爲後是義州公一皓也義州次子璡將還
後其所生祖其時愚與春兄稟於愼老如前所疑愼老
亦以爲難處謂姑以其所生祖班祔於宗家似無過誤
其家以爲然矣○陶菴曰出繼子之第二子雖權爲主
喪而至於題主則中間旣闕一世稱祖稱孫決知其不
敢矣侍養之名不見於禮恐難苟從出繼子之第一子

家禮增解卷一　三十六

似是宗家以顯從祖題主而用班祔之例爲宜班祔則
無旁題矣大抵別爲立後即大經大法捨此則皆苟矣
右本生祖班祔 ○問朱子曰妻先亡別廟弟亡無後亦
爲別廟須各以一室爲之不可雜也與此班祔條不同
弟與妻不可同祔一室之意則分明沙溪曰祔於祖先
非班祔之謂也○尤菴曰語類雖有嫂則別處之文家
雖嫂叔同龕何嫌之有所謂各以一室不可雜云者初
禮有兄嫂弟婦祔于祖之文當以家禮爲正 右嫂叔同
祔 ○尤菴曰有人言其弟廢疾未娶而死將祔廟則家
議不許云愚荅以人情言之父母於廢疾之子慈愛有
甚豈不欲同享一室 右廢疾弟班祔 ○沙溪曰長子無
後而死次子承重則長子雖嘗承重當班祔無疑○愼
獨齋曰次子有庶承嫡則長子之主當班祔○問兄亡
弟及而弟亦早世則弟之子當奉祖廟而伯父與禰廟
位次難便遂菴曰伯父神主祠堂無祖位可祔則祭於
別室爲可○陶菴曰大宗雖在遠地如可往祔則固好
矣不爾則弟兄之序終屬大段未安恐莫如姑奉別房
右兄亡弟及兄爲班祔或別室 ○尤菴曰祔妻於祖廟
自是正禮而事勢有不能然則不得已於考廟東壁下
權祔矣然終不可據而爲法也○南塘曰凡有後者皆

不可班祔也繼禰之宗其妻有夫與子本非無主者不
可祔親廟而班祔也 右繼禰宗子妻祔考廟 ○南溪曰
禮支子妻主入祔祖龕然若有官位異居者則其子依
時行祭於所藏別室而夫爲之告祝宜亦可矣 右妻先
妻祔廟或別室 ○尤菴曰未廟見之女不遷於祖云者
指未三月之婦也後世不親迎者多故滯或生子而尚
在其室者有焉豈有生子而猶未成婦之理也嘗問嶺
外一先賢荅生子婦之問曰古禮如此不可祔於夫黨
愼齋聞之以爲極害理 右未廟見婦班祔 ○尤菴曰夫
亡無後之妻祔夫於祖廟云者未安當爲夫立後而別
立宗矣惟爲妻爲子則不可立廟故須祔於宗家 右有
妻不可以夫班祔 ○問有姑出歸父母家他日捨兄弟
姪之外無爲主者既無所祔豈忍其神之無歸乎朱子
日古法既廢隣家里尹決不肯祭他人之親則從宜而
祀之別室其亦可也(詳見立喪主附註) 右婦出死於父
家祭之別室 ○寒岡曰姑姊妹女子子已嫁而無後者
祔于本宗家廟於理不合至於夫妻神主兩邊親屬各
自分去尤不近理○問姑姊妹女子之無後而死者其
夫黨無可祔則勢當祔於本宗而其夫神主似不可同
祔沙溪曰祭之別室似可 右姑姊妹女子已嫁不祔廟

家禮增解卷一　三十七

○南塘曰旁親無後祔於宗子家廟禮之正也若勢有
難安則不得不埋安矣外孫奉祀非禮之正 右勢難班
祔埋安 ○朱子曰嫁母者生不可以入于廟死不可以
祔于廟 右嫁母不祔廟 ○朱子曰爲僧無後固當祭之
無可疑○(愚按)此恐不無古今之異宜者未知如何 右
爲僧旁親班祔 ○大典士大夫無子女欲以奴婢墓直
主祭者從財主之意署文記使
奉其祀 右無後人使奴婢奉祀

姪之父自立祠堂則遷而從之

寒岡曰姪之父生則姪家無廟不得不姑祔於
宗子之父亦所以順昭穆之序也姪之父亡而
立祠則姪又不得越其私祠而祔於宗子之廟故歸祔
於其父之祠○龜峯曰姪之父從兄弟再從兄弟也姪祔
無後當祔其祖而其祖尚存故就祔于宗家祖位及其
祖死而其父立祠堂則乃遷而從親祖也○輯覽按家
禮正衡亦如龜峯說○(愚按)尤菴亦力主龜峯說然此
段既承上文子姪祔于父而言則姪是宗子之親姪也
此所謂姪之父即宗子之弟而自不當立祠據上文與
嫡長同居則死而後異子孫爲立祠堂之文可知也故
姪死勿論有後無後姑祔於宗子之父即亡者之祖也
及姪父死姪之子爲祖立祠則自當遷從而入於其祠

之桶龜矣然則寒岡說似是矣然以自立祠堂之文觀之則似非姪之父死後事也然則龜峯說似長然以從姪再從姪言之則所謂宗家祖位乃亡者之旁祖也禮既有祖存則中一祔高祖之例若謂中一祔則可也何必泛謂祖位而稱於旁祖又況本文元無祖存之說活見其與子姪祔父之文上下衡决龜峯說恐非本義莩此所謂自立祠堂與上文死後立祠之禮自相逕庭此亦可疑意或自字是死字之訛耶不然或以姪之父家死後立祠之意活看耶以彼以此畢竟寒岡說爲長○程子曰無服之殤韻會殤痛也或作傷○備要七歲以下不祭下殤備要十一歲至八歲之祭終父母之身中殤備要十五至十二之祭終兄弟之身長殤備要十九至十六之祭終兄弟之子之身成人備要丈夫冠婦人許嫁而無後者其祭終兄弟之孫之身此皆以義起者也禮運禮也者義之實也協諸義而協則禮雖先王未之有可以義起也陳註禮一定不易義隨時制宜故協合於義而合當爲則雖先王未有此禮可酌於義

家禮增解卷一 三十八

而創爲之○遺書叔子語○小記庶子不祭殤與無後者殤與無後者從祖祔食疏不祭殤者以巳是父庶不合立父廟故不得自祭其子之殤殤尚不祭成人無後不祭可知云不祭無後者巳是祖庶不合立祖廟故兄弟無後者不得祭之巳若是曾祖之庶亦不得祭諸父無後者是不合立曾祖廟故也○問下殤之主祔於廟者其父母死則當出廟埋之乎愼獨齋曰是如此○(按)長中殤埋主恐皆當以此推之 右三殤埋主 ○〔立後〕○喪服爲人後者疏出後大宗也○(按)通典若非大宗無相後之義見上○喪服傳何如而可爲之後同宗則可爲之後何如而可以爲人後支子可也疏支子可也者以其他家適子當自爲小宗故取支子適子既不得後人則無後亦當有立後之義○丘氏曰按大明令凡無子許令同宗昭穆相當之姪承繼先取同父周親次及大功小功緦麻如無則方許擇遠房及同姓爲嗣不許養異姓爲嗣以亂宗族立同姓者亦不得尊卑失序以亂宗族且凡爲人後者除大宗外其餘必有父在承父之命方許出繼已孤之子不許○大典嫡妾俱無子者告官立同宗支子爲後兩家父同命立之父歿則母告官以同宗之長子爲後者及一邊父母俱歿者

並勿聽情理可矜則或因一邊父母及門長上言本曹回啓許令立後○尤菴曰據禮則人之長子不可取以爲後○非大宗而繼後載於家禮會成所引皇祖之制可考而知也○高皇帝頒敎凡繼後不可捨近取遠近者盡然後求於遠者有服者盡然後求於無服者大明今雖急諸何可遠也○南溪曰禮經古義大宗及貴爲大夫者外不可立後而今世雖支子遠族皆必繼絶程朱諸賢既不能正而反助之至使繼絶之義太重離宗之道太輕以至終廢班祔一路此區區所以欲質於百世之前而不可得者也○通考徐乾學曰古禮大宗無子則立後未有小宗無子而立後者也小宗無後者古有從祖祔食之禮則雖未嘗繼嗣而其祭祀固未始絶也 右繼後 ○射義孔子射於矍(矍)相之圃蓋觀者如堵墻使子路執弓矢出延射曰賁軍之將亡國之大夫與爲人後者不入其餘皆入蓋去者半入者半陳註矍相地名賁與僨同與爲人後言人死無子宗族既爲之立後矣此人復求爲之後也忘親貪利在所當棄徐氏曰與干也有所利之而干求也○丘氏曰其人既死之後有爭承繼者非是欲承其宗無非利其財產而已若其人係軍匠籍官府雖督之使繼彼肯從我春秋推見至

家禮增解卷一 三十九

隱誅人之意○通考羅虞臣曰非所後而後焉是曰誣禮舍天性之愛而父他人孝子所不忍也○尤菴曰其日立後必待爲後者之許去者甚無理之說也當爲後者苟有人心誰肯捨其父母而許爲人後哉以故必待父母之許君上之命而後不得已而爲之矣孔子於矍相之射謝去與爲人後者若不辭而肯許之則豈不爲聖人之所斥乎以死固辭不得已爲之者然後可以專意於所後矣 右爲後者必辭 ○通考劉敞曰諸侯將立後必告於天子而見於祖大夫將立後必告於諸侯而見於祖○沙溪曰立後必告禮曹然後爲之子只告本官則只爲養子而已不得爲繼後子○尤菴曰父子天性也惟人君代天理物故命他子以繼無子之人故中庸言繼絶世必以人君言也鄭所謂告君之式恐缺於古經云者意以爲古禮非但曾禮日月亦必告君凡民生子自名以上皆以籍告則況此立後是人倫之一大事也豈敢私爲而不告於君乎豈立後而告者亦同於生子而告之禮故不別立文耶朱子大全程氏表所謂爲人無後者而聞官立後恐是聞官自是當時令格故程氏如此矣本朝繼絶之法甚嚴必兩家父母呈狀後問備虛實又問兩家門長無異辭然後該曹入

啓自上允下該曺乃備舉事實成給公文然後乃爲父子其嚴且謹如此其可不命於君而私爲之乎國有令甲雖小事不可違況父子天倫是何等大事而私敢擅輒耶**右立後必告君**○程子曰既是爲人後者便須將所後者呼之以爲父母不如是則不正也後之立疑義者只見禮不杖期內有爲人後者爲其父母報便道須是稱親禮文蓋言出爲人後則本父母反呼之以爲叔爲伯也故須著道爲其父母以別之非謂却將本父母亦稱父母也○伊川代彭思永論濮王稱親疏曰濮王陛下所生之父於屬爲伯陛下濮王出繼之子於屬爲姪此天地大義生人大倫○問先儒濮議稱皇考是否朱子曰不是又曰所後父與所生父相對坐其子來喚所後父爲父終不成又喚所生父爲父這自是道理不如此○栗谷曰爲人後者爲之子是常經通義反以所生父爲伯叔父則與親子無毫髮之殊父子既如此則祖孫之倫亦定矣○尤菴曰養他子爲後家禮列此於義服條鄙意以爲可謂之子而不可謂之體○問養字不可言於所後南塘曰語類喪服條爲所養父母斬衰三年朱子亦以所後父母爲養父母也○沙溪曰朱子代劉玶述玶之兄珙行狀曰從弟玶謹狀蓋珙與玶是子羽之子而玶出後於子羽之弟子翬故朱子以從弟稱之**右出後人爲稱**○本明令孤子不許爲人後夫爲人後者爲之子則稱其所生爲伯爲叔不承父命而輒稱已父母爲伯叔可乎是貪利而忘親也○沙溪曰立後者必命於君乃其法也父母俱歿者或門長上言云**右孤子出後之式**○通典問大宗無後族無庶子已有一適子當絕父祀以後大宗否戴聖云大宗不可絕言適子不爲後者不得先庶耳族無庶子則當絕父以後大宗田瓊曰以長子後大宗則成宗子禮諸父無後祭於宗家後以其庶子還承其父○程子曰禮長子雖不得爲人後若無兄弟又繼祖之宗絕亦當繼祖爲後禮雖不言可以義起○沙溪曰通典及程子說是長子爲後之證然與禮經不同○尤菴曰獨子不可爲後而曾有一宰臣引通典絕父祀以後大宗之說陳訴以其弟獨子爲後因成規例宰臣即秋浦也○(按)尤菴所論出繼者之子還爲本生祖後以何人爲父之說詳見上班祔條**右獨子出後**○南溪曰人家莫重於遺命固當以此從事也然繼曾之宗絕祀其重此遺命尤甚如有可爲之地則惟當具由告祠堂立後而不用遺命方爲大正然若無門長之可主此事者亦難得成矣**右立後**

右用遺命○問國典長子繼後則其父與祖之奉祀傳之親子云云沙溪曰如此則禮防大毁此由近世一相臣之議惜哉○愼獨齋曰仁祖朝令繼後子奉祖先祀如所生(詳見上宗法)**右繼後子奉先祀**○大明令若所養父母有親生子及本生父母無子欲還者聽若所養父母無子而捨去者杖流○大典爲人後者本生父母絕嗣則罷繼歸宗許其所後家改立後若所後父母已死不得改立後則從旁親班祔例○沙溪曰出後者本生親無後則兩家父相議歸宗古有其例而兩家父死則子不可擅自罷繼(詳見班祔)○南溪曰彼此俱無父則不當擅自罷繼而歸宗夢必有門長告官議處之舉否不參輕議**右本生無後歸宗**○大明令若立嗣之後却生親子其家產許與元立均分○栗谷立後議曰父之於子子之於父其恩情一也子既捨生父而父其所後則父獨不能捨親子而以繼後子爲嫡乎○問立後後生子則如何處之沙溪曰古人所行亦各不同當以禮律事勢參酌處之然胡文定所爲畢竟似是賀徭取從子紘爲子後生子遣紘歸本文定養其兄子寅後生二子寧宏而以寅爲後**右立後後生子以所後爲長子**○問所後父有前後妻則以前妻之父書外祖耶愼獨齋曰前後妻必有養已者當以養已者之父爲外祖也○(愚按)凡立後當以告君爲重不當以養已爲重前妻在時雖已養已而或未及告君成文至後妻時始告君則恐當以後妻之父爲外祖愼齋說可疑又按愼齋初以立後而不爲聞官者不以爲非尤菴以此爭辨而歸一則疑愼齋此說乃初年之見也**右所後家有前後母**

右妻母○尤菴曰前後妻皆歿後始爲之子者當爲前妻之子○南塘曰前後母俱亡爲其後者當以後母爲親母越後母而以前母爲親母是使其子道追正於後母之前此不可之甚者又曰前母既亡後後母嘗室奉宗祀而主家事則爲其後者實承後母之統繼此當以後母爲親母且子生之前母亡雖有十母皆爲前母子生之後得母雖有十母皆爲繼母爲後於母亡之後而以其母爲繼母是子生之前先已有繼母也恐亦非正名之義也見先師遺集曰前後妻俱亡立後者當以父之後妻之父爲外祖先師平日篤信師說而獨於此說不同於尤翁必有所見而然也亦或有聞於尤翁者耶**右前後母俱亡後立後者定其母**○尤菴曰有人出繼而不爲啓下而先服叔父三年矣既而覺其非不服其叔母正得眎非今是之意而時輩以爲敗倫削之儒籍

未知欲從朱子及國法者何爲而爲敗倫耶又曰於其所後服其不當服於此時設令其所生父死則服期耶抑斬衰耶旣斬於彼又斬於此則是二本也若斬於彼而期於此則是無君命而私自絶其父矣而可乎蓋此處間不容髮正如君臣之義當日命絶則爲路人雖是一刻其命未絶則尚是君臣也父子之倫尤重於君臣矣宋子書旣有告君之文國法則又甚嚴明何敢不遵耶不幾於禮記所謂與爲人後而不敢入於矍相之射者耶 右告君前誤服改正 ○大明令若立嗣雖係同宗而尊卑失序其子歸宗改正應立之人 右立後尊卑失序

歸改正 ○問未聞官不得爲後則當依成人而無後者歸祔於大宗耶此實神道人情之所不安依時俗侍養之例仍奉其祀改題神主如何尤菴曰無後入祔食宗家自是正禮禮正則心安矣被養之人如不忍恝然則祭時以物助之則亦可以自伸其情矣○問入將立後取養兄弟之子生纔半歲者未及聞官其人夫妻俱歿其姪服喪及奉祀何以爲之曰本服盡後有心喪之禮如朴進善世采氏是也所養如無子孫則被養之人當主祀服盡後祔於宗家可也 右未聞官養父母班祔奉祀

○侍養 ○通典何琦曰別宗無後宗緒不可絶魏之宗聖遠繼宣尼荀顗無子以兄孫爲嗣此成比也庾蔚之曰間代取後禮未之聞宗聖時王所命以尊先聖本不計數恐不得引而比也○寒岡曰立後無他子姪行則今世多以族孫爲侍養者然非古禮也○尤菴曰侍養固是非禮而外孫奉祀則朱子又斥之以非族援以正禮則其主當各祔于其祖之龕矣○所繼之序旣是祖孫則正皇祖所謂昭穆失序者即呈官改正寧有可疑只是改正之後無他族人之可托者則依俗人侍養例仍奉其祀雖不正當而似亦愈於有所受而無所處矣○芝村曰尹汀妾子最無子而死其妻李氏呈禮曹請以尹白沙暄之妾曾孫世雲爲子蓋爲曾孫行也該曹啓曰古人以孫行爲子即漢之晁恂晉之荀顗唐之白居易是也我朝宋斯敏以其弟明誼曾孫順年爲子古人已行之迹班班可考依情願定給如何傳曰孫行爲子古今雖有國典無常規養子侍養子名號雖殊承重奉祀則一也特爲侍養子成案定給可也云該曹則請許爲子而 傳教則以侍養子定給所謂承重奉祀者亦令主管其家事之意耶(互見期服) 右総論

○朱子曰出妻入廟未然不可子孫只合歲時就其家之廟拜之族祖及諸旁親皆不當祭有不可忘者亦倣此例可也 右旁親不可忘歲時拜朝

家禮增解卷一 四十二

○(異姓爲後收養子奉祀說附)○朱子曰立異姓爲後此固今人之失○陳北溪淳曰神不歆非類民不祀非族古人繼嗣大宗無子則以族人之子續之取其一氣脉相爲感通可以嗣續無間後世義理不明人家無嗣不肯顯立同宗之子多是潛養異姓之兒陽若有繼而陰已絶矣蓋自春秋鄫子取莒公子爲後故聖人書曰莒人滅鄫非莒人滅之也以異姓主祭祀滅亡之道也秦以呂政絶晉以牛睿絶亦皆一類然在今世論之立同宗又不可泛盖姓出於上世聖人之所造所以別生分類自後有賜姓變姓者又皆混雜故立宗者又不可恃同姓爲憑須擇近親來歷分明者立之則一氣所感父祖不至失祀○通典魏時或爲四孤論曰遇兵飢饉有賣子者有棄溝壑者有生而父母亡無緦親其死必也者有俗人以五月生子妨忌之不擧者有家無兒收養成人禮異姓不爲後使還本姓爲可否史于叔達議曰此四孤者非其父母不生非還公嫗不濟既生既育由於二家棄本背恩實未之可今宜子竭其力報於公嫗養育之恩若終爲報父在爲母之服別立宮宇而祭之畢己之年也○尤菴曰國法三歲前收養始得即同己子然此指棄服而言不必使之奉祀也○若是異姓則非族之祀朱子明言其不享其意甚嚴矣○(愚按)收養子奉祀之禮若是被養於本宗者則當依上侍養條尤菴所論其主當各祔于其祖之龕而收養子供其牲物而助祭可也如無所祔則祭之別室亦可也若其被養於外族及異姓者則神不歆非類民不祀非族乃古訓也朱子以外孫奉祀猶爲非族之祀況於無親之異姓乎尤翁之訓又甚嚴正亦當各祔其主於其祖之龕而以物助祭一如本宗之禮如其都無所祔處則亦甚難處如此者不得已或依通典所論別立宮宇而祭之之說蔵主於別室而權祭耶然終非正禮也

○(外孫奉祀(妻父母奉祀說附))○(大典)外祖父母及妻父母無主祭者當於正朝端午中秋及各忌日用俗儀祭之○程叔子曰先妣侯夫人未終前一日命頤曰今日百五爲我祀父母明年不復祀矣○朱子曰上谷郡君謂伊川曰今日爲我祀父母明年不復祀矣是亦祭其外家也然無禮經○宋公以外祖無後而歲時祭之此其意可謂厚矣然非族之祀於理既未安而勢不及其子孫則爲慮亦未遠昌若訪其族親爲之置後使之以時奉祀之爲安便而久長哉○堯卿問朔婦有所生之母在家間養百歲後神主

家禮增解卷一 四十三

歸於婦家則婦家陵替欲祀於別室如何日不便北人風俗如此○陳北溪淳日今世多有以女子之子爲後以姓雖異而氣類相近似勝於姓同而屬踈者然賈充以外孫韓謐爲後當時慱士秦秀已議其昏亂紀度是則氣類雖近而姓氏實異此說斷不可行○退溪日今人無子而有女牽掣私情鮮能斷以大義而立後至以外孫奉祀一廟而二姓同祭夫天之生物使之一本而此則爲二本甚不可也今人或不幸其外家祖先無後而未有所處者不忍其主之無歸則權宜奉置別所而往來奠省未爲不可○尤菴日外孫奉祀朱子旣斥以非族之祀又賈充以外孫爲後秦秀已議其昏亂紀度何敢犯此爲之乎程子母夫人將終命伊川日爲我祀父母若有女子則猶可援此奉祀況侯夫人語以爲明年不復祀云則其祀當止於侯夫人而伊川則將不得祀矣此亦爲外孫不得奉祀之明證也○南溪日本宗祭四代之制雖出於程朱之論主正禮者猶或以爲不可而況外孫侍養非所並論於本宗者乎○陶菴日朱子非族之祀一句語實爲正論愚意爲外孫者設或不得已而權奉其祀己身歿後即當埋安

家禮增解卷一 四十四

楊氏復日按祔位謂旁親無後及卑幼先亡者祭禮纔祭高祖畢卽使人酌獻祔于高祖者曾祖祖考皆然 輯覽或問楊氏謂纔祭高祖畢云云時祭條亦日每逐位讀祝畢卽分詣本位所祔之位酌獻云云祔高祖者乃曾祖之子行而反先獻於曾祖無乃未安耶愚謂儀節則先獻正位畢而次祔位朱子亦日祔食之位古人祭於東西廂其只設於堂之兩邊正位三獻畢使人分獻一酌如學中從祀然○(愚按)儀節諸正位初獻畢使人分獻祔位亞獻終獻亦然故無子先父食之爀矣輯覽所謂先獻正位畢者非三獻畢也 故祝文說以其人祔食尚饗 士虞禮註尚庶幾也勸強之辭 詳見後祭禮篇四時祭條○劉氏垓孫日先生云如祔祭伯叔則祔于曾祖之旁一邊在位牌西邊安伯叔母則祔曾祖母東邊安 尤菴日祔位東西竊意正位考西故男亦西妣東故女亦東然伯叔父與伯叔母皆死而合櫝則當祔於曾祖之旁若伯叔父生存而伯叔母死則祔於曾祖母之旁矣旣日伯叔父則伯叔母在其中矣其單言伯叔母者伯叔父生存者也○附註與大註各是一說不可混合而看也 兄弟嫂妻婦 輯覽按兄嫂己妻弟婦也 則祔于祖母 輯覽疑闕母上父字 之傍伊川云曾祖兄弟無主者亦不祭 會成凡祔昭祔昭穆祔穆如曾祖兄弟無後者無昭穆可祔故不祭○問曾祖兄弟無後者不祭此無可祔之位故不祭然有兄弟之子與孫(按謂宗孫於存亡者之姪或從孫也)則祭之別室如何尤菴日似當於喪畢後埋其主矣然旣日成人而無後者其祭終兄弟之孫之身則其兄弟之子與孫何忍不祭 不知何所據而云伊川云只是義起也 語類 ○遇大時節 集說註四仲月 時祭之類 請祖先祭于堂 輯覽堂卽祠堂內龕前之堂也○(愚按)祠堂章本註旣以正寢廳事對言日正寢謂前堂也此堂恐亦指正寢言 或廳上坐次亦如在廟時

家禮增解卷一 四十五

排定祔祭旁親者右丈夫左婦女 輯覽或日附註云右丈夫左婦女然則祔位之夫婦當分左右耶愚答日所謂丈夫婦女似指兄弟與姊妹或子與女之謂若兄弟之妻則當與兄弟合櫝何可分而貳之也○問此謂右丈夫左婦女而時祭設位則祔位皆於東序或兩序相向尊者居西云此則不分男女只以尊者居西也兩說不同今當何從沙溪日果有二說而居右亦西上之意也然夫婦神主相分未穩鄙家從下說 坐以就裡爲大 輯覽裡內也指堂之北而言也○龜峯日大尊也如左傳新鬼爲大之大 凡祔於此者不從昭穆了只以男女左右大小分排在廟却各從昭穆祔 語類

置祭田

初立祠堂則計見田 (按)見音現見在之田也 每龕取其二十之一以爲祭田親盡則以爲墓田 備要歲一祭之○尤菴日親盡之祖祭田以爲墓田

既有明文何可移之於最長房乎○遂菴曰即今士夫家別無置祭田者只有所謂奉祀條田民而已長房或有頻易者田土奴婢屢換其主則保存未易毋寧不動以享宗家爲愈老先生之意亦如此而然耶在宗家之道從之似得○巍巖曰尤菴曰親盡祖之祭田以爲墓田不可移於最長房云然則家廟大小祀享則長房主之而獨墓祭諸位徑自迭掌而歲一行之否蓋祭田本爲祭祀而置也然當隨主所在以給祭用而至埋主然後爲墓田於事未爲甚晩而於理未爲甚悖未知如何

後凡正位祔位皆放此宗子主之以給祭用上世初未置田則合墓下子孫之田 龜峯曰作謂田在墓下乃其墓子孫之田云 計數而割之皆立約聞官不得典賣 考證典猶言典當也相質定價之謂(止)○問親盡祖祧後若宗家仍執其田不奉祀事則諸子孫欲聞官推得以爲墓祭之資何如尤菴曰初置祭田時立約聞官則見失之後聞官歸正何可已乎若是族人則私以義理開諭不聽然後聞官穩當 (右祭田見失聞官歸正)

具祭器 曲禮凡家造祭器爲先○王制大夫祭器不假祭器未成不造燕器

牀席倚卓 考證倚一作椅俗呼坐凳卓一作棹 盥盆火爐酒食之器 儀節補香爐香盒香匙燭檠茅沙盤祝版环珓酒注盞盤茶瓶茶盞並托椀楪子匙筯酒樽玄酒樽托盤盥盤並架帨巾並架○(按)輯覽有祭器圖甚詳而煩未能盡取 隨其合用之數皆具貯於庫中而封鎖之不得他用無庫則貯於櫝中不可貯者列於外門之內 程叔子曰不席地而倚卓不手飯而匕筯此聖人必隨時若未有當且作之矣○祭器坐席皆不可雜用○張子曰古人無倚卓智非不能及也但席地則體恭可以拜伏(止)○儀節祭器人家貧不能備者用燕器代之亦可○問祭器皆用木器如何尤菴曰此儉素無苟費之意恐無害也然家禮許用燕器所謂燕器者生人常用之器也 (右代用燕器或木器) ○曲禮祭服敝則焚之祭器敝則埋之陳註人所用則焚之焚之陽也鬼神所用則埋之埋之陰也劉氏曰不焚不埋則移於他用無已瀆於神明求 (右祭服祭器敝)

天子諸侯殿屋五架棟宇圖

士冠禮疏殷人始爲四注夏后重屋但兩下爲之不四注矣故兩下屋名爲夏屋天子諸侯皆四注○朱子大全殿屋五架其棟則中三間爲一棟橫指東西至兩序之上而盡遂自此處分爲四棟邪指四隅上接橫棟之下與霤齊(註)此其上棟之制所謂四阿也其宇則橫棟前後即爲南北兩下橫棟盡外即爲東西兩下四棟之旁四面櫎桷覆堂廡出階外者謂之廡(註)說文云廡堂下周屋也其屋盡水下處謂之霤四面之簷其水皆多故其簷皆以霤名(註)此其下宇之制也

卿大夫士厦屋五架棟宇圖

士冠禮註周制卿大夫以下其室爲厦屋兩下而(按)大全有四宇周之○朱子大全厦屋五間皆爲橫棟棟之前後皆爲兩下之宇橫棟盡外有板下垂謂之搏風搏風之下亦爲兩廡連接南北以覆側階但其廡亦不出搏風之外耳厦屋南北兩下之廡與殿屋同故其簷亦謂之霤東西兩廡則但爲廈簷不遮棟下水不能多故但謂之榮謂之翼而不得以霤名(註)士屋甍乃直指搏風爲榮誤矣

○士昏禮疏中脊爲棟棟前一架爲楣楣前接簷爲庪棟一名阿棟北一楣下有室戶棟在室外○大全堂之上東西有楹註楹柱也古之築室者以垣墉爲基而屋其上惟堂上有兩楹而已楹設於前楣之下按釋宮

曰梁上楹謂之梲梲侏儒柱也梁楣也侏儒柱在梁之上則楹在楣之下可知○兩夾堂外既無墉亦合有柱否云無柱則兩屋角懸空無寄託處○沙溪曰殿屋廈屋之制自後皮至前皮通五架一大梁梁上南北各立短柱以擎前後楣○(愚按)釋宮楣謂之梁註門戶上橫木又曰宗廟謂之梁註大梁又曰其上楹謂之梲註侏儒柱云則楣與宗廟通謂之梁而但有大小縱橫之別侏儒柱是在宗廟之上而所以柱楣者然則兩楹是設於宗廟頭前皮下而與兩序端相齊矣且與大記疏兩楹南近堂廉之說相合矣大全所謂楹設於楣下云者可疑豈抑皮亦通謂之楣耶

後寢之圖

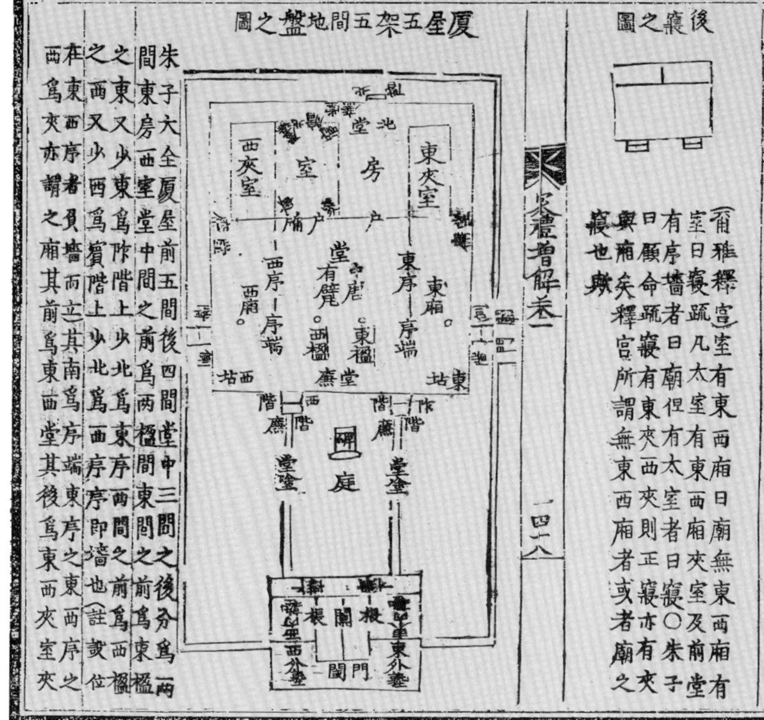

(爾雅釋宮)室有東西廂曰廟無東西廂有室曰寢○疏凡太室有東西廂夾室及前堂有序牆者曰廟但有太室者曰寢○朱子曰顧命疏寢有東夾西夾則正寢亦有夾與廂矣釋宮所謂無東西廂者或者廟之寢也歟

家禮增解卷一　一四八

朱子大全廈屋前五間後四間堂中三間之後分爲兩間東房西室堂中間之前爲兩楹間東間之前爲東楹之東又少東爲阼階上少北爲東序西間之前爲西楹之西又少西爲賓階上少北爲西序序卽牆也(註或位)在東西序者負牆而立其南爲序端東序之東西序之西爲夾亦謂之廂其前爲東西堂其後爲東西夾室夾

外之廣爲側階房後爲北階(註此其地之繼也)○(按)鄭氏曰天子諸侯有左右房大夫士惟有東房西室云則殿屋五間屋制並與此廈屋同而但有左右房爲少異耳大全專釋殿屋而無及廈屋故今槩括爲廈屋說(右總論廈屋之制)○爾雅西南隅謂之奧西北隅謂之屋漏東北隅謂之宧(音頤)東南隅謂之窔(音要亦作窔)註戶在東西南隅最爲深隱故曰奧窔亦隱暗也東北陽始起育養萬物故曰宧宧養也孫炎曰屋漏當室日光所漏入也鄭謂當室之白西北隅得戶明者○朱子曰戶在室南壁之東偏牖在室南壁之西偏牖一名鄉○士虞記註牖扇在內○士昏禮疏房半以北謂之北堂無北壁亦無北戶○朱子曰房戶宜當南壁東西之中北堂通名房中又曰東夾之北通爲房中(右[illegible]之制)○大全古者爲堂自半以前虛之爲堂半以後實之爲室○爾雅廟中路謂之唐註中唐有甓○士喪禮疏堂上行事非專一所若近戶卽言戶東戶西近房卽言房外房東近楹卽言東楹西楹近序卽言東序西序近階卽言東階西階其堂半以南無所係屬者卽以堂言之祝淅米于堂是也○大記疏堂廉謂堂基南畔廉稜之上隱義云堂上近南霤爲廉是也兩楹南近堂廉

家禮增解卷一　一四九

○士昏禮疏坫在堂角以土爲之或謂堂隅爲坫又坫有二文若論語反坫在兩楹間近南等土爲之以反爵○朱子曰堂之側邊曰堂廉堂之四周皆有廉○問凡行禮事有楹內楹外之別兩楹立於前皮下則有楹內而無楹外矣沙溪曰楹外簷下階上有餘地亦可行事○(愚按)古之堂制與今異本不設板而只鋪甓於堂基耳爾雅註所謂中唐有甓是也故堂之前廉在於楹外而自房室外至前廉同一平地也大記疏所謂近南霤爲廉兩楹南近堂廉是也今世則以板高設於堂基之上以兩楹爲限故堂廉與兩楹齊古則盡階三級便上堂今則盡階後又有一級盡此四級然後上堂故楹外階上行禮之際類覺窒礙所以有此無楹外之疑問而沙翁未有明辨故借論及之(右[illegible])○士冠禮註每階有東西兩廉○朱子曰阼階切近東序之西正當房戶之東壁○東西階則東堂之階其西堂有西西階也北堂有北階○鄉飲酒禮磬懸於階間縮霤註縮縱也霤西霤處也(右階與霤之制)○爾雅廟中路謂之唐堂塗謂之陳註堂下至門徑名陳○朱子曰堂塗謂之陳北屬階南接門內霤(右陳制)○大全堂下至門謂之庭三分庭一在北設碑○聘禮註宮必有碑所以識日景知

陰陽也又曰設碑近如堂深堂深請從堂廉北至房室之壁三分庭一在北設碑而碑如堂深則庭蓋三堂之深也○祭義祭之日君牽牲入廟門麗于碑疏麗繫也以紖貫繫中庭碑中○孫氏曰古之所謂碑者乃葬祭饗聘之際所植一大木耳而其字從石者將取其堅且久乎○朱子曰檀弓云公室視豐碑三家視桓楹(詳見葬條)豈天子諸侯以石故謂之碑大夫以下用木故謂之楹歟廟中同謂之碑則固皆謂石也【右庭與碑制】○士冠禮布席于門中闑西閾外註闑門橛闑門之中央所竪短木也閾閾也○爾雅註閾門限謂門下橫木爲內外之限也其門之兩旁木則謂之棖棖闑之間謂之中門○朱子曰奇曰戶隻扇偶曰門雙扇門中有闑兩旁有棖古人常揜左扉○爾雅門側之堂謂之塾註門之內外其東西皆有塾一門而塾四其外塾南向內塾北向也○朱子曰大夫士惟外門內門而已諸侯則三天子則五庫庭則惟有一門○士冠禮註適東壁者出闈門也時母在闈門外婦人入廟由闈門○奔喪疏婦人入自闈門升自側階闈門東邊之門○爾雅註閨門相通小門在旁壁也○士虞記註闈門如今東西掖門疏漢時掖門若人左右掖【右門制】○大全自門以北皆周

家禮增解卷之一 三十二

以墻註墻者墉壁之總名室中謂之墉房與夾亦謂之墉堂上謂之序堂下謂之壁謂之墻其實一也隨所在而異其名○王制寢不踰廟葉氏曰寢所常安而踰廟爾【右墻制】○嫌於事親○(按)古者廟制與生人居寢同○士喪禮疏天子諸侯謂之路寢卿大夫士謂之適室亦謂之適寢皆謂正寢○大全寢之後有下室註士喪禮註下室如今之內堂賈氏曰下室燕寢也然則下室於天子諸侯則爲小寢也廟寢在廟之北則下室在適寢之後可知內則命士以上父子異宮賈氏曰若不命之士父子雖大院同居其中亦隔別各有門戶則下室之外又有異宮也○喪服傳子不私其父則不成爲子故有東宮有西宮有南宮有北宮異居而同財有餘則歸之宗不足則資之宗疏昆弟之子各自私朝其父故不得私其父不成爲人子之法也命士以上父子異宮不命之士父子雖同宮亦隔別爲四方之宮也○內則陳註宮室之制前有路寢次則君之燕寢次夫人正寢卿大夫以下前有適寢次則燕寢次則適妻之寢側室者燕寢之旁室也【右總論宮室之制】○(按)家禮祠堂之制固與古廟制不同而本註旣有廟制之文又古宮室之制不可不詳故以殿屋廈屋之

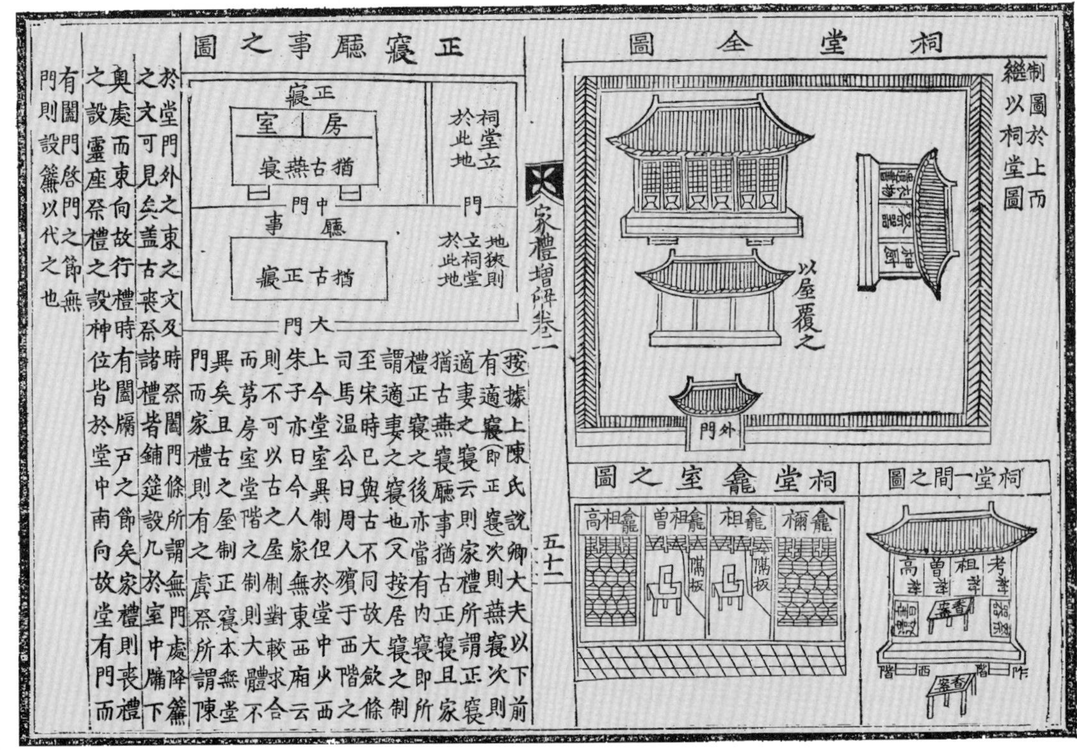

大宗小宗之圖

禰（祖之庶子死後立爲小宗之禰）　繼禰小宗（至玄孫五世則遷）

祖（曾祖庶子死後立爲小宗之祖）　禰　繼祖小宗（至曾孫五世則遷）

曾祖（高祖庶子死後立爲小宗曾祖）　祖　禰　繼曾祖小宗（至其孫五世則遷）

高祖（別子庶子死後立爲小宗高祖）　曾祖　祖　禰　繼高祖小宗（至其子五世則遷）

別子（諸侯庶子死後立爲大宗之祖）　繼別大宗（直下相傳百世不遷）

諸侯（諸侯適子世爲諸侯）

丘氏曰按禮經別子法乃三代封建諸侯之制於今人家不相合今專主人家而言以始遷及初有封爵者爲始祖準古之別子又以始祖之長子準古繼別之宗雖非古制其實則古人之意也

家禮增解卷一　五十二

主人晨謁於大門之內

主人謂宗子主此堂之祭者晨謁深衣（朱子行狀幅巾方履）具焚香（(按)諸階間所設香卓焚香(止)○沙溪曰書儀及要訣皆無焚香之節【右晨謁或不焚香】）再拜（語類先生每日早起子弟在書院皆先着衫到影堂前擊板俟先生出既啓門先生升堂率子弟以次列拜炷香又拜而退子弟一人詣土地之祠炷香而拜隨侍登閣拜先聖像方坐書院受早揖飲湯○問先生早晨入影堂展拜而昏暮無復再入如何朱子曰向見趙丞相於影堂行昏定之禮或在燕集之後竊疑未安故每常只循舊禮晨謁而已(止)○栗谷曰雖非主人隨主人同謁不妨○沙溪曰無主人而獨行不可○尤菴曰揆以生時則諸子晨昏各自如儀且家禮諸子出入時告廟一如長子但不開中門爲異據此則獨於晨謁有所不敢者未知其義也又曰以諸凡弟出入必告之文觀之則晨謁之禮亦不係主人之有無矣○同春曰晨謁之禮以出入之儀言之雖無主人餘人亦有拜辭之節且以象生時論之亦無不可獨拜之理【右諸子晨謁】○問遯曰晨謁或未潔則奈何退溪曰若許此則是周澤長齋恐無是理蓋晨謁非有薦獻也○問在喪側入廟參謁未安尤菴曰參謁是象平日晨昏之禮也平日自喪次歸者豈有廢晨昏之理也此與祭祀有異矣【右不潔不參】○【晨謁】○問三年內晨謁南溪曰當姑闕【右喪中廢晨謁】○(按)禫前晨謁寒岡說見大祥條【右禫前晨謁】○問期服家廟晨參及出入告用黑帶否龜峯曰此非入廟接神之比白衣白帶恐無妨【右期服晨謁服色】○(按)有新物則晨謁時隨得即薦說見下參禮【右晨謁兼薦新】）

出入必告

（左傳公行告于宗廟反行飲至註告至于廟而飲酒）

主人主婦近出則入大門瞻禮而行（輯覽按瞻禮猶言揖也丘儀男子唱喏婦人立拜○考證瞻禮瞻仰而致禮也○尤菴曰近出則元無告禮矣瞻禮之儀甚簡省何故廢之如不得已則以單拜代之似爲近之○(愚按)瞻禮丘儀云唱喏而會成云唱喏揖時聲據此輯覽所謂揖恐是蓋每朝詣影堂前唱喏見下附註溫公雜儀說）歸亦如之經宿而歸（(按)此言歸則出在中矣即蒙上近出之文也）則焚香再拜遠出經旬以上則再拜焚香告云某將適某所敢（(按)下告生子條曰不用祝沙溪曰只以口語告之此無用祝之文亦當口告）告又再拜而行歸亦如之但告云某今日歸自某所敢見經月而歸則開中門立於階下再拜升自阼階焚香（(按)此詣堂中所設香卓前焚香其餘不開中門不升阼階者皆詣階前所設香卓焚香）告畢再拜降復位再拜餘人亦然但不開中門（要訣諸子異居者近出則不必拜辭若遠出則須拜辭如儀）○凡主婦謂主人之妻（(曾子問)孔子曰宗子雖七十無無主婦非宗子雖無主婦可也疏宗子領宗男於外宗婦領宗女於內昭穆事重不可廢闕故雖年七十猶娶也陳註此謂大宗之無子或子幼者若有子有婦可傳繼者可不娶）○凡升降惟主人由阼階主婦及餘人雖尊長亦由西階（栗谷曰東主位也主人由阼階故主婦以

家禮增解卷一　五十三

下不得不由西階非所以尊也○凡拜春官大祝辨九撵(註音拜)一曰稽首(註拜頭至地跪先以兩手拱至地又引頭至地多時也拜中最重臣拜君之拜)二曰頓首(註拜頭叩地跪先以兩手拱至地又引頭至地首頓地即擧若以首叩物然此平敵相拜)三曰空首(註拜頭至地所謂拜手跪先以兩手拱至地乃頭至手以其頭不至地故名空首君荅臣拜)四曰振動(註戰栗變動之拜)五曰吉撵六曰凶撵(註吉拜拜而后稽顙齊衰不杖期以下者凶撵稽顙而后拜三年服者跪稽顙是頓首但觸地無容)七曰奇撵八曰褒撵(註奇讀爲奇偶之奇謂一拜荅臣下拜褒讀爲報報拜再拜神與尸)九曰肅撵(註俯下手今揖撎是也跪肅拜拜中最輕惟軍中有此拜婦人亦以肅拜爲正推手曰揖引手曰撎九拜之中稽首頓首空首正拜也肅拜婦人之正拜也其餘五者附此四種逐事生名振動凶拜褒拜附稽首吉拜附頓首奇拜附空首)○賈誼容經拜以磬折之容吉事尚左凶事尚右隨首以擧項衡以下寧速無遲項背之狀如屋之亙拜容也○朱子曰兩手下爲拜(註拜字從兩手下)又曰杜子春說大祝九拜處解奇拜云拜時先屈一膝今之雅拜是也夫特以先屈一膝爲雅拜

家禮增解卷一 五十四

則他拜皆當齊屈兩膝如今之禮拜明矣○鄉校禮輯凡下拜之禮一揖少退再一揖即俯伏以兩手齊按地先跪左足次屈右足略蹯旋左邊稽首至地即起先起右足以雙手齊按膝上次起左足仍一揖而後拜其儀度以詳緩爲敬不可急迫又曰凡作揖時用稍濶其足則立穩揖則須直其膝曲其身低其頭眼看自己鞋頭爲準兩手圓拱而下使手只可至膝畔不得入膝內尊長前作揖手須過膝下擧手至眼而下與長者揖擧手至口而下畢則手隨起時文於肖前○(按)禮輯此說因事林廣記之文而略加潤色者

男子再拜

婦人四拜謂之俠拜 韻會俠並也○少牢饋食禮亞獻條主婦拜獻尸尸拜受主婦拜送爵註俠拜也○特牲饋食禮主婦亞獻尸尸拜受主婦拜送註不俠拜士妻儀簡○少儀婦人吉事雖君賜肅拜爲尸坐則不手拜肅拜爲喪主則不手拜註肅拜拜低頭也手拜手至地也婦人以肅拜爲正凶事乃手拜爲喪主不手拜者爲夫與長子當稽顙也其餘亦手拜而已跪手拜周禮空首也肅拜是婦人之常而昏禮拜扱地以新來爲婦盡禮舅姑故也○朱子曰兩膝齊跪手至地而頭不下爲肅拜手拜亦然婦人首飾盛多自

難俯伏地上○儀節按婦人拜盡主立拜言也今南方婦女皆立而叉手屈膝以拜若見舅姑則扱地爲喪主則稽顙不爲喪主則手拜庶得禮意

其男女相荅拜亦然 朱子曰凡婦人見男子每先一拜男拜則又荅拜再拜亦然(止)○問夫婦久別而相見相拜如何退溪曰昏禮壻婦交拜古無而後賢循俗著之祭妻夫亦當拜以此觀之拜似得之但單拜爲得○尤菴曰吾出游數日以上未嘗不與妻相拜以別歸亦如之也(右夫婦相拜)○朱子曰拜親時須合坐受叔伯母亦合坐受兄止立受嫂叔同一家不可不拜亦須對拜夫婦對拜

(右諸親相拜)

正至朔望則參 韻會參覲也○祭法考廟王考廟皇考廟顯考廟祖考廟皆月祭之(見上附註)

正至 考證即正朝冬至也 朔望 ○問閏月非正月參不當行耶尤菴曰不可不行(右閏月行參)

前一日灑掃齊宿厥明夙興開門軸簾每龕設新果 程子曰月朔必薦新又曰嘗新必薦享後方可薦數則瀆必告朔而薦○張子曰朔望用一獻之禮取時之新物因薦

家禮增解卷一 五十五

○家禮會通朱子宗法朔望薦新俗節時祭以時物○東萊宗法薦新以朔望○(愚按)據此程張朱呂諸先生所論所行而觀之則薦新必以朔望此條所謂新果疑即薦新之文蓋只擧新果以起例以包其餘也輯覽則以此爲薦新而畧備要則附薦新於俗節三禮儀則附於晨謁尤菴亦曰薦新之文家禮不言又曰俗節獻以時食則恐薦新包在其中云未知別有義意而然耶可疑

一大盤 尤菴曰一龕內正位二分或三四分復有附位一二或三四而只共設一盤果似褻而太嗇矣故疑每龕之龕是位字之誤也○一龕一盤恐是只據正位而言若有祔位則恐不可合設一器

於卓上 儀節蔬菜之類隨宜○東萊宗法朔望設茶酒時果遇新麥出則設湯餅新米出則設飯侑以時味○要訣脯果隨宜或設餅亦可若正朝冬至則別設餅數品冬至則加以豆粥若冬至行時祭則不行參禮有新物則須於朔望俗節並設若五穀可作飯者則當具饌數品同設○沙溪曰五穀何可一一皆薦如大小麥及新米作飯或作餅上之爲可○三禮儀薦新略倣五禮儀定著穀如麥稻黍稷之類並作飯以薦蔬則熟之與果同薦果如櫻桃杏李林禽甜瓜西瓜梨棗栗柿之類

菜如蕨瓜茄子之類魚如石魚葦魚銀魚白魚青魚之
類有飯羹則用匙筯楪魚菜熟者用筯楪○問要訣朔
望設脯餅恐不如家禮之爲簡南溪曰似亦從俗禮而
恐未安○尤菴曰朔望之儀極其簡省所謂大盤實今
新果八大貼而已所薦之酒亦用一宿而成者則亦不
俗名之大貼也若是則雖祭及高祖之家並朔望不過
甚難矣○家禮大祭祀外雖無設飯之文然薦新專爲
五穀而設則不可生用勢須作飯○陶菴曰麥飯之薦
似不悖於禮而鄙人則設羹進茶之節自前行之○龜
峯曰小小不關新物不須奠止○朱子曰諸家禮皆云
薦新用朔朔新如何得合但有新物即薦于廟○要訣
若魚果之類及菽小麥等不可作飯者則於晨謁之時
啓櫝而單獻焚香再拜單獻之物隨得即薦不必待朔
望俗節○奉先雜儀有新物則薦以小盤啓櫝焚香再
拜○按遠出告儀尚有焚香告拜之前後再拜恐此不
可無參辭神 右通得即薦 ○少儀未嘗不食新陳註嘗
者薦新物於寢廟也輔氏曰一飲食不敢忘父母未嘗
而遠食新焉是死其親而喪其心也○問若出游遠方
未薦而再三過之則奈何退溪曰恐難守一法爲定規
也若膠守不變則出遠方者不食新穀飢而死矣無乃

家禮增解卷一　五十六

不可乎○要訣新物未薦前不可先食
若在他鄉則不必然 右未嘗不食新 **每位茶盞托** 考證
托始於唐崔寧女飲茶病盞熱熨指取楪子融蠟象盞
之大小而環結其中置盞於蠟無所傾側因命工髹漆
爲之寧喜其制名之曰托遂行
於世○按盞托謂盞與托也 **酒盞盤** 按謂盞與盞 **各一於**
神主櫝前 按國俗不用茶要訣刪茶盞托 故 **設東茅** 天官祭祀供蕭茅註蕭字或爲莤莤
讀爲縮束茅立之祭前沃酒其上酒滲下去若神飲之
故謂之縮䟽東茅立之祭前者取士虞禮束茅立几東
所以籍酒○說文束茅加于祼圭而灌鬯酒是爲莤○
士虞禮苴剌茅長五寸束之祝取苴降洗之升入設于
几東席上東縮佐食取黍稷祭于苴三取膚祭祭如初
祝取奠觶祭亦如之註苴猶籍也籍祭也孝子將納尸
事親爲神疑於其位設苴以定之耳或曰苴主道也則
特牲少牢當有主象而無何乎䟽特牲少牢吉祭有主
象亦宜設苴而無苴是苴爲籍祭非主道也○周禮註
必用茅者謂其體順理直柔而潔白承祭祀之德當如
此 **聚沙** 考證以酒沃地曰酹後世用沙代之者即澆地
之義○三禮儀當依劉氏初祖祭例用盤○會

通截茅一搤許長
八寸立沙中東之 **於香卓前別設一卓於阼階上置酒**
注盞盤一 按用降神 **於其上酒一瓶於其西盥盆帨巾各二**
於阼階下東南 尤菴曰盥盆必設於東南者古人云海居東南之義 **有臺架者** 按盆
之臺巾之架 **在西爲主人親屬所盥無者在東爲執事者所**
盥帨巾皆在北 龜峯曰男女不同椸架則盥帨必異而今不然恐闕文○南溪曰自此至祭禮終無
分別之文恐或闕略於婦人一邊而然也○尤菴曰所
謂主人親屬男女皆擧之矣所謂執事亦內外皆擧之
矣然古盥帨之禮以別器儲水置於洗東按洗棄水器
盥時沃而洗之則男女不嫌於混雜也惟巾則未有所
別之義豈或內外各用一頭耶 **主人以下盛服** 按盛服見下文 **入門就位** 祭統有事
於太廟則羣昭羣穆咸在而不失其倫 **主人北面於阼階下主婦北面於**
西階下 補註神主位次則男西女東子孫位次則男東女西此陰陽之別○愚按神主南面故男居西

家禮增解卷一　五十三

尚右也子孫北面故男居東亦尚右也即王制所
謂男子由右女子由左之義且阼是主人位故也 **主人**
有母則特位於主婦之前 ○栗谷曰奉祀妻子之母固不當立於主婦之前矣亦豈
可立於主婦之後乎當立於主婦
之西稍前 右叔重庶子之母位次 **主人有諸父諸兄則**
特位於主人之右少前重行 輯覽按重行者主人前伯叔父爲一行主人兄弟爲
次行主人子姪又爲次下主人之孫又爲次下是爲重
行○沙溪曰諸父異行凡弟則有少前少退之異非重
行也止○尤菴曰嫡庶之分雖嚴昭穆不可亂也庶叔
在前行而立於行末不當於嫡姪之前兩不相妨 右庶
叔姪次 **西上** 補註以西爲上 **有諸母姑嫂姊則特位** 備要有於字 **主婦**
之左少前重行東上 補註以東爲上 **諸弟在主人之右少退子**
孫外執事者在主人之後重行西上主人弟之妻及諸
妹在主婦之左少退子孫婦女內執事者在主婦之後

重行東上尤菴曰婦人參祭好禮之家無不行之矣凡禮若以先世不行而遂不行之則將無可行之時矣○問內外執事曰或似以婢僕着者或似以子孫着者恐不可執一而言也○(愚按)祔祭有內執事者奉祖妣主置于座之文則豈可使婢僕出主也恐是謂子孫及子孫婦女當爲內外執事者也[止]○問祧主遷於最長房則彼親盡之宗子當立於衆子孫之列耶沙溪曰廟毁不相宗固有其說而若大宗子則似不可一例看或曰程子云凡小宗以五世爲親盡則族散若高祖之子尚存欲祭其父則見爲宗子者雖是六世七世亦須計會今日之宗子然後祭其父宗子有君道云云當考○尤菴曰神主祧遷則其宗已毁而族人不復相宗又安有宗子之名乎其主在最長房則是稍近而尚且如此況神主既埋而尤遠者則宗子之名益無所施矣○陶菴曰序立之次最長房自當在前行宗子固位於衆兄弟之先而安敢居冣長房之右耶[右親盡宗子]

[立][次]立定主人盥帨升搢笏小學註搢插也插於大帶笏者忽也所以備忽忘也○玉藻笏天子以球玉諸侯以象大夫以魚須文竹士竹本象可也笏度二尺有六寸其中博三寸其殺六分而去

家禮增解卷一　五十八

尚右也子孫北面故男居東亦尚右也卽王制所謂男子由右女子由左之義且作是主人位故也主人有母則特位於主婦之前○栗谷曰奉祀妻子之母固不當立於主婦之前矣亦豈可立於主婦之後乎當立於主婦之西稍前[右承重庶子之母位次]主人有諸父諸兄則特位於主人之右少前重行輯覽按重行者主人前伯叔父爲一行主人兄弟爲次行主人子姪又爲次下主人之孫又爲次下是爲重行○沙溪曰諸父與行凡弟則有少前少退之異非重行也[止]○尤菴曰嫡庶之分雖嚴昭穆不可亂也庶叔在前行而立於行末不當於嫡姪之前兩不相妨[右庶叔姪次]西上補註以西爲上有諸母姑嫂姊則特位備要有於字主婦之左少前重行東上補註以東爲上諸弟在主人之右少退子孫外執事者在主人之後重行西上主人弟之妻及諸妹在主婦之左少退子孫婦女內執事者在主婦之後

行之庶或可也[右祔位或設[illegible]下]皆自卑主婦以下先降復位主人詣香卓前降神沙溪曰凡神主不出仍在故處則先降後參如朔望參之類是也設位而無主則亦先降後參如祭始祖先祖及紙牓之類是也若神主遷動出外則不可虛視必拜而肅之如時祭忌祭之類是也搢笏焚香朱子曰溫公儀以焚香當蕭乃道家以氣味香而供養神明(詳見時祭)○丘氏曰古無今世之香漢以前只是焚蘭芷蕭艾之類後百越入中國始有之雖非古禮然適用已久鬼神亦安之矣再拜少退立執事者盥帨升開瓶實酒于注一人奉注詣主人之右一人執盞盤詣主人之左主人跪執事者皆跪主人受注斟酒南溪曰時祭執事斟酒乃聽命於神之義也與朔參不同○(愚按)時祭則禮備而有代神祭酒等節故執事者斟位前酒亦斟降神酒也朔參則禮簡而主人自斟位前酒故亦自斟降神酒也未知如何(並見時祭降神條)反注取盞盤奉之左執盤右執盞酹

家禮增解卷一　五十九

一陳註文飾也以鮫魚須飾竹成文士遠尊而伸故飾以象中廣三寸天子諸侯從中以上漸漸稍殺至首廣二寸半是六分三寸而去一大夫士又從中殺至下亦廣二寸半陸氏曰此言諸侯之笏也降殺以兩則大夫二尺四寸士二尺二寸歟士以竹本爲正用象亦許故曰象可也○凡有指畫於君前用笏○朱子曰笏只是備遺忘或於君前有所指畫不敢用手故以笏指畫今世遂用以爲當執之物○三禮儀搢笏一節儀闕之今依不用啓櫝輯覽或問置櫝蓋方位愚按唐元陵儀註大祝奉神主置於曲几後趺上其匱置於几東近後以此推之可見奉諸考神主置於櫝前尤菴曰出置主身於櫝前主婦盥帨升奉諸妣爾雅疏妣媲也媲匹於父神主置於考東次出祔主亦如之(按)謂出祔主之尊者如分出正位考妣主亦命長子長婦或長女盥帨升分出諸祔主之卑者亦如之張子曰祔位禮物當少損其主祭者於祔食者若其尊也則不必親執其禮必使有司或子弟爲之○退溪曰附主龕小難設及其設酒果時出置東壁下[止]

春早摘其芽火焙而杵碎和膏作團餅有龍團鳳團之名○丘氏曰古人飲茶用末先置末茶於器中投以滚湯點以冷水用茶筅調之今人燒湯煎茶葉如前南溪曰謂先正位次祔位也命長婦或長女亦如之子婦執事者先降復位主人出笏與主婦分立於香卓之前東西再拜(按)再拜主主人而言主婦則當四拜(又按)要訣無點茶故主婦無拜降復位○三禮儀斟酒再拜後容肅俟少時下俗節同與在位者皆再拜辭神○儀節奉主入櫝而退○冬至則祭始祖問始祖祭朱子曰覺得似僭今不敢祭(詳見祭禮)畢行禮如上儀○望日不設酒尤菴曰既云餘如上儀則果之仍設無疑又曰望日不用酒則未知降神時亦以茶灌于茅沙耶抑灌則以酒而薦則以茶耶古人灌用鬱鬯取其香氣也若茶亦有香氣則亦與酒無異耶(止)○雲坪曰古禮醴酒並設醴重於酒家禮因書儀朔參用茶酒並者乃唐宋時俗尚之故耳我國既無茶俗尚醴由是則茶代以醴合於古而不忘本且望日既

不用酒茶之降神甚不便矣右用醴代茶不出主儀節只啓櫝主人點茶要訣今國俗無用茶之禮當於望日只啓櫝不酹酒只焚香使有差等(止)○要訣望日若無薦新則亦出主酹酒右望參無薦辨出主酹酒長子佐之先降主人立於香卓之南再拜乃降餘如上儀○纂要望日不設茶酒惟啓櫝焚香拜而退右望日只焚香○南溪曰若家甚貧一盞酒一器果亦不能備則朔望只得並行焚香但其儀則用朔望之禮矣右朔望只焚香○尤菴曰忌祭重而參禮輕無論尊卑當先忌後參(詳見忌祭)右參禮忌祭同日先後○朱子曰薦新告朔未葬可廢既葬則使輕服或已除服者入廟行禮可也○(按)朱子曰時祭禮煩非居喪者所能行節祠則其禮甚簡雖以墨衰行事亦無不可云節祠既可以墨衰行之則參禮恐無異同矣○南溪曰喪中祭先若有服輕可使者代行而喪人參後別行拜禮似勝若無可代者喪人不得已以布直領孝巾入廟行參○沙溪曰絞帶入廟未安別具布帶似或無妨○陶菴曰孝巾所以承冠者非冠也今以平凉子別制布帶直領入廟似宜又曰卒哭未畢便是葬前家廟

茶禮恐當闕之○尤菴曰長子喪斬衰中入廟暫借布笠布帶何妨出入時恐不免此朱子子喪就影堂致薦未必葬前如此右重喪中行參○尤菴曰朔望參先祠後殯無疑(詳見卒哭條)右廟與殯行參先後○雲坪曰出後於人者於本生親名服大體終是旁親也禮諸父兄弟之喪未卒哭不許歸家則朔望之參正宗子伸情之禮非關於祖考事而代行已成俗抑或有所據耶○遂菴曰本生喪中入所後廟服色布巾布深衣於心頗安於時俗不駭若黃草笠雖是中古重服人所著而本華美反不如平凉子右本生喪中所後廟行參○(按)問爲妻喪未葬或已葬當時祭否朱子曰恐不當祭某家猶存節祠只用深衣凉衫之屬云(詳見俗節)據此節祀既用深衣凉衫而行之則參禮恐無異同矣右妻喪中行參○南溪曰期服未葬前初無朔望參不行之文○愼獨齋曰外喪輕服是私己之服不可以私服入廟若本族重喪葬前當廢祭而參謁則權著黑帶似可右重服中行參○尤菴曰緦小功成服之日既已參錯於喪殯之間則歸行朔參有違前一日齊宿之禮使人代之可也○陶菴曰在他所成服則成服後躬行無妨又曰功緦之戚未成服前茶禮當廢如外黨妻黨之服則使

不用酒茶之降神甚不便矣右用醴代茶不出主儀節只啓櫝主人點茶要訣今國俗無用茶之禮當於望日只啓櫝不酹酒只焚香使有差等(止)○要訣望日若無薦新則亦出主酹酒右望參無薦辨出主酹酒長子佐之先降主人立於香卓之南再拜乃降餘如上儀○纂要望日不設茶酒惟啓櫝焚香拜而退右望日只焚香○南溪曰若家甚貧一盞酒一器果亦不能備則朔望只得並行焚香但其儀則用朔望之禮矣右朔望只焚香○尤菴曰忌祭重而參禮輕無論尊卑當先忌後參(詳見忌祭)右參禮忌祭同日先後○朱子曰薦新告朔未葬可廢既葬則使輕服或已除服者入廟行禮可也○(按)朱子曰時祭禮煩非居喪者所能行節祠則其禮甚簡雖以墨衰行事亦無不可云節祠既可以墨衰行之則參禮恐無異同矣○南溪曰喪中祭先若有服輕可使者代行而喪人參後別行拜禮似勝若無可代者喪人不得已以布直領孝巾入廟行參○沙溪曰絞帶入廟未安別具布帶似或無妨○陶菴曰孝巾所以承冠者非冠也今以平凉子別制布帶直領入廟似宜又曰卒哭未畢便是葬前家廟

以義諭之只使備迭祭需於宗家以致獻賢之誠可也【右支子作官不敢奉廟主】故今專以世嫡宗子夫婦爲主人主婦其有毋及諸父毋兄嫂者則設特位於前如此○凡言盛服者曲禮有田祿者先爲祭服○王制燕衣不踰祭服有官則幞頭高承事物記原古以皂羅三尺裹頭號頭巾三代皆冠列品黔首以皂綃裹髮至周武帝依古三尺裁爲幞頭至唐馬周交解爲之用一尺八寸左右三彌象三才重繫前脚法二儀○朱子曰幞頭乃周武帝所製之常冠用布一方幅前兩角綴兩大帶後兩角綴兩小帶覆頂四垂因以前邊抹額而繫大帶於腦後復收後角而繫小帶於髻前以代古冠亦名折上巾唐宦官以鐵線插帶中又恐壞其中以桐木爲骨子常令幞頭高起如新謂之軍容頭到本朝又以藤做骨子以紗糊於上後又以漆紗爲之公服朱子曰古今之制祭祀用冕服朝會用朝服皆用直領垂之而不加紳束則如今婦人之服交掩於前而束帶焉則如今男子之衣皆未嘗上領也今之上領公服乃夷狄之戎服自五胡之末流入中國至隋煬帝時

家中無服者代行亦可【右輕服中行參】○尤菴曰參禮與除服先後無可據明文除服後以盛服行參禮恐無不可但家禮將參而有齊宿之文既齊宿則除服之哭似覺相妨以此爲嫌則先參而後除服反爲得宜耶【右朔參除服先後】○栗谷曰國恤卒哭前朔望參則非祭禮也依常例行之何妨○問國恤時朔參尤菴曰當依退栗說略設以行朔參其禮略雖是卒哭前似無大嫌矣【右國恤葬前行參】○問國恤葬前私家薦新尤菴曰薦新是小祭祀故朝家行之然則士大夫家亦無不可行者然似當殺於常時矣【右國恤葬前私家薦新】○準禮舅沒則姑老（按）此句內則文也陳註老謂傳家事於長婦也不預於祭又曰支子不祭曲禮支子不祭祭必告于宗子○疏支子庶子也祖禰廟在適子之家庶子賤不敢輒祭若宗子有疾不堪當祭則庶子代攝可也猶必告于宗子然後祭【止】○尤菴曰支子作官者不敢奉神主以往禮宗子越在他國而支子在本國者猶不敢入廟行祭只於望墓處爲壇而行之而亦以宗子爲主曰孝子某使介子云云宗法之嚴如此何敢奉神主於支子官次乎支子中如有不顧禮義欲徑情直行者則當

馬鞋也今世之服大抵皆胡服如上領衫靴鞋之類先王冠服掃地盡矣中國衣冠之亂自晋五胡後來遂相承襲元魏隋唐大抵皆胡服○考證按先王之制舃與屨而已周禮屨人掌王及后之赤舃黑舃素屨葛屨鄭註曰複下曰舃襌下曰屨後世朝祭之服皆用靴舃復舃屨之制此朱子所以歎也○少儀凡祭於室中堂上無跣跣跣脫屨也笏（按）制見上進士事物紀原周諸侯貢賢于天子升之太學曰造士大樂正論造士之秀者以告于王以升諸司馬曰進士隋大業中始置進士科試以詩賦○考證進士謂應擧者唐曰隋制每歲仲冬郡縣館監試其成者長吏會僚屬設賓主陳俎豆備管絃行鄉飲禮歌鹿鳴之詩召耆艾叙少長而觀焉既餞與計偕而進於禮部謂之進士其不在館學而得者謂之鄉貢進士得第者謂之前進士宋又因唐制則幞頭襴衫韻會衣與裳連曰襴今大省作襴○事物記原唐馬周以三代布深衣著襴及襟名欄衫以爲上士之服今舉子所衣者○朱子曰直領者古禮也上衣下裳者是也上領有襴者今禮也今之公服上衣下襴相屬而不殊者是也○大明集禮宋公服曲領大袖下施橫襴洪武二十四年定生員巾服

巡遊無度乃令百官戎服從駕三品以上服紫五品以上服緋六品以下服綠○自漢以下祭祀用冕服朝服則所謂進賢冠絳紗袍隋煬帝始令百官戎服唐人謂之便服又謂從省服乃今公服也○古公服是法服朱衣皂緣冠則三公用貂蟬御史用獬○齊氏曰後世朝祭服綠緋紫蓋不特制度盡變於拓拔魏而其色已失其正矣○考證朱子釋上領之義曰聯綴斜帛湊成盤曲之勢以就正圓然則我國團領公服疑亦出於此矣帶炙轂子曰唐輿服志有所謂九環帶棊時反插垂頭始名腰帶唐丙向下插垂又名獺尾一品至三品金銙四品六品花犀銙七品九品銀銙庶人鐵銙宋時其制有六庶僚黑角帶至侍從而特賜帶者爲荔子中書舍人至權侍郞紅鞓黑犀帶權尚書御史中丞至給事中金花御仙帶翰林學士以上正尚書御仙帶執政官宰相方頭毛文帶○南溪曰革帶以革爲之卽唐九環帶如今品帶○（按）據冠禮公服用革帶疑卽九環帶之類靴釋名靴本胡服趙武靈王所作○事物記原武靈王好胡服常服短靿以黃皮爲之後漸以長靿軍戎通服唐馬周以麻爲之殺其靿加以靴氈故事胡虜之服不許著入殿省馬周加飾乃許○朱子曰靴乃上

(又按)皁衫用紵

無官者通用帽子 通典上古衣毛帽皮則帽名之始也○輿服志帽義取覆首其本纚也古者冠下有纚以繒爲之後世施幘于冠因裁纚爲帽自乘輿宴居至庶人皆服之歷代皆有梁始漆爲今樣○朱子曰帽本只是巾前二脚縛於後後二脚反前縛於上○看角抵圖所畫襯戲者盡是冠帶那時猶只是軟帽搭在頭上帶只是一條小皮穿幾箇孔用那聘子縛住今來帽子做得恁地高硬帶做得恁地重大且是費錢皁衫更費重向疑其必廢今果人罕用也○薄太后以帽絮提文帝則帽已自此時有了○桶頂帽子乃隱士之冠○伊川所戴帽桶八寸簷七分四直○劉氏曰帽用漆紗爲之上有虛簷○儀節帽子皁衫其制不可考今世帽子有二等所謂大帽者乃是笠子用蔽雨日所謂小帽者以㲲紗或羅或段爲之二帽之外別無他帽○考證幞頭帽子其初皆以巾覆髻而後世漸變其制遂並行於世

衫 考證即皁衫也○(愚按)輯覽引輿服志以士人清讌紬襆庶人四袴衫當之而第此上文既舉皁衫此總云無官者通用衫帶則是通用皁衫之意也朱子常以紗帽皁衫並縚曰衫帽又冠禮曰通用皁衫是亦有官無官通用之意也

恐當從考證作皁衫

帶 朱子曰前輩士大夫家居常服紗帽皁衫革帶無此則不敢出今士大夫殊無有衫帽者

又不能具則或深衣 (按)制見下

或凉衫 考證即白凉衫○事物記原近歲京師士人朝服乘馬以黲衣蒙之謂之凉衫亦古遺法也儀禮曰朝服加景但不知古人制度如何○朱子曰宣和末京師士人行道間猶著衫帽至渡江戎馬中乃變爲白凉衫後來軍興又變爲紫衫皆戎服也○尤菴曰以朱子說觀之凉衫亦是盤領之制而記原以爲古之遺法者未詳其意又曰竊意凉衫如古之景衣古人出入既著正服後以單布爲衣加於正服之上以禦塵後世以此因以爲正服耳景衣見儀禮但不如後世之盤領矣

有官者亦通服帽子以下但不爲盛服 ○尤菴曰處士以下盛服不言靴則其著鞋可知矣○(行縢)○(按)內則云偪屨着綦詩云邪幅在下毛傳曰幅偪也所以自偪束鄭箋云邪幅如今行縢偪束其脛自足至膝縢訓緘也行而緘足故名行縢邪纏束之故名邪幅去此實盛服之不可闕者而家禮無之可疑

婦人則假髻 二儀實錄燧人氏婦人束髮爲髻但以髮相纏而無物繫縛髻繼也言女子必有繼于人也○周禮王后首服爲副編次衡笄註副之言覆覆首爲飾若今步搖服之從王祭編編列髮爲之若今假紒(按與髻同)服之以祭次次第髮長短爲之所謂髲髢也服之以見王衡垂于副之兩旁當耳其下以紞懸瑱笄卷髮者○孔氏曰副之言覆所以覆首爲飾編列他髮假作紒形加於首上○少牢饋食禮主婦被錫註被錫讀爲髲鬄古者或剔賤者刑者之髮以被婦人之紒爲飾因名髲鬄周禮所謂次也○朱子曰環髻即假髻也以形言則曰環髻以制言則曰假髻○考證按孔氏說則副亦假髻而爲制略可想矣○沙溪曰假髻者編髮爲之無首飾曰特髻○南溪曰中國之俗婦人爲髻與男子同○屛溪曰髻者華制也即今婦人之髴髮胡俗也我國文物無異中華而獨此髴髮之制不改可歎(詳見喪禮沐浴條)○(愚按)假髻之制以禮註及孔氏朱子諸說參之恐是以他髮編列而回纏作髻外圓內虛如環以冒於本髻之上矣少牢註所謂剔髮被紒爲飾亦此意也蓋以內則文考之古者櫛纚(纚同)笄總男女皆同然則以六尺之繒韜髮作髻是謂之纚而又施笄總然後男子則加冠於其上婦人則不冠而以副編次加之爲飾後世則無以纚

韜髮之制只以髮束之爲髻後施掠頭如今網巾之制矣(見笄禮)然其加假髻於本髻之上以爲飾則與古不異矣古語云城中好高髻四方高一尺此則譏其太高耳然則不滿尺者乃爲中制也忌祭條所謂特髻去飾者即只束本髮爲髻而不加假髻爲飾耳盖髻形之回纏如螺鬟(韻書鬟髻也盖螺之得名爲鬟以類髻故也)而輯覽假髻圖則全不類髻形可疑抑或以髮回纏之際必須靠著於物而後可成髻樣則似當有以竹若木爲骨子矣然則輯覽只以骨子畫之耶(又按)英廟朝嘗禁辮髮之俗而未領假髻之式事遂寢而竟使中華古制不行於東方可恨

大衣 事物記原商周之代內外命婦服諸翟唐命婦服裙襦大袖爲禮衣○考證大衣之爲大袖明矣○問大衣非命婦亦可服否朱子曰可○南溪曰大袖本國長衫

長裙 記原隋煬帝作長裙十二破名仙裙今大衣中有之○胡珵(蒼梧雜志)婦人只是大衣但有横帔直帔之異耳陳魏之間謂裙爲帔○尤菴曰大衣長裙各自一件不相連續也○南溪曰大袖長裙之制帶則未有所考

女在室者 輯覽處女也

冠子 記原自黃帝制爲冠冕而婦人之首飾無文至周始有不過副笄而已漢

宮掖承恩者始賜芙蓉冠子或碧或緋則自漢始矣○考證古者婦人不冠以笄固髻而已按周禮副有衡笄註衡維持冠者鄭鍔曰所謂冠者指副而言也然以其覆首而言曰冠非若男子之冠後漢輿服志夫人紺繒幗釋名云后夫人之首飾上有垂珠步則搖通鑑巾幗婦人之服註幗婦人之喪冠以巾覆髮如帕之類又如後世花冠珠冠之類隨世益巧又按士冠禮註今未冠笄者著卷幘既曰漢時男女未冠笄者首著卷幘以布帛圍繞髮際爲之此曰冠子云者意當時必有覆首以飾而名之以冠如漢人卷幘者其制不可考○(愚按)居家雜儀及昏笄喪葬禮成人婦人皆通用冠子恐不必以未冠笄者卷幘爲證**背子**記原卷二世詔杉子上朝服加背子其制袖短于衫身與衫齊而大袖○二儀實錄隋大業中內官多服半臂今背子也江湖之間或曰綽子士人競服今俗名褡褸○蒼梧雜志背子本婢妾之服以其行直主母之背故名背子後來習俗相承遂爲男女辨貴賤之服○問背子乃婢妲之服以其在背後故謂之背子朱子曰見說國初時至尊常時禁中只裹帽着背子不知是如何○前輩子弟平時家居皆裹帽着背子否則以爲非禮○南溪曰背子本國蒙頭衣

衆妾假髻背子○儀節冠服有官者服烏紗帽盤領袍革帶皂鞾生員服儒巾襴衫絲絛皂鞾無官者平定巾直領衣絲絛鞾或履或深衣幅巾命婦珠冠背子霞帔或假髻盤領袍香茶帶非命婦假髻服時制衣裙之新潔者○五禮儀冠服有職者紗帽品帶無職者笠子絛兒○奉先雜儀有官者公服帶笏無公服則黑團領紗帽品帶無官者黑團領黑帶婦人則大衣長裙○龜峯曰我國法有官者時散通用紗帽○(愚按)朱子云古之冕服皆用直領垂之皆未嘗上領也今之上領公服乃夷狄之戎服也又有先王冠服掃地盡之歎然其修家禮乃以公服襴衫等上領之制爲盛服者特從時王之制而不敢違耳至於我國亦承用上領公服等衣爲朝祭之盛服則有官者何敢違也至於無官者則儀節所謂直領衣者雖未知其制如何而世俗所謂道袍者實直領之制而爲今世士子通用之盛服則以爲祭時之服恐當奉先儀之必用黑團領者有不敢知者耳

楊氏復曰先生云元旦杜臺卿(玉燭寶典)正月爲端月履於始也其一日爲元日

○元日書正月一日歲之元月之元日之元故謂之三元節廟祠履端之祭上下慶賀之禮此最爲重

則在官者有朝謁之禮考證元日朝賀起於漢高**恐不得專精於祭事其鄉里却止於除夕**續綱目註十二月三十日歲除故云除夕○宗懍荊楚歲時記年夜盡故具酒饌以延新年○問先生除夜有祭否朱子曰無**前三四日行事此亦更在斟酌也**大全答陳明仲書(上)○儀節按除夕自有除夕之禮履端之祭隋年行之恐未安今朝廷於元朝行大朝賀禮而孟春時享亦於別日行之今擬有官者以次日行事○南溪日行於新元後二三日爲得朱子亦仍鄉里舊俗而言猶曰更在斟酌則非定論也(右居官者元朝)

(後日行祭)**○劉氏璋曰司馬温公註影堂雜儀**九卷日影堂雜儀温公所作**凡月朔則執事者於影堂裝香**考證裝猶供備之意嘗見傳燈錄供佛多用裝香之語蓋當時俗語**具茶酒常食數品主人以下皆盛**

服男女左右叙立如常儀主人主婦親出祖考以下祠版通典晉蔡謨曰今代有祠版乃禮之廟主也主亦有題今版書名號亦是題主之意安昌公荀氏曷祠制神版皆正側長一尺二寸博四寸五分厚五寸(按大五寸誤)八分大書某人神座書訖蠟油炙令入理刮拭之○朱子曰按他所引或作厚五寸八分此八分字連下大書爲文故徐潤云不必八分楷書亦可其作五寸者明是後人誤也若博四寸五分厚五寸八分則側面濶於正面矣決無此理○(按)語類問牌子式曰晉人制亦太大不如只依程子主式云然則祠版亦通謂之牌子**置於位焚香主人以下俱再拜執事者斟祖考前茶酒以授主人主人搢笏跪酹茶酒**考證按朱子曰酹酒有兩說一用鬱鬯灌地以降神一是祭酒古者飲食必祭人以鬼神自不能祭故代之祭也然則此酹字作奠字爲是蓋世俗以酹爲奠而温公亦不免**執笏俛伏興帥男女俱再拜次酹祖妣以下皆**

徧納祠版出徹月望不設食不出祠版餘如朔儀影
堂門無事常閉每旦子孫詣影堂前唱喏河西日喏音若唱喏
揖也○華使許國日喏字出漢書兩手垂下作揖之○朱子日恭只是低頭唱喏時便看○會成唱喏
□古人相揖必作此聲不然也唱喏者引氣之聲□不如是者為不知禮宋人記虜廷事實云虜揖不
作聲名日啞揖宋人以為疰即宋以前中國之揖作聲可知今日承元之後揖不作聲久矣而其名唱喏
猶存獨官府升堂公座輿皂排衙猶引氣稱揖豈非唱喏之謂歟○韓覽或日喏音惹詞曲日一箇唱百
箇喏謂一人呼唱於上衆人應喏於下如將帥發令衆下齊應子弟謁父兄亦然日謂揖日唱喏未詳是
否今中朝俗以鞠躬拱手為唱喏出外歸亦然若出外再宿以上歸
則入影堂再拜將遠適及遷官凡大事則盥手焚香
以其事告退各再拜有時新之物則先薦于影堂考證

家禮增解卷一　六十八

如月令仲夏以雛嘗黍羞以含桃先薦寢廟之類陳註雛鷄也含桃櫻桃也○國語大寒取名魚登氷禽
嘗之寢廟忌日則去華飾之服薦酒食如月朔不飲酒不
食肉思慕如居喪君子有終身之喪忌日之謂也(按)君
子以下祭義文舊儀丸菴日舊儀南北朝前後間書故載南北朝事不見客受弔朱子
日唐時士大夫忌日依舊孝服受弔五代時某人忌日受弔某人弔之遂於座間刺殺之後來只是受人
慰書而不接見須隔日預辦謝書俟有來慰者即以謝書授之不得過次日過次日謂之失禮於禮
無之今不取丸菴日今溫公不用此不見客受弔書之禮遇水火盜賊則
先救先公遺文次祠版次影然後救家財
俗節則獻以時食
節如清明寒食韻府群玉冬至後百四日五日六日有疾風暴雨為寒食○丹陽集龍星木之

位春蜀東方心為大火懼火盛故禁火而寒食有龍忌之禁荆楚歲時記去冬至一百五日即有疾風甚雨故
禁火為之熟食故云寒食節○史介之推三月初一日為火所焚人哀之為之寒食○張子日周禮四時變火
惟季春最嚴以其大火心星其時太高故先禁火以防其太盛既禁火須為數日糧既有食復思其祖先祭祀
○南溪日考曆書清明必前寒食或後各一日其不可滚同明矣重午輯覽按重午即端午風土記端
午註端始也又五月五日中元五日午時為天中節中元翰墨全書七月十五日道經以是日為天真朝元
又地官下降定人間善惡正月十五日為上元十月十五日為下元重陽翰墨全書魏文帝重九以菊賜
鍾繇與書日九為陽數而日月並應俗宜其名宜於長久故以燕享高會之類凡鄕俗所尚
者三禮儀俗節寒食為上墓大祭依儀節刪中元代以冬至正朝盖國俗然也依魏公祭式添荐七依家範
添上元依五禮儀添秋夕依要訣添重三流頭又日重三流頭二節只是俗說無文可據不用○丸菴日臘日
是大俗節何可不行薦享乎○問臘日栗谷既收於要訣云云南溪日今來祭祀節日甚煩使聖王有作必從

家禮增解卷一　六十九

簡省之法玆不欲創起家禮國俗未舉之禮也食如角黍周處(風土記)端午烹鶩以菰葉裹糯米為
粽以象陰陽相包裹未分散謂之角黍五月五日祭汨羅之遺俗也凡其節之所尚者玉燭
寶典寒食煮糯及麥粥研杏仁為酪別造餳沃之○嚴有翼(藝苑雌黃)寒食以糯為蒸餅團棗附之名日棗糕
○天寶遺事端午造粉團角黍飣金盤中纖妙可愛以小角弓射中者得食盖粉團膩滑難射○吳均齊諧記
九日世人飲桓景登高飲菊花酒婦人帶茱萸紫囊○夢華錄重九都人以粉糆蒸糕上插剪綵小旗果實如
石榴栗黃松子肉銀杏之類○東萊宗法節物立春薦春餅元宵薦圓子二月社薦社飯秋社同寒食薦稠餳
蒸菜端午薦團粽七夕薦果食重陽薦茱萸糕○要訣時食如藥飯艾餅水團之類若無俗尚之食則當具餅
果數品○三禮儀時食正朝餅羹上元藥飯清明花煎或艾餅端午蒸餅或松餅荐七霜花(按)饅頭俗稱霜花
或水團秋夕引餅重陽菊煎或粟餅冬至豆粥花煎菊煎若不及則以他食代之○問冬至豆粥辟瘟之具上
元藥飯飼烏之物不薦何如寒岡日初出辟瘟飼烏而遂以成俗豈不聞節物各有宜人情於是日不能不思

其祖考而復以其物享之者乎○遂菴日上元粘飯人或中毒故鄙家不用薦以大盤問以
蔬果尤菴曰蔬果即蔬菜之蔬也山殺野蔬自是酒席之所設何必問古禮之有無○愚按蔬果脯醢魚
肉米麵食羹飯是家禮之祭饌而其小祭祀則只用蔬果脯醢或只用蔬果大祭祀則並用魚肉以下是家禮
之常法而吉凶皆然此只用蔬果恐是小祭祀故也○南溪曰炙則乃大祭三獻所用恐不必設止○要訣有
新物則並設○退溪居家若得節物或異味則或乾或醢遇節祀時祭則薦之蓋先生支子未得行薦新禮於
家廟故也(右俗節無薦新)禮如正至朔日之儀○晦齋曰世俗正朝寒食端午秋夕皆詣
墓拜掃今不可偏廢是日晨詣祠堂薦食仍詣墓奠拜○沙溪曰墓祭與家廟處所既異雖兩行恐不妨(右家
廟墓所兩行)○問俗節中五月八月則俗節參及墓祭時祭並行之月也據諸先生說不可偏廢而若有事故
墓且路遠勢當廢一矣如何尤菴曰同日大小祀兩存之義既有朱子之訓(按)朱子說見下附註恐非同日之
謂則不可以一日重疊而有所廢也若二祭並值而不可周旋則或墓或廟使人代之若無可代之人則依朱

家禮增解卷一 三十一

子除夕前三四日行之之說先後行之似好○端秋二祭移行於祠堂以當夏秋時祭云者殊甚未安與其如
此不若依家禮只行三月一祭於墓而其餘三節日則皆廢之四時時祭及節日小祭祀無所廢闕既盡合於
禮又不幸於俗矣如此則大小大整齊也(右俗節參與墓祭時祭並值)○問四節日東俗皆上墓而其中正朝
端午二節人多行之廟中其儀當如何尤菴曰既不上墓則依參禮單獻可矣(右不上墓則依參禮)○朱子曰
家間頃年居喪於俗節薦享則以墨衰行之○問妻喪未葬或已葬當時祭否朱子曰恐不當祭某家則廢四
時正祭而猶存節祀只用深衣凉衫之屬亦以義起無正禮可攷也○(按)喪服中行事儀及服色詳見朔望參
條當互攷(右喪服中俗節)○問國恤卒哭前俗節南溪日俗節可以減饌行之○遂菴曰忌祭則是喪餘之日
略設單獻無嫌四名日則厥初曰燕樂而取義似乎吉禮也國家既停山陵之享則雖廢之可也愚意略設如
茶禮行於家廟猶勝於全廢耶參禮尤是略之略者不成爲祭祀行之無妨(右國恤中俗節)○(按)或曰薦新俗
節朔望時祭大宗雖有故不行從而並廢似未安依禮力行而使大宗效之尤善其說恐是(右大宗不行小宗

不廢)○(按)生忌及子孫生日行薦當否見忌祭下
問俗節之祭如何朱子曰韓魏公處得好謂之節祠
殺於正祭輯覽時祭也但七月十五日用浮屠釋典僧曰浮屠塔亦
曰浮屠設素饌祭韓魏公祭式近俗七月十五日有盂蘭盆齋者蓋出於釋氏之教孝子之
心不忍違衆而忘親今定爲齋享○考證按佛經佛令衆僧以七月十五日具百味五果著盂蘭盆中供
養祖先謂之盂蘭會俗是日以素饌供養祖先故魏公亦從俗某不用語類○沙溪曰不用云者
不行素饌也○南溪曰朱子之廢此出於南軒之力爭而文字較然豈可以此徒誘之素饌耶○又
答張南軒名栻字敬夫魏公浚之子廣漢人師五峯胡先生學以周程爲宗與朱子友善仕至
秘書閣修撰四十八卒謚宣公曰今日輯覽當今也俗節古所無有故古
人雖不祭而情亦自安今人既以此爲重至於是日

家禮增解卷一 七十二

必具殽羞相宴樂而其節物亦各有宜故世俗之情
至於是日不能不思其祖考而復以其物享之雖非
禮之正然亦人情之不能已者(按)大全此間有曰今承誨諭以爲黷而不
敬此誠中其病然欲遂廢之則恐感時觸物思慕之心又無以自止殊覺不易處且古人云云且古
人不祭則不敢以燕見孟子況今於此俗節既已據經
考證指禮經而廢祭而生者則飲食宴樂隨俗自如非事
死如事生事亡如事存之意也大全此下曰三王制禮因革不同皆合乎
風氣之宜而不違乎義理之正正使聖人復起其於今日之議亦必有所處矣○朱子曰南軒廢俗節之
祭某問於端午能不食粽乎重陽能不飲茱萸酒乎不祭而自享於汝安乎又曰朔旦家
廟用酒果望旦用茶重午中元九日之類皆名俗節

大祭時每位用四味請出木主俗節小祭只就家廟止二味朔望俗節酒止一上斟一盃語類○楊氏復日時祭之外各因鄉俗之舊以其所尚之時(按)謂所尚俗節所用之物(按)謂所用時物奉以大盤陳於廟中而以告朔之禮玉藻疏每月以朔告神謂之告朔奠焉則庶幾合乎隆殺之節而盡乎委曲之情可行於久遠而無疑矣(按)楊氏此條即上朱子荅南軒書末段語○問行時祭則俗節如何朱子曰某家且兩存之問莫簡於時祭否曰是要得不行須是自家亦不飲酒始得

有事則告

如正至朔日之儀韓魏公曰古者告祀但告于禰今或時祭徧告先世但獻茶酒

再拜訖主婦先降復位主人立於香卓之南○儀節主人以下皆跪○(按)或日古禮以立爲敬東俗以伏爲敬今則讀祝時當跪伏此說恐是祝輯覽祝祭主贊辭者執版儀節祝版置于酒注卓上讀畢置于案上香爐之左立於主人之左跪讀之問讀祝聲高低退溪日太高不可太低亦不可要使在位者得聞可也止○問凡祭無執事則祝文自讀之耶沙溪日不妨若無執事主人自讀祝畢興主人再拜降復位餘並同○按或日告事之儀若是小事只焚香以告則只依出行時告禮而有先後再拜此說恐當

右小事告儀

○告授官祝版云維書經講義註凡策書年月必以維字發之年備要年號幾年歲備要歲次干支月備要幾月朔備要干支朔日備要幾日干支○武成維十月壬辰旁死魄越翌日癸巳註先記壬辰旁死魄然後言癸巳猶後世言某日必先言其朔○退溪日古人重朔朔差則日皆差故必表出而書之耳孝子朱子日孝子之稱據禮亦有如此通稱者如云孝子某使介子某執其常事之類但今當各以其屬

家禮增解卷一 七十三

書之似爲穩當○南溪日此只擧告禰以見例其自稱以最尊者爲主見下文某官某曲禮廟中不諱註如有事於高祖則不諱曾祖以下尊無二也於下則諱上○王肅日祝則名君不諱敢昭告于士虞禮註敢冒昧之辭○韻會昭明也故儀節按家禮舊本於高曾祖考妣上俱加皇字今本改作故字故字近俗不如用顯字盖皇與顯皆明也其義相通○尢菴日舊本家禮用皇字而改用故字有所不敢知耳○(愚按)周元陽祭錄云禮稱所尊皆皇今避皇之號言顯可也又韓魏公位版亦用顯字然則顯字之用流來亦久然考諸祭法顯考本是高祖之稱曾祖以下不宜稱之皇考是曾祖之稱而皇字又爲通稱之語士虞記稱祖日皇祖士昏禮日皇舅皇姑曲禮云祭王父日皇祖考王母日皇祖妣父日皇考母日皇妣夫日皇辟朱子亦稱父爲皇考然則家禮舊本之用皇字爲是而胡元大德年間禁用皇字故改顯字丘儀亦遵用之然家禮題主條及時祭以下祝文皆只稱某親而都不用皇字故尢菴嘗日好禮之家無於胡元之制從家禮別本只稱考妣云而尢翁家亦依此論只書屬稱矣當與題主條參考某親某官封謚(按)如張浚官丞相封魏國謚忠獻公之類○韻會謚誄行立號以易名○(按)謚說詳見題主條府君朱子日府君是尊神之辭如官府之君今人亦謂父爲家府故某親某封朱子日婦人封號皆隨其夫如夫封建安郡則妻封建安郡夫人夫封秦國則妻亦封秦國夫人如淑人碩人宜人孺人之類亦各隨其夫官某氏南溪日朱子日姓是大揔腦處氏是後來次第分別如魯本姬姓其後有孟氏季氏以此觀之氏乃男子之稱也今專爲婦人之稱者盖以男子則後世有稱公稱君之例而於婦人則不用此節之由耳止○尢菴日妣位只書某氏而不書鄉貫自銘旌神主誌石石碑而皆然本朝則李姓娶李姓金姓娶金姓故不得已書鄉貫以別之中朝人見漢陰李公夫人李氏旌門大駭日爾國雖云禮義之邦猶未免胡俗云顯廟嘗爲絜令以禁之矣今聞時輩以賤臣之所建白而不用云然則鄉貫之書將不得免矣

右姓字同妣位書鄉貫

某以某月某日蒙恩授某官奉承先訓獲霑祿位餘慶所及不勝感慕謹以酒果用伸虔韻會恭也告謹告貶降則

言貶其官荒墜先訓皇恐無地備要若諸父諸兄則荒墜以下改以他語謹
以後同若弟子則言某之某某龜峯曰上某主人次某行弟次某名也餘
同要訣及弟則曰蒙恩授某科某弟及弟奉承先訓獲參出身云云告生進入格則曰蒙恩授生員或進士
某等入格奉承先訓獲升國庠云云若介子孫之事則主人亦告其辭曰介子某或介子某之子某云云告畢
當身進于兩階間再拜當身拜時主人西向立○告追贈則只告所贈之龕尤菴
曰酒果只設於所告之龕矣止○南溪曰先祖延謚一節前承當行於墓次惟鄙意亦嘗如此矣或者以爲當
於宗家設位而行若煋[illegible]別設香卓於龕前按焚黃則此當有先命善
書者以黃紙錄制書一通以盤盛置香案上正中一節又設一卓於其東置淨水
按用以洗去舊字粉盞按卽泥粉器刷子韻會刷數刮切○會成是蘸水洗舊字之具硯
墨筆○備要補粉鹿角膠木賊於其上餘並同但祝版云奉某月某

家禮增解卷一　七十四

日制書史記註帝者制度之命其文曰制○備要按制字我國不敢用當易以教字○尤菴曰教旨前
拜禮依五禮儀行之無妨贈故某親某官儀節如再贈則於贈字上加加字故某親
某封某備要若弟子則見上奉承先訓竊位于朝儀節如外官則改爲叨有祿位
祗奉恩慶有此褒贈祿不及養摧咽難勝儀節奉承先訓竊祿于朝
仰荷皇仁推恩所生備要大全獲被恩慶追榮禰廟乃某月某日誥按誥字我國不敢用當易以教旨贈考爲
某官妣爲某封惟是音容日遠追養靡從祗奉命書且喜且悲敬錄以焚益增哀隕謹以後同若
因事特贈則別爲文以敍其意朱子焚黃文恭惟先君天賦異質孝友之行足
繼前修雅健之文追古作者爵壽不稱隕於半塗施及後人叨被寵祿追榮七命始列從班而先夫人亦膺顯
號厚德之報不其在玆並命帝庭璽封霙檢賛辭褒異視昔有加惟是音容日荒月遠生我勞悴追養靡從祗
奉命書舍爵以告滂泗摧咽不知所云尚饗○熹頓遺訓竊祿于朝獲被恩慶追榮禰廟亦有年矣比以鉤黨

廢痼憂畏過甚以故及今始克祗奉命書以告于寢廟惟我皇考洞視古今靡有遺情陟降如存尚克歆此丕
顯休命顧熹衰頹年迫告休使我皇考未躋極品而先夫人亦未克正小君之號流根之報無復後期永命及
玆痛眼何極仰惟慈麿俯鑑愚衷尚啓後人不日昌大熹嚐望恩靈不勝感慕摧咽之至謹告○贈官告皇考
文從歲天子用祀恭壇上帝降歆福祚昭荅慶賜之澤覃及萬方中外幽明罔不咸賴謂其名秩有列內朝降
以制書賁其禰廟顧念孤藐祿不逮親祗奉明恩益深哀慕玆用齊祓致告寢庭欽惟神靈服此休顯熹雖不
肖敢不敬恭惟孝惟忠無或荒墜嗣有褒賜尚克嘉之以覆其後人延于永世○日者天子始郊盼慶寓內熹以
職秩得從大夫之後故我亡室錫號有加恭奉制書俯仰悼歎惟爾有靈尚克嘉之謹告○尤菴代人製告文
日某年月日一鄕之人共擧府君孝行于郡庭郡守申于方伯方伯轉以上聞聖上下其事于該曹該曹覆
啓請贈官階以旌之因命如章某年月日特贈某官竊以府君誠孝至行無媿古人而藐孤孱劣不能顯揚大
𠿑堙沒於無聞幸以鄕評不泯克闡潛懿適玆孝理之日竟蒙追榮之典上可以光飾先德下可以覆庇後昆

家禮增解卷一　七十五

誠不勝大幸今將所下誥命改題神主以展焚黃之儀滂泗摧咽不知所告謹以酒果云云告畢再
拜按焚黃則此下恐當有主人復位跪以下告跪祝東面立宣制書一節蓋儀節則宣制在改題後而恐不
若在讀祝後且儀節焚黃三獻儀則宣制亦在讀祝後矣主人進奉主置卓上尤菴曰改
題時其酒果似當仍設不徹執事者洗去舊字○會成有刷蘸水洗之○韓魏公祭式追贈
則以木賊草揩去舊字而改題之別塗以粉按俗方以筆二柄去墨而抹粉塗之則極便好新筆
尤往俟乾命善書者改題備要盥手西向立改題之所贈官封退溪曰東俗先
書贈職先國恩之意也然官之高下事之先後皆倒置欲褒而從古未果也○尤菴曰朱子大全先書實職且
俱是君恩而實職居先以此先書似宜○遂菴曰字數甚多則書兩行何妨世多有如此者陷中不
改洗水按卽洗去舊字之水以灑祠堂之四壁伊川主式筆滌而更之註水以灑廟
增主人奉主置故處○備要吉祭則改題諸位如前以及祔位乃降復位按焚

黃則祝焚所錄
黃紙及祝文
後同
〇儀節焚黃儀前一日齊宿其日
夙興設茶酒盞果脯於所贈主櫝
前先命善書者以黃紙錄制書一通以盤盛置香案上
正中序立盥帨啓櫝出主復位詣香案前跪焚香主人
自告日孝男某祗奉制書追贈顯考某官府君爲某官
妣某封某氏爲某封敢請神主改題再拜主人奉主置
于卓上執事者洗去舊字塗粉俟乾命善書者題主主
人奉置櫝前復位降神參神主人以下皆再拜
拜主人詣神位前祭酒奠酒再拜主人以下皆跪讀祝
再拜主人復位跪以下皆跪祝東向立宣制書畢俯伏
興執事者奉所錄制書黃紙即香案前並祝文焚之畢
辭神皆再拜奉主入櫝此在官行之者若諸告焚黃則
恭奉恩命千里還鄉光榮父母而所行之禮止於一獻
無乃太簡乎準時祭禮爲之〇備要丘儀似詳悉〇尤
菴曰焚黃與時祀各是一事翌日行時祀[illegible]曾見愼
齋家亦然矣〇改題之儀一用家禮則[illegible]可疑但世
俗以感與之下只小行小祀爲太略或於翌日仍行盛
祭因與宗族設酌雖非禮之正亦或從俗之一道否(上)
〇儀節先期齊戒省牲設位陳器是日夙興請祠堂焚
香請主曰今以子某列官于朝追贈考妣請告焚黃敢

家禮增解卷一

請顯考某官府君顯妣某封某氏神主出就正寢恭伸
祭告奉主至正寢安于座序立參神降神進饌初獻皆
跪讀祝畢禮生一人立香案前東面讀誥詞畢俯伏興
再拜復位亞獻終獻侑食闔門啓門獻茶焚黃於香案
前立祝文焚之辭神禮畢［右論焚黃］〇問追贈祖
先者未及焚黃而先則改題主告辭當如何稱舊耶南
溪曰以生者名告死者事只當言追舉贈典之禮豈有
所疑［右論焚黃］〇問曾祖易名之典將[illegible]宗孫未
葬之前廟中主人誰可爲之焚黃改題不可已乎內
而旁題以孤兒之名曾祖爲高祖則曾祖妣神主亦可
改題耶以下神主或曰是改題耶抑旋轉曰大興長者
攝主其事何可已也其餘神主待後改題亦或宜耶〇
問吉祭改題之前榮贈恩誥雖下祭時祝辭中追贈職
銜不可書耶陶菴曰寵擢既係異恩似已具由告廟矣
告廟之後則雖未及改題祭祀時祝文中書以贈銜似
無不可而至於先爲改題恐不成道理〇(愚按)古禮曰
葬而賜謚則喪中焚黃自是正禮據此祖先焚黃恐亦
無不可行於宗孫喪中且贈謚贈職恐無異同或言贈
謚無焚黃者誤矣據附註朱子論焚黃并舉韓魏公贈
謚可知矣但改題既在宗孫葬前則事生之義甚重旨

可遠行易世遞遷之禮以孫子名旁題而以曾祖爲高
祖耶恐當依舊稱曾祖而姑不書旁註以待喪畢改題
矣其不書旁註者以宗孫初終已告喪於廟中也然依
舊以亡者名書旁註亦何害蓋以此改題只爲書贈銜
故也大抵世俗焚黃多以設酌稱慶爲事故認以爲不
可行於喪中然恩誥之下必須即行改題祭時祝辭方
可書贈銜也雖行改題既無易世遞遷之事則喪中改
題有何不可然陶菴既以爲不成道理則愚亦何敢質
言［右論焚黃］

〇**主人生嫡長子則滿月** 南溪曰按內則子生 三月見於父祭式亦
日生子三月後遲時享則告恐滿月是
滿三月〇尤菴曰滿月謂日數滿一月
而見如上儀 儀節
嫡孫亦如之若生曾玄孫則
不設茶酒只啓櫝不出主
但不用祝 儀節無祝則日 告辭〇沙溪曰
所告之辭多則用版少則只以口語告之鄙家並用版
〇南溪曰所謂告辭無年月首尾只告當行之事故也

主人立於香卓之前告曰某之婦某氏 儀節則云某 之子某婦某氏
弟姪 孫同
以某月某日生子名某敢見 內則子生男子設弧於 於門左女子設帨於

家禮增解卷一

門右三月始負子男射女否註弧者示有事於武也帨
事人之佩巾也負抱也〇世子生告于君接以大牢三
日卜士寢門外詩負之射人以桑弧蓬矢六射天地四
方凡接子擇日庶人士特豚大夫少牢三月之末擇日
翦髮爲鬌(上聲)男角女羈是日也妻以子見於父夫升自
阼階立西鄉妻抱子出自房當楣立東面父執子之右
手咳而名之陳註詩承也射天地四方期其有事於遠
大也鬌所存留不翦者也夾囟兩旁當角之處留髮不
翦者謂之角留頂上縱橫各一相交通達者謂之羈咳
小兒笑聲謂父作咳聲笑容而名之嚴氏曰夾囟曰角
兩鬌也午達曰羈三鬌也〇凡父在孫見於祖祖亦名
之如子見父無辭冢子未食而見必執其右手適子庶
子已食而見必循其首註天子諸侯尊別世子雖同母
禮則異矣未食已食急正緩庶之義〇輯覽按內則三
月而名與家禮不同〇曲禮名子者不以國不以日月
不以隱疾不以山川陳註常語易及則避諱爲難故名
子者不用(上)〇曲禮君子已孤不更名陳註名者始生
三月父所命也父歿改之孝子不忍［右已上並不更名］

告畢立於香卓東南西向主婦抱子進立於兩階之間

儀節若子弟姪孫婦則立主婦之後**再拜**問主婦當四拜而此曰再拜者蒙上使拜之文而然耶南溪曰是○(按)或曰此不使拜恐是偶然此說恐得之**主人乃降復位**○儀節主人主婦俱復位以子授母乳**後同○冠昏則見本篇**也○備要按家有喪亦當告(詳見喪禮訃告條)○問宗子生有告祠之節不幸夭逝亦當告耶遂菴曰其生既告則其死亦似當告(右有喪告儀)○問喪中立後告廟之節南溪曰使服輕者代祭乃橫渠說終朱子既以墨衰入廟栗谷又言以俗制喪服行祀服色則非無可據茅葬前古尊於新喪無入廟行祭之事恐當待卒哭後喪人親行告禮於家廟矣(右喪中立後告儀)○要訣凡神主移安還安或奉遷他處等事則告祭用朔參之儀若廟中設排器物鋪陳或暫修雨漏處而不動神主之事則告祭用望參之儀告詞則臨時製述(右廟中有事告儀)○問神主櫝傷敗則似當告事改造粉面字或釁缺則亦卜日改題耶遂菴曰然(右改櫝改粉告儀)○南溪曰未葬之前殊無行祭之禮如有移安之舉則恐當使服輕者只告辭而行之(右葬前祠堂移安告儀)○朱子遷居告家廟文熹罪戾不天幼失所怙祗奉遺訓

家禮增解卷一　七十八

往依諸劉卜葬卜居亦既累歲時移事改存殁未安乃眷此鄉實亦祖考所嘗愛賞而欲卜居之地今既定宅敢伸虔告亦安祖考之靈伏惟降鑑永奠厥居垂之子孫萬世無極(右遷居告儀)○曲禮七十日老而傳註傳家事於子也○王制八十齊喪之事不及也註八十不齊則不祭也子代之祭○朱子致事告家廟文維慶元五年歲次己未六月辛酉朔孝孫具位熹敢曰時享昭告于祖考之靈熹至愚不肖蒙被先世遺德獲祗祀事五十餘年歲時戰兢罔敢怠忽至于今茲行年七十衰病侵凌筋骨弛廢已蒙聖恩許令致事所有家政當傳子孫而嗣子既亡藐孤孫鑑次當承緒於以年幼未堪踐奠今已定議屬之奉祀而使二子埜在相與佐之俟其成童加冠于首乃躬厥事與時朝廷察熹遺忠或有恩意亦合首及伏惟祖考擁佑顧歆永永無斁熹不勝大願其諸家務亦當計度區處分屬埜等及諸孫息使有分職以守門戶尋別具告而施行之熹之衰病勢難支久如以恩靈尚延喘息之間猶當黽勉提總大綱不使荒頹以墜先訓伏惟祖考實鑑臨之謹告○問七十老而傳則嫡子嫡孫主祭如此則廟中神主都用改換作嫡子嫡孫名奉祀然父母猶在於心安乎曰然此等

也難行且得躬親耳○某自十四歲而孤十六而免喪是時祭祀只依家中舊禮禮文雖未備却甚齊整先妣執祭事甚虔及某年十七八方考證得諸家禮禮文稍備是時因思古人有八十歲躬祭事拜跪如禮者常自期以爲年至此時當亦能如此在禮雖有七十曰老而傳則祭祀不預之說然亦自期儻年至此必不敢不自親其事然自去年來拜跪已難至今年春間僅能立得住遂使人代拜今立亦不得了不知安得如此衰也(右致事告儀)

○凡言祝版者用版長一尺備要周尺**高五寸**沙溪曰讀祝時立版則乃是高也亦是廣也○會成按祝版非有法象稍高大亦不妨太小則字多之文書不盡矣**以紙書文黏於其上畢則揭而焚之**儀節留版○程子曰近世祝文或焚或埋必是古人未有焚埋之禮○集說註焚祝文自唐王璵始○**其首尾皆如前但於故高祖考故高祖妣自稱孝元孫**儀節宋朝諱玄故家禮稱元孫今改從玄○史宋真宗大中祥符中有趙氏祖降延恩殿諱聖祖名玄朗不得斥犯先是封孔子玄聖文宣王至是改至聖○問

家禮增解卷一　七十九

玄字獨諱於告事而不諱於時祭條何也南溪曰豈於始見處改正之其他姑存之否**於故曾祖考故曾祖妣自稱孝曾孫於故祖考故祖妣自稱孝孫於故考故妣自稱孝子有官封謚則皆稱之無則以生時行第稱號**退溪曰行第稱號人皆有定如司馬十二蘇二黃九之類○(愚按)葬禮作主條附註朱子曰伊川主式書屬稱本註屬謂高曾祖考稱謂官或號行如處士秀才幾郎幾公之類如此則士庶可通用云云據此則處士秀才是釋號字而此所謂稱號也幾郎幾公是釋行字而此所謂行第也此乃無官者之稱而家禮此條實本於主式註說也退溪乃合行第稱號作一意看恐非本意**加于府君之上**(按)如云第幾處士府君也**妣曰某氏夫人**朱子曰無爵曰府君夫人漢人碑已有只是尊神之辭○儀節婦人稱夫人猶男子之稱公也今制二品方封夫人宜如俗稱孺人○(按)東俗無封者亦通稱孺人

凡自稱非宗子不言孝禮運祝以孝告陳註孝事祖宗之道○郊特牲祭稱孝子孝孫

以其義稱也陳註祭主於孝以祭之義爲稱也○曾子
問孔子曰宗子死稱名不言孝身歿而已註孝宗子之
稱但言子某蹶宗子在得言介子今宗子死身又無爵
故不得稱介呂氏曰不言介明無所助也陳註身歿而
已者庶子身死其子則庶子之適子祭禰之時可稱孝
○遂菴曰孝之爲字從老從子有子承老之義故惟宗
子於祖先正統稱之介子不敢稱 正 ○龜峯曰宗子死
無後則庶子主宗者 按 謂權攝者 宜倣此禮而宗子喪
畢以庶子奉祀改題主傍不必用此禮○問庶子承重
不得稱孝耶尤菴曰旣曰承重則便成嫡子何可不言
孝耶 承重稱孝 庶主
○告事之祝四代共爲一版 備要高祖以下並列書
自稱以其最尊者爲主 考證如繼高祖之宗則稱玄孫繼曾祖則稱曾孫 止告
正位不告祔位茶酒則並設之
朞子曰焚黄 瑣碎錄唐上元三年前制勅皆用白紙多有蠹食自後並用黄紙○朱子曰以
黄紙謄詔命宣畢焚之○考證必錄而焚之者命書
不可焚也○沙溪曰古之制誥用黄紙故謄以黄紙

家禮增解卷一 八十

替焚之今則敎旨旣用
白雖用白以焚似不妨 近世行之墓次 按 晉書荀顗上諡法云若
賜諡而道遠不及葬者遣長吏奉冊即
冢祭賜諡云則焚黄行墓次恐出於此 不知於禮何
據 以上大全答汪尚書書 張魏公 名浚字德遠綿竹人所著有五經解及雜說孝宗封魏國
公諡忠獻即咸
之子南軒之父 贈諡只告于廟疑爲得體 大全作禮 但今
世皆告墓恐未免隨俗耳 已上大全答李晦叔書 ○楊氏復曰
按先生文集有焚黄祝文云告于家廟亦不云告墓
也 右無祠堂焚黄告墓 ○會通無祠堂則告墓
或有水火盜賊則先救祠堂遷神主遺書次及祭器然後
及家財易世則改題主而遞遷之 手鑑遞更代也遷移也升也
檀弓有焚其先人之室則三日哭故日新宮火亦三日
哭陳註先人之室宗廟也魯焚宣公之廟神主初入故

日新宮○退溪曰神主火燒則於前日安神之所設虛
位附退焚香設祭或云正寢爲當室屋猶存則當題主
於家不當之墓前日返之魂豈可徃依於體魄所在
之處乎又曰屋雖盡燒不當題主於墓慰安則可倣虞
禮而用素服行之○沙溪曰火焚神主則當依新宮災
三日哭而已不爲製服耳 右祠主火 ○問家廟失火而
衰麻之中未敢變服改題主時當何服且爲位於被災
之所以改神主爲限耶愼獨齋曰禮宗廟焚易服三日
哭當依此行之而憂中以孝服布深衣行事題主時亦
如此似可設位則三日之外久設未可知又問四位祔
主改造未易其間先世忌祀几筵朔望及日祭當行否
日不得停廢○問宗子死未斂火災及廟斂殯後改造
神主告辭措語何以爲之陶菴曰家禍孔酷祠屋告災
宗子綫亡尸事無人三日之哭有禮莫伸伏惟神魂何
所依泊茲於前日安神之所設位改題神主旣成仰冀
尊靈是憑是依○按或云喪中廟主火改造題主當以
孤哀子屬稱書之此說甚誤如此則三年之內日火災
而徑行易世遞遷之禮矣其可乎其屬稱及旁題皆依
舊題之恐當 右喪中廟主火 ○沙溪曰平日仕宦遠方
者亦且奉主而徃獨於亂離中何可不爲奉徃耶○人

家禮增解卷一 八十一

遭禍難流離之際奉主而行極爲非便或有多至十餘
位者只奉近親而埋遠祖有所不可僕壬辰倭亂爲定
山宰時造主于墓所盛瓮中而埋安矣半年後出之櫝
足脫落濕氣所侵也○尤菴曰亂時神主奉以避兵此
固情理之當然而曾聞追於盜賊或被屠戮者無不棄
之於道路云若是則不如埋安於墓所之爲愈也○問
於虜亂失神主改造題主似當於其時亾失處爲之而
今不知其處則似當於墓所爲之南溪曰來示似可○
愚按此云題主於墓者以家與廟俱燼者言耶若有家
則恐當題之於家據退溪論廟主火所謂屋雖盡燒不
當題主於墓之說可知矣此當與上爲四龕奉主條追
造神主題主說參考 右亂中埋主或失主 ○同春日遭
亂播遷者三年內九筵決不可埋置而獨避也當奉徃
隨時隨處隨生人所食而奠之於朝夕似合情禮 右喪
中奉主避亂 ○問有失先代神主依新宮火之例哭臨
三日造主奉安後得舊主粉面漫漶仍奉新主埋安舊
主如何南塘曰是○問失廟主改造奉安後得舊主不
甚傷污則奈何陶菴曰舊主之成在於魂返室堂之時
雖不幸遭亂傷污而憑依不失者理之常也況幸而不
至大傷污者乎新主改造憑依之節視舊主似不及焉

捨新還舊恐無疑[右神主見失]○陶菴曰雖有蠹患主身自如神氣所寓何得安行改易[右有蠹患不改主]

改題遞遷禮見喪禮大祥章[按備要移遞遷禮於吉祭條]大宗之家始祖親盡則藏其主於墓所而大宗猶主其墓田以奉其墓祭歲率宗人一祭之百世不改○大典始爲功臣者代雖盡不遷別立一室○五禮儀始爲功臣而百世不遷者則代數外[註]三代別立一龕祭之○問有不遷之位則高祖當遞遷或特設不遷位於四龕外否沙溪曰四龕外又特設則五龕也乃全用諸侯之禮僭不可爲也吾宗家五代祖乃不遷之位故四代祖雖未代盡而出安別室耳○若連四代策勳而皆不遞遷則祖與考亦不得入廟豈有是理大典只言始爲功臣則莭二以下祧遷亦可知也或者曰大典別立一室之文欲別立一廟廟與室果同乎○屛溪曰沙翁所謂別室乃宅中一淨室也非別廟也○尤菴曰祠堂章附註別子條既曰百世不遷遞遷條云藏其主於墓所二者誠似有異然其所謂不遷云者不遷於他所而猶主於大宗之祠也然則其所謂

家禮增解卷一 八十二

藏主者雖與在廟者有異而宗子主之則一也其神主既藏於墓所則時祭忌祭當準禮廢之而楊氏既曰有祠堂以奉廟祭云則是墓祭之名猶在而其實行之於神主也所重在於不埋其主若其藏一祭墓則與小宗親盡者無異矣曾見完南君先兆則廣平大君是始祖故其墓下有祠堂而藏主至今祭之家禮之文既如此而時俗亦有行之者則今之士大夫只得如此行之而已盖藏主墓所恐是宗子以義起者而亦只是士夫禮也○答李君晦曰據家禮則撫安廣平各爲別子當各就其墓所立廟依東俗享之於四名日二墓同在一處則同廟尤便又曰國法始爲功臣者別立一龕於曾祖之上以祭之此則國法令士大夫只祭三代故加設一龕而亦符於家禮祭四代之文矣老先生既依家禮祭四代而又有不遷之位故下得已遷出高祖此既非國法又非家禮矣愚嘗以爲不遷之位遷於墓所而不埋還奉高祖於廟中似合於家禮又不違於國法待功臣之意矣○試嘗論之延平是始爲功臣則延陽自當遞出而延城則以大宗之故當百世不遷矣以人以功延城久食而延陽餒而者豈是道理故愚嘗稟於慎老以爲國制狹隘而多礙若從家禮藏墓之儀則三延俱爲

不遷之位而三延之後雖有十功臣亦無所礙矣仍請以此附入問解中而慎齋終不肯可每一思之恨未得力爭而歸一也○雲坪曰別子藏主家禮是朱子初年所作而晩年與門人編成通解則却復致嚴於宗廟之制祖不可遷而廟不可外此沙翁所以不敢從遷于墓所之論也[右家禮國法大宗廟制不同]○尤菴答鄭景由曰不遷之位當別立祠於墓所而藏其主矣莭老先生[按即圃隱]墓下已有書院則又別立祠似涉重複然則當立於宗家如李益齋影堂之爲而神主畫像幷安於此矣○同春曰家禮大宗始祖藏主於墓所云者朱夫子於此必十分斟酌立定此制也何可捨之而別出新制耶但念墓所有遠近形勢有難易設令立廟於墓有難便之勢則亦當權宜處變不失家禮之意也○芝村曰今若就嫡長家立一廟只奉延城府院君神主而嫡長之高祖以下四代神主則又自爲奉安於他所或別立祠則事事平順矣尤菴以爲時忌祭準禮當廢豈以廟在墓所以奉墓祭爲名故耶然此則雖在墓下乃是宗家也既就宗家而立廟則時忌祭似當一如平日行之○問不遷位立廟墓所勢或未及則欲別立廟於祠堂之傍如何遂菴曰祠堂傍別立廟禮法無可據不

家禮增解卷一 八十三

敢言○立別廟以奉不遷位則莭二功臣並爲奉安無妨[右大宗別廟當否]○芝村曰文廟從享諸賢之不祧國典之不載固也安文成以前固不可知惟圃隱祠版尚存其後靜菴則聞亦不祧栗谷繼後時畏齋以爲栗谷既享文廟當百世不祧玄石則以爲自宋朝無此法設或有朝令亦當有後世譏議圃隱事似曰前朝功臣而然尤翁於圃隱事已疑之至乙丑秋定以爲不當祧盖因畏相言而是之也今此沙溪祠版祧遷已久還奉之舉措重難子孫之必欲更待朝令而後行之者其勢然矣左相既陳稟而自 上教以爲當爲不遷之位則玄石雖以後世譏議爲辭此便爲時王之制當否似不可論矣惟其當否則誠有未知者有功於國家者既許不遷則有 功於斯文者亦宜一體宗廟配食人亦無不遷之事惟 孝宗世室後尤翁代作祝文使告以宗廟庭享既將百世不祧則私家祠版亦當如之云又以此意推之雖不入於文廟或儒先或忠臣朝令立祠而官給祭奠者其私家祠版之或祧或埋亦未知其如何○遂菴曰雖是名賢既非始基之祖又非功臣則於禮於法無百世不埋之義○陶菴曰文廟從享之大賢太廟配食之功臣皆當不遷此外則皆僭也爲子孫者安敢

以私情而擅行耶湖南此弊最多不獨眉菴家而已恐
不可不盡爲釐正然旣無釐正朝令則其子孫之賢者
只當自爲之而百拜告辭之前又當先爲具由以告矣
右文廟從祀宗廟配享人祧遷當否○芝村曰大典致
祭條王后考妣非如功臣之百世不遷隨后位之祧否
而或致祭或不致祭故只於此言奉祀者代盡則別立
一室以祭之旣謂之別立一室則作爲一間祠堂亦可
右王后考妣后位祧遷前奉別室○沙溪曰不遷位稱
先祖可也或稱幾代祖亦可始祖之稱似有嫌於厥初
生民之祖○尤菴曰本朝大君卽家禮所謂別子也當
稱始祖其下不遷位則稱先祖○同春曰傍
題當書以孝幾代孫右不遷位題主所稱

其第二世以下祖親盡及小宗之家高祖親盡則遷其主而埋之

(按)此承大文遞遷之語故只曰遷而埋之謂始遞遷而
終埋之也(止)○問嫡孫主祭則便須祧六世五世廟主
若叔祖尚在則乃是祧其高曾祖於心安乎朱子曰也
只得如此聖人立法一定而不可易又問先兄立後主
祭則高祖亦當祧去否曰旣立主祭者卽祠版亦當改
題高祖祧去雖覺人情不安然別未有以處也家間將

家禮增解卷一　八十四

來小孫奉祀其勢亦當如此○退溪曰夫者婦之天夫
存則婦雖亡而不易代夫亡則婦雖存而以易代此固
天地之常經尊卑之大義母在祖母在而不行祧遷可
乎○尤菴曰親盡主祧遷當以奉祀孫世代計之雖曾
祖母生存亦不可不遷○(按)或曰五代孫承重服喪則
其奉祀當限於禮法吉祭後祧遷恐當此論得之右祧
遷代限○問國法祭三代則高祖喪畢當埋其主高祖
母在則奈何沙溪曰情不忍埋奉安別室恐當右祭三
代祧高祖○同春曰祭三代是時王之制而從古禮祭
四代則當具由告廟不爲祧出高祖而但高祖已遷于
長房則具由告辭而還奉於宗家似當右祭四代不祧
高祖○小記妾母不世祭註以其非正於子祭於孫止
○問小記妾祔於妾祖姑疏妾母不世祭於孫否則妾
無廟矣朱子曰妾母不世祭則永無妾祖姑矣疏說或
未可從也恐於禮或容有別廟但未有考耳○問妾子
爲父後其母神主當祭於別室而但未知必至玄孫易
世而後埋置否沙溪曰庶孽雖不可一從只祭考妣之
法亦當祭三代而已豈至玄孫易世之後乎○南溪曰
小記云妾祔於妾祖姑朱子曰妾母不世祭則永無妾
祖姑矣恐於禮容或有別廟以此推之妾孫承重者似

當以別廟祭其祖母○尤菴曰朱子旣主妾祖姑之文
而以妾母不世祭之說爲可疑似難違貳抑有可疑者
古禮適士二廟官師一廟然則妾母何至於祭及其孫
耶○(按)或曰記云妾母不世祭云云宗子祭庶母則不
世祭子祭其母則當世世祭○陶菴曰爲人妾者祭止於
其子於禮爲正妾子旣不能奉其稱位則不可以傳序
之義論也苟以情有所未忍則於孫猶可三世四世則
不可祧遷尚何可論右妾母祭代限○問最長者死其
子雖亦親未盡而門中又有諸父諸兄則當遷奉於其
房耶沙溪曰然○尤菴問家兄三年後高曾二世神主
當遷于叔家而家姪以爲曾祖則渠亦未親盡曰請奉
祀云愚意此於禮意決不可從旣遷而早晩復還其於
卽遠無退之義有何所害同春曰恐當右[illegible]其主
親未盡猶還次長○問宗子死而嫡孫承重則祧主已
遷于最長之房矣嫡孫又死無後而宗子之弟代奉其
祀則其祧主當還入於祠堂耶沙溪曰當還奉右宗孫
無後叔父主祀還奉祧主○農巖曰最長房奉祀宜通
庶孽至於庶人只祭考妣不當援以爲說矣旣用宋賢
定禮通祀四代則豈以妾子而獨用古庶人之禮耶况
妾子亦有有官職者此說尤不通矣○問祧主子孫有

家禮增解卷一　八十五

庶孽猶不可以最長房論歟沙溪曰庶孽地位雖卑其
於祖先均是子孫據程子說則初無不可奉祭之義但
嫡兄弟盡歿後奉祭似不妨○問親盡之祖庶曾孫與
嫡玄孫誰爲奉祀愼獨齋曰庶曾孫當奉祀若貪殘不
可奉祀則嫡玄孫奉祀無妨○陶菴曰禮解云嫡兄弟
盡歿後奉祀夫兄弟之倫序豈不重而弟旣先於兄則
其他可推而知也此事議論多歧而以不論昭穆必令
嫡先於庶爲定論矣○旁題祝辭自稱爲庶恐得之○
南塘曰儀禮長子條鄭註曰立嫡以長賈疏曰嫡妻所
生皆名嫡子朱子曰宗子只得立嫡雖庶長立不得若
無嫡子則亦立庶子只此可見嫡庶之分嚴於長少之
別也立嗣爲奉祀也而以嫡爲先則遞遷奉祀其義一
也豈有在廟則先嫡而遞遷則先庶乎宗孫代盡嫡孫
繼之嫡孫旣盡庶孫繼之宗以統族嫡以統庶莫非一
統之義也沙溪所謂嫡兄弟盡歿後奉祀者恐得禮意
之本也若謂在兄弟則先嫡而在叔姪則先庶則未知
兄弟與叔姪有何異同之義耶一主嫡庶之分一主昭
穆之序義例亦恐不一矣○同春曰妾子以最長房奉
祧主則其母不可同入一祠右庶孽奉祧主○沙溪曰
最長者不能遷奉姑當安於別室若退溪祭春秋之說

無妨最長房既不奉祀則恐不可以是入爲主○寒岡
曰最長房窶且不慧而不肯則固難強焉所謂宗長房
不比宗子之截然難犯鄙意次長之房權宜奉祀出於
不得已之勢而或未爲不可耶○尤菴曰祧主長房不
能奉遷則宗子姑安於別室是師門所行也然長房改
題旁註似當鄙家則所祧子孫合力就長房家搆小祠
而奉遷祭時亦合力助之（右長房貧窮別室藏主或合
祠）○陶菴曰士大夫子孫淪落貧殘雖序當宗長
而不能尸先祀者類多此別廟之不得已而作者也然
其間禮節實甚難處又曰長房當次者雖在窮鄉情願
奉往則許之苟不能然而勢不可奈何則始可爲權奉
別廟之議矣然遷遷之日長房當次者不可不來以其
名旁題行祀告以不能奉往權安別廟之由其後祀事
來則船行否則祝文云玄孫某使其親某云云行三獻
爲當（右長房異居奉祧主之節）○問宗子死而無子有
將遷奉於宗長房之廟而合祭無人可主欲待合祭後
移奉則無其期奈何或云措辭以告而當遷奉如何陶
菴曰如或說權宜行之無害（右宗孫未合祭權奉祧主
○南溪曰出後子孫難用最長房之制（右出後子孫不
奉祧主）○問祧主遷於最長房則當以主祀者所稱改

家禮增解卷一　八十六

題其節次當在於遷奉之日而旁題不稱孝只稱曾玄
孫可沙溪曰然○尤菴曰祧主改題自是遷奉者之事
則非舊主人之所當與也既遷之後亦當有酒果告由
之禮其時改題似宜○南溪曰祧廟奉遷改題之禮如
追贈禮似當○陶菴曰祧主改題不必於宗家爲之長
房遷奉至家後告辭曰某官府君某某封某氏下係之以
宗子親盡某以長房禮當遷奉今將改題謹以酒果云
云（右祧主改題節次）○寒岡曰奉父母祭者又奉曾祖
祧主則曾祖當安於西之苐一龕考妣當安於東之最
下龕苐二龕與苐三龕則當虛之矣又考妣前當以曾
祖考妣以長房奉來之意略叙以告又曰其安祠堂適
在仲月時事之時則具饌爲當不然則用酒果以告
（右奉安祧主節次）○尤菴曰最長房死則其所奉神主
即遷于次長不待三年喪畢盖宗長之奉祧主其事體
與宗家有異只欲權奉祭祀而復三年廢祭有所未安
○取長房死而移於次長房當在何時此問最切此鄙
家曾所經歷者也欲於家兄葬後移安於鄙家而同春
以爲當待三年後吉祭時也俄聞尼山尹都憲於長房
葬後即移奉於其家云雖非古禮甚安於人情彼既以
大宗行之則已成俗例從之宜矣遂於葬後移安於鄙

家○陶菴曰長房亨體非與宗家等不必待其喪畢次
長之當奉者告由遷奉後改題似宜○問公父三年內
祧主姑欲仍奉曰哀之情願如此一家之間所當體諒
而許其三年後祧遷也（右次長房移奉節次）○程子曰
廟主既祧埋於所葬處○朱子曰古者始祖之廟有夾
室祧主皆藏於此自天子至士庶皆然今士庶家不敢
立始祖廟故祧主無安頓處只得如伊川說埋於兩階
間而已今人家廟亦安有所謂兩階但擇淨處埋之可
也思之不若埋于始祖墓邊緣無箇始祖廟所以難處
只得如此○古人埋桑主於兩階間盖古者階間人不
甚行今則混雜亦難埋於此只得埋於墓所○問埋主
墓所何方尤菴曰朱子云埋于始祖墓邊然只云墓邊
而不言左右鄙意或左或右恐皆無妨鄙家則埋於本
墓之右邊○遂菴曰祧主埋安於本位墓後西邊可也
（右祧主埋安處所）○問失墓者埋主遂菴曰埋於潔地
可也或埋先世墓傍或子孫墓上亦可（右失墓者埋主）
（瘞所）○尤菴曰埋主節目未有所考當於本墓後右邊
既掘坎以木匣先安于坎中然後以主櫝安于木匣中
子孫皆再拜而辭畢開匣門而掩土緊築加以莎草世
多有歲於壟而埋之者或云歲久發見水盈甕中神主

家禮增解卷一　八十七

淳隱云又曰去其櫝而埋之心有所不忍矣○問埋主
時似當告墓曰略以酒果告之似宜○問埋主告辭栗
谷曰今就潔地奉安先主永訣終天不勝悲感敢以清
酌用伸虔告云云○愚按若埋墓右而告墓則恐當改
潔地曰墓右又奉安之安恐當作埋如何○問埋主時
坐置臥置之節南溪曰常時用坐式而祀之今已永祧
恐當臥置○陶菴曰祧主埋安時子
孫之擧哀情禮俱得（右埋主節次）**其墓田則諸位迭**
掌○尤菴曰迭掌謂今年長子主之明年次子主之之謂
○墓田註正位祔位皆同而此只擧正位然其所祔
者並擧之**而歲率其子孫一祭之亦百世不改也**問世代浸遠精爽消
亾故廟有遷毀朱子曰雖是如此然祭者求諸陰求諸
陽此氣依舊在如噓吸之則又來若不如此則是之死
而致死之也盖其子孫未絶此氣接續亦未絶（止）○南
溪曰禮云庶殤不祭準此程子所定已爲從厚而若於
墓祭猶且百世不改則無乃太過乎至於成人無後者
恐或宜然然與有子孫者無別亦未知恰當否也且墓
或在他所者及其主初不祔食於祖如俗所謂收養外
孫奉祀之類亦將盡用此禮耶（右殤與無後者歲一祭）

○南溪曰閔氏五世祖考妣神主當祧久矣外孫奉祀雖非禮自本宗言之則無後之祔位也祔位之置祭田與正位無異嘗行歲祭於其墓無疑且念吾家田民皆出於閔氏今受人之托享人之財産而使其應行之墓祭闕而不擧義所不敢出也恐當別置祭田使墓僕謹厚者看守主事之人時往行禮庶不負其屬托恩義也

右外先無後墓歲一祭

或問堯卿問而今士庶亦有始基之祖莫亦只祭得四代但四代一無此三字以上則可不祭否朱子曰而今祭四代已爲僭朱子曰古時一代即有一廟其禮甚多今士庶曾無廟但溫公祭三代伊川祭自高祖始疑其過要之既無廟又於禮煞欽祭四代亦無害古者官師亦只祭得二代若是始基之祖想亦只存得墓祭語類○楊氏復曰此章云始祖親盡則藏其主於墓所喪禮大祥章亦云若有親盡之祖而其別子也則祝版云云告畢而遷于墓所不埋夫藏其主於墓所而不埋則墓所必有祠堂以奉墓祭

正至朔望俗節出主櫝前家衆敍立之圖

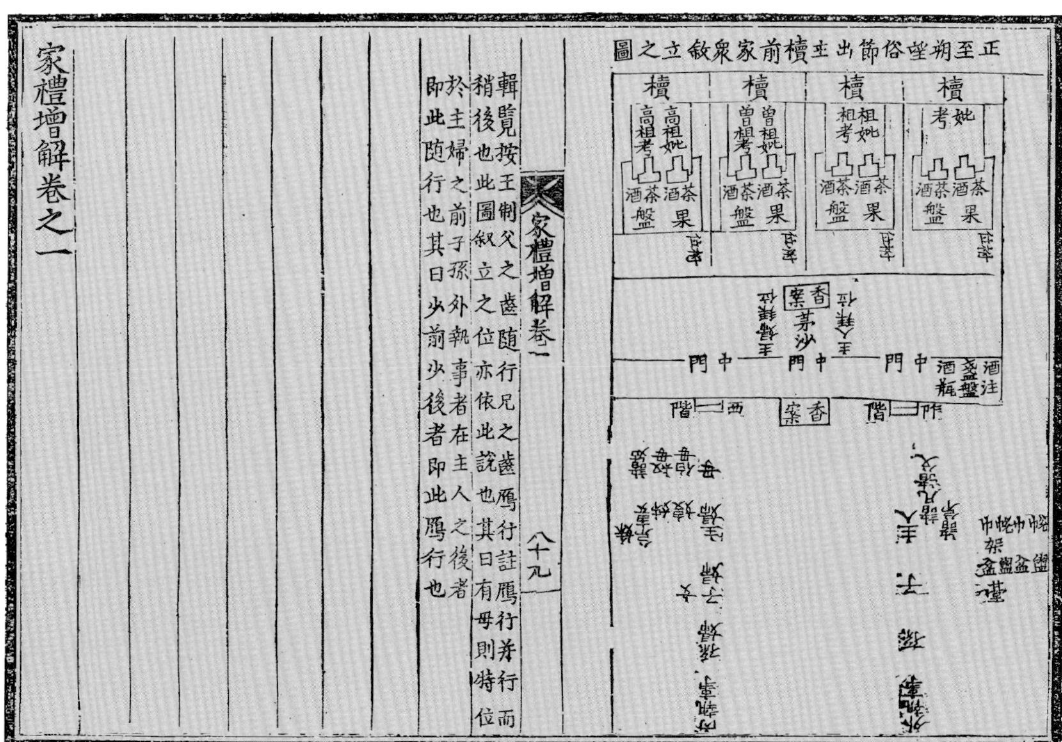

輯覽按王制父之齒隨行兄之齒鴈行註鴈行并行而稍後也此圖叙立之位亦依此說也其日有毋則特位於主婦之前子孫外執事者在主人之後者即此隨行也其日少前少後者即此鴈行也

家禮增解卷之一

影印本 家禮增解

『국역 가례증해』 제1책 역주자
정경주 ‖ 경성대학교 교수
조병오 ‖ 부산대학교 외래교수
손정희 ‖ 경성대학교 외래교수
정길연 ‖ 경성대학교 외래교수

한국고전의례연구회 국역총서❸

국역 가례증해 제1책 해제解題, 총목總目, 통례通禮 1, 총색인總索引

초판1쇄 발행 ㅣ 2011년 6월 30일

역주 한국고전의례연구회(회장 정경주) 펴낸이 홍기원

총괄 홍종화
디자인 정춘경 · 하은실
편집 오경희 · 조정화 · 오성현 · 신나래 · 정고은
관리 박정대 · 최기엽

펴낸곳 민속원 출판등록 제18-1호
주소 서울 마포구 대흥동 337-25 전화 02) 804-3320, 805-3320, 806-3320(代) 팩스 02) 802-3346
이메일 minsok1@chollian.net 홈페이지 www.minsokwon.com

ISBN 978-89-5638-975-2 94380
978-89-5638-981-3 94380(세트)